남창 손진태 선생 유고집

우리나라 역사와 민속

남창 손진태 선생 유고집
우리나라 역사와 민속

초판 1쇄 인쇄 2012. 1. 25.
초판 1쇄 발행 2012. 1. 30.

지은이 손 진 태
엮은이 최 광 식
펴낸이 김 경 희

경 영 강 숙 자
편 집 장 수 영
영 업 문 영 준
경 리 김 양 헌
펴낸곳 ㈜지식산업사
　　　　본사 ● 경기도 파주시 교하읍 문발리 520-12
　　　　　전화 (031)955-4226~7 팩스 (031)955-4228
　　　　서울사무소 ● 서울시 종로구 통의동 35-18
　　　　　전화 (02)734-1978　팩스 (02)720-7900
　　　　한글문패　　지식산업사
　　　　영문문패　　www.jisik.co.kr
　　　　전자우편　　jsp@jisik.co.kr
　　　　등록번호　　1-363
　　　　등록날짜　　1969. 5. 8.

책값은 뒤표지에 있습니다.

이 책을 읽고 지은이에게 문의하고자 하는 이는
지식산업사 전자우편으로 연락 바랍니다.

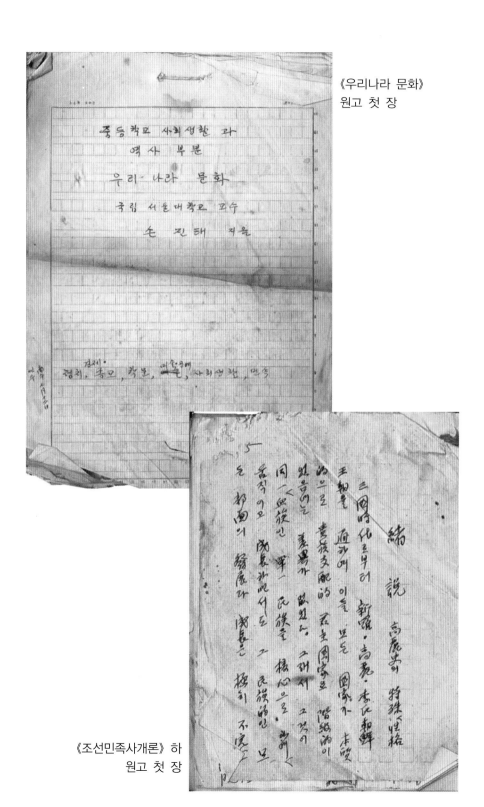

《우리나라 문화》
원고 첫 장

《조선민족사개론》 하
원고 첫 장

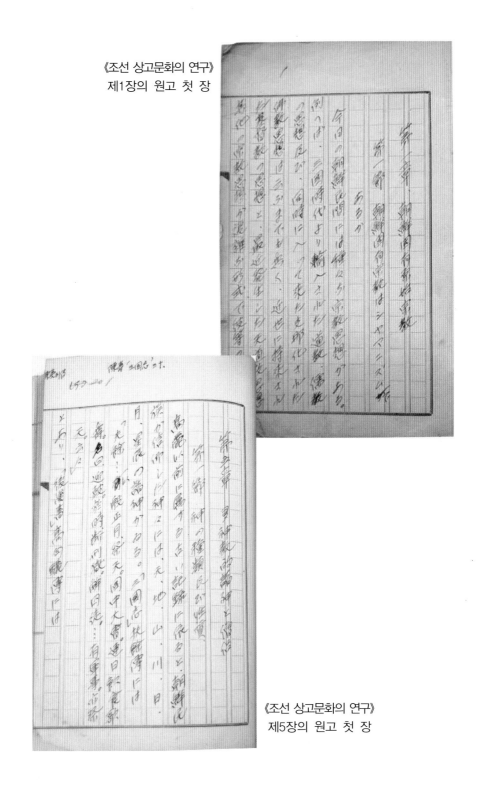

《조선 상고문화의 연구》
제1장의 원고 첫 장

《조선 상고문화의 연구》
제5장의 원고 첫 장

《조선 상고문화의 연구》
미주 부분

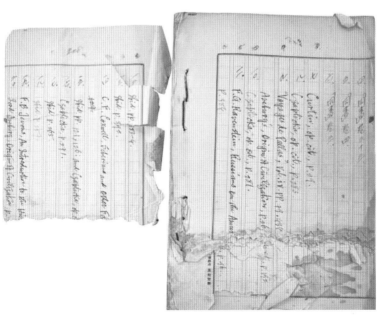

《조선 상고문화의 연구》 마지막 장

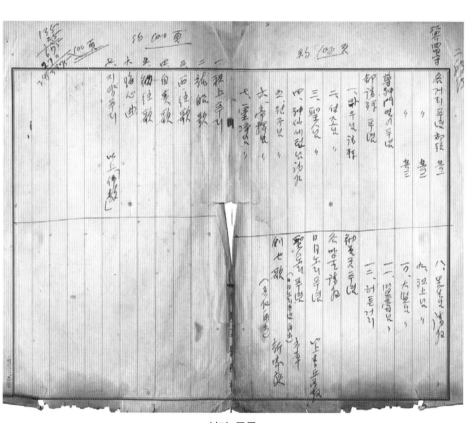

신가 목록

일문 설화 원고

한국사 관련 지도

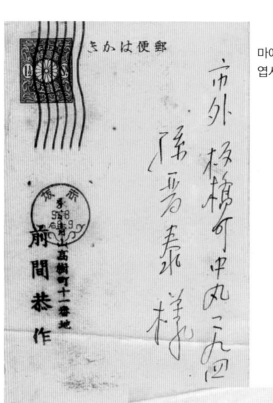

마에마 선생에게 받은
엽서

마에마 선생에게 받은
편지

책머리에

　남창 손진태 선생은 한국의 민속학과 역사학에 커다란 족적을 남긴 연구자이다. 선생은 일찍이 조선민속학회와 진단학회 등을 만드는 데 주도적 역할을 하였고, 해방공간에서 신민족주의 사학을 제창하여 민족과 세계를 함께 연구하는 풍토를 조성하는 데 크게 기여하였다. 그럼에도 1950년 6·25전쟁 당시 납북되어 그의 학문적 경향이 단절되었기 때문에 그가 남긴 학문적 성과에 비하여 제대로 된 평가를 받지 못하였다.

　그러다가 고려대박물관은 손진태 선생 탄생 100주년을 맞이하여 2000년 12월 한국역사민속학회와 공동으로 선생의 유품을 소개하는 특별전시회를 개최하였다. 그 준비 과정에서 고려대박물관은 유족인 장남 손태연 씨와 차녀 손경수 씨로부터 선생의 미공개 유고를 입수하게 되었고, 이를 정리하여 2002년 가을에 《조선상고문화의 연구》와 《우리의 민속과 역사》라는 제목으로 두 권의 유고집을 출간하였다. 유고집이 출간되고 몇 달 뒤 선생의 장남 손태연 씨가 작고하였는데, 그의 유품 속에서 새로운 유고가 추가로 발견되었고, 손대연 씨의 부인 김정화 씨가 이를 다시 고려대박물관에 기증하였다. 이에 고려대박물관은 새롭게 입수한 유고들을 정리하여 2007년에 남창 손진태선생 유고집 3 《우리나라의 문화》를 출간하기도 하였다.

　이번에 출간되는 《우리나라 역사와 민속》은 기존에 출간된 세 권의 유고집 내용을 체계적으로 정리하여 한 권의 책으로 새롭게 엮은 것이다. 이 책에서는 손진태 선생이 남긴 다양하고 방대한 원고들을 역사, 민속, 신가, 설화 등 모두 네 가지 주제로 분류하였다. 고려대박물관에서 간행한 기존의 유고집에서는 선생이 표기한 문투를 오탈자까지 그대로 살려 두어 자료 소개에 충실을 기했다면, 이번 《우리나라 역사와 민속》에서는 그 문체를 현대국어에 맞게끔 다듬는 작업을 함께 진행하였다. 기존 유고집이 손진태 선생의 학문세계와 당시의 민속을 전문가들이 연구할 수 있도록 하는 계기를 마련하였다면, 이번 《우리나라 역사와 민속》의 출간을 통해서는 더 많은 사람들이 선생의 학문 세계에 좀 더 쉽게 다가갈 수 있기를 희망한다. 아울러 기존의 유고집에서 일련의 원고인데도 입수한 순서대로 원고를 엮는 과정에서 부득이하게 각각의 책에 나눠 실렸던 내용들을 함께 정리하여 싣는 한편, 기존 유고집의 출간 이후 지금까지 확인되었던 몇 가지 오류들도 수정·보완하였다.

　손진태 선생의 유고와 소중한 인연을 맺게 해준 선생의 장남 손대연 씨와 그의 부인 김정화 씨, 그리고 차녀 손경수 씨께 감사드린다. 또한 고려대박물관 조광 전前 관장, 민경현 관장과 학예사들의 따뜻한 배려에도 감사를 드린다. 그리고 어려운 일본어 번역을 도와준 시노하라 박사와 편집과 교정을 도와준 최희준 군에게 특히 고맙게 생각한다. 끝으로 적지 않은 분량임에도 원고를 정성껏 다듬어준 지식산업사 김경희 사장님을 비롯한 편집진에게도 깊은 감사의 뜻을 전한다.

2012년 1월
엮은이 최 광 식

차 례

책머리에 / 9

해 제 - 최광식 ● 15

손진태의 생애와 학문세계 ……………………………………… 17
남창 손진태 선생 유고집의 내용과 성격 …………………… 41

제1부 역 사 ● 73

조선역사 개설 ……………………………………………………… 75
조선민족사의 진로 ……………………………………………… 87
우리나라 문화 …………………………………………………… 91
조선민족사개론 하 ……………………………………………… 139
한국사 지도 ……………………………………………………… 161

제2부 민 속 ● 177

조선 상고문화의 연구 ·· 179

민속과 민족 ··· 377

한국의 민속 예술 ··· 383

민속 일반 ··· 389

제3부 신 가 ● 449

조선 무격의 신가神歌 ·· 451

지양풀이 ··· 493

무녀기도사巫女祈禱詞 ··· 503

성조신가成造神歌 -성주풀이- ··· 505

기도사祈禱詞 모음 ··· 519

기타 신가 ··· 525

제4부 설 화 • 557

한글 설화 ·· 559
일문日文 설화 ·· 615

부록. 마에마 선생에게서 받은 엽서와 편지 • 689

손진태 선생 약력 / 714
손진태 선생 저서 / 715

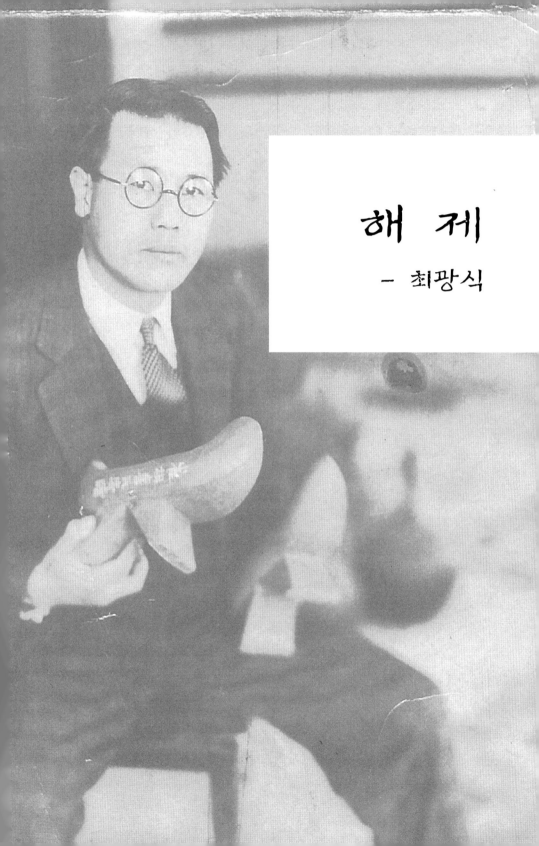

해 제

─ 최광식

손진태의 생애와 학문세계*

1. 손진태는 누구인가

　남창 손진태 선생은 역사민속학자이자 신민족주의사학자로서 20세기 한국학계에 커다란 족적을 남겼다. 그는 일본에서 새로운 역사교육을 받고 우리나라 역사에서 등한히 하기 쉬운 민속학과 고대문화 전반에 걸치는 폭넓은 연구를 한 특이한 학풍의 학자이다. 해방 후 간행된 《조선민족설화의 연구》(1947)와 《조선민족문화의 연구》(1948)는 일제하에서 연구한 것이었으며, 해방 후에는 신민족주의 사관에 의해 《조선민족사개론》 상(1948)과 《국사대요》(1949)를 저술하였다. 그중 《조선민족문화의 연구》와 《조선민족사개론》은 한국민속과 한국사 연구의 고전으로 평가를 받고 있으며, 그 내용이 지금까지 학술적으로 생명력을 지니고 있을 정도이다.

---

* 이 글은 '최광식, 〈손진태의 생애와 학문 활동—새로운 자료를 중심으로—〉, 《남창 손진태의 역사민속학연구》, 민속원, 2003'에 실렸다.

선생은 일찍이 조선민속학회와 진단학회 등을 만드는 데 주도적 역할을 하였으며, 1930년대 고려대 초대 도서관장을 역임하면서 우리 민속품을 수집하여 고려대박물관을 태동시켰다. 또한 해방공간에서 서울대 사학과 교수로 재직하면서 신민족주의사학을 제창하여 민족과 세계를 함께 연구하는 연구풍토를 조성하는 데 기여하였다. 그러나 1950년 6·25전쟁 당시 납북된 후 남쪽에서는 제자들이 양성되지 못해 그 학맥이 연결되지 않았으며, 북쪽에서는 활발한 학문활동을 하지 않았다. 따라서 그가 남긴 학문적 성과에 비하여 선생의 업적이 제대로 평가를 받지 못하였다. 또한 학문적 성과에 비해 일반인들이 그에 대해 잘 알고 있지 못하고 있다는 점으로도 그러한 사실을 알 수 있다.

한국사학계에서는 그의 신민족주의사학과 고대사연구에 대해 높은 평가를 하고 있으며, 그의 저서들이 아직도 인용되고 있다. 그래서 1981년 그의 전집이 간행되기도 하였다. 근자에는 그의 연구성과를 비판적 시각에서 보는 연구도 제기되었다.[1] 그러나 손진태는 조선총독부에서 실시한 민속조사에 참여하거나 조선사편수회에 참여한 적이 없다.[2] 따라서 그의 생애와 학문적 세계를 객관적으로 살펴볼 필요가 있는 것이다. 여기서는 근자에 손진태 선생의 장남인 손대연 씨가 소장해 오던 남창 선생의 친필 원고를 고려대박물관에 기증하였으므로 이 자료를 중심으로 실사구시적 입장에서 그의 생애와 학문 활동을 살펴보도록 하겠다.[3]

---

1) 남근우, 〈'손진태학'의 기초연구〉, 《한국민속학》 28, 1996.
2) 그는 창씨개명을 하지 않아 용산경찰서에 끌려가 곤혹을 치렀으나 끝까지 창씨개명을 하지 않았다. 또한 집에서는 항상 한복을 입고 집필활동을 하였으며, 신사참배를 하지 않았다고 한다(차녀 손경수 씨 증언).
3) 손진태 저·최광식 역, 남창 손진태선생 유고집 1 《조선상고문화의 연구》-조선고대의 종교학적·토속학적 연구-, 고려대박물관, 2002; 손진태 저·최광식 편, 남창

또한 장남 손대연 씨와 차녀 손경수 씨의 도움 말씀으로 파악한 새로운 사실과《보성전문학교일람》,《연희전문학교요람》, 서울대학교 교사 기록, 교육부 기록,《동아일보》,《조선일보》 등의 기사를 통해 선생의 생애를 알아보고자 한다.

2. 손진태의 생애

그는 1900년 12월 28일 부산 동래의 하단 남창마을에서 아버지 손수인 씨의 차남으로 탄생하였다. 그러나 다섯 살 나던 해에 해일로 어머니를 여의고 가난에 쫓겨 생활 근거지를 옮기며 전전하였다.[4] 학자금을 마련하기 위해 평양에서 잡화상을 벌이기도 하였다.[5] 그러다 최규동 선생의 도움으로 중동학교를 2년간 다니다 1921년 15회로 졸업하였다.[6] 그러나 중앙중고등학교 졸업생 명단에도 손진태가 졸업생으로 기록되어 있는 자료가 발견되었다.[7] 그리고 경북 성주 이부자의 후원으로 동경에 건너가서 1924년 3월 와세다 제1고등학원을 졸업하고[8] 그해에 와세다대학 사학과를 입학하여 1927년 졸업하였다.[9] 그때의 지도교수가 니시무라西村眞次로 일본사와 인류학이 전공이었는데 그의 영향을 받아 민속학에 관심을 갖게

손진태선생유고집 2《우리의 민속과 역사》, 고려대박물관, 2002.
4) 이기백,〈해제〉,《남창손진태선생전집》, 태학사, 1981.
5)《조선일보》1964년 7월 4일자 3면, 납북인사와 그 가족 2, 손진태 씨.
6) 중동학교 졸업자 중 교육계 및 학술계 인사로 이훈구, 정인섭, 양주동 등이 있다 (중동 80년사 편찬위원회,《중동 80년사》, 1986).
7) 중앙백년사편찬위원회,《중앙백년사》, 중앙교우회, 2008. 당시에는 학교를 이중으로 졸업할 수 있었다고 한다.
8) 1924년 3월 와세다 제1고등학원 졸업기념사진이 남아 있다.
9) 이 당시 와세다대학 사학과의 학제는 3년제였다(《早稻田の半世紀》, 1932).

되었다. 그의 소장 도서 중에 1940년에 나온 니시무라의 저서를 갖고 있는 것[10]을 보면 그와의 관계는 오래 지속된 것 같다. 또한 쓰다津田左右吉의 지도도 받았던 것으로 보인다.[11] 한편 도쿄에서 방정환 선생과 함께 색동회 활동을 하였는데[12] 1926년 4월 동경에서 촬영한 사진 뒤에 색동회 회원들과 함께 찍었다고 씌어 있으며, 정인섭·마해송·조재호·진장섭의 이름이 적혀 있다.

와세다대학을 다니던 1925년부터 동양문고를 드나들던 그는[13] 와세다대학을 졸업하고 1930년 동양문고의 직원으로 근무를 하였는데, 이때 시라토리白鳥庫吉와 같은 학자들을 만나게 된다.[14] 그리고 이번에 입수한 자료를 보면 그가 1931년 동양문고와 관련이 있는 대동사인쇄소[15]에 근무하였던 것으로 되어 있는데 그에게 마에마前間恭作가 편지를 한 것이 10여 통이나 된다.[16] 그 내용은 대개가 학술적인 것이고, 책을 출판하는 것에 대한 교정과 관련된 것이다. 이 기간 동안 일본학사원 관비로 한국 전역을 답사하고 민속조사를 하

10) 西村眞次, 《技術進化史》(서울대학교도서관 남창문고), 1940.
11) 그의 첫 번째 저서인 《朝鮮古歌謠集》(1929)의 서문을 쓰다 교수가 써주었다.
12) 색동회는 1923년 5월 1일 방정환 선생을 중심으로 일본에 유학중인 조재호, 윤극영, 진장섭, 손진태, 고한승, 정병기, 정순철, 마해송, 정인섭, 이헌구 등이 우리나라 어린이를 위해 조직하였으며, 우리나라 최초의 어린이날을 제정하였다(색동회, 〈색동회 연혁〉, 《색동문화》 창간호, 2000).
13) 石田幹之助, 《朝鮮古歌謠集》後序, 刀江書院, 1926.
14) 1937년 9월에 발행된 *CHOSEN CHRISTIAN COLLEGE BULLETIN*(연희전문요람)을 보면 손진태의 학력은 와세다대학 M.A.로 되어 있고, 동양문고에는 1930년부터 1934년까지 'Staff Member'로 근무하였으며, 연희전문에는 1934년부터 'Oriental History Lecture'(동양사 강사)를 한 것으로 되어 있다. 한편 동양문고에서 간행한 《동양문고 15년사》(1939)에는 1932년부터 사서로 근무한 것으로 되어 있다.
15) 1923년 11월 손진태, 양주동, 유춘섭 등이 도쿄에서 창간한 동인지 《금성》을 이 인쇄소에서 인쇄하였다.
16) 마에마前間恭作가 손진태에게 보낸 편지가 8통, 엽서가 10장이 남아 있는데 그중 昭和 6년(1931) 5월 2일 소인이 찍혀 있는 편지봉투에 '東京府下 巢鴨町 1,119 大東社印刷所 孫晉泰 樣'라 씌어 있다.

였다.[17]

  1932년 연영화 여사와 결혼한[18] 그는 1933년 장남을 보았으며, 1934년 영구 귀국을 하여 이 해 연희전문학교에 강사로 출강하여 동양문화사를 강의하였다. 또한 1934년 9월 보성전문학교가 안암동으로 옮기면서 도서관 사서로 근무하며, 문명사를 강의하였다.[19] 1937년에는 도서관 건물이 완공되자 문명사를 강의하는 전임강사가 되어 도서관장을 맡게 되었다.[20] 이후 1939년에는 문명사를 강의하는 교수가 되었으며, 도서관장을 계속 맡았다.[21] 이에 대한 자세한 내용은 《고려대학교 60년지》에 다음과 같이 기록되어 있다.

> 이리하여 도서관의 건축이 진행 중 도서의 수집도 활발하게 진행되었으니 이보다 먼저 교장 김성수는 도서실 설치에 관하여 유진오를 위촉한 바 있었으며, 안암동에 와서도 본관 3층에서 수집된 도서를 정리하고 열람사무를 개시하다가, 1934년 9월에는 강사 손진태를 사서로 정식 임명하고 서기 1명(홍순태)과 더불어 도서 정리사무를 강화하고, 1937년 4월에는 서기 1명을 증원하였다. 드디어 동년 9월에 도서관은 준공되어 9월 2일에 개관하였다. 개관을 계기로 부속도서관의 규칙을 제정하고 도서관장을 학교교수 또는 전임의 강사로 임명할 것도 이사회에서 정하여 초대관장으로 손진태가 취임하였다. 동 관장은 조선의 민속, 민담의 연구에

---

17) 손진태가 일본 신문에 기고한 한국의 민속 관계 글에 이 내용이 들어 있다.
18) 1925년부터 1927년까지 와세다대학 사학과 청강생이었던 노산 이은상이 중매하였다고 한다(차녀 손경수 씨 증언). 신부는 일본 도쿄에 유학하였던 연명수連明洙 씨의 여동생으로 손진태가 민속조사를 하였던 평남 성천군 아파리丫波里에 살고 있었다.
19) 《보성전문학교일람》 1936년판 51쪽.
20) 《보성전문학교일람》 1937년판 62쪽.
21) 《보성전문학교일람》 1939년판 55쪽.

조예가 깊었으며 또 일시 동양문고의 사서로 있었던 만큼 도서관 경영에 안목이 있어서 적임자였다. (《고려대학교 60년지》, 1965)

손진태는 해방을 맞을 때까지 보성전문학교에서 문명사를 강의하는 교수로서 도서관장을 맡고 있었다. 이때 가장 가깝게 지내던 이가 안호상 박사였다고 한다.[22] 그리고 조윤제와 이인영에게 도서관의 연구실을 제공하였다고 한다.[23] 선생의 박물관 관련의 기록은 다음과 같다.

김성수는 또 도서관에 참고품부를 두어 도서수집과 더불어 역사, 민속에 관한 참고품을 수집할 것을 구상하여 솔선하여 사장의 민속 참고품과 골동품을 기증함으로써 그 계획을 시작하고 사회각층의 복식, 장신구, 무속품, 생활도구 등등 진귀한 민속자료와 고고자료도 열심히 수집하게 되어 도서관 석탑 3층 이상의 각실을 진열실로 삼았다. 우리나라 민속박물관의 남상이라고 할 것이며 오늘의 박물관의 기초가 여기서 시작되었다. (《고려대학교 60년지》, 1965)

물론 민속품을 모으는 작업을 담당한 것은 도서관장이던 손진태였다.[24] 해방이 된 다음 해 서울대학교 사학과 교수가 된 그는[25] 한

---

22) 차녀인 손경수 씨의 증언에 의하면 두 분의 집이 모두 안암동으로 불과 20미터밖에 떨어져 있지 않았다고 한다. 그래서 두 분이 종종 술을 같이 하였다고 한다.
23) 조윤제가 보전의 연구실에 있었던 것은 1939년 4월에서 1940년 3월까지이다(조윤제, 《도남잡지》, 을유문화사, 1964) 이 시기 이들은 새로운 구상을 하였다고 하는데 이들을 '東山學派'라 하였다고 한다(손보기교수 증언).
24) 장남인 손대연 씨와 차녀인 손경수 씨는 어릴 때 도서관에 놀러 갔다가 유물을 보았던 것을 증언해 주었다.
25) 서울대학교에 남아 있는 자료를 조사해 보면 문리과대학 교수(1946. 10~1948. 9),

국사연구를 본격적으로 하고 그 연구결과를 저서로 출판하였다.[26] 그러나 위장병과 학생들의 동맹휴학으로 어려움을 겪기도 하였음을 다음을 통해 알 수 있다.

因病休講願

本人이 胃潰瘍病으로 治療中이온바 아직 快치못하여 向後 約一箇月間의 加療를 要하겠사오니 五月末까지 休講을 恕諒하여주시압

一九四七年 五月 一日

孫 晋 泰   文理科大學長 貴下

그러나 이 병가원은 문리과대학장에 의해 받아들여지지 않고 반려되었다. 사무직원과 과장이 결재 도장을 찍었으나 학장이 도장을 찍지 않고 반려한 것이다. 문리과대학장이 반려한 문건이 남아 있어[27] 이를 보면 이 당시 동맹휴학 중이어서[28] 굳이 병가를 낼 필요가 없다는 것과 보행을 할 수 있는 상태면 휴강할 정도가 아니라는 것이다. 또한 임정파 요인 주최 건국지도자양성소에서는 강의하면서 본 대학에서만 휴강할 수 없다는 내용이다. 이때 백범 김구 선생이 써준 휘호가 남아 있다.[29]

사범대학장(1949. 2~1949. 9), 문리대학장(1950. 5~1950. 9)을 지낸 것으로 되어 있다.

26) 《조선민족설화의 연구》(1947. 4), 《조선민족문화의 연구》(1948. 1), 《우리 민족이 걸어온 길》(1948. 7), 《조선민족사개론》(1948. 12), 《국사대요》(1949. 6), 《국사강화》(1950. 5), 《이웃나라의 생활》(1950. 7)

27) 1947년 5월 3일 국립대학교 문리과대학장 명의로 '손진태 귀하'의 문건을 보낸 것이 있다. (서울대학교에 문의하였더니 이 당시 이태규교수가 문리과대학장이었다고 한다)

28) 이 당시 서울대는 국대안 파동으로 좌우대립이 심하였으며, 좌익 주도하에 동맹휴학 중이었다.

29) 백범 김구 선생이 1947년에 써준 '洛陽大文章廬陵壽道德'과 1948년 가을에 써준

한편 정부가 수립되고 나서 안호상이 초대 문교부장관이 되자 그의 요청으로 문교부 차관겸 편수국장이 되었다.[30] 그러다 1949년 2월 18일 사범대학장이 되었고,[31] 1949년 3월 5일 학생호국대를 반대하는 학생들에 의해 테러를 당하였다.

> 5일 하오 8시경 시내 안암동 86의 233호 사대학장 손진태 씨 집에 괴한 3명이 침입하여 권총 3발을 발사하였는데 다행히 피해는 없었다 한다. 그런데 때마침 부근을 순회중인 경관이 도망하는 괴한 1명을 현장에서 체포하였는데 범인은 상과대학 1학년 홍동진으로 현장에서 권총 1정과 실탄 4발을 압수하고 방금 공범자를 수배중인데 이들이 손학장을 살해하려는 목적은 학생호국대조직을 반대함이었다 한다. (《동아일보》 1949년 3월 8일)

이때 총알이 손가락을 치고 나갔을 뿐 큰 피해는 없었으며, 그 총알이 스치고 간 자국이 남은 가구가 남아 있다. 그는 1949년 9월 7일 사범대학장을 그만두었다가, 1950년 5월 18일 문리과대학장을 맡게 되었다. 문리대학장 재임시 6·25전쟁이 발발하자 교직원들에게 밀린 4개월 치 월급을 나눠주다 시간을 놓쳐 한강을 넘지 못하였다는 것이다.[32]

'博愛兼善'이라는 글씨가 남아 있다.

30) 그러나 교육부 기록에는 안호상이 문교부장관(1948. 8. 3.~1950. 5. 3), 박종만이 문교부 차관(1948. 10. 15.~1950. 5. 11), 손진태가 문교부 편수국장(1948. 11. 6~1949. 4. 20)을 지낸 것으로 기록되어 있다. 그런데 《조선민족사개론》 약력에는 차관겸 편수국장으로 되어 있으며, 《조선일보》 테러기사에도 전 차관이라 기록되어 있다.

31) 이 당시 아무도 사범대학장을 맡으려 하지 않아 그가 맡았다고 한다(차녀 손경수 씨 증언).

32) 《조선일보》 1964년 7월 4일, 납북인사와 그 가족 2, 손진태 씨.

그래서 그는 삼각산에 숨어 있다가 9·28 수복 직전에 발각되어 납북되었다고 한다.[33] 납북 이후의 활동은 전혀 알려져 있지 않았었는데 두 사람의 증언을 통해 그 대략을 알 수 있다.

1950년 9월 문리대학장 재직하다 납북되었다. 납북 후 작가동맹에 가입하였으며, 해방작가(집에서 혼자 집필하는 작가)로 활동하였으나 이름난 작품이 없다. 또한 사범대학 교재 편찬위원으로 활동하였다. 1956년 7월 평화통일촉진협의회가 발족되면서 중앙위원으로 활동하였다. 1950년대 후반 당뇨 또는 신장병으로 인해 장기간 입원하였으며, 60년대 중반에 사망하였는데 유족으로 재혼처가 있다. (1980년 3월에 검거된 간첩 박병화[34]의 증언)

이 증언에 의하면 그는 북한에서 활발한 활동을 하지 않았고, 1950년대 후반 장기간 입원하였으며, 1960년대 중반 사망하였으며, 저작이 없었던 것으로 판단된다. 북한에서 정무원 부부장과 조국통일민주전선 부국장을 지낸 신경완의 증언은 보다 자세하다고 할 수 있다.[35]

손진태는 3차팀으로 조소앙 선생과 합류되었는데 만포의 산악지대인 외귀마을에서 감금생활을 하였다. 조소앙·김규식·엄항섭·안재홍·조완구·손진태 등은 휴전기로 접어들면서 평양교외로 옮겨졌다. 그런데 초기에 손진태 등은 다른 요인과 분리되어 대동군 시족면 철봉리에 별도 수용되었다고 한다. 문화전문가들이 다수

---

33) 차녀 손경수 씨의 증언.
34) 전 북한 연락부 부부장(당시 65세).
35) 이 내용은 주강현 박사가 인터뷰한 것을 참고하였다.

포함되었던 납북인사들은 고전·정치경제·역사·과학서적·각종 문서·미술품·골동품 등을 분류하였으며, 이들 자료들은 중앙도서관·미술박물관·역사박물관 등으로 분류되어 나갔다. 납북요인들은 재북평화통일촉진협의회를 출범시켰는데 손진태는 이 부분에서 소외그룹이었다. 납북요인들 일부는 북측의 협조로 《고려사》·《리조실록》·《팔만대장경》 등을 번역하였는데 손진태는 이들 작업에 배제되었다. 1958년 8월 종파투쟁을 거치면서 재교육명령이 하달되어 1~2년간 강습이후에 국영농장의 평사무원으로 배치되었다. 배치될 당시에 이미 병을 앓고 있었으며 지병으로 고생을 하다가 60년대 중반에 사망하였다.

결국 손진태는 납북 이후 북한에서 연금생활을 하며 독서도 하고 토론도 하는 생활을 하다가 회유가 되지 않자 이마저 못하게 되어 버렸다. 더구나 재북평화통일촉진협의회 발족날에 술을 마시고 울분을 터트려 더욱 어려운 처지에 놓이게 되었던 것이다. 그러다 1958년 8월 종파투쟁 이후 1~2년간 사상교육을 받고 하방下方되어 국영농장에서 육체노동을 하다가 지병으로 60년대 중반 세상을 떠났다. 남북분단의 현실이 안타깝게도 20세기 최고의 학자 중 한 사람을 빼앗아버리고 말았던 것이다. 몇 년 전 필자가 평양에서 사회과학원 력사학연구소 교수들을 만나 손진태 선생에 대해 물어보았으나 북한에서의 학문 활동은 별로 없었다고들 한다.

3. 손진태의 학문 활동

손진태의 학문적 활동은 크게 둘로 나누어 보고 있는데 즉 해방 이전의 민속학연구와 해방 이후의 한국사연구가 그것이다. 해방 이전에는 일제의 식민지로서 한국사연구를 자유롭게 하지 못해 민속학연구를 하였다고 한다.[36] 그러나 손진태는 해방 이전에도 한국사와 동양사에 대한 연구를 왕성하게 진행하였다. 그는 1934년 귀국한 당시 민속학 강의가 개설되어 있지 않아 연희전문학교에서 동양문화사를, 보성전문학교에서 문명사를 강의하였다. 이 시기 동양사와 한국사에 대한 사료를 정리한 친필 원고가 많이 남아 있다.[37] 이러한 새로운 자료를 중심으로 이 문제를 살펴보도록 하겠다.

1) 1920 · 1930년대의 민속학연구

손진태의 연보를 보면 지면에 발표한 최초의 글인 '별똥'을 비롯하여 초기에는 시들이 많은데 동시도 있다.[38] 그의 시가 1940년대 출판된 한국시인 33선에 수록되었다고 한다.[39] 그가 와세다대학을 다니며 색동회 활동을 한 것을 알 수 있는 사진이 남아 있고, 그가 직접 쓴 아동극 대본 줄거리가 남아 있다.[40] 또한 동요와 민요에 대한 자료를 모은 노트도 남아 있다. 여기에는 동래·부산에서 수집한

---

36) 손진태, 《조선민족사개론》 상, 을유문화사, 1948.
37) 장남 손대연 씨가 간직해온 친필 원고가 200점 정도 있는데 그중 사료묶음이 100점 정도가 된다. 그 가운데 동양사와 한국사에 대한 사료묶음이 일본 일기장과 보성전문학교용지와 원고지에 씌어 있다. 그가 해방 이전에 한국사연구를 시작하였음을 알 수 있는 결정적 자료이다.
38) 손진태, 〈별똥〉(시), 《금성》 1권 1호, 1923. 10., 《손진태선생전집》 1권, 남창 손진태선생 연보, 1981. 《금성》은 와세다대학 문과대를 다니던 문예동인들이 여름방학에 귀국하였다가 관동대지진으로 일본에 건너가지 못하고 서로 모여 발간한 잡지이다(유엽, 〈10년간의 문인동인지-금성-〉, 《사상계》 1960년 1월호).
39) 차녀인 손경수 씨의 증언에 의함.
40) 와세다대학 학생 원고지에 씌어 있는 것을 볼 때 와세다대학을 다닐 때 초를 잡아 놓은 것 같다. '개와밭기', '달구잽이', '콩심어기', '동문짓기', '벌통에 덕석말이' 등의 구상이 남아 있다.

'영감외그래' 등 동요, 정기가와 모숨기노래 및 상여노래 등 민요의 가사가 수록되어 있다. 그중 농부가는 김기풍 군이 조사하여 준 것이라고 적혀 있고, 1922년 여름에 기록한 것이라고 메모되어 있다.

　　민속학에 대한 논문을 발표하기 시작하는 것은 1926년부터이다.[41] 처음에는 〈토속여행답사기〉[42]와 〈장승조사기〉[43]를 썼으며, 최초의 본격적인 논문은 조선상고문화에 대한 것이다.[44] 그리고 그의 최초의 저서는 《조선상고문화의 연구》로 1926년에 일본어로 씌어진 것인데, 1927년 《동광》 3권에서 8권까지 한글로 연재하다가 중단되었다. 그런데 이 원고뭉치가 그대로 발견되어 고려대박물관에서 원문과 한글 번역을 함께 출간하였다.[45]

　　이 《조선상고문화의 연구》는 당시 일본을 비롯하여 전세계적으로 유행하던 사조였던 진화주의에 의거해 연구가 이루어졌다. 즉 조선고대의 종교를 진화주의에 입각해 연구를 하여 주술이 기도로 발전한다는 진화론적 관점이 투영되었다. 그러나 무속에 대한 세계 공통의 용어인 샤머니즘에 대한 체계적인 분석과 조선의 구체적 상황에 비추어 종교학적으로 구분하려는 시도는 매우 독보적이라 하겠다.

　　그는 1927년 와세다대학을 졸업하고 나서 민속학 논문을 왕성하

---

41) 김수태 교수는 〈신화상에서 본 고대인의 여성관〉(《신여성》 1권 2호)을, 이필영 교수는 〈조선에 있어서의 샤머니즘〉(《동양》 1925년 11월호)을 최초의 민속학 논문으로 파악하고 있다. 그러나 필자는 필드워크 즉 민속조사라는 면에 주안점을 두었다.

42) 손진태, 〈토속연구여행기〉, 《신민》 2권 5호, 1926. 5.

43) 손진태, 〈포천송우리 장승 답사기〉, 《신민》 2권 6호, 1926. 6.

44) 손진태, 〈조선상고문화의 연구(1-4)〉, 《신민》 2권 11호, 1926. 8-11. 이 논문의 친필 원고가 남아 있다.

45) 손진태 저·최광식 역, 남창 손진태선생 유고집 1 《조선상고문화의 연구》-조선고대의 종교학적·토속학적 연구-, 고려대박물관, 2002.

게 발표하였다. 온돌, 민간설화, 중국민족의 원시신앙에 대한 연구가 이루어졌는데 이는 지도교수인 니시무라의 영향이었다.

1930년 동양문고東洋文庫에 근무하면서 논문 발표의 주제가 다양해졌다. 아마도 동양문고에서 많은 자료들을 섭렵하면서 민속관계 문헌을 많이 참고하였기 때문이었을 것이다.46) 이 시기 문헌에서 민속과 관련된 자료를 뽑아 놓은 노트가 13권이나 되며, 사료를 정리한 것이 수십 묶음 남아 있다. 민속조사를 하며 면담한 내용을 적어 놓은 것도 수십 가지나 남아 있다. 또한 영어나 프랑스어로 된 책을 읽고 그 내용을 요약해 놓은 노트도 몇 가지가 남아 있다.47) 그리고 러시아어와 몽골어 공부를 하던 노트가 남아 있어 그가 얼마나 학문에 정진하였는가를 알 수가 있다. 문헌에서 발췌한 내용은 무巫, 제사祭祀, 혼속婚俗, 귀신鬼神, 혼魂, 소도蘇塗, 온돌溫突, 주柱, 석전石戰, 누석단累石壇 등에 관한 것인데 이에 대한 논문들이 1930년대에 발표되었다. 1932년에는 정인섭·송석하 등과 조선민속학회를 결성하였으며, 1933년에는 이병도·조윤제 등과 함께 진단학회를 결성하였다.48) 그리고 1934년 귀국한 이후부터 민속학연구에서 차츰 한국사연구로 그 관심이 바뀌어 간 것을 알 수 있다.49)

---

46) 장남 손대연 씨가 간직해온 선생의 유고 중 사료를 발췌한 노트는 거의 동양문고에 있을 때 작성하였던 것 같다. 당시 한국에는 없는 자료들이 상당히 많이 보인다. 특히 시베리아와 몽골에 관한 것, 명·청대의 문헌, 인류학 논저들이 많이 열거되어 있다.

47) 서양어로 된 그의 도서는 6·25전쟁 직후 연세대학교에 들어갔다(장남 손대연 씨 증언).

48) 1939년과 1940년 진단학회 회원들이 연말에 모여 각자 하고 싶은 말과 이름을 적어 놓은 글이 남아 있다. (이병기, 김두헌, 손진태, 송석하, 이여성, 조윤제, 이인영 등이 참여하였다)

49) 그의 스크랩북을 보면 1920년대와 1930년대의 한국사관련 논설이 모여 있다. 민족주의사학자인 신채호와 정인보의 논설, 사회경제사학자인 백남운과 전석담의 논설, 실증사학자인 이병도와 이상백의 논설이 빠짐없이 남아 있다. 이를 통하여서도 그가 민족주의사학과 사회경제사학 및 실증사학 모두에 관심을 갖고 있었다는 것

2) 1940년대의 역사연구

1940년대에 들어서는 민속학 논문이 거의 없고 역사와 사상에 대한 논문이 발표되었다. 그가 《조선민족사개론》의 서문에서 밝히고 있듯이 태평양전쟁이 발발하던 때부터 신민족주의에 입각한 한국사의 저술을 계획하였다.

> 내가 新民族主義 朝鮮史의 著述을 企圖한 것은 所謂 太平洋戰爭이 勃發하던 때부터이었다. 同學 數友로 더불어 때때로 密會하여 이에 對한 理論을 討議하고 體系를 構想하였다. 民族解放 以後 未久에 이 著述에 着手하였던 것이나 解放 以後 輻輳하였던 公私의 일보다는 主로 나의 胃腸의 病으로 因하여 三年의 歲月을 費해서 지금이야 겨우 上卷이 脫稿되었다.
>
> (《朝鮮民族史槪論》 上卷 自序, 1948)

태평양전쟁이 발발하면서 새로운 입장의 한국사를 쓰려고 계획하였다고 하였는데 이러한 변화의 가장 중요한 이유는 그가 귀국해서 담당한 강의가 민속학이 아니라 동양문화사와 문명사였기 때문일 것이다. 이 당시 연희전문학교와 보성전문학교의 개설 교과목을 살펴보면 민속학은 개설되어 있지 않았다. 그리고 그가 담당한 과목이 동양문화사와 문명사였기 때문에 이에 대한 연구를 주로 한 것이다. 남아 있는 친필 유고를 보면 공자孔子, 노자老子, 한비자韓非子, 묵자墨子, 맹자孟子 등에 대한 요약과 그에 대한 비판을 적은 강의안이 여러 가지가 있다. 이중 '孟子와 社會思想'과 같은 글이 논문으로 발

을 알 수 있다. 즉 해방 전에 이미 실증을 기반으로 하여, 세계사적인 보편성과 민족사적인 특수성을 아울러 한국사를 체계화하려 하였다는 것을 알 수 있다.

표된 것이다. 그리고 한국사와 관련된 사료 발췌가 이 기간 동안 집중적으로 이루어졌으며, 한국사의 체계를 세워놓은 도표를 남겨 놓았다.[50]

고조선	~194B.C.
위씨조선	194~108B.C.
낙랑군	108B.C.~313A.D.
고구려	1세기B.C.~668
백 제	2세기경~660
신 라	3세기 중엽~935
발 해	699~926
후백제	892~936
태 봉	901~918
고 려	918~1392
조 선	1392~1910. 8. 29.
해 방	1945.(8. 15)

이 표를 살펴보면 고조선의 시작은 명확히 언급하지 않았고, 기자조선을 인정하지 않고 있다. 고구려의 건국 시기는 《삼국사기》의 초기기록을 그대로 따른 반면에 백제는 2세기경, 신라는 3세기 중엽에 건국한 것으로 파악하고 있다. 또한 발해를 한국사로 편성하여 양국시대로 인식하고 있으며, 후백제와 태봉을 언급하고 있는 것이

50) 중국과 한국의 왕조를 시대순으로 나열하고 그 연대를 적어 놓았는데 여기서는 한국사의 것만 소개하겠다. 이 도표가 보성전문학교 원고용지 뒷면에 적혀 있다. 그러나 뒤에 출판된 《조선민족사개론》 상권과 그 연대에 차이가 있다.

특징이라 하겠다.

즉 손진태는 해방 이전에 이미 한국사 관계 자료를 발췌하고 체계화한 것을 알 수 있고, 삼국시대사에 국한되지 않고, 한국사 전반에 관심이 있었다는 것을 알 수 있다. 해방 전에 발췌한 사료묶음 중에는 고려사에 대한 것이 많이 남아 있으며, 고려시대에 대한 체계를 잡아 놓은 원고도 남아 있다. 더구나 《조선민족사개론》 상권이 발행된 이후 하권을 계획하여 그 서문을 쓴 원고가 남아 있다. 원고 상태가 좋지 않지만 원문을 그대로 전재하도록 하겠다.

朝鮮民族史槪論(高麗時代) 第一回

孫 晉 泰

머릿말

나는 「조선교육」이란 雜誌에 朝鮮民族史槪論을 昨年부터 七回인지 發表하였습니다. 그러나 그것은 겨우 三國 (원고 상태 불량[51]) 에 실리지 못하였고, 三國時代에는 (원고 상태 불량) 못하였습니다. 그리고 이번에 나는 乙酉文化社에서 中學校用 「朝鮮民族史」를 내게 되었는데, 나의 이 敎科書는 舊來의 다른 敎科書와는 思想과 取材에 있어 本質的으로 다른 點이 있으므로 適當한 敎授用 參考書가 없으면 敎授上 困難한 點이 많겠기로, 中學校 敎授用으로 (또 大學生用 및 一般 知識階級用으로) 速히 朝鮮民族史槪論을 내어 놓아야 되겠(원고 상태 불량) 나의 健康과 그 밖의 여러 가지 (원고 상태 불량) 完全히 脫稿가 되지 못하고 있습니다. 그래서 于先 新羅統一時代까지를 上卷으로 하여 이미 刊行하였습니다. 나머지 高麗史와 李朝史도 빨리 刊行하여 敎授 여러분의 授業에 支障이 생기지 않

---

51) 여기서 원고 상태가 불량한 부분은 좀을 먹었기 때문이다.

도록 努力할 작정입니다마는, 요사이 일은 모든 것이 計劃대로 되지 않는 것이 普通이므로, 이번에 乙酉文化社에서 마침 이 雜誌를 내게 된 것을 利用하여, 下卷이 刊行될 때까지 民族史槪論 下卷의 草稿를 高麗史로부터 매호 (원고 상태 불량) 하겠습니다. 이것은 말할 것도 없이 旣刊「朝鮮民族史槪論」上卷에 계속되는 것입니다. 拙著를 敎科書로 쓰시는 여러 敎員께서는 되도록 여기 連載되는 拙文을 參考로 읽어 주시기 바라는 바입니다. 그리고 앞으로는 從來로「조선교육」에 連載하던 것은 自然히 停止하게 될 것입니다. 敎科書와 槪論이 모두 乙酉文化社에서 나온 關係로 같은 乙酉文化社에서 내는 雜誌에 續篇을 (원고 불량) 는 것이 여러분에게 便宜하실것 같해서 이렇게 한 것입니다.

원래 《조선민족사개론》 상권과 하권을 내려고 하였는데 건강과 그 밖의 여러 가지 이유로 완전히 탈고하지 못하고 우선 통일신라시대까지를 상권으로 먼저 간행하였다는 것이다. 그는 위궤양으로 고생을 하였으며, 사대학장과 차관겸 편수국장을 맡아 공사다망한 상황이었다. 하여튼 먼저 《조선교육》에 7회에 걸쳐서 연재를 하고 그것을 모아 상권을 간행하였으며, 이후 을유문화사에서 발행하는 잡지에 연재하여 그것을 묶어 하권을 간행하려 한 것을 알 수 있다.

하권에는 고려시대사뿐만 아니라 조선시대사까지 포함시키려 하였던 것이다. 또한 이러한 민족사개론을 쓰는 가장 중요한 목적이 국사교육에 있다고 하였다. 《조선민족사개론》 상권을 출판할 때의 그의 약력을 보면 문교부 차관겸 편수국장으로 되어 있다. 그가 해방 후《우리 민족이 걸어온 길》,52) 《조선민족사개론》,53) 《국사대

---

52) 손진태, 《우리 민족이 걸어온 길》, 국제문화사, 1948. 7.
53) 손진태, 《조선민족사개론》 상, 을유문화사, 1948. 12.

요》,54) 《국사강화》,55) 《이웃나라의 생활》56)을 저술한 것은 나라를 찾은 시점에서 우리의 국사교육을 위한 것이었다는 것을 알 수 있다. 여기서 을유문화사에서 나온 잡지는 《학풍學風》57)을 말하는데, 이 원고는 미발표 원고이다.

그가 납북된 후 1952년 이해남이 증보하여 중등사회생활과 《이웃나라의 생활-역사부분-》을 펴낸 바 있다.58) 그러나 납북된 이후 북쪽에서는 학문적 활동을 거의 하지 않아 그의 학맥은 연결되지 못하였다.59) 그나마 1981년 《손진태선생전집》60)이 영인되어 후학들의 연구활동에 활용되고 있는 것이다.

4. 학문적 영향 및 의의

선생이 일본에서 교육을 받았으면서도 관학의 역사분위기에 휘말리지 않은 것은 올바른 학문자세를 견지하였기 때문이다. 또한 그가 신민족주의사학을 외치면서 한국사를 저술할 수 있었던 것은 일제하에서 처신한 행동에 자신이 있었기 때문이다. 그는 종래의 우리나라 역사서술이 왕이나 귀족 중심의 역사였음을 간파하고 역사가 온 계층이 통합되어 반영된 역사이어야 한다고 주장을 한 것이다.

---

54) 손진태, 《국사대요》, 을유문화사, 1949. 6.
55) 손진태, 《국사강화》, 을유문화사, 1950. 5. 이 책은 앞의 《국사대요》를 한글로 고치고, 일부를 삭제한 개정판이라 할 수 있다.
56) 손진태, 《이웃나라의 생활》, 탐구당, 1950. 7.
57) 《學風》은 1948년부터 1950년까지 발행되었다.
58) 손진태 지음, 이해남 증보, 문교부 검정필 중등사회생활과 《이웃나라 생활-역사부분-》, 탐구당, 1952.
59) 조지훈 선생이 손진태 선생의 영향을 받은 것으로 보기도 한다(김정배, 〈조지훈의 역사관 연구〉, 《한국고대사와 고고학》, 신서원, 2000).
60) 이기백 편, 《남창손진태선생전집》, 태학사, 1981.

그가 민속학이나 고대문화에 전념한 것도 민중의 문화유산을 찾으려는 일념에서 나온 것이다.

그의 신민족주의사학은 1970년대 식민사학을 극복하는 과정에서 재조명되었다. 따라서 근대 한국사학사의 발달에서 중요한 의미를 지닌 것으로 평가를 받았다. 그러한 분위기에서 《남창손진태선생전집》이 1981년 출간된 것이다. 그 후 1990년대에 들어와 '국제화'와 '세계화'가 화두가 되면서 그의 신민족주의사학은 '열린민족주의'라는 입장에서 다시 주목을 받고 있다. 또한 문화사와 생활사가 역사연구의 주요 관심사가 되면서 그의 학문적 자세가 재조명을 받고 있는 것이다.

그의 신민족주의사학은 식민주의적 한국사관·한국사상·한국사학에 정면으로 맞서 싸우면서 허위성·허구성을 폭로하였고, 또 종래의 관념적인 민족주의적 한국사관을 실천적·과학적인 민족주의적 한국사관으로 질적으로 발전시켜 한국사학사에서 커다란 의의를 지닌다고 보았다.[61] 그러나 손진태사학의 선악론, 감계주의, 교훈주의, 계급투쟁 부정의식 등으로 말미암아 한국역사에서 자본주의사회 단계를 설정하지 못하였고, 이 때문에 장차 도래할 신민족주의국가를 건설할 수 있는 주체적 역량이 성립·성장·발전하는 역사적 경로를 설정할 수 없었기에 신민족주의국가의 역사적 현실성이 묽어졌다는 비판도 동시에 제기되었다.

또한 신민족주의사관은 여전히 일원론적 테두리를 벗어나지 못하고 있으며, 지나치게 현재적인 관심이 오히려 사실의 객관적 이해를 어렵게 만들었다는 점이 지적된다.[62] 결국 도덕적인 반복사관으

61) 정창열, 〈손진태〉, 《한국의 역사가와 역사학》, 1994.
62) 주강현, 〈역사민속학의 단절과 복원〉, 《역사민속학》 11호(남창 손진태 선생 탄신 100주년 기념호), 한국역사민속학회, 2002.

로 되돌아갈 위험성을 내포하고 있다는 것이다.[63]

한편 손진태는 민족 내부뿐만 아니라 민족과 민족 사이의 관계에도 관심을 가지고 있었다. 이때 국수적인 것과 세계적인 것의 대립구도를 설정하고 있다. 국수주의적 민족주의란 감성에 기반을 둔 민족주의라고 하며 부인하였다. 그러한 민족주의는 쇄국적, 배타적, 독선적인 것으로, 대외적으로는 침략적이며 대내적으로는 전제정치 등의 문제를 일으킨다는 것이다. 그러므로 앞으로의 민족주의는 감성적인 것이 아니라 이성적이며, 현실적이고, 실제적이어야 함을 강조하였다. 따라서 진정한 민족주의란 개방적이요, 세계적이요, 평등적이어야 한다는 것이다.

> 신민족주의는 국제적으로는 모든 민족의 평등과 친화와 자주독립을 요청한다. 그리고 국내적으로는 모든 국민의 정치적, 경제적, 교육적 균등과 그에 인한 약소민족의 단결을 요청한다. 그러므로 신민족주의는 국제적으로 전쟁을 부인함과 마찬가지로 국내의 계급투쟁을 거부한다. 인류의 이상은 투쟁과 파괴에 있지 않고 친선과 건설에 있어야 할 것이니, 민족의 이상도 그러하다.[64]

그는 평등에 기반을 둔 그의 민족주의를 기존의 민족주의와 구별하여 신민족주의로 불렀다. 그런데 손진태가 민족주의와 민주주의의 결합을 강조하고 있어 주목된다. 즉 진정한 민족주의는 민주주의적 민족주의가 되어야 한다는 것이다. 여기에서 민족주의는 다시 봉건적인 것과 민주주의적인 것으로 구별된다. 기존의 민족주의가 가지고 있는 문제점을 극복하려고 한다면 봉건적이 아니라 민주주의

---

63) 이기백, 〈신민족주의사관론〉, 《문학과 지성》 1972년 가을호.
64) 《국사대요》, 1949; 《남창손진태선생전집》 1, 3~4쪽.

적이어야 한다는 것이다. 그러나 이 경우에도 손진태가 서양의 민주주의를 그대로 받아들이겠다는 것은 아니었다. 소련식 민주주의나 영미식 민주주의는 우리 현실에 맞지 않는다고 비판하였다. 그러므로 민주주의 역시 새로운 민주주의가 되어야 한다고 주장하였다. 즉 각 민족의 독립과 발전을 존중해 주는 진정한 민족주의에 바탕을 둔 새로운 민주주의를 추구해야 한다는 것이다. 이런 점에서 그는 신민주주의를 주장하였다. 따라서 손진태에게 신민족주의는 신민주주의와 서로 통하는 것이었다.[65]

그의 단절된 역사민속학은 1990년에 결성된 한국역사민속학회에 의해 계승 발전되고 있다. 그래서 2000년 선생의 탄생 100주년을 맞이하여 한국역사민속학회와 고려대박물관이 공동으로 기념행사를 가진 바 있다. 한국역사민속학회에서는 '손진태의 삶과 학문'에 대한 학술 심포지엄을 준비하였으며, 고려대박물관에서는 선생의 친필원고를 비롯한 유품을 전시하는 특별전을 마련하였다. 한국역사민속학회에서는 심포지엄에서 발표한 논문들을 모아 《역사민속학》 11집(남창 손진태 선생 탄신 100주년 기념호)을 출판하였다. 고려대박물관에서는 친필원고를 모아 남창손진태선생유고집 1, 2(《조선상고문화의 연구》, 《우리의 민속과 역사》)를 출판하였다. 앞으로 이러한 새로운 자료를 중심으로 선생의 학문에 대한 연구가 본격적으로 이루어지리라고 생각한다. 선생의 역사민속학과 신민족주의사학은 보편성과 특수성을 모두 아우르려는 데 그 특징이 있으므로 우리는 이를 비판적으로 계승하여 발전시켜 나가야 한다.

남창 손진태는 흔히 한국민속학과 역사학의 거인이라 일컬어지고 있다. 그러나 실상 그가 남겨 놓은 업적들을 고찰하면 그는 역사

---

65) 김수태, 〈신민족주의사학론〉, 《역사민속학》 11호(남창 손진태선생 탄신 100주년 기념호), 한국역사민속학회, 2002.

학과 민속학뿐만 아니라 국문학 분야에서도 매우 중요한 업적을 많이 남기고 있다. 그는 구전으로 전승되는 자료인 설화, 무가, 민요 등의 자료를 수집하여 연구하였으며, 《삼국유사》와 같은 문헌에 실려 있는 설화도 연구하였으며, 나아가서는 시조에 관한 연구도 진행하였다. 또한 다수의 시를 창작하기도 하였으며, 아동극 대본도 집필한 바가 있다. 그의 관심과 연구는 국문학 전 분야에 걸쳐 있었다고 해도 과언이 아니다.[66]

남창이 취급한 연구대상은 실로 광범위하지만, 특히 민간신앙, 구비전승, 사회생활 분야에 힘을 쏟았다. 민간신앙 분야에서는 복화무와 맹격을 포함한 무속일반과 서낭당, 장승, 솟대, 선돌, 삼신, 산신, 검줄, 그리고 역사문헌에 입각하여 조선과 중국민족의 신앙도 연구하였다. 구비전승에서는 신화, 전설, 민담, 무가, 동요, 그리고 욕설까지 대상으로 하였고, 사회생활 분야로는 데릴사위제, 과부약탈혼, 근친혼을 포함한 혼인풍속, 민간의 주거형태, 온돌, 뒷간, 석전, 감자·고구마의 전래 문제, 줄다리기, 세시풍속, 그리고 고고학의 대상도 되는 고인돌을 연구하였다. 이러한 주제들은 최근 생활사와 신문화사가 역사연구의 중요한 주제로 떠오르게 되면서 다시 각광을 받기 시작하는 것들이다.

그가 한결같이 보여준 연구태도 및 방법은 사실 조선의 전통적인 학풍에 토대를 둔다. 조선 후기 실학자들이 일부 민속 분야의 서술에서 보여준 기본태도는 역시 역사문헌과 현지자료를 연계시키고 또한 인근 민족과 비교하는 데 있었다. 그들은 어떤 민속을 현장에서 목격하든지, 아니면 역사문헌에서 어떤 민속을 발견한다면, 그것들이 역사문헌과 민속현장에서 어떻게 존재하는지 궁금해 했다. 그

---

66) 이수자, 〈구비문학 연구의 성격과 의의〉, 《역사민속학》 11호(남창 손진태선생 탄신 100주년 기념호), 한국역사민속학회, 2002.

리고 그러한 민속의 시간성과 지역성에 주목하고 초보적이나마 해석해 내려고 하였다. 또한 때로는 인근 지역의 민속과 비교하여 그 보편성과 특수성을 지적하고, 역시 그에 대한 합리적 설명을 시도하였다. 이 점은 당대의 다른 학자들에게서도 나타나는 보편적인 현상이다. 남창은 이러한 학풍을 자연스럽게 체득하고 있었고, 여기에 일본 유학을 통하여 진화주의 및 전파주의 인류학 이론을 수용하였고, 이를 민속학 연구의 기초로 삼는가 하면 연구에 집중적으로 투영시켰다.

그러나 남창의 학문 활동이 한국전쟁으로 인하여 비극적으로 중단된 뒤 그가 이룩한 역사민속학의 성과나 방법은 올바르게 또한 활발하게 비판·계승·발전되지 않았다. 오로지 일부의 국문학이 민속 연구에 아성을 구축하였다. 국사학이 민속의 학문적 가치를 몰각하고 기피했던 상황이 현대의 민속학 발전에 큰 지장을 초래하였다. 따라서 현지의 민속자료와 문헌의 민속자료를 연계하여 역사적으로 민속을 연구하는 방법이 보다 발전되어야 한다.

1981년 선생의 전집이 간행되어 후학들이 연구하는 데 도움을 주고 있으나 《조선 상고문화의 연구》, 《국사강화》, 《이웃나라의 생활》 등을 비롯한 많은 논저들이 빠져 있다. 그러므로 장남인 손대연 씨가 간직해 온 유고 중에 미발표 원고를 모은 남창 손진태 선생 유고집을 통하여 선생의 학문을 보다 면밀하게 검토하도록 노력하는 것이 후학들의 과제라고 하겠다.

남창 손진태 선생 유고집의 내용과 성격*

머리말

2000년 12월 남창 손진태 선생 탄신 100주년을 맞이하여 한국역사민속학회에서는 손진태 선생의 학문세계를 재조명하는 심포지엄을 가진 바가 있다.1) 한편 고려대박물관은 지난 2000년 12월 손진태 선생의 탄신 100주년을 맞이하여 선생의 학문과 생애를 재조명하는 특별전시회를 개최하였다.2) 전시회를 준비하는 과정에서 고려대박물관은 남창 선생의 장남인 손대연 씨와 차녀 손경수 씨로부터

---

* 이 글은 '최광식, 《손진태 유고집》의 내용과 성격), 《한국사학보》 30, 2008'의 내용을 《우리나라 역사와 민속》의 구성에 맞춰 수정·보완한 것이다.
1) 이때 발표된 내용과 토론한 내용을 모아 논문집으로 간행하였다(한국역사민속학회 편, 《역사민속학》 13집, 2001).
2) 2000년 손진태 선생 탄신 100주년 기념으로 12월 1일부터 12월 31일까지 특별전시를 하였다. 2001년 1월 한달 동안 연장 전시가 끝난 뒤에 유족 측으로부터 유고와 유품을 기증받게 되어 보관하고 있다(최광식 편, 도록 《손진태의 삶과 학문》, 고려대박물관, 2000).

선생의 친필 유고를 입수하였다. 이를 정리하여 2002년 가을에 선생의 유고집 두 권을 출간하였다.[3] 그리고 유고집이 출간된 지 몇 개월 지나지 않아 장남 손대연 씨가 작고하였는데, 손대연 씨의 부인이 남편의 유품을 정리하다가 새로운 자료를 발견하여 고려대박물관에 기증하게 되었다. 이에 고려대박물관은 두 권의 유고집 출간이후 새롭게 입수한 유고들을 정리하여 2007년에 손진태 선생 유고집 3 《우리나라의 문화》를 출간하기도 하였다.[4]

2002년 고려대박물관에서 출간한 남창 손진태 선생 유고집 1은 일어로 쓰인 《조선상고문화의 연구》이며, 유고집 2는 민속과 역사에 관한 글들을 모은 《우리의 민속과 역사》이다. 그리고 2007년에 출간된 남창 손진태 선생 유고집 3은 《우리나라의 문화》이다. 특히 남창 손진태 선생 유고집 3 《우리나라의 문화》에서는 본래 하나의 원고뭉치인데도 입수한 순서대로 책으로 엮는 과정에서 부득이하게 남창 손진태 선생 유고집 2 《우리의 민속과 역사》에 먼저 실린 부분은 함께 정리하여 싣기도 하였다.[5]

이번에 출간되는 남창 손진태 선생 유고집 《우리나라 역사와 민속》은 기존에 고려대박물관에서 출간되었던 세 권의 유고집을 체계적으로 정리하여 한 권의 책으로 새롭게 엮은 것이다. 《우리나라 역사와 민속》에서는 손진태 선생이 남긴 다양하고 방대한 원고들을 역사, 민속, 신가, 설화 등 모두 네 가지의 주제로 분류하였다. 고려

---

3) 손진태 저·최광식 역, 남창 손진태 선생 유고집 1 《조선상고문화의 연구》, 고려대박물관, 2002.
   손진태 저·최광식 편, 남창 손진태 선생 유고집 2 《우리의 민속과 역사》, 고려대박물관, 2002.
4) 손진태 저·최광식 편, 남창 손진태 선생 유고집 3 《우리나라의 문화》, 고려대박물관, 2007.
5) 최광식, 〈《손진태 유고집》의 내용과 성격〉, 《한국사학보》 30, 2008.

대박물관에서 간행한 유고집에서는 선생이 표기한 문투를 오탈자까지 그대로 두어 자료 소개에 충실을 기했다면, 이번《우리나라 역사와 민속》에서는 그 문체를 현대국어에 맞게끔 다듬는 작업을 함께 진행하였다. 아울러 기존 유고집을 출간한 뒤 지금까지 확인되었던 몇 가지 오류들을 수정·보완하였다.

그렇다면 지금부터《우리나라 역사와 민속》의 내용과 성격을 각 주제별로 살펴보도록 하겠다.

제1부 역 사

1) 〈조선역사 개설〉

1947년에 쓴 원고지 28쪽 분량의 완성된 원고로, 한국의 역사를 전반적으로 다루고 있다. 민족, 왕조, 문화, 정치, 경제, 사회, 문화, 교육, 미술과 공예, 과학 등으로 나누어 우리 민족의 독자성과 독창성을 강조하고 있다. 그리고 한민족은 단순히 모방만 하는 국민이 아니므로 그들의 전통문화에 새로 유입되는 구미문화를 완전히 섭취 소화하여 특색있는 신문화를 건설함으로써 인류역사상 한 역할을 충분히 담당하여 나아갈 것이라고 결론을 맺고 있다. 이 글은 한국의 역사를 각 소제목으로 나누어 개설적으로 서술하고 있어 소략한 점이 있으나, 손진태의 역사인식을 잘 보여주고 있다.

2) 〈조선민족사의 진로〉

이 글은 1947년《경향신문》에 기고한 것으로, 우리 민족사의 진로에 대한 손진태 선생의 견해가 나타나 있다. 선생은 민족문화의 세계적 건설과 이를 위한 조선민족사의 진로에 대해 고민하였던 것을 알 수 있다. 그리고 그는 백남운의 이른바 사회경제사학을 인정하고 있으나, 민족의 발견에 소홀하였던 한계점을 분명히 지적하고 있다. 손진태는 우리 민족이 단일 민족이며 삼국시대 이래의 귀족지배정치에 대해 비판하고, 그 대안으로 민족평등사회를 제시하고 있다. 또한 귀족중심의 민족문화에 대한 비판과 아울러 진정한 민족문화 건설을 이루어야 한다는 점을 강조하고, 세계민족친선의 참다운 항로를 발견하려면 냉정한 비판과 검증이 필요함을 역설하고 있다.

3) 〈우리나라 문화〉

〈우리나라 문화〉는 우측 하단에 '문교부 편수국'이라고 인쇄된 400자 원고지에 73매의 분량으로 작성되었다. 원고의 첫 장 머리 부분에는 "중등학교 사회생활과 역사 부분 우리나라 문화 국립서울대학교 교수 손진태 지음"이라는 글자가 자필로 기재되어 있다. 이를 통해 〈우리나라 문화〉는 중등학교 사회생활과의 역사 과목 수업을 위해 집필된 교과서라는 사실을 확인할 수 있다. 이와 더불어 1946년 10월 이후, 즉 선생이 서울대학교 문리과대학 사학과 교수로 재직하기 시작한 뒤에 원고 작성이 이루어졌음을 알게 되었다.

선생이 구상한 〈우리나라 문화〉의 전체적인 구성은 원고의 첫 장에 기재된 차례에서 잘 드러나는데, 이를 살펴보면 다음과 같다.

　一. 고대의 문화
　　1. 선사 시대의 유물遺物·유적遺跡
　　2. 고대인古代人의 경제생활과 사회생활

3. 고대인의 종교 도덕 과학

二. 삼국시대의 문화

1. 한족漢族 문화의 수입

2. 불교의 수입과 그 일본에 미친 영향

3. 고구려 문화의 특색

4. 백제 문화의 특색

5. 가야의 문화

6. 신라 초기 문화의 특색

7. 삼국의 사회생활과 민속民俗

三. 신라 및 발해의 문화

1. 발해의 유적과 그 문화

2. 신라의 미술과 공예

3. 신라의 학문과 교육

4. 신라 문화의 특색

5. 신라 및 발해의 경제생활과 사회생활

四. 고려의 문화

1. 불교의 융성과 고려 문화와의 관계

2. 교육·학문의 진흥과 문예

3. 미술·공예의 발달과 그 특색

4. 인쇄술의 발달

5. 민중의 사회생활

五. 근세 조선의 문화

1. 유교 정책과 그 학설 및 영향

2. 국문 제작과 그 영향

3. 과학의 발달과 각종 기계의 발명

4. 문예 부흥과 실용 학문의 발흥

5. 인쇄술의 발전

6. 미술·공예의 발전과 그 특색

7. 사회생활

六. 최근세의 문화

1. 세계 무대에의 진출과 그 영향

2. 서양 문명의 수입과 생활의 변혁

3. 민중의 신운동

4. 국학國學 발전과 신문예의 발족

七. 민족성

1. 우리 민족성의 장처와 단처

2. 민족의 나아갈 길

八. 우리 문화와 세계 문화

이에 따르면 〈우리나라 문화〉는 총 8개의 장으로 구성되어 있다. 그 가운데 1장에서 6장까지는 저자의 시대 구분 기준에 따라 한국사 전반을 6개의 시대로 나누고, 각 시대에 해당하는 문화사를 정리하였다. 이와 달리 7장과 8장은 역사적 사실에 대한 서술이라기보다는 중등학교 학생들에게 올바른 역사관을 확립시킬 목적에서 구성에 포함된 것으로 보인다.

선생의 유고에는 〈우리나라 문화〉의 제목과 차례가 기재된 첫 페이지를 포함하여, 1장 "고대의 문화"에서부터 3장 2절 "신라의 미술과 공예" 일부에 해당하는 원고가 포함되어 있었다. 비록 고려시대 이후로는 전하는 원고가 없어 전체의 내용을 확인할 수는 없다. 그러나 〈우리나라 문화〉가 한국 최초로 집필된 문화사 교과서이자 통사라는 점을 감안했을 때, 이번 원고의 공개는 사학사적으로 큰 의미를 지닌다고 하겠다. 더구나 이 시기에 가야와 발해를 독립적인 절로 설정하여 서술한 것은 그의 역사인식이 매우 폭넓은 것이었음을 알 수 있다. 더구나 고대, 삼국사, 신라와 발해, 고려, 근세조선, 최근세 등으로 시대를 구분하고 문화를 중심으로 저술한 것은 사실 지금도 찾아보기 힘들다.

4) 〈조선민족사개론〉 하

이 원고는 고려대박물관에서 두 권의 유고집을 출간한 이후 새롭게 입수한 유고들에 포함되어 있었다. 처음 원고를 인수받았을 당시 원고에는 서설을 비롯한 장·절의 제목만이 기재되어 있을 뿐, 책의 제목이 기재되어 있지 않아 선생이 어떤 책을 위해 집필한 원고인지 확인할 수 없었다. 때문에 원고의 제목을 확인하려면 원고에 기재된 내용과 구성 등을 기존에 발표된 선생의 연구업적과 비교·검토할 필요가 있었다. 먼저 그 구체적인 목차를 살펴보면 다음과 같다.

> 서설 고려사의 특수 성격
> 제9장 고려 통일의 의의와 북방 회복운동 및 내정의 정돈
> 　제1절 고려 통일의 민족사적 의의
> 　제2절 고려의 북방 회복운동

이와 같이 원고는 고려사에 관련된 내용으로 서설과 제9장의 1절, 2절로 구성되어 있다. 여기서 책의 머리말인 서설 뒤에 1장이 아닌 9장이 배치되어 있다는 사실을 통해 본 원고가 하나의 완결된 결과물이 아니라는 점을 확인할 수 있었다. 이러한 사실들을 감안했을 때 본 원고는 남창 손진태 선생이 완성하지 못한 것으로 알려진 《조

선민족사개론》 하권의 일부로 보는 것이 타당할 듯하다. 을유문화사에서 1948년에 간행한 《조선민족사개론》 상권은 조선민족의 성립에서부터 통일신라까지의 역사를 총 8장에 걸쳐 서술하고 있기 때문이다.

고려대박물관에서 2002년에 발간한 선생의 유고집 2 《우리의 민속과 역사》에는 선생이 잡지에 싣고자 자필로 작성한 《조선민족사개론》 하권 제1회 머리말에 해당하는 글이 소개된 바 있다.6) 이에 따르면 선생은 자신이 펴낸 중학교용 교과서 《조선민족사》의 참고서로써 《조선민족사개론》을 집필하고자 하였다고 한다. 그러나 건강상의 문제 등 여러 가지 요인으로 인하여 완전히 탈고하지 못하고, 우선 "신라통일시대"까지를 상권으로 간행하였다. 그 뒤 선생은 고려시대에서부터 조선시대에 이르는 나머지 분량을, 하권이 간행될 때까지 잡지에 매회 차례대로 게재하고자 하였다. 위에서 언급한 을유문화사의 잡지는 1948년부터 발행된 《학풍學風》을 의미한다. 따라서 손진태 선생의 유고에 포함된 《조선민족사개론》 하권의 원고는 선생이 1948년 《학풍》7)에 게재하기 위해 작성한 초고라고 하겠다.

원고는 두 묶음으로 발견되었는데 그 내용과 구성이 대부분 일치한다. 그중 하나는 보성전문학교 원고지에 작성되었는데, 많은 교정의 흔적으로 보아 최초에 작성된 초고로 보이며 다른 하나는 그 초고를 바탕으로 옮겨 적은 완성본인 듯하다. 각각의 분량은 원고지 51매와 73매이다.

한편 손진태 선생 유고집 2 《우리의 민속과 역사》에는 《조선민족사개론》 하권 1회 머리말과 함께 제3절에 해당하는 내용의 원고도 공개된 바 있다. 다만 당시에는 원고의 제목이 무엇인지 파악할

---

6) 손진태 저, 최광식 편, 《우리의 민속과 역사》, 고려대박물관, 2002, 9쪽.
7) 《학풍》은 1948년부터 1950년까지 발행되었다.

수 없어 "제3절 고려초기의 내정정돈과 그 당·송화"와 "기타"라는 제목으로 공개되었다. 그러나 나중에 추가로 입수된 원고가 《조선민족사개론》 하의 서설과 제9장 1, 2절에 해당하는 내용이라는 점을 확인하여 이전에 공개된 원고 역시 같은 책의 제3절에 해당하는 부분임을 알게 되었다. 그리하여 2007년에 출간된 손진태 선생 유고집 3 《우리나라의 문화》에서는 선생의 원고를 최대한 원형에 가깝게 복원한다는 뜻에서 이전에 발표되었던 원고들의 내용을 그 순서에 맞춰 다시 실었다. 손진태 선생의 유고를 바탕으로 복원한 《조선민족사개론》 하권의 첫 원고 구성은 다음과 같다.

> 머리말
> 서 설 고려사의 특수 성격
> 제9장 고려 통일의 의의와 북방 회복운동 및 내정의 정돈
> 　제1절 고려 통일의 민족사적 의의
> 　제2절 고려의 북방 회복운동
> 　제3절 고려 초기의 내정정돈과 그 당·송화

5) 한국사 지도

선생의 유고 속에는 선생이 직접 손으로 그린 16개의 한국사 관련 지도가 포함되어 있다. 16개의 지도는 모두 14장의 원고에 그려져 있는데, 각각의 지도마다 지도의 순번과 제목을 기재하였다. 고조선에서부터 개항기에 이르는 한국사 전 시기를 대상으로 삼았지만 '삼국시대'와 '신라통일시대'[8])에 해당하는 내용의 지도는 빠져

---

8) 손진태 선생의 《국사대요》 용어를 따랐다.

있다. 본 자료는 남창 손진태 선생의 역사지리 인식을 잘 살필 수 있는 귀중한 자료라고 생각된다.

지도의 구체적인 목록은 다음과 같다.

1. 고조선 부족국가 성립 시대
2. 고조선 부족연맹왕국 성립
11. 고려 초기도
12. 고려와 원의 관계도
13. 고려 중기 이후 5도 양계도
14. 홍건적과 왜구 침입도[9]
15. 고려북경 개척도
(16.) 고려 말기의 아시아
17. 이씨 조선 초기도
18. 임진 정유왜란도
19. 이순신 해전도
20. 천주교 관계도
21. 청태조의 건국과 정묘 병자호란도[10]
22. 청국과 러시아의 아시아 침략도
23. 근세조선
24. 병인양요 관계도

고조선 부족국가시대라고 하였지만 그 영토는 지금 우리 한국학계의 연구성과와 거의 차이가 없을 정도이다. 고조선 부족연맹왕국 성립이라고 하였지만 연맹왕국의 성립이라는 명칭으로 오국시대의

---

9) 원고에는 '홍건족과 왜구 친입도'라고 기재되어 있다.
10) 원고에는 '청고조의 건국과 정묘 병자호란도'라고 기재되어 있다.

영토를 비정하고 있는 것이 특징이라 하겠다. 고려시대의 지도에는 요, 금, 원 등 주변나라와의 관계도를 그리고 있는 것이 특징이다. 또한 홍건적과 왜구의 침입도, 고려의 북경 개척도 등 대외항쟁 및 영토 확장에 관심을 갖고 있다는 것을 알 수 있다. 조선시대의 경우도 임진왜란도, 이순신 해전도, 청국과 러시아의 아시아 침략도 등 외세의 침입과 그에 대한 항쟁에 대해 관심을 갖고 지도를 그리고 있다. 이것은 식민지시대를 겪고 해방을 맞이하면서 한국사의 흐름 속에서 외세의 침입과 그에 대한 항쟁을 보여줌으로써 국민적 자의식을 고양시키고자 하는 의도라고 생각한다.

제2부 민속

1) 〈조선 상고문화의 연구〉

이는 일부를 잡지 《동광東光》 2권 3호에서 8호에 걸쳐 연재하였던 조선 고대 종교의 종교학적·토속학적 연구 (1), (2), (3), (4), (5)와 그 이후에 썼던 내용을 보완한 원고이다. 일본어로 씌어 있는데, 맨 앞에 전체의 목차와 쪽수까지 적혀 있어 출판을 위한 원고라는 것을 알 수 있다. 또한 《동광》지에 발표한 것 이외에 많은 내용이 보완되어 있다. 예컨대 제4장, 제5장, 제6장, 제7장 등이 새로 보완된 내용들이다. 전체 목차를 보면 다음과 같다.

제1장 조선 고유 원시종교
　　제1절 조선 고유 종교는 '샤머니즘'인가
제2장 상상의 환경과 혼·죽음·병에 대한 관념

　　　제1절 상상의 환경

　　　제2절 영혼과 후세생활

　　　제3절 병의 원인과 복혼

　제3장 정령과 악정구양

　　　제1절 샤먼교적 여러 정령

　　　제2절 악정령 구양

　제4장 샤먼

　　　제1절 가족적 샤먼

　　　제2절 직업적 여러 샤먼

　　　제3절 샤먼의 신내림과 그 모시는 신

　　　　　1. 무녀와 박사

　　　　　2. 태자무녀와 맹두

　　　　　3. 신빙적 점쟁이 기타

　　　　　4. 맹샤먼

　　　제4절 샤먼의 여러 기물과 복장

　　　제5절 여러 샤먼의 발생적 관계

　제5장 다신교적 여러 신과 승려

　　　제1절 신의 종류 및 성질

　　　제2절 산천신의 신성과 그 기원

　　　제3절 조상 숭배의 맹아

　　　제4절 승려

　제6장 원시제단과 금기

　　　제1절 퇴석단·소도·입석-(연구여행보고)

　　　제2절 禁繩-(연구여행보고)

　제7장 샤먼계급의 역사적 고찰

　　　제1절 무격계급의 역사적 성쇠

이 원고는 1926년에 완성된 것으로, 아마 와세다대학 사학과 졸업논문이 아닐까 추측해본다. 이 글은 선생이 조선 고유의 신앙이자 상고문화, 고대 종교를 이해하기 위해 쓴 만큼 고대 종교의 성격을 파악하기 위해서 저술한 것이다.11) 제6장(원시제단과 금기)은 목차에는 기록이 되어 있으나 정작 본문 내용은 기록되어 있지 않다. 아마 퇴석단·소도·입석에 대한 연구여행보고서와, 금줄〔禁繩〕에 대한 연구여행보고서를 추가하려고 하였던 것 같다.

전체 내용이 주술샤먼에서 다신교〔巫覡〕로, 그리고 일신교로 발전한다는 진화론적 인식을 기본으로 깔고 있는 것이 가장 문제라고 지적할 수 있겠다. 그러나 새로 발견된 제4장과 제5장, 그리고 제6장의 내용은 우리의 고대 종교와 신앙에 대한 큰 틀을 제시하고 있으며, 역사적 맥락을 보여주고 있다고 하겠다.

제4장에서는 샤먼을 가족적 샤먼과 직업적 샤먼으로 분류하고, 각 샤먼들에 대한 명칭과 그 기원에 대해 논하고 있다. 또한 샤먼의 제기물과 복장에 대해서도 현지조사자료와 문헌자료를 활용하여 설명하고 있으며, 여러 샤먼의 발생적 관계에 대해서도 논하였다.

제5장에서는 우리 고대 신앙의 여러 신들의 종류와 성질에 대해 문헌자료를 바탕으로 총망라하고 있다. 천신天神, 지신地神, 태양신〔日神〕, 달신〔月神〕, 별신〔星辰神〕, 소도신蘇塗神, 조신竈神, 가신家神, 산신産神, 온돌신溫突神, 해신海神, 우물신〔井神〕, 풍신風神, 수신樹神, 주신酒神, 된장신, 창고신倉庫神 등을 우리 자료뿐만 아니라 주변 지역의 자료를 포괄하여 추출하였다. 또한 산천신에 대해서는 절을 별도로 하여 우리의 여러 문헌과 주변 지역의 문헌을 섭렵하며 산천신의 기원에 대해 깊이 연구하고 있다.

---

11) 이필영, 〈민간신앙연구의 성격과 의의〉, 《역사민속학》 11집, 2001.

물론 현재의 문화가 고대문화의 잔존물이라는 관점은 통시적인 역사성을 무시하였다는 비판을 들을 수 있다.[12] 그러나 선생은 단순히 잔존물이라는 관점이라기보다는 그러한 문화가 어떻게 변화하였는가에 관심이 있었다고 할 수 있다. 예컨대 무격이나 승려의 경우 시대에 따라 그들의 사회적 역할과 신분에서 어떤 변화가 있었는가에 대해 그는 매우 주목하고 있는 것을 볼 수 있다. 따라서 그는 제6장에서 무격계급의 역사적 고찰을 하며 고대에서 고려, 조선시대를 거치면서 무격이 어떻게 변화하였는가를 고찰하고 있다.

2) 〈민속과 민족〉

조선교육연구회 원고지에 선생의 민속과 민족에 대한 견해를 정리하였는데 16쪽이 남아 있다. 여기서는 민속과 민속학, 민속과 역사, 귀족문화와 민족문화, 민속과 민족으로 나누어 논하고 있다. 민속문화와 귀족문화를 포괄하여 민족문화라 하지 않고 민속문화만을 민족문화로 보는 것이 특이하다. 손진태의 민속문화와 민족문화에 대한 인식을 살펴볼 수 있다.

3) 〈한국의 민속 예술—특히 그 가무연극에 대하여—〉

보성전문학교 용지에 일본어로 씌어 있는 논문으로, 민속예술 가운데 특히 가무연극에 대한 내용을 담고 있는 원고이다. 고대의 가무연극, 중세 및 근세의 가무연극으로 나누어 서술하였는데, 4쪽에서 9쪽까지 남아 있다. 고대의 가무연극에서는 고대의 제천대회에서

---

12) 주강현, 〈역사민속학의 단절과 복원〉, 《남창 손진태의 역사민속학연구》, 민속원, 2003.

이루어지는 풍년을 기원하는 주술적 연극과 향가에 대해 서술하였다. 중세 및 근세의 가무연극에서는 불교가 수용된 뒤의 가면극에 대해 논하고 있다. 또한 창극, 가사와 가요, 잡가, 승무, 검무, 학무, 무당무, 양반무, 사자무 등에 대해서도 언급하였다. 한국 민속예술의 발달과정을 약술하고 나름대로 그 일반적 특색을 소개하였다.

4) 민속 일반

유고에서 손진태 선생이 민속과 관련하여 채집·정리한 여러 자료들을 제시한 것이다. 여기에 실린 자료의 목록을 제시하면 다음과 같다.

가정 내의 사신 / 가족무 / 강신봉 / 태자·공주(1) / 태자·공주(2) / 무첩신과 관련한 이야기 두 편 / 살殺·상배운喪配運 / 반수·이장 / 동갑장同甲醬·방문주方門酒 / 혼가상투婚家相鬪·문주門呪 / 혼속 / 산모단山母壇 / 함흥국사단기문咸興國師堂記文 / 당산당山 / 성황당(경성) / 아파리丫波里 성황신城隍神 / 푸재질[小祈禱] / 화전민 신앙 / 굴골[紇骨] 도산령都山靈 / 화전민의 혼속 / 액막이[厄流] / 조상신주祖上神主 / 풍신제風神祭 / 기우제祈雨祭 / 그물굿 푸념[器物祭神託] / 성주成主 / 단오로端午露 / 상인의 연악宴樂 / 산놀이[中秋山遊] / 걸선침乞善針 / 무지개[虹] / 버드나무[柳]와 민성民性 / 봉선화 / 개와 닭의 눈 / 백발白髮·눈물이 남[出淚]·죽음[死] / 까마귀 위협하기[嚇鳥] / 삼등의 박수[覡] 방칠성方七星 / 아파리 눈먼 박수[盲覡] 김인석 / 무병巫病(아파리의 여러 무) / 아파리 무巫 강태평 / 성천成川 무巫 원순이 / 중화무中和巫 / 여러 신의 신성神性 / 보살노친네[菩薩老親]

〈살殺·상배운喪配運〉은 1931년 9월 15일 전남 여수읍 김응수 노인에게 들은 이야기로, 배우자를 잃어버릴 운과 관련된 상배수에 대한 민속을 소개하고 있다. 〈반수·이장〉은 1931년 성천 아파리의 74세 노인 석관칠로부터 들은 '동네어른'에 대한 이야기이다. 평양 각지에는 동리마다 반수·이수 또는 이헌·이장이라고 부르는 자가 옛날에 있었는데 속어로 이들을 '동네어른'이라 하였다고 한다. 〈동갑장同甲醬·방문주房門酒〉를 통해서 황해도 해주에서는 딸을 낳았을 때 장을 담갔다가 시집갈 때 이것을 가지고 가게 하는데 이것을 '동갑장'이라 했음을 알 수 있다. 또한 황해도 약주 가운데 박문주(혹은 방문주)라는 것이 있어 매우 맛이 좋은데, 박씨 문중에서 만들기 시작하여 이 이름이 붙었다고 한다.

〈혼가상투婚嫁相鬪·문주門呪〉에서는 1930년 7월 평남 성천군 아파리에서 들은 문주門呪의 풍습과 해주 송남섭 씨로부터 들은 혼가상투속에 대해 기술하고 있다. 해주에서는 신혼 때 신랑 집안의 청년이 신랑을 옹위하면서 신랑 집에 가면 신부 집에서도 가까운 청년들이 많이 나와서 양자간에 들어가니 못 가니 하는 큰 싸움이 시작되며, 신부집 쪽이 패하든지 화해를 한 뒤에야 비로소 들어가 식을 올리는 풍습을 소개하였다.

〈혼속〉은 1931년 8월 평남 아파리 석관칠 노인으로부터 들은 이야기로 매매혼, 솔서, 예부, 과부도적 들에 대한 민속이다. '매매혼'이라는 용어는 사회과학적 논의에서는 사람을 사고판다는 말 자체를 인정할 수 없다는 점에서 부정되어 온 개념이라는 것은 이미 알려진 사실이다.[13] 선생은 가난한 집안의 남성이 처가에 들어가 사는 혼인양상을 '솔서혼' 곧 '대리사우'라 하였으며, 이는 '데릴사위'와

---

13) 박혜인, 〈솔서(대리사우)·혼속조사자료 분석〉, 《남창 손진태의 역사민속학연구》, 민속원, 2003.

일치한다고 서술하였다. 그러나 '데릴사위'가 반드시 빈민 사이에서만 관행된 것은 아니다. 오히려 경제적으로 여유가 있지만 아들이 없는 가정에서 양자를 들이지 않고 사위의 노동력을 이용하고자 데릴사위를 맞이하는 것이 더 일반적이라고 할 수 있다.[14]

1923년 8월에 경북 성주군읍 이익주 씨로부터 들은 〈버드나무[柳]와 민성民性〉을 비롯하여 〈걸선침乞善針〉, 〈무지개[虹]〉, 〈봉선화〉, 〈개와 닭의 눈〉, 〈백발白髮·눈물이 남[出淚]·죽음[死]〉 등의 민속에 대해서도 기술하고 있다. 한편 1927년 11월 평양에서 모군으로부터 들은 바에 따르면 평양의 다른 이름이 유경柳京인 것도 기자가 평양에 버들을 심은 데서 나온 명칭이라고 하였다.

〈화전민의 혼속〉은 화전민의 솔서, 예부제에 대해 기술하고 있는데 여기서 '결혼식'이라는 표현이 유일하게 나타나고 있다. 화전민은 빈곤하기 때문에 혼인은 솔서와 예부가 보통이고 매매혼도 한다고 한다. 1930년 10월 전남 여수군읍 김동건 씨에게 들은 〈산모단山母壇〉, 1930년 5월 경성에서 들은 〈성황당〉, 성천읍 차원술 노인으로부터 들은 〈화전민신앙〉, 1931년 8월 아파리 석관칠 노인으로부터 들은 〈아파리Y波里 성황신城隍神〉, 1930년 9월 전남 여수군읍 김동건 씨로부터 들은 〈당산堂山〉, 〈굴골[紇骨] 도산령都山靈〉, 1931년 5월 성천읍 차원술 노인으로부터 들은 〈액막이[厄流]〉, 〈조상신주〉, 〈풍신제風神祭〉, 〈기우제祈雨祭〉 등이 기술되어 있다.

무속인에 대해서는 성천군 원순이로부터 1931년 5월 27일 조사한 〈무병巫病(아파리의 여러 무)〉, 강동읍 안기호 씨로부터 들은 〈삼등의 박수[覡] 방칠성方七星〉, 1931년 여름에 조사한 〈아파리 무 강태평〉, 1926년 3월 중화군의 무녀 윤복성을 조사한 〈중화中和 무巫〉 등

---

14) 박혜인, 위의 글(2003).

이 흥미롭다. 특히 강태평과 중화 무에 대해서는 무제절차와 무가, 무구 등을 자세히 기록하고 있어 평안도 무속을 연구하는 데 중요한 자료라 생각한다. 더욱이 평안도 지역의 무속에 대한 자료가 영성하므로 매우 중요한 의미를 갖고 있다고 하겠다.

1943년 충남 한산에서 이하복 씨로부터 들은 〈성주〉, 〈단오〉, 〈상인의 연악宴樂〉, 〈까마귀 위협하기[嚇鳥]〉, 〈보살노친네[菩薩老親]〉 등과 같은 민속자료를 보고하기도 하였다. 대부분의 민속조사가 1920년대와 1930년대 초반에 이루어진 것에 대하여, 일부이기는 하지만 1940년대에 이루어진 민속조사라는 데 의미가 있다. 여태까지 1930년대의 민속에 대한 자료는 제법 많으나 1940년대 조사한 민속 자료는 거의 없는 실정이라 하겠다.

제3부 신가神歌[15)]

1) 〈조선 무격의 신가神歌〉

이 원고는 일련의 기도사祈禱詞를 정리한 것으로서 각 원고 끝에 '1932년 6월 평북 강계읍 서부동 남무男巫 전명수의 구술과 소장 자료의 필사'라고 그 출처를 밝히고 있다. 이는 1935~1937년에 《청구학총青丘學叢》 20·22·23·28호에 각각 실린 〈朝鮮巫覡の神歌〉 (1)~ (4)와 유사한 내용의 원고이다. 그러나 《청구학총》에 발표된 〈朝鮮

---

15) 일반적으로 무가를 신가라고도 한다. 무가는 신과 인간의 대화에 있어 무당이라는 사제자가 중개하고 통역하는 언어, 즉 신의 언어이자 신에 대한 인간의 언어이고 신성한 의례에서 구연된다. 이것은 무가가 신성성을 띠고 있다는 것을 말한다. 따라서 무가를 신가라고도 하는 것이다.

巫覡の神歌〉는 채집한 신가들의 본래 사투리를 그대로 옮겨 적고 그 아래 표준어로 정리한 것과 일본어로 번역한 것을 함께 싣고 있는 반면, 본 원고에는 일본어 번역 부분이 빠져 있다. 본문의 용어에 대한 각주도 《청구학총》에 실린 〈朝鮮巫覡の神歌〉의 경우 일본어로 작성되었지만, 본 원고는 한글로 기재되어 있다.

이러한 점으로 미루어 보아 본 원고의 성격은 다음과 같이 두 가지 가능성을 놓고 생각해 볼 수 있겠다. 우선 첫 번째는 이것이 선생의 일문 원고인 〈朝鮮巫覡の神歌〉를 《청구학총》에 공간公刊하기 전, 한글로 작성한 초고일 가능성이다. 이 경우 이 원고가 작성된 시기는 강계 남무 전명수로부터 신가를 채집한 1932년 6월에서 《청구학총》에 〈朝鮮巫覡の神歌〉가 처음 실린 1935년 5월의 어느 때가 되겠다. 두 번째 가능성은 1930년대 중후반 《청구학총》에 일본어로 발표된 바 있는 〈朝鮮巫覡の神歌〉를 이후 한글 원고로 정리하여 책으로 엮고자 한 가능성이다. 그렇다면 원고는 〈朝鮮巫覡の神歌〉가 《청구학총》에 마지막으로 실린 1937년 5월 이후 어느 시기에 작성되었을 것이다.

본 원고와 함께 발견된 목차에 해당하는 메모의 내용은 다음과 같다.

이상의 목차는 선생이 채집하여 발표한 다양한 신가들을 그것이 발표된 잡지별로 일목요연하게 정리한 것이다. 이중 유고에 포함되어 있는 신가는 《청구학총》에 발표된 신가의 한글 원고16)와 《불교佛敎》에 발표된 7개의 신가 가운데 마지막에 해당하는 七. 지양푸리 등이다.17)

---

16) 마지막 신가인 日月노리푸념은 누락되어 있다.
17) 남창 손진태 선생 유고집 3 《우리나라의 문화》 3장 2절에 '지양풀이'라는 제목 아래 본문을 실었다.

各거리푸념 初頭 其一　　　　一一. 監嘗님 請拜
　　　〃　　 其二　　　　一二. 허튼거리
　　　〃　　 其三　　　　勸善굿푸념
尊神門열이푸념　　　　　各마을請拜
都請拜 푸념　　　　　　日月노리푸념　　　以上《靑丘學叢》
一. 마우님 請拜　　　　聖人노리푸념(日月노리푸념再出)《文章》
二. 성조님 請拜　　　　創世歌 (其氏 再出)　　　《新家庭》
三. 聖人님 請拜　　　　一. 祖上푸리
四. 神仙세턴님 請拜　　二. 龍船歌
五. 원구님 請拜　　　　三. 西往歌
六. 帝釋님 請拜　　　　四. 自責歌
七. 雲淨님 請拜　　　　五. 勸往歌
八. 先生님 請拜　　　　六. 悔心曲
九. 祖上님 請拜　　　　七. 지양푸리　　　　　以上《佛敎》
一〇. 大監님 請拜

　　이처럼 선생이 작성한 신가들의 목록이 있고 이와 더불어 그 목록의 일부에 해당하는 원고가 존재한다면, 본 원고의 성격은 후자의 가능성에 더욱 무게를 두어 살펴야 할 것으로 판단된다. 즉, 선생은 1937년 5월 이후 어느 시기에 기존 발표된 바 있는 신가들을 정리하여 새로운 책으로 엮고자 한 듯하다. 이러한 구상을 정리한 것이 위의 목록이 아닌가 한다. 이 자료집은 평북 강계에 사는 한 무당의 개인 무가 자료가 완벽하게 실려 있다는 점에서 매우 중요하다. 그리고 이러한 과정으로 볼 때 그가 행한 무의식의 전체적 과정과 성격을 알 수 있다는 것이다.18) 이에 대해서는 더욱 구체적인 연구가 요구된다고 하겠다.

18) 이수자, 〈구비문학 연구의 성격과 의의〉,《남창 손진태의 역사민속학연구》, 민속원, 2003.

2) 지양풀이

1931년 8월에 구포 맹인 최순도崔順道로부터 채집한 산신産神 관련 신가와 그에 대한 손진태의 해제가 적힌 원고이다. 제목이 기재되어 있는 첫 페이지가 누락되었지만, 신가에 대한 해제 부분에서 본 원고의 제목이 '지양풀이'임을 확인할 수 있다. 이 글은 〈조선불교의 국민문학—불도佛徒의 냄긴 왕생문학往生文學〉이라는 논문 제목으로 《불교》 92호(1932년)에 발표된 바 있다. 다만 본 원고는 《불교》에 실린 글과 견주면 한글 표기법의 변화가 보여 보다 뒷 시기에 다시 정리된 것으로 추측한다. 이러한 점에서 선생이 전국 각지의 무당으로부터 직접 채집한 신가들을 모아 하나의 책으로 엮고자 했을 것이라는 앞의 추측이 다시 한 번 되새겨진다.

원고의 해제 부분에 따르면 선생 자신이 탄생에 관한 우리 문학을 오랫동안 구하였으나 얻지 못하여 포기하고 있었는데, 맹인 최순도로부터 이 신가를 뜻밖에 얻게 되었다는 사실을 밝히고 있다. 선생은 이 신가가 유교·불교적인 세계관이 삽입되었으며 산신의 성을 남성으로 묘사하고 있는 것 등은 취할 바 못 되지만, 탄생에 관련한 우리 구비문학이라는 점에 가치를 두어 기록해 둔다고 하였다. 이 지양풀이는 유아와 산모의 소통을 위하여 삼위三位 산신産神 앞에 이 것을 가송歌頌하여 그 평유를 기원하는 것이라고 한다.

3) 무녀기도사巫女祈禱詞

1922년 8월에 구포의 무녀 한순이에게서 채집한 기도사이다. 총 3장 분량의 원고로 원고의 상단에는 4∼6쪽까지의 페이지 수가 기재되어 있다. 4쪽의 첫 부분에는 '(二) 産神끼 올리는 말'이라고 기재되어 있고, 그 앞줄에는 '八. 巫女祈禱詞'라고 적었다가 두 줄로 삭제한 흔적이 남아 있다. 또한 '(二) 産神끠 올리는 말'과 '(三) 아기가 울 때에 産神끠 올리는 말' 등의 소제목은 최초 (一)과 (二)로 기재하였다가 후에 교정을 보면서 각 글자 위에 '一'을 덧붙여 (二)와 (三)으로 만든 사실이 확인된다. 따라서 본 원고의 최초 제목은 '八. 巫女祈禱詞'였으며 (二)와 (三)의 내용이 (一)과 (二)로 기재되어 있다가 교정과정에서 새로운 기도사 한 편을 (一)로 추가하면서 기존의 (一)과 (二)는 (二)와 (三)으로 수정한 듯하다. 다만 (一)에 해당하는 원고가 없어 본 원고의 제목을 최초의 '八. 巫女祈禱詞'그대로 사용하였는지는 확인할 수 없다.

원고의 내용은 1930년 도쿄에서 발간된 《朝鮮神歌遺篇》 八. 巫女祈禱詞의 一, 二에서 일문을 제외한 한글 원고 부분과 일치한다. 앞서 살핀 바와 같이 원고에서 기재하였다가 삭제한 순번도 《朝鮮神歌遺篇》과 같은 八이다. 이러한 점으로 미루어보아 본 원고는 《朝鮮神歌遺篇》의 한글 초고일 가능성이 있다. 한편으로는 본 원고에서 소제목의 번호를 수정한 것으로 보아 《朝鮮神歌遺篇》을 발간한 뒤에 새로운 책을 내려고 정리한 원고일 가능성도 배제할 수 없겠다. 원고의 목차는 다음과 같다.

(二) 産神끠 올리는 말
(三) 아기가 울 때에 産神끠 올리는 말

4) 성조신가成造神歌 −성주풀이−

원고의 내용은 1930년 도쿄에서 발행된 《朝鮮神歌遺篇》 중 六. 成造神歌에서 일문을 제외한 한글 원고 부분과 거의 동일하다. 단

본 원고의 제목 앞에는《朝鮮神歌遺篇》에서 부여한 '六'이라는 순번 대신 '二'라는 순번이 기재되어 있다. 따라서 본 원고는《朝鮮神歌遺篇》이 아닌 다른 책에 싣기 위해 정리되었던 원고임을 알 수 있다.

원고의 제목에《朝鮮神歌遺篇》의 그것에는 달려 있지 않은 '-성주풀이-'라는 한글 부제가 달려 있어 일본에서 발행된《朝鮮神歌遺篇》과는 달리 국내 출간을 위해 준비한 원고가 아닌가 생각한다.

5) 기도사祈禱詞 모음

경상남도 동래군 구포의 무녀 한순이韓順伊로부터 1931년 5월에 채집한 기도사들을 정리한 것이다. 각 기도사에는 (一)에서 (一〇)까지 고유한 순번이 부여되었는데, (二)와 (三)에 해당하는 원고는 누락되었다. 원고의 마지막에는 소도蘇塗에 대한 선생의 주석이 달려 있다.[19] 원고의 목록은 다음과 같다.

(一) 産神지양님前 祈禱詞
(四) 龍王神前 祈禱詞
(五) 井神前 祈禱詞
(六) 山神前 祈禱詞
(七) 世尊님前 祈禱詞
(八) 祖上神前 祈禱詞
(九) 成造神前 祈禱詞
(一〇) 蘇塗神 前 祈禱詞

---

19) 소도는 속칭 숫대 혹은 솔대라고 하는데 구포에서는 이것을 거릿대 혹은 갯대라 한다. 유행병 등을 막는 소임을 가진 부병신으로서, 소나무의 고간이며 간상에 목조의 조형을 앉혀 동리 어귀에 세웠다고 하였다.

6) 기타 신가

손진태 선생 유고 가운데 나머지 신가들을 모아 제시한 부분이다. 이들에 대한 조사는 대개 1931년 5월부터 1932년 6월 사이에 이루어졌으며, 조사지는 평안도 일대와 황해도 일부가 포함되었다.

1931년 5월 성천읍 무녀 원순이가 구술한 〈성황신 맞이 도사〉, 1931년 6월 성천군 대구면 별창리 안무녀가 구술한 〈새턴 성수신 전 도가〉, 1931년 6월 평남 영원군 온화면 사양리 무녀 이경춘이 구술한 〈대감신 전 도가〉, 〈주당물님 도가〉, 〈산님굿 도가〉, 〈막묵굿 도가〉, 1931년 6월 양덕군 백석리 무녀 윤화준이 구술한 〈주당 푸리 도가〉, 〈지운신 전 도가〉, 1931년 6월 양덕구읍 무녀 박장손이 구송한 〈조상신 전 도가〉, 〈청배도가〉, 1931년 6월 평북 희천읍 무녀 길해준이 구술한 〈조상신 전 도가〉, 1932년 6월 황해도 연평도 대무 변월주로부터 구술한 〈제석신 전 도가〉 등이 남아 있다.

도가의 존재는 남창에게 한국 무속이 종교가 될 수 있다는 중요한 논거로 활용되고 있는 것이다. 무격이 구송하는 도가는 여러 신을 청신하여 모시고 축원을 기도한 내용으로 이루어졌기 때문이다. 샤머니즘과 다른 한국의 무격신앙이 한국종교의 기원으로 소급할 수 있는 단서가 되는 것이다. 남창에게 도가에 대한 자료수집과 연구는 무속의 현지조사를 통해 그 종교적 역사성과 정체성을 찾으려는 노력의 일단이었다.[20]

---

[20] 1920년대 이루어진 무가수집의 성과로서 1930년에 발간된 《조선신가유편》의 무가들은 '창세가', '성조신가', '황천가' 등의 서사무가가 장편을 이루며, 도가와 기도사에 대한 채록은 미미하다. 이와 달리 1930년대 이후의 무가 수집은 유고집에 나와 있듯이 대부분 도가와 기도사이다. 이와 같은 변화는 남창이 도가에 대해 무속의 구조 속에서 무격신앙을 하나의 종교로 인식하고 있었기 때문이라고 생각한다.

제4부 설화

고려대박물관이 기증받은 손진태 선생의 유고에는 총 98편의 설화가 포함되어 있다. 이 가운데 한글로 작성된 설화는 45편(원고 중 일부가 유실된 잔본 11편 포함), 일본어로 작성된 설화는 53편이다. 특히 일문으로 작성된 원고 53편 중 47편은 겉면에 '傳說 說話'라고 기재된 봉투 속에 들어 있었는데, 동일한 원고지에 일괄적으로 정리되었다. 나머지 6편은 종류가 다른 원고지에 작성되어 있다. 《우리나라 역사와 민속》에서는 한글 원고와 일문 원고를 따로 분류하여 한글 설화와 일문 설화라는 제목으로 장을 구성하였는데 그 목차는 다음과 같다.

1) 한글 설화

맹격이 광인을 다스림〔盲覡治狂〕/ 성주의 황씨 맹인〔星州黃盲〕/ 제사와 조상 / 맹인을 태사太師·참봉參奉이라고 부름 / 부락내혼의 마을 / (3) / 염소는 소의 사촌 아우 / 단 똥 / 거짓말로 장가 든 사람 / 최가와 강가 / 말괄량이 처녀 / 나쁜 호랑이 혼내주기 / 대식한 / 아내를 잃은 사내와 독수리 / 곡조문하문설랑자曲槨門下問薛郎子 / 고래 뱃속에서 노름질 / 선왕당 선왕님과 장기를 두다 / 팥죽 훔친 시어머니 / 못된 호랑이 물리치기 / 처녀의 원혼 / 도깨비 이야기 / 시자와 무당 / 풍수설風水說(1) / 풍수설(2) / 윤구만 이야기 / 소년과 도둑 / 개미와 토끼 / 원숭이의 재판 / 꿩과 비둘기와 까치와 쥐 / 의리 아는 개 전설(1) / 의리 아는 개 전설(2) / 효자와 동삼 / 아늘 묻은 전설 / 산골 색시 / 바보 사위 / 김 소년과 대적 / 효녀와 비 내리는 선관 / 죽은 뒤의 혼 / □ 은혜갚음 / 승천 못한 혼

/ □ 유씨 묘지 전설 / (앞부분 원고가 소실되어 제목을 알 수 없는 설화 네 가지)

2) 일문日文 설화

崔氏始祖金猪傳說(최씨의 시조인 금돼지 이야기) / 怨魂鬼四則(원혼 이야기 네 편) / 惡虎懲治(못된 호랑이 물리치기) / 虎食運を有つ少年と大賊(호랑이에게 먹힐 운을 가진 소년과 도적) / 閑良と草笠童(한량과 초립동) / 虎より怖い串柿(호랑이보다 무서운 곶감) / 仔犬で虎を捕る(강아지로 호랑이 잡기) / 戀蛇譚二則(연사戀蛇 이야기 두 편) / 噓の言比べ(거짓말 겨루기) / 三僧の寺自慢(세 주지승의 절 자랑) / 仁鶴下青天(황새가 하늘에서 내려온다) / 慾深者と愚鈍者と阿呆者(욕심 많은 사람과 우둔한 사람, 그리고 바보 이야기) / 大怠け者話三則(게으름뱅이 이야기) / 嫁を盗んだ男(신부를 훔친 남자) / 愚な塩屋(어리석은 소금장수) / 崔哥と姜哥(최가와 강가) / 娘の怨魂(딸의 원혼) / 猫と鼠(고양이와 쥐) / おてんば娘懲治(말괄량이 아가씨 혼내주기) / 粥を盗み喰った舅(죽을 훔쳐 먹은 시아버지) / 姦夫譚二則(간통한 남자 이야기 두 편) / 女の怨み(여자의 원한) / 無學な兄弟の書信往復(무식한 형제의 편지 주고받기) / 塩商人の頓智(소금장수의 재치) / 職業的謎語り(수수께끼 풀기) / トッケビ譚(도깨비 이야기) / 妻を奪はれた若人と鷲(아내를 빼앗긴 남자와 독수리) / 娘は盗賊に等し(딸은 도둑과 마찬가지) / 借金に首を斬る法律(빚 때문에 목을 베다) / 巫とシヂヤ(무당과 시자) / 死後の魂(죽은 뒤의 혼) / 大同江と薛壽の傳説(대동강과 설수 이야기) / 蛇の恩返し(뱀의 은혜갚음) / 無學な先生(무식한 선생님) / 昇天し損った死霊(승천 못한 혼) / 風水説二則(풍수설과 관련한 이야기 두 편) / 親爺の死因を語る(아버지의 사인死因을 말하다) / 狡智な娘(구두쇠 딸) / 馬鹿婿

(바보 같은 신랑) / 馬鹿嫁(바보 같은 신부) / 妻は添うて見て判る(마누라는 함께 살아봐야 알 수 있다) / 智兒と愚翁(똑똑한 아이와 어리석은 노인) / 智兒賊を捕ふ(똑똑한 아이가 도적을 잡다) / 大師僧と短命少年(태사와 명이 짧은 소년) / 薄情な娘(박정한 딸) / 盲人の九九(맹인의 속셈) / 海水の塩い理由(바닷물이 짠 이유) / 山神の宣託(산신의 신탁) / 山家の女と虎(산속 외딴 집의 여자와 호랑이) / 虎食の運命を有つ獨子(호랑이에게 먹힐 운명을 가진 삼대독자) / 山村の花嫁(산촌의 신부) / 慶尚監司夫人(경상감사 부인) / 僧の魂(승려의 혼)

유고에 수록된 설화들은 대부분 원고의 마지막에 그것이 채집된 시기와 장소, 정보제공자에 대한 정보가 기록되어 있어 구비문학자료로서의 가치가 높다. 이미 알려진 바와 같이 손진태 선생은 자신이 조선 각지에서 직접 채집한 설화들을 모아 두 차례 책으로 엮었다. 《조선민족설화朝鮮民族說話의 연구硏究》와 《조선고가요집朝鮮古歌謠集》이 그것이다. 1947년 4월 을유문화사에서 발행된 《조선민족설화의 연구》는 선생이 1927년 8월부터 1929년 4월까지 총 15회에 걸쳐 《신민》에 연재한 〈조선민간설화의 연구〉의 원고를 모아서 출간한 것이다. 또한 일본에서 출간한 《조선고가요집》은 출간 연도가 1929년이다. 선생의 유고 속에 남아 있는 설화의 전체 분량 가운데 약 절반에 가까운 수가 1930년~1931년 사이에 채록되었다. 따라서 유고에 실린 설화들의 채집은 《조선고가요집》과 《조선민족설화의 연구》에 실린 설화들을 채집한 뒤에 이루어진 것이라는 의의를 지닌다. 손진태 선생이 《조선고가요집》과 《조선민족설화의 연구》의 간행 이후 우리 설화들을 정리하여 일문, 혹은 한글로 된 단행본을 펴낼 계획을 가지고 있었는지도 모르겠다.

다만 유고에 포함된 설화 원고 중 몇 편은 기존에 《조선고가요

집》이나 《조선민족설화의 연구》에 실렸던 설화와 유사한 것이 존재한다. 한글 원고에서 '대식한'은 《조선고가요집》에서 일문으로 같은 제목의 설화가 실려 있다. 그러나 내용과 분량은 약간의 차이가 있다. 또한 일문 원고에서 〈海水の塩い理由〉는 《조선민족설화의 연구》에 같은 제목의 한글 설화가 실려 있다.

한글 원고와 일문 원고 사이에도 중복되는 설화가 보인다. 일문 원고 〈崔哥と姜哥〉는 한글 원고 〈최가와 강가〉를 번역한 것이다. 일문 원고 〈妻を奪はれた若人と鷲〉 역시 한글 원고 〈아내를 잃은 사내와 독수리〉가 그 원본이다. 두 개의 각 원고가 내용의 유사성을 띠며, 경남 동래군 구포의 이필남이라는 설화 제공자에게서 동일한 시기인 1931년에 채집되었다고 기록하고 있기 때문이다. 〈大怠け者話 三則〉의 경우도 한글 원고 속에 제목 없이 〈(3)〉이라고 기재한 설화와 내용이 유사한데, 두 원고 또한 1930년에 경남 동래군 구포의 이필남에게서 채집한 것이기 때문에 동일한 설화로 볼 수 있겠다.

그가 채록한 민담이나 무가 자료들은 1920년대와 1930년대의 모습을 생생하게 보여주는 화석과 같은 자료이다. 그런데 우리가 구비문학을 연구하고자 할 때 이들 자료를 결코 빼놓을 수 없다고 하면 손진태의 자료집에 실린 자료들은 죽은 화석이 아니라 살아 있는 유기체적 생명을 가진 자료라 할 수 있다.[21]

부록: 마에마 선생에게서 받은 엽서와 편지

마에마前間恭作 선생에게 받은 엽서는 손진태 선생이 동양문고東洋

---

21) 이수자, 앞의 글(2003).

文庫에서 근무하던 1928년부터 받은 것으로 모두 10장이 남아 있는데 대부분 1929년 일본에서 간행된 《조선고가요집》의 편찬과 관련된 내용들이다. 엽서는 손진태 선생이 《조선고가요집》을 간행하면서 마에마 선생에게 자문을 받기 위해 질문한 것에 대한 답변이 주 내용을 이룬다. 엽서에는 소인이 찍혀 있어 두 사람이 엽서를 주고받은 시기를 확인할 수 있는데, 이를 통하여 손진태 선생이 동양문고에서 근무한 시기가 1929년 말이나 1930년 초라는 사실을 알 수 있다.

편지는 1929년 9월부터 1932년 4월까지의 것으로 모두 열네 묶음이 남아 있는데, 대부분 일어로 번역하는 문제와 시조문인들에 대해 답변하는 내용들이다. 아마 손진태 선생이 《歌曲大典》과 같은 고가요집 해설서나 연구서를 출판하면서 마에마 선생에게 자문한 것을 상세하게 설명해주고 있는 내용들인 듯하다. 이후 손진태 선생은 1932년에 결혼한 뒤, 1933년 4월에 장남을 낳았고, 1934년에는 영구귀국하였다. 1929년 9월 23일자 편지와 1931년 8월 20일에 보낸 편지에는 수신자가 대동사인쇄소로 되어 있어[22] 《歌曲大典》의 교정이 오랫동안 진행되었음을 알 수 있다.

맺음말

새롭게 발견된 손진태 선생의 유고를 통하여 우리는 이전까지 알 수 없었던 새로운 사실들을 많이 확인하게 되었다. 더구나 이 같은 유고들을 체계적으로 정리하여 한 권의 유고집으로 새롭게 간행

---

22) 昭和 6년(1931) 5월 2일 소인이 찍혀있는 편지봉투에 '東京府下 巢鴨町 1,119 大東社印刷所 孫晋泰 樣'이라 적혀 있다.

함으로써 손진태 선생의 학문세계와 당시의 민속을 연구할 수 있는 계기가 마련될 것이라 생각한다.

남창 손진태 선생 유고집 출간에는 다음과 같은 학문적 의의가 있다고 하겠다.

먼저 와세다대학교 사학과에 입학하기 전부터 우리 민속과 문화에 대해 관심을 갖고 채록하여 놓은 자료를 확인할 수 있었다. 또한 마에마 선생으로부터 받은 편지를 통하여 선생이 《歌曲大典》과 같은 고가요에 대한 해설서와 연구서를 완성하였다는 새로운 사실을 알 수 있었다. 따라서 선생의 학문세계를 재조명하는 계기가 되리라 생각한다.

유고집에 수록된 손진태 선생의 원고들은 일부가 이미 발표된 것들도 있지만 대부분 알려지지 않은 자료들이다. 특히 북한 지역의 민속에 대한 민속조사자료는 새로운 것들이 많이 보이므로 앞으로의 연구에 좋은 자료가 될 것이다.

그리고 유고들에서 인용하고 있는 《고려풍속기高麗風俗記》나 《조선풍속기朝鮮風俗記》를 비롯한 문헌자료들을 추적하여 우리 민속을 연구하는 데 중요한 자료로 활용해야 하리라 생각한다. 특히 동양문고에 이러한 자료들이 많이 소장되어 있으므로 이를 활용할 수 있는 방안을 강구하여야 할 것이다.

중등학교 사회생활과 역사교과서 〈우리나라 문화〉는 우리나라 문화사의 효시로서 사학사적 의의가 있다고 하겠다. 이 시기에 이미 가야와 발해를 독립적인 절로 편성하여 많은 관심을 갖고 있었다는 것을 알 수가 있다. 또한 미발표된 고려시대사 원고가 《조선민족사개론朝鮮民族史槪論》 하권 원고로서, 하권 집필을 시작하였다는 것을 확인할 수가 있다.

뿐만 아니라 민속과 도가에 대한 새로운 자료들을 통하여 우리의 역사와 문화에 대한 연구가 분야별로 구체적으로 더욱 진전되고, 선생의 학문세계를 제대로 평가할 수 있는 계기가 되리라 생각한다. 또한 한국사 지도를 통하여 선생이 국민들에게 외세의 침입과 그에 대한 항쟁을 보여줌으로써 국민적 자의식을 고양하고자 국사교육에 힘을 썼다는 것을 알 수 있었다.

|일러두기|

1. 이 책은 고려대학교박물관에서 출간한 남창 손진태 선생 유고집 1, 2, 3 《조선상고문화의 연구》(2002), 《우리의 민속과 역사》(2002), 《우리나라의 문화》(2007)를 수정·보완하여 한 권으로 정리한 것이다. 손진태 선생의 문체를 현대국어에 맞게 다듬고, 기존 유고집을 출간한 뒤 발견된 오류들을 바로잡았다.

2. 원고지에 일어로 씌어진 제2부의 '조선상고문화의 연구'와 제4부의 '일문 설화'는 원문은 싣지 않고 번역문만 실었다. 일어 원문은 《조선상고문화의 연구》(고려대박물관, 2002)와 《우리나라의 문화》(고려대박물관, 2007)를 참고하길 바란다.

3. 원고 상태가 좋지 않아 글자를 알아볼 수 없는 부분에는 □로 표시하였고, 누락된 부분은 주석을 달아 표시해두었다.

4. 손진태 선생이 원고에 달아둔 미주에는 (1), (2), (3)으로, 편집자가 달아둔 각주에는 1), 2), 3)으로 표시하여 둘을 구분할 수 있게 하였다.

제1부

역 사

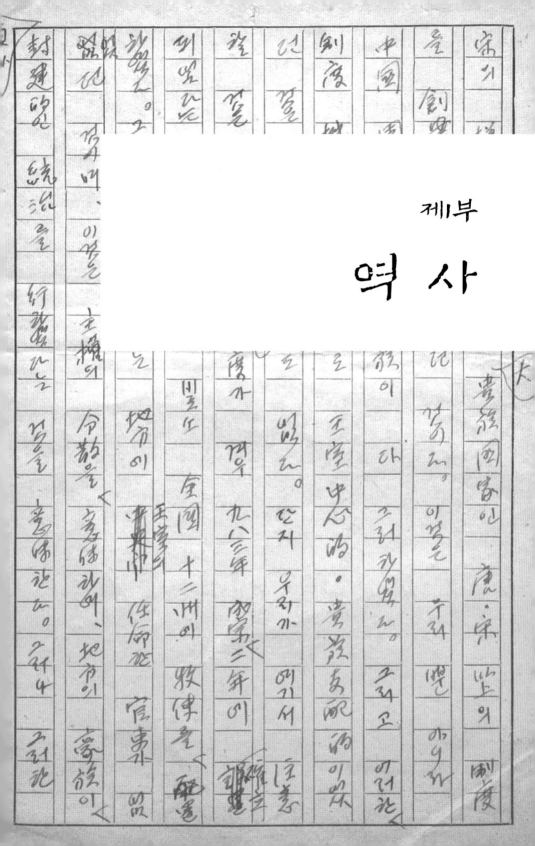

조선역사 개설

민 족

지금으로부터 약 5천 년 전 또는 그보다 더 이전인지 알 수 없으나, 중국 북방을 거쳐 원시퉁구스Proto-Tungus 일족 수백만이 동쪽으로 이동하였다. 그 가운데 한 무리는 중국 동북부에서 남하하여 중국 동부지방에 거주하고 다른 한 무리는 더욱 동진하여 남만주와 조선반도에 도달하였다. 이 남만주와 조선반도에 도달한 종족들이 지금 조선민족의 선조였다. 그들은 뒤에 한漢민족과 몽고민족 등의 귀화로 약간 혈통이 섞이기는 하였으나, 대체로 비교적 단일 순수한 동일혈족으로서 동일한 지역에서 동일한 언어와 문화를 가지고 공동 운명하에 4~5천 년의 역사생활을 하였다. 그러므로 그들은 극히 강한 민족의식을 가지고 있다.

왕 조

조선인은 그들의 최초 건국자이자 민족시조인 단군이 4280년 전 (1947년부터 기산하여) 평양에 국도를 열었다는 전승을 가지고 있다.

이것은 별개의 문제로 하고, 만주와 조선반도에서 아직 구석기시대의 유물이 발견되지 않는 것을 보면 조선민족의 역사생활은 신석기시대로부터 시작되는 듯하다. 그들은 무수한 석촉·석창·석도·석검·석부 등의 마제磨製석기를 남겼을 뿐 아니라 수많은 고인돌도 남겼다. 이 고인돌은 유럽과 인도에는 많이 있지만 중국·몽고·시베리아와 일본 등 조선 주위의 여러 민족에선 찾아볼 수 없는 독특한 것이다. 신석기시대 사람들은 수천의 씨족공동사회로 나누어 수렵과 목축, 원시적인 정원경작 등을 하였다. 그러다가 기원전 3~4세기 무렵부터 많은 씨족clan은 수백의 부족tribe으로 연합하였고 기원전후로부터 초기적인 왕국이 부족연맹으로 형성되었다. 그 가운데 가장 큰 자는 북쪽의 고구려, 남동쪽의 신라, 남서쪽의 백제 등이었다. 이때를 삼국시대라고 하며, 삼국시대는 668년까지 계속되다가 신라에 의해 통일되었다. 그러나 신라는 북쪽 고구려의 땅을 완전히 획득하지 못하였으므로 그 뒤로 조선민족은 만주의 땅을 잃어버린 채 민족과 영토가 결정되어 오늘날에 이르렀다. 신라왕조는 935년에 평화적으로 고려왕조(외국인이 조선을 지금도 고려라고 하는 것은 이 왕조의 이름에서 나온 것이다)에 그 주권을 양도하였고, 고려왕조도 역시 평화적으로 1392년 이씨 조선왕조에 주권을 이양하였으며 조선왕조는 1910년까지 존속되었다. 이러한 평화적 주권 수수는 조선인의 평화애호성을 보여주는 것이다. 조선민족사에는 외국과 같은 대규모의 내란이나 계급투쟁도 없었다.

삼국시대의 조선인은 극히 상무적尙武的이었으나 신라의 통일(676년) 조금 전부터 고려까지 약 8~9세기 동안은 불교가 왕성한 시대였고, 조선은 현실적인 유교의 전성기였다.

□□관계 다음으로 그들의 역사생활에서 다른 민족과의 관계를 보면, 그들은 4~5천 년의 민족생활을 하는 동안에 여러 번 이웃의

한漢민족·몽고민족·일본민족들과 투쟁을 하여 혹 승리하기도 하고 혹 패하기도 하였으나 그들은 한 번도 주권을 잃어 다른 민족에게 지배를 받은 일이 없었다. 1910년 그들이 일본인의 지배 아래 놓이게 된 것은 그들의 역사에서 처음 있는 일이었다. 그러나 1945년 8월 15일, 연합군의 승리로 조선민족은 다시 자유국민이 되었다. 그들은 676년까지는 한민족과 자주 충돌하였고, 어떤 때는 70년 동안(598~668) 맹렬한 전쟁을 한 일도 있었다. 그러나 그 후 지금까지 13세기 동안 한민족과 조선민족은 한 번도 싸운 일이 없다. 이웃한 두 민족이 이렇게 장기간에 걸쳐 평화를 지속한 것은 인류사에서 없는 일이다. 이렇게 조선인은 평화적인 민족이다. 그들은 또 1231~1270년 사이에 40년 동안 몽고민족과 전쟁한 경험도 있다. 그러나 그 뒤로는 지금까지 몽고민족과도 평화를 지속하였다. 그런데 그들에게 가장 성가시고도 호전적好戰的인 적이 있었으니 그것은 바로 일본인이었다. 일본인은 유사 이래로 조선이 약할 때면 바다를 건너 수백 차례나 해적질을 하다가 1592~1598년에는 7년에 걸친 대전쟁을 일으켰고, 조선이 강성할 때면 많은 선물을 가지고 와서 문화적으로 앞선 조선의 서적과 불상 등을 가져가거나 기술자·학자 등을 초빙하여 갔다. 약자에게는 폭군적이고 강자에게는 노예적인 일본인에 대하여, 조선인과 중국인은 옛날부터 그들을 교활하고 반복무신反覆無信한 국민이라 평하였다.

문 화

조선은 기원전 3세기경부터 한민족의 선진문화를 받아들이기 시작하여 2천여 년 동안 중국과 부단한 문화적 접촉을 계속하였으므로 조선문화는 일본·베트남·몽고와 함께 중국문화권에 속한다. 그런데 이러한 중국문화권에 속하는 모든 민족 가운데 가장 중국문화를 완전히 소화하고 또 독자적 경지를 개척하여 중국인보다 여러 방면에서 전진한 문화를 창조한 민족은 조선인뿐이었고 다른 민족들은 모두 모방하는 데 그쳤다. 이것은 조선인이 자존심이 강하고 독창적·노력적인 국민임을 뜻하는 것이다.

정 치

중국의 봉건제도는 일본에 전해져 일본인은 메이지 유신까지 15세기 동안 강력한 소봉건국가적 생활을 지속하였다. 그러나 중국과 국경을 서로 맞대고 있으면서도 조선인은 중국의 봉건제도를 그대로 모방하지 않고 처음부터 중앙집권적인(비록 완전하지 못한 반半봉건적인 것이지만) 정치제도를 취하여 최후까지 그것을 유지하였다. 이것은 세계사적으로 볼 때 조선만의 독자적인 것이었다. 그리고 또 조선은 15세기 초부터 5세기 동안에 걸쳐 도덕적인 유교사상에 따른 정치를 지속하였고 무단정치가 없었으므로 중국이나 일본에 견주어 인민의 자유가 비교적 존중되었다. 그래서 조선인민은 앞의 두 나라보다 개인의 자존심이 강하며 언론과 비판의 자유를 요구하고 노예적으로 맹종하는 습관이 적다. 그들도 무력에는 표면상 굴복하지 않을 수 없지만 권위에 대하여 무조건 외복畏服하는(일본인처럼) 국민은 아니다. 차라리 권위에 반항하는 국민성을 가졌다.

경 제

조선인은 기원전후부터 농업으로 자급자족하였으므로 식량 부족으로 말미암아 다른 민족을 침략하는(몽고유목민 같은) 일은 없었다. 그들의 농산물은 쌀·조·콩·보리·밀·왕촉차王蜀茶·누에와 뽕나무[蠶桑] 등이 주요한 것이며 소·말·개·돼지·닭·양 등의 가축과 풍부한 해산물도 났다. 그들은 예로부터 중국에 금·은·동·말·인삼·종이·모피·세공품 등을 수출하였고, 중국으로부터는 견직물·옥석 및 금은제의 장식품·서적·약재 등을 수입하였다. 7세기 말부터 11세기에 이르는 약 4세기 동안 조선 상인은 황해와 동중국해상을 지배하여 극동의 해상무역을 독점하였다. 9세기 중엽 해상왕 장보고는 1만여 명의 사유군대로써 그의 상선대를 보호하였다. 지금의 조선은 세계적으로 우수하고 매장량이 많은 텅스텐과 모든 종류의 광물이 산출되지만, 석유·고무·사탕은 나지 않는다.

사 회

귀족지배정치의 형태가 생겼을 때부터 조선에는 무사적인 귀족계급과 농민계급 및 노예계급이 있기 시작하여 9세기 말의 기록을 보면 신라의 대귀족(35인이라 전한다)은 농노 3천 명과 이에 상응한 토지·가축 및 수천의 사유군대를 소유하였다 하며, 13세기의 기록에는 고려의 대귀족 최충헌과 그 아들은 수만의 사유군대와 수만의 농노를 가졌고 가정의 식객만도 3천에 달하였다 한다. 이러한 무사귀족은 조선왕조에 이르러 유교정치의 등장으로 없어졌으나 사회계급은 더욱 복잡해져 문무 양반계급(지배귀족계급)·중인계급·상공민·자유농민·농노·천민(불교의 승려·무녀·기생·가정노비·관청노비·백정 등) 등 하천계급이 있었으며, 사회와 가정의 도덕과 신분관계가 극히 엄격하였다. 노인을 존경하고 아비와 장자의 명령에 복종하며 아내는 남편에 순종하여야 하는 등 복잡한 신분관계에 따른 도덕이 규정되었을 뿐 아니라, 조선에서는 동성(남성 쪽의 동일혈족)은 서로 혼인을 금지하였고, 동성은 비록 먼 친척이라도 한 종족으로 생각하였으므로 이 종족 내의 도덕이 또한 복잡하였다. 그리고 죽은 조상에 대한 장례와 제사가 매우 엄격하였다.

금 기

결혼은 자유결혼을 극히 천하게 여겨 부모가 혼사를 결정하였으며, 여성은 출가 전에는 가정에서 이름을 불렀으나 출가 뒤에는 호명이 금기되어 누구의 아내, 누구의 며느리 등으로 불렸고 아이가 태어나면 어느 아이의 어머니로 불렸다. 더욱이 상류가정에서는 여성의 무상無狀한 외출을 근신치 못하다 생각하고, 가정에서도 가까운 친척이 아닌 남자와는 접견을 허용하지 않았다. 그래서 그들이 친척을 방문하고자 외출할 경우는 가마를 타든지, 그렇지 않으면 장의(마치 터키 부인처럼)를 입어 얼굴을 가리고 여시종으로 하여금 따르게 하였다. 그리고 남편이 죽은 뒤 재가하는 것을 극히 불명예로운 일이라 생각하였으므로 많은 청춘과부의 가정에는 더러 비극이 연출되었다. 조선에서는 귀족(양반) 이외의 출신은 고관이 될 수 없었으며 여성은 전연 정치로부터 격리되었고 일생을 가정에서 자녀의 양육과 부모의 봉양, 선조의 제사 및 친척과의 교제 등 가정적인 일로만 보내게 되었다.

그러나 20세기 직후에 유입된 구미의 자본주의·개인주의·민주주의 등의 사상은 조선의 봉건사상과 그 제도를 차츰 파괴하여 지금은 계급제도·신분제도 등은 거의 사라지고 평등사상이 확산되었다. 가족제도에서도 여성 교육이 구미화하고 갈수록 그 지위가 향상되고 있고 외출은 자유로우며 장의를 쓰는 일도 없어졌다. 그리고 그 의복도 도회에서는 보통 양장차림을 볼 수 있다.

종 교

조선의 고유 종교는 다신적인 샤머니즘이었으나, 4세기 말부터 중국을 통하여 인도의 불교가 수입되어 14세기까지 조선인의 사상을 지배하였다. 그들의 위대한 모든 미술은 실로 이 불교미술에서 비롯되었다. 중국의 도교도 수입되었으나 조선에서는 흥성하지 않았다. 그러다가 15세기부터 유교가 국학으로 채용되자 불교는 유교의 압박으로 쇠퇴하여 지금은 그 사찰이 겨우 1천 5백, 신자가 10만에 불과하며, 한편으로 기독교는 4천 3백의 교회와 50만의 신자를 가지고 앞으로도 크게 발전할 추세다. 이 밖에 유력한 종교는 19세기 말 조선인 최제우를 교조로 하는 천도교가 있으며, 또 많은 유사종교가 있다.

교 육

귀족국가가 존속하는 동안 고등교육은 지배계급에게 독점되고 농민과 노예계급에게는 군사훈련과 부역·납세의 의무만 있을 뿐이었다. 20세기 초부터 구미식 교육이 민중에게 차츰 퍼져나갔으나 일본인 지배 시기에도 문맹이 8할에 달하였다. 그러나 1945년 8월 15일 민족해방 이래로 그들의 교육열은 극히 왕성하여 지금은 국민교육이 완전히 실시되고 있으며 경상남도에서는 문맹이 사라졌다. 이렇게 짧은 시일에 문맹이 없어진 것은 조선의 문자가 학습하기 매우 쉬운 까닭이다(일본인은 이 문자를 없애고자 온갖 탄압을 하였다). 앞으로 10년 뒤면 전국적으로 문맹은 없어지고, 국민은 모두 6년제 국민학교 이상의 교육 수준을 가지게 될 것이다.

귀족지배시대의 그들의 교육은 불교와 유교에 따른 것이었다. 국가에 대한 충忠, 부모에 대한 효孝, 노인에 대한 경敬, 사회에 대한 신信, 인류에 대한 인仁 등 도덕과 정치학·역사학·문학·철학 등이 그 중요한 학과였으며, 병학·어학(중국어·몽고어)·천문학·수학·의학 등은 특수한 사람에게만 가르쳤다. 조선인이 창조한 교육제도 가운데 독특한 것은 6세기 중엽 신라의 이른바 화랑제도였다. 이것은 15세 이상 17~18세의 소년 수백 또는 수천을 모아서 단체를 조직하여 귀족 출신의 동년배 소년을 단장으로 추대하였다. 그 단체는 충·효·신·인 등 도덕과 시·음악·무술 등을 교육받았으며, 등산·야영 등을 훈련하였다. 그래서 그들은 장성하여 훌륭한 무사가 되었고, 또 전장에 나아가 많은 공을 세웠다. 신라가 통일을 이룰 수 있었던 것은 이 소년교육이 있었기 때문이었다. 이러한 교육제도는 고대 희랍 이외에 그 유례를 볼 수 없는 것이다.

미술과 공예

조선인은 인류사에서, 특히 미술·공예 방면에서 독특한 민족적 창조성을 발휘하였다. 불교는 원래 인도의 것으로, 중국을 거쳐 조선에 수입되었으나 동양의 모든 불교미술 가운데 조선인의 그것만큼 우수한 것은 없다. 인도, 자바, 중앙아시아나 중국의 불교미술 가운데에는 그 규모가 놀랄 만큼 웅대한 것은 있으나, 미술적 우수성은 조선의 그것에 미치지 못한다. 지금 남아 있는 경주(신라의 수도) 불국사의 다보탑·석가탑과 경주 토함산의 석굴암 석가상·십일면관음상·보살상 등은 8세기에 조성된 것으로, 모두 화강석재에 웅건하고도 우아하며 세밀한 조공彫工을 가하여 실로 귀족문화의 극치를 표현하였다.

고려자기가 세계적으로 유명한 것은 모두 알고 있는 사실이다. 고려자기는 그 형태가 고아하고 비청祕靑 색채가 우미優美하되 통속적이 아니며 세련된 것이 귀족적·종교적이며, 또 그 상감기술이 정치精緻하고 화안畵案이 간결하고 점잖아 중국의 그것처럼 화려하고 저속한 색채와 복잡한 화회畵繪를 쓰지 않았다(일본의 자기는 16세기 말에 조선인으로부터 학습한 것이 처음이다). 요컨대 고려자기는 극히 세련되고 철학적인 교양 높은 중세귀족적인 예술이다.

조선의 자기는 고려의 비청색에 견주어 담청한 백색을 좋아하였고, 고려의 우아·불안정한 형태에 견주어 극히 중후·안정된 실용적인 형태를 취하였다. 색채도 회청색 하나만을 주로 사용하였고, 간혹 간단하게 진사辰砂를 혼용하였으며 화안도 간결하였다. 고려의 것이 불교적이라면 조선의 것은 현실적·신사적·탈속적이다. 조선의 미술·공예는 통속적·청년적·사치적이지 않고 초속적超俗的·노년적·검소적이며, 이론적이지 않고 종교적이며 철학적이다. 상품적이지 않고 예술적이며, 상무적이지 않고 평화적이며, 굴종적이지 않고 혼의 자유가 농후하게 표현된 것이 특색이다.

우리는 음악·무용·문학에서도 이러한 조선민족의 특성을 발견할 수 있다. 거기에는 극히 노성_{老成}한 교양있는 신사의 유유자적성과 고상한 유머가 있다. 그것은 4천 년의 연령을 가진 자존심과 교양을 강하게, 또 높게 가진 노귀족의 문화인 까닭일 것이다. 이러한 전통 위에서 조선인은 지금 맹렬하게 구미문화를 섭취하는 중이다. □들 은 □에 반드시 새롭고도 독특한 문화를 창조할 것이다.

과 학

조선민족은 과학 분야에서도 상당한 우수성을 가지고 있다. 그들이 1234년 주자_{鑄字}(금속활자)를 사용하여 서적을 인행_{印行}한 것은 세계적으로 유명한 일이다. 구텐베르크Gutenberg의 활자는 1450년 무렵에 출현한 것이다. 일본인이 조선 활자를 모방하여 사용한 것은 16세기 말부터였으나 일본에서는 활자인쇄가 발달하지 못하였다. 그러나 조선의 활자는 15세기 이후로 매우 발달하였으며, 철활자, 동활자, 유활자, 목활자, 도활자, 바가지활자 등까지 사용하게 되었다.

서적인쇄에 목판을 사용한 것은 10세기 중국에서 시작되어 곧 고려로 수입되었다. 고려인은 11세기 초에 벌써 세계역사에서 찾아볼 수 없는 대출판사업을 수성_{遂成}하였다. 그것은 125년의 극진한 노력으로 불교경전 1만 7천여 권을 완성한 것이었다. 지금도 그때 판목의 일부가 해인사에 보관되어 6천 5백여 권분 16만 3천 면이며 13세기 중엽의 것이다. 이 불전은 동양 불교의 보전_{寶典}이 되었으며, 이것으로 보아서 우리는 조선인이 극히 꾸준하게 노력하는 민족이라는 사실과 독창력 및 자존심이 강한 민족임을 알 수 있다.

그들은 또 15세기 중엽에 독특하고 과학적인 문자를 창조하였다. 자모 24자로 된 학습과 서사가 모두 용이한 문자로, 이것을 한글이라 한다. 또 16세기 말에 목조군함에 철갑을 입힌 세계 최초의 철갑병선을 창조한 것도 유명한 사실이다. 이것은 해군제독 이순신이 창안한 것이며 그들은 이것을 거북선(그 형상이 거북 모양이었다)이라 하였고, 일본과의 전쟁에 사용하여 일본 해군을 전멸한 위공을 세웠다. 이러한 예술이나 과학적 창조는 결코 우연이 아니요, 민족의 부단한 노력의 결과인 것이다.

결 론

우리는 이상에서 조선인의 역사를 대강 살펴보았다. 세상에 혹 조선인을 잘 모르는 사람들은 그들을 오랫동안 중국의 지배를 받은 민족이라 하기도 하나, 이것은 다 일본인의 허구선전 때문에 빚어진 오해다. 옛날부터 중국을 상국 또는 대국이라 하여 중국 황제에게 조선 왕이 신토이라 칭하였던 것은 사실이다. 그러나 이것은 양국 왕실 사이의 교제관계에만 한하였던 것이지, 국제적으로나 정치적으로나 군사적·경제적으로, 또 모든 방면에서 실질적으로는 완전한 독립자주의 국민이었다.

또 어떤 사람들은 그들을 게으르다고도 하고, 또 지금 조선에 주둔하고 있는 미군들은 조선인에게 도벽이 있다고 하나, 이것은 모두 정치적·경제적 환경에서 생겨난 일시적 현상일 뿐이다. 조선의 귀족과 일본의 자본주의는 조선의 농민과 노동자를 무자비하게 착취하였다. 때문에 그들이 노동과 노력에서 위안과 행복을 발견할 수 없음은 명백했으며, 노동과 노력은 귀족지주나 일본인자본가의 배만 부르게 할 뿐인 것을 알았다. 그래서 그들은 생산에 흥미를 느끼지 못했다. 그리고 이른바 쓰리(도둑질)는 일본인이 가르친 것이니 조선에는 원래 이러한 말이 없었으므로 지금도 일본어인 '쓰리'를 그대로 쓰고 있는 것이다. 이 소도小盜는 전후의 물가폭등으로 빈민 사이에 격증된 일시적인 것이요, 조선인의 본성은 아니다.

우리는 역사상의 조선인이 독창적이고 평화적이며 종교적·철학적이요, 극히 침착하고 자존심의 강한 실질적·노력적인 민족이며, 특히 예술과 과학에 풍부한 소질이 있는 것을 알았다. 그들의 생활무대는 지금 세계적으로 개방되었고, 구미문화는 나날이 조선으로 수입되고 있으며, 조선의 청년은 무한한 열심으로 이것을 학습하려고 하고 있다. 그런데다가 조선인들은 단순히 모방만 하는 국민은 아니므로 반드시 전통문화에 새로 들어오는 구미문화를 완전히 섭취·소화하여 조선만의 특색있는 신문화를 건설하여 인류 역사의 한 역할을 충분히 담당하여 나갈 것이다. 필자는 이것을 믿고 의심하지 않는다.

조선민족사의 진로

　지금 민족문화의 세계적 건설이라는 중대한 과제가 우리들에게 부여되었다. 그래서 오늘날 우리 학술계 각 부문에서 이에 대한 기반공작의 움직임이 있음을 느낄 수 있다. 우리 국사학계에서도 이에 대한 태동이 시작되었다. 장래 이 생아生兒를 가장 건전하고 가장 위대하게 육성하여 보겠다는 이념은 누구든 같겠지만, 어떻게 하면 그 목적을 달성할 수 있겠느냐 하는 방법론에서는 우리의 현실 정치문제와 같은 모양으로 사람에 따라서 의견이 모두 다를 줄 안다. 필자도 이에 깊은 관심을 가진 한 사람이기에 평소에 생각하던 조선민족사의 진로에 대한 스스로의 견해의 일단을 토로하고 널리 비판을 받고자 하는 바이다.

　종래의 우리 역사가 온전히 왕실중심·귀족중심으로 성장하여 왔던 만큼, 역사학이란 것이 또한 봉건적·귀족적이었다는 것은 면하기 어려운 사상事象이었다. 이것은 단지 조선사에 국한된 일이 아니라 동서를 통틀어 같은 흐름이었다. 대부분의 역사는 셀 수 없이 많은 귀족의 이름과 그들의 생활기사로 충만하였고, 민중의 생활이나 민족의 생장발달에 대해서는 아주 적은 관심밖에 보이지 않았다. 이것은 그때의 국가나 정치가 온전히 귀족지배국가·귀족정치였던 까닭이며, 우리는 누천 년 동안을 이러한 사상과 생활에 침지沈漬되어 왔던 것이다. 지금 우리는 이러한 침지·마취상태에서 '우리 자신'을 냉정하게, 또 가장 진정하게 찾아내야 할 국면에 서게 된 것이다.

그리하여 이 낡은 제도와 구습을 벗어버리고자 우리 역사의 각 부문에서 진지한 노력을 하고 있는 학자가 소수나마 있는 것을 안다. 그러나 조선사 전체에서 이것을 취행取行한 이는 필자가 아는 바로는 오직 백남운 한 사람이었다. 그는 우리 역사에서 피지배계급을 발견하였다. 필자는 그의 저작 《조선사회경제사》와 《조선봉건사회경제사》에 대해 이러한 의미에서 경의를 표하는 바이다. 그러나 솔직하게 말하면, 그는 피지배계급을 발견하는 데 열중한 나머지 '민족의 발견'에 극히 소홀하였다. 민족은 피지배계급만으로 구성된 것이 아니라 두 계급의 합일체로서 이루어져 있다. 더구나 조선민족을 구성한 이 두 계급은 유사 이래로 동일한 혈족으로서 동일한 지역에서 동일한 문화를 가지고 공동의 역사생활을 영위하여 왔다. 그러므로 진정한 조선 역사는 조선민족사라야 할 것이며, 조선사에서 '우리의 발견'이란 결국 '진정한 민족의 발견'에 지나지 않은 것이다. 다음으로 필자는 민족발견·민족사 구성에 대해 좀 더 구체적으로 논의하여 보겠다.

첫째, 우리는 역사적 사실로써 조선민족의 생장을 정확하게 인식하여야 될 것이니, 우리는 세계사에 결코 그 유례가 많지 않은 순수 단일 민족이다. 비록 민족이란 말이 과거에는 사용되지 않았으나 그것은 귀족지배국가의 본질상 평등한 민족사상의 발달을 저해하고 계급적인 신민사상만을 널리 퍼뜨린 까닭이며, 민족 자체는 유사 이래로 부단히 성장하였던 것이다. 오늘날 우리가 강렬한 민족관념을 가진 것도 이러한 역사적 사실에 근거가 있다. 이 엄연한 사실을 파악하지 못하고는 조선 역사를 과학적으로 인식할 수 없다. 민족의 존재가 현실 또는 장래의 우리 행이냐 불행이냐를 따지는 것은 별개의 문제이고, 과학으로서의 역사학에서 이 역사적 중대사실을 무시할 수는 없다. 역사학도는 사실을 비판할 수 있으되 거부할 수는 없다.

둘째, 우리는 삼국시대 이래의 귀족지배정치 형태를 민족적 입장에서 비판하고 이해하여야 할 것이다. 조선사에서 귀족정치는 적어도 1,500년 동안 계속되었으며, 이는 엄연한 중대사실이다. 그리고 그 귀족적 정치관념은 아직도 우리 생각과 생활 속에 깊이 뿌리내리고 있다. 이를 일소하고 민족정치·민족국가의 이념을 바로세우려면 이 그릇된 정치관념·국가형태를 과학적으로 분석·이해하고 비판하는 것이 요청되는 바이다.

셋째, 우리는 계급알력에 대하여 깊이 관찰해야 한다. 비록 우리 역사에 서양사와 같은 대규모의 계급투쟁은 없다 할지라도 무제약적인 사유재산을 바탕으로 전개된 귀족정치는 필연적으로 민족 내부에서 계급알력의 불행을 가져왔고, 결국 계급의 존재는 민족의 발전을 저해하였다. 이 중대사실을 지금까지 귀족주의사가들은 모른척 넘어가고자 하였으나 민족주의 역사학에서는 이것을 무시하고서는 역사가 성립되지 않는다. 장래의 우리 민족국가는 무계급사회, 민족평등사회이어야 할 것이다.

넷째는 민족문화 일반에 관한 견해인데, 과거 조선문화의 주류가 비록 귀족중심적이라 할지라도 이것은 결코 피지배민중과는 하등의 관련도 없는 단순한 귀족계급만의 문화는 아니었다. 지배계급이란 것이 피지배계급을 바탕으로 하여 성장한 것과 같이, 귀족문화도 민중을 바탕으로 하여 성장하였다. 따라서 귀족적인 것이라도 귀족계급만으로 조성될 수는 없었으며, 두 계급이 관련되어서만 조성될 수 있었던 것이므로 귀족문화는 동시에 민족문화가 되는 것이다. 그러나 이것이 귀족편중적이며 계급적이었던 것은 부정할 수 없는 바이니, 우리는 이에 대하여 엄정한 비판을 가함으로써 장래의 진정한 민족문화 건설에 공헌할 수 있는 것이요, 이것을 묵살 또는 타매唾罵하는 태도는 과학에 대한 배반이다.

다섯째는 민족투쟁의 문제이다. 지금까지 필자는 민족 내부에 관한 것을 말하였다. 그런데 대외민족관계에서는 민족투쟁과 민족친선이 반복되었다. 투쟁을 통하여 친선이 증진되고 친선 안에도 투쟁이 내포되어 있었지만, 진실한 의미의 민족친선은 유감이지만 과거의 역사에는 존재하지 않았다. 그것은 귀족국가의 본질상 거의 불가능한 일이었다. 신라통일 이후 지금까지 약 1,300년 동안 한漢민족과 우리 민족 사이에 한 차례의 투쟁도 없다는 것은 인류사에서 기적과 같은 사실이나, 그 이외에 우리는 일본민족, 몽고민족, 투르크민족 등과 부단한 민족투쟁을 벌여왔다. 우리가 비전론자, 평화론자라고 해서 이 사실을 거부할 수 없다. 우리는 이러한 사실의 원인과 결과를 명백하게 규명함으로써 장래 세계 민족 친선의 참다운 향로를 발견할 수 있을 것이며, 또 실패한 경우에 대한 정확한 비판으로 전철을 다시 밟지 않을 수 있는 민족적 반성을 할 수 있을 것이다. 흔히 사이비 애국주의사가들은 민족적 실패의 사실은 은폐하여 버리고 승리한 사실만을 극구 찬양하나, 이것은 잘못이다. 차라리 그 실패한 경우를 엄밀히 검토하여 냉정한 비판을 내리는 것이야말로 진정한 의미의 애국일 것이다.

우리나라 문화[1]

차 례[2]

一. 고대의 문화
 1. 선사 시대의 유물遺物·유적遺跡
 2. 고대인古代人의 경제생활과 사회생활
 3. 고대인의 종교·도덕·과학
二. 삼국시대의 문화
 1. 한족漢族 문화의 수입
 2. 불교의 수입과 그 일본에 미친 영향
 3. 고구려 문화의 특색
 4. 백제 문화의 특색
 5. 가야의 문화
 6. 신라 초기 문화의 특색
 7. 삼국의 사회생활과 민속民俗
三. 신라 및 발해의 문화
 1. 발해의 유적과 그 문화
 2. 신라의 미술과 공예
 3. 신라의 학문과 교육
 4. 신라 문화의 특색
 5. 신라 및 발해의 경제생활과 사회생활
四. 고려의 문화
 1. 불교의 융성과 고려 문화와의 관계
 2. 교육·학문의 진흥과 문예

 3. 미술·공예의 발달과 그 특색
 4. 인쇄술의 발달
 5. 민중의 사회생활
五. 근세 조선의 문화
 1. 유교 정책과 그 학설 및 영향
 2. 국문 제작과 그 영향
 3. 과학의 발달과 각종 기계의 발명
 4. 문예 부흥과 실용 학문의 발흥
 5. 인쇄술의 발전
 6. 미술·공예의 발전과 그 특색
 7. 사회생활
六. 최근세의 문화
 1. 세계 무대에의 진출과 그 영향
 2. 서양 문명의 수입과 생활의 변혁
 3. 민중의 신운동
 4. 국학國學 발전과 신문예의 발족
七. 민족성
 1. 우리 민족성의 장처와 단처
 2. 민족의 나아갈 길
八. 우리 문화와 세계 문화

---

1) 이 글은 손진태 선생이 국립서울대학교 교수로 있던 시절 중등학교 사회생활과 역사 과목 수업을 위해 집필한 원고이다. 정치, 경제·종교, 학문, 미술·공예, 사회생활, 민속 등의 내용을 담고 있다.
2) 손진태 선생이 원고 집필 당시 손수 쓴 차례가 남아 있어 전체적인 내용 파악에 도움이 되리라 판단하고 글의 앞부분에 실었다. 다만 회색조로 처리한 부분은 원고가 소실되어 책에 싣지 못하였다.

1. 고대古代의 문화

1) 선사시대先史時代, Pre-historic time의 유물遺物 · 유적遺跡

(1) 신석기시대New stone age

고대 우리 민족의 생활 무대는 만주와 조선반도에 걸친 넓은 지역이었다. 이 지역에 우리 조상들이 들어온 것은 지금으로부터 1만 년이나 적어도 5천 년 이전으로 추측된다. 그런데 이 지역에서는 아직까지 확실한 구석기舊石器시대old stone age의 유물이 발견되지 않았다. 그러므로 지금 우리가 가진 고고학考古學, archaeology적 지식을 바탕으로 할 때, 우리 민족의 역사는 신석기新石器시대부터 시작된다.

유 적

당시 유물은 지상에서 발견되는 것도 있지만, 대개는 집터〔住墟〕· 패총貝塚·무덤〔墳墓〕 속에서 발굴된다. 집터는 직경이 4~5미터 정도인 둥근 반지하실 형태의 움집이요, 패총은 흔히 해안 지방에서 발견되는데, 김해(경상남도 김해군 김해면 회현리)·양산(경상남도 양산읍 남부리)·부산(부산 절영도)·몽금포(황해도 장연군 해안면 몽금포) 등이 유명하며, 고대인들이 조개를 먹고 버린 껍질이 쌓여서 만들어진 것이다. 무덤으로는 고인돌이 있다.

유 물

이러한 유적에서 발굴되는 기구는 석기石器·골각기骨角器·패각기貝殼器·토기土器 등이 있으며 이 밖에 초기草器·혁기革器·죽기竹器·목기木器·바가지 등이 있었을 것이나, 현재는 전하지 않는다. 석기는 흑요석黑曜石·석영암石英巖·수석燧石 등 경질硬質 암석 조각에 세밀한 타공打工이나 또는 마공磨工을 더하여 만든 것이며, 반타반마半打半磨로 된 것도 있다. 토기에는 두터운 민무늬토기〔厚質無紋土器〕와 빗살무늬〔櫛紋〕토기 및 붉은간〔丹彩硏磨〕토기 등이 있다. 용도에 따라 그것을 분류하여 보면

① 무기 또는 사냥하는 기구로는, 돌촉〔石鏃〕·돌창〔石槍〕·돌칼〔石劒〕·뼈칼〔骨劒〕·돌방마치·돌몽둥이

② 어획기구로는, 흙추〔土硾〕·골섬〔骨銛〕

③ 요리기구로는, 돌칼〔石刀〕·뼈칼

④ 건축기구로는, 돌도끼·돌대패·돌끌·돌송곳

⑤ 바느질·길쌈 기구로는, 돌실추·흙실추·돌송곳·뼈바늘·뼈바늘통

⑥ 식기로는, 흙사발·흙항아리·조개껍질

⑦ 장식품으로는, 조개 팔고리〔貝環〕·짐승발톱〔爪〕·짐승 어금니〔牙〕 그 밖의 유물로는 고인돌〔支石=dolmen〕·선돌〔立石=menhir〕 등이 있다.

(2) 금석병용기金石倂用期

우리가 금속기구를 쓰게 된 것은 기원전 3세기 무렵부터였을 것이다. 중국의 전국시대戰國時代 말과 진秦의 통일 이후에 많은 중국인들은 전란과 가혹한 만리장성의 공역工役 등을 피하여 요서遼西와 요동遼東 및 고조선으로 피란 와서 그들의 금속기술을 전한 모양이다. 그러므로 중국의 은殷나라 때 쓰였던 청동기는 전하지 않고, 그 뒤에 만들어진 철기가 한 단계 건너 전한 것이다. 그래서 우리 땅에서는 한참 동안 석기와 금속기를 함께 쓰게 되었고, 곳에 따라서는 교통·교류가 불편한 관계로 기원후 2~3세기경까지 금석기를 함께 사용

하였다. 그래서 이 시기를 금석병용기라고 한다.

유 물

이 시기에는 석기시대의 모든 종류의 기구가 그대로 계속 사용되나, 예리한 철기에 대항하고자 그 마공이 고도로 발달하였고, 타석기는 점점 없어지게 되었다. 토기에는 빗살무늬가 없어지고, 민무늬토기와 붉은간토기는 계속 만들어졌으며, 베무늬[布紋]와 승석繩蓆무늬토기가 나타난다. 금속으로 된 유물로는 동검銅劍·동모銅鉾 등 예리한 무기와 동탁銅鐸·동경銅鏡 및 명도전明刀錢·화천貨泉·포전布錢·오수전五銖錢 등 중국의 화폐가 발견된다. 그리고 무덤으로는 고인돌도 존재했지만 상자형 석관분묘石棺墳墓, 돌무덤[累石塚], 옹관甕棺무덤[墳墓] 등도 있었다.

의식주

신석기시대의 유물에서 가락바퀴가 나오는 것으로 보아, 칡[葛]이나 삼[麻]의 섬유로 베를 짜 여름 의복을 만들었다고 보이며, 겨울에는 짐승의 털가죽[毛皮]을 입었을 것이다. 식재료는 짐승의 고기가 주를 이루었으며, 바닷가에 사는 사람들은 조개와 물고기를 주식으로 하였을 것이다. 집은 두 종류가 있는데 하나는 앞에서 말한 움집으로, 이것은 겨울집이요, 다른 하나는 천막형 이동식 막집이다. 중앙아시아와 몽고 및 시베리아 등지에서는 지금도 이 형태의 집을 많이 짓는다. 시베리아에서는 그들의 원추형圓錐型 막집을 'chum'이라하고, 몽고인들은 그들의 둥근 막집을 'yurta'라 한다. 또 중국인들은 그것을 몽고포蒙古包라 하며, 중앙아시아에서는 'tibitka'라고 한다. 한편 시베리아의 옛날 겨울집은 우리와 마찬가지로 반지하 움집이었다. 겨울에는 짐승 털가죽으로, 여름에는 풀로 지붕을 덮었는데, 집안 한가운데 땅을 파고 불을 피워 음식을 만들었으므로 지붕 한가운데 연기 빼는 구멍을 뚫었다.

귀틀집(통나무를 우물 정#자 형태로 장방형으로 쌓아서 만든 집)은 좀 늦게 나타났겠지만, 석기시대 말에는 이미 있었을 것이다. 이것도 우랄ural·알타이Altai·시베리아·중국 남방·북아메리카 등지의 삼림 지대에 흔한 가옥으로, 북쪽 아시아에서는 유르트라고 한다. 기둥을 세우는 현대식 가옥 형식은 아마 중국에서 수입되었을 것이다.

2) 고대인의 경제생활과 사회생활

(1) 씨족사회氏族社會시대

역사상 사회발달에 대한 시기 구별은 본디 하기 어려운 것이지만, 고대는 더욱 그러하다. 그러나 연구의 편의상 우리는 삼국이 대립하던 2~3세기경부터를 삼국시대라고 하고, 그 이전을 고대라고 한다. 고대에는 신석기시대와 금석병용기가 속하며, 신석기시대는 대체로 씨족사회였고, 금석병용기는 부족사회였다. 그리고 우리의 역사적 기록은 기원전 2세기로부터 시작되므로 선사시대는 그 이전이 되겠지만, 여기서는 편의상 삼국정립鼎立시대 이전을 일괄하여 그 생활을 말하려 한다.

사냥 · 가축

우리 민족의 삶의 영역에는 한漢민족이 처음 일어난 중국 북방의 황허黃河 유역과 같은 광대한 평야가 없고, 높고 깊은 산이 무수한 까닭에, 중국처럼 일찍부터 농업이 일어나지 못했다. 기원전 2세기 금속기가 들어오기 이전까지는 사냥이 주된 생산방법이었고, 가축

(돼지·개·닭·소·말·염소)과 해산물(해초·어류·조개류)이 그 버금이며, 그 밖에 자연 생산물(과실류·구근류·채소류·꿀) 채취를 하고 또 수준이 낮은 뜰앞 농사[庭園耕作]를 하였다. 사냥은 씨족이 모두 한 무리가 되어, 몰이꾼과 쏘는 패로 나뉘어서 개를 데리고 행하였을 것이다. 또 겨울에 더욱 성하였는데 이때가 짐승들이 새끼치기를 마치고 가장 살쪘을 때이며, 또 눈 위에 찍힌 발자국을 찾기 쉬운 까닭이었다. 가축 가운데는 돼지가 가장 중요하였고, 가축을 중앙에 두고 그 주위에 집을 짓고 살았다.

씨족사회

석기시대는 그 기구가 미숙한 수준이었기 때문에 생산이 빈약하였다. 그래서 혈연관계인 사람들끼리 모여서 공동으로 사냥을 하고, 가축을 기르지 않으면 식료가 항상 부족하였다. 이렇게 모인 사회를 '씨족사회' 또는 '씨족공동사회'라고 한다. 생산과 전쟁을 함께 하고, 공동의 노력으로 얻은 생산물은 씨족 공동의 재산이 되었기 때문이다. 씨족원은 수십에서 수백 명으로 구성되었고 추장酋長은 성년(15세 이상)인 씨족원 전부가 선출하였으며, 한 사람 또는 세 사람인 것이 세계적으로 공통이다. 추장이 여자인 경우도 있었다.

여자 · 가족

사냥과 전쟁 같은 힘쓰는 일은 남자가 행하였으나, 그 밖의 모든 생산과 기구 및 토기 만들기, 집짓기, 아이 기르기 등은 여자의 몫이었다. 그뿐 아니라 여자는 자기가 만든 집과 토기와 연장, 자기가 기른 가축 등 항구적인 재산을 사유하였고, 또 자기가 낳고 기른 자녀에 대하여 절대적인 권리를 가졌기 때문에, 가정에서 그의 권력은 남편보다 강하였다. 그래서 자녀는 모계母系로 치게 되었고, 따라서 결혼하면 남자는 여자 집의 가족이 되었다. 이것을 '모계가족제도 maternal family system'라고 한다. 혼인은 비록 자유혼이었으나, 다른 씨족과 결혼할 수는 없고 오직 씨족 안에서만 행하였는데, 이것을 족내혼族內婚, endogamy이라고 한다. 이러한 혼인방식이 생겨난 까닭은 생산 능력을 가진 젊은이들을 다른 씨족에 빼앗길 수 없기 때문이었다.

여자는 또 기도, 굿[祀神儀式], 점치기, 예언預言 같은 종교적인 일을 맡았기 때문에 사회적으로도 존경받았거니와, 종교도 그들로부터 시작되었다. 기도와 굿에는 노래와 춤, 악기(북 등)가 필요하였다. 그러므로 음악·문학·무용도 여성들로부터 비롯한 것이다. 그들은 기도와 굿으로 병의 원인이 되는 귀신을 영적 환각으로 보아 병을 고치고, 또 쉽게 약을 알아내었다. 그러므로 영혼불멸설靈魂不滅說과 의약醫藥이 또한 여성들에게서 기원하였다. 여성은 실로 종교·예술·과학·기술 등 모든 문화의 창조자였다.

(2) 부족사회部族社會시대

중국 한민족의 세력이 금속기와 함께 동쪽으로 밀려오면서 우리나라에 부족사회가 발생하기 시작하였다. 강한 다른 민족의 세력을 막고자 가까운 씨족끼리 서로 연맹을 맺기도 하고, 또는 강한 씨족이 약한 씨족을 정복하기도 하여 부족을 이루게 되었던 것이다.

부계가족

부족사회시대는 금속기를 사용하였기 때문에 심경深耕농업이 발달하여 농작물의 수확이 많았을 뿐 아니라, 사냥과 어획도 그 양이 증가하였다. 그래서 씨족공동생산의 필요성이 없어졌으므로, 이로부터 차츰 가족제도와 사유재산제도가 생기게 되었으며, 재산의 불평등으로 말미암아 권력자가 나타나게 되었다. 그리고 농업이 주생산이 되고 그것을 남자가 담당하게 되자, 여자의 지위는 점점 낮아져서 부계가족제도paternal family system가 이루어지기 시작하였고, 결혼하면 여자는 남편의 가족이 되었다. 그리고 혼인은 족내혼에서 족외혼exogamy으로 바뀌었다. 재산과 지위는 아들에게 상속되고, 이에 따라서 가족의 조상을 숭배하는 사상이 더욱 강하게 자라났다.

왕 위

부족사회에서 부족장部族長의 선거는 여러 씨족의 대표자들이 행하였다. 부족사회가 더욱 성장해 뒷날 부족연맹왕국이 일어나게 되었을 때 왕은 여러 부족의 대표자에 의해 선출되었다. 고구려는 다섯 부족이 중심세력이 되었고, 신라는 여섯 부족, 가야도 여섯 부족을 중심으로 이루어진 왕국이었으며, 고조선·낙랑·부여·백제 등도 모두 그러하였다. 왕은 3년마다 개선改選되었으나, 경우에 따라서는 기한 전에 개선되기도 하였다. 그러나 왕은 항상 가장 강한 부족의 부족장이 선출되었기 때문에, 한 사람이 계속하여 여러 번 선출되었고, 또 그 아들이 이어서 선출되고 하는 동안에 왕위세습王位世襲제도가 생기게 되었으니, 삼국시대부터 그 제도가 정착되었다.

경 계

토지가 가장 중요한 재산이 되자, 토지를 빼앗기 위한 싸움도 많아졌거니와, 경계境界에 대한 관념 또한 강해졌다. 그래서 그 경계에는 표를 세웠다. 선돌[立石, menhir]·솟대[立木]·돌선왕[累石壇] 같은 것은 경계표시이면서 동시에 경계를 지키는 신神으로 생각되었다. 고대 중국 북방에서는 돌이 귀한 까닭에 흙을 쌓고 나무를 심어 그것을 사社라 하였고, 몽고에서는 흙을 쌓거나 혹은 돌을 쌓아 그것을 오보obo라고 하였으며, 중국 남방에서는 선돌을 석감당石敢當이라 한다. '선돌menhir'은 인도네시아에 특히 많으며, 고대 그리스의 헤르메스Hermes와 로마의 머큐리Mercury 등도 선돌로 표시한 경계의 신이자 동시에 여행자의 신, 상업의 신, 도적의 신, 웅변의 신이었다.

3) 고대인의 종교 · 도덕 · 과학

미개한 시대에는 사람의 모든 생활이 종교의 지배를 받았다. 정치와 생산, 과학, 도덕, 법률이 모두 종교에 포함되어 아직 분리되지 못한 상태였다. 사람의 생사生死·질병, 정치의 선악, 전쟁의 승패, 생산의 많고 적음 등이 모두 신의 의사에 달린 것이라고 믿었기 때문에, 그들은 항상 신을 위하여 제사하고 기도하였다. 그리고 그 제사와 기도는 무당이 수행하였으며, 무당은 귀신을 능히 볼 수 있고, 귀신과 교통交通할 수 있다고 생각하였다. 도덕과 법률도 신의 명령이라 생각하였으며, 모든 자연계의 현상도 신의 의사 또는 신의 힘으로 생긴다고 여겼다.

종 교

고대 헤브라이 사람들은 일신교一神教, monotheism를 믿었으나, 그 밖에 다른 민족들은 모두 다신교多神教, polytheism를 믿었다. 고대에 농업이 일찍 발달한 민족들은 강의 신[河神]과 땅의 신[地神]을 가장 높이 숭배하였다(나일·유프라테스·티그리스·인더스·황허 등). 그러나 우리 조상들은 오랫동안 산에서 사냥과 부대[火田]로 생활하였고, 또 바다에서 물고기잡이를 하였기 때문에, 고대에는 산신山神과 바다신[海神]을 가장 높은 신으로 숭배하였으며, 한편으로는 조상신祖上神을 숭배하였다. 경계신境界神도 중요한 숭배 대상이었다. 이러한 신들은 모두 생산과 병과 전쟁에서 그들을 돕는다고 생각하였다. 그래서 그들은 사냥과 물고기잡이를 떠나기 전에 씨족적 또는 부족적으로 치성을 드리고, 짐승이나 고기가 많이 잡히면 더욱 큰 제사를 올렸다. 또한 씨를 뿌리기 전에 치성을 드리고, 10월에는 성대한 추수감사제를 부족 차원에서 행하였다. 그때는 개개인의 조상보다도 씨족 또는 부족 전체의 조상을 더욱 중요하게 여겼는데, 개인주의보다 전체주의가 강하였기 때문이었다.

이 밖에도 하늘·땅·해·달·별·바람·비·벼락 등 자연현상과, 곰·호랑이·노루·여우·뱀 등 특이성을 가진 동물 및 이상한 모양을 가진 나무·바위·굴 같은 것, 위험한 돌물[渦]·급류急流 등이 모두 신 또는 신비한 힘을 가진 것이라 하여 숭배되었다.

도덕 · 과학

미개시대의 도덕이나 법률은 전체주의적이며 종교적이었다. 모든 행위는 전체를 위한 것이어야 하며, 전체를 위한 것은 선이요, 전체에 반대되는 것은 악이었다. 전쟁이나 생산 및 종교적 의식에서도 엄격하게 씨족 또는 부족 전체를 위한 공동행동을 취하였으며, 추장의 명령은 곧 신의 명령으로 간주되어 절대적인 권위를 가졌다. 그러므로 추장은 흔히 종교의 주제자主祭者이기도 하였다. 그러므로 또 벌을 받는 자도 신의 뜻을 배반했기 때문에 신에게 벌을 받는 것이라고 생각되었다. 해서는 안 되는 일[禁忌=taboo]을 저지른 경우에는 신의 벌이 내린다고 생각되었다. 이렇게 종교와 도덕과 법률은 서로 분리되지 않고 하나로 뒤섞여 있었다.

모든 자연현상은 신화神話로 설명되고, 그 신화는 종교적인 내용을 가졌다. 그러므로 과학도 종교와 혼동되어 있었다. 어떤 약을 써서 병이 나았다면, 그 약이 가진 신비한 힘이 병의 원인이 되는 귀신을 병자에게서 쫓아냈기 때문이라고 생각하였다. 그러므로 미개한 시대의 모든 생활은 종교에 의하여 지배되었다. 따라서 무당shaman은 가장 높이 존경받았고, 이러한 종교 형태를 샤머니즘shamanism이라 한다.

2. 삼국三國의 문화

1) 한족漢族문화의 수입

위에서 말한 바와 같이 우리는 기원전 3세기경, 중국 전국시대 말부터 한민족의 금속기와 함께 고급귀족문화를 접하게 되었다. 그리고 그 이전의 문화는 거의 자연생장적인 저급문화였을 것이라 생각되기도 하지만, 결코 고립된 문화는 아니었다. 석기·토기·농업 등도 반드시 다른 민족들과 서로 관계가 있었던 것이요, 선돌과 오보(몽고의 소도 같은 것—엮은이) 같은 것도 그러하였고, 더욱이 고인돌은 구대륙舊大陸 거의 전부에 널리 분포되어 있다(오직 중국·몽고·시베리아·일본에만 없다). 이것만 보더라도 인류문화는 적어도 신석기시대부터는 공통성을 가지고 성장했음을 알 수 있다. 다만 잦은 접촉이 없었을 따름이었다. 고인돌이 우리 주위 여러 민족에게는 없고, 오직 우리 조상들만이 만주와 반도에 걸쳐서 만들었다는 것은, 고대 삼국이 동일한 종족tribe이었음을 말하기도 하지만, 또한 우리 조상들이 중앙아시아 방면에서 이 땅으로 들어왔을 때는 이미 고인돌문화를 가진 신석기를 사용하던 민족이었음을 추측하게 한다.

인류문화는 구석기시대, 신석기시대, 청동기시대, 철기시대로 발달하였다. 그런데 우리 민족에게 청동기시대가 없는 까닭은, 중국의 청동기문화를 배우기 전에 청동기와 철기가 동시에 수입되었기 때문이다.

낙랑문화

중국의 고급문화가 본격적으로 수입된 것은 낙랑시기부터이다. 그러나 그 이전에도 부여·숙신 및 그 밖의 추장들은 돼지가죽[豚皮]·호랑이가죽[虎皮]·활·화살 등을 중국 왕실에 보내고, 그 대신 중국의 금·은·구슬옥 등의 세공품과 비단·의복 등을 얻었다. 기원전 108년에 한이 낙랑군을 평양 건너편 토성리土城里에 둔 뒤부터 한족의 사람과 문화가 계속하여 왕래하고 수입되어, 우리 고급문화의 기초가 세워졌고, 또 그것이 일본에도 전해져 일본문화의 기초가 되었다.

낙랑군의 한족문화는 한족의 거류지이던 토성리 부근의 땅 속과 그들의 독특한 무덤 속에서 많이 발굴되는데, 무덤은 벽돌로 된 전실塼室무덤과 목곽木槨무덤 두 종류가 있고, 지금도 1,500여 기나 남아 있다. 이러한 무덤의 부장품 또는 매몰품으로 발견되는 것은 대략 다음과 같다.

> 명주[紬]·띠장식[帶鉤]·채화칠상자[彩畵漆篋]·칠소반·책상·책칼·봉니封泥·나무도장[木印]·목마木馬·창·활촉·말굴레·철거울[鐵鏡]·가락지·비녀·동화로[銅爐]·동다리미·동연적·동촉대燭臺·토잔土盞·토사발·토항아리[土壺]·기왓장[瓦]·돈[錢]·금착동통金錯銅筒·벽돌[塼] 등

이러한 물건들로 보아 우리는 당시 상류 중국 관리와 그 부인들의 생활이 상당히 풍족하였던 것을 알 수 있으니, 광대한 기와집·관

복·관대官帶·무기·책상·문방구·승용마乘用馬·화장기구·금은장식품·화폐 등이 사용되었으나 오직 토기만이 매우 수준이 낮았다.

이 가운데서도 우리가 놀랄 만한 것은, 띠장식과 동통에 보이는 세공기술과, 칠상자에 보이는 채색그림이다. 띠장식은 마치 타원을 반으로 쪼갠 모양인데, 거기에 가느다란 금선金線과 금립金粒을 붙여, 두 마리 큰 용과 여섯 마리 작은 용이 하늘에서 춤추며 날아다니는 것처럼 정교하고 힘차게 만들었다. 이 금선과 금립을 납으로 붙여 도안을 만드는 누금세공縷金細工은 5천 년 전 이집트 12왕조 시대의 유물에 비슷한 것이 보이고, 기원전 3세기 내지 6세기경 그리스에서 발달되었던 것으로 필리그리 워크piligree work라고 한다. 중국에는 한 나라 때 이 기술이 있었던 듯한 기록이 전하나 아직 실물은 발견되지 않았고, 뒷날의 고구려·백제·가야·신라의 고분에서 많이 발견된다. 이러한 고급기술은 다원설多源說로써 해석할 수 없으므로, 이것은 이집트에서 일어나 그리스에 전해졌던 것이, 중앙아시아를 통하여 한에 전해지고, 또 낙랑군을 통하여 우리에게 전해진 것이라 이해하는 것이 타당할 것이다.

금착동통은 세 마디를 가진 단소短簫 모양으로 된 것인데, 여기에는 아마 귀중한 문서 등을 넣었던 듯하다. 마디마다 공작·사슴·호랑이·기러기·토끼·낙타·새·산돼지·말 탄 사냥꾼 등 그림을 금상감金象嵌으로 전면全面에 거의 빈틈없이 새겼는데, 극히 정교하고 사실적이며 힘차게 표현되었다. 이러한 금은상감기술은 어디가 기원지인지 알 수 없으나, 우리나라에서는 신라 때 누각縷刻이라 하여 매우 발달하였고, 고려 때의 독특한 청자상감술은 아마 신라의 누각에서 발전된 기술일 것이라 추측되며, 근세 조선 때는 은엽사라 하여 여러 가지 장식에 그 기술이 응용되었는데, 영변寧邊의 은엽사는 특히 유명하였다. 이러한 금은선金銀線상감기술은 중세의 사라센Saracen 사람에게 전해져, 다마스쿠스Damaskus에서 특히 발달하여 유럽에도 전하였으므로, 유럽에서는 이 기술을 '다마스킨Damaskeen'이라고 한다. 중국 당나라에는 이 기술이 없고 오직 신라에 성하였던 것으로 미루어 보면, 사라센 사람은 그 기술을 직접 신라인이나 신라의 물건에서 배운 것 같다. 지금의 아라비아 양탄자, 그 밖에 물건에서 특히 무늬〔紋樣〕기술이 발달된 근원은 사라센시대에 있었던 것이며, 당과 신라의 영향이 컸던 것이다.

칠상자는 아마 문방구일 것이며, 대나무를 가늘게 쪼개서 만든 높이 6촌, 길이 1척 3촌의 조그마한 고리짝으로서, 둘레와 뚜껑에 검은 옻칠을 하고, 그 위에다 황·녹·적·주·회 등 여러 색의 옻으로 많은 인물을 그렸는데, 중국 고대의 효자·효부·제왕 등에 관한 전설에서 취제取題한 듯하다. 그 색채의 아름다운 조화라든지 필치의 정교함과 인물의 생동함과 변화의 다양함이 실로 놀라운 작품이라 하지 않을 수 없다.

거울은 크고 작은 여러 종류가 있는데, 글자와 무늬, 그리고 동물 그림을 잘 배치하여 극히 정교하게 주조한 것이며, 기와 마구리〔瓦當〕에는 돋을무늬〔陽刻紋〕로 고사리〔蕨紋〕와 길상吉祥에 관한 글자를 많이 새겼다.

이러한 한민족의 문화는 우리의 의복·관대·건축·마구馬具·무기·금속제련술·제도술製陶術·그림·기와·벽돌·주조술·금은세공술·농구 등에 비약적인 발전을 일으켰을 것이다. 그리하여 삼국시대의 찬란한 문화는 그 기초가 거의 여기에서 이루어졌다.

이와 같은 기술문화뿐 아니라, 정치·경제·학문·교육·교통·일상생활 등 여러 방면에서도 한민족으로부터 받은 영향은 컸다. 왕권정치王權政治가 일어나고, 산업이 발달하였으며, 교통 기관이 진보되고, 교역이 왕성해졌다. 또 한문교육이 일어나 언어에도 한어漢語가 많이 섞이게 되고, 귀족들의 의관衣冠과 그 장식은 한식漢式으로 변화하였다. 그들의 가옥·음식·음악·오락 등도 한민족의 감화를 많이 받았을 것이다.

2) 불교의 수입과 일본에 미친 영향

석가모니를 교조敎祖로 하는 불교는 기원전 523년 인도에서 일어나고, 아소카 왕Asoka(阿育王, B.C.272~232) 때 인도의 국교國敎가 되어 서역지방까지 널리 전파되었고, 경전의 대대적 결집도 있었다(B.C.244). 중국에 불교가 수입된 것은 65년 후한後漢 명제明帝 때라고 한다. 고구려에는 372년(소수림왕 2), 백제에는 384년(침류왕 원년), 신라에는 528년(법흥왕 15)에 수입되었다.

5세기 초 중국 북방이 5호16국의 난리로 어지러웠을 때, 16국의 하나인 전진前秦(＝苻秦)의 왕 부견苻堅은 고구려와 친근親近하여 그 적인 모용씨慕容氏의 북연北燕을 견제하고자 372년 사신과 함께 승려 순도順道와 불상佛像·경문經文 등을 보냈다. 이 해에 고구려는 중국과 같은 대학을 처음 세웠다. 374년에는 아도라는 승려가 또 입국하였다. 아도는 인도[天竺]인이라고도 하고, 중국 남방의 오吳로부터 왔다고도 한다. 이듬해인 375년에 소수림왕은 두 승려를 위하여 두 곳의 절을 세워, 성문사省門寺에는 순도를, 이불란사伊弗蘭寺에는 아도를 머물게 하여 불도佛道를 전하게 하고, 왕은 그들을 경신敬信하였다. 394년에 광개토왕廣開土王은 평양에 9사九寺를 창건하였고, 396년에는 서진西晉의 승려 담시曇始가 와서 왕의 환영을 받았다. 이리하여 고구려의 불교는 성행하였다.

고구려에서는 도랑道朗·파야波若·의연義淵·보덕普德 등 고승高僧이 나왔다. 도랑은 박학심리博學深理하여 6세기 초에 그가 양梁에 머물렀을 때 양 무제武帝는 승정僧正 지적智寂 등 10사師에게 도량으로부터 학문을 배우게 하였다. 파야는 16세에 진陳에 유학하여 천대산天台山에서 지자대사智者大師에게 수업하였고, 진이 망한 뒤 598년(수나라 때) 천대산 최고봉인 화정華頂에서 밤낮으로 자지 않고 산 밖을 나오지 않은 채 15년 동안이나 연구와 수행에 정진하다가 613년에 하산하였는데, 많은 이적을 남겼다고 한다. 의연은 지식이 넓고, 유학儒學에도 통하였으므로 한때 유·불儒佛 두 방면 학자들의 존경을 받았고, 567년에는 불교 역사를 연구하고자 전제前齊에 유학하였다. 보덕은 평양 반룡사盤龍寺에 있었는데, 고구려의 집권자 연개소문이 도교를 숭상하고 불교를 경홀輕忽히 하므로 660년(백제가 망한 해)에 전주 고달산高達山 경덕사景德寺로 옮겨가서 고제高弟 11인을 두었다. 그는 8사寺를 창건하고, 학문과 덕행이 모두 높았으므로 세상 사람들은 그를 보덕성사聖師라 하였다.

고구려의 승려들은 중국뿐 아니라, 일본에 가서도 많이 전도하였다. 6세기 말에 혜편법사惠便法師는 석천정사石川精舍를 창건하여 일본에서 도니度泥제도를 처음 만들었고, 혜자법사惠慈法師는 쇼토쿠태자聖德太子의 스승이 되어 백제 승려 혜총법사惠聰法師와 함께 법흥사法興寺에 머물면서 일본 불교계의 기둥이 되었다가 뒤에 귀국하였다. 7세기 초에는 승륭僧隆·운총雲聰·법정法定 등이 일본에 전법傳法하였고, 특히 담징대사曇徵大師는 유가儒家의 오경五經에도 통하였을 뿐 아니라 그림에 능하여 법륭사法隆寺에 있으면서 채색과 종이와 붓을 스스로 만들어, 아직 수준이 낮았던 일본 화가들을 지도하였으므로, 그는 실로 일본 그림의 조종이 되었다. 지금 일본의 국보인 법륭사의 벽화는 담징의 자작自作이거나 담징 계통 화가의 작품이리라고 추측되고 있다. 또 그는 맷돌[碾磑]을 일본에 전하기도 하였다. 혜관법사慧灌法師는 수隋나라에서 유학하고 돌아온 뒤에, 625년 일본에 가서 그

나라의 도등법사道登法師와 함께 왕의 명으로 원흥사元興寺에 머물면서 대승불교大乘佛敎의 삼론三論(中論·百論·十二門論)을 전도하여 일본 삼론종三論宗의 시조가 되었다. 이렇듯 고구려의 불교는 크게 발달하여 우수한 승려들이 중국으로, 또 일본으로 많이 진출하였으나, 불행하게도 우리나라 안에서는 고구려 불교의 예술적 유물이 발견되지 않는다.

백제의 불교는 384년 동진東晉으로부터 서역승 마라난타摩羅難陀가 와서 침류왕枕流王이 예禮로써 맞이한 것이 처음이라 하며, 왕은 그를 위하여 한산사漢山寺를 지어 머물게 하였다. 백제 말년의 법왕法王·무왕武王·의자왕義慈王 등은 모두 열렬한 신봉자信奉者였던 모양이다. 기록에는 백제에 사탑寺塔과 승·니僧尼가 많았다고 하나 유물은 매우 적다. 백제의 고승高僧인 겸익謙益대사는 526년 바닷길로 인도에 유학하여, 5년 동안 범어梵語를 연구하였고, 특히 율부律部를 전공하여 인도 승려 배달다삼장倍達多三藏과 함께 많은 범어 원서原書를 가지고 귀국하였다. 그때 성왕의 큰 환영을 받았으며, 국내의 명승名僧 28인과 더불어 율부 72권을 번역하여 백제 계율종戒律宗의 비조鼻祖가 되었다. 6세기 말부터 백제는 불전佛典과 전법승을 일본으로 보내게 되었고, 일본의 승니로서 백제에 유학한 자도 있었다. 577년 백제는 경론經論과 율사律師를 일본에 보냈고, 587년 소가 우마코蘇我馬子 대신大臣이 일본에 머무는 백제 승려들을 청하여 수계법受戒法을 들은 것이 일본 승려의 처음이라 한다. 3년 동안 백제에 유학하고 돌아온 선신니善信尼는 일본 계율종의 시조가 되었다고 한다. 관륵觀勒법사는 602년에 일본에 가서 승정僧正이 되었고, 도장법사는 일본에서 《성실론소成實論疏》 16권을 지어 일본 성실종成實宗의 시조가 되었다. 이 밖에도 일본에 전법한 백제 승려의 이름이 적지 않게 전한다.

신라의 불교는 5세기 중엽 눌지왕訥祇王 때 인도 승려 호묵자胡墨子(묵호자墨胡子의 오기-엮은이)와, 5세기 말엽 소지왕炤智王 때에 인도승 아도我道(또는 阿道) 등이 각각 고구려를 지나서 일선군一善郡에 들어와서 모례毛禮집 굴방 속에서 비밀히 전도하였다는 데서 비롯한다. 그러나 국가가 불교를 공인한 것은 528년(법흥왕 15)이었다. 그 뒤로 400년 동안 신라의 불교는 세계적으로 융성하였고, 고려왕조 500년을 지나면서도 그 융성은 계속되었다. 법흥왕의 아들 진흥왕(본래 진흥왕은 법흥왕의 동생인 입종立宗 갈문왕의 아들인데, 손진태 선생의 착오로 보인다-엮은이)은 광대한 영토를 얻은 영웅이었으나, 또한 열심으로 불교를 받들어 많은 절(흥륜사·황룡사·지원사·실제사·황룡사)을 창건하였을 뿐 아니라, 말년에는 그 자신이 머리를 깎고 승려가 되어 호를 법운法雲이라 하였고, 왕비도 비구니가 되어 영흥사永興寺에 머물렀다. 그리고 565년에는 진陳으로부터 불경 1,700여 권을 수입하였고, 유학승을 중국으로 보냈다. 이로부터 신라승으로서 인도와 수·당에 유학한 자들과, 인도·중국 승려로서 신라에 오는 자가 많아, 사리舍利·경전經典의 수입과 함께 건축·조각·주조·그림·음악·무용·기예 등 여러 방면의 예술을 배우게 되었고, 삼국통일 이전에 벌써 중국을 초월하는 놀라운 미술적 진보를 이루게 되었다.

549년에 양나라에서 돌아온 각덕사覺德師는 아마 최초의 유학승일 것이다. 진陳나라와 수隋나라에 오래 유학한 승려(안홍安弘, 지명智明 24년, 원광圓光 22년, 담육曇育 27년)도 많았으며, 당나라에 간 구법승求法僧으로서 유명한 자는 자장慈藏·원효元曉·안함安含·의상義湘·낭공朗空·진감眞鑑·보조普照 등이었고, 자장은 12년 동안 당에 머물렀다. 인도 유학승도 적지 않았으나, 그 가운데서도 혜초慧超는 소년 때 당으로 갔다가 뒤에 바다로 인도에 가서 10년 동안 5천축을 두루 다니고, 육로로 서역을 거쳐 당으로 돌아와 오대산에 머물면서《왕오천

축국기往五天竺國記》를 저술하였다. 이는 귀중한 문헌으로써 지금까지 전하나 혜초는 귀국하지 못하고 당에서 죽었다.

불교의 숙명사상宿命思想은 귀족계급에 극히 유리하였다. 그래서 왕실과 귀족들은 많은 사찰을 짓고, 토지를 기부하고 승려를 우대하였고, 귀족들도 많이 출가出家하여 승려가 되었다. 옛날 이름 높은 승려들은 거의 귀족 출신이었다. 그리고 불교의 평등사상平等思想과 자비慈悲사상은 민중에게 유리하였다. 그뿐 아니라, 인생문제에 어떤 분명한 지식도 갖지 못하고 있던 고대인들에게 불교는 생로병사에 대한 구체적이고 명백한 설명을 주었다. 그래서 비록 소극적이나마 사람들은 의혹으로부터 안심을 얻게 되었다. 또한 불교는 위에 말한 여러 가지 고급예술과 재미있는 설화 및 심오한 철학을 모두 갖고 왔으므로, 빈부귀천의 모든 사람에게 환영받았다. 그래서 불교는 비록 염세적厭世的인 종교이지만 불교가 왕성했던 시대의 민중 생활은 오히려 명랑하였고, 그 군대는 용감하였으며 그 예술은 여러 방면에서 고도로 발달하였다. 그러나 불교의 폐해는 사찰이 나중에 대지주화大地主化하여 국가의 정치·경제·군사상에 큰 지장을 준 것이었다. 이 때문에 근세 조선에서는 사찰의 수효를 줄이고, 토지를 몰수하는 한편 그 사상을 탄압하는 동시에 유교를 국교로 내세웠던 것이다. 그리하여 지금 우리 민족은 불교사상·유교사상 및 18세기에 들어온 기독교사상의 영향 위에 생활하고 있다.

3) 고구려문화와 그 특색

고구려는 본디 부여夫餘와 한 족속으로, 만포진滿浦鎭 건너편 동가강佟佳江 유역의 좁은 회인懷仁평야에서 다섯 부족의 연맹국가로 일어났으며, 건국했을 때부터 멸망할 때까지 상무적尙武的이었다. 농산물이 적게 나는 지리적 요인, 서쪽으로 이웃한 사나운 몽고민족과 강대한 한漢민족 사이에서 항상 전쟁이 끊이지 않았기 때문이었다.

정 치

초기의 왕은 부족장회의에서 3년마다 선출되었다. 처음은 서부西部(연나부椽那部, 연씨淵氏)가 가장 강하여 그 대인大人(부족장)이 왕이 되었으나, 뒤에 동부東部(계루부桂婁部, 고씨高氏)가 강해져 고씨가 왕이 되었다. 그리고 수상首相의 지위도 3년마다 개선改選되었는데, 이것도 부족의 실력으로 결정되었다. 그래서 서로 힘이 어금버금하여 양보하지 않을 때는 무력으로 해결하는 경우도 있었는데, 이러한 경우에 왕은 문을 닫고 그 결과를 기다릴 따름이었다. 이것도 고구려의 상무적인 한 모습이었다.

관제官制는 중앙에 막리지莫離支(大對盧?=吐捽?) · 태대형太大兄(欝折?=乙支?=謁奢?) · 대형大兄 · 소형小兄 등 12등等이 있고, 지방의 대성大城에는 욕살褥薩(도독)을 두었다. 668년 고구려에는 5부(수도 안의 구획) · 176성 · 69만 7천 호戶가 있었으니, 약 3백만의 인구였고, 수도 평양은 21만 508호 약 90만의 인구가 살고 있었다. 660년의 백제는 5부 · 37군郡 · 200성城 76만 호였으니, 약 350만 인구였고, 수도 부여夫餘에는 15만 2,300호 약 70만의 인구가 있었다. 그때 신라의 통계는 없으나 약 300만 인구였을 것이다. 9세기 통일신라시대의 인구는 약 800만으로 추측되고, 수도 경주는 17만 8,936호 약 80만의 인구였다.

학 문

고구려에서는 372년 대학이 창설되었는데, 고구려의 국사國史를 기록한 《유기留記》 1백 권이 쓰인 것은 아마 이 시기였을 것이며, 660년 태학박사인 이문진은 《유기》를 고쳐 《신집新集》 5권을 만들었다. 학문은 주로 중국의 철학·도덕·정치·역사·문학·자전 등에 관한 서적(역경·시경·상서·예기·논어·춘추좌씨전·효경·사기·한서·후한서·삼국지·진춘추·옥편·자통·자림·문선)이었고, 문선은 더욱 애중愛重되었다. 그리고 학문을 배우는 한편으로 무술武術도 교육하였다.

이러한 한학漢學 교육의 내용은 삼국이 모두 거의 동일하였으며, 또 그것은 중국 교육의 모방이었다. 이 밖에 천문天文·누각漏刻·산학算學·의학醫學·복서卜筮에 관한 교육도 신라에서는 이루어졌다.

미 술

삼국 가운데 한민족의 고급문화를 가장 일찍 수입한 나라는 물론 고구려였다. 고구려에서는 불교와 도교가 모두 왕성하게 발달하였으나, 남아 있는 유물은 거의 없다. 그러나 우리는 다행히 고분에서 고구려 미술의 놀라운 발달을 알 수 있다. 고구려 미술에서 중국의 영향을 살핀다면, 수·당의 영향은 거의 볼 수 없으나 양진兩晉과 남북조南北朝의 영향은 매우 뚜렷하다. 수·당과는 접촉한 시기도 짧았지만, 서로 치열한 전쟁을 많이 벌였기 때문에 그 문화의 수입을 배척한 까닭도 있었을 것이다.

건 축

고구려의 궁궐과 사찰의 건축이 자못 왕성하였던 것은 기록에 남아 있을 뿐이나, 지금 발굴되는 기와를 통하여 추측한다면 그것은 매우 웅장하고 튼튼했을 것이었다. 현존하는 고구려의 건조물은 고분과 성벽, 그리고 비석뿐이다. 성은 모두 돌성[石城]으로, 지금도 만주에 여기저기 남아 있고, 비석 가운데 유명한 것은 광개토왕릉의 거대한 석비. 이 비는 호태왕비好太王碑라고도 하는데, 20여 척 높이의 자연석이며, 네 면에 고졸古拙하지만 웅건한 필치로 고예古隷의 비명碑銘을 새겼다. 대석臺石·귀부龜趺·비수碑首도 없고, 연마하지도 않았다. 한편 고분은 모두 왕릉王陵이거나 귀족의 무덤일 것인데, 대개는 고구려의 처음 수도이었던 국내성國內城(丸都) 부근과 평양 근처에 흩어져 있다. 이러한 수많은 고분은 지금까지 다수 조사되었는데, 그 가운데 유명한 것으로서, 광개토왕릉廣開土王陵·천추능千秋陵·삼실총三室塚·산연화총散蓮華塚·구갑총龜甲塚·미인총美人塚·무용총舞踊塚·각저총角觝塚 등은 국내성 부근의 것이고, 평양 천도 이후의 것으로는 강동의 한왕릉漢王陵(장수왕릉?)·순천順川의 천왕지신총天王地神塚·용강龍岡의 쌍영총雙楹塚·강서江西의 삼릉三陵 등이 있다. 이것은 모두 4세기에서 7세기 사이에 만들어진 것이다.

고분 가운데서도 외형상으로 극히 희귀한 특색을 가진 것은 광개토왕릉으로, 이것은 마치 고대 이집트의 왕릉인 피라미드Pyramid와 비슷한 모양이다. 광개토왕릉은 방형方形 평면을 가진 7층 화강석 건축이며, 첫 층의 넓이는 약 100척이나 되고, 5층 중앙에 현실玄室로 통하는 문이 있다. 맨 위에 둥글게 회콘크리트를 덮었는데, 높이는 약 40척이나 된다. 이것은 동양에서 볼 수 없는 형식이므로, 고구려의 독창이 아니면 고대 이집트 건축의 전통이라고 할 수밖에 없다. 이보다 더 대규모인 태왕릉太王陵·천추능도 같은 형식의 석축石築이었던 모양이다. 나머지 고분은 모두 중국의 그것과 마찬가지로 봉분형封墳型으로 되었으나, 내부 구조는 중국의 전실塼室이나 목곽木槨과는 전혀 달리 깨끗한 화강석실花崗石室로 된 것이 특색이며, 그 기술과 의장意匠은 극히 교묘하고 기발하다. 이것은 온전히 고구려의 독창적인 것이니, 동양의 다른 나라는 물론이요, 백제에도 드물고, 신라에도 없던 것이다. 한민족의 간단 소박하고 음울陰鬱한 전실보다 고구려인은 기술적으로도 몇 갑절이나 우월하거니와 정신적으로도 화려하게 그 네 벽과 천정에 아름다운 채색으로 여러 가지 그림을 그렸다. 유음幽陰하여야 할 사자의 무덤을 이렇게 꾸민 것은 고구려인들의 낙천성·명랑성 및 자존성·진취성을 보여주는 것이다. 그리고 이 석실은 아마 뒷날 신라의 석굴암과 함께 서역 또는 북위北魏의 석굴사石窟寺에서 암시를 받았을 것이다.

그 림

그림은 고분의 벽화에 남아 있을 뿐인데, 그 수법과 사상에서 중국의 양진·남북조의 영향도 많이 받았지만 어디까지나 독자적인 것이요, 초기의 것은 질박하고 웅건雄建하나 후기의 것은 강건·수려하다. 그림에는 연화·수미산須彌山 등 불교적인 것과 북두칠성·신선 등 도교적인 것, 사신四神(청룡·백호·주작·현무)·신도神茶·울루鬱壘·봉황·기린·반룡蟠龍·해·달·별 등 중국의 민족신앙적인 것 외에 산·구름·만초蔓草·인동초忍冬草 등도 보이나, 고구려인의 독특한 풍속인 씨름·사냥·무용·무사·말 탄 사람·죽은 자 부부와 노비·말·소, 그리고 통소매 넓은 치마를 입은 여자 등도 보인다. 이 당시 동양에서 고구려의 그림은 최고 수준이었으며, 또 독자적인 것이었다.

음 악

4세기 무렵에 고구려의 제2상第二相 왕산악王山岳이 진晉의 칠현금七絃琴을 고쳐서 1백여 곡을 창작하였다는 것은 우리 음악사에서 잘 알려진 사실이거니와, 이것으로 미루어 고구려에 일찍부터 음악과 무용이 발달했음을 짐작할 수 있다. 6~7세기 수·당의 궁중악부宮中樂部에서는 첫째에 중국악[國技]을 두고, 둘째로 고구려악을 두었으며, 그 다음에 다른 여러 나라(천축天竺·안식安息·구자龜玆 기타)의 악부를 두었다. 그리고 백제·신라·왜倭·부남扶南·돌궐 등은 잡기雜技부에 속하였다.

고구려악에서는 14종에서 16종의 악기를 쓰고, 공인工人은 18인이었으며, 7세기 말까지 25곡이 전하였다고 한다.

4) 백제문화의 특색

백제 왕실은 부여·고구려와 함께 그 시조를 동명東明(朱蒙＝鄒牟)왕이라 하였다. 그리고 그 건국 태조太祖는 온조溫祚왕 혹은 비류沸流왕이라 하여, 북에서 바다로 남하하였다고 전한다. 그래서 성을 부여씨夫餘氏라 하였다. 뒷날 백제에 8대성족大姓族이 있었던 것으로 미루어 백제는 왕실을 아울러 9부족 연맹국가가 아니었을까 하는 생각도 들지만 분명하지는 않다. 백제는 마한馬韓 54국을 통일하여 형성된 나라로, 기름진 넓은 평야를 차지하였다. 또 바다로 중국 및 일본과의 교통 무역도 일찍부터 왕성하여 부력富力은 삼국 가운데 제일이었고, 수공업과 미술·공예·음악 등도 크게 발달했다.

정사암

정치상의 특색으로는 선거제도를 들 수 있다. 기록이 모호하여 분명히는 알기 어려우나, 재상宰相을 선출할 때, 3~4인의 후보자 이름을 써 넣은 명부名簿를 함 속에 넣어 그것을 호암사虎嵒寺의 정사암政事嚴 위에 두고, 유권자인 대신들이 각자로 가서 준비된 도장으로 마음에 있는 사람의 이름 위에 표시하여 다수로 결정한 모양이다. 이것은 비밀 무기명無記名 투표의 선구라 할 만하다. 중앙관으로는 좌평佐平·달솔達率·은솔恩率·덕솔德率 등 16등급이 있었는데, 그 이름의 의미는 알 수 없다.

학 문

백제는 고구려와 거의 비슷한 시기에 대학을 설치하였던 듯하다. 375년에 박사 고흥高興에게 국가의 중요한 일을 기록하도록 하여 《서기書記》를 지었다고 하며, 또 이와 거의 동시에 박사 왕인王仁이 일본에 《논어》와 《천자문》을 전하여 일본 학문의 기초를 세웠다. 신라에는 651년에 대학이 설립된 듯하고, 교육 내용은 삼국이 다 같았던 것은 이미 말하였다. 그리고 또 백제와 고구려에서 왕성히 발달한 불교가 일본 불교의 바탕을 만들어주었고, 승려의 왕래가 많았던 것도 이미 앞서 서술하였다. 요컨대 일본의 고급문화는 온전히 우리 학자와 승려에 의하여 그 기초가 이루어진 것이었다.

예 술

백제인이 예술 분야에 우수한 자질을 가졌던 것은 기록을 통하여 짐작할 수 있다. 백제 왕실은 삼국 가운데 가장 사치스럽고 화려한 생활을 하였다. 그러한 생활이 백제 멸망의 원인이 되기도 하였지만, 한편으로 그것은 귀족예술을 발달시키는 요소가 되기도 하였다. 7세기 백제 말년 무왕武王과 의자왕義慈王이 웅대한 구조와 화려한 채색으로써 궁궐과 사찰을 많이 짓고, 궁궐 안에 원苑과 못〔池〕을 만들고 가산假山을 쌓은 뒤 거기에 기이한 짐승〔奇獸〕·독특한 풀〔異草〕을 기르고 심었다는 것은, 그때 백제의 건축술·정원술庭園術의 발달을 보여주는 것이다. 일본의 정원술도 아마 백제로부터 배운 것이라 생각된다. 지금 그러한 유물이 남아 있지 않은 것은 유감이지만, 신라 황룡사黃龍寺의 9층석탑(본래 황룡사 9층목탑인데 석탑으로 잘못 기록한 것으로 보인다-엮은이)이 백제 예술가 아비지阿非知의 손으로 만들어졌다는 사실이나, 거의 백제인의 솜씨로 이루어진 일본의 초기 불교 미술의 우수성을 보아도, 백제의 예술이 신라보다 앞섰고 또 발달했음을 추측할 수 있다. 또 오늘날 우리의 공예품이 전라도에서 많이 만들어지는 것으로 보아서 이것은 아마 백제의 전통일 것이며, 통일신라시대에 당이나 일본으로 수출된 신라의 고급 공예품도 대부분 백제 유민의 작품이 아니었을지 상상해 볼 수 있다.

백제의 탑으로는 부여5층석탑夫餘五層石塔과 미륵사지석탑(익산 용화산 폐미륵사9층석탑)이 남아 있을 뿐이다. 백제가 660년 7월 18일에 망하고, 8월에 그들의 적이었던 당나라 장수 소정방蘇定方의 명령으로 백제인이 이미 세웠던 탑에 단지 탑 이름만을 새로 새겨 넣었으리라고 생각되는 이른바 평제탑[大唐平百濟塔]이 곧 부여탑으로, 비록 웅대하거나 화려한 것은 아니지만 굳센 백제인의 기백이 표현되어 있다. 미륵사지석탑은 대규모이지만 지금은 6층이 남았을 뿐이다. 그리고 백제의 소불상小佛像은 대개 온유하고 아려雅麗한 자태를 하고 있다.

백제의 그림은 국내에 남아 있는 것이 극히 드무나, 공주公州 송산리松山里 고분과 부여 능산리陵山里 고분의 벽화를 볼 수 있다. 사신도는 흐려서 잘 볼 수 없으나, 능산리 고분 천장에 그린 연꽃·구름무늬만은 똑똑하게 볼 수 있다. 의장意匠은 고구려 고분벽화와 같지만, 그 아름답고 섬세한 감각은 서로 다른 것이니, 고구려의 것은 남성적이요, 백제의 것은 여성적이다. 백제 그림은 일본에서 더 많이 찾아 볼 수 있는데, 인사라아因斯羅我가 463년에 일본으로 가서 일본 그림의 시조가 되었고, 백가白加·아좌태자阿佐太子·하성河成·상량常良 등이 모두 6~7세기에 일본으로 건너간 화가들이었다. 그래서 유명한 법륭사法隆寺에 있는 여러 그림이 모두 그들의 손으로 그려진 것이라 하며, 쇼토쿠태자상像은 아좌태자의 그림을 모사模寫한 것이라 한다.

백제 왕실과 귀족들이 호화豪華와 연악宴樂을 좋아하였으므로, 음

악도 발달했을 것이나, 지금은 몇 가지 노래 이름(지리산가智異山歌·선
운산가禪雲山歌·무등산가無等山歌·정읍사井邑詞)이 전할 뿐이며, 지금 전하
는 정읍사도 그때 노래 그대로인지 알 수 없다. 그러나 지리산이 백
제와 통일신라를 통틀어 음악의 대본산大本山 또는 성지聖地였던 것은
기억할 사실이다.

5) 가야伽耶의 문화

가야는 낙동강 중류 및 하류의 기름진 평야를 차지하고 자리 잡
았다. 전설을 바탕으로 볼 때 처음에는 9부족연맹으로 국가(가락·금
관·임나 등이라고도 하였다)를 이룬 듯하나, 뒤에 12부족국가로 나뉘
었고, 최종적으로 6대부족(금관가야·아라가야·고령가야·성산가야·대가
야·소가야)이 활거하였다. 수도는 금관(지금의 김해)이었다. 12부족국
가시대에는 변한弁韓이라 일컬어졌다. 건국자는 김수로왕金首露王, 왕
후는 허許씨라 하고, 모두 서쪽에서 바다를 통해 들어왔다고 전한다.

영토는 비록 좁았으나 일찍부터 한의 낙랑군과 교류하였고, 또
일본과의 무역이 잦았는데, 이는 대마도·일본과 가장 가까운 거리에
있었던 까닭이다. 그들이 남긴 패총에서는 왕망王莽시대(A.D.8~23)
의 화폐인 화천貨泉이 나왔는데, 같은 화천이 낙랑과 일본(筑前 糸島郡
松原)에서도 발견된 것은 가야가 중개무역을 하였다는 사실을 의미
한다. 또 그때 고분에서 누금세공을 한 정교한 귀걸이[耳璫]가 발견
되는 것은 그 기술문화가 상당히 높았음을 말한다. 한편 풍부한 농
산물을 외국으로 수출하기 위해, 바다의 상권商權을 잡기 위해, 또
바다에 접한 수도의 방비防備를 위해 강한 해군이 필요하였다. 그래
서 평상시에도 해군 육성에 힘썼을 뿐 아니라, 해마다 7월 29일에
장정들이 좌·우로 나뉘어 망산도望山島로부터 고포古浦 사이에서, 육

상에서는 경마대회가 열리고, 바다에서는 해전연습이 크게 열렸다. 그리고 백성과 관리·군인들은 언덕[乘岾]에 올라 환호하고 응원하면서 이것을 구경하고, 종일토록 술과 음식을 즐겼다.

가야의 음악도 상당히 발달하였다. 6세기 초에 악사樂師 우륵于勒은 가실왕嘉實王의 명을 받들어 중국의 쟁箏을 우리 음에 맞도록 고쳐 만들었는데, 이것이 오늘의 가야금伽倻琴이라 하며, 우륵은 이 악기를 위한 12곡을 창작하였다. 가야가 신라에 망하자, 우륵은 신라로 가서 그 기술을 전하였다.

6) 신라 초기 문화의 특색

신라가 건국하기 전에 그 땅에는 12부족국가가 있어 그것을 진한辰韓이라 하였다. 전설에 따르면 신라의 건국 시조는 박혁거세朴赫居世이고, 처음 6부족 연맹으로 경주를 수도로 하여 일어났다. 고대 조선반도의 여러 나라 가운데 중국(또는 낙랑군)과 거리가 가장 먼 까닭에 그 고급문화는 가장 뒤떨어져 일어나게 되었다. 그리고 또 사방으로 강적(고구려·말갈=동예·백제·가야·일본)에 둘러싸여 있었다. 이러한 환경 때문에 신라는 상하계급이 놀라울 정도로 일치단결하였다.

정 치

신라의 단결력이 정치에 나타난 것으로서 현자계위賢者繼位·화백和白·팔관회八關會·화랑제도花郞制度 등을 들 수 있다. 전설에 따르면 신라에 김씨金氏 왕권이 확립된 미추왕味鄒王(262~283, 여기서 283년은 본래 284년이다. 손진태 선생의 오기로 보인다—엮은이) 때 이전에는, 박·석·김朴昔金 세 성姓 가운데 가장 현명한 자를 왕으로 받들었다고 하며, 또 정치상의 중대한 일은 반드시 대신大臣 전부의 완전한 의견 일치를 필요로 하였고, 한 사람의 반대만 있어도 부결否決되었다. 이 것을 '화백和白'이라 하였고, 왕도 물론 이 화백으로 결정되었을 것이 다. 이러한 예는 고대 다른 민족 사이에서도 볼 수 있지만, 이것은 특히 신라의 거국일치擧國一致 정신의 표현이었다.

팔관회

화백은 귀족층의 총단결로 볼 수도 있지만, 초기의 신라 귀족들 은 백성을 사랑하는 극히 현명한 정치를 행하였다. 진흥왕 때(진흥왕 33, 서기 572)는 팔관연회八關筵會를 창설하여 나라를 위해 싸우다 전 사戰死한 군인과 그 가족들을 위로하고, 이날은 궁정을 개방하여 임 금과 귀족과 모든 백성이 궁중에서 함께 즐겼다. 이 뒤로 팔관회는 고려 말까지 계속되었는데, 이것은 상하계급의 감정을 융화하여 거 국적인 단결을 이루고자 함에 그 근본 취지가 있었던 것이다.

팔관회의 자세한 내용은 전하지 않지만, 팔관은 본디 불교에서 나온 말로서 사람 세상의 8악八惡(살생·도둑질·간음·거짓말·음주·사치· 높은 곳에 앉는 것·오후에 금식할 것)을 경계하는 것이다. 여기에는 귀 족의 교만과 사치를 경계하는 내용도 있어 상하의 친화에 가장 적당 하였으므로 신라는 특히 이 말을 택하여 팔관회라는 특수한 거국적 의식을 제정하여, 천신天神·조상·순국장병들을 위한 성대한 의식을 행함과 동시에 국민의 총친화總親和·총단결을 꾀하였던 것이다. 진흥 왕 때는 10월 20일에 이것을 행하였으나, 뒤에는 11월에 거행하였 다. 이때는 추수를 마치고 농민이 가장 즐거운 때이므로 이 의식은 추수감사제의 뜻도 겸하였다. 이날 궁중에서는 여러 가지 연기演技를 선보였고, 백성들도 사유로이 연기를 행하였다.

화 랑

약소한 신라가 그 난관을 극복하려면 외교를 이용한 국제세력의 이용과, 국내적으로는 군비강화·인재양성·상하단결 등이 필요하였다. 그래서 뒷날에 김춘추金春秋를 일본과 당에 보냈고, 당과 동맹하여 결국 삼국을 통일하였거니와, 진흥왕 때(540~576) 화랑제도가 창설된 것도 이로 말미암은 것이었다.

화랑제도의 창안자가 누구인지는 알 수 없다. 다만 진흥왕이 즉위하였을 때 그는 겨우 7세(또는 15세)였으므로, 어머니 김씨가 섭정을 했던 사실과, 처음 조직된 화랑단 3백 인의 두령頭領에 남모南毛·준정俊貞이라는 두 여자가 추대된 사실을 아울러 생각하면, 왕의 모후母后 김씨를 중심으로 하여 당시 학자 거칠부居七夫와 명장名將 이사부異斯夫 등이 공동 발안을 한 것이 아니었던가 한다. 처음 조직은 두 여자의 질투로 실패하고, 뒤에 남자(아마 벽원랑과 사다함 두 사람이 최초의 화랑이었을 것이다)를 두령으로 하여 다시 단체가 조직되었는데, 이 둘을 구별하고자 전자前者를 원화源花라 하고, 후자後者를 화랑이라 하였는데, 그들은 모두 왕족이거나 귀족 출신이었다. 그때 사회에서 남녀는 평등하였고, 여왕이 있었던 것과 이것이 소년단체인 것 등으로 미루어 볼 때, 여자 두령은 있을 수 있는 일이었다.

화랑단은 14~15세 내지 17~18세의 소년으로 조직되고, 그 두령을 화랑, 단원을 낭도郎徒 또는 도중徒衆이라 하였는데, 화랑은 낭도의 추대로 선출되므로 국가 직속 기관은 아니었다. 낭도는 수백 또는 수천 명으로, 동시에 여러 화랑단이 있었다. 신라 전 시대를 통틀어 화랑은 2백여 명이나 되었는데, 주의할 것은 통일 이전의 화랑단은 극히 상무적·애국적인 단체였으나, 통일 이후 문약文弱에 빠져 유흥을 즐기는 타락한 단체로 전락했다.

화랑단은 말타기·활쏘기·창칼 쓰기·돌팔매질·씨름·뜀뛰기·공차기·등산·야영 등 모든 무술을 배웠고, 충忠·효孝·용勇·신信·의리義理· 인자仁慈 등의 도덕 교육을 받았다. 나라를 위하여 죽는 것을 최고의 효도라 생각하였고, 전장에서는 물러가는 법이 없었고, 믿음을 지키고, 의리를 위해서는 목숨을 아끼지 않고, 비록 무사이지만 어질지 않은 살생殺生을 삼가하고, 남 도우기를 즐겨하였다. 그들은 함께 살고 함께 죽기를 서로 맹세하였다. 화랑은 신라의 꽃이며, 화랑정신은 곧 신라의 무사도武士道였다. 화랑제도의 발전으로 신라에는 명장과 용사 및 인재를 많이 길러내, 결국 삼국통일의 대사업을 이루게 되었다.

미 술

신라의 불교는 앞에서 이미 그 대략을 말하였다. 유교는 초기에 크게 유행하지 못하였다. 신라 초기의 미술은 통일 이후의 그것과는 성질을 매우 달리할 뿐 아니라, 볼만한 것이 많다. 후기의 미술은 섬세하고 화려하지만, 전기의 것은 소박하고 건실하다.

통일 이전의 예술 가운데서도 불교 수입 초기의 작품인 경주 남산南山의 석벽조불石壁彫佛은 엄숙·장중하면서 고박·진실하여 민중과 가장 가까운 느낌을 주는데, 이것은 검소하고 순박한 당시의 귀족을 표현하였다. 아마 6세기 법흥왕·진흥왕조의 작품일 것이다. 황룡사의 장륙불상丈六佛像은 574년에 왕실의 재력으로 주성鑄成한 것으로, 동 3만 5,007근과 도금 1만 198푼을 들였다 하니, 그다지 거대한 것은 못 된다. 그러나 불교 수입 초기의 작품으로서는 상당한 역작이었으리라 평가할 만하지만 지금은 전하지 않는다. 553년에 기공하였다는 황룡사는 진흥왕의 웅대한 뜻이 표현된 신라 제일의 거찰巨刹이있으니, 지금 남은 그 주춧돌만 보아도 사방 6척이나 되고, 기둥을 세웠던 동 중앙의 구멍이 직경 5척이나 된다. 분황사芬皇寺 석탑은

634년에 왕실의 재력으로 세웠으며, 첨성대瞻星臺와 함께 고분을 제외하면 우리 역사에서 가장 오래된 건축물이다. 안산암安山巖을 벽돌〔塼〕 모양으로 쪼아서 만든 데서 신라인의 민족적 자존심과 인내를 볼 수 있으니, 한漢민족의 벽돌보다 한 걸음 더 나아가겠다는 그들의 기백을 나타낸 것이다. 본디 9층이라 전하나, 지금은 3층이 남았을 뿐이요, 첫 층의 탑신塔身이 사방 21척 5촌으로 된 장중한 것이다. 신라에서도 당의 그것처럼 벽돌탑〔塼塔〕을 쌓기도 하여 지금도 남아 있지만, 통일 이후의 것인데도 많이 마멸되거나 전체가 파괴되었다. 그러나 돌탑은 영구적인 것이다.

황룡사 9층목탑은 645년 선덕여왕의 출재出財로 세워진 것으로, 지금 전하지는 않으나 높이만도 225척이라 하니, 그 웅장하였던 규모를 알 수 있다. 643년에 기공한 것이며, 감독자는 이간伊干(제2등관) 용춘龍春이었으나, 참여한 예술가는 백제 장인 아비지阿非知였다. 아비지는 부하 소장小匠 200여 인을 지도하여 3년 만에 공사를 완성하였다고 한다. 이것은 그때 백제에 이미 목조탑이 많았으며 그 기술이 발달하였음을 의미하기도 한다. 첨성대도 선덕여왕 때 돌로 쌓은 것으로, 그 규모는 작으나 현존하는 동양 최고最古의 천문관측대이며, 그 위에 관측기觀測機를 설치하였던 모양이다.

공 예

통일 이후의 신라 공예는 상상하기 어려울 만치 발달하였으나, 이전에도 놀랍게 발달하여 있었다. 경주 금관총金冠塚과 양산梁山 부부총夫婦塚, 그 밖의 고분에서 발굴된 금관·금동관金銅冠·은관銀冠·금은제의 귀걸이·팔찌·반지·패물佩物·띠장식 등과, 관과 의복에 장식하였던 굽은 옥〔句玉〕·관옥管玉·둥근 옥〔丸玉〕 등과, 유리잔·마구·무기·동 철기물 등은, 비록 그 기술이 고도로 세련되거나 섬세한 것은 아니지만, 간소하면서도 굳세고 또 정교하여 그때 귀족의 생활도 엿볼 수 있거니와, 1300~1400년 전의 작품으로서는 놀라운 것이다. 더욱이 그 귀걸이에서 보이는 누금세공은 낙랑으로부터 배운 것이지만, 매우 정교한 기술이다.

7) 삼국의 사회생활과 민속

온 돌

삼국시대부터 고급 건축물은 기둥을 세우고 기와를 덮은 중국식으로 발달되었으나, 일반 민가는 지금의 초가 같은 미약한 것이었다. 그런데 5세기 무렵 고구려 지방에서 우리의 독특한 문화 가운데 하나인 온돌이 생겨났다. 이것은 아궁이를 가진 부뚜막이 확대된 것으로, 민간에서 자연적으로 생겨서 퍼진 것이었다. 이 온돌은 발해渤海에 계승되고, 금金나라시대(1115~1234)에 중국 북방에 널리 전파되어 지금의 깡[炕]이 되었다. 그래서 지금 만주와 중국 북부 사람들은 모두 깡에서 생활하고 있다. 신라 민가는 방안에 부엌이 있었고, 온돌이 우리 남방에 전한 것은 고려 때였다. 이후 원나라가 세계를 거의 정복하였을 때 온돌이 소아시아 지방까지 전한 자취가 있다. 3억 이상의 인류가 지금 온돌에 거주하고 있는 것이다.

의 복

고대부터 우리 겨레에 공통되는 뚜렷한 특색의 하나는 상하의로 나뉜 흰옷[白衣]이다. 부여·고구려·백제·신라가 모두 그러하였고, 발해·금도 백의민족이었다. 남자의 상투와 여자의 땋은머리도 특색이었다.

고구려에서는 왕만이 오색의 의복을 입을 수 있었고, 흰 비단으로 만든 관[白羅冠]과 백피白皮 띠를 썼는데, 모두 황금으로 장식하였다. 귀족들은 그 위位에 따라 청색과 적색의 관을 쓰고 금은金銀으로 그 관복을 장식하였다. 그리고 관의 양쪽에 새깃[鳥羽]을 꽂았으며, 그것을 갓[骨蘇]이라고 한 것은 지금 말과 같다. 왕만이 흰 관과 흰 띠를 쓸 수 있었다는 것을 보더라도 고대부터 우리 민족이 흰색을 신성한 색으로 생각하였던 것을 알 수 있다. 부여인도 흰옷을 입고, 상중喪中에는 특히 백의를 예복으로 하였다. 고구려인의 저고리 소매는 좁고, 바지통은 넓었으며, 남자는 베감투를 쓰고, 여자는 긴 치마·긴 저고리에 넓은 바지를 입고, 깃과 소매 끝에 물색 회장을 둘렀으며, 머리에 수건을 썼던 것이라든가, 하급 관리가 털벙거지[毛冠]를 썼던 것이 모두 근세의 풍속과 다름이 없었다.

백제의 일반 의복은 고구려와 같았고, 부인은 분을 바르고 눈썹을 그리는 풍속이 없었다. 처녀는 머리를 땋아 한 줄로 뒤에 드리우나, 결혼한 뒤에는 두 가닥으로 나누어 머리 위에 둘러 얹었다. 이것도 지금과 같으며, 삼국이 모두 동일하였을 것이다.

신라의 일반 의복도 백제·고구려와 같았고, 왕이 주옥珠玉으로 장식한 금관을 쓴 것은 이미 말하였지만, 특히 예복에는 백색을 썼다. 통일 이후에는 당을 모방하여 고급 관리들은 직위에 따라 각색 비단의 예복에 금은 장식을 하였고, 귀족 여자들도 당제唐制에 따라 예복禮服을 입고, 머리는 각색 깁과 주옥으로 장식하였으나, 분바르기와 눈썹 그리기는 하지 않았다. 여자의 저고리가 긴 것은 고구려와 같았다.

풍 속

삼국의 풍속은 대체로 비슷하였지만, 그 정치적·지리적 환경에 따라 약간 다른 점이 있었다. 고구려인은 극히 상무적이어서 보통

걸음걸이가 마치 달음박질하듯 빠르고 팔을 흔들면서 걸었다고 한다. 윗사람을 대할 때도 그 말과 대답과 동작을 빠르게 하는 것을 예의바르다 하였고, 절을 할 때는 한쪽 다리만 꿇고 다른 다리는 뒤로 뻗어, 재빠르게 다음 동작에 옮길 수 있는 태세를 취하였다. 또 그들은 항상 두 팔로 뒷짐을 진 채 말을 하였으며, 주저앉지 않고 쪼그려 앉았다. 이에 견주어 백제인이 두 손으로 땅을 짚고 절을 하였다는 것은 매우 굴종적이다(인도의 사지투지례四肢投地禮는 절대복종적이다). 백제는 왜倭와 가까운 까닭에 문신文身하는 풍속이 있었고, 신라에는 편두扁頭하는 풍속이 있었다고 한다.

혼 인

삼국시대까지도 남녀의 지위는 대체로 평등하였다. 따라서 교제는 자유로웠고 혼인도 자유혼自由婚이었다. 젊은 남녀는 밤에 서로 모여 노래와 춤을 즐겼다. 이러한 교제에서 뜻이 합하게 되면, 부모의 승낙을 얻어 간단한 음식을 차리고 이웃을 청하여 결혼식을 올렸다. 그런데 지금과 다른 것은 신부가 처음부터 시집으로 가서 신랑의 가족이 되는 것이 아니었다. 결혼예식을 신부 집에서 행하고, 처음 몇 해 동안 신랑은 신부집 가족이 되어 데릴사위로 있다가, 아이를 낳아 그 아이가 장성한 뒤에야 독립된 생활을 하는 것이었다. 이 풍속은 근세 조선 중엽까지 일반적으로 남아 있었다. 가난한 사람 사이에는 민며느리 제도도 있었고, 약탈 형식의 혼인도 있었다. 부여와 고구려에서는 형이 죽으면 형수와 결혼하기도 하였고, 신라 왕실은 김씨·박씨끼리만 족내族內 혼인을 하였다.

오 락

춤과 노래 이외의 오락은 씨름·활쏘기·말타기·공차기·돌팔매질

등 무술과, 줄다리기·윷놀이·연날리기·탈춤 등이 있었다. 불교의 여러 가지 제齋·회會와 무당의 굿 및 명절名節놀이 등도 오락의 하나였다. 귀족들은 바둑·장기·투호投壺·쌍륙雙陸 등을 즐겼다. 삼국통일 이후의 신라 귀족들은 사절유택四節遊宅에서 절기마다 큰 잔치를 베풀어 함께 즐겼다. 그리고 직업적인 농주희弄珠戱도 있었는데, 이것은 아마 불교와 함께 서역에서 들어온 기술이었을 것이다.

명 절

정월 1일 설날과 추수 달인 10월은 민중이 즐거운 때였다. 이때 그들은 조상과 산신, 그 밖의 신에게 제례祭禮를 행하고, 그 음식을 이웃친척과 서로 나누어 먹었다. 더욱이 10월에는 부락 공동으로 추수감사제를 무당의 주관으로 성대하게 행하고, 남녀노소가 모여 춤과 노래·연극 등으로 즐거운 날을 보내었다.

고구려 수도 평양에서는 매년 정월에 시민을 두 부部로 나누어, 수전水戰과 석전石戰 연습을 국왕 친림 아래 성대하게 행하였는데, 왕도 왕복王服으로 물속에 들어가 전투에 참가하는 뜻을 표하였다. 석전은 농한기農閑期에 삼국 모두 행한 것이었다. 가야의 해전 연습은 앞에서 말하였다. 고구려 왕실에서는 해마다 3월 3일과 가을 두 차례, 왕과 군신群臣 및 5부 병사가 낙랑의 산골에서 대규모의 사냥을 하여, 잡은 노루와 멧돼지를 바쳐 천신天神·산천신山川神·조상을 제사하는 의식을 치렀다.

신라에서는 통일 전후에, 설날 축하연·상원연등上元燃燈·2월 복회福會·8월 가위·11월 팔관회 등이 중요한 명절이었다. 이 가운데서도 8월 보름은 기후가 맑고 서늘하며, 달은 밝고, 곡식과 과실이 모두 풍성한 기쁜 때였다. 부녀들은 7월부터 두레로 길쌈을 하여 새 베로 새 옷을 지어 온 가족을 즐겁게 하였다. 궁중에서도 왕녀와 귀족 부녀들이 편을 나누어, 7월부터 길쌈을 경쟁하여 가윗날 밤에 그 성적을 비교해서 지는 편이 음식을 내고, 춤추고 노래 부르면서 서로 즐겼으며, 왕은 이날 백관百官을 모아 큰 잔치를 베풀고 활쏘기〔競射會〕를 행하여 우승자에게는 상을 주었다. 8월 15일은 신라가 발해와 싸워 승리한 기념일이기도 하였다.

상원날(1월 15일) 연등은 세계 광명을 의미하는 불덕佛德을 찬양하는 행사로서, 부처가 탄생하였을 때 그 몸 주위에 광명이 있어 등불과 같았다는 전설에서 나온 것이다. 그래서 거리마다 집집마다 등을 밝혔다. 연등은 고려 때 2월 15일에 행하고, 근세 조선에서는 4월 8일에 행하였다.

2월 복회는 수도 경주에서 행한 것으로, 8일부터 15일까지 도성의 남녀들이 앞다투어 성 안에 있는 흥륜사興輪寺의 전탑塼塔을 밤늦도록 염불을 하면서 돌았다. 이렇게 하면 명과 복과 자손을 얻고, 병도 고칠 수 있다고 생각하였던 것이다. 팔관회는 처음에 10월에 행하였으나, 뒤에는 11월에 열게 되었다.

결 사

당에서 전성기를 맞은 불교는 통일신라에서도 극성하였다. 그래서 사람마다 부처님의 은혜를 입고자 보시普施·헌등獻燈·불공佛功·건탑建塔 등을 하였거니와, 또 동지가 모여 만일萬日기도회·향도계香徒契 등을 맺었다. 향도계는 동지인들이 산에 들어가 향목香木을 캐어 부처님께 바치는 결사結社였다.

3. 신라 및 발해의 문화

1) 발해의 유적과 그 문화

668년 고구려가 망한 뒤 그 국민은 30여 년 동안 혼란을 겪다가 태조 대조영大祚榮을 중심으로 단결한 것이 700년 무렵이다. 그때 국호를 진震이라 하였다가 713년에 발해라 고쳤으며, 한편으로는 스스로 고려(곧 고구려)라고도 일컬었다. 그들은 고구려 때와 다름없이 흰옷을 입고 온돌에 거처하였다. 요하遼河를 사이에 두고 당과 접하고, 북의 송화강을 경계로 거란과 이웃하였으며, 동과 북으로는 연해주沿海州·흑룡강에 이르고, 남쪽은 대동강·용흥강을 접하여 신라와 대립하였다. 9세기 초 선왕宣王(818~830) 때 전성기에 다다랐으며, 당은 발해를 해동성국海東盛國이라 하였다. 발해는 당과 자주 교류하며 온갖 제도와 문화를 수입하였고, 동해를 지배하여 일본과 무역 교통도 잦았다. 그러나 신라 상인에게 밀려 황해로는 진출하지 못했고, 신라와 교통은 거의 없었다.

제 도

중앙정부는 3성(선고성·중대성·정당성)·6사로 조직되었는데, 정당성 안에 실제 행정기관인 6사(忠司=唐의 吏部, 仁=戶, 義=刑, 智=兵, 禮=禮, 信=工)가 있었다. 이 밖에 중정대中正臺(=唐의 御史臺)·사의사司義寺(=唐의 太府寺)·주자감胄子監(=唐의 國子監)이 있었는데, 모두 당의 모방이었다. 지방제도는 5경京·15부府·62주州로 되었고, 5경은 상경上京(용천부龍泉府, 지금 모란강성牡丹江省 영안寧安 남南 동경성東京城)·중경中京(현덕부顯德府, 지금 길림성吉林城 돈화敦化 부근)·동경東京(용원성龍原府, 지금 간도성間島省 필춘渾春 부근)·남경南京(남해부南海府, 지금 함남咸南 경성鏡

城)・서경西京(압록부鴨綠府, 지금 통화성通化省 모아산帽兒山 부근) 등이며, 처음 수도는 중경이었다가, 뒤에 상경으로 옮겼다.

문 화

발해의 문화는 거란과의 전쟁으로 그들의 기록이 없어진 탓인지, 전혀 남아 있지 않기 때문에 알 길이 없었으나, 근년에 상경 및 동경 유적지의 발굴로 그 모습을 약간 알게 되었다. 궁전과 사찰 건축은 상당히 대규모이고, 상경의 비원秘苑에는 연못과 섬을 만들고, 그 위에 정자를 지었다. 불교는 당이나 신라와 마찬가지로 왕성하여, 많은 불상이 발견되고, 지금 남대묘南大廟(上京)에 남은 석등롱石燈籠은 당이나 신라 예술에 뒤지지 않는 우수한 작품이며, 와당瓦當에 새겨진 연꽃 및 그 밖의 무늬는 고구려의 바탕에 당의 영향을 받은 재미있는 것이다. 그리고 기와에 갈요褐釉 또는 녹요綠釉를 가한 것도 발견된다. 그러나 대체로 보아 질로나 양으로나 신라문화에는 따를 수 없었다. 하지만 그들이 베・비단 등 직조물과 금은 불상을 당의 황실에 보낸 것을 보면 공예기술이 상당히 발달했음을 알 수 있고 철의 제련도 왕성하였다.

무 역

발해는 고급 모피・금・은・철 등을 당에 보내고, 당에서 비단・세공품 등 사치품을 수입하였으며, 일본에는 모피(담비가죽・호랑이가죽・표범가죽・곰가죽)・산삼・벌꿀 등을 보내고 비단과 구슬을 수입하였다. 771년에는 배 17척, 사람 325명의 대규모 선단船團을 일본에 보냈다. 당으로 가는 유학생・상인・승려・사신 등이 끊이지 않았으며, 일본 승려와 사신은 흔히 발해 배를 이용하였는데, 일본으로 가는 출발지는 동경이었다. 일본 왕실은 발해 손님 대접에 큰 곤란을 느

껐다고 하니, 무역이 매우 잦았던 듯하다.

2) 신라의 미술과 공예

통일 이후의 신라는 당의 안정으로 2백여 년 동안 평화를 누렸다. 또 당에서 멀리 사라센 사람과도 접촉하게 되어, 세계의 공기를 호흡하게 되었으니, 그때 사라센 사람들은 동양과 서양의 물화物貨를 교류시키는 역할을 맡고 있었던 것이다. 이처럼 서로 문화를 주고받게 되어 신라인은 유리 장식품을 얻고 그 기술을 배웠으며, 유리잔에 포도주를 마시고, 앵무를 기르는 한편, 그들이 전한 여러 가지 향료는 신라의 요리를 발달시켰을 것이다. 당나라 사람은 물론이요, 서역·인도 사람이 신라에 왕래하고, 신라 사람 가운데 인도·서역으로 순례·여행한 자도 있었다. 더욱이 신라 상인들은 8세기부터 10세기까지 황해와 동중국해를 지배하여 중국 동쪽 해안 여러 도시에 거류지(신라방)를 만들고, 거기서 사라센 사람과 남해 여러 나라 사람과도 많이 접촉하여 그 문화와 풍속을 알았다. 뿐만 아니라 그들의 물화를 신라와 일본에 전하고, 신라·일본의 문화를 그들에게 전하였다. 이리하여 신라의 물화는 전全아시아적이고 세계적인 성격을 갖게 되었다. 이때 당의 문화는 더욱 세계성을 띠었던 것이니, 당의 장안長安·낙양洛陽 같은 큰 도시에는 아시아 여러 나라의 상인·학생·승려·사신·예술가 등이 끊임없이 왕래하여, 세계의 문화가 여기서 모이고 흩어졌다. 그래서 당은 당시 세계 문화의 중심지가 되었던 만큼 미술·공예·문학·종교 등이 인도·사라센·중앙아시아 등의 영향 위에 찬란하게 발달하였다. 이것을 역사가들은 '성당盛唐의 문화'라 하였다. 신라인은 이 성당의 문화를 배운 것이지만, 그들의 민족적 자존심은 그들로 하여금 오히려 독특한 미술 왕국을 건설하게 하였다. 같은 전성적全盛的 귀족 미술이지만, 당의 그것은 그들의 역사적·지리적 환경 때문에 장엄하고 존대尊大하고 사치·화려하여, 보는 사람에 따라서는 싱겁고 가식적이며 경박輕薄·부화浮華한 느낌을 준다. 그러나 신라의 그것은 우리 산수山水의 웅장하고도 아름다운 모습과, 그 사이에 열린 제한된 평야에서 사는 환경으로 말미암아 다부지고 침착하며 아담하고 명랑한 데다 실질적인 형태로 민족의 특수성을 나타내었다.

건축 · 조각

신라의 궁궐 건축이 자못 웅장하였을 것은 추측은 할 수 있으되, 지금은 그 성터가 조금 남아 있을 뿐이다. 안압지雁鴨池는 궁궐 안 정원의 일부로, 문무왕 때 인공으로 만든 것이며, 그 속에 산을 만들고 기금奇禽·이초異草를 길렀을 것이다. 포석정鮑石亭은 진晉나라 왕희지王羲之의 난정蘭亭 유상곡수연流觴曲水宴을 본떠서 화강석으로 전복 모양의 연못과 물길을 만든 것인데, 직경 17~18척 밖에 안 되는 작은 규모이지만 교묘한 기술이 사용되었다. 삼국시대 정원으로는 이 둘이 알려져 있을 뿐이지만 포석정은 지금 없다.

사찰은 유명한 것만 쳐도 수백이나 되었는데, 자연히 무너지거나 고려 때 몽고 병화兵火에 많이 사라졌고, 임진왜란 때 파괴되어 지금 그때 건물이 전하는 것은 없지만, 불국사佛國寺의 유적으로 당시 사찰건축의 장엄을 추측할 수 있다. 불국사는 5세기 법흥왕 때 창건되어 7세기 문무왕이 수축하였으나, 2천여 간間이나 되는 대규모의 건축물이 완성된 것은 8세기의 대귀족 국상國相 김대성金大城에 의한 것이었다. 그는 751년에 공사를 일으켰으나 24년째인 774년에 완성을 보지 못하고 죽어, 나머지 공사를 국가가 맡아 완성하였다 한다. 그 돌구름다리·돌탑·돌축대 등의 아름다움과 건축의 장엄함이 동도東都

(경주)의 모든 사찰 가운데 이에 견줄 것이 없었다고 한다. 실제로 지금 남은 석가탑釋迦塔·다보탑多寶塔·자하문紫霞門 앞에 놓인 청운교靑雲橋·백운교白雲橋, 안양문安養門 앞에 놓인 칠보교七寶橋·연화교蓮花橋 등은, 그 구상의 교묘함과 조화의 아름다움과 빛깔의 결백하고 명랑함이 동양에서는 이에 비길 만한 것을 찾아볼 수 없다.

다보탑과 석가탑(또는 무영탑)의 안정되고 웅건한 미와, 단정하고 부드럽고 따뜻한 감각, 특히 다보탑의 석조石彫이면서 마치 목조木彫를 방불하게 하는 그 황홀한 섬세함은, 화강석이 가진 굳세고 명랑한 미와 아울러 다른 민족의 조각 미술에서는 도저히 구할 수 없는 독특한 향기와 민족성을 발산한다. 이것은 석재를 많이 내는 자연환경에서 비롯되었겠지만, 신라인들의 민족 자존심에서 우러나온 연구와 노력의 결정이었던 것이다. 애석하게도 불국사와 석굴암의 큰 업적을 이룬 예술가의 이름이 전하지 않는다.

석굴암도 김대성의 출재로 불국사와 한 때에 준공된 것인데, 석굴사石窟寺의 기원은, 이슬람교도의 포악한 압박으로 서역의 불교도들이 석굴 속에서 몰래 부처님을 예배하던 풍속이라 할 수 있다. 서역 불교도들의 석굴사가 북위北魏 때 중국에 들어오면서, 유명한 운강雲崗·용문龍門 및 그 밖의 석굴사를 남겼다. 신라의 석굴암은 중국의 그것을 본떴겠지만, 중국 것은 단지 그 규모가 놀라울 정도로 클 뿐 극히 소박한 것으로서, 미술적 가치는 도저히 신라 석굴암과 비교가 되지 않는다. 서역이나 중국에서는 자연 석굴을 이용하였지만, 신라는 토함산吐含山 꼭대기에 인조 석굴을 만들었는데, 그 구상의 아담하면서도 기발함과, 인물 조각의 굳세고도 아름다운 자태가 온 세계를 통틀어 견줄 바가 없다. 그리스의 조각이 야성적인 용사의 건강미라면, 중국의 조각은 존대한 대귀족의 미요, 신라의 것은 세련된 건강한 소귀족의 미라 할 수 있을 것이다. 석가 좌상은 웅장하고도 부드러우며 인자한 불성佛性을 품었고, 십일면관음十一面觀音은 다정하고 자비로운 어머니 같다. 또한 여러 보살은 관대하고 점잖은 도인道人 같고, 양쪽 문 앞에 선 인왕仁王은 다부진 용사 같다. 모든 작품에서 육체의 모든 부분의 균형에 조금도 어긋남이 없고, 조각의 수법은 마치 그림을 보는 것처럼 섬세하고 난숙爛熟하다. 사람에게 주는 느낌은, 너무 두렵거나 성스러워서 감히 가까이 갈 수 없는 초인간적인 것이 아니라, 누구든지 가면 반가이 맞이하여 줄 것 같은 인간적인 것이다. 모두 혼이 들어 움직이는 것 같은 천재적인 작품이다.

화엄사(求禮 華嚴寺)의 사자탑獅子塔은 기둥 대신 네 마리 사자가 옥판석屋板石을 떠받들고 있는데, 제1 기단은 네 면에 여러 모양의 천녀天女를 부각浮刻하였고, 제2 기단은 중심 기둥 대신 어떤 법사法師의 입상立像을 세웠다. 그리고 층마다 인왕仁王·천왕天王·보살 등을 부각하였는데, 그 구상의 기발함이나 수법의 우아하고 경쾌함과 구조의 웅건함이, 다보·석가 두 탑과 함께 탑파塔婆 미술의 세계적 보물이 될 만하다.

신라의 석조미술은 석불·탑파·부도浮圖·석굴·석비石碑·석등石燈·인물·동물·축대·다리·못 등 광범위하게 발달하였으니, 이는 곧 우리 민족의 자존성·견고성·인내성·결백성·명랑성·실질성·영구불변성 등을 말하는 것이다. 그리고 부도·석등·석비(특히 그 귀부와 이수) 등도 모두 우수한 것인데, 태종 무열왕太宗武烈王의 비신碑身은 오늘날에는 남아 있지 않지만, 그 귀부와 이수는 능 앞에 우뚝 남아 있고, 거북은 길이 11척 높이 3척이나 되는 거대한 것이며, 이수 중앙에 전자篆字로 쓴 '태종무열왕지비太宗武烈王之碑'는 그 아들 김인문金仁問의 글씨라 전한다.

공 예

공예미술 가운데 거대한 것은 주종鑄鍾과 주상鑄像이었다. 분황사의 약사여래동상藥師如來銅像은 755년 경덕왕景德王의 출재로 만들어진 것인데, 그것을 만든 예술가는 장인匠人 강고내미强古乃未였다고 한다. 총중량 30만 6,700근이었다 하니, 지금 남아 있는 봉덕사奉德寺 종의 2배 반이나 되는 거대한 작품이었다. 그때 주상 기술이 고도로 발달했음을 알 수 있으나, 지금 전하지는 않는다.

황룡사 종도 754년 경덕왕 때에 제작된 것인데, 시주施主는 효정이왕孝貞伊王의 왕비 삼모 부인三毛夫人이었고, 예술가는 귀족 이상댁〔里上宅〕의 하전下典 아무개라 전한다. 길이 1장丈 3촌, 두께 9촌, 중량 49만 7,581근이었다 하니, 봉덕사 종의 4배 이상이나 되는 세계적 거종巨鍾이었다. 하전은 신라 귀족의 가신家臣 같은 지위이었던 모양이니, 이렇게 신라의 모든 예술품은 귀족의 출재와 민중의 기술로 이루어진 민족적인 것이었다.

봉덕사 종은 770년 혜공왕惠恭王이 그 아버지 성덕왕聖德王의 명복을 빌고자 황동 12만 근을 들여 주조한 것이다. 예술가는 전하지 않으나, 다시없는 걸작이요, 평창平昌 상원사上元寺 종(725년 제작)과 함께 단 둘만이 신라 종으로서 남아 있다. 이 종은 예로부터 유명하여 이른바 '에밀레종'이라는 전설까지 갖고 있다.

수공품으로는 비단·모직·세공품 등이 발달하여 당과 일본, 또 사라센 상인을 통하여 세계적으로 수출되었다. 신라의 수출품은 금·은·인삼·말·모피(담비·호랑이·표범 등)·우황·자석·가발〔美髮〕·술 외에 고급 비단(朝露緞·大花魚牙紬·小花魚牙紬·紵衫紬·金總布 등)과 모직물〔白疊毛布〕도 있었으나, 특히 신라의 정교한 세공품은 세계 시장의 큰 환영을 받았던 모양이다. 세공품은 남녀 장신구·문방구·말과 매 장신구·침선구針繡具 등이었는데, 세공의 특징은 상감(象嵌=鈿)기술이었다. 상감은 금·은의 선線이나 자개를 다른 물체에 새겨 넣어 무늬나 물상物象을 나타내는 기술인데, 신라에서는 매〔鷹〕 장식으로 금·은의 미통尾筒·방울·고리 등을 만들 때, 은제품에는 금전金鈿을 하고, 금제 품에는 은전銀鈿을 가하였고, 금·은으로 만든 바늘통〔針筒〕에는 보석 을 상감하기도 하였다. 당과 일본 및 다른 여러 나라의 귀족과 그 부인들은 이러한 사치품을 다투어 사용하였기 때문에 신라의 공예 는 크게 발달하였다.

이러한 상감술은 고려시대에 이르러 유명한 고려청자의 독특한 상감술로 응용되기도 하였거니와, 이 기술은 사라센에 전하여 그 수 도 다마스커스에서 발달되어, 유럽 여러 나라로 수출되었다. 그래서 유럽 사람들은 이 기술을 다마스킨Damaskeen이라고 하며, 아라비아 의 무늬기술은 지금까지도 유명하다.

신라 공예기술의 놀라운 발달은 이른바 만불산萬佛山 조각에서 추 측할 수 있다. 경덕왕이 당제 대종代宗에게 보냈다는(764~765년경) 만불산 조각은, 높이가 한 길 남짓 되는 침단목沈檀木에다 명주明珠와 미옥美玉으로 가산假山을 쪼아 만들고, 거기에 절과 만불을 세밀하게 조각한 것인데, 그 기교의 미묘함이 신작神作에 가까웠다고 한다. 만 불산은 오색으로 화려하게 짠 모직자리〔毯席〕 위에 둔 것으로, 산속 에는 기암괴석과 굴이 뚫려 있고, 여러 구역으로 나뉘어 있다. 구역 마다 가무歌舞 기악技樂과 여러 나라 산천의 형상이 조각되었고, 미풍 이 불면 벌과 나비가 훨훨 날고 제비와 참새가 춤을 추게 되어, 얼 핏 보아서는 진가眞假를 판단하기 어려울 정도이다. 또 그 속에 만불 을 새겼는데, 큰 것이라 해봐야 겨우 한 치 정도나 되고, 작은 것은 8~9푼에 지나지 않는다. 그 머리는 큰 기장 알맹이만 한 것도 있고, 콩알 반반 한 것도 있으며, 머리털과 눈썹과 눈이 역력하게 나타나 서 온갖 모양을 다 갖추었다. 비록 만불이라 하나, 그 수효를 일일이

셀 수가 없었다. 그래서 이름을 만불산이라 하였다. 또 금과 옥을 깎아서 갖은 장식과 꽃·과일이 섬세하고, 누각樓閣과 대전臺殿이 비록 작기는 하지만 모두 그 기운이 움직이는 것 같다. 그 앞을 돌며 거니는 중 1천여 명이 있고, 또 그 앞에는 구리종 셋이 달려 있는데, 모두 종각鍾閣과 포뢰蒲牢가 있어 경어鯨魚로 그것을 치게 되어 있다. 만일 바람이 불어 경어가 종을 치게 되면, 곧 거니는 중들이 머리를 땅에 닿도록 절을 하게 되어 있으며, 그와 함께 은은한 경 읽는 소리가 들리는데, 그것은 그러한 장치가 종 속에 되어 있기 때문이었다. 대종은 이 선물을 받고 탄복하여 "신라 사람의 재주는 그저 교巧라고만 할 수 없다. 이것은 천조天造다"라고 하였다. 그리고 4월 8일에 장안長安의 승들을 궁중에 모아 이 만불산을 예배하고 경을 읽게 하였는데, 보는 자 가운데 감탄하지 않는 이가 없었다고 한다.

서 화

우리나라의 서조書祖라고 할 만한 김생金生은 8세기 사람으로 미천한 출신이었다. 어릴 때부터 글씨에 능하여 평생 다른 기술을 배우지 않고, 나이 80이 넘도록 붓을 놓지 않고 글씨를 연구하여 예서隸書·행서行書·초서草書 모두 입신入神의 경지에 이르렀다. 고려시대에도 간혹 그 친필이 전하는 것이 있으면 소유하고 있는 자들이 그것을 보물로 간직하였다 하나, 지금은 겨우 비각문碑刻文에서 그 모습을 볼 수 있을 뿐이다. 12세기 초 고려의 학사學士 홍관洪灌이 사신을 따라 송나라 수도에 갔을 때, 김생의 글씨 한 권을 중국학자 두 사람에게 보였더니, 그들은 그것을 왕희지王羲之의 글씨라 고집하여 홍관의 설명을 끝까지 믿지 않았다고 한다. 또 요극일姚克一도 글씨로 유명하였지만, 김생에게는 미치지 못하였다.

그림에는 불화佛畵·인물화·산수화 등이 있었던 모양이나, 고구려처럼 고분벽화 같은 것이 없었으므로 지금 남은 것은 없다. 그러나 고구려의 그림이 그만큼 발달한 것을 보면, 통일신라의 그림 또한 고도로 진보했을 것은 의심할 수 없다. 미천한 출신인 화성畵聖 솔거率居가 황룡사 벽에 그린 노송老松은 실물로 착각할 만하여 더러 새들이 와서 앉으려다가 미끄러졌다는 전설이라든지, 또 분황사의 관음보살상과 진주 단속사斷俗寺의 유마힐維摩詰상도 솔거의 것인데 세상에서 신화神畵라 전해졌다고 하니, 다른 미술의 발달을 유추해 보면, 신라 그림의 발달을 짐작할 수 있을 것이다.

음악 · 가무

통일 이전의 신라 음악이 고구려나 백제에 미치지 못했던 것은 이미 말하였으나, 20여 곡의 노래 이름(동경곡東京曲 · 회소곡會蘇曲 · 우식곡憂息曲 · 치술령곡鵄述嶺曲 · 대악碓樂 · 도영곡徒領曲 · 양산곡陽山曲 · 무애곡無㝵曲)이 전하는 것을 보면 상당히 고도로 발달했음을 짐작할 수 있다. 통일 이후의 신라는 이른바 성당盛唐의 가악歌樂을 수입하였을 것이며, 또 한편으로 악기의 개제改制, 왕성한 작곡활동과 향가鄕歌의 유행을 보게 되었다. 그리하여 ……

(이후 원고 없음)

조선민족사개론 하
(고려시대) 제1회[1]

머리말

나는 《조선교육》이란 잡지에 《조선민족사개론》을 작년부터 7회 가량 발표하였습니다. 그러나 그것은 겨우 삼국□……□에 실리지 못하였고, 삼국시대에는 □□□ 못하였습니다. 그리고 이번에 나는 을유문화사에서 중학교용 《조선민족사》를 내게 되었는데, 나의 이 교과서는 예전의 다른 교과서와 사상과 취재取材 면에서 본질적으로 다른 점이 있으므로 적당한 교수용 참고서가 없으면 교수상 곤란한 점이 많을 것 같아서, 중학교 교수용으로(또 대학생용 및 일반 지식계급용으로) 어서 《조선민족사개론》을 내놓아야 되겠□□ 나의 건강과 그 밖의 여러 가지 □……□ 완전히 탈고되지 못하고 있습니다.

그래서 우선 통일신라시대까지를 상권으로 하여 이미 간행하였습니다. 나머지 고려사와 조선사도 빨리 간행하여 교수 여러분의 수

1) 《朝鮮民族史槪論》下卷의 '머리말'과 緖說, 그리고 제9장의 1절, 2절에 해당하는 원고로 추정된다. 《朝鮮民族史槪論》上卷은 총 8장의 구성으로 조선민족의 인류학적인 연구에서부터 통일신라까지의 역사를 서술하였으며, 1948년에 을유문화사에서 출간되었다.

업에 지장이 생기지 않도록 노력할 작정입니다. 그렇지만 요사이 일은 모든 것이 계획대로 되지 않는 것이 보통이므로, 이번에 을유문화사에서 마침 이 잡지를 내게 된 것을 이용하여, 하권이 간행될 때까지 《민족사개론》 하권의 초고를, 고려사로부터 매호 □……□ 하겠습니다. 이것은 말할 것도 없이 이미 간행된 《조선민족사개론》 상권에 이어지는 것입니다. 저의 저서를 교과서로 쓰시는 여러 교원께서는 되도록 여기 연재되는 제 논문을 참고로 읽어 주시기 바라는 바입니다. 그리고는 앞으로 지금까지 《조선교육》에 연재하던 것은 자연히 중단하게 될 것입니다. 교과서와 개론이 모두 을유문화사에서 나온 관계로, 같은 을유문화사에서 내는 잡지에 속편을 싣는 것이 여러분에게 편리하실 것 같아서 이렇게 한 것입니다.

서설: 고려사의 특수 성격

삼국시대로부터 신라·고려·조선왕조를 거치면서 이들 모든 국가가 본질적으로 귀족지배적 군주국가이며 계급적이었음에는 차이가 없었다. 그래서 그것이 동일 혈족인 단일 민족을 핵심으로 하여 움직이고 성장하면서도 그 민족적인 모든 부분의 발전과 성장은 극히 불완전하고, 오직 귀족적인 부분만이 활발하게 장성한 것은 이미 거듭하여 말하였다. 이것은 귀족국가가 왕실 본위·지배귀족 본위의 개인주의적·이기주의이었던 까닭이요, 민족 본위의 사회주의적·민주주의적 정치형태가 아니었던 까닭이었다. 그러나 이것은 정치의 중심을 말하는 것이요, 귀족국가가 민족을 완전히 무시하였다는 것은 아니다. 그들의 권력 기반이 민족 위에 있는 이상 그것에서 벗어날 수는 없었으니, 민족이 와해되는 날에 그들의 지위와 권력만이 홀로 있을 수는 없었던 까닭이다. 다시 말하면, 우리 역사상의 여러 왕조는 동일 종족(삼국) 또는 단일 민족(신라 통일 이후로부터)으로 이루어진 동족국가 또는 민족국가이면서 그 정치형태와 내용이 귀족지배적이었던 것이다. 그래서 귀족국가에서 민족은 항상 특권에 종속되는 지위, 곧 제2의적 지위에 있었던 것이다. 우리 민족사는 이러한 관점에서 이해하여야 할 것이다.

이러한 견지에서 볼 때, 여러 왕조는 저마다 특수한 민족적 성격을 가졌었다. 고구려는 이민족과의 맹렬한 투쟁과 건축·회화에서 그 특수성을 발휘하였고, 신라는 아시아의 평화로운 국제 환경으로 말미암은 해상 무역과 불교미술 및 공예에서 특수성을 나타내었다. 그리고 조선은 유교문화의 진흥, 국문의 창제와 및 주자 인서를 통해 귀족문화를 보급시켰으며, 처음부터 끝까지 문신 귀족에 의하여 지배되었기 때문에 여성적인 당쟁과 외척의 세도정치가 오랫동안 존재해왔다. 이에 견주어 고려는 신라시대와는 완전히 반대로 아시아적(아니 세계적) 전란기였는데, 그 자세한 상황은 다음과 같다.

① 475년 동안 거의 끊임없이 이민족(여진·거란·몽고·일본)과 적극적·소극적으로 투쟁한 것이 그 특수성의 가장 큰 원인이요, ② 그러한 전쟁관계와 몽고인의 내정 간섭으로 말미암아 무신들의 폭압과 부원 반역자들의 전횡이 1170년 정중부의 난 이후 말년까지 2백여 년 이어졌고, ③ 이민족과의 복잡한 관계 해결을 위해 문·무 모두 많은 인재가 필요했으므로 신라의 골품제도(왕실 김씨 및 박씨 일족의 정권 독점) 같은 것은 붕괴되고, 새로운 귀족이 여러 층에서 많이 나타났다. ④ 무공에 따른 출세는 비교적 쉽고 빠르며 또 가계나 계급 제한이 약하였으므로, 노비 출신으로 하루아침에 귀족이 된 사람도 많았다. 그래서 노예계급의 활동이 매우 왕성하였으며, ⑤ 이러한 사회적 분위기로 말미암아 조선사에 유례가 없는 노예들 스스

로의 계급 타파(삼한 땅에 천민을 없애자는) 운동이 1198년에 사노비 만적 등에 의하여 일어났고, 이는 그 뒤에도 이어져 13세기 말과 14세기 초에는 원의 세력을 이용하여 계급 타파를 꾀한 일도 있었다. 그 규모는 비록 작았고 또 아무런 성과도 없었지만 이것은 눈여겨볼 만한 사회적 사실이었다. ⑥ 또한 강포한 이민족(거란·몽고·일본)의 침략과 압박으로 종교와 미신에 대한 믿음이 강해지게 되었다. 신·불의 힘에 기대어 이민족의 세력을 내쫓고자 불교를 장려하고 도참설(풍수지리설)이 성행했으며, 도교적 퇴제도 행하였다. ⑦ 뿐만 아니라 고려는 귀족지배정치의 패악을 여지없이 드러냈다. 이민족과 전쟁을 치르는 동안에도 귀족들은 토지를 빼앗는 등 민중을 착취하였으나, 전쟁이 없을 때에는 그것이 더욱 심했다. 그것은 그들이 모두 무력(그들은 흔히 사병을 소유하였다)으로 행해진 까닭이었다. 그리고 전쟁 중에는 귀족들이 서로 협력하기도 하였으나, 그렇지 않을 때에는 곧바로 권력 쟁탈전을 일으켜 수많은 왕위쟁탈전과 반란이 일어나고, 그 영향으로 지방에는 무수한 민란이 일어나기도 했다. ⑧ 무신귀족의 폭력적 착취와 토지 강탈로 말미암아 토지제도는 극도로 문란해지고 계급 사이의 대립은 치열하였으나, ⑨ 한편으로 이민족의 침략에 대한 적개심으로 민족의식도 매우 발달하였으니, 몽고와의 40년 전쟁 동안에도 국내에 세력 분열이 생기지 않고 민중과 노예들이 적극적으로 귀족과 협력하였다는 것은 가장 뚜렷한 예가 될 것이다. ⑩ 그러나 원(몽고)과의 강화 후에는 이와 반대로 부원 민족반역자도 적지 않았고, ⑪ 어리석은 임금이 많았던 것도 고려사의 특색일 것이다.

　나는 앞으로 이러한 특수성을 중심으로 하여 고려사를 논술하여 보려고 한다.

9. 고려 통일의 의의와 북방 회복운동 및 내정의 정돈

1) 고려 통일의 민족사적 의의

7세기 말부터 9세기 말에 이르는 약 2세기여 동안 전아시아에 찾아온 평화기로 말미암아 귀족지배 국가가 가지고 있던 해악은 갈수록 사회를 부패시키고 풍속을 어지럽게 되었다. 귀족계급의 지나치게 방탕한 생활과 이에 따르는 민중의 착취, 계급의 대립 및 귀족 내부의 권력 투쟁·왕위쟁탈·토지와 노예의 쟁탈전 등이 일어난 것이다. 인류 역사의 이상은 평화와 행복에 있거늘, 귀족국가는 대다수의 피지배 계급을 희생양으로 하여 그 위에 극소수 지배계급의 이기적이고 방종한 삶을 이어가도록 하는 계급제도와 사유재산제도라는 두 가지 해악을 내포하고 있었다. 그들이 말하는 평화와 번영은 이 해악의 번식과 성장을 의미하는 것이었다.

당나라에서는 1세기여에 걸친 번진藩鎭 제장諸將의 횡포橫暴·작란作亂과 1세기 반에 걸친 환관의 착취, 패·우(패덕유李德裕·우상유牛像儒)의 40여 년에 걸친 정쟁과 반세기에 걸친 용렬·방탕한 제왕의 재위 등으로 말미암아 도탄에 빠진 민중을 선동한 도적(또는 군웅群雄)이 곳곳에서 봉기하여, 907년 당은 드디어 후량에 의해 멸망하였다. 그리고 907년부터 960년에 이르는 겨우 50여 년 사이에 후량·후당·후진·후한·후주라는 다섯 왕조가 흥망하는 이른바 오대五代의 난세가 시작되었다. 그리고 북쪽의 발해도 계급의 대립으로 민심이 흩어진 결과, 926년 몽고의 일족인 거란에게 공격 당해 하루아침에 멸망하였다.

이때 신라도 내부 요소로 말미암아 그 해체를 눈앞에 두고 있었다. 892년에 견훤甄萱이 후백제를 일으키고, 894년에는 궁예弓裔가 북방에서 장군이라 칭하였으며, 918년에는 왕건王建이 고려의 건국을 선언하였다. 여기서는 큰 왕국을 이루었던 셋만을 들었으나, 지방 호족들의 반란과 민중의 봉기가 9세기 말부터 망년(935)에 이르는 반세기 사이에 무수히 많았음은 이미 신라사에서 말하였다.

이렇게 극동의 3대국인 당·발해·신라 등이 약해진 틈을 타서 맹렬한 기세로 일어난 것이 거란족이었다. 거란민족은 그 뿌리가 정확히 밝혀지지는 않았으나, 지금 동몽고 및 내몽고 지방에 옛날부터 거주하였던 동호東胡의 유족이라 생각되며, 대체로는 몽고민족에 속하는 혼혈족이었으리라 추측된다. 그들은 미개한 반농적 유목민이었으나 그들이라고 해서 민족적 발전을 꾀하는 데 무관심할 리는 없었다. 3대국의 쇠퇴를 절호의 기회로 여겨, 10세기 초에 내몽고 지방의 임황부臨潢府(상경)를 중심 세력으로 하여 강력한 부족연맹체를 형성했고, 916년(고려 건국 전 2년)에는 태조 야율아보기耶律阿保機가 제국을 선언하였다. 그들의 이상은 발해·신라·중국 병합에 있었을 것이다. 반도는 실로 이때 민족 흥망의 위기에 서 있었다. 후삼국의 내전이 한창 벌어지던 때였고, 거란은 발해를 치기 3년 전인 922년에 낙타를 보낸다는 핑계로 고려에 사신을 보내어 내정을 살펴보았던 것이다. 만일 이때 강력한 고려가 건국되지 않고 쇠약한 신라왕조가 그대로 계속되었다면 신라는 발해와 함께 거란의 일격에 패망하였을 것이니, 고려 건국의 민족사적 의의는 바로 이 점에 있었다.

고려 태조 왕건은 삼한 통일, 삼한 백성의 구제를 표방하였다. 그 사상과 방법은 비록 지배귀족적이나, 삼한민족을 통일·단결하여 이민족의 침입에 대항하고, 나아가서는 북쪽의 발해 지역을 통합하여 고구려의 옛 영토를 수복하겠다는 이상으로 국호를 고려라고까지 일컬은 것은 명백하게 민족적 포부에서 나온 것이다. 당시 고려는 고립무원의 상태로, 혼자 힘으로 거란 세력과 맞닥뜨리게 되었으나, 중국 오대五代 여러 나라의 힘도 발해의 힘도 빌릴 수 없었다. 거란뿐 아니라, 영흥 이북의 함경도와 청천강 이북의 평안도 지방 및 만주 지방에는 발해의 멸망으로 말미암아 지식귀족계급은 거의 고려로 이주하고 일부는 일본이나 중국으로 흩어졌다. 북쪽 지방에 남아 있던 미개 여진(신라 말기에는 이들을 말갈이라 하였다) 부족은 비록 국가적인 조직체는 아니었지만, 부족연맹체로서 끊임없이 고려에 침입하였다. 고려는 중국의 세력을 이용하고자 교체를 거듭하던 오대의 여러 국가에 해마다 사신을 보내어 그 형세를 관찰하면서, 한편으로는 단독으로 북방의 두 민족(거란·여진)과 투쟁할 결의를 굳게 다졌다. 그리고 고구려 옛 영토의 수복을 건국의 이상으로 삼았다. 이러한 적극성은 고려 전 시대에 걸쳐 이어진 것이니, 옛날 신라가 통일 당시 힘이 부족하여 당나라에 대동강·원산 이북의 토지와 백성을 넘겨준 것을 고려가 분하게 생각하였을 것은 말할 것도 없다. 그래서 태조가 황폐한 서경(평양)을 재건한 것과 993년 서희가 거란장수 소손녕에게 고구려의 옛 경계가 고려의 영토가 되어야 함을 주장하여 압록강 이남의 토지를 회수한 것, 1107년과 1108년에 윤관이 함경도의 여진족을 몰아내고 거기에 9성을 축조한 것도 그러한 이상과 적극성의 발현이라 할 수 있다. 14세기 말 고려 말년에 원과 여진이 쇠약해진 틈을 타서 평안북도 동반 및 함경도 대부분을 되찾고, 이성계로 하여금 북원의 쇠약과 명 세력이 아직 강화되지 않은 틈을 타서 세 차례나 요동을 공격하여 만주를 되찾고자 한 것도 그 이상의 연장이었다.

만주는 668년 당이 고구려를 무너뜨린 뒤부터 발해가 건국되기 전까지 겨우 20여 년 동안 당이 영유하였을 뿐이요, 그 이전이나 이후에 한 번도 한漢민족이 그것을 소유한 일이 없었다. 그러므로 원의 멸망과 함께 그 토지는 당연히 고려에 속하게 되는 것이었고, 그 수복 여부는 오직 고려의 실력에 달려 있었던 것이다. 그래서 왜구와의 40년 전란에도 불구하고 고려는 1370년에 두 번이나 요동지방에 출병하여 원의 동녕부에 속하는 압록강 이북의 만주지역과 요양(요동성)을 함락하고, 그것이 고려의 옛 영토임을 원과 명에 주장하였다. 그러나 불행하게도 1388년 제3차의 대출병 당시 최영崔瑩과 이성계李成桂 사이의 정권 투쟁으로 비롯된 이성계의 명나라에 대한 소극적 태도와 이성계 자신의 정치적 야망(뒤에 서술)으로 실현되지 못하였으니, 이성계의 중도 회군으로 말미암아 천재일우千載一遇의 호기를 놓치게 된 것이다.

요컨대 고려의 강력한 통일과 그 민족적 적극성은 삼한민족의 위기를 극복한 것이며, 그 전대에 걸쳐 비록 이민족으로부터 허다한 침략과 오랜 기간 고난도 받았지만 그럴수록 적개심과 민족의식은 강렬해졌고, 끝까지 그 적극성을 잃지 않았다. 말년에 세력이 강해진 왜구에 대해서도 그들은 왜구의 소굴인 대마도에 원정군을 파견하였다.

이와 같이 고려 재통일의 중요성을 생각할 때, 우리는 그 건국자인 태조 왕건이라는 인물에 대하여 흥미를 느낀다. 왕건의 가문은 매우 애매하나 송악군(개성)의 출생이란 것과, 부친 왕융王隆이 신라의 제8관등인 사찬으로 송악군의 관리가 되었다가 896년 궁예의 공격을 두려워하여 군으로써 궁예를 따르기로 하자 궁예가 크게 기뻐하며 그를 금성태수에 봉하였다는 것을 보면, 그는 중류계급 출신이었음을 알 수 있다. 그는 신라 말년에 가까운 873년에 태어나, 896년 아버지가 궁예를 따르게 되었을 때 궁예의 명으로 송악에 발어참성勃禦塹城을 축조하고, 그 성주가 된 것이 출세한 단서였으며, 그때 그는 겨우 20세의 청년이었다. 그는 단지 아버지의 덕으로만 성주가 된 것이 아니요, 무장으로서 소질도 출중하였던 모양이다. 그는 24

세 때인 900년, 궁예의 장수로서 광주·충주·당성·청주·괴양 등 경기·충청도의 여러 성을 공격하여 그것을 획득하였다. 그래서 제6관등 아찬으로 승진하고, 궁예가 왕을 선언한 지(901) 2년 뒤인 903년에는 정기대감이 되어 수군으로 후백제를 공격하여 금성(나주) 등 10여 군을 공발하고, 909년에는 진도·고이도 등을 빼앗았으며, 913년 37세 때에는 무공으로 제4관등인 파진찬 겸 시중이 되어 그 명성을 높이게 되었다. 다음 해인 914년에는 백반장군으로서 나주에 출진하여 서남해상을 압복壓伏하다가 철원鐵圓(철원鐵原. 궁예의 왕도)에 돌아와 있는 동안에 918년 여러 장수의 추대로 왕위에 오른 것이니, 그의 나이 42세 때였다.

그는 무장으로서 자질도 위대하였거니와 성격이 너그럽고 준엄하였으며 정치적 식견도 뛰어나 세상을 구할 만한 도량을 지닌 자였다. 또한 북방으로 고구려 옛 영토의 수복을 꿈꾸었다. 그는 부하를 아끼고 상벌을 엄격히 하였으며, 백성들의 생활에 특별한 관심을 가져 귀족들의 착취와 횡포에 경계와 탄압을 잊지 않았다. 이로써 민심은 그에게로 집중되었다. 그를 조선의 태조 이성계와 비교하여 볼 때, 활쏘기와 말타기 등 무술에서는 미치지 못하였을 것이나, 인격 혹은 정치적 견식, 특히 그 민족적 포부에서는 이성계를 훨씬 뛰어넘었을 것이다.

그는 935년 신라왕의 내항을 받고, 다음 해인 936년에 후백제를 정복하여 60세 때에 드디어 삼한통일이라는 그의 이상에 한걸음 다가설 수 있었다. 942년 그가 거란 태종의 사신을 귀양 보내고, 선물로 보낸 낙타를 만부교 아래에서 굶어죽게 한 것은 외교의 실책이라고 후세 역사가들의 비난을 받기도 한다. 그러나 거란과의 화친은 그의 영토 회복 이상과 배치되는 것이며, 또 야만 무도한 거란과의 화친이 가능한 일이 아니라는 것을 그는 잘 알고 있었으므로 처음부터 고압적이고 위협적인 외교정책을 취한 것으로 생각된다. 뒷날에 고려가 몽고에 대해서도 화친정책이 헛될 것이라 생각했기 때문에 '죽든지 살든지'의 강경정책을 취한 뒤 강화도로 천도하여 40년 항쟁을 계속했다고 할 수 있다.

942년 그가 죽을 무렵에 재신들에게 한漢 문제文帝의 유언을 인용하여, "죽고 사는 것은 천지자연의 법칙이니 너무 슬퍼할 필요가 없다"고 하고, 군신이 큰 소리로 목놓아 우는 것을 듣고는 웃으면서 "덧없는 인생은 자고로 이러한 것이라" 하고 서거한 것은, 그가 생사에 달관한 신념을 가졌던 비범함을 말하는 것이다. 향년은 67세.

2) 고려의 북방 회복운동

918년 6월 왕건이 홍유·배현경·신숭겸·복지겸 등 여러 장수의 추대와 부인 류씨의 격려, 민중의 환호 속에 혁명을 결의·선포하자, 폭군 궁예는 평복으로 갈아입고 도망하여 바위틈에서 자고 보리 이삭을 도적질하여 먹기도 하다가 농민의 손에 죽었다. 왕건은 국호를 고려라 하여 옛날 고구려(고려라고도 하였다)의 이름을 다시 칭하고 나라의 연호를 천수天授라 하고 스스로를 짐이라 일컬었다. 고려를 다시 채택한 것은 그가 고구려의 계승자임을 자처한 것이니, 이는 동시에 고구려 옛 영토 수복 사상을 내포한 것이었다. 그때 중국에는 후당이 있었으나 오대의 난세로 불안정했고, 발해는 이미 쇠퇴하였으니(926년에 멸망함), 오직 거란 태조가 2년 전 916년에 제국을 선언하여 흥한 기세를 보이고 있을 따름이었다. 왕건도 활발한 기세로 고려를 건국한 처음이며, 쇠잔한 신라와 후백제는 안중에 없고, 또 궁예를 보고 느낀 바도 있어 미개민족인 거란에 양보할 생각은 없었으므로 이렇게 제왕으로 자처한 것이었다. 이러한 제왕사상은 삼국시대의 고구려·신라·백제에도 있었거니와 고려는 그 전 시기에 걸쳐 바탕에 깔려 있었으니, 거란·금·원을 상국上國으로 섬기던 때에도 제도와 용어로는 황제국의 그것을 고수하였다. 그러다가 원의 압박으로 어쩔 수 없이 폐기하기는 하였으나, 조선 왕실처럼 처음부터 끝까지 자발적인 사대관계는 아니었다. 그러나 우리가 여기서 주의할 것은 삼국과 고려는 구편句調이요 조선의 왕실 및 지배귀족들은 비록 사대적이었으나 민족 대중은 그렇지 않았다. 그 증거로 귀족들은 의관·제도·사상·학문 등을 모두 중국의 것을 모방하였으나, 민중은 역사가 생겨난 이래로 민족 자신의 문화를 고수하였다.

궁예가 제왕의 포부를 가졌던 것은 그가 장군이라 자칭하고 일어난 894년부터 918년 살해될 때까지 25년 사이에 국호를 후고려後高麗(901년?)·마진摩震(904년)·태봉泰封(911년) 등이라 하고, 연호로 무태武泰·성책聖冊·수덕만세水德萬歲·정개政開 등을 사용한 것을 보아서도 추측할 수 있다. 또한 896년 그가 예성강 부근을 공격하였을 때에 왕건의 아버지였던 왕융이 송악군을 이끌고 항복해 들어가면서 궁예에게 "대왕이 만일 조선朝鮮·숙신肅愼·삼한三韓의 땅에 왕림하고자 한다면 먼저 송악에 성을 쌓아 내 장자 건으로 하여금 성주가 되게 하라"고 한 말에서도 알 수 있으니, 이것은 왕융이 궁예에게 아첨하고자 엉뚱하게 지어낸 말이 아니요, 궁예의 평소 포부를 염두에 두고 한 말이었을 것이다. 궁예는 신라 왕실의 후예(어떤 이는 서출이라 함)라 자칭하고 항상 신라를 원망하여 말하기를 "신라는 당나라에 청병하여 고구려를 망하게 하였으니 나는 반드시 고구려를 위하여 복수를 할 것이라"고 하였다. 그래서 처음에는 국호까지 후고려라 하였다. 이것은 당에게 군사를 요청한 신라의 태도가 비민족적임을 공격함과 동시에 고구려 영토 수복 이상을 말한 것이었다. 그리고 기어이 그는 재위 중에 청천강 이남의 땅을 회복하였다.

이렇게 신라의 비종족적인 과오를 탓하고 고구려의 옛 땅 수복을 주장한 것은 결코 궁예나 왕건 태조 개개인의 사상이나 그들 서로의 영향으로 이해할 것이 아니요, 그때 지식층 사이에 일어났던 민족사상이 권력자인 그들에 의하여 정치적으로 이용되고, 또한 대표·반영된 것이라고 이해하여야 할 것이다. 단군 시조 전설도 이러한 당시의 사상에 기인하여 일어났을 것으로 보이는데, 단군을 모든 동이족의 시왕이라 하고, 부여와 고구려 왕실의 시조인 동명왕을 단군의 아들이라 하고, 마한을 그 후예, 진한辰韓, 변한弁韓을 조선의 유민이라 하여, 반도와 만주를 통괄한 강역의 인민이 혈연적·역사적으로 같은 민족이라는 이론을 성립시켰으니, 그것이 《고기》의 저자였다. 그리고 《고기》의 전통을 이은 것이 《삼국유사》였다. 그리고 단군 탄생의 성지를 백두성산(고려 후기에는 묘향산)이라 하였다. 그리하여 대조선사상·대단족사상을 고취하였던 것이요, 이때에 소신라사상은 완전히 사라진 것이다.

태조 왕건은 이러한 사상적 조류에 따라 책임을 진 주권자로서 그 실현을 꿈꾸었던 것이다. 그래서 즉위한 다음 해인 919년 통일의 대업도 끝마치기 전에, 수도를 고향인 송악(개성)으로 옮겼다. 이와 동시에 고구려가 멸망한 이후로 황폐해져 여진족의 유렵지遊獵地가 되어 있던 고구려의 옛 수도인 평양 재건을 꾀하여, 사촌 동생 왕식렴王式廉을 대도호大都護로 삼고 그로 하여금 거기에 성을 쌓고 서경이라 명명하였다. 뿐만 아니라 후백제와 관계가 매우 복잡하였음에도 불구하고, 후백제가 멸망한 936년까지 19년 동안 일곱 차례나 친히 서경을 순찰하여 민심을 진흥시켰다. 즉위 5년만인 922년에는 서경에 친행하여 새로이 관료를 설치하고, 서경 재성(내성)의 공사를 시작하여 6년 만에 완공하고 황해도 사람들을 거기에 살도록 하였다. 태조는 고구려의 옛 수도인 평양에 천도하여 그곳을 북진 기지로 하여 그야말로 고대 삼국을 통합한 대고려의 실현을 꿈꾸었던 모양이니, 그것은 고려라는 국호와 함께 당시 고려인의 커다란 민족적 동경의 대상이기도 했다. 비록 그 이상은 완전히 실현되지 못하였으나 태조 이래로 평양은 사실상 제2의 수도가 되었고, 930년(원고에는 903년으로 적혀 있으나, 이는 잘못으로 보임—엮은이) 태조는 여기에 학교를 창설하였다. 평양 재건은 곧 북진 기지의 건설을 뜻한 것이니, 태조가 통일 전 정무·군무로 바쁜 동안에도 서경 순행과 함께 서북방 국경 여러 성도 때때로 순찰하여 사기를 높이고, 십여 년의 세월을 들여 용강龍岡·함종咸從·성천成川·순천順天 등의 지역에 살던 여진족을 내쫓아 그 지방을 되찾고, 안북부를 안주에 설치하였다. 그리고 통덕진(숙천)과 강덕진(성천)에 성을 쌓아 북번 여진족과 거란의 침입을 막음과 아울러 동북방으로는 원산 방면에 골암성을 쌓아 동여진의 변경 약탈을 방지하였다. 태조의 북진사업은 이렇듯 청천강·원산선에서 멈추게 되었으나, 이 정도도 그때 형편으로는 결코 쉬운 일이 아니었을 것이다.

태조의 이러한 북진사상은 나의 독자적인 추측만이 아니라, 학문을 사랑했던 충선왕(1309~1313년 재위)도 이미 말한 바이다. 충선왕은 왕위를 단념하고 장자 충숙왕에게 그 자리를 물려준 뒤에, 원의 수도 연경(북경)으로 가서 원제가 주는 승상의 자리도 마다하고 만권당이라는 서재를 지어, 당시 원의 일류 학자였던 왕구王構·염복閻復·요수姚燧·초맹부超孟頫 등과 또 특히 본국에서 이제현李齊賢을 초대하여 그들과 함께 서·리의 연구를 즐겼던 학자적인 인물이다. 이제현이 전하는 충선왕의 말을 들으면, 그는 태조를 송 태조에 견주고, 그 북진 포부에 대하여 "우리 태조가 즉위한 뒤에 신라의 김부(경순왕)가 아직 빈으로 오지 않고, 후백제의 견훤이 또한 사로잡히지 아니하였음에도 불구하고 자주 서도에 행행하고 북쪽에 순행한 것은,

동명왕의 옛 강역을 가보와 같이 여겨 반드시 그것을 차지하여 갖고
자 함에 그 뜻이 있었을 것이니, 어찌 조계操鷄 박압搏鴨에만 그쳤으
리오”라고 하였다. 계는 계림 곧 신라를 뜻하고, 압은 압록강을 뜻하
는 것이다.

　태조 사후 약 40년 동안은 어리석은 군주의 즉위와 내부의 왕위
쟁탈전이 계속된 탓에 북진운동이 한때 중단되었다. 그러나 10세기
말 성종(982~997년 재위) 때에 다시 시작되어 청천강 이북의 박천博
川·영변寧邊·귀성龜城·곽산郭山·정주定州·선천宣川·의주義州 등의 지역
을 공략하여, 993년 서희徐熙와 거란 장수 소손녕蕭遜寧의 담판으로
다음 해인 994년에 고려·거란 사이의 공적인 국경이 압록강으로 결
정되었고, 한편 남으로는 덕천德川·맹산孟山 등의 지역을 되찾았다.
그리고 11세기 초 현종(1010~1031년 재위) 때에는 철산鐵山·용천龍川·
삭주朔州·희천熙川과 평안남도의 영원寧遠 방면까지 공략하여, 1033년
(덕종 2) 3월에 평장사 유소柳韶로 하여금 유명한 북경 관방인 천리
장성을 쌓도록 하였다. 이 성은 압록강 어귀에서 시작되어 구의주부
터 천마산 남쪽으로 뻗어 태천泰川·운산雲山·희천熙川·영원寧遠군 온
창溫倉(검산령 서)·영원·맹산으로 하여 함경남도 영흥(화주)의 도연
포 해안에 이르는, 그 두께와 높이가 각 25척의 거대한 돌성이다. 만
1년의 세월을 들여 완성된 것이라 하나, 이는 일시에 될 것이 아니
요, 앞 시대에 이미 만들어진 여러 성을 이용·연결하였을 것이며 또
후대에도 보축 공사가 계속되었을 것이다. 그리고 1119년(예종 14)
에는 3척을 증축하였다(그때 금나라의 항의가 있었으나 옛 성을 수리하
는 것이라 하여 불만을 일축하였다). 매우 구석지고 험준한 산악 지대
에 장성 축조라는 힘든 역役을 짧은 시일에 이루어낸 고려 군·민의
재정적·노동적 고난도 막대하였으려니와, 지금도 인구가 많지 않은
벽지에 인민을 옮겨 살게 해야 했던 걱정과 그것을 지키던 장졸의

인고도 상상할 수 있다. 그러나 한편으로는 그들의 국토 개척, 국방 완비에 대한 기쁨도 추측할 수 있으니, 덕종은 상으로 1034년 3월에 귀경한 유소를 위하여 큰 연회를 베풀고 그에게 '추충척경공신推忠拓境功臣'의 호를 내렸다.

이렇게 서북쪽의 수복을 비교적 순조롭게 진행할 수 있었던 것은 거란(요)이 중국 북방 경영에 몰두하여 동진의 여력이 없었기 때문이었다. 그때 여진민족은 발해의 멸망으로 말미암아 통일된 조직력이 없었다. 그러나 극히 사나운(사냥과 목축을 주업으로 하는) 민족으로서, 소국 북방에 맹렬한 기세로 일어나는 거란민족(요)의 세력에 먼저 대비하고자 했을 것이다. 그래서 서북 지방의 점령지에 많은 성을 쌓았다. 그런데 고려와 거란 사이에는 1010년부터 1019년에 이르는 10년 사이에 맹렬한 투쟁이 계속되었으나 강감찬의 귀주대첩(1019) 이후로는, 비록 끝까지 친선관계를 유지하지는 못하였지만, 표면상 주종 관계가 성립되어 큰 충돌은 없을 것이 예상되었다. 뿐만 아니라, 1029년에는 거란의 동경장군인 발해 태조 7대손 태연림太延琳의 반란이 일어나 그는 여진민족의 세력으로 흥요국興遼國을 선언하였다. 흥요는 그 다음 해에 망하였으나 이러한 내란은 거란의 약화를 보여주는 것이며, 중국(송)과의 전쟁에서도 거란이 절대적으로 우세한 것은 아니었다. 이러한 형세를 관찰한 고려는 1033년에 천리장성을 쌓고, 그 다음 해에 창성을 얻어 거기에 성을 쌓음으로써 일단 거란과 북여진의 경계선으로 하여 두고(이 이상 북진하여 압록강을 건너는 것은 거란과의 결사적 전쟁을 뜻하는 것이었는데, 당시 고려에는 거기까지 나아갈 실력은 없었다) 기회를 엿보기 70여 년 만에 동북경 개척의 필요를 느끼게 되었다.

11세기 말 12세기 초에 이르러 요나라는 지배귀족들의 거리낌 없고 방탕한 육체적 쾌락과 천조제天祚帝의 음탕하고 잔학함으로 말미암아 국력이 쇠약한 데다가 서하(서장)민족의 침략까지 심하게 받게 되자, 거란에게 2세기 가까이 핍박을 받던 여진민족은 동여진 추장 영가盈歌(금나라의 목조)의 통솔 아래 빠르게 단결하여 궐기하기 시작하였다. 그리고 그들의 세력은 장차 요를 향하여 보복적 행동이 개시될 것도 예상되었으며, 고려에도 영가 자신 혹은 그 사신이 자주 왕래하여 고려의 형세를 살폈고, 그 아들 오아속烏雅束(강종)은 군대를 국경인 정주관외에 주둔시켰다. 고려는 그들에 대하여 위협을 느낀 것에, 요가 쇠약해진 틈을 타 여진을 제압하고, 만일 가능하면 그것을 정복하겠다는 야심이 더해져 고려의 동북경 수복운동이 일어난 것이다.

1107년(예종 2) 고려는 17만 대병을 동원하여 20만이라 하고, 원수 윤관尹瓘, 부원수 오연총吳延寵으로 하여금 정주를 근거지로 삼고, 4도를 진공하여 그 다음 해에 이르기까지 함주咸州(함흥)·복주福州(단주)·길주吉州·영주英州·웅주雄州(이상 2주는 길주 부근?)·공험진公嶮鎭(경흥?)·의주宜州·통태通泰·평융平戎(이상 3성은 알 수 없음) 등 9성을 건설하여 함경도의 동남 해안 일대를 점령하였으나, 1109년 여진의 간청으로 9성을 모두 돌려주었다. 이에 대한 이야기는 제10장 2절에서 자세히 서술하려니와, 고려는 이로 말미암아 적지 않은 인적·물적 손실을 입고 영토의 소득은 없었으니, 이것은 새로이 흥하던 나라의 세력이 상당히 강하였음을 말하는 것이다. 그러나 이 평화정책 때문에 금과의 사이에 100여 년 동안 국경이 안정되었다(이 9성 개척전은 조선 세종조에 행한 함경북도 수복운동에 선구적인 자극이 되었다).

그런데 100여 년 뒤 13세기 초부터 다시 국제관계가 어지러워졌으니, 금의 말년에 희세의 영웅 성길사한成吉思汗이 거느린 몽고민족이 강대한 세력으로 몽고 지방에 일어나 1206년 몽고제국을 선언한 것이다. 1213년에는 거란의 유민인 유가留哥가 몽고를 배반하고 자립하여 대요수국大遼收國이라 하였고, 1216년에는 몽고의 세력이 커지면 금이 멸망할 것을 예감하고 금나라의 포선만노浦鮮萬奴가 요동에 점거하여 대진(혹은 동진·동하 등이라고도 한다)국 천왕이라 자칭하였다. 거란(요)의 뒤를 이어 북방에 또다시 이러한 야만스러운 국가들이 일어났다는 것은 고려에 큰 두려움이었다. 대요수국의 거란병은 1216년부터 1220년에 이르는 5년 동안을, 비록 큰 조직력을 갖추지 못한 행동이었지만, 평안·황해·경기·강원 등 여러 곳을 약탈하고 깊이 충청북도 제천에까지 침입하였으며, 한때는 경도(개성) 근방까지 이르기도 하였다. 그리고 동진국의 여진민족은 1220년부터 1259년에 이르는 40년 동안 서북 변경 및 동북 변경에 자주 침입하였다. 하지만 그들 때문에 국경이 달라진 일은 없었다. 그런데 1231년부터 일어난 몽고와의 40년에 걸친 전쟁 동안에 조휘趙暉·탁청卓靑 등의 반역 및 부원 행위로 말미암아 1259년(고종 46) 몽고는 철령(강원도와 함경남도의 경계) 이북의 여러 주를 점령하여 영흥에 쌍성부를 두었다. 그것은 100여 년 뒤인 1356년(공민왕 5)에야 겨우 수복되었다(쌍성의 남쪽은 잃은 지 약 40년 뒤에 수복되었다). 전쟁이 끝나던 1270년에는 또 민족반역자 최탄崔坦·한신韓愼 등이 서북의 여러 성을 열어 몽고에 항복한 까닭에 1290년까지 20년 동안이나 황해도 자비령(절령) 이북의 영토를 몽고에 빼앗겼다가 외교 교섭으로 겨우 되찾을 수 있었다.

몽고에 종속되어 있던 약 1세기 동안은 북토 수복의 꿈을 포기할 수밖에 없었으나, 14세기 중엽 공민왕조부터, 고려 자신도 말년에 가까웠음에도 불구하고, 원이 말년의 쇠약해진 틈을 타 또다시 맹렬한 기세로 옛 영토 수복운동을 전개하였다. 그때 고려는 1350년부터 말년까지 40여 년 동안 왜구의 약탈로 말미암아 거의 전국에 걸쳐 많은 피해를 입었고, 1359년부터 1362년 사이에는(공민왕조)

한漢민족으로 구성된 홍두적의 침입을 받아 경도(개성)가 완전히 불타버릴 정도의 큰 피해를 입었다. 홍두적이 겨우 평정된 1362년(공민왕 11)에는 또 원의 반장 납합출納哈出의 침입이 있었고(그 뒤에도 항상 말썽을 부렸다), 1364년(공민왕 13)에는 여진인 삼선三善·삼개三介의 침입이 있었으며, 덕흥군(고려인 최유崔濡와 원의 공모로 추대된 자)이 고려 왕위를 빼앗고자 몽고병을 거느리고 선천宣川에까지 침입하였다. 이처럼 온 방면에서 이루어진 침입과 타격은 고려가 쇠하는 이유가 될 수도 있었다. 그러나 그와 반대로 고려는 이러한 곤경에 빠질수록 더욱 긴장·분발하여 한층 더 강력한 민족정신을 나타내었다. 1356년 공민왕은 원의 연호를 폐하고, 앞서 원의 압박으로 어쩔 수 없이 개정하였던 관제를 복구(제국적으로)하고 인당 최영 등으로 하여금 압록강 북쪽에서 요양(요동)에 이르는 사이의 원의 영토 팔참을 공략하게 하는 한편, 동북쪽으로는 원의 쌍성(영흥)을 격파하여 함흥과 그 부근의 지방을 한번에 되찾았다. 옛 영토 수복운동은 그 뒤에도 착착 진행되어 국제정세가 험악한 가운데에도 평안북도 방면으로는 강계江界까지 얻고, 함경도 방면으로는 갑산甲山·길주吉州까지 되찾아, 백두산에서 삼수三水·갑산甲山·명천明川을 연결하는 선 이남의 반도를 영유하였던 것으로 보인다. 또 그것만으로도 만족할 수 없어, 희세의 용장 이성계(조선 태조)로 하여금 1370년에 요동 탈환의 전초전을 이끌게 하였다. 이는 이전 해 가을 이래의 계획으로, 동서북 삼면의 국경 요충지에 만호·천호 등 국방·군대를 배치했다. 그 다음 해 정월(공민왕 20)에, 동북면 원수로 있던 이성계는 기병 5천과 보병 1만을 데리고 함흥 황초령과 희천 운한령(적유령)을 넘어 압록강을 건너 각가강佳江 유역의 회인(고구려의 옛 수도) 지방을 공격하여, 뛰어난 사술射術로 적의 울라산성(오로산성)을 함락시켰다. 부근의 여러 성에서 투항하여 점령한 지성이 동으로는 황성(황성. 곧

파저강 중류의 통화일 듯), 북으로는 동녕부(요양)에 이르고, 서로는 발해, 남으로는 압록강에 다다랐다고 한다. 이때 통화와 요양(요동)성은 공격하지 않았다. 그것은 이번 출병이 앞으로 만주를 완전히 점령하기 위하여 북원의 실력을 알아보고자 한 전초전이었기 때문이다. 그 증거로 이성계는 겨우 1만 5천 군사를 이끌었는데 경솔하게 군사를 많이 데려왔다가는 원과 전쟁을 일으킬 우려가 있었던 까닭이다. 이 전투에서 자신감을 얻은 고려는 그해 8월에, 군사들이 쉴 틈도 없이, 다시 동원령을 내려 이성계의 휘하에 서북면 상원수 지룡수池龍壽·부원수 양백연楊伯淵 등을 편입하여 이번에는 원의 동녕부를 공격하게 되었다. 이렇게 원수가 세 사람이나 출정한 것을 보면 이번은 상당한 규모의 동원이었던 것을 추측할 ……

(중간 원고 없음)

3) 고려 초기의 내정 정돈과 그 당·송화

신라 말기에 국내 정치가 극도로 문란하여 왕실 붕괴의 원인이 되었던 것은 신라 쇠망의 절에서 이미 말하였다. 내정 정리는 귀족 국가에서 지배의 안정을 위하여, 또 이민족과의 항쟁을 위한 민족의 통일·단결을 위하여 근본적으로 필요한 것이었다. 고려는 918년 개국 이후 단계적으로 관제·군대조직·토지제도·종교·학문·교육·과거(관리 등용법)·국방시설 등 내정의 정돈을 실시하였다. 고려 수성지주守成之主인 10세기 말의 성종조(982~997년 재위)에 대체로 완성되었고, 국방시설은 1033년 천리장성의 축조로 대부분 정비되었다.

관제는 신라 때에 당제를 모방하면서 한편으로는 신라 고유의 것을 그대로 사용하기도 했던 것을, 궁예가 일부 당의 것과 같이 개정한 일이 있었다. 태조 때에 당의 제도대로 3성·6상서·9사의 제도를 채용하였으나, 성종 초에 이르러서야 완전히 정립되었다. 성종은 23세의 청년기에 즉위하여 38세에 요절하였으나, 성품이 바르고 도량이 넓어, 노현신老賢臣 최승로崔承老 등의 진언을 능히 청용하여 제도·입법·용인用人·치민治民 등에 상당한 성과를 보였다. 그 결과 고려는 비로소 왕조의 기틀을 잡을 수 있었고, 태조 사후 계속되던 왕위계승난은 한때 왕조의 존립을 위태롭게 하였던 것이 되었다. 고려 475년을 통틀어 왕자王者다운 이는 태조와 성종뿐이었다.

10세기 말 성종조에 정돈된 중앙관제에서 중요한 것은 ……

(중간 원고 없음)

물가 등 국가 재정의 최고 통할기관이었으며, 송의 추밀원을 모방한 중추원은 밀직사라고도 하여, 명령의 출납과 군기·숙위 등의 권한을 가진 국왕의 비서성이며 참모본부였다. 그리고 어사대(뒤에 사헌부가 되었다)는 모든 기관 밖에 독립하여 공정한 입지에서 정치를 규찰·비판·탄핵하는 임무를 맡았다. 이상은 문관에 속하여 동반 또는 문반이라고 하였고, 무관은 서반西班 또는 호반虎班이라 하였다. 무반武班이라 하지 않은 것은 제2대 왕인 혜종의 이름인 무武 자를 의식한 것이었다.

이상의 중앙관제에 대하여, 지방제도는 대체로 신라와 비슷한 것으로 경·도·주·부·군·현으로 나누고 군·현의 아래에는 이·촌제가 있었다. 관제는 고려 일대에도 여러 차례에 걸친 정변이 있었으나 그 기본적인 틀은 변하지 않았으며, 조선에까지 영향을 미쳤다. 그리고 그것은 오로지 당·송을 모방한 것이었으니, 대귀족국가인 당·송 이상의 제도를 만들어낼 수는 없었던 것이다. 이는 우리뿐 아니라 중국 주위의 모든 민족이 그러하였다. 그리고 이러한 제도 기관이 본질적으로 왕실중심적·귀족지배적이었던 것은 다시 말할 필요도 없다. 다만 우리가 여기서 주의할 점은 고려의 지방관 제도가 겨우 983년 성종 2년에 확립되었다는 것이니, 이때에 비로소 전국 12주에 목사를 배치하였다. 그러면 그 이전에는 지방에 왕실에서 임명한 관리가 없었고, 이것은 주권의 분산을 뜻하여, 지방의 호족이 유사봉건적인 통치를 하였다는 것을 뜻한다. 그러나 그러한 ……

(중간 원고 없음)

그 이념이 실현되었을 것이다. 고려 무신귀족의 각박정치와 말년의 변태 왕자들의 괴악怪惡한 정치는 실로 조선 역사상 전무후무한 것이었다. 그러한 상황에서 그만큼이라도 민족적 사업을 성취하였다는 것은 서희·강감찬·윤관·최영·이성계 그 밖의 힘에 따른 것이니, 고려 백성을 대표하여 그들의 민족적 소임은 높이 평가되어야 할 것이다. 그리고 최항 일당의 민족반역적 행동은 비난받아야 할 것이다.

한국사 지도*

* 손진태 선생이 직접 손으로 그린 16개의 한국사 관련 지도이다. 16개의 지도는 모두 14장의 원고에 그려져 있는데, 각각의 지도마다 지도의 순번과 제목을 기재하였다. 대상 시기는 고조선에서부터 개항기에 이르는 한국사 전 범위이지만 '삼국시대'와 '신라 통일시대'에 해당하는 내용의 지도는 빠져 있다.

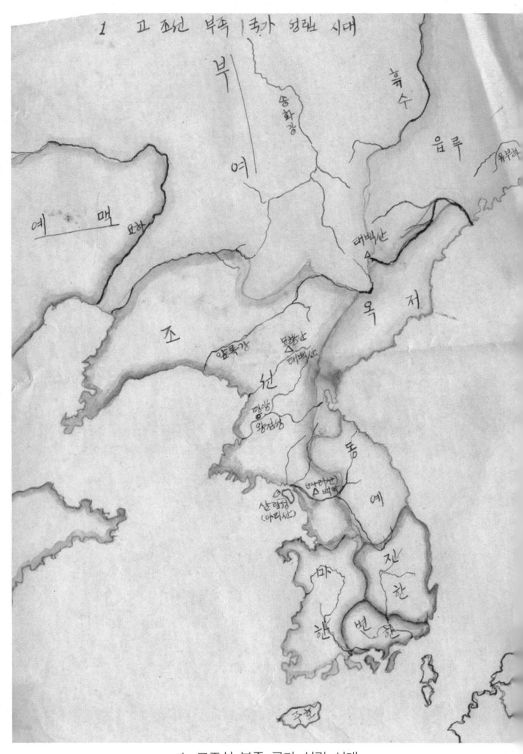

1. 고조선 부족 국가 성립 시대

2. 고조선 부족 연맹 왕국 성립

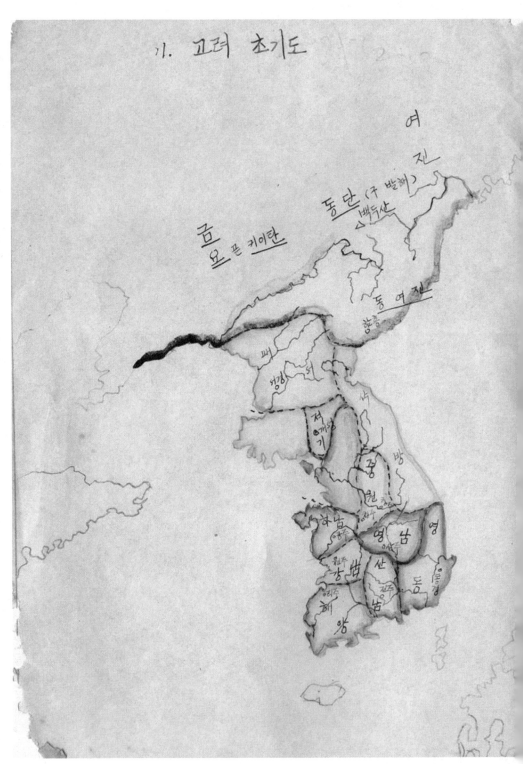

11. 고려 초기도

12. 고려와 원의 관계도

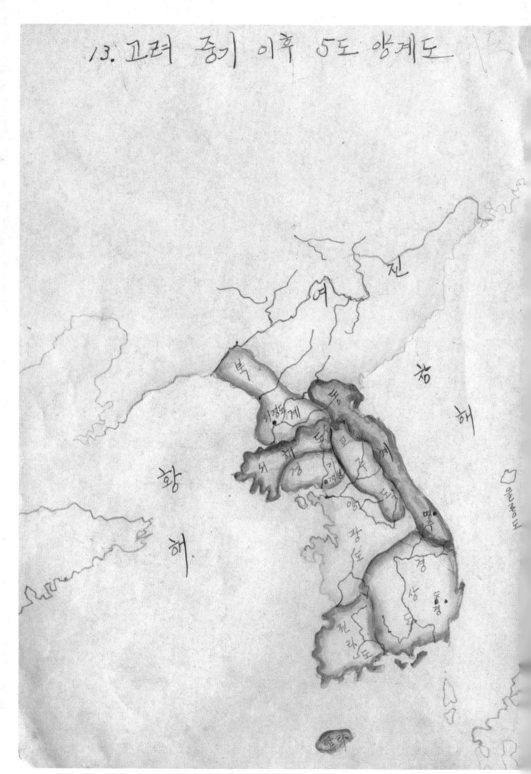

13. 고려 중기 이후 5도 양계도

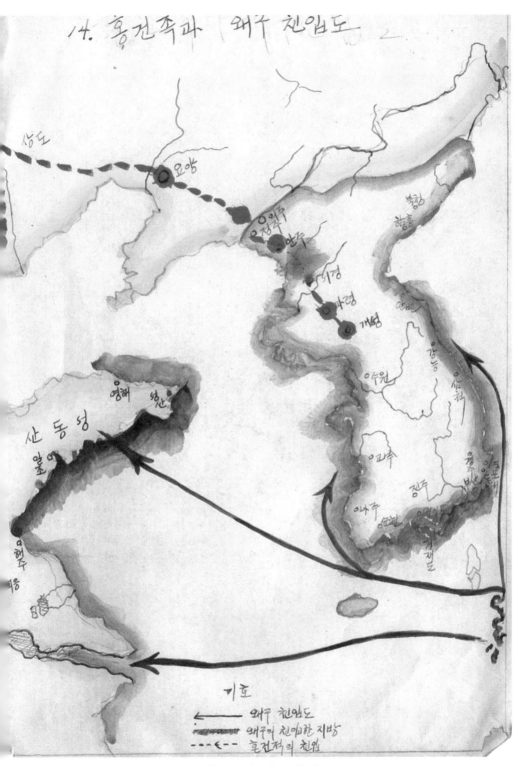

14. 홍건적과 왜구 침입도

15. 고려 북경 개척도

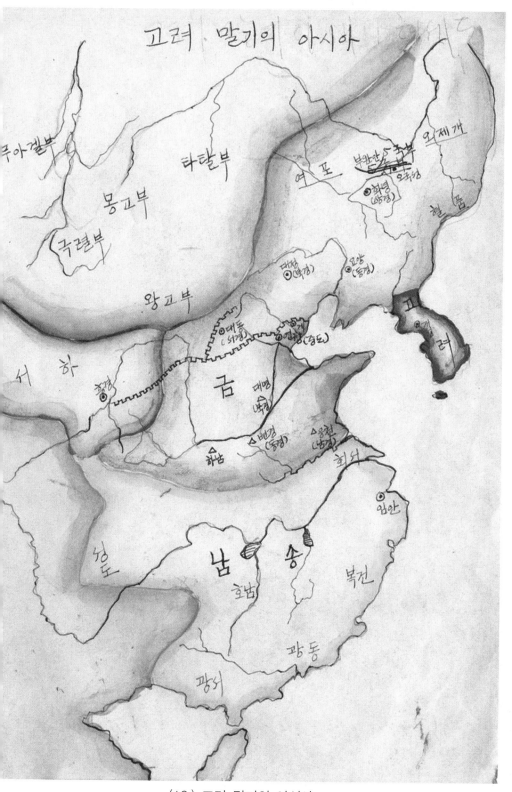

(16.) 고려 말기의 아시아

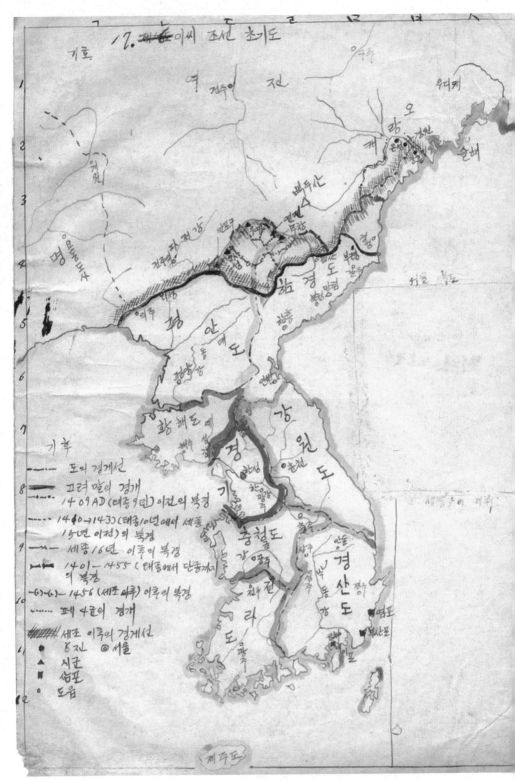

17. 이씨 조선 초기도

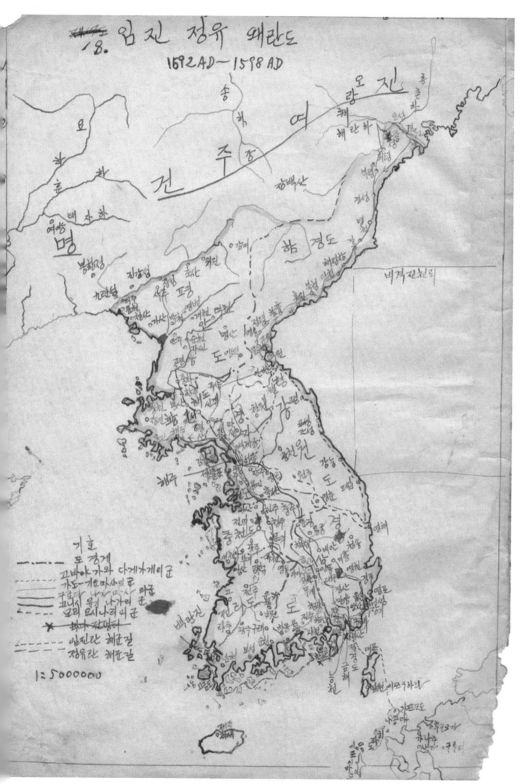

18. 임진·정유왜란도

19. 이순신 해전도

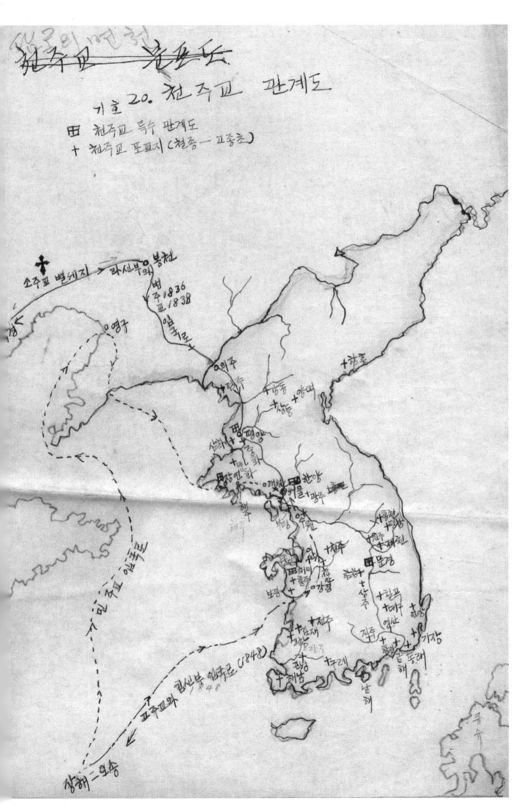

20. 천주교 관계도

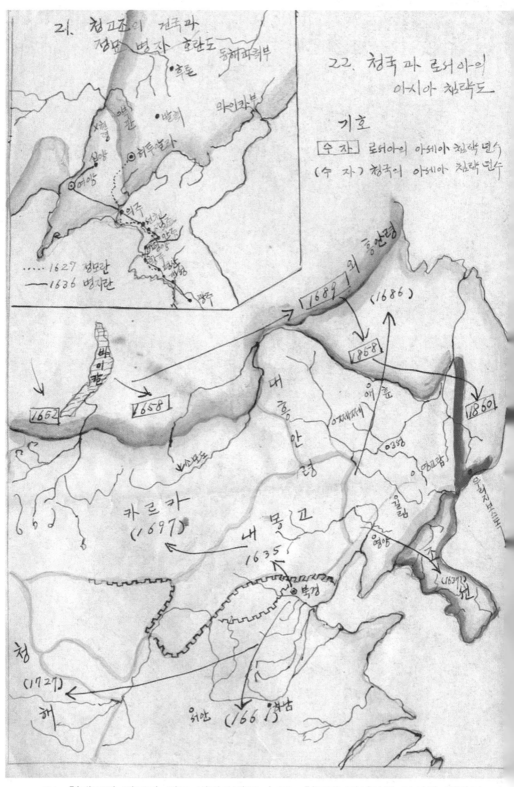

21. 청태조의 건국과 정묘·병자호란도 / 22. 청국과 러시아의 아시아 침략도

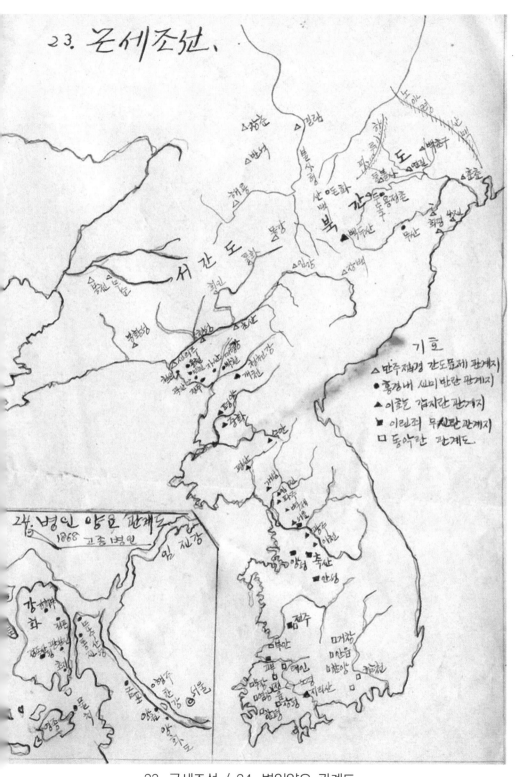

23. 근세조선 / 24. 병인양요 관계도

제2부

민 속

조선 상고문화의 연구

1. 조선 고유 원시종교

1) 조선 고유 종교는 '샤머니즘'인가

오늘의 조선 민간에는 여러 가지 종교사상이 있다. 예컨대 삼국시대에 도교·유교사상과 동시에 수입된 중국화한 불교사상은 말할 것도 없고, 근세에 들어온 기독교사상과 최근에 발생된 천도교사상 및 기타의 종교사상들이 복잡한 형식으로 우리 생활의 일부를 점거하고 있다. 그러나 필자는 이 논문에서 앞서 말한 여러 사상에 대하여는 언급하지 않겠다. 이러한 외래종교와 그 영향으로 생겨난 종교 이전에 조선민족의 사상을 지배하던 것을 조선 고유 종교라고 명명하고, 원시신앙에 대하여 그 종교학적·토속학적 고찰을 시도하고자 한다. 조선을 중심으로 한 연구이므로 마땅히 조선의 자료를 쓰고자하나, 이러한 연구에 관하여는 문헌이 우리에게 만족할 만한 재료를 공급하지 못하므로 토속학적 자료에 대한 비교종교학상 재료가 문헌과 함께 필요하다. 그러므로 필자는 경우에 따라서는 주위 민족에서 비교재료를 구하고, 또는 세계적으로 비교재료를 구할 것이다. 한데 필자의 이 연구는 물론 자신 있는 것이나 완성된 것이 아니요,

지금부터 이 연구의 제일보를 떠나고자 하는 판에 있으나, 여러 가지 사정으로 감히 이것을 세상에 공표함을 잘 양해하여 주시기를 바라며 멀지 않은 장래에는 기약하건대 좀 더 조직적이고 과학적인 연구를 다시 발표하기로 노력하여 보겠다. 그렇지만 이러한 학문에 대한 이해가 부족한 우리 사회에서, 더구나 적빈여세赤貧如洗한 나의 처지로 과연 얼마만 한 정도의 성공을 얻게 될지 생각하면 한심하지 않은 일도 아니다.

조선 고대 고유 종교는 대체 어떠한 것이었는가? 이 문제에 대하여 일본 학자 가운데는 그것을 '샤머니즘Shamanism'이라고 생각하는 이가 많으며, 그것을 서슴지 않고 명언한 것은 문학박사 도리이 류조鳥居龍藏의 《일본 주위 씨족의 원시종교日本周圍氏族の原始宗教》(96쪽)이다. 그러나 지금 나의 믿는 바로서는 이러한 말은 매우 비종교학적이라고 할 수 있다.

'샤먼'이란 것은 무격巫覡을 뜻하는 '퉁구스[通古斯]'(1)족의 말이다. 퉁구스의 일족인 만주족도 무격을 '샤먼'이라고 하며, 중국 송대宋代 이후 문헌에는 '산만珊蠻',(2) '살마薩瑪',(3) '살마薩麻'(4) 등으로 보인다. 그러므로 '샤머니즘'이라고 하면 일반적으로 무격종교라고 번역하고자 한다. 해서 시베리아 원주민족·몽고족·만주족·조선족·일본족 등의 고유 종교를 무격종교라고 하는 사람이 많다. 그러나 앞서 서술한 동방 여러 민족의 고유 종교가 무격만으로 해석되는 것도 아니요, 가령 해석된다고 하더라도 그것은 사회학적 또는 통속적 견지에 지나지 않고 결코 종교학적 견지는 아니다. 그 이유를 설명하려면 자고로 '샤머니즘'이란 것이 어떻게 여러 학자 사이에서 해석되어 왔는지를 약술하여야 하겠다.

'샤먼'이란 말이 동방에서는 송대의 서적인 서몽화西夢華의 《삼조북맹회편三朝北盟會編》 권3에 보이는 '산만珊蠻'이 처음이지만, 이것이

서양에 소개된 것은 17세기 말엽이었다. 1692년부터 1695년까지 러시아 표트르대제의 명령으로 중국에 파견된 사절 일행을 호종하였던 두 명의 네덜란드인[和蘭人] 가운데 이스브란츠 이데스E. Ysbrants Ides란 자가 1698년 암스테르담에서 출판한 《삼년간의 중국 여행》(5)이란 책에 처음 보인다고 한다. 그는 퉁구스족이 무격을 '샤먼'이라고 함을 발견하고 퉁구스족에는 '샤먼' 말고는 승려가 한 명도 없다고 말하였다.(6) 종교학상에 마술사Magician란 악귀 또는 악한 정령[惡精靈]을 적극적으로 구축驅逐하는 사람으로, 예컨대 무녀가 객귀를 물리칠 때에 칼을 휘두르면서 악귀(＝병인病因)를 쫓는 것 같은 자이고 승려란 병의 회복이나 기타 행복을 위하여 신에게 소극적으로 기원하는 자다. 그러므로 적어도 이론상 마술사와 승려 사이에는 엄연한 구별이 있다.

19세기 중엽 무렵에 만주족 사이에서 선교하던 로마 가톨릭 교부 브뤼니에르M. de Bruniere는 본국에 〈외국선교신학교의 감독들에게 보낸 서신〉에서 흑룡강안黑龍江岸 원주민[土住族]의 종교에 대해 다음과 같이 말하고 있다.(7)

그들의 종교는 하비下卑한 숭배로 이루어져 있다. 중국인은 그것을 Tsama 또는 Tsamo(薩瑪)라고 한다. 이 미신은 요동遼東 하급민의 신앙과 유사하다. 그 목적은 그들이 두려워하는 악귀를 양불禳祓하기 위하여 어떤 종류의 선한 정령[善精靈]을 초강招降함에 있다. 어피착자魚皮着子(어피족魚皮族을 가리키는 말)는 수렵을 좋아하는 종족인데, 보통 그들은 암사슴[牝鹿]의 정령·여우[狐]·족제비[鼬]의 정령, 이 세 종의 신령을 가장 존숭한다. 만일 가족의 일원이 병에 걸리면 그들은 그것을 악귀의 짓이라 한다. 해서 선한 세 정령 가운데 하나를 초강할 필요가 여기서 생긴다.……가족은 강

령자인 대大Tsama를 초청한다.

Tsama란 살마薩瑪, 즉 샤먼일 것이요, 어피족이란 골디Goldi족을
가리킨다. 그는 이어서 골디족 무격의 강신상태와 악귀 구축방법을
상세히 설명한 뒤에 '샤먼'을 마불자魔祓者, oxorei-sor라고도 말하였
다.(8) 1860년에 흑룡강 연안을 여행한 라벤스타인E. G. Ravenstein은
골디, 망군Mangun, 오로치Orochi 등 퉁구스 여러 부족의 종교에 관하
여,

> 샤먼의 특수한 일은 선령善靈의 조력을 초청하여 악정惡精의 힘을
> 완화케 함에 있다. 그들은 병이나 모든 재화災禍의 원인을 악령[惡
> 精靈]의 짓으로 돌린다. 따라서 병자가 생기면 의사와 병자가 함
> 께 대패가루로 몸단장하고 '샤먼'은 북을 치면서 단조로운 선율을
> 부른다. 향으로 물이끼[水苔]를 태우면서 악령에게 병자로부터 떠
> 나달라고 빈다. 또는 직접 호소하지 않고 샤먼이 손에 든 나무조
> 각상[木偶像]에게 사유를 진술하기도 한다.(9)

라고 하였다.

이 기술에 따르면 흑룡강 주민들 사이에는 악령에게 기원법을
취하는 경우도 있는 모양이나, 라벤스타인은 퉁구스족의 악정숭배를
특히 과장하였다. 그리고 그는 다른 쪽(10)에서 '샤먼'이란 마귀를 쫓
아내는 자[魔祓者]를 뜻하는 퉁구스족의 말이라고 명백히 말하였다.

1855년에 흑룡강 연안을 여행한 러시아 학자 마크Maack의 기
록(11)에서 편술된 앳킨슨Thomas W. Atkinson의 《흑룡강상하류여행
기黑龍江上下流旅行記》라는 책은 바이칼Baikal 호 부근 주민의 종교에
대하여

그들의 종교와 그 제의는 마술Sorcery에 바탕을 두고 있다. 그들은 많은 선악정령善惡精靈을 믿는다. 그들은 그들의 이른바 불칸 Bour-Khan 신에게 희생을 바친다. 선령에 대하여는 그렇게 고통을 느끼지 아니하나 그들은 악령을 비상히 외경畏敬하며, 악령들은 지상에서 거주하고 깊은 삼림 안이나 험한 산이 악령들의 거소居所라고 한다.……샤먼의 승직僧職은 세습적이다.(12)

라고 하였다. 앳킨슨도 바이칼 주민의 종교에 있는 마술적인 점을 강조하였는데, 샤먼의 승려적 기능에 대해서도 인정하고 있다. 그가 샤먼을 승려로도 본 것은 그의 다른 저서인 《동부東部 및 서부西部 시베리아》(13)에도 보인다.

봄이 되면 칼묵Kalmuk 사람들은 그들의 신에게 희생을 바친다. 부유한 자는 말을, 빈민은 양·산양을 희생으로 바친다. 예컨대 가축의 번식을 원하는 자는 자신의 양을 승려에게 건네준다. 승려는 일반적인 방법으로 양을 죽이고 희생 옆에서 동쪽을 향해 서서 기도의 말을 외운다. 북소리가 신에게 들릴 정도로 맹렬히 나고 양과 가축의 번식이 기원된다. 암양[牝羊]의 껍질은 벗겨 떼어내 굿을 다한 뒤에는 그 벗긴 가죽을 장대에 걸어둔다.……양가죽은 머리 부분을 동쪽을 향하도록 한다. 다시 북소리가 천둥처럼 울려퍼지며 집제자는 주문을 계속 거칠게 외운다. 희생된 양의 고기가 큰 가마에서 조리된 뒤 일족 모두가 대향연을 누릴 수 있는 것이다.

그가 말하는 승려란 틀림없이 칼묵족의 샤먼일 것이다. 그는 이 제의를 종교적인 것으로 보고-이 관찰은 올바른 것으로서 마술적이지 않다-이를 관장하는 샤먼을 승려로 간주한 것이다. 이처럼 앳킨슨은 다른 여행자보다 한 걸음 더 나아가 이른바 서시베리아 원주민들의 샤먼에게 승려적 기능이나 성격이 있음을 인정하고 있으나, 그들의 종교사상에 대해서는 아직 마술적인 측면에 중점을 두고 있다.

이상은 여행가들의 간단한 기록에 나타난 서시베리아 만몽滿蒙주민들의 고유 종교에 대한 내용인데, 이후 학자들 또한 그들의 종교가 악령숭배사상임을 강조하고 있다. 예를 들어보면 1870년에 《시베리아의 천막생활》을 발표한 케넌Kennan은 다음과 같이 말하고 있다.

> 시베리아의 토착민들과 같이 생활을 하고 그들을 연구한 사람은 누구나 그들의 승려와 교도의 성실함을 의심하지 못할 것이다. 그리고 그들의 유일한 종교인 악령숭배에 놀라지 아니할 수 없을 것이다. 황량한 그 지방의 난폭하고 무서운 자연이 그들로 하여금 샤머니즘을 채용하게 한 것이다.(14)

즉 그에 따르면 시베리아의 샤먼은 승려duiest로도 볼 것이요, 샤머니즘은 악령숭배사상이며, 그가 여행에서 본 구시베리아족의 유일한 종교는 악령숭배였다. 그가 그 저서 전체에서 샤먼을 마술사라고 보았으며, 구시베리아족의 유일한 종교사상을 악정숭배라고 한 것을 보더라도 케넌이 승려란 말을 막연하게 사용한 것은 분명하나, 그 어폐語弊는 고사하고 그가 샤머니즘을 악정숭배사상으로 이해한 것은 명백하다.

19세기 말부터 20세기 초의 러시아 학자들 사이에는 샤머니즘 연구가 매우 성행하였다. 러시아어를 알지 못하는 필자는 각 학설을 소개할 수 없으나, 미국의 매독스Maddox 박사의 저서에 인용된 미하일롭스키의 정의(15)를 보면 이러하다.

자연계의 직접적인 영향과 맹목적 운명 아래서 생활하는 미개민
들은 무엇보다도 불행을 피하고 악령의 힘Forces of evil을 완화코
자 하는 수단에 전심한 것이다. 그들은 가뭄[旱魃]·벼락[雷電]·폭
풍우暴風雨·병病·죽음[死]·적敵으로부터 피하고자 하였다. 그러나
사람이 모두 복을 받고 재앙을 피하는[獲福除惡] 방법을 가지지는
못하였다. 해서 약간의 개인이 필요한 지식을 수득하여 동족과
미지의 힘 사이의 중재자가 되었다. 그 개인이 샤먼이며 그들의
술법art이 샤머니즘이다.(16)

그의 책 전체를 읽지 못한 필자로서는 그가 샤먼의 술법art이란
말을 과연 마술magic의 뜻으로 사용하였는지 알기 어렵다. 그러나 러
시아 인류학자 차플리카Czaplicka의 저서에 인용된 미하일롭스키의
설에 따르면, 그는 카루진Kharuzin과 함께 샤머니즘을 북방아시아의
토착민들과 기타 세계 각지의 미개민이 행하는 원시형의 종교 또는
종교적 마술Religio-Magic이라고 하였다. 그러면 미하일롭스키가 술
법이라고 한 것은 요컨대 샤먼의 마술을 가리키는 것으로 보인다.
그러나 그가 샤머니즘이라고 이해한 것은 기예학적技藝學的 해석일
뿐이고, 종교학적으로는 적당하지 않은 말이다. 한편 시베리아 토착
민의 토속학자로 유명한 보고라스Bogoras나 요헬슨Jochelson 같은 러
시아 학자들은 샤머니즘을 북방아시아의 유일한 악령 구양驅禳을 위
한 종교적 신앙형식의 표현이라고 하였다.(17)

이렇게 여러 학자의 설에 약간 다른 점은 있으나, 요컨대 '샤먼'
이란 사람에게 재화와 질병을 주는 악정악귀를 주술적 행위로서 구
양하는 자요, '샤머니즘'이란 사상은 그러한 재병의 원인과 그 재병

을 구양하는 주술적 행위를 확신하는 원시적 종교사상이다. 그러므로 필자는 그 사상을 간단히 '악정숭배'라 부르고자 하고, 이러한 원시종교를 '악정숭배교' 또는 '주술적 종교'라 하고자 한다.

앞서 언급한 바에 따르면 러시아 학자들 사이에는 샤머니즘을 북방아시아의 유일한 종교라고 주장한 파와 그것을 세계적으로 널리 퍼져 있는 원시신앙이라고 주장한 파로 나뉘어 있었던 모양이다 (불교 영향설을 주장한 학자도 있었던 듯하나 그것은 오늘날에는 문제가 되지 않는다). 오늘날 인류학자들은 모두 세계광포설을 믿게 되었다. 그러나 '샤먼'이 주술자요, '샤머니즘'이 악정숭배사상임을 아무도 의심하는 사람이 없다. 예컨대 미국의 크뢰버Kroeber 교수는 북미 인디언 사이의 샤먼을 총괄적으로 다음과 같이 말하였다.

'샤먼'은 관적官的 권위를 가지지 못한 개인이지만 많은 민중에게 대단한 존경을 받는다. 그의 가상적 힘은 직접 신Spirit으로부터 혜여惠與 또는 수여授與된 것이다. 인격으로서 그 자신은 보통의 사람임을 부인하고 특수한 관계로서 초자연계에 들어갈 수도 있으며, 그 초자연계의 일원이라고 한다. 그들의 사회는 이러한 뜻에서 그의 힘을 시인하지만 사회가 그의 특수한 지위를 선정하는 것도 아니요, 세습으로써 그의 지위를 용인함도 아니다. 샤먼은 그의 신과 교통함으로써 장래를 예언하며 기후를 변하게 하고 곡물을 위축하게 하며 또 수렵물을 풍부하게 하며 재변을 예방하고 적에게 화를 진촉進促하기도 한다. 하지만 특히 그는 무엇보다도 병을 주고 병을 고치는 자다. 그러므로 그는 의무醫巫, Medicine-man다. 이 '의무'란 말은 아메리카의 토속학에서 샤먼이란 말과 이음 동의어다. 의자醫者·요술자妖術者·기술자奇術者란 말이 각지에 관용되어 있기는 하지만 그것들은 모두 다소간 서로 유사하다. 그러한

말은 모두 샤먼을 일컫는다. 만일 누군가 자신의 사적私敵 또는 공
적公敵을 죽이고자 할 때에는 샤먼이 그 초자연적 능력으로써 이
상한 물건 또는 파괴적 물체를 적에게 주입하든지 또는 적의 혼을
도출盜出하기도 한다. 또 누군가 자신의 친구나 부하를 구하고자
할 때 샤먼은 병의 원인이 된 물건을 창가·무용으로, 또는 타격·
안마법 등으로, 또 가장 많이는 흡철법吸啜法으로 병자에게서 발출
拔出한다. 그는 사람의 혼을 발견하기도 하며 붙들어서 도로 몸에
머물도록 하기도 한다.……

이러한 샤머니즘의 관념과 행위는 북극으로부터 혼Horn곶까지 분
포되어 있다. 신으로부터 마력을 획득하는 방법, 병을 주는 물건
의 성질, 병을 주는 물건을 발출하는 과정, 병이란 반드시 적의를
가진 샤먼적 힘으로 말미암아 발생하는 것이요, 자연적 죽음이라
는 것은 없다고 확신하는 이러한 상태 등은 때때로 북미와 남미
사이가 놀랄 만큼 유사하다. 뿐만 아니라 사실은 그러한 신앙상
태가 동반구의 외위부外圍部－시베리아·오세아니아〔豪太洲〕·아프리
카 등에도 있다. 이러한 모든 신앙상태의 밀접한 유사성은 마치
그것이 옛날 세계적으로 광범히 퍼져있었던 발단적發端的 종교형
또는 종교적 마술Religious magic의 남은 조각임을 강하게 암시하는
것 같다.(18)

크뢰버 교수의 설에 따르면 북미 토착민이 생각하는 병의 원인
은 조선의 민간신앙과 다른 모양이지만 그것은 당면한 큰 문제는 아
니고, 그가 해석한 샤먼이 마술자이며, 샤머니즘이 악령숭배사상이
자 그 종교가 마술적 종교임은 의심할 여지가 없고, 이러한 사상이
세계적으로 분포되어 있는 것도 알 수 있다.《문명의 기원》저자인
에이브버리Avebury 경도 샤머니즘을 세계적으로 분포된 사상이라고

취급하였으며 '명칭은 시베리아 말이지만 사상의 형태는 넓게 분포되어 있는 것이요, 종교 발달상 필지의 과정인 것 같다'[19]고 말하였다. 영국의 토속학자 에반스Ivor H. N. Evans는 영국령 북보르네오와 말레이시아 반도의 의무醫巫를 모두 샤먼으로 대칭하고, 특히 샤머니즘을 악정숭배사상이라고 이해하였다. 그는 원시민인 사카이Sakai족의 종교에 대해 "사카이의 종교는 일대 반신을 인용하나……그러나 거의 완전히 악정숭배Demon-Worship로 되어 있음을 볼 수 있다. 이것은 남아시아에 널리 퍼져 있는 샤머니즘의 지위를 취할 바이며 샤먼, 즉 의무hala는 사람과 정령 사이의 연결고리로 인식되어 있다"[20]고 하였다. 인용된 예는 빈약하지만, 샤먼과 샤머니즘에 대하여 이만한 이해를 가지고 조선 고대 종교나 시베리아 주민의 종교를 생각하여 보면 그것을 단 한 마디로 샤머니즘이라 할 수는 없을 것이다. 또 샤먼을 무격이라고 하기에는 종교학적으로 어폐가 있으며, 샤머니즘을 무격종교라고 하는 것은 더욱 위험하다는 사실을 발견할 수 있을 것이다.

시베리아 원주민의 종교나 오늘날 조선의 민간신앙을 보면 실로 놀랄 만한 무격의 마술적 양귀술禳鬼術과 악정숭배의 신앙이 있다. 그러므로 민속학자들은 이 현저한 현상만을 보아 한 마디로 그들의 종교를 샤머니즘이라고 한다. 그러나 그것은 중국의 종교를 유교나 불교라고 하고, 유럽인의 종교를 옛날부터 기독교라고 생각하는 바와 같이 통속적인 말이며, 과학적으로 용납하지 못할 말이다. 중국이 상고로부터 오늘날까지 무격을 가졌음은 번잡한 예[21]를 하나나 인용할 필요도 없거니와, 유럽에서도 중세 기독교상의 흑묘포黑墓布, Black pall였던 마술witchcraft의 신앙은 19세기 말까지 존재하였다.[22] 그리고 무격이 반드시 한편으로 마술적 행위를 가지는 것은 다시 말할 필요도 없거니와, 에이브버리 경은 '마술Witchcraft은 때때로 샤머니즘과 구별하기 곤란하다'(23)고 명언하였다. 그러므로 중국이나 유럽의 종교도 그것을 과학적으로 볼 때는 그 가운데 여러 종류의 종교사상이 있음을 해석하여야 할 것이며, 함부로 유교라든지 기독교라고 말하는 것은 통속적 용어에 지나지 않는다.

현재 시베리아 원주민이나 조선 무격의 기능 가운데 마술적 구재양병驅災禳病이 그 대부분을 차지하였다고 하더라도, 그것만이 무격의 모든 기능은 아니다. 무격은 종교적 기도술로써 신을 대하기도 한다. 몇 가지 예를 들면 야쿠트Yakut족의 추제秋祭는 9인의 남무와 9인의 여무가 집행하며(24) 알타이Altai족은 울겐Bai-Yulgen이란 신에게 희생을 올릴 때 무격이 그것을 집제한다.(25) 부리야트Buriat족은 모든 제식을 원칙상 무격이 집행한다.(26) 조선의 예를 들면 더욱 분명해진다. 가령 남부 지방의 이른바 '별신제'(아마 '불신'의 와전일 것임) 때 무녀가 일월신日月神을 비롯하여 산신·소도신·동신 기타 여러 신에 기원을 하는 것은 종교적이다. 그리고 놋동이를 물고 작두를 타면서 악귀에게 시위를 하는 것은 원래 마술적 구축법이었다. 마술은 사람이 악귀·악정을 물리칠 수 있다는 원시적 초자연관에서 발생한 행위요, 기도는 사람의 힘이 약함을 자각하고 그들의 재병을 위대한 신이나 선한 정령의 조력으로 피제避除하고자 하는 소극적·승려적 행위이므로, 기도는 마술적이 아니라 종교적이라고 어느 종교학자나 말하는 바다. 따라서 신에게는 마술이 절대적으로 행사되지 않는다. 그러면 시베리아나 조선의 무격은 마술자인 동시에 앳킨슨의 말처럼 승려라고 할 수 있다. 이것은 무격의 지위·기능·성질상의 변화이고, 종교사상적으로는 의연히 악정숭배의 샤머니즘과 다신숭배의 다신교적 사상이 존재하는 것이라 할 수 있다. 그러므로 무격을 중심으로 하여 종교를 취급하는 것은 사회학적 방법이라고 할 수 있으나, 종교학에서는 반드시 종교사상에 주안을 두지 않으면 안

된다. 따라서 무격종교巫覡宗敎라고 샤머니즘을 번역해 이해하면 여기에는 악정숭배사상과 다신숭배사상이 포괄되어 버린다. 왜냐하면 시베리아와 조선에서는 희소한 예외를 제외하면 모두 무격이 마술자며 승려인 까닭이다. 그렇게 되면 상술한 샤머니즘의 해석 이외에 다신숭배사상이 혼입되어 버린다. 다신교사상을 종교학에서 반드시 악정숭배와 분리 고찰하지 않으면 안 되는 이유는 여러 말 할 필요도 없이 명백하다. 그러므로 샤머니즘은 무격종교라고 이해할 것이 아니며, 사회학에서는 용인되지만 샤먼을 무격이라고 함도 어폐가 있다고 할 수 있다.

다신교적 신들에 대한 신앙은 근세의 산물이 아니다. 2천 수백 년 전의 기록에서부터 보이는 것이다. 주위 민족에서 여러 가지 예를 들어보면 다음과 같다.

《삼국지三國志》 권30 오환烏丸전에는 "魏書曰 烏丸者東胡也……敬鬼神 祠天地日月星辰山川 及先大人有健名者 云云"이라고 하여 몽고족의 다신숭배를 전하고 있다. 《사기史記》 권110 흉노匈奴전은 "匈奴……五月大會籠城 祭其先天地鬼神……單于朝出營 拜日之始生 夕拜月……"이라 하였다. 《수서隋書》 권38 서역부국西域附國전은 "立其祖父神而事之"라고 하여 투르크족의 조상숭배를 전했다. 《수서》 권84 돌궐突厥전의 "五月中 多殺牛羊而祭天"이란 구절과 《당서唐書》 권221 상 서역西域・니파라泥婆羅전의 "祀天神 鑴石爲象 日浴之 烹羊以祭"란 기사, 또 《당서》 권221 상 당항黨項전의 "殺牛羊祭天" 등의 구절은 모두 투르크족의 다신숭배를 말하는 것이다.

조선도 옛날부터 다신적 신앙을 가지고 있었다. 몇 가지 예로 《삼국지》 부여夫餘전의 "……以殷正月祭天……有軍事 亦祭天"과, 같은 책 고구려高句驪전의 "其俗……又祀靈星社稷 以十月祭天", 또 같은 책 권30 마한馬韓전의 "國邑各立一人 主祭天神 云云"을 들 수 있다. 그리고 《후한서後漢書》 권115 예穢전의 "常用十月祭天"이란 구절과 《수서》 권81 신라新羅전의 "每正月朝 相賀……其日 拜日月神", 또 《당서》 권220 신라전의 "好祠山神" 등은 모두 조선 고유의 다신신앙을 말하는 중국의 기록이다. 고구려·백제·고려 등에서 그들의 국가수호신으로 주몽朱蒙·유화柳花·구태仇台·성모聖母 등을 숭배한 것도 모든 기록에 산견되는 바이다(제5장 3절 참조).

이상의 모든 신은 다신교적 신이지 샤머니즘의 악령은 아니다. 샤먼이 이러한 여러 신의 위력을 빌려서 악령을 구양하는 경우는 있지만 이러한 신들은 어디까지나 다신교적 존재이고, 샤머니즘적 존재는 아니다. 적어도 종교학에서는 그렇게 구별하여야 할 것이다.

상술한 이론으로도 조선의 고대 종교를 한마디로 샤머니즘이라고 규정하지 못할 이유는 명백히 이해되리라 믿으나, 또 한 가지 확실한 사실은 시베리아나 조선 고대 종교의식에서 무격을 사용하지 않는 경우가 있다는 것이다. 예컨대 야쿠트족들은 봄가을 두 번의 제의 가운데 춘제春祭는 반드시 족장Clan-father이 집행하고 무격을 사용하지 아니하며,(27) 조선에서도 제주도 사람이 해신海神을 위하여 정월 초순에 '포제'를 거행할 때도 무격을 사용하지 아니하고 주제관主祭官은 반드시 마을에서 선거한다고 한다.(28) 경남 지방에서 정월에 행하는 지신제地神祭 때 두 사람의 주역자主役者(양반兩班이라고 하여 한 사람은 적색 도포를, 다른 한 사람은 청색 도포를 입고 각각의 고깔에는 통정대부通政大夫, 어사대부御使大夫 등의 문자를 쓴다. 그러나 본래 뜻은 두 사람이 각각 무슨 신을 대표하는 것일 것이다. 그들은 지신제 동안 비상한 존경을 받으며 마을의 노인이나 심지어 그들의 부모까지도 제의를 마칠 때까지 그들에게 반드시 경어를 쓰며, 그와 반대로 그들은 누구에게든지 하대한다)도 반드시 마을 안에서 선출하는 것이 원칙이다. 선출된 제관은 3일 동안, 또는 상당한 기간 목욕재계하고 부정을 타지 않도록 근신하는 법이다. 평안도 각지에서 행하는 9월 9일의 '동신제洞神祭'때도 제관은 선거로 뽑힌다. 이러한 제의는 근래에 차츰 쇠퇴해가고 있지만, 하여간 조선 고유 종교가 무격·맹인 등으로만 이루어진 것이 아님은 충분히 증명된다. 따라서 조선 고유 종교를 샤머니즘이라고 할 수 없음은 물론, 사회학적으로도 무격종교라고 단정지어 말할 수 없는 것이다.

그런데 외국 학자 가운데도 시베리아 종교를 간단히 샤머니즘이라 하여 그로써 시베리아 종교의 전체가 포괄 해석되리라고 생각하는 이가 있다. 허나 그것은 종교학적 견해가 아니라 사회학적 견해라고 할 수 있다. 예컨대 시베리아 원주민의 한 민족인 부리야트족 출신의 학자 반자로프Banzaroff는 그의 저서 《몽고족 간의 흑교黑敎》에서(29)

> 몽고와 그 주변 여러 나라의 옛 국민종교國民宗敎는 유럽에서 샤머니즘이라고 알려져 있다. 그것은 샤먼교도 이외의 민족에게는 그러한 명칭이 별로 없는 까닭이다.
> 몽고민족에 불교가 소개된 뒤로 그들은 그들의 옛 종교를 흑교黑敎, Kharu-Shadjin or Black Faith라고 하여 불교, 즉 이른바 황교黃敎, Shir-Ship or Yellow Faith와 대칭하였다.……주의 깊게 샤먼교를 연구하여 보면 그것은 불교나 그 밖의 어떠한 종교의 감화도 받지 않고 몽고종족에서 기원한 것임을 알 수 있다.

고 주장하고, 다시 무격의 직성職性에 대하여(30)

> a. 승려로서의 무격: 이는 여러 신의 뜻을 짐작하여 어떤 희생과 제의를 행하라는 것을 말하며, 그는 제의와 기도의 전문가이

다. 뿐만 아니라 그는 여러 종류의 공동적 제의와 사적 제의를 집행 주재한다.

b. 의무醫巫: 이는 병자로부터 악정을 쫓아내는 불양식祓禳式을 행한다.

c. 예언자로서의 무격: 이는 양의 어깨뼈나 날아가는 화살로 장래를 점복 예언한다.

로 구분하였다. 그는 무격을 중심으로 하여 몽고의 종교를 총괄적으로 무격종교라고 한 모양이다. 이것은 앞서 말한 바와 같이 사회학적 견지에서는 용인되나 종교학에서는 용납하지 못할 것일 뿐 아니라, 그렇게 용납하더라도 종교사 발달의 연구에 많은 불합리가 생긴다. 반자로프 자신도 몽고족의 다신숭배를 말하였으며 승려로서의 무격까지 명언하였다. 사회학적으로는 무격의 지위와 기능의 발달변천을 따로 고찰해야 하며, 종교학에서는 무격의 기능을 분석하여 마술자〔醫巫〕로서의 무격은 마술Magic 또는 마술적 종교Magico-Religion에서 취급해야 한다. 또 승려로서의 무격은 다신교적 신앙에서 승려로 간주하고 취급하여야 할 것이다.

그러면 결국 조선의 고유 고대 종교는 샤머니즘, 즉 마술적 종교과 다신교적 사상으로 구성된 것이라 할 수 있다(통속적으로 무격종교라고 하여도 무방할 것이다).

이 기회에 샤머니즘의 정의를 필자의 생각대로 말하면, 샤머니즘은 '재병의 원인인 악귀·악정을 위대한 신 또는 정령의 힘, 또는 사람 자신의 힘으로 마술적 방법Magical Method에 따라 구양발출驅禳拔出할 수 있다고 생각하던 원시신앙'이고, 샤먼이란 '그러한 마술적 방법을 행사하는 자'다.

원시인은 무격이 아닌 개인에게도 마술적 힘이 있다고 생각하였으므로 샤먼에는 가족적 샤먼과 직업적 샤먼이 존재하였다. 후자는 무격이요 전자는 무격이 아닌 개인적 퇴귀자다. 가족적 샤먼에 관해서는 제4장 1절에서 자세히 다룰 것이므로 생략하나, 이 기회에 크뢰버 교수의 말에 따라 샤먼의 기원을 설명하면 이러하다.

> 영혼과 정령의 신앙은 기억할 수 없는 옛날부터 있었다. 사람들은 그 뒤에 비물질적인 존재에 대하여 일찌감치 능동적인 처지로까지 발전하였다. 그들 가운데 가장 열정적인 인물이 자신과 정령들이 교통할 수 있음을 주장하고 제가 능히 초자연적 여러 존재를 조종·이용할 수 있다고 시위하였다. 그 사람이 우리가 말하는 샤먼이다.(31)

이 말은 직업적 샤먼의 기원에 대한 가장 진실에 가까운 설명이라고 생각된다. 하지만 가족 샤먼은 이것으로 설명되지 않는다.

2. 상상의 환경과 혼·죽음·병에 대한 관념

1) 상상의 환경

우리 문화인이 가진 환경에는 두 가지가 있다. 하나는 자연적 환경이고, 또 하나는 사회적 환경이다. 전자에는 우리 주위에 있는 모든 자연, 예컨대 해·달·산·강·바다·공기·기후·토지·생물·광물 등 우리 생활에 직간접적인 관계를 가진 모든 자연현상이 포괄되고, 후자에는 우리 인류생활이 산출한 모든 환경, 예컨대 정치적·경제적·사회적·역사적 모든 환경이 종속된다. 허나 원시인에게는 이러한 두 종류의 환경 말고 제3의 환경이 있었다. 제3의 환경은 바로 정령의 세계였다. 그것은 사람에게 이익을 주기도 하였지만 대체로 병과 죽음을 주는 환경이었다. 그 환경은 오직 사람의 상상想像에만 존재할 수 있는 것이므로 켈러Keller 교수는 그것을 상상의 환경Imaginary enviroment[32]이라고 명명하였다.

상상의 환경이 어떻게 성립되느냐 하는 문제는 정령의 존재가 어떻게 성립되느냐 하는 점으로 귀결된다. 정령의 존재를 확신한 원시인의 신앙을 설명하는 데는 인류학의 비조鼻祖 타일러Edward B. Tylor 등이 주창한 이른바 '몽환설夢幻說, Dream Theory'[33]을 살펴보는 것이 가장 빠른 길이다. 이 몽환설에 따르면 원시인은 꿈에서 보이는 모든 환상을 실재하는 존재라고 생각하였다.

예컨대 생전에 심술궂었던 가장 또는 족장은 원시인의 기억 속에 깊이 남아 있었다. 그래서 그들이 꿈에 나타나게 된다. 이들은 생전과 마찬가지로 원시인들에게 호감을 주지 못하였다. 얼굴과 의복이며 음성·태도가 생전과 같았다. 또 원시인은 꿈에서 때때로 지금은 타계의 사람이 된 자신들의 적을 보았다. 생전의 적은 사후에도 그들의 적이었다. 그러나 꿈에서 깨어보면 족장도 적도 보이지 않았다. 여기에서 원시인들은 이렇게 추리하였다. 물질적인 육체는 소멸되었으나, 그들의 혼 또는 정령Spirit은 아직도 살아 있어서 그들 주위의 어느 곳인가에 존재하고 있다고. 그렇다면 그들 원시인과 싸우다 죽은 야수의 정령도 존재할 것이었다. 이러한 모든 무형적 정령은 공간을 그 소굴로 삼고 원시인의 주위에 적으로 상주하게 되었다. 상주만 하였으면 좋겠지만 상상의 환경 속에 사는 모든 공간적 존재는 누누이 원시인에게 재복災福을 주었다. 예컨대 원시인은 병이나 죽음, 재난과 마주쳤을 때 즉시 '누가 이러한 짓을 하는가'란 의문을 갖게 되었다. 과학적으로 병의 원인과 자연적인 죽음에 대해 알지 못한 그들은 이러한 현상들을 모두 자신들에게 적의를 가진 자 또는 그러한 자의 사혼死魂·적의 정령이 벌인 짓이라고 확신하였다. 이 원시인의 심리를 다시 설명하면, 원시인은 정령적 존재를 항상 그들 자신과 같이 인간적으로 해석하였다. 곧 내가 적의 창이나 활에 찔리면 상처가 생기고, 그 상처 때문에 죽는 경우도 있다. 그러면 죽음이나 병이란 적의 타격이나 창과 화살의 독 때문에 생기는 것이라고 추리한다. 그러므로 정령적 존재인 무형의 적은 그 무형한 활이나 창으로—그들은 꿈속에서 그러한 창과 화살을 많이 보았고, 그것에 찔렸을 때는 고통도 느꼈다—병에 걸리거나 사람이 죽게 할 수 있다고 생각하였다. 이렇게 원시인들은 병의 원인을 모두 죽은 적의 행위(또는 적의 마술적 행위)로 돌렸다. 이에 관한 모든 미개민족의 예는 타일러 교수,(34) 매독스Maddox 박사(35)에 의하여 많이 인용되어 있기에 생략한다.

한편 동양의 서적에서 몇 가지 예를 들면,《수서隋書》권83 서역부국西域附國전에 있는 "有死者……子孫不哭 帶甲儛劒而呼云 我父爲鬼所取 我欲報寃殺鬼"란 것이나, 청淸나라 사람 서청西淸의《흑룡강외기黑龍江外記》권6에 보이는 "達呼爾病……必曰祖宗見怪 召薩瑪 跳神禳之 薩瑪巫覡也……薩瑪曰 祖宗要馬 則殺馬以祭 要牛 則椎牛以祭 至於驪黃牝牡 一如其命"등이 있다. 조상의 사혼死魂도 그들의 사후생활을 위해 소와 말[牛馬]이 필요하였다. 다우르족은 음식 또는 가축을 얻고자 사혼이 자손에게 병을 준다고 생각하였다.

이와 같이 상상의 환경은 원시인의 생활과 매우 밀접한 관계를 가졌다. 이것은 다시 다음 장에서 상술할 기회가 있을 것이다.

2) 영혼과 후세생활

오늘 조선 민간에서 말하는 영혼에 대한 견해는 그것을 크게 나누어 보면 기혼설氣魂說과 혼서설魂鼠說로 나눌 수 있다. 기혼설에 따르면 사람의 혼은 마치 숨[氣]과 같아서 눈으로는 볼 수 없으며, 이 기혼이 육체의 소유주라고 한다. 곧 우리는 혼을 '넋'이라고 한다. '넋'이란 말은 조선말로, 정확히 무슨 뜻인지 해석되지 않는다. 아마 일본어의 주인이나 소유주 등을 의미하는 '主(ヌシ: '누시'라고 발음)'와 같은 어원에서 나온 말일 것이다. 야쿠트Yakut인들도 그들의 혼을 'Ichichi'라고 하며, 이 말은 '소유주'를 뜻한다고 한다.(36) 그러므로 그 소유주인 '넋'이 몸에서 빠지면 사람은 죽는다고 하며, 한편으로는 '숨'이 없어지면 또한 죽는다고 한다. 이렇게 '넋'과 '숨'은 이름은 다르지만 같은 것이라 생각된다. 추상적인 것이 '넋'이라면 그 구체적인 것은 '숨'이라고 할 수 있으며, 정적인 것이 '넋'이면 동적인 것은 '숨'이라 볼 수 있어, 양자가 전연 다른 것 같지만 한편으로는 서로 일치하는 점이 있는 듯하다(기혼설에 관한 미개민족의 예는 테일러의《원시문화》가운데〈애니미즘〉장을 참조).

기혼설에 따르면 숨과 혼은 살아 있는 것이다. 그것이 몸 안에 있을 동안 우리는 살아 있지만 그것이 빠지기만 하면 죽게 된다. 어원학적으로 보아도 조선어의 '숨'은 수명을 뜻하는 '목숨[喉息]'과 일치한다. 목에 숨이 있는 동안 우리는 살아 있는 것이란 뜻에서 나온 말이다. 일본말에도 '息(イキ)'은 '生(イキ)'과 일치한다.

그러면 육체에서 빠져나간 뒤의 기혼은 어떻게 되는지에 대해, 원시인의 추리는 거기까지 미치지 않는다. 더구나 기혼이란 것은 우리가 인식할 수 없는 기적氣的 존재인 까닭에, 기혼설과는 전혀 관계없는 정령설로 들어가게 된다.

우리 민간 신앙에서는 사후의 영혼이 육체를 떠나 마치 '그림자'와 같이 생존한다고 말한다. 즉 상상의 환경에서 생활을 계속하거나 또는 지하계의 유암幽暗한 세계에서 이승에서와 같은 생활을 계속한다고 한다. 그림자와 같다고 하더라도 눈에 보이는 것이 아니라 오직 상상에서만 인지할 수 있으며, 마치 꿈속에 보이는 물체처럼 그림자 같은 존재로 여기고 있다.

다음으로 혼서설은 살아 있는 사람의 혼을 구체적·물질적으로 보는 해석법이다. 곧 혼은 마치 '생쥐'와 같은 것이라고 한다. 그 쥐가 세 마리라고도 하며, 또는 두 마리라고도 하고, 어떤 이는 한 마리라고도 주장하였다.

삼서설三鼠說을 들어보면, 한 마리는 흑색인데 그것은 도성盜性을 가졌다. 다른 한 마리는 백색으로, 선성善性을 지녀서 검은 쥐의 도성을 항상 억제한다. 그리고 마지막 한 마리가 백색인지 흑색인지에 따라 그 사람의 성질이 결정된다고 한다. 곧 마지막 한 마리가 흑색인 사람은 도벽盜癖을 가지게 되고, 백색이면 착한 사람이 된다고 한다. 이 삼서설은 아마 중국의 삼혼칠백설三魂七魄說과 고유의 혼서설이 결합하여 후세에 조작된 것이 다시 인성人性의 선악을 설명하고자 하는 요구와 결부된 것으로 보인다.

이서설二鼠說을 말하는 사람은 콧구멍이 둘뿐인 것이 그 까닭이라고 한다. 이것은 원시적 권리權理로서는 당연한 말이다. 삼혼설三魂說은 지하계·무덤 속·가묘家廟의 위패에 각각 혼이 하나씩 있다는 중국사상이다. 그러므로 이 이서설이 아마 조선 고유의 신앙일 것이다. 두 마리 쥐는 잠든 사이에 콧구멍으로 나가는 일도 있다고 하며, 심한 사람은 자[尺]를 콧구멍 아래에 받쳐 두면 그것을 타고 혼서魂鼠가 나간다고도 하고, 더 재미있는 것은 그렇게 쥐가 나가는 것을 보았다는 사람도 있다는 사실이다. 쥐가 콧구멍으로 나간다고 하는 것은 요컨대 숨이 콧구멍으로 나간다는 말을 구상화한 것이다. 이 서설은 특히 부녀자들 사이에 많이 퍼져 있고, 필자도 어릴 때는 이 서설을 믿었다. 그리고 삼서설은 한학 소양이 있는 사람들 사이에 발견할 수 있는 것을 보더라도 삼서설은 삼혼설의 영향일 것이다.

이서설과 삼서설은 민간에 보통 퍼져 있는 이야기지만 일서설—鼠說을 말한 이는 함흥의 강석자康錫子 부인이었다. 이러한 말이 함경도에 많이 있는지는 알 수 없으나, 강씨 부인도 혼서를 생쥐와 같이 잠자는 동안 콧구멍에서 탈출한다고 하였다. 또 그는 조선 각지와 미개민족 사이에 널리 알려진 이야기처럼 '만약 자는 사람의 얼굴에 황칠을 하든지, 자는 사람을 급히 깨우면 혼서가 얼굴을 잘못 보아 미처 몸에 들어오지 못해서 그 사람이 발광을 하든지 그대로 죽는 때도 있다'고 하였다. 그러나 이서설이 가장 원형에 가까운 것 같다.

혼이 생쥐와 같다고 하는 추리가 이렇게 하여서 도출되었는지는 알 수 없으나, 요컨대 쥐는 혼[息氣]이 구상화한 것이고, 육체는 그 소유주인 혼이 몸 안에 있는 까닭에 생활하게 되는 것이라고 할 수 있다. 이 추리는 설명할 필요도 없이 사람은 숨이 있는 동안 생활하고, 생활이 그치자 숨이 없어짐을 잘 알던 원시인에게는 당연한 이론이었다.

그러나 사후 영혼의 존재는 많은 다른 사람의 영혼 존재에 따라 명백히 인식된다 하더라도 생활인의 영혼 존재는 어떻게 추리되었는가? 이것도 또한 몽환설로써 설명할 수 있다. 예컨대 원시인이 꿈에 여행을 하였다. 먼 곳에 있는 친우를 찾아가 보든지, 그의 방문을 받든지 한 것이다. 그러나 잠에서 깨어보면 먼 곳을 여행하였음에도 자기의 육체는 그대로 침상 위에 있다. 그리고 지금까지 함께 이야기하던 친우는 알 수 없는 곳으로 가고 말았다. 원시인들은 이렇게 생각하였다. 꿈에 여행한 것은 내 몸이 아니라—몸이면 그렇게 빨리 집으로 와서 의연히 침상 위에 있을 리가 없었다—내 혼이었으며, 나를 찾아온 친우는 육체의 친우가 아니라 그의 혼이었다고. 이렇게 원시인은 육체와 영혼이 대립하는 이원설二元說을 세웠다. 그리고 혼은 자유자재로 여러 장소에 출몰할 수 있다고 생각하였다. 고대 조선인의 영혼불멸설도 이러하였다. 그리고 혼을 육체의 소유주며 생명의 원천이라고 생각하였다.

사후생활에 대하여 고대 조선인이 어떻게 생각하였는지는 쉽게 알 수 있는 문제가 아니다. 유·불·선 모든 사상 속에서 오랫동안 생활하여 온 조선민족은 후세생활에 관한 고유사상을 거의 잊어버렸다. 그래서 오늘날의 토속 또는 민간신앙의 자료로 원형을 추출하기는 매우 곤란하다. 하지만 극락·지옥·화선化仙사상 외에 막연하나마 타계로 간다는 생각과 그 타계를 지하계로 생각하는 것은 아직도 민간신앙 속에 남아 있다. 뿐만 아니라 원래 지하계의 사상이란 매장埋葬에서 생긴 것이다.(37) 조선의 매장관습은 오랜 옛날부터 존재하였으므로 지하계의 사상도 오랜 옛날부터 존재하였을 것이라고 할 수 있다.

또 우리 민간신앙은 막연히 지구의 끝 어느 곳에 타계가 있다고도 생각한다. 하지만 타계가 어디 있든지 그것은 광명한 현세와 같은 세계가 아니요, 항상 유암한 세계이다. 여기까지는 토속으로 추리할 수 있으나, 타계의 수가 복수인지 단수인지, 타계의 생활이란 어떠한 것인지는 도무지 알 수 없다(타계가 유암하다고 하는 것은 타계인인 정령이 항상 어두운 꿈속과 환상에서 보이기 때문이다).

우리 민간 설화에는 현세에서 선했던 사람이 죽은 뒤 승천하여 천체(해, 달, 별 등)가 되는 일이 있다. 해〔太陽〕·달〔太陰〕·별〔星〕·북두칠성北斗七星·삼태성三台星은 모두 사람이 죽어 된 것이라고 한다. 또 설화에는 사람이 승천하는 일도 있다. 하지만 실제 신앙에 사후승천설이 거의 없는 것을 보면 그러한 설화는 후세인의 시적詩的 상상에서 나온 것이든지, 또는 중국사상의 영향으로 발달된 것이지, 민간신앙을 바탕으로 한 것은 아니라고 본다. 만약 승천사상이 중국의 영향을 받은 것이 아니라 타일러 교수가 말한 바와 같이 해·달·별[星辰]·천당天堂을 사혼의 주거로 생각한 것은 응보사상應報思想, Retribution theory에서 나온 것이므로 각 민족에서 독립적으로 발생했을 가능성이 있다(38)고 하더라도, 그것이 민간신앙에서 조금도 생명을 가지지 못한 것을 보면 아무래도 오랜 세월의 시적 상상에서 일어난 산물이라 보는 편이 타당할 것이다.

토속학적 재료가 이렇게 애매하므로 우리는 다른 방법을 취할 수밖에 없으나, 고대의 문헌이라고 해서 그것을 명백히 가르쳐주는 것도 없다. 하지만 옛 기록으로 그 일면을 엿볼 수는 있다. 즉 조선 고대의 장례관습에 인류학적 해석을 덧붙이면 윤곽을 알 수 있는 것이다. 《삼국지》 권30 진한辰韓전에는 "辰韓……以大鳥羽送死 其意欲使死者飛揚"이란 구절이 있다. 사자의 영혼을 비양飛揚하게 하고자 큰 새의 깃털[大鳥羽]을 사자에게 주었다고 한다. 그러나 비양이란 반드시 승천하라는 뜻은 아닐 것이다. 예컨대 《초사楚辭》 권7 초혼招魂 제9에서 타계의 행로에 관하여 다음과 같이 말하였다. 즉 동방에는 천 길[千仞]의 거인이 있어 사람의 혼을 구하고, 남방에는 흑치인黑齒人이 제사를 위하여 인육人肉을 찾으며, 서방의 염열炎熱은 사람의 육체를 초란燋爛하게 하고 목말라 물을 구하여도 얻을 수 없으며, 북방에는 중빙重冰과 양풍凉風, 질설疾雪이 있고 "天門九重 虎豹守之 下人有欲上者 即齧殺之也"라고 하여 후세로 가는 길이 어려움을 말하였다. 또 《초사》 초혼 제10에 "東有大海溺水……南有炎火千里……西方流沙漭洋洋……北有寒山逴龍"이라고 하여 후세로 가는 길이 험하니 죽은 혼이 속히 돌아올 것을 청초請招하였다. 한편 《삼국지》 권30

오환전에 "死者神靈 歸乎赤山 赤山在遼東西北數千里……至葬日……使二人 口誦呪文 使死者魂神 徑至歷險阻 勿令橫鬼遮護達其赤山"이란 기록이나, 또 다른 미개민이 더러 후세의 길을 험난하다고 생각하는 것(39)과 같이, 옛 조선 사람도 타계의 험하고 요원한 길을 떠나는 데 새의 날개[羽翼]가 필요하다고 하여 그러한 뜻으로 조우鳥羽를 사자에게 준 것이 아닌가 한다. 여튼 사자는 반드시 타계에 가야 했다 (지상에서 방황하며 묘지에 발생하는 정령에 관해서는 제3장에 상술한다).

타계의 생활은 어떠하다고 생각하였는가? 그것은 순장殉葬·순물殉物의 습속에서 대강을 엿볼 수 있다. 순장의 습속이 세계적으로 있는 사실은 모든 인류학자가 말하는 바이므로 여기에서는 생략한다. 특히 중국 고서古書에서 한족·몽고족·만주족·투르크족의 순장풍속에 관한 자료를 일본의 시게마스 슌쇼重松俊章가 모아두었으므로 이 또한 번거로운 예시를 피하고, 그것을 보고자 하는 이는 시게마스의 논문(40)을 참고하길 바란다. 필자는 여기에서 특히 고대 조선의 순장과 더불어 동양 모든 민족의 순물에 관하여 논술하고자 한다. 순물은 순장과 함께 원시인의 후세생활에 대한 관념을 드러내는 데 무엇보다도 귀중한 재료다.

《삼국지》 권30 부여전은 "其死 夏月皆用氷 殺人殉葬 多者[以]百 穀厚葬 有棺無槨"이라 전하며, 《진서晉書》 권97 마한전은 "不知乘牛 馬 畜者但以送葬"이라 하였다. 《후한서》 권115 고구려전에선 "其 俗……金銀財帛 盡於厚葬"이라 하였으며, 《수서》 권81 고려(고구려) 전에는 "葬則鼓舞作樂而送之 埋訖 悉取死者生時服玩車馬 置於墓側 會葬者 爭取而去"라는 기록이 있다. 또 《수서》 권81 백제전에서 "百 濟喪則如高麗"라고 한 기록도 있다. 곧 부여인은 사람을 순장하였으며 많은 순물(후장厚葬)도 묻었다. 마한인은 소와 말을 순장하였으며, 고구려인은 금은재폐金銀財幣를 함께 묻었다. 그러나 고구려인의 경제관념이 발달함으로써 순물을 사체와 함께 매장하지 않고 일차적으로 사자에게 여러 종류의 물품을 제공한 뒤에-모든 물품의 정精만을-그것을 회장자會葬者가 나누어 취하게 되었다. 마한인이 소나 말을 탈 줄 몰랐던 것은 사실일 듯하나, 가축을 송장(순장)용으로만 썼다는 것은 물론 과장된 표현일 것이고, 그것을 경작과 운반에 사용하였을 것이다. 또 그 고기는 식용으로도 썼을 것이다(옛날 조선인이 말고기를 먹은 증거는 《고려사高麗史》 권107 화和전의 고성 요민妖民 윤금尹金의 말과 성현成俔의 《용재총화慵齋叢話》 권2 말의 방옹放翁 이야기를 참조).

고려인과 같은 부족이었던 부여족에도 순인殉人의 풍속이 있었다. 순인은 부여에만 있었던 것이 아니라 신라에도 있었다. 《삼국사기三國史記》 권4에 "智證麻立干……三年 春三月 下令 禁殉葬 前国王薨 則殉以男女各五人 至是禁焉"이라는 기록이 그것이다. 이렇게 고대 조선인이 사자를 위하여 사람과 의복, 완구 같은 일상용품·우마 등의 가축·금은재폐와 같은 귀중품을 순장한 것은 어떤 뜻이었을까? 이 문제는 인류학의 이른바 '계생설繼生說,(41) Continuan theory'로 벌써 설명되어 있다. 계생설이란 사후생활을 생전생활의 계속 또는 연장이라고 보는 사상이다. 그러므로 '연장설延長說'이라고 하여도 좋을 것이다. 이 계생설로써 고대 조선인의 순물·순인의 의미를 해석하여 보면, 후세란 머나먼 곳에 있으며 좀 어두침침하기는 하지만, 거기에서는 경작·운반·식용을 위하여 수레나 우마가 필요하며, 방한防寒·오락娛樂을 위해 의복·완구·수레 등도 필요하였다. 또 사치를 위한 많은 종자와 금은재폐도 써야 했다. 곧 현세의 생활과 조금도 다른 것이 없다. 하지만 그러한 모든 재산을 사자가 손수 가지고 갈 수는 없으므로, 여기에서 순인·순물의 습속이 생기는 것이다. 또 사자의 것을 가족이 가지고 있으면 사자가 후세에서 사용할 수 없으므로 그것을 모두 사체와 함께 매장하든지 또는 소각하여 사자에게 보낼 수 있다고 생각한 것이다. 소각한 물품의 정精만이 정령적 존재인 사자에게로 가는 것이라고 생각하였다. 묘 옆에 일시적으로 순물을 두는 이유는 이미 설명하였지만, 그것을 회장자가 가져가는 것은 경제적 의미 외에 사자의 물품을 신성시하는 관념에서도 기인하였을 것이다. 그 밖의 다른 이유로는 사자가 생전의 소유물을 찾고자 하여 누구이 가족에게 병을 준다는 공포에서 일어났을 것이다. 그 공포관념에서 다시 사자의 물품은 부정하다는 금기Taboo관념도 생겼을 것이다.

그런데 앞서 서술한 순인·순물의 습속이 있었다는 것만으로 반드시 조선 고대인들이 계생설을 믿었을 것이라고 단언할 수 없다. 왜냐하면 습속이란 다만 습속만으로 존재하고 의식적 신앙이 수반되지 않는 경우가 많기 때문이다. 예컨대 '엄지손가락'이란 말은 '어미손가락'에서 나온 말인데, 제일 중요하고 큰 손가락을 모지母指라고 하는 것은 태고 모권시대母權時代의 흔적이라고 할 수 있다. 그러나 그것이 조선 역사에 모권시대가 있었다는 의미는 아니다. 함경도 방언이 모친母親를 '어마니'라고 하고 조모를 '아마이'라고 하며, 일반 조선어에서 숙모를 '작은 어머니', 백숙모를 '큰어머니'라고 하여 모두 '어머니'를 의미하는 것은 인류학자들의 말에 따르면 군혼시대群婚時代의 유물이라고 한다. 그렇다고 하더라도 그것이 조선에 군혼시대가 있었음을 의미한다고 말하는 것은 유치한 언어학자의 비과학적 망론妄論이다. 근래 조선 잡지에 흔히 이러한 종류의 우스운 이야기가 보이기에 특히 한 마디 해 두는 바다. 인류학은 민족을 초월하므로 유사한 예를 구하여 그 재료로써 인류의 일반생활사를 고구考究하지만, 토속학은 유사성보다 차이를 존중하고 한 민족 안에서 자료를 수집 분석하여 과학적 비판을 한 뒤에 비로소 다른 민족과 비교 연구할 수도 있으며 역사에 적용할 수도 있다.

이것은 여담이지만, 현재 민간신앙에서 보더라도 계생설의 흔적은 분명히 있다. 민간에서는 사자가 생전 지녔던 의복기물이나 기억을 지우고자, 또 그것이 부정하다 하여 없애기도 하지만 때때로는 명료한 의식에 따라 사자에 증여한다는 의미로 소송燒送하는 경우도 있다. 예컨대 조상이 생전의 소유물을 찾고자 가족에게 병을 내리면 가족들은 무녀의 말대로 선조의 소욕所欲을 태워 보낸다. 이것은 조상이 후세에서 현세와 같이 여러 종류의 일용기물과 의복 등을 요구한다고 믿기 때문이다.

다음으로 주위 민족―만주족·몽고족·투르크족·묘족 등―에서 쓰는 순장물의 몇 가지 예를 들어 보면, 《삼국지》 오환전은 "烏丸…… 始死則哭 葬則歌舞相送 肥養犬 以采繩嬰牽 並取亡者所乘馬衣物生時服飾 皆燒而送之 特屬累犬使護 死者神靈 歸乎赤山 赤山在遼東西北數千里 如中國人 以死之魂 歸泰山也 至葬日 夜聚親舊員坐 牽犬馬歷位或歌哭者 擲肉與之 使二人 口誦呪文 使死者魂神 徑至歷險阻 勿令橫鬼遮護達其赤山 然後 殺犬馬衣物燒之"라고 한다. 즉 오환인들은 사자의 의복, 말 등을 태워 보냈으며, 개[犬]를 인도자로 삼아서까지 의식을 행하였던 모양이다. 《전한서前漢書》 권94 상 흉노전은 "其送死 有棺槨金銀衣裘 而無封樹喪服 近幸臣妾從死者 多至數十百人"이라고 하며, 《수서》 권83 서역부국전은 "有死者 無服制 死屍高牀之上 沐浴衣服 被以牟甲 覆以獸皮 死家殺牛 親屬以膳 酒相遣 共飮噉而痤之"라고 하여 투르크족의 약물弱物에는 의복·모갑牟甲·가죽외투〔獸皮外套〕·소나 돼지 등이 있었음을 말한다. 《구당서舊唐書》 권196 상 토번吐蕃전은 "其贊普死 以人殉葬 衣服珍玩 及嘗所乘馬弓劒之類 皆悉埋之"라고 하였다.

한편 만주족의 것을 보면, 《구당서》 권199 하 말갈靺鞨전에는

"死者 穿地埋之 以身襯土 無棺歛之具 殺所乘之馬 於屍前設祭"라 하였고, 송나라 서몽화徐夢華의《삼조북맹회편三朝北盟會片》권3에는 "死者埋之 而無棺槨 貴者生焚所寵奴婢 所乘鞍馬而殉之 所有祭祀飲食之物 盡焚之 謂之燒飯"이라 하였다. 조선에서도 성현의《용재총화》권10 야인여진풍속野人女眞風俗의 조에서 "其葬人也 穿穴而投尸於其中 累石爲墳 設酒飯行祭 後投瀉酒飯於穴 與尸相接 又以平生所愛馬 係於墳前 又掛弓矢筒鞭於其上 待其鎖盡 而人不敢收 云云"이라 기록하고 있다. 청나라 서청西淸의《흑룡강외기黑龍江外記》권6에는 "富者爲亡人 焚裘(?)帽一火 嘗抵千百金 從前猶焚輿馬 侵僭之甚"이라 쓰고 있다. 묘족苗族의 순장물에 대하여 육차운운사陸次雲雲士의《동계섬지峒谿纖志》상권(42)은 다음과 같이 말한다. "猙獷⋯⋯父母死 焚其衣冠 有如贈鬼."

이렇듯 순절殉節의 방법은 소송燒送·매송埋送·괘송掛送 등으로 일정하지 않으나 그것이 사자의 후세생활을 위하여 증여하는 사상임에는 틀림없다. 더욱 재미있는 것은 몽고인이 사자에게 신발을 신겨 주는 것이다. 타계까지 가는 여행길에 그것을 신으란 뜻이다.《원사元史》권77 풍속구례國俗舊禮에서 "凡宮車晏駕棺 用香楠木⋯⋯殮用貂皮襖皮帽靴其襪繫腰 盒鉢俱用白粉皮爲之 殉以金壺瓶二 盞一 梡楪匙筋各一"이라고 말하는 데서 볼 수 있다. 옛 북구인도 사자의 간난艱難한 타계 여행을 위하여 사체에 신발을 신겨 주었으며, 오늘날 독일의 촌민에게도 그러한 풍습이 남아 있다. 뿐만 아니라 촌민들은 사자에게 의복이 찢어지면 꿰매라는 뜻으로 바늘과 실을 넣어주기도 한다. 또 유럽인들 사이에는 사자에게 노자로 약간의 돈을 손에 쥐어주는 것이 일반적인 풍속이다.

그러므로 조선 고대인도 아마 계생설의 신자였던 것만은 알 수 있다.

3) 병의 원인과 복혼

(1) 병의 원인

과학적으로 병의 원인을 알지 못한 원시인들은 그 원인을 악령 또는 악령적 힘의 짓이라고 생각하였다. 우리 조선 민간에도 아직 그러한 믿음이 남아 있다. 그러한 원시신앙은 대체로 ① 혼魂이 빠져나가서 일어나는 병, ② 적 또는 악령·신·조상 등의 저주, 벌 또는 악의惡意·선의善意의 소수所祟로 말미암은 병으로 구분할 수 있다. 전자는 예컨대 실신상태에 있는 자, 곧 의식작용이 명료하지 못하거나 광적 정신상태에 있는 자와 같은 정신병자로, '넋, 즉 혼이 빠진 까닭'이라고 한다. 혼이 육체의 소유주인 동시에 정신생활을 통어通御한다고 생각한 원시적 사고로써는 정신병자의 비정상적인 행동을 혼이 빠졌기 때문이라고 추리하는 것이 당연했다. 그들이 그러한 추리를 한 이유는 숙면하는 자를 급히 깨울 때 그 자가 곧바로 명료한 의식상태로 돌아오지 못하고 아직 반성상태半醒狀態에 있는 것과, 피로한 자가 자면서 턱도 없는 잠꼬대를 하는 상태 때문이었을 것이다. 제2절에서 말한 바와 같이, 혼은 사람이 자는 동안 잠시 몸에서 떠나므로 자는 사람을 급히 깨우면 떠났던 혼이 미처 몸으로 돌아오지 못하므로 비몽사몽하게 되며, 그 상태가 마치 실신한 정신상태와 유사하였다. 또 광인狂人이 터무니없는 소리를 일관성 없게 지껄이는 것도 마치 혼이 떠나 있는 동안 자는 사람이 잠꼬대를 하는 것과 비슷하여, 원시인은 모든 정신병을 혼이 빠졌기 때문이라고 추리하였던 것이다.

두 번째 병의 원인은 그 내용이 매우 복잡하다. 적의 복수적 저주[所祟], 저주로 말미암은 병, 음식을 구하기 위한 객귀客鬼의 앙화殃

禍, 조상의 선의 또는 악의로 말미암은 병, 여러 신이 노하여 생긴 탈, 집안에 부정한 물건을 두어 생긴 탈, 동식물의 복수에서 비롯된 앙갚음 등 헤아릴 수 없이 많은 원인이 있다. 이러한 여러 가지 종류의 앙화에 관해서는 제3장에서 자세히 서술할 기회가 있기에 여기서는 줄인다. 이러한 여러 종류의 병의 원인은 몇 가지 경우를 빼면 전부 모든 악령의 짓 또는 적의 저주로 여겨진다. 그러므로 이 절에서는 악령적 병인과 저주에 대한 심리적 설명만을 하고자 한다.

원시인은 맹수·강한 적·떨어지는 바위·넘어지는 나무 등으로 말미암아 입은 상처 또는 죽음에 대해 그것이 적(또는 적의 정령) 등의 짓이라고 생각하였다. 그러나 그들에게는 볼 수 없는 적, 다시 말하면 적이 불분명한 병이 있었다. 자연적 원인의 경우 적이 누구인지, 또는 무엇인지가 분명하지 못했기에 그들은 이를 악령의 버력, 또는 적의 저주로 말미암은 것이라고 추론하였다. 고대 조선인의 추론도 마찬가지였다.

예컨대 나그네가 공복·한기와 싸워가면서 집에 돌아온 뒤에는 병상에 눕는다. 그것을 우리는 한감寒感 또는 감기라고 하지만 민간신앙에서는 객귀가 들렸다고 한다. 객귀란 것은 요컨대 나그네를 습격하여 음식을 요청하는 일종의 아귀다. '객귀(또는 떤것)들리다'는 말은 아귀가 몸에 들어왔다는 뜻으로, 곧 감기는 아귀의 침입으로 말미암아 발생되는 것이라고 민간신앙에선 말한다. 이러한 경우 그 병의 원인은 보통 사람으로서는 알 수 없으며, 오직 샤먼만이 그것을 알 수 있다. 또 죽은 적의 복수로 인한 앙화 같은 것도 악령적 소위이며, 보통 사람에게는 보이지 않는 적이다. 예컨대 《삼국사기》 13 유리명왕琉璃明王 19년조에는 "秋八月郊豕逸 王使託利·斯卑追之 至長屋澤中得之 以刀斷其脚筋 王聞之怒曰 祭天之牲 豈可傷也 遂投二 人坑中 殺之 九月 王疾病 巫曰 託利·斯卑爲崇 王使謝之 卽愈"라는 구절이 있는데, 곧 탁리託利·사비斯卑의 복수로 일어난 것임을 무녀만이 알았다고 한다.

샤먼은 정령과 사람 사이의 중개자이므로, 이러한 보이지 않는 정령은 오직 그들만이 알아낼 수 있다. 이것은 고구려 초기에 있었던 예이지만, 유교사상이 상당히 발전하고 질병이 낫기를 부처에 기도하던 고려시대에도 죽은 영혼이 앙갚음한다고 믿었다. 《고려사》 권16 인종仁宗 24년 정월기의 "王疾篤 卜曰 資謙爲崇 云云"이라든지, 같은 해 2월기의 "巫覡謂 拓俊京爲崇 追復俊京門下侍郎平章事 召還 其子孫官之"와 같은 기록은 인종이 악령을 믿었음을 명백히 입증하는 바다. 이자겸李資謙·척준경拓俊京 등은 반역죄로 처형당했던 자들이며, 척준경의 자손은 유배형에 처해졌는데, 무격은 그 때문이라고 한 것이다.

적의 저주로 말미암아 발생한 병의 몇 가지 예를 들면, 《고려사》 권130 반역자 홍복원洪福源전에는 "高宗四十五年 福源密令巫 作木偶人 縛手釘頭 埋地或沉井呪咀……"라고 적었고, 같은 책 28 충렬왕忠烈王 3년 7월조에는 "內竪梁善 太守莊等告 慶昌宮主 與其子順安公琮 令盲僧絡同 呪咀上 命中贊金方慶訊之 不服"이라 하였는데, 맹승盲僧이란 것은 오늘날 독경맹인의 기원형이었다(제6장 2절 참조). 후비열전后妃列傳 2에는 충렬왕비가 "貞和宮主失寵 使女巫呪咀公主 云云"이라 하고 있다.

다시 조선시대의 기록 두어 개를 보면, 《증보문헌비고增補文獻備考》 권137 형고십일 장백십 도삼년刑考十一杖百十徒三年의 조는 대명률大明律을 적용하여 "造魘魅符書呪咀 欲令人疾苦 因以致疾者 未致病者 減二等"이라고 하였으며, 더욱 심한 자는 같은 책 권139 형고 참대시刑考 斬待時의 조에 또한 대명률을 적용하여 "造魘魅符書 呪咀殺人者"라고 하였다. 곧 마술적 행위에 의한 치병살인을 인정하고, 그 범

죄를 물리적 범죄와 동일하게 처리한 것이다.

이러한 사상에 따르면 저주는 그 마술적 힘으로 적을 병사病死하게 할 수 있다고 생각되었으며, 나무조각상은 적의 육체에 대한 대체물로 생각되었다. 나무조각상에게는 적의 정령 또는 혼이 붙어있으므로, 조각상의 머리에 못[釘]을 박는 것은 적의 머리에 못을 박는 것과 동일한 효과를 얻으리라고 생각하였으며, 조각상을 땅에 묻는 행위는 적의 죽음을 의미했다. 이러한 마술적 힘을 믿는 것은 원시인의 공통된 신앙이지만, 어떻게 해서 이 저주적 마술의 힘을 추측하였느냐 하는 의문에 대해서는 인류학자들이 특별한 해답을 내놓지 못하였다.

필자의 생각으로는, 원시인들은 적이 쓰러지며 내뱉는 무서운 저주의 말에 일종의 두려움을 느꼈을 것이다. 그 두려움으로 말미암아 일어나는 병도 있었을 것이다. 그렇지만 그들 자신도 야수나 적을 죽이고자 창과 화살을 만들 때나 그것을 사용할 때 직접 말하거나, 또는 무언으로 '적을 죽여라'라고 저주하였고, 그 저주가 정말 적과 야수를 죽이는 데 여러 차례 성공하였다. 미개인이 화살을 쏠 때마다 '적의 가슴을 찔러라, 적의 심장을 맞춰라'라고 저주하는 사실은 이러한 의도일 것이다. 이렇게 그들은 저주의 말에서 무서운 마술의 힘을 발견하였을 것이다. 저주의 말에도 무서운 마술의 힘이 있지만, 사물을 구체적으로 생각하고자 하는 미개인들은 막연한 저주보다는 구체적으로 적의 나무조각상을 만들어 놓고 그 우상에게 저주를 내리든지 마술적 행위를 가하는 것이 더욱 위력을 발휘하리라고 생각하였다. 원시인에게 '생각할 수 있는 것은 모두 존재'하였으므로, 나무조각상을 만들어 놓고 그것을 적의 대용물이라고 생각하면 적의 영이 그 우상에 연결되어, 우상을 죽이는 것은 적을 죽이는 것이라고 미루어 짐작하였다. 이러한 원시인의 심리는 아동의 심리와 유사한 것이다. 그런데 일반인의 저주보다는 직업적 마술자인 무녀·맹승의 저주가 더욱 강력하다고 생각한 까닭에, 저주에는 그러한 마술사를 항상 이용한 것이다.

위에서 서술한 바는 미지의 정령이나 적의 저주에 대한 경우이므로 그러한 정령이나 적을 발견하려면 정령과 사람 사이의 중매자인 샤먼이 필요하지만, 일반인이 해를 끼치는 적이 무엇인지 쉽게 알아채는 경우도 있다. 예컨대 병자가 어떤 동물의 소리를 내거나 표정을 할 때는 병의 원인을 그 동물의 앙갚음 때문이라고 보았다. 곧 병자가 개나 호랑이의 소리를 하면 병자를 괴롭히는 동물은 개나 호랑이라고 여겼다. 예컨대 어떤 사람이 밤에 산길을 걷다가 호랑이에게 쫓기고 겨우 집에 돌아와서는 병상에서 공포에 찬 잠꼬대를 하였다. 병자에게는 호랑이에 대한 공포감이 강하게 남아 있어서 호랑이 소리를 내거나 또는 '호랑이가 온다'고 소리를 치기도 했을 것이다. 그러면 가족들은 호랑이의 정령이 아직도 병자를 떠나지 않고 머물러 병자를 고통스럽게 하는 것이라고 생각하였다. 이렇게 해서 동물의 혼이 병자에게 붙어 있든지, 병자의 몸에 들어가 있는 까닭에 위에서 말한 여러 병이 생기는 것이라고 고대인은 생각하였다. 하지만 이렇게 원인을 알 수 있는 병은 극히 예외로, 대부분의 경우는 샤먼을 통하여 비로소 알게 되는 것이다.

그러나 병이란 많은 수가 악령(귀신)의 짓이라고 결론내리는 데 의심이 없었다. 특히 조선의 예를 들면, 조선시대 어숙권魚叔權의 《패관잡기稗官雜記》 권4에 "田判尹……性頗鹿猛……得病且劇 作勢而起 張目彎弓 怒曰 何物鬼神 敢來侵我 頓足者久之"라고 한 것이 적당할 것이다. 조선시대의 지식계급도 악령을 믿었는데, 하물며 평범한 백성들이야 말해 무엇 하겠는가. 악령이 병을 줄 수 있다는 믿음은 악령의 본질이 무형한 정령적 존재인데다 사람과 같은 생활과 감정을 가졌으므로 복수를 위해 또는 생활에 필요한 것을 얻기 위해 사람을 쉽게 습격할 수도 있으며, 몸 안에 침입해 빙의할 수도 있다고 생각하였다. 어떤 때는 사람의 머릿속에 들어가서 두통을 유발하게 하고 뱃속에 들어가서 복통을 일으킬 수도 있다. 종기에 들어가면 종통이 생기고 골절에 침입하면 골절통·근육통이 생기는 것이라고 생각하였다. 원시인은 '내가 창이나 활로 적에게 상처를 입히고 적의 무기에 내가 상처를 입게 되는 것과 마찬가지로, 정령적 존재도—원시인이 생각하기에 정령은 사람과 동일한 수준에 있었다—사람과 같이 사람에게 상처와 병을 줄 수 있다'고 생각하였다.

(2) 복혼復魂

원시사상에 따르면 사람의 자연적 죽음이라는 것은 없다. 죽음은 혼이 완전히 빠져나옴으로 말미암아 일어나는 것이다. 그러나 한 번 나간 혼이 다시 몸으로 돌아올 수도 있다고 생각하였다. 따라서 한 번 죽었던 사람도 다시 소생할 수 있다고 여겼다. 이 복혼사상復魂思想은 미개민족에 공통적으로 있으며, 조선 민간신앙에도 보편적으로 존재하는 것 같다. '복復'이라는 초혼법은 물론 중국 습속의 모방이겠지만, 고유의 초혼에는 두 가지 양식이 있었던 듯하다(초혼의 존재는 복혼사상이 있음을 뜻한다).

첫째 양식은 사자死者를 바로 매장하지 않는 풍속이다. 이 풍속은 경일장經日葬·가장假葬·수상기시樹上棄屍 등으로 구분할 수 있다.

둘째 양식은 혼이 떠나는 것을 만류하는 방법인데, 여기에는 음식을 차려 죽은 혼이 음식물에 마음을 팔아 떠나지 않도록 하는 적극적 방법과, 가족 친척이 슬프게 곡하여 혼에게 헤어짐을 서운하게 여기는 마음을 일으키게 하는 소극적 방법 두 가지가 있었다.

경일장이란 것은 사체를 3일·5일·7일·9일 또는 상당한 기간이 지난 뒤에 매장하는 풍습을 이른다. 옛날에는 빈부와 관위에 따라 장사 치르는 기간이 길수록 영광인 것처럼 생각하였지만, 이러한 경일장의 기원적 의미는 벌써 막연하게 되어버린 지 오래다. 필자가 생각하기에 그 기원적 의미는 복혼사상에 있다. 다시 말하면 죽은 혼은 즉시 사체를 떠나는 것이 아니라 얼마 동안 사체의 주위를 맴도는데, 만일 사체를 바로 매장해버리면 혼이 몸으로 다시 돌아오고자 해도 그럴 수 없는 염려가 있는 까닭이다. 전설에도 가묘假墓에서 소생한 자를 봉토가 움직이는 것을 발견하고 구출하였다는 말이 허다하지만, 전설이나 경일장 풍습이 있는 것만으로 반드시 오늘날의 민간신앙에도 확연히 복혼사상이 있다고 할 수 있을까. 그것은 다음에 기술하기로 하자.

고전에서 우리 고대의 매장풍습을 보면, 매장은 물론 오랜 옛날부터 있었지만 특히 가장假葬풍습이 성행하였음을 알 수 있다. 《후한서》 권45 동옥저東沃沮전에는 "新死者先假埋之 令皮肉盡 乃取骨置槨中 云云"이라 기록하였고, 《수서》 권84 고려(고구려)전에는 "高麗死者 殯于屋內 經三年 擇吉日而葬"이라고 전한다. 이러한 종류의 가장풍습은 최근까지 있었고, 지금도 아직 완전히 사라진 것은 아니다. 황해도·평안도의 이른바 '건폄'은 사체를 염하지 않고 지상에 그냥 둔 채 그 위에 '용마림〔草屋蓋〕'을 덮어두는 것이다. 남한 각지에서도 전염병으로 죽은 사람을 흔히 이런 식으로 가매장한다. 황주 사람 정관섭鄭觀燮 씨의 말에 따르면 황해도·평안도와 같이 추운 곳에서는 겨울에는 땅이 얼어 팔 수 없으므로 이렇게 가장을 하여 두었다가 이듬해 봄 날이 풀리면 정식으로 매장한다는 기후설을 말하였다. 그러나 기후가 온화한 남쪽 지방에도 그러한 장례풍습이 있는 것을 보면, 그것을 기후설로만 설명하기는 어렵다. 전라도에서는 '건폄'을

'토롱'이라고 한다(정병기丁炳基 군의 이야기).

또 우리 민간에는 이른바 초빈初殯이란 가장형식이 있다. 땅을 파내고 그 위에 ×형태로 기둥을 가로 세운 뒤에 그 교차점 위에 사체를 담은 관을 올려두었다가, 다음날 길일을 택하여 정식으로 매장하는 것이다. 이것은 물론 붕상기시棚上棄屍의 유속遺俗일 테지만, 여기서는 가장의 한 형식으로도 볼 수 있다.

다음으로 수상기시樹上棄屍의 습속이 조선에 있었는지에 대해서는 문헌 또는 장례풍습에서 발견하기 어려우나, 민간전승에는 많이 남아 있다. 민간전승에 따르면 급병 또는 온역瘟疫·마마 등으로 죽은 아이는 반드시 나무 위에 방치하였다고 한다. 이렇게 나무 위에 두었던 아이들이 소생했다는 이야기도 설화에서 여럿 발견된다. 그리고 이 수상기시에는 반드시 사자가 소생할지 알 수 없으므로 이렇게 한다는 신앙이 부수되어 있다. 물론 전승상의 존재지만 이것은 아마 옛 조선에 수상기시의 습속이 있었음을 말하는 바일 것이다. 우리 주위 민족의 풍습에 수상기시와 산중山中기시의 습속이 보편적이므로 그렇게 추측할 수 있다. 예컨대 옛 일본에 수상기시의 토속이 있었는지는 단언하기 어려우나, 민간에서는 62세를 '나무가랑이의 해木の股の年'라고 한다. 곧 나뭇가지 사이에 버려질 나이라는 뜻이다.

《수서》 권84 계奚(몽고족?)전의 "奚……東部胡之種也……死者 以葦薄裏屍 懸之樹上", 같은 책 거란전과 송나라 섭융례葉隆禮의 《거란국지契丹國志》 권23 국토풍속國土風俗조의 "父母死而悲哭者 以爲不壯(旺) 但以其屍 置於山樹上 經三年之後 乃收其骨而焚之 云云", 《당서》 권219 거란전의 "死不墓 以馬車載尸入山 置於樹顚" 등의 기록은 몽고족의 수상기시를 전하는 것이다. 또 청나라 서청의 《흑룡강외기》 권6의 "呼倫貝爾 布特哈 人死挂樹上 恣鳥鳶食 以肉盡 爲升天 世有鳥樹葬之說 卽此俗"이란 기록은 만주족의 수상기시를 말한다. 러

시아의 샤스코프Shashkoff[43]에 따르면 퉁구스족은 사체를 순록의 가죽에 넣어서 죽은 자의 무기, 밑 빠진 요리기구와 함께 나무에 달아 둔다고 하며, 시에로제프스키Sieroszewski[44]에 따르면 야쿠트Yakut족은 옛날에 사체를 나무 위나 시렁〔棚〕에 방치하기도 했다. 붕상기시는 아마 수상기시의 변형일 것이다. 오랑캐Uriankai족의 무격이 죽으면 그 사체는 시렁 위에 방치하고 그의 북과 상의는 머리 위에 달아 둔다고 한다.[45] 알타이Altai족도 붕상기시의 풍습이 있다.[46] 《수서》권84 실위室韋전에 "南室韋……部落共爲大棚 人死則置屍其上"이라고 전하는 것은 퉁구스족의 붕상기시를 말하는 것 같다. 《진서晉書》권97 숙신肅愼전에서 "死者 其日卽葬之於野 交木作小槨"이라 기록한 것은 만주족(흑룡강 연안 외)의 수상기시 유속일 것이다.

수상기시의 또 다른 변형인 수혈장樹穴葬풍습이 캄차카Kamchadals족[47]과 오랑캐족[48]에 있으며, 산중기시의 유형으로는 관에 넣은 사체를 삼림에 방치하고 그 위에 마른 나무·나뭇가지·나무줄기 등으로 조잡한 일종의 가옥을 만드는 토속이 부리야트족에 있다.[49]

위에 서술한 바는 만주·시베리아 여러 민족에 있는 과거와 현재의 수상기시와 그 변형을 예시한 것이다. 이렇게 주위 민족에 보편적으로 수상기시의 풍습과 유습이 있으며, 조선의 민간전승에 수상기시에 관련된 언급이 많고 붕상기시의 유속까지 있는 것을 보면 우리 상고에도 수상기시의 풍습이 있었음을 얼마 정도 엿볼 수 있다. 또한 그러한 풍습이 일반적인 것은 아니더라도 적어도 급병急病이나 전염병으로 죽은 자는 나무 위에 방치한 게 아닌가 하는 추론이 무리는 아닐 것이다〔함경도에서는 아동이 죽었을 때 사체는 매장하지만 짚으로 만든 꾸러미에 밤·달걀·돈 같은 것을 넣어서 산속의 나뭇가지에 걸어 두는 습속이 있다. 이것은 수상기시의 유속일 것이며, 아마도 만주족의 영향일 것이다(한림韓林 군의 증언)〕.

이러한 수상기시·붕상기시·산중 또는 임중林中기시를, 매장을 알지 못하던 미개인의 난폭한 사체처리방법이었을 것이라고 하면 설명이 간단할지 모르지만, 그것은 너무나 비과학적 태도이다. 또 흑룡강 주민과 같이 조식승천설鳥食昇天說로써도 일부 설명은 가능하겠지만, 승천설은 주위 민족 사이에도 극히 예외적으로 존재하며, 이러한 사상은 응보사상이 생겨난 뒤라야 일어날 것이므로 수상기시의 기원적 설명은 승천설로 불가능하다. 그런데 우리 민간에서는 수상기시에 대하여 그것은 사혼이 복귀할지도 모르기 때문이라고 확연한 신앙으로써 설명한다. 지금 필자의 생각에는 우리 민간신앙의 설명이 가장 진실에 가까운 기원적 설명일 것 같다.

원시인은 사체가 육체로서 존재하는 동안은 사혼이 육체의 주위에서 완전히 떠나지 않는다고 생각하였다. 그래서 언제 복혼할 지 알 수 없다고 생각한 모양이다. 예컨대《동계섬지》중권에서는 "苗人親死 則聚親族 笑呼歌舞 謂之鬧屍 又曰唱齋 至明年春 聞杜鵑聲比戶 號哭曰 鳥猶一歲一來 吾親不復生矣"라 한다. 이것도 아마 중국 남방의 묘족들이 육체가 소멸된 것을 보고 복혼할 가망이 없다고 생각하여 비로소 애곡하는 습속을 전하는 듯하다. 러시아의 카스트렌 Castren[50]에 따르면 사모예드Samoyed인들은 사자가 얼마동안 살아 있다고 믿어서 사체가 재와 먼지가 될 때까지는 묘에 음식과 순록을 여러 차례 제공하지만, 모두 썩은 뒤에는 아무것도 없다고 생각하여 사모예드족에는 일반적인 사후생활에 관한 신앙은 없다고 한다. 카스트렌의 이 말은 도저히 믿기 어려우나, 사모예드인도 사혼은 육체가 존재할 동안 사체의 주위에 있고, 육체가 소멸된 뒤에야 절망하는 사실을 그의 말에서 엿볼 수 있다. 묘에 먹을거리를 봉공하는 예는 주위 민족에 수없이 있으므로 이런 저런 예시를 생략하나, 이러한 사상의 하나로 거란족과 고구려인도 산속 나무 위에 시체를 3년 동안 방치하거나 실내에 가빈假殯하였던 것이 아닌가 한다. 3년이란 기간은 후세에 발생된 어떤 사상에서 비롯되었겠지만, 원형은 육체가 소멸한 뒤에 복혼을 단념하고 비로소 정식 매장을 하기까지의 기간이 아닌가 한다.

두 번째 초혼 방법에는 적극적으로 성찬을 늘어놓고 사혼을 유혹하는 방법과 소극적으로 가족이 슬피 곡하는 방법이 있음은 앞서 말하였다. 사체를 바로 매장하지 아니함은 자연적 복혼을 기다리는 것이지만, 두 번째 방법은 모두 인위적이었다. 적극적 초혼 방법은 물론 중국의 '복復'이 유명하다. 《초사楚辭》 권7 초혼 제9는 "招魂者 宋玉之所作也 古者人死 則使人以其上服 升屋履危 北面而號曰 皐某復 遂以其衣 三招之 乃下以覆尸 此禮所謂復 而說者 以爲招魂復魂……如是而不生 則不生矣 於是乃行死事……荊楚之俗 乃或以是施之 生人故云云"이라 하여 초혼이 효과가 있음을 말하였다. 이 초혼법은 오늘날 우리 민간에서도 행하고 있는데, 언제 조선에 들어왔는지 알기 어렵다. 이 《초사》의 글에 따르면 고대 중국인은 사혼이 북쪽으로 간다고 생각한 모양이며, 사자가 생전에 입던 상의를 보이면서 혼을 부르면 혼이 돌아올 수도 있다고 생각했던 것 같다. 그리고 《초사》는 계속하여 동서남북의 땅은 사람이 살 곳이 못되며, 천상계로 가려면 호랑이와 표범이 지키는 문을 지나야 한다고 말한 뒤에 초나라 땅을 극락과 같이 찬미하고, 이승에는 미실거옥美室巨屋과 성찬연회가 있으며, 연회 뒤에는 가무여흥歌舞餘興이 있어 정말 이상적 낙원이라고 말하였다. 그러니 공중에서 방황하지 말고 속히 돌아오라고 유혹하였다. 표현은 물론 시와 같지만, 초혼사상은 중국 민간의 고유 사상이었다.

《초사》의 초혼과 비슷한 것은 몽고의 한 부족인 부리야트족 사이에도 있다. 커틴Curtin의 원역문을 소개하면 다음과 같다.

You shall sleep well. Come back to your natural ashes. Take pity on your friends. It is necessary to live a real life. Do not wander along the mountains. Do not be like bad spirits. Return to your peaceful home. Come back and work for your children. How can you leave these little ones?[(51)]

곧 '돌아와 평안히 쉬라, 너의 본래의 몸(=사체)으로 돌아오라, 너의 동무들을 동정하라. 이 세상에 사는 것이 정말 삶이 아닌가! 산속에서 방황하지 말고, 악한 귀신도 되지 말아라. 너의 평화로운 집으로 돌아와 너의 아이들을 위하여 일하라. 어찌 이 어린 것들을 떠나고자 하느냐?'라고 말하며 초혼한다. 그리고 무격은 아이들의 이름을 부른다. 이것이 만일 여자의 사혼인 경우에는 효과가 크고, 때때로 그 혼이 차마 떠나지 못하고 복귀하는 예도 있다고 한다.

조선 고대의 초혼사에는 이렇게 발달된 것은 없는 모양이나, 혼을 만류하는 방법은 있었다. 지금의 민간 습속에 따르면 사자가 숨을 거둘 때 가족들은 결코 곡성을 내지 않는다. 그리고 자제나 친우가 사자의 이름을 높이 부른다. 곡성을 내면 혼이 놀라서 달아날까 우려하기 때문이라고 한다. 혼이 완전히 육체를 떠난 것으로 결정되면 가족 중의 여성만이 곡을 하기 시작하는데, 그들은 각자 그들의 비애를 말하면서 운다. 예컨대 가장이 죽었을 경우에 아내는 '나 혼자 어찌 살꼬'라든지 '왜 죽었나, 어디로 가나' 하고 울며, 딸들은 '아버지 왜 죽었소, 어린 것들 우리끼리 어찌 살라고 하오'라는 등의 말을 반복하고, 다른 여성들도 각자의 슬픔을 호소한다. 그냥 들으면 평범한 비애의 호소로 들리겠지만-오늘날에는 호소하는 여성들도 특별한 의미 없이 그저 슬프니까 우는 것이지만-필자는 이것도 원래는 소극적 원시초혼법이었을 것이라 생각한다. 극히 예외적이지만 사자의 가정에 곡할 여성이 없으면 '울음쟁이할미'를 데려와서라도 곡성을 내어야 하는 경우가 있다. 그리고 아무리 비통하여도 곡성을 발할 시기에 울지 않으면 안 된다는 것은 일종의 전통적 의식에서 나온 것이다. 이러한 의식을 보면 오늘날 여성의 애곡은 원형의 의식을 지키는 것이고, 그 의식은 초혼식이었음이 명백하다.

여성들의 애곡이 끝나면 경험 있는 친우 등에 의해 '복' 의식이 시작된다. 복 의식 동안 여성은 곡성을 내지 못한다. 이것은 여성들의 호소가 효력이 없음을 알고 다시 중국식의 초혼법을 채용하였던 것이겠지만 현재는 형식적으로 하고 있다.

초혼의 효과가 없으면 약 24시간이 지난 뒤에 비로소 발상發喪한다. 발상이란 사자가 완전히 죽었음을 뜻한다. 그렇다면 발상 전까지는 사혼이 혹시 몸으로 복귀할지도 모른다고 생각하였음이 분명하다.

발상한 뒤에는 마을 사람들과 나그네가 친소親疎를 가리지 않고 상가에 모여서 대연회를 시작한다. 연회는 반드시 정숙히 하며 상가의 마당에는 등롱을 밝히고 밤에는 노름이 시작되어 여기서 밤샘을 한다. 그리고 문상객은 결코 슬픈 표정을 하지 않는다. 친척과 지우들은 술상을 나르며 연회를 계속한다. 이러한 풍습은 일본과 중국에도 공통적으로 있는 모양이나, 무슨 까닭으로 상가에서 철야연회를 하며 노름을 하는 것일까? 국상國喪이 나면 조선 팔도의 노름꾼은 경성으로 모인다. 그러나 정부는 그것을 묵허하는데, 관습이기 때문이라고 한다.

하지만 이러한 상가의 연회 및 노름의 기원은 초혼에 있다. 《초사》도 이미 암시하였지만, 사혼을 만류하려면 이승생활의 행복을 사혼에게 보여야 할 것이다. 그러므로 연회와 오락이 성하고 연회에 찾아온 이는 슬픈 표정을 하지 않는 것이다. 지금 우리는 관습적으로 그렇게 하고 있지만, 고대 우리 선조들은 경건한 마음으로 하였을 것이다. 묘족이 상가에서 웃고 떠들며 가무를 즐긴다는 것도 물론 이러한 초혼 방법이며,《수서》서역부국전에서 "死家殺牛 親屬以睯酒相遣 共飮噉而瘞之"라고 기록한 것도 유사한 뜻일 것이다. 또《수서》거란전과《거란국지》권23 국토풍속의 조에서 "父母死而悲哭者 以爲不壯 但以其屍 置於山樹之上……"이라 한 것이나,《진서晉書》권97 숙신전이 "父母死 男子不哭泣 哭者謂之不壯……"이라고 기록한 것도 조선 남성들이 곡성을 내지 못하게 하는 것과 같은 모양으로, 원래 의미는 좋은 모양새가 아니라서 금하는 것이 아니라, 곡성을 내면 혼이 놀라 달아날까 하여 침묵을 지키던 관습이 후세에도 계속 지켜져 그 의미까지 변한 것이 아닌가 한다. 조선의 남자가 우는 것은 매장을 마친 이후다. 이는 정말 슬픔이 담긴 곡성일 것이다.

이와 같은 복혼사상의 근원에 대한 추리는 쉽게 할 수 있다. 사자는 가사상태에서 흔히 소생하는 경우가 있다. 이것을 원시인들은 복혼한 까닭이라고 하였다. 그리고 사혼이 육체의 주위에 배회한다는 것은 직감적으로도 알 수 있듯이, 그들의 생에 대한 애착과 육체의 소멸을 극단적으로 싫어하는 자연감정에서도 추측할 수 있으며, 사체가 매장된 묘지에서 도깨비불이 일어나는 것을 그 증거라 생각했을 것이다.

3. 정령과 악정구양

1) 샤먼교적 여러 정령의 종류(성질·거소·형상)

제1장에서 기술한 바와 같이 샤머니즘은 종교학상 악정령 숭배

사상이고, 샤먼이란 것은 무격巫覡의 의미지만, 종교학에서는 악정惡精을 구양驅禳하는 마술사라고 의미를 한정한다. 그러므로 무격과 관계된 모든 사상과 여러 신을 샤머니즘 또는 무격종교에 포괄하는 것은 종교학상 용납하지 못할 일이다. 이러한 입장에서 이 장에서는 오직 악정령에 대해서만 논하고, 다신교적 여러 신들에 대해선 제5장에서 말하고자 한다. 다신교적 여러 신들도 물론 사람에게 재앙과 병을 주지만, 그것은 사람에게 신의 분노가 미쳤을 때만 일어나는 일이고, 본래 신성은 선하다. 뿐만 아니라 무격 및 기타 샤먼이 신을 대하는 태도도 종교적이지 결코 마술적이지 않다. 그러므로 이러한 경우의 무격은 승려로 간주할 수 있다.

조선 민간신앙이 생각하는 악정령의 종류를 조사한 범위 안에서 분류하면 다음과 같다.

(1) 사람의 죽은 영혼〔死靈〕
　① 현세에 미련이 남은 자
　② 조상·친족
　③ 객사한 사람〔客死鬼, 旅死者〕
　④ 자살한 사람
　⑤ 살해당한 사람
　⑥ 물에 빠져 죽은 사람〔水死者, 水殺鬼〕
　⑦ 미혼으로 죽은 자〔未婚者, 몽달鬼〕
　⑧ 후손이 없는 자〔無後鬼〕
　⑨ 원수〔仇敵〕
　⑩ 도깨비
(2) 동물 및 요수妖獸의 혼 또는 정령에게 죽은 자
　① 뱀에게 살해된 자

② 고양이에게 살해된 자

③ 기타 동물에게 참살된 자

④ 여우·늑대·호랑이의 요정妖精

(3) 부정한 물건[邪物]에서 발생하는 것

① 금은과 같은 보물이 오랫동안 사장死藏된 것

② 오래된 옷·고물·고기구가 오랫동안 폐장된 것

③ 오래되거나 빈 집

④ 방치되거나 매몰된 오래된 우물

(4) 바다의 괴물

이러한 여러 종류의 정령을 다시 세분하여 일일이 자세하게 설명하자면 공연히 번잡하기만 하겠기에 다음 문헌의 예를 들어 극히 대강만을 기술하고자 한다.

먼저 조상과 친족의 사령에 관하여 서청의 《흑룡강외기》 권6에는 "達呼爾[Da(h)ur] 病必曰祖宗見怪……薩瑪(Shama)曰 祖宗要馬則殺馬以祭 要牛則 椎牛以祭 至於驪黃牝牡 一如其命 往往有殺無算 而病人死 家亦敗者 然續有人病 無牛馬 猶宰山羊而祭 薩瑪之令 終不敢違"라는 기록이 있다. '達呼爾'는 북부 만주의 흑룡강 연안에 사는 다우르Daur족을 가리킨다. 그들은 보통 병의 원인을 조상의 탈이라고 하는 모양이며, 조상이 재앙을 내리는 이유는 소, 말, 양 등 식육과 가축을 얻고자 함에 있는 듯하다고 보았다. 조선의 조상들은 유목민족이 아닌 까닭에 가축을 요구하지는 않지만 생전의 의복이 가지고 싶다든지, 음식이 먹고 싶다든지, 제사음식이 불결하다든지, 그들의 묘지에 물이 생긴다든지, 또는 기타의 이유로 자손에게 병을 준다는 신앙은 만주족의 것과 유사하다.

조상과 친족이 이승에 미련을 가지고 가족들을 보호하고 사랑하는 것이 현세인에게는 재병이 되는 경우가 있다. 정령이란 호의로든지 악의로든지 사람에게 붙기만 하면 재병이 생긴다고 민간신앙은 말한다. 그 가운데 현세에 가장 큰 미련을 가지는 것은 자녀를 두고 간 어머니의 혼이다. 그가 귀여워하는 마음으로 아이의 머리를 만지면 두통이 생기고, 손발을 만지면 수족통手足痛을 일으킨다.

이와 유사한 예를 들면 성현의 《용재총화》 권4는 "又有李斯文杜 爲戶曹正郎 家中忽有鬼物來作惡 聽其語音 乃其叔姑死已十年者也 生産作業 一一指揮 非徒晨夕供飯 凡欲有所食皆需之 稍不如意 則勃怒 雖不見其執匙揚飯 而饌飯自然消滅 腰以上則不見 而腰以下 則張紙爲 裳 兩足枯瘦如漆 無肉但骨而已 人間足何若是 答云 死久地下之人 安 得不如是乎 百計禳之不得 未幾 斯文得病而死"라고 한다. 이것은 당시 (15세기)의 민간에 있던 풍설風說을 기술한 것인데, 요컨대 선의로 붙은 숙모할머니의 사혼 때문에 이기문李斯文은 병을 얻어 죽고 말았다고 한다.

이 귀신도 현세에 미련을 가지고 있었던 것같이 해석되지만, 그에 못지않게 미련을 가진 사혼은 연애에 관해 한이 남은 자였다. 짝사랑을 하거나 또는 만족스러운 사랑을 하지 못한 채 죽은 자는 뱀이나 파랑새가 되든지 원혼이 되어 반드시 상대에게 씌든지 복수를 한다고 한다. 한 예를 들면 《용재총화》 권4에는 다음과 같이 실려 있다.

洪宰樞 微時路逢雨 趨入小洞 洞中有舍 有一尼年十七八 有姿色 儼 然獨坐 公問何獨居 尼云 三尼同居 二尼丐粮下村耳 公遂與叙歡 約 曰 某年月 迎汝歸家 尼信之 每待某期 期過而竟無影響 遂成心疾而 死 公後爲南方節度使 在鎭 一日 有小物如蜥蜴 行公褥上 公命吏擲 外 吏遂殺之 翌日有小蛇入房 吏又殺之 又明日蛇復入房 始訝爲尼所

崇 然恃其威武 欲殲絶之 卽命殺之 自後無日不至 至則隨日而漸大
竟爲巨蟒 公聚營中軍卒 咸執刀劍圍四面 蟒穿圍而入 軍卒爭斫之 又
設柴火於四面 見蟒則爭投之 猶不絶 公於是 夜則以櫃裌 裏蟒置寢房
畫則貯藏於櫃 行巡邊徼 則令人負櫃前行 公精神漸耗 顔色憔悴 竟搆
疾而卒

물론 사실은 아니겠지만, 지금도 우리 민간에는 이러한 전설이
많다. 이것은 짝사랑을 하다 죽은 여성의 경우지만, 남성이 생전에
사랑하던 아내를 잊지 못하여 뱀이 되는 수도 있다. 《용재총화》권5
에는 다음과 같은 기록이 있다.

我外舅安公 爲林川守時 普光寺僧有大禪師某者 頻來謁 可與話 相見
甚熟 僧嘗聚村女爲妻 潛往來焉 一日 僧死化爲蛇 來入妻室 畫則入
甕 夜則入妻懷 繞其腰 以頭倚胸 眉間有疣肉 如陽莖 其繾綣 宛如平
昔 外舅聞之 令妻持蛇甕而丰至 則外舅呼僧名 蛇出頭 外舅叱之曰
戀妻爲蛇 僧道果如是乎 蛇縮頭而入 外舅密令人作小函 令妻誘蛇云
使君贈汝新函 以安其身 可速出來 遂以裙鋪函中 蛇出自甕 移臥函裏
健吏數人 盖板釘之 蛇踊躍 碾轉 欲出不得 又於銘旌 書僧名前導 僧
徒數十 鳴鼓鉢誦經隨行 浮于江水而送之 妻竟無恙

이것도 물론 대부분은 상상의 산물이겠지만, 하여간 뱀 한 마리
때문에 큰 소동이 일어난 모양이다. 이러한 뱀을 오늘날 민간에서는
'상사相思뱀'이라고 한다. 상사뱀은 크지 않은 '실뱀'인 것이 보통인
데, 꼬리는 옥문玉門에, 머리는 여자의 턱을 괴고 있다고도 한다. 이
러한 연사戀蛇는 정령은 아니지만 정령이 뱀으로 나타난 것이므로
여기서는 정령의 범주에서 취급하였다. 또 연정으로 말미암아 꼭 뱀

만 되는 것이 아니라 신립 장군의 전설과 같이 원혼이 되어 상대의 주변을 떠나지 않는 경우도 있다. 신립이 소년이었을 때 한 여인의 연정을 거절하였고 결국 그 여인은 죽고 말았는데, 그 여인의 원혼은 항상 신립의 주위에서 여러 가지로 장군에게 이익이 되는 조언을 하였다. 그래서 장군은 그 여인을 의심치 않고 믿었다. 마침 임진왜란이 일어나 장군이 조령 관문을 지키고 있었을 때, 꿈에 그 여인이 나타나 '장군의 무위를 가지고 왜 왜적을 무서워하십니까. 조령을 버리고 문경평야에서 당당히 결전을 하면 승리할 것입니다'라고 충고하였다. 신립은 그 말을 믿고 싸우다가 적에게 피살되었다고 한다. 이와 같은 설화는 수도 없이 많다.

각설하고, 원혼이나 친척·조상 등이 앙화를 내리는 데 대한 심리학적 설명은 '신몽설信夢說, Dream theory'로써 해결되지만, 원혼이 뱀으로 변한다는 것은 어떻게 설명했을까? 타일러Tylor 교수는 사람이 뱀으로 전생한다는 원시신앙에 대하여 다음과 같이 상상하였다. 줄루Zulu인과 같이 조상의 영이 무독한 뱀으로 전생한다고 생각하는 것은 뱀이 마치 조상들이 늙었을 때처럼 화롯가의 온기를 찾아 들어와서 집 안에 똬리를 틀고 앉고, 먹을 것을 주면 흡사 노인이 자손에게 먹을 것을 받은 듯 온순히 그것을 취하는 모습에 대한 단순한 관찰상에 기인한 것(52)이라고 하였다. 이런 상상으로 전생설轉生說이 설명될지는 알 수 없으나 완전히 믿기는 어려운 말이다. 하지만 뱀의 동작이 사람의 그것과 흡사하였음은 원시인들도 잘 보았을 것이다. 그리고 샤머니즘의 세계에서는 그들의 주위에 선한 것보다는 악정령이 충만하였기에 뱀이 집 안으로 들어오는 것이 호감을 주었을 리는 없다.

더구나 독사 같은 것은 사람을 죽게 하고, 뱀은 대체로 그것을 토막내지 않으면 잘 죽지 않는데다 사람에게 맹렬히 저항하는 점 때문에 원시인들은 뱀을 독물·요물이나 복수하는 동물이라고 생각하였을 것이다. 거기다 아무 소리 없이 집 안에 들어와서 사람의 얼굴을 살피는 뱀을 발견하였을 때, 그들은 전날 죽인 뱀을 떠올리고 그 죽인 뱀이 복수하려고 온 것이 아닌가 하는 공포심을 느꼈을 것이다. 그래서 원시인들은 뱀을 복수심이 맹렬한 동물이라고 결론내렸을 것이다. 따라서 사람도 미련이 많거나 복수를 좋아하는 자는 뱀과 비슷하다고 유추하였을 것이며, 원혼·연혼도 뱀으로 몸을 바꾸어 복수할 수 있다고 생각한 것이 아닌가 한다.

살해된 뱀이 복수하는 경우도 위의 설화와 유사하여 설명을 생략하나, 초산아初産兒의 아버지나 가족이 뱀을 죽이면 아이의 피부가 뱀처럼 반점이 생기게 된다고 한다. 이것은 산신의 분노로 일어나는 병이라 하나, 어떤 면에서 생각하면 뱀의 정령이 내린 저주라고 할 수 있다. 또 아이의 아버지가 개·돼지·소·말을 죽이거나 그러한 동물을 죽이는 것만 보더라도 산신의 노여움을 사서 아이가 그 동물의 소리를 낸다고 민간신앙은 말한다. 이것도 그러한 동물들의 저주라고 볼 수 있다.

계속해서 동물에 관한 신앙을 보면 여우·늑대·호랑이·표범 같은 동물은 때때로 나그네의 혼을 빼앗는다고 하며, 더욱이 여우는 요수妖獸라고 한다. 번잡한 설화를 생략하나 요컨대 이러한 동물들은 나그네의 넋을 혼미하게 한 뒤에 그 사람을 잡아먹는다고 하며, 사람이 기절하는 것은 동물에게 혼을 빼앗겼기 때문이라고 한다. 또 그렇게 기절하여 일어난 병을 짐승에게 혼을 빼앗긴 까닭, 또는 짐승 정령의 지벌이라고 한다. 그렇게 혼도昏倒하는 현상을 혼이 빼앗긴 탓이라고 하는 것은, 설명할 필요도 없이 육체의 소유주요 정신의 통일자인 '넋'을 빼앗겼기 때문이다. 그러한 병자가 때때로 고함을 치며 헛소리[讝語]를 하는 것에 대해 원시인들은 아직 짐승의 정령이 병자의 몸에 붙어 떠나지 아니한 까닭이라고 설명하였다. (필자가 종종 원시인이라고 쓰는 까닭은 그러한 추리가 원시적임을 의미함이며, 그러한 원시적 추리가 아직 민간에 남아 있음을 뜻한다. 그러므로 그러한 원시적 추리를 가진 민족이 원시민이라는 의미는 아니다. 유럽의 민간에서도 물론 수도 없이 볼 수 있는 현상이고, 그것은 원시시대로부터 계속 전해오는 유흔적 사상임을 뜻한다) 이러한 이론에 따르면 아무리 동물에 쫓기더라도 정신만 차리면—혼을 강하게 몸에 묶어두기만 하면—기절하거나 잡아먹히거나 발병할 이유가 없다. 그러므로 우리 민간에서는 '호랑이에게 물려가도 정신만 차리면 산다'고 하며, 동물은 결코 의식이 있는 사람은 잡아먹지 않는다고 하는 것이다. 반드시 그럴 리는 없지만, 그것은 혼을 지닌 육체는 죽지 않는다는 신앙과, 짐승이 보통의 경우 갑작스레 나그네를 습격하지 않는 사실에서 추론되었을 것이다.

다음으로 객사한 자·자살한 자·타살당한 자·익사한 자·미혼인 자·자손 없는 자의 사혼을 통틀어 민간에서는 '잡귀'라고 한다. 잡귀는 갈 곳으로 가지 못하고 항상 지상을 방황한다고 한다. 객사한 자·익사한 자·자손 없는 자 등은 법도에 맞게 장례를 치를 수 없는 경우가 많다. 그러므로 사자가 후세에 생활할 주거·가축·거마·기물·의복 등을 얻을 수 없으며, 후생길을 떠날 여비조차 없었다. 그래서 그들은 지상에서 방황할 수밖에 없었다. 이것은 오랜 옛날에 일어난 사상으로 지금까지 전해오는 것이다. 그러므로 이와 같은 사자에게는 적당한 장례를 치러주어야 하며, 사체를 발견하지 못할 경우에는 소혼召魂을 하여서라도 매장을 해줘야 하고, 자손을 남기지 못한 자에게는 양자를 들여 주어야 된다는 사상이 후세에 생기게 된 것이다.

자살 또는 타살자의 죽음은 그것이 자연사가 아닌 까닭에 원시인에게 공포와 증오를 느끼게 했을 것이다. 그래서 타계에 가서도 타계 사람들에게 증오심을 줄 것이라고 추리하여 그러한 사자는 갈 곳이 없으므로 지상에서 방황한다고 결론내린 것이 아닌가 한다.

미혼자가 타계에 못 간다는 것은 밀교密教의 영향일 듯도 하나, 다음의 민간전설은 그것이 성性에 미련을 가진 까닭이라고 설명하는 것 같다. 전주 유춘섭柳春燮 군의 이야기를 들어보면 다음과 같다.

옛날 어떤 나그네가 노방에서 소변을 보았다. 그날 밤 꿈에 어떤 아름다운 소녀가 나타나 '나는 오늘 당신이 가진 귀한 것을 보았습니다. 이승에서의 한도 이제는 풀리게 되었으니 지금으로 나는 후생길을 떠나겠습니다' 하고 사라졌다고 한다. 그러므로 그 뒤부터 미혼자의 묘는 평토장平土葬으로 하게 되었다. 나그네가 소변을 본 곳은 꿈에 보인 처녀의 묘지였으나, 나그네는 물론 묘인줄 알지 못하고 무례를 저지른 것이었다. 그러나 그 무례는 도리어 가엾은 원혼을 구하게 된 것이었다.

지금 민간에서 정말 이 이야기와 같이 미혼자의 사체를 반드시 평토장으로 하는지는 보증하기 어려우나, 민간에서 미혼남녀의 사자를 위하여 사자끼리의 결혼식을 마치 보통 혼례식과 같이 거행하는 풍습이 있는 것은 사실이며, 그것을 반드시 중국의 영향이라고는 할 수 없다. 동시에 또는 최근에 죽은 배필을 구하여 사자끼리의 결혼을-위패로써-시켜 주어야 몽달귀신을 면한다고 하며, 사자의 부모들은 서로 사돈이라고 생각한다.

한편 물에 빠져 죽은 자의 경우 매장을 할 수 없으므로 지하계에 갈 수 없다고 한다. 지하계는 매장에서 나온 사상이므로, 가족은 무녀에게 부탁해 사자의 혼백魂魄을 건져서 그 혼백만이라도 매장하여야 된다고 한다.

위에서 말한 여러 정령은 말하자면 방랑생활을 하는 무직·무산자이므로 그들이 후세의 삶을 영위하려면 나그네를 습격할 수밖에 없다. 인간 세상 같으면 강도·산적과 같은 것이다. 그러므로 객귀에 들면 음식으로 퇴귀하고자 하며, 여자는 대개 추위가 드는 까닭에 객귀는 감기귀신이라 불리기도 한다.

원수의 사혼이 앙화를 부르는 이유는 제2장 3절에 기술하였다.

도깨비는 잡귀의 일종으로, 보통 귀화鬼火(도깨비불), 즉 인화燐火가 그 본체라고 한다. 아랫도리는 볼 수 없으나, 입과 코가 한 곳에 붙어 구별하기 어렵다고도 하며, '허깨비' 등과 구별하기 어려운 경우도 많다. 동화에서는 장난하기를 좋아하며 때로는 인간과 친해져 종종 보물을 가지고 오는 수도 있어, 이러한 경우에는 유령spirit ghost보다 요정fairy의 성질을 가지고 있다고 할 수 있다. 그러나 이 도깨비도 때로는 사람의 혼을 빼앗는 수가 있다. 예컨대 《용재총화》 권3에는 다음과 같은 재미있는 이야기가 보인다.

外叔安府尹 少時向瑞原別墅 乘羸馬 率一小僮 去墅十里許 時夜向黑四顧無人 東望縣城 有火炬喧呼之狀 似若遊獵 其勢漸近 周擁左右五里不絶 皆鬼火也 公進退維谷 罔知所措但策馬 前行七八里 鬼火皆散 天陰雨濕 道路益艱 然私喜去鬼 恐怖稍定 又踰一嶺 緣回而下 前所見鬼火 疊塞前路 公計無所出 拔劒大呼突入 其火一時皆散 投入林莽 抵掌大笑 公到墅 心猶惶駭 憑窓假寐 婢僕張松明 方坐積 公見火光明滅 大呼曰 此鬼復來邪 仍擧劒擊之 左右器皿 皆被破碎 婢僕僅免

이것은 아마 사실일 것으로, 유학자들도 이렇게 도깨비불을 귀신이라고 믿었다. 이러한 경우에 병을 얻게 되면, 그것을 민간에서는 도깨비에게 혼을 빼앗긴 탓이라든지 도깨비의 앙화라고 한다.

허깨비의 예를 하나 들면,《용재총화》 권8에는 다음과 같은 자랑이 실려 있다.

> 余少時 送客南江 回至典牲署南峴 是時微雨 馬噴沫不能進 忽覺暖氣
> 射而如火 又有醜氣不可堪 見路上東谷 有人着簑笠 長數十丈 面如盤
> 目如炬 詭狀非常 余黙自念曰 我若失心 必墮彼計 遂控馬不發 良久縱
> 目視之 其人便回首向天 漸漸消滅 騰空而去 信乎 心定則怪不入也

곧 성현과 같이 침착한 자가 아니면 이러한 경우 허깨비에게 혼을 빼앗기고 병이 생기는 것이다. 이러한 환각상의 정령이 성현과 같은 학자에게도 존재하였던 것이다.

셋째로 부정한 물건에서 발생하는 정령은 물론 인간이나 동물에서 비롯된 것이 아니라 오래된 물건[古物]에서 생기는 것이다. 금은 보화·오래된 옷이나 물건, 기구 등을 오랫동안 감추거나 썩혀두면 거기에서 '사邪'가 발생한다고 한다. '사'란 것은 일종의 악정령이며, 그 형상은 불분명하나 설화에서 사람과 관계를 가질 때는 의인화된다. 그것은 원시 심리의 당연한 소산이며, 물체에서 비롯된 정신적 존재일지라도 그것이 인간의 형상을 취하지 않으면 사람과 이야기를 할 수 없으며 활동도 할 수 없다. 방치된 물체에 '사'가 발생하는 이유는 그것이 빛을 보지 못하고 긴 시간 동안 어둠속에 있었기 때문이라고 한다. 원시인들은 유암한 곳에는 반드시 정령이 존재한다고 생각하였다. 그렇게 해서 '사'—물체에 발생하는—라는 개념이 추리되었을 것이다. 많은 설화는 생략한다.

오래된 집[古家, 廢家]·오래된 우물[古井, 廢井]에도 사나 정령이 발

생한다고 한다. 이것도 사물의 경우와 같은 심리적 소산이었다. 폐
우물·폐가 같은 것도 그렇지만 폐우물 위에 집을 지으면 집이 우물
신[井神]의 가슴을 눌러 우물신이 가족에게 재병을 준다고 한다. 폐
가 같은 것은 어두침침하기도 하지만 그러한 집에 들어가면 누구든
지 불안해진다. 그것은 폐가와 같이 인적이 없고 음침한 장소에서는
그 안에 있는 모든 물체를 명료히 인식할 수 없어서 혹시 적이 그
속에 숨어 있지 않은가 하는 본능적 충동에서 나오는 감정이다. 그
러므로 원시인들은 폐가에 반드시 악정령들의 소굴이 있을 것이라
고 생각하였다. 《용재총화》 권4에서는 다음과 같이 적고 있다.

吾隣有奇宰樞 乃一時名賢也 吾少時與奇之孫裕 竹馬相交戲 宰樞捐
世 余與裕俱筮仕 而裕幹蠱居其宅 未幾宅凶 人不得入 裕亦從他焉
吾從其隣 聽其說 則有僮立門外 忽有物附其背 重不能堪 狼狽而入
覓之不見物 良久而釋 流汗被體 自後多怪事 人若炊飯 則昇蓋如舊
而糞滿其中 飯散于庭 或取盤盂 擲于空或取大釜 環空中而擊之 聲如
洪鍾 或見圃中菜蔬 皆堀而倒植之 須臾而枯 或見無人竈間 火光忽起
如有人捧之者 來觸廊廡 廊廡盡燒 以故棄而不收者已多年 裕憤然曰
先祖家室 久未修葺 豈人子奉先之意乎 大丈夫豈有畏鬼之理乎 卽入
居 怪亦復作 或移飯鉢 或以糞穢塗人面 裕若叱之 則空中唱云 奇都
事敢如是乎 未幾裕得病而卒 人皆云 裕之表弟柳繼亮 謀亂被誅而其
神 依家作祟也

　　귀물이 한 짓은 오늘날 도깨비가 장난하는 이야기와 유사한, 황
당한 요괴설화지만 폐가에서 악정령이 발생한다는 신앙의 예로는
가장 적절하다.
　　바다의 괴물, 즉 물귀신은 물에 빠져 죽은 이의 혼이라고 생각되

는 경우도 있으며 또는 원래부터 해중·수중에 있는 괴물인 경우도 있다. 물귀신은 사람의 혼을 유인하기도 하며 선박을 침몰시켜 사람의 혼을 빼앗기도 한다. 그러므로 선원이나 항해자는 금이나 은으로 된 '동곳'을 지녀야 한다. 그것이 적산호赤珊瑚로 만든 것이면 더욱 좋다. 물귀신은 금속이나 산호를 무서워하여 상투를 쥐다 동곳이 있으면 무서워서 놓고 달아난다고 한다. 이 밖에도 사람에게 들러붙는 정령은 때와 경우에 따라 한없이 있다. 몇 가지 기괴한 예를 들면 이륙李陸의 《청파극담靑坡劇談》(《대동야승》에 수록)에서

> 廣州有老人 年八十餘 自言平生未嘗見異事 有二事 至甚奇怪 隣有一
> 人 嘗戲假面 一日其家有染病 巫云 木假面所崇 卽投之於田野 病氣
> 果寢 云云

이라 하여 나무로 된 가면의 저주도 있다 하였고, 차천로車天輅의 《오산설림초고五山說林草藁》(《대동야승》에 수록)에서는

> 光廟 謁文宣王廟歸 因不豫 貞熹王大妃憂之 問諸巫 皆曰 孔廟神爲
> 崇 貞熹王大妃 命宮人率諸巫 行淫祀於大成殿庭中 諸巫雜沓 衆伎亂
> 作 館衆諸生有士氣者爲之倡 領諸生驅逐諸巫 椎破腰鼓雜樂 宮人驚
> 散 走入奏之大妃 大妃大怒曰……成廟椎枕蹶然而起曰 吾太學生徒
> 如此其有義節耶……賜宴于勤政殿 云云

이라 하여 공자孔子의 신도 사람에게 재앙을 내린다고 생각한 모양이다.

　　우리 민간에서는 다른 모든 민족의 신앙과 마찬가지로 정령을 유암적 존재라고 생각한다. 물체를 어두운 곳에 버려두면 정령이 생

긴다 하며, 사혼이 된 정령도 어두운 곳에서 생활한다고 한다. 도깨비불이라든지 허깨비 같은 것이 나타나는 것도 반드시 그 무대는 어두운 밤이며, 어두운 숲 속이나 동굴, 폐가, 음침한 뒷간 구석에는 항상 정령이 숨어 있다고 생각한다. 어두운 밤은 정령의 세계다. 정령들은 자유자재로 밤의 세계에 출몰할 수 있다고 한다. 그러므로 깊은 밤에는 악정령이 횡행한다고 하지만, 악정령이 충만하여 있는 것은 아니다. 어두운 밤에 길을 가는 자는 반드시 등롱을 들어야 한다. 귀신이 불이나 빛을 무서워하기 때문이다. 담 모퉁이를 돌 때나 뒷간에 들어갈 때, 빈집에 들어갈 때는 세 번 기침을 하여 악귀를 쫓아야 한다. 귀신은 소리〔音〕를 무서워하기 때문이다.

악정령이 어두운 곳에 있다고 하는 추리는 '몽환설'에서 나온 것이다. 꿈속은 항상 어두웠다. 대낮에는 귀신이 보이지 않았지만 밤이 되거나 어두운 곳에서 그들은 환각 속에서 항상 귀신과 정령을 보았다. 밝은 곳에서는 모든 물체를 명료히 인식할 수 있으므로 정령적 적을 발견할 수 없었으며 그것을 상상할 수도 없었다. 하지만 어두운 곳에서는 적이 있으리라는 본능이 발동하였다. 그러므로 정령은 그러한 곳에 존재하였다. 원시인에게 '생각할 수 있는 것은 모두 존재하였다.'

이렇게 사람의 사령死靈은 제2장에서 서술한 것과 같이 지하계(타계)로 가는 것과 어둠 속에 서식하는 것이 있지만, 이 밖에도 묘지에서 발생하거나 서식한다는 관념도 자연히 일어났다. 타계로 간다는 사상과는 이론상 모순되는 듯하지만, 원시인에게는 그것이 명료한 논리의 산물이었다. 예컨대 《용재총화》 권8에는

權姓宰樞 以文官顯於朝 父死 將堀人塚而墓之 塚主曰 此吾父墓也
吾父官雖卑 意氣嚴毅 非尋常人 愼勿堀之 將必有害 宰樞不聽 竟堀

其墓 剖棺棄尸 其子撫尸痛哭曰 英靈若在 其無報冤乎 其夜風水李官
夢紫髥丈夫 憤怒叱之曰 汝何奪我安宅 移給他人 禍根實在於汝 卽以
拳槌其胸 李痛胸流血 須臾而死 未幾宰樞亦被誅 家門殄絕 人皆云
堀塚之禍也

란 말이 있다. 죽은 풍수가의 꿈은 누구도 알지 못할 것이므로 이는
터무니없는 거짓말이겠지만, 묘지를 사자의 집이라고 하면 사자가
그 속에서 생활한다는 생각은 매장의 풍습과 함께 당연히 생겼을 믿
음이었다.(53) 고대 묘지의 구조는 주가住家를 많이 모방하였으며, 우
리 주위 민족에는 총상작옥塚上作屋의 풍습이 많이 있다. 그것은 물론
묘가 사자의 주거로 생각되는 까닭이다. 예컨대 《수서》 권84 돌궐
전은 "於是 擇日 置屍馬上而焚之 取灰而葬 表木爲塋 立屋其中 云云"
이라 전하며, 《위서魏書》 권100 물길勿吉전은 "其父母春夏死 立埋之
塚上作屋 不令雨濕"이라 하였다. 한편 차플리카Czaplicka의 말에 따르
면, 보굴Vogul인과 오스티야크Ostyak인들은 무덤 위에 지붕 모양의
덮개를 만든다고 하는데, 이는 황해도·평안도의 긴편과 유사한 것이
다. 그리고 물길(말갈)족의 총상작옥은 지금도 있는 것으로, 라벤스
타인Raventein에 따르면 동북부 만주와 흑룡강 하류에 사는 골디Goldi
·망군Mangun족은 간목幹木이나 판목으로 만든 조소粗踈한 관에 사체
를 넣고 그 위에 작은 집을 지으며, 무격의 무덤 위에는 좀 더 훌륭
한 집을 짓는다고 한다. 그리고 아이누Ainu족들도 무덤 위에 작은
집을 짓는다고 한다. 《후한서》 권115 예穢전에서 "多所忌諱 疾病死
亡 輒捐棄舊宅 更造新居"라 말하는 병자와 사자의 주거를 방기하는
풍습에 대해, 토속학자들은 병자기피·사체기피사상으로 해석하고자
하며, 경제학자들은 특히 사자에게 지어준 가옥은 사자의 것이므로
소유권 침해를 극단적으로 두려워하던 원시인의 경제관념에서 발생

되었다고 해석한다. 모두 맞는 말이지만 한편으로 생각하면 사자의 집 방기는 사자의 주거를 위하여 그것을 사자에게 바친다는 관념으로부터 생긴 것이 아닌가 하는 추론도 성립될 것 같다.

끝으로 정령의 형상에 관하여 언급하자면, 우리 민간에서는 사혼으로 된 모든 정령의 형상을 2장에서 서술한 바와 같이 그림자와 같다고 한다. 더욱이 목이 떨어져 죽은 자, 손발이 잘려 죽은 자는 죽은 뒤에도 머리나 손발이 없는 형상을 가진다고 한다. 또 어린아이의 사혼은 언제까지나 어린아이이며, 노인의 사혼은 노인으로 나타나고, 부인은 부인, 도둑은 도둑으로 계생한다고 한다. 이것도 몽환설의 환각, 즉 존재의 원리로 설명할 수 있다. 원시인의 꿈이나 환각에는 목 없이 죽은 자는 항상 목이 없는 채 보였으며, 어린아이의 사혼은 항상 어린아이의 모습으로 출현하였다. 성질이 광폭한 자는 항상 광폭하게 출현하였다. 또한 그리고 어린아이는 죽은 지 수십 년이 지난 뒤라도 장년의 형상으로 상상할 수 없었다. 그들의 인상에 남아 있는 것은 항상 아이이기에 그것을 장년화할 수는 없었던 것이다(장생불로長生不老사상도 이러한 원시심리에서 만들어진 것이며, 천당과 극락에는 죽음도 없고 신생도 없다. 이 사상도 이러한 세포사상細胞思想에서 분열 발달된 것이리라).

2) 악정령 구양

지금 우리 민속에서 악정령으로부터 피하고자 하는 소극적 수단으로는 '금줄' 등의 금기Taboo와, 표주박형(백동 또는 은)의 허리장식 호신부〔護符〕, 유행병·전염병의 있을 때 옷고름에 차는 호박꼭지 호신부 등이 있다. 금기와 주물呪物, 호신부 같은 것은 일종의 소극적 마술에 속하는 것인지 알 수 없는데, 특히 주물과 호신부에 관해서는 문헌은 물론 토속에서도 자료를 많이 발견할 수 없다. 또 조선에서 옛날부터 주물·호신부가 발달하지 않았는지도 알 수 없다. 그리고 금줄에 대해서는 제6장 2절에서 상술할 것이므로 생략하기로 하고, 이 절에서는 다만 소극적 마술, 즉 악정령 구양驅禳에 관해서만 논술하고자 한다.

악정령을 구양할 때는 대체로 마술을 이용한다. 하지만 예외적으로 사람에게 붙은 정령이 존경할 만한 자이든지 위대한 인격인 경우에는 기도애원법을 취하기도 한다. 위대한 조상이나 고귀한 사혼도 그것이 사람에게 들려 병을 주는 이상 악정령의 부류에 속해야 하지만, 계생설의 신자인 원시인들은 그러한 정령에 대해서는 감히 잡귀와 같이 구양적 태도를 취하지 못하였다. 이 또한 제5장에서 자세히 설명하기로 한다.

악정령을 쫓는 방법에는 평소에 행하는 것과 병에 걸렸을 때 행하는 것 두 가지가 있다. 다시 이 두 방법은 위협적 태도를 취하는 것과 마술력을 가진 물체 또는 소리로 시위하는 것, 또는 주문[呪語]으로 위협하는 것 등 여러 방법으로 나뉠 수 있다.

조선의 구정법驅精法은 중국의 영향을 많이 받았는데, 그 가운데 대표적인 나의儺儀(푸닥거리)에 대한 예를 들면 《고려사》 권46 흉례凶禮에 계동대나의季冬大儺儀라는 조條가 있다. 그 내용을 보면 《후한서》 권15 예의지禮儀志 대나大儺의 조와 흡사하며 아래와 같다.

大儺之禮 前一日所司奏聞 選人年十二以上十六以下 爲侲子 著假面 衣赤布袴褶 二十四人爲一隊 六人作一行 凡二隊 執事者十二人 着赤幘褠衣執鞭 工人二十二人 其一方相氏 著假面 黃金四目 蒙熊皮 玄衣朱裳 右執戈 左執楯 其一爲唱帥著假面皮衣執棒 鼓角軍 二十爲一隊 執旗四人 吹角四人 持鼓十二人 以逐惡鬼于禁中……唱率侲子和

曰 甲作食凶□(歺/凶) 赫胃食疫 雄伯食魅 騰簡食不祥 覽諸食咎 伯
奇食夢 强梁祖明 共食磔 死寄生委 隨食觀 錯斷食巨 窮奇騰根、共
食蠱 凡使十二神追惡鬼凶 赫汝軀 拉汝肝 節解汝肌肉 抽汝肺腸 汝
不急去 後者爲粮 周呼訖 前後鼓譟而出 諸隊各趣門 以出出郭而止
云云

이에 따르면 가면을 쓴 구양자驅禳者들이 12신의 위력을 빌려 악
귀와 그 밖의 흉악을 궁중으로부터 구축하는 것이—위협적인 주문과
태도로써—나례儺禮다. 그리고 집사자執事者·방상씨方相氏·창수唱帥·고
각군鼓角軍들은 48인(2대二隊)의 진자侲子(아이초라니)와 함께 '甲作食
□' 운운하는 주문을 외는 모양이다. 12신이란 것이 어떤 신인지는
분명하게 알 수 없지만 갑작甲作·혁위赫胃·웅백雄伯 등의 신을 가리키
는 듯하다. 한데 조선의 기록을 보면 다소의 변화가 있다. 《용재총
화》 권1은

驅儺之事 觀象監主之 除夕前夜 入昌德 昌慶闕庭 其爲制也 樂工一
人爲昌師 朱衣着假面 方相氏四人 黃金四目 蒙熊皮 執戈擊析 指軍
五人 朱衣假面 着畵笠 判官五人 綠衣假面 着畵笠 竈王神四人 靑袍
幞頭木笏 着假面 小梅數人 着女衫假面 上衣下裳 皆紅綠 執長竿幢
十二神各着其神假面 如子神着鼠形 丑神着牛形也 又樂工十餘人 執
桃 苅從之 揀兒童數十 朱衣朱巾 着假面 爲侲子唱師呼曰 甲作食□
佛胃食虎 雄伯食魅 騰簡食不祥 攬諸食姑 伯奇食夢 强梁祖明 共食
殊 死寄生委 陷食襯 錯斷食拒 窮寄騰根 共食蠱 惟爾十二神 急去莫
留 如或留連 當嚇汝軀 泣汝幹節 解汝肉 抽汝肝腸 其無悔 侲子曰喩
叩頭服罪 諸人唱鼓鑼 時驅逐出之

라고 한다. 세세한 차이는 무시하더라도 조왕신 4인, 여장을 한 소매
小梅(초라니) 여러 사람, 12간지의 동물신 가면을 착용한 자 등이 고
려와는 현저히 다르다. 그리고 이 표현은 매우 애매하여 12신이란
것이 12간지 동물신이면서도 마지막에 '惟爾十二神 急去莫留'라 하
여 □·虎·魅·不祥·姑·夢·殤·櫬·拒·蠱 등의 악정·악물을 쫓지 않고
12간지신을 쫓아내는 것은 불합리하다. 그리고 진자가 창사唱師와 함
께 구악驅惡을 하지 않고 12악신(귀신의 소임을 담당한 모양) 또는 12
간지신의 가면을 쓴 자가 따로 있으면서 진자가 그에 고두복죄叩頭服
罪한다는 것도 불합리한 일이다. 하여간 고려와 조선 사이에는 나의
에서 다소 변천이 있었던 듯하다. 그러나 가면무장한 무리가 제야除
夜·전야前夜에 궁중에 모여 있는 악정령을 물리치는 의식으로서, 나
례를 행하였던 근본 의미에는 변화가 없었다. 이 의식의 대체는 물
론《후한서》예의지禮儀志에 보이는 나의의 모방일 것이며, 이는《후
한서》의 기록에도 보인다. 예컨대 고유高誘가 주석을 단《여씨춘추呂
氏春秋》권3 계춘삼월기季春三月紀에 보이는 다음의 글이 그것이다.

　　　國人儺九門 磔禳以畢春氣 儺讀論 語鄕人儺同 命國人 儺索宮中區隅
　　　幽闇之處 擊鼓大呼 驅逐不祥 如今之正歲逐除是也

　　그 후세의 진晉나라 종름宗懍의《형초세시기荊楚歲時記》(《설부說郛》
에서 인용)에도

　　　十二月八日 爲臘日……諺言臘鼓鳴 春草生 村人並繫 細腰鼓 戴胡頭
　　　及金剛力士 以逐疫 按禮記云 儺人所以逐厲鬼也 呂氏春秋季冬紀注
　　　云 今人臘前一日 繫鼓驅疫 謂之逐除……東京賦云 卒歲大儺 歐除群
　　　厲 方相秉鉞 巫覡操茢 侲子萬童 丹首玄製 桃弧棘矢 所發無臬

이라고 하였다. 이러한 중국의 기록이나 그 밖에 중국 정사正史의 예의지禮義志를 보아도 진자가 악귀의 소임을 맡은 예는 보이지 않는다. 그렇다면 진자가 악귀의 역을 맡는 것은 조선에서의 특수한 변천일 것이다.

기타 세시행사 가운데 중국의 영향으로 생긴 것을 찾자면《용재총화》권2에 보이는 다음의 기록에서 알 수 있다.

歲時名日所擧之事非一 除夜前日 聚小童數十 名爲侲子 被紅衣紅巾納于宮中 觀象監備鼓笛 方相氏臨曉驅出之 民間亦倣此事 雖無侲子以綠綠葉 紫荊枝 益母莖 桃東枝 合而作箒 亂擊櫺戶 鳴鼓鈸而驅出門外 曰放枚鬼 淸晨畫物於門戶窓扉 如處容 角鬼 鍾馗 幞頭官人 介胄將軍 擊珍寶婦人 畫鷄 畫虎之類也……新歲……兒輩聚蒿草 燒園苑 亥日曰薰貁喙 子日曰薰鼠……三月三日曰上巳……又採新艾葉 作雪糕而食 五月五日曰端午 懸艾虎於門 泛菖蒲於酒 兒童編艾菖蒲作帶 又採蒲根 以爲鬚……冬冬至粥 云云

방점으로 표시한 여러 가지 행사는 모두 중국의 모방 또는 중국사상의 영향으로 생겨난 것이지만, 이것을 일일이 고증 비교함은 지금 해야 할 일이 아니므로 다음의 기회로 미룬다. 본론으로 들어가서 조선 고유의 마술을 설명하도록 한다.

(1) 위협

위협적 방법은 대개 무기를 쓴다. 예컨대 조선의 샤먼은 대개 칼을 가지고 있다. 몸에 들린 정령이 잡귀일 때는 병자를 툇마루나 마당에 앉히고 칼로―가족 샤먼이면 식도로―아픈 이를 찌를 듯이 덤비면서 주문을 외친다. 물론 병자를 찌를 듯 덤비는 것은 병자에 붙은 악정령을 찌르겠다는 위협이다.

> 호-옷새- 이놈의 귀신 어대가 울을 곳이 없어서 이 집에 와 울었느냐. 한 짓을 생각하면 아무것도 주지 않겠지만 사정이 불쌍해서 이 물과 밥을 주는 것이니 이것을 먹고 한시바삐 떠나지 아니하면 열 토막 스무 토막으로 잘라서 죽여 쉰 길 가마 속 펄펄 끓는 기름 속에 넣어 덜덜 끓여 죽여 달달 볶아 죽이리라. 자-썩 물러가겠느냐 아니하겠느냐? 홋새-(부산 失名 씨 이야기)

위와 같이 외치며 무녀와 가족 샤먼은 들었던 칼(또는 식칼)을 대문 앞으로 던진다. 칼끝이 문 밖으로 향하면 귀신이 물러간다는 뜻이지만 문 안으로 향하면 물러가지 않겠다는 표시이므로 그때는 한층 맹렬한 위협을 반복한다. 그리고 물러나겠다고 하면 짚 꾸러미에 밥과 나물을 싸서 문 밖이나 개천가에 던져 준다.

종기로 고통받는 자에게는 종기가 난 부분을 칼로 겨누면서 악정령을 위협하기도 한다. 그것은 악정이 종기 안에 들어 있어서 그 부분이 부풀어 오른다고 믿었기 때문이다. 종기가 부패하는 것은 그것을 악정령이 먹기 때문이라고 생각하기도 했다.

두통은 머리에 악정령이 들어 있기 때문이라 하여 머리를 칼로 위협하기도 한다. 이러한 시위는 가장 단순한 방법이지만 평안·황해·경기도의 무녀·박사(남무)들은 갑주창시甲冑槍矢까지 가지고 있다. 중병을 앓고 있는 사람에게는 강한 악정령이 붙었다고 하여 무격은 갑주창시로 무장한 뒤에 말 위에서 악정령에게 도전한다. 이것을 황해·평안도에서는 '장수거리굿'이라 하여 이때 무격은 필사의 힘을 쏟아낸다.

또 무녀는 문관의 예복이었던 전복典服을 가지고 있다. 《증보문헌비고》 권137 형고刑考 폐율廢律, 절도정배絶島定配에서는 "巫女冒入闕內 潛着袞衣 設行神祀者 肅廟戊寅始用 英廟甲子廢"라 하여 무녀가 용포龍袍를 가졌던 사실을 전한다. 지금도 황해·평안·경기도의 대무녀 가운데는 용포를 가진 자가 있다고 한다. 전복은 일반 제의祭儀·양식禳式(굿)을 할 때 무녀들이 항상 착용하지만, 원래는 들린 정령이 문관 또는 문사였을 때 사용하였을 터이다. 그리고 용포는 들린 정령이 고관이었을 때 사용하였을 것이다. 즉 관직 계급으로서 정령에게 시위하며 그것을 굴복시키는 데 본래 의도가 있었을 것이다. 그 증거로 악정령이 여성일 때는 무녀나 박사[覡]가 녹의홍상을 착용하며(평안·황해도) 악정령이 도령일 때는 무격이 도포관대를 하는 것(평안·황해도)을 들 수 있다. 제석굿을 지금 황해·평안도의 무격들은 별다른 의미를 두지 않고 하지만, 이것은 아마 불교가 융성하였던 고려시대나 그 이전에 발생된 것으로 악정령이 승려일 때 집행하였으리라 생각된다. 제석굿 때 무격은 장삼을 입고 가사를 매며, 육환장六環杖을 짚고 고깔을 쓴 뒤 승무를 추면서 귀신을 쫓는다. 또 평안도에서는 귀신이 여성인 경우에 무격이 남성의 옷을 입고 양불禳祓하는 수도 있다. 이렇게 경우에 따라 복식을 바꾸며 그에 걸맞는 태도를 취하는 것은 상대하는 악정령이 어떠한 자인가에 따라 결정되는 것이며, 무격은 항상 악정령보다 강한 자가 되어야 했다. 이것도 역시 위협의 일종이다.

무녀는 자신의 강력함을 악정령에게 시위하고자 무거운 '놋동이'를 입에 물기도 하고 '작두'를 타기도 한다. 무녀는 중병인이 생겼을 때나 '불신제' 때 이러한 시위를 한다. 오늘날의 무녀들은 그것을 악정령에 대한 시위라고 의식하지 않고 무녀의 기술 자랑쯤으로 여기는 모양이지만 원래 의미는 물론 마술적 방법이었을 것이다. 놋동이는 30근 정도의 무게인데, 그것이 진짜 유기鍮器인 까닭에 보통 사람은 입으로 물어 올릴 수 없다. 하지만 무녀는 무부巫夫나 조승助承들이 두드리는 북[鼓]과 징[鑼] 소리에 흥분하여 난무를 추면서 동이를 물기 시작하고, 그에 따라 관중들도 동시에 긴장한다. 몇 번이나 실패한 뒤에 겨우 동이를 물어 올리면 악기는 더욱 맹렬히 울고 관중은 동이 속에 전백錢帛을 넣어준다. 전백의 무게로 동이를 떨어트려 무녀를 구하고자 하는 의미다. 이때 무녀의 입에서는 피가 흐르는데, 무녀들의 말에 따르면 큰무당이라야 능히 이 놋동이 물기를 할 수 있다고 하며, 한 번 하면 대개 3~4일 동안은 피로로 일어나지 못한다고 한다.

작두타기에는 단작두타기와 쌍작두타기가 있지만, 단작두타기는 말로만 있고 실제로 하는 무당은 없다고 한다(평남 중화군 무녀 윤복성의 증언). 윤 무녀의 설명에 따르면 도구통[木臼] 위에 나무상자[木箱]를 놓고 그 위에 자리를 깐 뒤, 그 위에는 다시 각두角斗에 쌀을 담아서 얹는다. 그 위에 작두 두 개를 나란히 놓고 무녀는 맨발로 그것을 탄다. 놋동이를 물 때는 밥상 6~7개를 차곡차곡 쌓아 그 높이가 무녀의 가슴께까지 다다르도록 한 뒤 그 위에 놋동이를 두고 무녀는 뺑뺑이춤[旋舞]을 추면서 그것을 물어 올리는 것이라고 한다.

이러한 위협적 양귀술禳鬼術은 주위 민족에도 많이 있다. 특히 중국 고서에서 여러 예를 들어 보면, 《사문유취事文類聚》권38 무자巫者와 《연감유함淵鑑類函》방술부方術部 무巫에는 "劉之靖家 數有怪 召巫 夜披髮銜刀 爲禳厭"이란 기록이 보인다. 또 섭륭예의 《요지遼志》(《역대소사歷代小史》61)에 보이는 "正月一日……使令師巫十二人 外邊遶帳 撼鈴執箭唱叫 於帳內諸火爐內爆鹽幷燒地□鼠 謂之驚鬼"란 기록은 나儺와 유사한 의미를 가진 것 같다. 여기서 폭염爆鹽은 중국의 폭죽과 비슷한 것으로, 소리로 악정령을 놀라게 하는 방법일 것이다. 서청의 《흑룡강외기》 권6의 "達呼爾……薩瑪則啜羊血嚼鯉 執刀槍叉梃 卽 病者腹上 指畵而黙誦之 云云"이란 언급이나, 서종량徐宗亮의 《흑룡강 술략黑龍江述略》 권6에 나오는 "巫風盛行 家有病者 不知醫藥之事 輒招 巫 入室誦經 裝束如方相狀 以鼓隨之 應聲跳舞 云云", 방식제方式濟의 《용사기략龍沙紀畧》 풍속조의 "降神之巫曰薩旀 帽如兜鍪……遇病 則 陷肉不可拔 一振蕩之 骨節皆鳴 而病去矣"등은 한족·몽고족·만주족 에 존재하던 위협적 양염법禳厭法일 것이다. 《삼국지》 권30 오환전에 "有病……或隨痛病處 以刀決脉出血 云云"이라고 한 것도 그 원래 뜻 은 아픈 부위에 악정령이 붙어 있다 하여 그 부위를 칼로 찌른 것이 라 추측된다.

(2) 마술력을 가진 물체·빛·소리

앞서 서술한 바와 같이 조선의 상고신앙에서는 검·창·활 등의 무기가 마술력을 가진 물체라고 생각하였다. 무기는 적을 죽이는 것 이므로 그것이 악정령도 구축할 수 있다고 믿었다. 비슷한 의미로서 갑주·전복·도포·용포·장삼 등도 상대가 누구인가에 따라 일종의 마 력을 가졌다고 믿은 것 같다.

다음으로 우리 민간에서는 금·은·철과 같은 금속이나 적산호도 악정령을 두려워하게 만드는 마력을 가졌다고 생각한다. 그러므로 금·은반지, 비녀와 금·은·산호의 동곳을 악귀가 무서워한다고 한다. 또 악귀는 금속 소리를 무서워하므로 밤중에 길을 가는 이나 산속을 지나가는 자는 반드시 말의 목[馬頸]에 방울을 다는 것이라고 하며 (경남 동래군 최 맹인의 이야기), 무격은 금속제로 된 여러 가지 기물 을 굿을 할 때 울리는 것이라고 한다(윤 무녀의 말). 적산호의 마술력 에 관하여 페리Perry[54]는 그것을 적색숭배로서 설명하였다. 적색숭배는 혈액숭배에서 기인하였는데, 이는 원시인이 사람의 사인死因 가운데 하나를 혈액의 결핍으로 생각하였고, 그 추론은 적의 무기에 찔려 죽은 자가 피를 많이 흘리고 죽는 사실로써 귀납되었다고 한다. 금의 마술적 힘에 관해서는 스미스E. Smith[55] 교수의 유명한 학설이 있다. 이집트 사막에 방치되어 있던 황금이 개오지조개Cowry (여성의 생식기와 흡사한 일종의 조개인데, 이것을 조선에서는 아마 '말씹조개'라고 할 것이다) 모조품으로 사용된 뒤로 '생명 부여자Give of Life'로서의 종교적 가치를 획득하고, 동시에 원시인의 화폐이던 패류의 지위를 대신하게 되면서 통화로써 통용되었다. 이 개오지조개에 대한 신앙은 자궁숭배로 확대되었고, 이는 생식숭배로 일어났다고 주장하였다. 스미스 교수의 설에 따르면 원시인의 추리는 항상 '동형이질同形異質' '동질이형同質異形'의 법칙으로 변한다고 한다. 다시 말하면 자궁은 생식성을 가졌으므로 생식을 숭배하는 원시인은 자궁을 숭배하게 되었으며, 개오지조개는 그것이 자궁과 같은 모양이므로 등가로 숭배하게 된 것이라는 논법이다. 그러므로 교수의 설을 부연하면 모든 습속은 그와 동질인 황금이 종교적 가치를 획득한 뒤에 이와 같은 마술력을 얻게 된 것이라고도 말할 수 있으나, 그것은 너무나 기계적 추리일 것이다.

필자의 생각에는 황금과 적산호의 마술적 힘에 관하여는 페리나 스미스 교수의 설을 따른다 하더라도, 동철의 마력은 아마 원시인이 동철을 무기 제작에 사용하였을 때 그것이 종래 석기나 목기에 견주어 놀랄 만할 위력을 가졌기에 경외하는 동시에, 악정령도 동철무기를 무엇보다 무서워하리라고 단정하였을 것이다. 이렇게 해서 원시인들은 동철에 위대한 마술력이 있음을 발견하였을 것이다. 동철뿐 아니라 무기 재료로 예리한 것이면 원시인은 그것을 숭배하는 마음을 가지게 되었다.

예컨대 《진서晉書》 권97 숙신전에서 "其國東北有山 出石 其利入鐵 將取之 必先祈神"이라고 것이 적절한 예이다. 아마 철도 끊을 수 있는 날카로운 돌[利石]의 정령에게 적과 악정령을 죽이고 짐승을 많이 잡게 하여 달라고 기원하였을 것이다.

다음에 고래뼈[鯨骨]·게껍데기[蟹殼]·소나무 가지[松枝]·박·백마의 피[白馬血]·백구의 피[白犬血] 같은 것도 악정령이 무서워하는 것이라고 민간신앙은 말한다. 예컨대 함남 홍원읍에서 5리쯤 떨어진 곳에 있는 천도川島란 어촌의 동구에는 수년 전까지 고래뼈로 만든 소도가 양쪽으로 세워져 있었으며, 지금도 그 잔해가 남아 있다. 마을 사람의 말에 따르면 그것은 악귀의 침입을 막기 위한 것이라 한다. 이는 고래의 위대한 힘과 소도가 결합하여 생겨난 신앙형식일 것이다.

또 함경도를 여행하다 보면 종종 민가 문 앞에 '게껍데기'를 매달아 둔 것을 볼 수 있다. 이는 일종의 '금줄'이지만, 그 종교적 의미는 '금줄'과 같이 '금기Taboo'가 아니라 게의 집게발이 갖는 위력을 악귀에게 시위하는 마술일 것이다. 금기와 마술의 차이는 소극성과 적극성에 있다. 금줄 구역 안은 신성한 장소이므로 그것은 부정한 자나 악정령의 출입을 금하는 터부시된 지역이다. 원시인들은 평소 절대로 남의 소유물이나 영역을 범하지 아니하였기에 그러한 경계 관념에서 금줄이 발생한 것이다. 그 금줄은 보통 일시적이고 시위적 의미는 없는데, 그에 견주어 게껍데기는 상시적이고 일반인의 출입이 허용되는 것을 보면 악정령에 대한 마술적 시위임이 분명하다.

또 평안·황해도 민가의 문 앞에는 종종 '송침松針'이란 것이 달려 있다. 소나무 가지를 상시적 또는 일시적으로 달아놓은 것이다. 이것도 역시 터부가 아니라 원래 마술적 시위에서 유래했을 것이다. 이 지방 사람의 말을 들으면 송침은 악귀를 피할 수 있다고 한다. 이것은 《용재총화》 권2 세시행사내歲時行事內에서 "二月 初一日花朝

乘曉散松葉於門庭 俗言 惡其臭蟲 而作針辟"이라고 한 것과 같이, 송침이 찌르는 힘을 악귀나 취충臭蟲이 무서워할 것이라고 생각하여 행하는 마술Magic이다.

또 함경도 민가에서는 흔히 '박'을 문간에 항상 매달아 두는 풍습이 있다. 이것도 터부가 아닌 마술적 의미일 것이다. 박의 마술력에 대해서는 니시무라 신지西村眞次 교수의 독보적 연구인 고대 선박과 박에 관한 설명을 빌리지 않을 수 없다. 니시무라 교수의 설(56)에 따르면 박은 '띠배〔筏船〕'와 같은 고대 선박에 부력을 더하고자 배의 하부 또는 측부에 묶어두었던 것이라고 한다. 그래서 박은 항해자의 생명을 지켜주며 귀물鬼物을 막을 수 있는 마술력을 가졌다고 여겨졌으므로 일본 토속에서 박은 항상 바다와 관계가 있어 박의 호신부를 차면 익사를 면하고 안전한 항해를 할 수 있다고 믿는다고 한다. 조선의 백조전설(선녀전설)의 주인공인 초부樵夫가 박을 타고 승천하는 것은 아마 공간과 해양을 혼동한 원시사상의 산물일 것이다. 이렇게 생겨난 박에 대한 신앙으로 우리 민간에는 표주박 호신부, 박꼭지 호신부 등이 만들어졌을 것이며, 경상도 방언으로 표주박을 '한울수박'이라 하는 것도 결코 우연히 일은 아닐 것이다. 이렇게 보면 박을 문 앞에 달아두면 악귀가 침입하지 못할 것이라고 믿는 마술적 신앙에 대한 이유를 쉽게 알 수 있을 것이다.

한편 백마 피나 백견 피도 악귀가 무서워한다고 한다. 전염병이 유행할 때, 즉 악귀가 횡행할 때 또는 계속해서 악귀의 재병이 끊이지 않을 때 백마 피나 백견 피를 문 앞과 사방에 뿌려두면 악귀가 들어오지 못한다고 한다. 이것은 신앙상이나 설화에만 존재할 뿐 실제로 백마를 죽이는 일은 드문데 이는 경제적 이유 때문이다. 그러나 백견을 죽이는 일은 때때로 볼 수 있다. 혈액숭배는 세계 어느 민족에나 있는 것이므로 자세한 설명은 생략하지만, 특히 백마·백견의 피를 귀물이 무서워한다는 것은 백색숭배의 원시신앙에서 일어난 것이다. 백색숭배에 대하여 동방의 자료에서 찾아보면 《위략魏略》(《삼국지》30)은 "夫餘其俗……居喪 男女皆衣純白"이라 하고 있다. 흰옷을 입는 풍습은 지금까지도 전승되고 있다. 《구당서舊唐書》 권 199 상 백제전에는 "麟德二年八月 隆到熊津城 與新羅王法敏 刑白馬 而盟 先祀神祇 及川谷之神 而後歃血 云云"이라 하여 당시 당에서 웅 진도독으로 임명했던 백제왕 부여융夫餘隆과 신라왕이 백마의 피를 마시면서 맹세하였던 것을 전한다. 피를 같이 마시는 것은 종교학상으로 보아 다른 의미가 있다. 즉 혈액을 같이 한다는 것은 형제나 동족이 된다는 의미의 동맹이다. 이것이 변해서 지금은 '한솥밥을 먹는다'는 사실을 매우 중요시한다. 국왕과 국왕 사이의 중대한 동맹에 백마를 죽인 것은 백색을 신성시한 원시사상의 소산이었을 것이다. 예컨대 섭륭예의 《요지》에는 다음과 같은 기록이 보인다.

時擧兵 必殺灰牛白馬 祀天地及木葉山神

八月八日 國主殺白犬於寢帳前七步 埋其頭露其嘴 後七日 移寢帳於 埋狗頭上 北呼此節 爲抯褐嫻 漢人譯云、抯褐是狗 嫻是頭

正月一日 國主以糯米飯 白羊髓相和 爲團如拳大 於逐帳內 各散四十 九箇 云云

또 《요지》와 《거란국지》 권27 세시잡기歲時雜記의 "冬至日國人殺 白羊白馬白鷹 各取生血和酒 云云"이란 내용은 몽고족에 있던 백색숭배를 말하는 동시에 그들의 혈액숭배를 의미하며, 특히 그들은 백견의 수호력을 믿었던 모양이다. 개는 집을 지키는 동물이므로 원시인들은 개의 수호력을 신앙하였고 그것이 악정령으로부터도 지켜주리라고 생각하여 백견의 피를 담장에 뿌리던 것이었다.

고대 중국에도 그러한 풍습이 있었다. 예컨대 한漢나라 응소應劭의 《풍속통의風俗通義》 사전祀典 제8은 "殺狗磔邑四門 太史公記 秦德公始殺狗 磔邑四門 以禦蠱菑 今人殺白犬 以血題門戶 正月 白犬血 辟除不祥 取法於此也"라고 하였다. 진덕공秦德公이 처음으로 개를 죽였다는 것은 물론 전설이겠지만, 이러한 사상은 원시시대의 산물이라 할 수 있다. 중국인이 백색을 숭배했던 예를 다른 데서 찾아보면, 《여씨춘추》 권7 7월기에 있는 "孟秋之月……其帝少皞 其神蓐收……其祀門祭先肝……天子居總章左个 乘戎路戎路 白路也 駕白駱駼 載白旂 衣白衣 服白玉 云云"이란 구절은 분명한 백색숭배의 증적이다. 명나라 도종의陶宗儀의 《남촌철경록南村輟耕錄》 권1 백도자白道子의 조가 "國俗尚白 以白爲吉 云云"이라 한 것도 그 한 증거이다. 부여인, 조선인, 여진인, 개괄적으로 말하면 만주인이나 조선인이 옛날부터 백의를 좋아한 것은 아마 백색숭배에 그 기원적 의미가 있을 것이다. 여진인의 백의에 대해서는 송나라 우문무소宇文懋昭의 《대금국지大金國志》 권39 남녀관복男女官服에서 "金俗 好衣白……婦人衣白 云云"이라고 분명히 말하고 있다.

왜 백색을 신성시하였느냐 하는 문제는 인류학자의 설명을 들을 필요도 없이 광명을 좋아하고 암흑을 싫어하던 원시사상의 산물이라 할 수 있다. 해가 뜬 동안은 백색이었다. 그때는 모든 악귀·악물이 자취를 감추고 사람의 인식작용이 명료히 활동하였다. 그러므로 원시인들은 백색이 악정령을 구축하는 위대한 존재라고 생각하였다. 중국인이 동방을 백색이라 함도 태양이 동방으로부터 일어나서 세계가 백색으로 바뀌어가는 점에서 생각한 것이었다. 이러한 의미에서 백색숭배는 태양숭배의 부산물이었다.

다음에 악정령이 무서워하는 것은 빛과 소리라고 한다. 예컨대 밤중에 길을 가는 자는 등롱이나 관솔불 같은 것을 지녀야 하며, 오랫동안 쓰지 않았던 의복이나 기물은 때때로 햇빛을 쪼여야 된다고 한다. 그러면 폐장물에 생겼던 사(악정령)가 달아난다는 것이다. 악정령이 이렇게 불빛이나 햇빛을 무서워한다는 사상은 물론 태양의 광선이 악정령을 쫓는다는 사상과 일치하는 것이며, 광명을 가지면 아무리 어두운 밤이라도 인식작용이 다소간 명료해지므로 암흑 속에서보다는 마음이 든든해지는 것이다. 마음이 '든든해진다'는 것은 환각이 활동하지 아니함을 의미하고, 환각이 활동하지 않으면 정령이 발생하지 않으므로 원시인들은 화광이나 일광을 무서워해서 악정령들이 도망가는 것이라고 추론하였다.

다시 전술한 윤 무녀와 최 맹인의 말에 따르면 귀신은 금속의 음향을 무서워하고 북소리와 장구소리 및 모든 소리를 무서워한다고 한다. 그러므로 여행자는 말 목에 방울을 달며, 무격은 징·방울[鈸]·장구[長鼓] 등을 가졌고 맹인은 북을 가진 것이라고 한다. 어두운 뒷간에 들어갈 때나 빈 집에 들어갈 때, 그 밖에 모든 어두운 곳에 들어갈 때는 반드시 기침을 세 번 하여 거기 있는 악귀를 쫓을 필요가 있다고 한다. 정령이 소리를 무서워한다는 추리는 첫째로 사람이나 동물은 정적인 상태에서 돌연히 고음高音을 들으면 거의 반사적으로 소리나는 곳을 향할 뿐 아니라 일종의 공포를 느끼게 되는데, 원시인들은 악정령도 소리에 놀라 달아나리라고 생각하였을 것이다. 둘째로 소리는 사람의 의식을 긴장하게 한다. 그러므로 정적상태에서는 의식이 산만하여 환각이 일어나기 쉽지만 소리로 그것이 긴장·통일되면 환각이 활동하지 않아 악정령이 보이지 않았다. 이것을 원시인들은 악정령이 소리를 무서워해서 도망가는 것이라고 추리하였다. 셋째로 악정령은 모두 정적인 존재이므로-정령이 항상 조용한 꿈속이나 폐가, 동굴에 출몰하고 그 행동에도 일절 소리를 내지 않았기에 정적인 존재라 결론을 내렸을 것이다-더욱 소리를 무서워할 것이라고 추론하였을 것이다.《요지》의 이른바 폭염爆鹽이나 진晉나라 종름의《형초세시기》에 "正月一日……鷄鳴而起 先於庭前爆竹 以辟山臊惡鬼"라고 폭죽을 쓴다는 기록을 한 것이나, 종름의 같은 책에 "正月木日夜 蘆苣火 照井厠中 則百鬼走"라는 사상도 앞서 말한 원시사상의 산물일 것이다.

(3) 닭 울음소리

우리 민간에서는 닭 울음소리[鷄鳴聲]를 귀신이 무서워한다고 여긴다. 그러므로 조상의 제사는 닭이 울기 전에 마쳐야 된다고 하며, 밤중에 횡행하던 도깨비·귀물 같은 것도 닭 울음소리만 들으면 흩어져 버린다고 한다. 이러한 예는 민간설화에서 수없이 발견할 수 있다. 중국에도 이러한 신앙이 있다. 예컨대《형초세시기》가 정월단正月旦의 조에 "帖畵鷄戶上 懸葦索其上 揷桃符其傍 百鬼畏之"라고 한 것을 진晉나라 왕자년王子年이《습유기拾遺記》권1 당요唐堯에서 다시 상술하였다.

> 堯在位 七十年……有祇支之國 獻重明之鳥 一名雙睛 言雙睛在目 狀
> 如鷄 鳴似鳳……能搏逐猛獸虎狼 技妖災 群惡不能爲害 飴以瓊膏 或
> 一歲數來 或數歲不至 國人莫不掃酒門戶 以望重明之集 其未至之時
> 國人或刻木或鑄金 爲此鳥之狀 置於門戶之間 則魑魅醜類 自然退伏
> 今人每歲元日 刻木鑄金 或圖畵爲鷄於牖戶之上者 此之造像也

곧 중국인이 대문 위에 그려 붙이는 닭의 기원형은 중명조重明鳥라 하며, 백귀百鬼가 그 새를 무서워한다고 전한다. 그러나 이것은 물론 후세의 전설이자 중국식 과장이 더해진 것이며, 원형은 보통의

닭일 것이다. 닭은 새벽을 알리고, 새벽은 그 빛으로서 악정령을 몰아내므로 원시인들은 닭이 악귀를 쫓는다고 생각하였을 것이다.

(4) 주문

필자는 앞서 말한 퇴귀시退鬼時의 주문 외에 다른 완전한 주문을 발견하지 못하였다. 무격 가운데는 맹인과 같이 불경의 주문을 원어로 읽는 자도 있으나, 필자로서는 그것의 내용이 어떠한 것인지 알수 없다. 물론 악정령을 위협하는 주구呪句의 연속이었겠지만, 발달의 정도와 그 내용은 알 수 없다.

이 장에서 앞서 기술한 바에 따르면, 악정령이 사람에게 빙의할 경우에는 그 씌인 사람보다 항상 강하다고 여겨졌다. 그래서 강한 사람에게는 그보다 약한 정령은 붙지 못하지만 그보다 더 강한 정령은 수빙祟憑할 수 있기에 결국 사람은 모두 악정령을 두려워하였다. 그리고 정령이란 눈에 보이지 않는 존재인 만큼 사람보다는 강한 힘을 가졌으며, 원시인들은 언제 정령에게 습격을 당할지 알 수 없으므로 전전긍긍하였다. 그러나 정령의 힘은 절대적이 아니며, 사람은 그들의 마술력으로 그 악정을 물리칠 수도 있다고 믿었다. 무기나 악정령이 무서워하는 빛, 소리, 기타의 물체로 구양할 수 있다고 하였다. 이렇게 구양하는 방법이 마술Magic이다. 그러므로 마술적인 면에서 정령은 초자연적 또는 초인간적 존재가 아니었고, 사람과 정령은 대등한 수준이었다. 이것이 종교와는 다른 점이다.

그런데 넓은 의미에서 보면 사람은 모두 마술력을 가졌다. 빛과 소리로써 악귀를 구축하는 것은 누구라도 할 수 있는 일이다. 그러나 그것은 보편적인 까닭에 모든 사람을 마술자라고는 하지 않는다. 종교학적으로 마술자라 하면 일반 사람보다 더 특별한 마력을 가진

자를 가리킨다. 그렇다면 최초에 그러한 마술자(샤먼)로 사회에서 인정받은 자는 누구였는가? 다시 말하면 기원적 샤먼의 상태는 어떠하였는가? 그것은 크뢰버 교수가 상상한 바와 같이 부족주민 가운데 어떤 열정적인 자가 '제가 정령과 교통할 수 있으며 악정령을 구양할 수 있다'고 주장하여(제1장 참조) 돌연 발생한 것이라고 생각하기는 어렵다. 그의 돌연발생설은 직업적 샤먼에는 적용될 수 있을지 모르나, 샤먼이 최초부터 직업적·개인적이었을 것이라고 믿기 어렵다.

원시인에게는 사회적 환경이나 상상의 환경이 동일한 수준에 있었다. 그래서 사회에서 힘이 있는 자는 악정령에게도 힘을 발휘하리라고 생각하였을 것이다. 그러나 가장 강한 자(예컨대 추장, 가장 등)가 반드시 마술자가 되었으리라고는 단언하기 어렵다. 그러한 예(제정일치)도 있지만 그렇지 않은 예도 있다. 그것은 또 다른 문제라 하더라도, 어쨌든 상당한 사회적 힘을 가진 자가 마술자로—적어도 마술력을 가장 많이 가진 자라고 생각되지 않았을까 하는 추리가 용납될 수 있을 것이다. 그러면 그 최초의 마술자, 즉 샤먼은 어떠한 자였으며, 그 종류와 성질의 발달 변천은 조선에서 어떠하였는가? 그것은 다음 장에서 알아보도록 한다.

4. 샤먼

1) 가족적 샤먼

시베리아 원주민 사이에서 무격이 되려면 일반적으로 어떤 정령 또는 신에게 의지하여 그 초인간적 힘의 혜택을 받을 필요가 있다.(57) 북미 인디언의 무격도 일정기간 절식수행絶食修行하여 자신을 이끌어주는 신[指導神]이 있어야 한다.(58) 이와 같이 무격은 일반적으로 우선 어떤 신령의 힘 또는 지도를 필요로 하기 때문에 샤먼, 즉 마술자의 기원을 생각할 때 사람들은 크뢰버 교수의 돌연발생설과 같은 오류에 빠지기 쉬운 것이다. 오늘날의 직업적(또는 개인적) 샤먼의 발생상태를 설명하는 데 크뢰버 교수의 이론도 어떤 면으로는 나름대로의 논리가 있다. 그러나 그것만으로는 직업적 샤먼 이전의 시원적 마술자의 상태를 설명할 수 없다. 그 시원적 상태를 말해주는 유일한 사례는 아마도 가족적 샤먼일 것이다.

가족적 샤먼이란, 가족 내에서 악정령 구양식 등을 할 때 그 가족 가운데 한 명이 샤먼이 되어 일시적으로 행하는 것이다. 이 경향은 주로 코랴크Koryak, 아시아 에스키모Asiatic Eskimo, 축치Chuckchee, 유카기르Yukaghir와 같은 구시베리아족에서 우세하며,(59) 이들 민족의 직업적 샤먼은 미숙한 정도에 있는 듯하다.(60) 그러나 가족적 샤먼은 그 지위를 차차 직업적 샤먼에게 양도해가는 추세에 있다고도 한다.(61) 그리고 구시베리아족보다 약간 문화수준이 높은 신시베리아족들 사이에서는 그것과 반대로 '직업적 샤먼이 매우 발달되어 있으며(예를 들어 야쿠트와 같이), 가족적 샤먼은 오히려 유럽인들로부터 감화된 행위'인 듯하다.(62) 그래서 요헬슨Jochelson과 같은 이는 '직업적 샤머니즘은 가족적 샤머니즘의 제의에서 발달한 것에 틀림없다'(63)고 단언하고 있다.

그러나 이는 과학적 설명으로 밝혀진 바가 아니다. 그 약점에 대해 차플리카는 '가족적 샤먼과 직업적 샤먼 사이에 과도형인 공공적公共的 샤먼Communal Shaman이라고 하는 제3의 형식을 추가할 필요가 있을 것 같다'(64)고 하며 은근히 제3의 형식을 부가함으로써 샤먼이 가족적인 것에서부터 공공적, 직업적인 것으로 발달한 듯 말하고 있다. 하긴 그녀는 다른 곳에서(65) '직업적 샤머니즘은 가족적 샤머니즘에서 발달한 것이겠지만, 집단적 생활을 불가능하게 하는 자연환경 속에 있는 지방에서 가족적 샤머니즘은 타락형일지도 모른다'라고 하여 신·구시베리아족의 거주지 기후 차이로도 설명하고 있다. 이것은 오히려 요헬슨과 반대되는 견해이다. 이러한 현상도 각 씨족의 종교현상을 자세히 연구해 보면 어쩌면 사실로 드러날지도 모른다. 그러나 필자는 그것이 오히려 예외적 현상이라고 생각한다. 오늘날까지도 일반 학자들은 가족적 샤먼이 신시베리아족 사이에 없는 것으로 인식하고 있고, 기후 조건이 좋지 않은─신시베리아족보다─구시베리아족 사이에만 가족 샤먼이 우세하다고 인식하고 있기 때문에 앞에서 말한 반대설은 그럴듯하게 들리는 것이다.

필자가 조사한 바에 따르면, 가족적 샤먼은 조선은 물론 만주·몽고에도 있는 것으로 생각된다. 조선의 가족 샤먼에 대해서는 뒤에 상술하겠으나, 만주의 가족 샤먼에 대해서는 양빈楊賓의 《유변기략柳邊紀略》(《소대총서昭代叢書》에서 발췌)에서 "滿人有病 必跳(音條)神 亦有無病而跳神者……跳神者 或用女巫 或以家婦 以鈴繫臀後 搖之作聲 而手擊鼓……且擊且搖 其聲索索然 而口致頌禱之詞 詞不可辨禱畢 跳躍旋轉 有老虎回回云云"이라고 하고 있다. 여기서 가부家婦는 말할 것도 없이 가족 가운데 처녀 또는 젊은 여성을 가리키는 것으로 생각된다. 그리고 그 여성은 확실히 샤먼의 역할을 하는 것이다.

또 서청의 《흑룡강외기》 6권을 보면 "小兒病 其母黎明 以杓擊門大呼兒名 曰博德珠 如是七聲 數日病輒愈 謂之叫魂 處處有之 博德珠家來之謂"라고 한다. 즉 아이들의 병은 혼이 빠졌기 때문이며, 따라서 그 어머니가 초혼을 하는 것이다. 이것은 바로 가족 샤먼의 한 예이다. 그리고 몽고족 가운데 부리야트인에 대한 커튼Curtin의 설명에 따르면, 아이가 태어날 때 산파를 부르고, 태어나자마자 바로 아버지는 넓은 화살촉 끝으로 탯줄을 자른다. 유아는 따뜻한 물로 씻기며, 양피로 싸여서 아버지의 털옷 위에 놓인다. 다음으로 친구와 이웃사람들이 찾아와서 소 또는 양을 죽여 제의 준비를 하는데, 사제자司祭者는 제의에 익숙한 사람이 맡는다. 그는 고기나 술을 신들에게 바쳐 가장의 행복과 다산, 가축의 번창을 기원한다.(66) 다른 학자들도 부리야트에 대해서는 같은 설명을 하고 있다.(67) 아이가 태어난 뒤의 의식에서 무격의 도움을 받지 않는 것은 반드시 가족 샤먼이 그것을 사제司祭한다는 의미인 것만은 아니며, 기도 또한 종교적인 것으로 생각되지만, 이 경우 제의에 익숙한 사람은 분명히 무격적이다. 그리고 그것은 오늘날까지 여러 학자들이 관용적으로 사용해 온 이른바 가족 샤먼의 개념과 조금도 모순되지 않는다. 오늘날까지 가족 샤먼이라고 하는 단어를 사회학적·통속적으로 사용하고 있으며, 그렇게 관용적으로 사용된 가족 샤먼은 그가 가족적 무격이었기 때문이다. 이 절에서는 '가족 샤먼'이라는 말을 편의상 가족적 무격이라는 뜻으로 사용함을 양해해 주기 바란다. 몽고의 이와 같은 습속은 조선의 경우와 가장 일치한다.

조선에서도 출산한 뒤의 제의에는 결코 무녀를 부르지 않는다. 반드시 가족 가운데 경험이 있는 노부인, 또는 이웃이나 친구들 가운데 경험이 있는 부인이 와서 산신産神에게 기도를 올린다. 그리고 이 부인들은 모두 앞서 말한 가족 샤먼에 해당된다. 다른 집으로부터 초대받는 것은 호의에서 나온 것이기 때문에, 결코 보수를 문제삼지 않는다. 그리고 그들은 당연히 자신의 집에서도 가족적 샤먼의 역할을 한다. 이것은 조선 어디를 조사해도 모두 마찬가지이다.

직업적 샤먼이 다종다양함에도 불구하고, 만주에서도 아이들의 병은 어머니가 초혼하여 고친다. 또 경상도와 전라도 지방에서는 2월 1일부터 2월 20일까지 바람의 여신에게 제사지내는 습속이 있는데, 이때 주제자主祭者가 될 사람은 가족 구성원 가운데 경험이 있는 여성으로 정해져 있다.

이와 같이 사소한 몇 가지 예증을 통해 생각해 보더라도 가족 샤먼을 단순한 직업적 샤먼의 모방이라고 보기는 어렵다. 신시베리아족이나 만주·조선민족에도 확실히 가족 샤먼의 흔적이 남아 있을 뿐만 아니라 산아産兒에 관한 제의나 풍신제風神祭에는 반드시 가족 샤먼이 필요하다는 특성을 가지고 있다. 조선의 경우, 민간에서 산후 3·7일 이내로 일어난 산아의 병은 반드시 가족 샤먼만이 산신에게 기원하는 것으로 되어 있어서, 이때는 무격을 부르지 않는다.

또 조선의 가족 샤먼(노부인 또는 노인)이 간단한 병의 경우 식칼을 휘두르면서 병든 자를 위협하고(실은 악정령을 위협하는 것이다), 앞 장에서 서술한 주문을 외우면서 물리칠 수 있는 것이다. 이러한 일은 본래 무녀가 아니라 각 집안사람 스스로가 하는 일이다(경남 구포龜浦 백 무녀의 말). 가족 샤먼이 만약 도구를 갖고 있다면 이는 부엌에서 임시로 식도를 하나 빌려 쓴 것일 뿐이다. 이 또한 조선 어디를 조사해도 마찬가지이다. 그리고 무격이 이런 간단한 일을 하는 것은 예외적인 경우이며, 백 무녀의 말에 따르면 이 불법祓法은 의뢰를 받고 어쩔 수 없을 경우에만 하는 것으로, 무녀가 오히려 가족 샤먼의 흉내를 내는 것과 같다고 이야기를 해주었다.

만약 이 가족 샤먼의 간단한 구양법이 무격을 모방한 것이라면 이 방법은 원시구양법을 보여주는 가장 좋은 사례이며, 가족 샤먼이 부락적 또는 직업적 샤먼보다 앞섰음을 말해주는 한 증거라고도 할 수 있을 것이다.

또 앞에서 인용한 《수서》 권83 서역부국전에 "有死者 無服制 死屍高牀之上 沐浴衣服 被以牟甲 覆以獸皮 子孫不哭 帶甲儛劒而呼云 我父爲鬼所取 我欲報冤殺鬼 云云"이라는 기사를 보면, 빼앗긴 부모

의 영을 되찾고자 자손들이 무격에게 의뢰하지 않고 스스로 악정령에게 도전한다. 이를 볼 때 직업적 무격이 있기 전에 각 가족에서 가족끼리 공동으로 악정령을 구양한 시대가 있지 않았을까 생각하는 것이다. 축치Chuckchee에서도 각 가족은 하나 또는 여럿이 사적으로 소유한 북(私有鼓)을 가지고 있으며, 특별한 일이 있을 경우 가족이 모여 의식을 행한다. 그때 대고大鼓는 다양한 음조로 불리는 노래와 함께 사용되는데, 적어도 각 가족 가운데 한 사람은 샤먼처럼 정령과의 교통을 시도하는 것이다.(68) 병은 원래 사적인 것으로, 개인의 죽음에 대해 처음부터 공동적 또는 부락적 샤먼이 조직적으로 존재했다고는 생각되지 않는다. 더욱이 신빙적神憑的 직업 샤먼이 존재하고 있었다고는 더더욱 생각할 수 없다. 그러므로 필자는 부락적 샤먼이나 직업적 샤먼이 등장하기 이전에 가족 안에서 악정령을 구양한 시대를 '가족 샤머니즘시대'라고 하고, 가족 가운데서도 축치족과 같이 한 명의 주제자가 있었다고 하면 그 주제자를 가족 샤먼으로 보고자 하는 것이다. 그 가족 샤먼이 남성이었는지 여성이었는지는 일률적으로 말할 수 없지만, 어쨌든 가족 구성원 가운데 가장 힘이 있는 자였음을 상상하기는 어렵지 않을 것이다. 제의 때 처녀를 주제자로 삼는 것은 종교사상의 산물로, 마술적인 것은 아니었으리라 생각된다. 신에게 종사하려면 부정하지 않은 자가 필요하였으나, 악정령을 구양하는 데는 굳센 자가 적임이었던 모양이다.

오늘날 조선의 토속적 증거를 바탕으로 생각해 볼 때, 조선 고유의 가족 샤먼은 여성이었던 것으로 보인다. 중국에서 건너온 조선의 유교식 제사를 제외하면, 고유 신사神事, 기도, 악정구양은 모두 노부인이 관장하는 바였으며, 남자는 일절 간섭할 수 없었다. 아이의 병을 고치기 위해 산신産神에게 바치는 모든 기도, 가족의 행복을 위해 용왕신龍王神이나 산신山神, 소도신蘇塗神, 풍신風神, 기타 여러 신들에게 바치는 신사, 아귀(잡귀)를 구양하는 역할 등은 모두 아녀자가 행하는 것이다. 가족 가운데 경험이 있는 부인이 없으면 이웃에서 가족 샤먼을 부른다. 단 잡귀를 구양할 때 남성이 가족 샤먼의 역할을 맡는 경우가 있는데, 이는 오히려 예외적인 사례이다. 조선의 고유 종교에 이렇게 모성세력이 강한 것은 가족 샤먼만이 아니다. 조선 고유의 산신-다신교적 제신 가운데 가장 주요한 신-도 여성이며(제5장 2절 참조), 부락적 샤먼과 직업적 샤먼도 최초는 여성이었던 것 같다(이 장 5절 참조). 그런데 이것이 조선에 모권시대가 존재했음을 뜻한다고 속단하는 것은 피해야 한다. 그러나 모권시대 또는 여성우위시대의 영향이 있었던 흔적이라고 추측하는 것은 무리가 아닐 것이다.

2) 직업적 여러 샤먼

조선의 샤먼은 가족적인 것, 직업적인 것 외에도 부락적인 것이 있다. 부락적 샤먼은 역시 무녀로, 이들은 옛 기록에서도 볼 수 있다. 그러나 부락적 샤먼은 종교학에서 승려로서 취급해야 할 성격의 것이므로, 이 절에서는 생략하고 다음 장에서 논하고자 한다. 편의상 우선 현재 조선의 각종 직업적 샤먼을 분류해 보면 ① 무격류 ② 점자占者류 ③ 맹盲샤먼류로 나눌 수 있다. 이를 좀 더 자세히 분류하면 다음과 같다. 우선 무격은 아래와 같다(지방명을 부기하지 않은 것은 일반적 명칭임).

① 무당Mutang, 다른 이름으로는 '당골Tan-gol' '호세에미Hose-emi'(홍원洪原 이북의 함경도 방언) '만신Mansin'(평안·황해도 방언) '지무Chimu'(경상도 무녀들끼리만 쓰는 말) '심방Simbang'(제주도 방언) '일 아는 사람Il-anun-saram'(일을 아는 사람, 제주도 여자들이 쓰는 말) '선거

리할미Sönköri-halmi'(충남 방언). 모두 무녀의 명칭이다.

② 박사Baksa, 다른 말로는 '박사무당Baksa-mutang' '만신Mansin' '화랑花郞'. 평안도, 황해도, 경기 일부(황해도에 인접한 지역)에만 있는 여장女裝한 남자 무당[覡]이다.

③ 호세에비Hose-ebi, 다른 말로는 '박세Bakse'(함경남도 방언) '정사Chöngsa'(함남 갑산甲山 방언) '굿청이Kutcheng-i'(shamanistic performer의 뜻, 회령會寧 방언) '심방Simbang'(제주도 방언) '일 아는 사람Il-anun-saram'(일을 아는 사람, 제주도 여자들이 쓰는 말). 홍원 이북의 함경도 및 제주도에만 있는 남자 무당.

다음으로 점자占者는 아래와 같이 나뉜다.

① 맹두Mengdu(경기 이남의 일반어), 다른 이름으로는 '태주Teju'(경성 방언) '돼지무당Doeji-mutang'(함흥 방언, 일종의 무녀이기도 하다) '세더니Setöni'(평안·황해도 방언) '공징이Kongjing-i'(경남 방언). 모두 여성이며, 기록에는 '태자太子'라고 한다.

② 점쟁이Chömjeng-i(점을 치는 사람), 다른 말로는 '점바치Chömbatchi'(경남 방언). 점치는 것을 전문으로 하는 여성 또는 남성을 말한다.

맹샤면은 다음과 같다.

① 장님Changnim, 다른 이름은 '판수Pansu'(경성·강원도 방언) '봉사Bongsa'(경상도 방언) '소경Sokyöng'(경성 방언) '참봉Chambong'(參奉, 경기·황해·평안도 방언) '태사Tesa'(太師, 경상도 방언) '사장Sajang'(師長, 평남 방언) '훈장Hunjang'(訓長, 함남 방언). 모두 남성이지만 가끔 여성도 있다. 여성의 경우 이 명칭 앞에 여자를 가리키는 접두어인 '암'을 붙인다. 기록상으로는 '맹승盲僧'·'선사禪師'라고 나온다.

② 경쟁이Köngjeng-i[讀經者]. 다른 이름으로는 '생대Sengde'(평남 방언). 맹인의 흉내를 내어 독경하는 것을 업으로 삼는 사람으로, 모

두 남성이다.

그 외에도 무격의 조수(또는 악수樂手)를 이르는 말을 알아보면 다음과 같다.

① 무부巫夫, 다른 말로는 '재인才人', '숫무당[男巫]', '공인工人', '산(상?, 경상도에서 사용되는 무격만의 말)', '화랑花郎', '낭중郎中'(경남 방언), '박새(?)'(경상도 및 함흥 방언)

② 스루마리는 평안도 및 황해도 특유의 것으로, 무격의 악수樂手를 업으로 하는 여성이다.

③ 제사무당(제자弟子무당을 말하는 것이라 추측). 홍원 이북의 함경도에서 사용되는 무격의 악수 겸 견습 무격으로, 남녀 모두 있다.

(1) 무당

성 격

조선의 무당, 즉 무녀는 여러 가지 역할을 한다. 그녀는 마술자로서 병든 자에게 씐 악정령을 퇴치하거나 적을 저주하는 능력이 있고, 승려로서 거의 모든 다신교적 제의−민간에서의 고유제의−의 주사자主司者가 될 수 있다. 또 그녀는 예언자로서 신탁에 따라 어떤 예언을 할 경우도 있고, 점쟁이로서 다양한 복점卜占을 치는 일도 할 수 있다.

무녀가 악정령 구양자가 되는 일은 앞에서 많이 서술하였는데, 적을 저주하는 것은 예컨대 《고려사》 권130 홍복원洪福源전에, "(高宗)四十五年 福源密令巫 作木偶人 縛手釘頭 埋地或沈井呪詛 云云"이라고 한 것과 같다. 또 《고려사》 권89 후비열전后妃列傳 2 충렬왕비忠烈王妃에서 "貞和宮主失寵 使女巫呪詛公主 云云"이라고 언급한 사례도 있다.

승려로서의 무녀에 관한 최초의 기록으로 생각되는 것은《삼국사기》권1의 "南解次次雄(次次雄 或云慈充 金大問云 方言謂巫也 世人以巫事鬼神 尙祭祀 云云)"이라고 하는 구절이다. 이 기사의 사귀신事鬼神은 악정령 구양과 같은 것을 가리키는지도 모르지만, 상제사尙祭祀라고 하는 것은 확실히 종교적 제사를 뜻한다고 생각된다. 한편 김대문이 차차웅次次雄을 '방언을 하는 무격〔方言巫也〕'이라고 한 것에 대해서는 약간 의심할 여지가 있지만, 그것은 제6장에서 비판하고자 한다. 또《고려사》에는 권4 현종顯宗 12년 5월조의 "造土龍 於南省庭中 集巫覡禱雨"라는 기사를 비롯해 종종 200명에서 300명가량의 무격을 모아 기우제를 지낸 기록이 보인다. 기우는 맹승盲僧이나 불승佛僧으로 하여금 행하게 하였고, 국왕 스스로 제사 지낸 적도 있지만 어쨌든 무녀가 승려 자격으로 기우를 했던 사실은 확실하다.

다음으로 무녀가 점치거나 예언을 한 사례는《삼국사기》권28 의자왕 20년 6월조의 "有一鬼入宮中 大呼百濟亡 百濟亡 卽入地 王怪之 使人掘地 深八三尺許 有一龜 其背有文 曰百濟同月輪 新羅如月新 王問之巫者 曰 同月輪者滿也 滿則虧 如月新者未滿也 未滿則漸盈 王怒殺之 云云"이라는 기록인데, 이에 대해서는 의심스러운 부분이 있다.《삼국사기》권16 산상왕 13년 추9월조에 "初 小后母孕未産 巫卜之曰 必生王后 母喜"라고 하는 사실은 흔히 있었던 일이라고 생각된다. 또 유리왕이 '祭天之牲 豈可傷'라고 하여 탁리·사비 두 명을 죽였는데, 다음 9월 왕이 병들어 무巫에게 물어본 바, '탁리와 사비가 저주한 것이라고 무가 말했다〔巫曰 託利斯卑爲崇〕'고 한 것도 일종의 점복이라고 생각된다. 점복자로서 무녀는 토속에는 물론 문헌에도 그 사례가 많이 있다. 가장 심한 예는《고려사》권130 김준金俊전에 나온 "時有淫巫 號鵲房 出入俊家 俊惑其言 國家事皆占凶 時號鵲夫人云云"이라는 예이다.

예언자로서의 사례도 적지 않다. 《고려사》 권99 함유일咸有一전에서 함유일이 심하게 무격과 음사淫祀를 배척하고 도성의 무격을 추방하여 음사를 불태워버렸을 때, 그 화를 면했던 한 신사神祠에 대해 "登州城隍神 屢降於巫 奇中國家禍福 云云"이라고 한 이 기록은 적절한 예이다.

분 포

조선에는 무당이 보편적으로 분포해 있다. 다만 함경남도의 북청, 갑산, 삼수 등지나 함경북도에는 매우 드물며, 이 지역 사람들에 따르면 옛날에는 전혀 없었다고 할 정도라 한다. 그러나 함흥 이남의 함남도, 강원, 경기, 충청, 전라, 경상 등의 각 도에는 남무는 없고 모두 무녀이다. 또 황해·평안도에는 이른바 '박사'와 그보다 많은 무녀가 있으며, 제주도에는 무격이 반반씩 있다. 이와 같은 무격 분포의 차이는 외부 민족의 영향일 것이다. 제주도는 원나라 땅이었던 적이 있으며, 함경, 평안, 황해 삼도는 만주족·몽고족이 고려시대 때 많이 이주·귀화한 바 있다.

명 칭

무당이라는 명칭의 의미와 기원에 대해서는 딱 잘라 말할 만한 자료가 없으나, 몇 가지 지적을 하자면 조선의 옛 기록에는 무녀를 모두 '무巫', '여무女巫', '무녀巫女' 등으로 언급하였으나, 고려 말의 기록에는 '무당巫堂'이라고 하는 것이 보인다. 《고려사》 권120 김자수金子粹전에는 "上書曰⋯⋯ 浮屠之說 猶不可信 況怪誕荒幻之巫覡乎 國中設立巫堂 旣爲不經 所謂別祈恩之處 又不下十餘所 云云"이라고 하였다. 또 《고려사》 권119 정도전鄭道傳전에는 "殿下卽位以來 道場高峙於宮禁 法席常設於佛宇 道殿之醮無時 巫堂之祀煩瀆 云云"이라고 한 기록이 있다. '巫堂'은 '무당'과 발음상 일치하지만 무당은 무녀의 명칭이며, 이 기록의 '巫堂'은 무사巫祠인 듯하다. 그렇다면 무당巫堂이라는 건물의 명칭으로부터 무당이라는 무녀의 명칭이 비롯된다고는 말하기 어렵다.

다음으로 주위 민족에서 유사한 무녀의 명칭을 조사해 보면(트로슈잔스키Troshchanski[69]의 조사에 따름) 다음과 같다.

몽골족: Utagan
부리야트족: Udagan
야쿠트족: Udaghan
알타이족: Ubakhan
토구트족: Utygan
키단족: Utiugun
키르기스족: Iduan(duana)
타타르족: Udage[70]

위와 같이 각 민족마다 그 명칭이 대체로 유사하다. 이것으로 추측하건대, 도리이鳥居 박사는 '조선의 무당도 역시 우타간, 우다간이라는 명칭에서 전화된 것이라고 생각한다'[71]고 하였다. 그러나 필자는 이 설에도 쉽게 찬동할 수 없다.

무녀의 이름 가운데 하나인 '당골'에 대해서는 다음 절인 5절에서 자세히 서술할 기회가 있으므로 생략하겠으나, 함남 홍원 이북의 함경도에서 무녀를 '호세에미'라고 하는 것은 분명히 오로코족 남무男巫의 명칭인 Fushe-shama[72]의 'Fushe'에서 온 것 같다. '에미'는 여성인칭명사의 어미에 보편적으로 사용되고, '어머니'를 뜻한다. 따라서 어근은 '호세'이다. 앞서 함경도 지역에서 격을 '호세에비'라고 부른다고 했는데, '에비'는 '아버지'를 의미하며, 남성인칭명사의 어미로 사용되는 것이다. 지금 조선어에서 '호세'가 어근인 것은 분명하므로 오로코족 말의 원래 뜻이 무엇인지 알 수 없지만 어쨌든 그 'Fushe'가 전화되어 '호세'가 된 것은 의심할 여지가 없다고 생각한다. 앞서 함경도 지방에 격이 많고 무가 지극히 드문 것도 외부 민족의 영향이라고 주장했지만, 조선 전체로 볼 때는 매우 이질적이다. 그리고 함경도에는 다른 민족의 중세 또는 근세적 영향이 민간신앙에 많이 남아 있다는 것도 뒤에 설명할 것이다.

무녀에 관한 다른 명칭에 대해서 현재로서는 어떤 구체적 설명을 할 수 없다.

(2) 박사

특 색

박사는 무巫와 격覡의 중간적 샤먼이다. 그는 남성이지만 일상에서, 특히 의식을 할 때 여장을 해야 한다. 보통 제의의 경우 무녀처럼 전복을 입는 것은 물론, 상의는 일반 여성이 입는 것을 입고, 두발도 여성과 같이 권발卷髮을 하고 여자 두건을 써야 한다. 게다가 그는 평상시에도 행동과 언행을 여성처럼 하고, 수염을 뽑아서 여성처럼 꾸며야 한다. 그에게는 처자를 두는 것이 허락되지만, 일반 민간에서는 그를 중성으로 간주한다. 예컨대 필자가 황해도 겸이포兼二浦를 여행했을 때, 그곳의 한 여관에서 여주인한테 들은 이야기에 다음과 같은 일화가 있었다. 어떤 한증막 집에 박사가 먼저 들어와 있었는데, 평소에 행실이 좋지 않은 여자들이 뒤따라와서 박사가 먼저 들어간 것을 알면서도 한증막에 들어가려고 하였다. 그때 잔소리꾼 할아버지 한 명이 와서 '박사도 남자다. 그렇게 예의 없는 짓은 용서

할 수 없다'며 혼을 냈기 때문에 여자들은 박사에게 나가달라고 하여 들어갔다고 한다. 남녀관계가 엄격한 조선에서 벌거벗은 남자가 있는 곳에 벌거벗은 여자가 들어가려고 했다는 것은 황당한 이야기이다. 그러나 이 이야기에서 우리는 박사에 대한 그녀들의 성적 관념을 엿볼 수 있다. 또 그 여주인의 이야기에 따르면, 박사는 수염을 뽑고 또 수염을 안 나게 하는 약을 바른다고 한다. 친구인 김원석金源碩 군의 이야기에 따르면 중화군中和郡에서는 박사가 명칭으로만 어떤 남자의 처가 되는 경우도 있다고 한다.

박사는 종교적 기능 말고는 황해도·평안도의 무녀들과 조금도 차이가 없다. 다만 부락적 제의를 행할 때는 원칙적으로 주제자가 될 수 없다. 단, 병든 자에게 붙은 악정령이 여성일 경우에는 예외적으로 남장을 하고 구양하는 예도 있다.

명 칭

박사는 박사무당이라고도 불린다. 그것은 그가 성격 면에서는 무녀와 같기 때문에, 박사라는 의미가 불분명한 말 뒤에 의미가 확실한 무당을 붙여서 그가 남무임을 드러낸 것이다. 그러나 박사가 특히 많은 황해도·평안도에서는 단순히 박사라 해도 충분히 통한다. 박사의 습속은 어떤 민족이 가져왔는지 알 수 없으나, 그 명칭만은 키르기스족 격의 명칭인 Baksa(Baksy)[73]와 같은 데서 유래하였음이 틀림없다. 함흥에서 홍원 이북의 남무(함흥에는 남무가 없음)를 '박세'라고 하고, 함흥이나 경상도에서 무부巫夫를 '박세'라고 하는 것은 황해도·평안도의 남무와 그들이 비슷한 성격을 가지고 있기 때문일 것이다.

박사라는 말이 조선에 들어온 것은 아마 고려시대 중엽 이후였을 것이며, 다른 민족과의 접촉과 그 민족들의 이주로 유입되었다고 생각된다. 박사라는 명칭은 황해·평안도의 함흥 부근 지역을 제외한 곳에서는 일반적으로 사용되지 않는다. 경상도에서 무부를 박세라고 하는 것은 무격계급들 사이에만 알려져 있으며, 일반인들에게는 알려지지 않고 있다. 만약 옛말이라면 일반인에게까지 알려져 박사도 조선 전체에 퍼졌어야 할 것이다. 그러나 박사가 키르기스어에서 차용된 것이라고 해도 키르기스에는 이른바 조선의 박사와 같은 것이 없다. 신시베리아족에는 '변복變服, Change of dress'은 있으나[74] '변성 變性, Change of sex'은 없다. 변성이 행해지는 곳은 여러 미개 민족들의 사례[75]를 제외하면 조선 주변 민족들 가운데는 축치, 코랴크, 캄차카 등 구시베리아족에 있을 뿐이다.[76] 그리고 '변성하는 것'을 축치에서는 'yirka-laul-voirgin(=soft-man-being)'이라고 하며, 또는 'ne-uchica(=similar to a woman)'라고도 한다.[77] 그리고 여자가 남자로 변성하는 것을 'qa čikicheča(=similar to a man)'라고 하는데, 매우 드문 사례이다.[78] 코랴크에서는 여자로 변성한 격을 'Kavau' 또는 'Keveu'[79]라고 하여 조선에서 쓰는 명칭과는 전혀 다르다. 그렇다면 황해도·평안도에서 변성격은 구시베리아족의 영향을 받아 생긴 것인가 하면, 거기에도 의문이 있다. 첫째, 지리적으로 구시베리아와 가까운 함경도에 변성격이 하나도 없고 황해도·평안도에만 있는 까닭이 무엇인지 설명되지 않는다. 황해도·평안도에는 변성격인 박사 외에 보통 사람인 격은 한 명도 없다. 그렇다고 하여 변성 샤먼인 박사가 아주 오래 전부터 조선에 존재했다거나 중세 평안도·황해도에서 다른 민족의 영향 없이 독립적으로 발생했다고도 생각하기도 어렵다. 〈천하군국이병서天下郡国利病書〉(장량채張亮采의 《지나풍속사支那風俗史》 202쪽 수록)에 따르면 "山西忻州郡境……歲晚用巫者 鳴鑼擊鼓 男作女妝 始則兩人執手而舞 終則數人牽手而舞 云云"이라는 기록이 있는데, 이것도 일시적으로 변장한 것으로 보이며, 조선의 박사와는 관계가 없을 것이다.

군이 말하자면, 그 경로에 대해 알 수는 없으나 아마도 구시베리 아족의 영향을 받은 것이라고 상상할 수밖에 없을 것 같다.

고려 중엽의 기록에 약간 의심스러운(남쪽 지방에 변성격이 있었던 것 같은) 것이 있다. 《고려사》권99 현덕수玄德秀전에 다음과 같은 기록이 있다.

> 爲安南都護副使 爲政廉明 吏民敬畏 尤惡淫祀 禁令甚嚴 巫覡不得入境 有吏執女巫 與其夫至 德秀訊之 顧謂同僚曰 此巫非女乃男子也 同僚笑曰 非女安有夫乎 德秀令裸 視果男子也 先是 巫出入士族家 潛亂婦女 其被汚者 亦羞之 不以語人 故所至恣淫穢 至是 一方服其神明

여장한 남자는 마치 박사와 같은 것으로 생각되나, 이는 오히려 당시 남방에서 남자가 무격이 될 수 없었음을 말해주는 것이라고 생각된다. 만약 당시 박사가 남방에 있었다면 세상 사람들이 그것에 속을 리가 없기 때문이다. 그는 거짓으로 여장하여 무녀가 되었던 것이다. 옛날 기록에는 사람들이 한결같이 무격이라고 불렀던 존재가 종종 보이지만, 그것은 무격을 하나의 숙어, 또는 격 안에 속한 무부를 그렇게 이해하여 부른 것이며, 오늘날의 박사나 함경도·제주도의 남무를 가리키는 것은 아니다. 또 《삼국사기》권15 차대왕 3년 추7월조에 "王田于平儒原 白狐隨而鳴 王射之不中 問於師巫 曰 狐者妖獸非吉祥 況白其色 尤可怪也 云云"이라고 하는 기록의 사무師巫가 반드시 남무였다고 할 수는 없다. 또 《증보문헌비고》권139 교대시絞待時조에 "師巫以左道亂正之術 煽惑人民 爲首者(大明律)"이라고 하는 것도 대명률을 그대로 채용한 것으로, 그것이 조선 남부에 남무나 박사가 있었음을 뜻하는 것은 아닐 것이다. 조선에서 무부가 격으로서 인정되는 것은 아내인 무를 도와 같은 직업을 가지고 있었기 때문일 것이다. 명칭도 숫무당이나 박세(박사)라고 불리고 있으며, 박사도 무부와 같이 화랑이라고 불리어, 이 둘은 혼동되고 있다.

(3) 호세에비

호세에비는 앞서 서술한 바와 같이 함남에서는 홍원 북청, 갑산, 삼수 등지와 함북 전체에 우세하다. 북청 이북이나 갑산군에서 여무는 거의 찾을 수 없으나, 홍원에는 무격과 비슷한 수가 있어 남무가 없는 함흥 이남과 여무가 없는 북청 이북의 중간지대임을 현저히 나타내고 있다. 이는 역사적·인종적 산물일 것이다. 발해, 여진 이래 함경도 지방은 종종 다른 민족이 차지하는 땅이었다. 더욱이 함흥 이북 땅은 외부 민족의 거주지였다. 외부 민족 가운데서도 여진족(만주족)의 거주지였음은 역사가 분명히 나타내 주는 바이다.

호세에비의 어원에 대해서는 이미 말했듯이 오로코의 '후새 사마'에서 전화된 것이라고 생각된다. 그들의 종교상 기능 또한 대체로 무당, 박사와 유사하다. 악정구양·제의주사主司도 할 수 있고 점도 칠 수 있다. 예언도 할 수 있는지에 대해서는 들은 바가 없으나, 호세에비뿐만 아니라 오늘날의 샤먼들도 일반적으로 민지民智의 향상과 미신 단속 때문에 아무도 하려고 하지 않는 일이기도 하다. 또 이 남무는 남성인 만큼 그들 가운데서는 한학漢學 소양이 있는 자도 있다. 다른 도의 맹盲샤먼과 같이 역점易占을 하는 자도 있다.

제주도의 남무인 '심방'은 제주의 무녀와 조금도 다를 바 없다. 그 수는 무녀에 필적하며, 민간에서 믿음의 정도도 비슷하다. 단 심방의 특색 가운데 하나는 무녀처럼 부락적 또는 공동적 제의를 주관

할 수 있다는 점이다. 함경도의 남무도 부락적 제의의 주제자가 되는 것이 금지되어 있지는 않으나, 대체로 함경 북부에서는 부락적 제의를 별로 행하지 않는다. 이와 달리 제주도에서는 어업이 성한 곳에서 공동제의가 종종 행해진다. 공동제의 가운데 '포제'와 같은 것은 무격을 필요로 하지 않으나, 그 밖의 임시적인 것은 항상 무격을 쓴다. 그러나 '심방'이 무슨 뜻인지, 차용된 말이라면 어느 민족의 언어에서 차용되었는지 알 수 없다. 격의 갑산 방언인 '충사' 또한 알 수 없다.

(4) 맹두

성 격

맹두는 그 수가 지극히 적다. 그녀는 순수하게 점만 보는 사람으로, 그 밖의 능력은 하나도 없다. 그러나 점을 보는 것 외에도 병든 자에 내린 악정령이 무엇인지도 알 수 있다. 특히 맹두가 되려면 맹두신(대부분은 어린아이의 영혼)을 시신侍神으로 삼아야 한다. 이는 스스로 지원하는 경우도 있지만, 일반적으로는 신의 의지에 따른 것이다. 또 그녀는 이른바 '북극 히스테리'를 앓아야 한다. 이러한 점이 시베리아민족의 그것과 잘 일치된다.

특히 맹두의 전신이 단순한 점자가 아니라 무녀였으리라는 증거는 기록이나 토속에도 자료가 남아 있다. 오늘날 조선 민간에서 일반적으로 '맹두' '태주' '세더니'라고 불리는 이들은 의식을 위한 옷 같은 것도 없으며 방울[鈴]이나 신검神劍과 같은 소지품도 전혀 없다. 단 평안도에서는 큰 부채[大扇]를 가지고 있는 경우가 있다. 보통 여성의 복장을 하고 혼자의 몸으로 각지를 돌며 점을 칠 뿐이다. 그런데 맹두는 기괴한 소리를 낸다. 휘파람 소리[嘯聲], 또는 벌이 나는 것 같은 소리를, 공중에서, 신상神箱 속에서, 또는 부채에서, 또는 어깨, 머리 위, 목구멍 등에서 자유자재로 낼 수 있다. 그리고 그 기이한 소리는 맹두 자신의 음성이 아니라 그녀가 모시는 신인 맹두신의 소리라고 한다. 맹두는 맹두신의 음성을 나눠듣고 점을 보러 온 자에게 전해줄 뿐이다.

맹두는 일반적으로 매우 신경질적이며, 점을 치는 중간에도 어떤 신경이 쓰이는 일이 있으면 곧바로 발작을 일으켜 자신의 머리나 얼굴을 자기 손으로 치거나 사람들을 매도한다. 그것을 그녀는 자신이 한 것이 아니라 맹두신이 시킨 것이라고 한다.

이상은 단순한 점자로서의 맹두에 대한 것인데, 무녀인 동시에 맹두인 자가 있다. 이것은 필자가 조사한 바로는 함흥에 한 명, 평안도에 아주 드물게 있을 뿐이다. 함흥의 맹두는 신상 속에 자신이 모시는 신을 안치하고 있다고 하여 점칠 때는 신상을 향해 일을 전한다. 그러면 신상 속에서 벌 소리 같은 목소리로 신이 말을 한다. 그것을 그녀가 통역하는 것이다. 맹두는 또 일반 무녀와 같은 무녀로서의 모든 능력을 가지고 있다. 맹두는 함흥에서 돼지무당이라고 불리며, 평안도에서는 세더니라고 불리고 있다.

이와 같이 무녀(또는 격)가 이상한 소리를 내는 일은 구시베리아족이나 만주족 사이에도 있는 듯하다. 예컨대 코랴크의 샤먼은 신이 내릴 때 그 내린 시신(늑대 등의 동물)의 목소리를 낸다.(80) 또 축치의 샤먼은 복화술사Ventriloquist가 아닌 경우는 내린 신의 종류에 따라 동물, 폭풍, 반향, 인간의 목소리를 내는데, 만약 복화술사일 경우에는 그들의 음성이 실내외의 사방이나 지하 등에서 들려오는 것이다.(81) 또 그는 강신이 내는 파리 소리 같은 것과 떨어져서 대화하는 경우도 있다.(82) 또 《흑룡강외기》 권6에 "伊徹滿洲病 亦請薩瑪跳神……薩瑪降神 亦擊鼓 神來則薩瑪本無色 如老虎神來 猙獰 媽媽神

來 噢咻 姑娘神來覷覦各因所憑而肖之 云云"이라고 하는 것은 보고라 스나 요헬슨의 기록과 매우 유사하다. 다만 이 글에서는 사마薩瑪가 동물 기타의 울음소리를 내는 것이라고는 말하지 않으나, 이 글 앞에 "達呼爾……其跳神法薩瑪擊太平鼓作歌 病者親族和之 歌詞不甚了了 尾聲似曰耶格耶 無分晝夜 聲徹四隣 云云"이라고 한다. 그러므로 뒷부분에서 노랫소리에 대해 약술한 것은 분명하나, 특별히 무격이 강신 때 묵묵히 동물들의 표정을 흉내 낸다고 생각되지도 않는다. 반드시 그에게 씐 신의 소리를 내는 것에 틀림없다.

조선에서는 돼지무당이나 기타 어떤 샤먼도 강신된 동물의 표정 또는 음성을 내는 일은 없지만(무격이나 맹샤먼이 강신할 때 함성을 지르는 경우는 있음), 이 사실에서 볼 때 축치 샤먼의 파리 소리와의 대화에서 조선의 돼지무당이나 맹두의 벌 소리·휘파람 등이 시작되었으리라는 상상은 할 수 있다. 단 전자는 샤먼이 강신을 하여 흥분하고 있을 때의 일이므로 동적이지만, 돼지무당이나 맹두의 경우는 강신이 전자와 같이 극적이지 않기 때문에 정적이다.

이 무녀이자 맹두인 이른바 '돼지무당'이 기록상에 보이는 것은 고려 중엽부터이다.《고려사》권105 안향安珦전에 보면 다음과 같은 기록이 있다.

> 忠烈元年(一二七五年) 出爲尙州判官 時有女巫三人 奉妖神惑衆 自陝州 歷行郡縣 所至作人聲 呼空中隱隱若喝道 聞者奔走設祭 莫敢後 雖守令亦然 至尙 珦杖而械之 巫托神言 怵以禍福 尙人皆懼 珦不爲動 後數日 巫乞哀 乃放 其妖遂絶

곧 13세기 후반에 경상도 땅에도 돼지무당이 있었음이 분명하다. 그리고 이들은 확실히 시신을 모시고 있다. 조선시대 초기의 기록에는 그 명칭까지 '태자太子'(돼지와 같은 말일 것이다)로 나타난다.

　성현의 《용재총화》권3에는 "今有空中唱聲 憑巫覡 能知往事而言之者 謂之太子"라고 한다. 이 기록의 무격도 아마 막연히 표현한 것으로, 무녀만이 태자였을 것이다. 다음 기록으로는 서거정徐居正의 《필원잡기筆苑雜記》권2(《대동야승》에서 인용)가 있다.

　　有巫女 能爲鬼神語 試往事百中 問將來 百不一中 少時狂斐數十輩 有抵巫家 呼試之 巫口嗫不開 盖男子陽也 鬼神陰也 陰伏於陽 理之必然 且男巫少 而女巫多 是其驗也

　태자에 대해서는 이러한 기록으로 알 수 있으나, 서거정은 남무도 있다고 서술하고 있다. 그가 남무가 많은 평안도·황해도 또는 함경도 출신이면 몰라도, 경상도 대구[83] 출신이기 때문에 이 기록은 조금 문제가 있는데, 이것도 아마 무부를 남무로 본 것이 아니었을까 생각된다. 만약 조선시대 중엽에 남무가 조선 남부에 소수라도 존재했다고 하면, 오늘날 전혀 남무가 보이지 않은 이유를 알 수 없는 것이다.

　다음으로 태자무녀 외에 단순한 점자인 태자(맹두 또는 돼지)에 관한 기록은 성현의 《용재총화》권3에 보인다.

　　我外姑鄭氏 生長楊州 有神降其家 憑一小婢 數年不去 禍福吉凶 無不的知 言輒有應 人無有隱匿之志 皆畏信之 家亦無恙 其聲宏亮 如老鶯舌 書則浮在空中 夜棲于梁上……吾聞諸大夫人

　이 태자는 태자무녀에서 파생된 것이라 당연히 생각된다. 언제 파생되었는지는 알 수 없으나, 기록상으로는 조선시대 초엽이라 추측된다.

명 칭

태자太子는 돼지의 음역이겠지만, 별명인 '세더니' '공징이' 등과 마찬가지로 그 기원이나 의미는 전혀 알 수 없다. 그러나 '맹두'에 대해서는 그것이 몽고어의 와전이라고 할 만한 몇 가지 좋은 자료가 있다.

'맹두'가 무슨 의미인지 조선어로는 전혀 알 수 없으나, 무격 사이에서는 그 소지품에 맹두라는 이름을 붙인 것이 많다. 무격이 소유하는 검을 한문식으로 신검(신칼)이라고도 하나, 보통은 이를 '맹두칼'이라고 하고 있다. 평남·황해도나 이에 인접한 함경남도 지방의 무격이 지니는 오래된 거울[古鏡, 다른 지방의 무격이 거울을 가지고 있는 것에 대해 필자는 본 적도, 들은 적도 없다. 조선 남부나 함흥 이북의 무격은 황해도나 평안도의 무격이 고경(오래된 거울)을 소지하고 있다는 사실에 대해 신기하다고 말했다]은 '맹두'라고 하고 있다. 평안 중화군의 윤 무녀가 소지하고 있는 거울에는 '국대명두國大明頭'라고 한자음을 빌려 깊이 새겨져 있었다. 윤 무녀는 거울을 일컬어 '일월대日月大명두'라고 하였다. 그녀는 점칠 때 사용하는 작은 거울 말고도 큰 한 쌍의 거울을 또 가지고 있었으며, 그것은 각각 일신日神과 월신月神의 상징이라고 하였다. 또 황해도에서는 무격의 장구를 '맹장구'라고 한다. 이는 아마 '맹두장구'의 줄임말일 것이다. 그리고 이른바 '태자'를 조선 남부에서는 '맹두'라고 하고 있다.

부리야트의 전설(84)에 따르면, 그들의 종교 창설자는 'Mindiú'이다. 이 신의 전체 이름은 'Mindiú Qúfun Jryil Noyon Tunkói'이며, 다른 이름은 'Qolongoto Tunkói'이다. 그는 처음에 176명(남 99명, 여 77명)의 샤먼을 골라 성도聖徒의 자리에 서도록 하였다. 그는 몽고의 종교를 창설한 신으로, 유럽의 그리스도에 해당한다. 어떤 의미에서는 그 자신이 최초의 샤먼이었다고 할 수 있다. 그는 우주의 지고신인 'Delquen Sagán Burkan(world white god)', 즉 종종 'Esege Malan'이라고 불리는 신으로부터 생겨난 55천신天神[Tengeri] 가운데 한 명으로, 그는 최초의 박석雹石(hail-atone) 속에 들어가 지상에 떨어졌다. 그를 13살이 된 여자 'Mélûk Shin'이 품었으며, 이윽고 그녀는 어머니가 되어 'Mindiú', 곧 'Qolongoto TunKói'를 낳았다. Mindiú는 300년을 살면서 부리야트족에 기도와 신들의 일을 가르쳐주고, Delquen Sagán신이나 Tabin Tabung신, 그리고 천상에 있는 55명의 Tengeri와 44명의 Tengeri에만 기도를 하라고 가르쳤다. 그런데 시간이 지나자 사람들은 이 일을 잊어버려 죽은 남녀 샤먼이나 비천한 Burkan에게 기도하게 되었다. 이 이야기는 부리야트족에서 구전되어 왔다. 이것이 커틴Curtin이 기록한 것의 대략이다.

몽고족에도 무격이 소지하는 기물에 Mindiú(민듀)의 이름을 붙인 것이 있는지 없는지는 알 수 없으나, 조선 무격이 소유하는 칼, 거울, 장구 등은 Mindiú(민듀)신의 이름이 와전된 것이라 생각된다. 그들의 기물이 신의 기물(신성한 물건)이기 때문일 것이다. 무격의 이름을 신의 이름으로 부르는 것은 몽고에도 그 예가 있다(5장 4절 참조). 조선에서 '태자'를 맹두라고 하는 것도 아마 Mindiú(민듀)신의 이름에서 유래했을 것이다.

(5) 점쟁이

조선에 점쟁이[占者]는 많다. 예컨대, 주역선생[易占者], 손금쟁이, 관상쟁이[觀相者], 꿈풀이하는 사람[夢判斷者], 문자판단자文字判斷者, 성명학자[姓名判斷者], 사주쟁이[四柱判斷者] 등이 있으며, 누구누구 선생의 비결秘訣, 당화사주화唐畵四柱畵 등으로 점치는 사람들도 있다. 그들은 그 점치는 방법이 과학적이며, 샤먼처럼 신의神意또는 신탁神托에 의지하지 않는다. 그들은 더욱이 신빙적神憑的인 사람도 아니다. 주문도, 샤먼의 소지품도 없고, 기도나 극적인 행위도 일절 없다. 그들의 점치기는 중국의 다양한 점법을 모방한 것으로, 고유의 요소는 찾을 수 없다. 그러므로 여기서는 이들 점쟁이를 샤먼으로 다루지 않겠다.

한편 기록상으로는 《고려사》 권4 현종원년기顯宗元年記에 "又夢聞雞聲砧響 問於術士 以方言解之曰 雞鳴高貴位 砧響御近 當是卽位之兆也"라는 기록이 있으며, 《고려사》 권78 식화지食貨志 과렴科斂에는 "(辛禑)十三年二月 令兩府 下至巫覡術士 出馬有差"라고 하는 기록이 있는데, 이와 같은 간단한 기록으로는 술사術士가 과연 어떤 존재였는지를 알 수 없다. 또 《고려사》 권78 식화지 전제田制에는 "恭讓王三年五月 都評議使司上書 請定給科田法……公私賤口工商賣卜盲人巫覡倡妓僧尼等人身 及子孫 不許受田"라고 하여 매복자賣卜者라는 인물이 보이는데, 이 기록 또한 막연하여 그 성격을 알 수 없다.

기록으로 적어둘 만한 것은 없으나, 토속에는 신빙적神憑的 점쟁이가 많다. 남녀 모두 있지만, 민간에서는 여자를 신빙적 점쟁이의 본통本統으로 생각하고 있다. 남자는 대부분 과학적 점쟁이가 되려는 경향이 있으므로 샤먼으로서 점자는 소수이다.

신빙적 점자의 시신은 누구인지 알 수 없다. 그러나 무령巫靈은 아니다. 또 맹두신도 아니다. 그들은 입으로 주문을 외우면서 신들에 씌며, 내린 신의 지시에 따라 점을 친다. 때로는 그들도 병든 자를 위해 신(주로 산신山神, 해신海神, 칠성신七星神, 부처 등)에게 기도한다. 신이 씌었을 때 그들도 신경질을 내는 경우가 있으며, 마음에 들지 않는 일이 있으면 발작을 일으키기도 한다. 이러한 점쟁이들은 조선의 전 지역에서 찾을 수 있다. 그런데 특별히 조선 남부에서는 근래 무녀의 점복적卜占的 기능이 차츰 쇠퇴하여 가고 있으며, 점은 대체로 앞서 설명한 여성들에게 독점되는 경향이다.

(6) 맹샤먼

성 질

맹샤먼은 점자인 동시에 악정령 구양자이며, 기도자이다. 일반적인 맹샤먼은 그 세 가지 능력을 함께 가지고 있으나, 도성의 맹샤먼 가운데는 점을 전문으로 하는 사람도 있다. 그들은 척전擲錢(돈점), 역점易占 등을 하며, 독경도 하기 때문에 한학적 소양을 많이 쌓은 편이다. 따라서 여성 맹샤먼은 드물지만, 호세에비가 있는 지역을 제외한 조선 곳곳에 흩어져 있다. 평안도나 경성에는 점을 전문으로 하는 여성 맹샤먼도 있다. 또 함북에는 드물게 맹남무도 있으나, 그것은 맹호세에비이지 독경을 하는 맹샤먼이 아니다.

맹샤먼은 일반적으로 북[大鼓]을 치면서 강신경降神經을 읽고, 108 신장神將이나 500나한羅漢의 힘을 빌려 병든 자에 내린 악정령을 구양할 수 있다고 한다(경남 구포리 최 맹인의 이야기). 병이 위중한 사람의 경우 그 자에게 신들을 내리게 하는데, 그때 맹인은 팔양경八陽經을 읽는다. 그때는 혼자 또는 두세 명이 함께 경을 소리내어 외우는데, 강신 때 그들은 깊은 흥분상태에 빠져 마치 악정령과 싸우는 것과 같은 상태가 되며, 규성叫聲만을 계속할 경우도 있다. 최 맹인의 말에 따르면, 맹인이 읽는 경은 전국에 정본定本이 간행 배포되어 있다고 한다(목판木板으로 만든 경서經書임).

경에는 아미타경阿彌陀經, 고왕관세음경高王觀世音經, 다라니경陁羅尼經, 팔양경八陽經, 한수경漢手經, 목신경木神經, 돌궐경突堀經, 명당경明堂

經, 태을경太乙經, 삼재경三災經, 천수경千手經, 안택경安宅經, 조왕경竈王經 등이 있다. 이들은 모두 요제姚祭 때 삼장법사구마라집三藏法師鳩摩羅什의 한역漢譯을 원문대로 읽는 것이라고 하였는데, 불경에 대한 지식이 조금도 없는 필자로서는 이에 대해서 비판할 수 없다. 이것은 훗날의 연구로 미루도록 하겠다.

기록상의 맹샤먼

기록에서 최초로 맹샤먼이 나타나는 것은《고려사》권130 김준金俊전에 "又以盲僧伯良 卜其吉凶 云云"이라고 한 것이다. 다음으로 《고려사》권28 충렬왕 3년 7월조에 "內竪梁善 大守莊等告 慶昌宮主 與其子順安公琮 令盲僧終同 呪咀上 命中贊金方慶訊之 不服"이라고 한 기록과《고려사》권29 충렬왕 6년 5월조에 "聚盲僧禱雨"라는 기록이 있다.

고려 중엽에는 이른바 맹승盲僧이 주술자이며, 승려의 자격도 있었던 것 같다. 이 맹승이란 과연 어떤 존재였을까?《고려사》권36 충헌왕忠獻王 4년 8월조에는 "宴中秋於新宮樓 有一嬖人白王曰 知人室家 莫若盲人巫女 上若求美女 當問此輩 王卽命惡小 侵虐盲巫"라는 기록이 있다. 그가 단순한 맹인이라면 다른 사람의 부인에 대해서 상세히 알고 있었을 리가 없다. 만약 이 맹인이 앞서의 맹승이었다면, 그는 어떻게 다른 집의 부인에 대해 잘 알았을까? 이 의문을 풀어주는 것은 성현의《용재총화》다. 그 권8에는 "讀經盲類 皆剃髮 世人稱曰禪師 有老盲金乙富 居廣通橋畔 以卜筮爲業 人爭問之 事多差違 婦人輩皆曰 廣通橋禪師 言凶則吉矣 云云"이라 적혀 있고, 같은 책 권5에는 "都中有明通寺 盲人所會也 朔望一會 以讀經祝壽爲事"라는 기록이 보인다. 이 기록에 따르면 맹인은 조선 초기까지 절을 짓고 머리를 밀며, 독경·축수祝壽·복서卜筮하는 것을 업으로 했다. 그리고 부녀자들이 자주 점을 보러 갔던 것은 오늘날과 조금도 다르지 않았다고 생각된다. 이것으로써 《고려사》의 이른바 맹승이 오늘날의 맹샤먼임을 분명히 알 수 있다. 오늘날의 맹샤먼 가운데도 삭발한 자가 있으나, 이는 근래 서양 문물의 영향 때문이지, 승려라는 의식은 조금도 없다. 그 전에는 모두 일반 남자처럼 상투를 틀었다. 승려계급이 비천하게 여겨지자 불교의 쇠퇴와 더불어 그들은 승려로서의 풍습을 버리고 말았던 것 같다.

이상의 문헌으로 맹샤먼이 불교의 영향으로 생겼으며, 그들이 13세기 중엽쯤에는 분명히 맹승으로서 존재했다는 사실 등을 알 수 있다. 그러나 그들이 불교의 어느 종파에 속해 있었는지는 아직 연구되지 않았다.

명 칭

맹샤먼의 명칭 가운데 '맹승'이나 '선사도' 등이 있는 것은 그들을 승려로 인정한 데서 비롯되었을 것이다. 또 그들은 직업상 한문 소양이 깊었다. 그래서 '사장', '훈장'(모두 선생의 뜻)이라고도 한다. '참봉參奉'은 조선시대 낮은 지위의 관명인데, 존칭의 뜻으로 그렇게 불리기도 했던 것 같다. '판수' '장님' '봉사' '소경'이라는 것은 속어인데 무슨 뜻인지 분명하지 않다. 그러나 오늘날에는 모두 맹인이라는 뜻으로 사용된다. 그런데 태사太師에 대해서는 특별한 전설이 있다. 앞서 언급한 최 맹인은 경상남도 맹인조합장인데, 그의 이야기는 다음과 같다.

옛날에 영조대왕의 형님이 맹인이었다. 그는 국왕의 형이었기 때문에 원하는 향락을 모두 누릴 수 있는 터였다. 그러나 그는 앞이 보이지 않아 아름다운 기생의 얼굴도, 부드러운 춤도 완상할 수 없었다. 그러므로 기생의 아양도 그에게는 모욕으로 여겨졌고, 주위 사람들에게 싫증이 나기 시작하였다. 그러던 어느 날 그의 집 앞에 '길흉을 점치라[問數]'하면서 지나가는 자가 있었다. 가까운 신하에게 어떤 사람이냐고 물어보고, 그는 처음으로 자신과 같은 처지에 있는 자에게 뜨거운 동정심을 가졌다. 그리하여 그 사람을 당장 불러들였고, 두 사람은 신상에 관한 이야기를 많이 나누었다. 두 사람은 모든 점에서 공감할 수 있었으며, 완전히 복심지우腹心之友가 되었다. 그때부터 그는 도성에 어복청御卜廳을 설치하고 71명씩 당번 맹인을 두었고, 호화로운 궁중생활을 버리고 매일 어복청에서 맹인들과 환담을 나누며 비로소 위안을 얻을 수 있었다. 또 그는 동생인 영조에 부탁하여 칙령으로써 맹인들을 태사라고 부르게 하였다.

이 최 태사의 이야기가 어느 정도 사실과 맞는지는 알 수 없다.

(7) 독경자

독경자讀經者는 분명히 맹샤먼을 모방하였을 것으로, 그 수도 지극히 적다. 또 민간에서도 거짓 맹샤먼이라고 하고 있으므로 신용도도 맹샤먼만큼은 아니다. 최 태사의 이야기에 따르면, 대한제국시대에는 각 군읍郡邑에 복청卜廳이라고 하는 맹인의 집회소가 있어 군수의 명령으로 거짓맹인(독경자)을 단속하고 있었던 모양이다. 그도 점자, 악정령 구양자, 기도자라는 점에서는 맹샤먼과 차이가 없다. 그의 또 다른 이름인 '생대'는 무슨 뜻인지 알 수 없다.

(8) 무격의 조수

무격의 조수 또는 악수樂手에 대해서는 앞의 샤먼 분류 부분에서 대강 언급했으나, 조선 중부 및 조선 남부에서 무부 이름으로 재인才人, 화랑이라고 나오는 사례에 대해 조금 언급해 보자.

《대전통편大典通編》 권5에는 《경국대전經國大典》을 인용하여 "(原)京外才人 白丁盡刷 分保各坊各村成籍"이라 하였고, 같은 책 권5 금제禁制에서는 "花郎游女 及巫女留住城中者 並摘發論罪"라는 기록이 있다. 《증보문헌비고》 권138 형고刑考, 장백유삼천리杖百流三千里에는 《속대전續大典》을 인용하여 "公私賤自爲花郎游女及巫女 留住城中者"라고 한 구절이 있다. 이 기록들에 보이는 재인, 화랑이 과연 어떤 사람이었는지는 분명히 적고 있지 않지만, 재인은 백정白丁(백정이란 《고려사》에는 백성百姓이라는 뜻으로 곳곳에서 보이는데, 《경국대전》의 그것은 도살자라는 의미)과 함께 쓰였으며, 화랑은 유녀游女, 무녀와 함께 쓰이고 있음을 볼 때, 비천한 계급에 속해 있었음이 틀림없다. 그리고 오늘날 무부 또는 남무(박사)를 재인, 화랑이라 일컬으며 대한제국 말기까지 군읍의 악인樂人을 재인이라 칭하였다. 그리고 그 악인 가운데는 보통 사람도 있지만, 무부가 그 대부분을 차지하고 있었다. 조선에서는 악인배창樂人排倡의 무리들을 일반적으로 비천하게 여기고 있었으며, 그들은 신관이 부임할 때나 연회 때 음악을 관장했다.

그러나 조선의 화랑은 무부에 제한된 것은 아니다. 가무에 능한 자, 무술에 정통한 자도 함께 화랑 또는 한량閑良이라고 일컫고 있었다. 한량이라고 쓴 것은 화랑이란 단어가 전화된 것의 음역이겠지만, 가무 또는 무술에 능한 자를 화랑이라고 칭한 것은 그동안 다양하게 역사적 변천을 거쳐 온 의미가 있는 것 같다. 조선 역사상 화

랑의 변천에 대해서는 그 자료가 지극히 부족하므로 상세한 것은 알
수 없다. 그러나 《삼국사기》 권4 진흥왕眞興王 37년기에는 다음과 같
은 기록이 있다.

其後 更取美貌男子 粧飾之 名花郎以奉之 徒衆雲集 或相磨以道義
或相悅以歌樂 遊娛山水 無遠不至 因此知其人邪正 擇其善者 薦之於
朝 故金大問花郎世記曰 賢佐忠臣 從此而秀 良將勇卒 由是而生 云
云

이를 볼 때 화랑제라고 하는 것은 요컨대 인재 선택을 위한 조직
적 기관이었던 듯하다. 그리고 그 가운데는 무술을 연마하는 것도
가악歌樂을 연습하는 일도 있었다고 생각된다. 그것이 시간이 지나면
서 화랑제의 원의가 잊혀지고 단 그 명칭만이 가무에 능한 자, 무술
에 정통한 자 등에 사용되어 무부나 박사도 가무와 음악에 정통하다
는 이유에서 화랑이라고 불리게 된 것이 아닌가 생각된다. 그리고
《경국대전》이나 《속대전》, 《대전통편》에서 말하는 화랑도 아마 무
부의 부류를 가리키는 것으로 생각된다. 재인 가운데도 무부가 있었
을 것이다.

무부를 공인工人이라고 하는 것도 그들이 악인이라는 점에서 붙
인 이름임에 틀림없다. 그 밖에 '상례' '낭중郎中' 등은 무슨 의미인
지, 어느 민족으로부터 차용된 말인지 현재로는 알 수 없다. 또 평안
도·황해도의 '술마리'도 알 수 없다.

이와 같이 기록으로는 무부의 일이 조선시대 이후 나타나기 시
작하는데, 조선시대 이전에도 그들이 무녀의 조수로서 존재하고 있
었음은 앞서 말한 바와 같으며, 기록에 종종 무격으로서 보이는 격
안에 포함되어 있었을 것이다.

3) 샤먼의 신내림과 그 모시는 신

(1) 무녀와 박사

무녀의 신내림〔神憑〕에 대한 상세한 기록은 찾을 수 없지만,《고려사》권106 심양沈諹전(13세기 후반)에 다음과 같은 기록이 있다.

忠烈初 爲公州副使 有長城縣女 言錦城大王降我云 爾不爲錦城神堂
巫 必殺爾父母 我懼而從之……所過州縣守 皆公服郊迎 廚傳惟謹 至
公州 諹不待 巫怒傳神語曰 我必禍言易 云云

이 무녀의 빙신憑神, 즉 모시는 신은 금성신당錦城神堂의 무녀인데, 금성신당의 무령(금성대왕)(85)이 그녀에게 '만약 나를 모시지 않으면 너의 부모를 죽일 것이다'라고 협박하였기 때문에 무녀가 되었다. 이것은 고려 말엽 전라도 및 충청도에서 있었던 이야기인데, 오늘날의 조선 남부에 이와 같은 신들린 무녀는 그 수가 적다. 대부분은 전수받거나 세습한 경우도 많은데, 세습일 경우에는 자신의 딸에게 자신의 직업을 승계시키는 것이 아니라 며느리에게 무술巫術을 가르친다. 이는 조선의 결혼법 때문인데, 조선에서는 딸이 외동이더라도 다른 집으로 시집을 보내야 한다. 그리고 후사를 얻으려면 같은 성을 가진 집안에서 양자를 맞아들여 그 양자에게 다른 성씨를 가진 아내를 들여 주어야 한다. 무가는 무가끼리 결혼하는 것이 관례이기 때문에 앞서 말한 바와 같이 세습무가가 존재할 수 있는 것이다.

조선 남부에 신빙적 무녀는 드물지만 없는 것은 아니다. 경상남도 동래군 사하면 하단리에서 조사한 박 무녀의 이야기에 따르면,

그녀의 집은 3대째 무업巫業을 해 왔다고 한다. 처음에 그녀는 무와 같은 비천한 직업은 하지 않겠다고 결심하여 부모도 그것을 승낙해 주었는데, 그녀가 16~17세이던 어느 날 밤에 어떤 무녀의 사신死神이 나타나 '만약 네가 무당이 되지 않으면 너는 목숨을 오래 보전하지 못할 것이다'라고 하여 두려운 마음에 무녀가 되었다고 하였다.

평안도나 황해도의 무녀, 박사에 대해서는 여러 가지 이야기가 전해진다. 황주읍의 정관섭 씨의 이야기로는 무녀가 죽기 전에 그동안 사용해 온 도구—예를 들어 무령巫鈴·신경神鏡·신검神劍과 같은 것을 산속 또는 다른 비밀 장소에 묻어놓는다. 무녀 또는 박사가 되려는 자는 이 물건들을 찾아 자기 것으로 만들어야 한다. 그렇게 하면 그들이 찾은 물건을 묻은 죽은 무녀의 영이 빙의하여 죽은 무당와 같은 무력巫力을 얻을 수 있는 것이다. 또 죽은 무녀는 자신의 마음에 드는 사람의 꿈에 나타나 신경, 신검이 묻힌 자리를 가르쳐주어 자신의 후계자가 될 것을 강요하는 경우도 있다. 이렇게 강요당한 무녀 또는 박사는 거의 무의식적으로 물건을 발굴하거나, 또는 자신에게 빙의된 무녀의 옛 집에 가서 그녀의 유족에게 죽은 무녀가 생전에 쓰던 의복·도구를 남김없이 요구한다. 그때 유족은 방관적 태도를 취해야 하는데, 신무新巫 또는 신新박사는 옷장과 헛간 속에서 빙무憑巫가 살아 있었을 때의 전복, 검창, 장구, 징과 방울, 신상 등의 도구를 남김없이 찾아서 '이것도 내 것이고, 이것도 내 것이다'라고 하며 미친 사람처럼 춤추면서 가져간다고 한다. 이런 식이기 때문에 세습적인 무녀, 박사는 없다고 한다. 죽은 무녀의 영이 반드시 유족에게 씌는 것은 아니기 때문이다. 그리고 전수적 무녀나 박사도 황해도·평안도에는 이론상 존재하지 않는다고 하였다.

또 평남 중화군 해압면 성하연리 김원석 군의 이야기에 따르면, '이웃 마을에 있는 나 박사는 그가 20살이 되었을 무렵, 어느 날 밤 꿈에서 그의 고모인 사무死巫의 영이 나타나 무당이 될 것을 강요하였다. 만약 그녀의 말을 듣지 않으면 중병으로 고생할 것이라 협박하였다. 그래서 그는 무당이 될 것을 약속하였고, 다음날 아침 눈을 뜨자마자 무의식적으로 춤을 추었다. 입에서는 노래와 주문이 저절로 나왔다. 그리고 그는 고모인 죽은 무녀를 시신으로 삼아 박사가 되었다. 그는 춤과 노래, 주문 등을 시신으로부터 배운 것도 아니었으나, 시신의 신력에 의해 알 수가 있었기 때문에 따로 선배 무당이나 박사한테서 배운 적이 없다'고 하였다.

(2) 태자무녀와 맹두

태자(돼지), 세더니, 또는 돼지무녀나 맹두는 모두 신들린 자인데, 그것은 지원적志願的인 것과 신의적神意的인 것이 있다. 우선 지원적인 것에 대해 말해보자. 여자가 태자무녀 또는 맹두가 되려면 어린아이의 영혼 하나를—특히 유아가 좋다—시신으로 삼아야 한다. 그 시신을 얻기 위해서는 그녀는 어린아이 한 명을 희생시켜야 한다. 즉 그녀는 소아를 산 채로 단지에 넣거나 밀실에 소아를 가둬놓고 주먹밥을 아주 조금씩만 주면서 마침내 굶어 죽게 한 뒤 그 시체를 단지 속에 넣은 채 비밀장소에 묻는다. 그렇게 하면 죽은 아이의 영이 그녀에게 씌는데, 그 결과 그녀는 태자무녀가 되거나(함흥과 평안도·황해도에만 극소수 존재) 또는 일반적 점쟁이인 맹두가 된다.

더욱이 평안도에서는 세더니, 즉 태자무녀 또는 맹두가 어린아이의 혀를 잘라서 그것을 가루로 만들고 그 가루를 대선大扇에 바른다고 한다. 그러면 그 대선에 어린아이의 영이 씌어 점을 칠 때 대선속에서 기음奇音을 내어 말을 하게 된다고 한다. 또 전라북도에서는 드물게 어른의 사령을 시신으로 삼은 맹두도 있다고 한다(진안군 거주 정병기의 이야기).

　그 이야기를 큰무당〔大巫〕들에게 물어봤더니 이들은 모두 그것을 부정하였다. 함흥군에서 대무라고 불리는 본궁리의 김씨 노무녀는 이 이야기를 민간의 유설이라고 일축하고, 옛날에는 있었던 것 같으나 지금은 결코 그런 일을 하는 사람이 없다고 하였다. 또 중화군에서 대무라고 불리는 앞서 말한 윤 무녀는 이야기에서는 그렇게도 말하지만 그런 일이 실제로 있다고는 믿기지 않는다고 하였다. 오늘날 그와 같은 잔혹한 일은 없다고 하나, 옛날에 실제로 있었는지는 아무도 장담할 수 없다.

　조선 남부에서는 맹두에 대한 더 흥미로운 이야기가 전해진다. 어린아이의 영이 맹두인 여성에 내리면 그녀는 잠시 동안 병에 걸린다. 그 병은 때로는 오래 지속되는 경우도 있으나 대부분 중병은 아니고, 살이 아주 많이 빠지며 매우 신경질적으로 바뀌고 예민해진다. 또 병에 걸려 있는 동안 여러 가지 정령적·신적 존재들과 교통하는데, 그들과 이야기를 나누는 것은 옆에 있는 사람들도 확인할 수 있다. 그러다 조금 건강이 회복되면 그녀는 집에 있을 수 없게 된다. 어린아이의 사령인 맹두신이 자꾸 외출을 종용하기 때문이다. 말을 듣지 않으면 시신은 머리카락을 끌어당기고, 뺨을 때리며, 머릿속을 혼란스럽게 하며 육체를 고통스럽게 하는 등 그녀를 괴롭힌다. 주문이나 기도의 말은 시신으로부터 가르침을 받고, 점을 칠 때도 모두 시신이 기음을 내어 말해주기 때문에 그녀는 다만 그 기음, 곧 신의 말을 알아듣고서 통역하면 되는 것이다. 멀리 떨어져 있는 사람의 신원이나 생사화복을 알아내고자 할 경우 맹두신이 그곳에 가서 조사해 오는 것이다. 도난물이 있는 곳, 병을 앓는 기간, 환자에게 붙은 악정령 등도 맹두신은 알 수 있다.

　맹두신은 4, 5세부터 7, 8세 정도가 가장 똑똑하면서 부지런히 일하지만, 차차 나이를 먹으면 일을 게을리 하거나 귀찮은 일은 적당하게 거짓말을 하여 얼버무려 버린다고 한다. 또 신 자신이 점치는 일에 싫증이 나면 맹두에게서 떠나는 경우도 있지만, 맹두가 스스로 점업을 그만두는 것은 허락되지 않는다. 조금이라도 집안에 있으면 시신에게서 괴롭힘을 당하는 것이다. 맹두들은 시신을 선생이라고 부른다.

이 이야기를 보면 누구나 어린아이의 사령이라는 것이 일종의 히스테리가 구상화된 것임을 느낄 수 있을 것이다. 그리고 이것이 시베리아의 무격을 설명하는 이야기와 얼마나 유사한지 알 수 있다.

다음으로 신의적인 것은 주로 점자인 맹두에 대한 이야기인데, 그것은 천연두, 성홍열 및 기타 유행병으로 죽은 어린아이의 영이 어느 여성에게 씌었을 때, 그 여자는 맹두가 되어야 한다고 한다. 어린아이의 사령은 특히 젊은 여성이나 중년 이하의 여성에게 씌는 것으로, 노인에게는 거의 씌지 않는다. 이러한 점이 지원적 맹두와 차이점이며, 다른 부분은 동일하다.

(3) 그 밖의 신빙적 점쟁이

신들린 점쟁이는 대체로 여성이지만, 가끔 남성도 있다. 이들은 모두 신의적이며 자원하는 것은 없다. 그러나 그 내린 신이 누구인지는 아무도 알 수 없다. 점자 자신도 명백히 알지 못하는지도 모른다. 그녀들의 이야기에 따르면, 그들도 맹두의 경우와 거의 같으며, 그 귀신이 씌면 집에 있을 수 없다. 오랫동안 병상에서 여러 귀신들과 교통하거나 담화를 나누는데, 병에 걸려 있는 동안 그녀는 영계에서 생활하는 것이다. 그리고 그녀는 시들어 말라버린 나무처럼 살이 빠진다. 건강이 조금 회복되면 그녀는 곧바로 점자로서 집을 나가야 한다. 그렇지 않으면 시신은 그녀를 괴롭힌다.

이 신들린 점자를 모방하여 파생한 것이 단순히 시신적인 남녀의 점자이다. 그들은 단지 또는 선생, 즉 신령을 모신다고 자칭한다. 그들은 병에 걸리지도 않고 살이 빠지는 일도 없다. 또한 자유자재로 점업을 그만둘 수도 있다.

이와 같이 조선의 많은 샤먼들은 신빙적이고 각각 시신을 모시고 있다. 그들은 신령계와 인간계 사이에서 신의 의지를 인간에게 전해주며, 인간의 원망을 신령에게 전해주어서 인간계의 모든 재화의 원인을 알려주고, 그로써 구양을 하는 것이므로 보통 사람은 그 능력에 대해 의심을 가지게 된다. 그래서 그들은 보통 사람들과 다른 일종의 변태적·광적 성질에 의해 신령계와 교통이 가능하다고 자타 모두 인정하는 것이다. 히스테릭한 여성, 흥분하기 쉬운 감정을 가지고 있는 사람들은 일반인보다 환각작용이 강렬하지만 특별히 그들이 신령의 강림을 믿고 무격적인 일(악정령 구양과 같은)을 할 때는 곧바로 흥분하여 실신상태에 빠지며, 그들의 환각 속에는 많은 신령이 나타났다 사라지는 것으로 생각된다.

조선의 민간에서 맹샤먼이 가장 신용을 얻고 있는 이유의 하나도 그가 일반인과 다른 신비한 세계를 바라보고 있다고 인정받고 있기 때문이다. 또 샤먼마다 각각 자신들의 시신이 있는 것은 그들 스스로 그렇게 믿고 있기 때문이기도 하지만, 그들의 신용도를 높이려는 일종의 선전적 의미도 포함되어 있을 것이다. 곧 시신을 통해 그들은 선택받은 존재임을 표출하며, 시신은 신령적 존재이기 때문에 신령계의 일을 알 수 있을 뿐만 아니라 인간계의 일에 대해서도 알 수 있기에 맹샤먼이 비정상적일수록(기이할수록) 민중의 호기심을 불러일으켜 더 신용받고 능력이 인정되는 것이다. 기음을 내는 맹두가 돌아올 때 부녀들은 밀물처럼 그녀의 숙소에 우르르 몰려든다.

불교와 무격이 성했던 고려시대에도, 무녀 한 명이 금성대왕인 금성
신당을 모시고 있다고 주장하면 주현州縣의 수령들이 공복公服 차림
으로 맞이하는 형편이었다.

(4) 맹샤먼, 독경자, 호세에비

맹샤먼이나 독경자는 모두 전수적이며 시신 같은 것은 없다. 그
들은 불경을 배우거나 북을 치는 법, 강신술, 방울(단령單鈴)을 울리
는 법, 점침占針으로 점치는 법, 동전으로 점치는 법[擲錢] 등을 배우
면 샤먼으로서 인정을 받게 된다. 독경자를 제외한 맹샤먼들 사이에
는 예로부터 집회소가 있었다는 사실은 앞에서도 언급했는데, 그 집
회소에서 그들은 후진後進, 즉 제자 샤먼을 교육하는 일도 한다. 개
인적으로 가르치는 경우도 있으나, 큰 군읍에는 오늘날에도 아직 맹
인의 집회소가 있으며, 그곳은 동시에 학교이기도 하다.

함경도의 호세에비도 제자를 양성하는데 모두 개인적 교수이며,
함경도의 호세에비 가운데 신이 내린 자가 있다는 말은 아직 듣지
못했다. 제주도의 남무인 '심방'에 대해서는 조사가 부족하기 때문에
언급할 수 없다. 함경도의 호세에비는 일반 무녀와 마찬가지로 춤,
장구, 주문, 축사 등을 배우는데, 특히 그들은 맹샤먼처럼 불경의 문
구도 조금 배워야 한다. 그들 가운데는 한문 소양이 있는 자도 있는
데, 그것은 그들이 남자라 한문을 배울 기회가 사회적으로 주어져
있기 때문이다.

또 맹샤먼과 호세에비 사이에는 그들만의 독특한 가사가 있다.
그것은 조선어로 된 것으로, 맹샤먼의 성조成造풀이(가신家神 전설의
이야기를 노래한 것)나 세존世尊풀이(부처의 이야기를 노래한 것) 등이
다. 그 가사들은 대개 여흥으로 부르는 것이며, 조선어로 된 노래인

만큼—물론 한문의 냄새가 나기는 하지만—부인들이나 일반 청중에게 매우 선호되었다. 호세에비 사이에도 신들의 유래를 전하는 이야기적 가사가 있다. 그것은 대체적으로 함경남도의 무녀가 하고 있는 것과 유사한 성질을 지니고 있으며, 요컨대 신들의 위력이나 공적을 찬양한 것이다. 이 가사들을 읊음으로써 악정령에게 두려움을 주는 것이라 생각된다. 필자에게도 많은 자료가 있으나, 이 연구는 나중으로 미루기로 하고 여기서는 생략하기로 하겠다.

무녀 사이에도 조선어로 된 여러 가지 가사가 있는데, 불교적인 것이 있는가 하면《삼국지》의 적벽전을 이야기로 만든 것도 있다. 다만 이것들에 대해서는 모두 훗날의 연구로 미루기로 하겠다.

4) 샤먼의 여러 기물과 복장

우선 무당이나 박사가 가지고 있는 기물과 복식물을 조사해 보면 대략 다음과 같다.

① 신검: 크고 작은 두 종류를 가지고 있는 경우도 있다. 평안도에서는 큰 것을 '감칼', 작은 것을 '손칼'이라고 구별하여 말한다.

② 방울: 오령五鈴 또는 칠령七鈴을 가지고 있다.

③ 거울(맹두): 평안도·황해도의 무녀와 박사만 소지하는 것으로 다른 도에는 없다. 그들은 그것을 거울이라고 생각하지 않는다. 이두한자로 '明頭'라 쓰고 '맹두'라고 읽는다. 큰 것을 한 쌍, 작은 것을 하나(점술 전용) 가지고 있다. '일월대명두日月大明頭'나 '일월성신대명두日月星辰大明頭'라고도 한다.

④ 큰 부채[大扇]: 신의 모습 등을 그린 채화선彩畵扇이다.

⑤ 장구: 반드시 개가죽을 붙이며, 여러 개를 가지고 있다. 평안도·황해도의 방언으로는 맹두당이라고 한다.

⑥ 창, 활[弓], 화살[矢]: 평안도와 황해도에만 있다.

⑦ 징[鑼], 발鈸: 각각 크고 작은 것으로 여러 개를 가지고 있다. 명칭은 소리에 따라 도마다 조금씩 다르다.

⑧ 작두[臺付劍]

⑨ 큰머리: 가발 같은 것으로, 여러 의식 때 민간에서도 사용되는 여자의 가발이다.

⑩ 전복典服, 쾌자(조끼 형태의 옷), 옛 무관복, 도포, 장삼(승려의 옷), 곤룡포: 전복, 쾌자 이외는 황해도·평안도 특유의 것이다.

⑪ 고깔, 초립, 판고치[氈笠], 갓[玄笠]: 여러 의식복에 속하는 것으로, 예를 들어 군복에는 모립, 도포에는 갓, 장삼에는 고깔, 전복에는 초립 또는 갓을 쓴다. 갓 외에는 황해도·평안도 특유의 것이다.

⑫ 모시는 여러 신의 화상畵像: 무녀의 집 대부분에선 산신, 무녀신을 비롯해 부처, 칠성신, '아가씨여신' 등의 상을 채색화로 그린 여러 신상을 한 방에 모시고 있다.

⑬ 신상神箱: 조선 남부의 무녀는 집에 신이 들어 있는 궤를 모시고 그 안에 여러 기구를 보관하는 경우도 있다.

한편 호세에비의 소지품은 아래와 같다.

① 신검

② 장구

③ 징, 발

④ 전복

⑤ 산판: 이것은 제주도만의 독특한 점술 도구인데, 어떤 것인지 보지 못하였다.

맹샤먼의 소지품은 다음의 여섯 가지이다.

① 대고大鼓: 울림통은 버드나무 또는 삼나무로 만들고, 양면에 소가죽을 얹는다. 여러 개를 가지고 있다.

② 요령搖鈴: 방울로, 큰 것과 작은 것 각 한 개씩 가지고 있다. 놋쇠로 만들었다.

③ 경쇠[磬]: 놋쇠로 된 작은 방울 모양의 것(방울추가 없음)을 하나 가지고 있다.

④ 소라小鑼: 철로 만들었으며, 깽깽이라고도 한다. 한 개를 가지고 있다.

⑤ 점침占針: 놋쇠로 된 통 안에 넣고, 여덟 개의 향나무 침에 1부터 8까지 눈금이 있다.

⑥ 점치기용 돈[占用錢]: 오래된 돈인데, 글자가 있는 면과 없는 면이 있다.

평안도와 황해도의 세더니는 대선大扇을 가지고 있으며, 이는 무녀의 것과 같다.

그 밖의 샤먼에게는 따로 소지품이라고 할 만한 것이 없다. 또 독경자들은 맹샤먼이 쓰는 북이나 요령 등을 가지고 있으며, 사람에 따라서는 점침이나 점전占錢도 가지고 있다. 무녀도 앞에 기록한 물품을 모두 소지하고 있는 것은 아니다. 그러나 중요한 것, ①부터 ⑦까지의 것과 전복 등은 반드시 가지고 있다.

제3장 2절에서 샤먼의 복장에 대해서 약간 언급하였으므로 여기서는 그것을 생략하고, 샤먼의 기물 가운데 중요한 네다섯 가지에 대해 간단하게 써 보고자 한다. 검, 대고와 장구, 거울, 방울, 방울과 경쇠가 그것이다.

도 검

시베리아 무격이 도검을 사용하고 있는지는 알 수 없으나, 각종 서책에서 종합하여 그들의 소지품을 꽤 상세히 기술하고 있는 차플리카의 《시베리아 원주민》에는 축치족의 샤먼이 나이프를 사용하고 있다(86)는 사실 외에는 전혀 관련된 기록을 찾아볼 수 없다. 그러나 동철과 같은 금속을 악정령이 두려워하게 된 종교적 의미가 생긴 가장 첫 번째 이유는 동철 등이 무기, 특히 도검이나 화살·창끝에 사용되면서 적을 무엇보다도 잘 쓰러뜨려 공포를 주기 때문에 추리된 것은 아닐까라는 가정을 세우고 있는 필자로서는, 도검이 무엇보다도 최초의 샤먼적 무기였을 것이라 생각한다. 때문에 시베리아의 여행가나 연구가들이 무격의 도검에 대해서 기록한 바가 거의 없는 이유는 그들의 관찰이 불충분했기 때문이 아닌가 생각되는 바이다.

중국 기록에 따르면 만주인이나 투르크족, 몽고족, 한족 등은 악정 구양을 할 때 확실히 도검을 사용했던 것으로 보인다. 청나라 예친왕禮親王(소련昭槤)의 《소정잡록嘯亭雜錄》 권2 만주도신의滿洲跳神儀에는 "八旗長向舊族宗室王公家每祀神……巫人(用女使)吉服 舞刀祝詞曰 敬獻糕餌 以祈康年……暮供女仙女 長白山神 遠祖 始祖位……舞刀進牲 祝詞 云云"이라는 기록이 있다. 방식제方式濟의 《용사기략龍沙紀略》 풍속風俗에는 "多魅 爲嬰孩崇者 形如小犬而黑 潛入土挫 惟巫能見之 巫 伏草間 伺其入 以氈蒙突 執刀以待 紙封挫門 然燈於外 魅知有備 輒衝 氈而出 巫急斬之 嬰頓甦 云云"이라는 기록이 있으며, 서청의 《흑룡강외기》 권6에는 "達呼爾病……薩瑪則啜羊血嚼鯉 執刀槍叉梃 卽病者 腹上 指畫而默誦之 云云"이라고 한다.

또 《수서》 권83 서역부국전 "有死者……被以牟甲 覆以獸皮 子孫 不哭 帶甲儛劒而呼云 我父爲鬼所取 我欲報冤殺鬼 云云"이라고 하는 것은 앞에서도 인용한 바 있다. 맨 마지막에 인용한 것은 무격은 아니지만 샤먼의 일에 해당함을 가족 샤먼 부분에서 이미 설명하였다. 또 《삼국지》 권30 오환전에 보이는 "有病 知以艾灸 或以燒石自熨 燒 地臥上 或隨痛病處 以刀決脉出血 及祝天地山川之神"이라는 부분에서 마지막 구절(及祝天地山川之神)을 제외하고 모두 마술적인 일이라고 한다면, 옛날의 오환족(몽고족?)도 샤먼적 치병행위를 할 때 칼을 사용했다고 할 수 있다. 축목祝穆의《사문유취事文類聚》권38 무자巫者조나《연감유함淵鑑類函》방술부方術部 무巫조에는 "劉之靜(靖)家 數有怪 召巫夜披髮銜刀 爲禳厭"이라 하여 중국 무자의 칼에 대해 말하고 있다. 조선의 가족 샤먼이나 무격은 말할 것도 없고, 일본 고대 종교에서도 칼은 중요한 무격 도구의 하나였다. 도검은 악정령을 위협하는데 가장 적합한 도구이다. 필자는 어떤 의미에서 도검이 창시와 더불어 가장 오래된 샤먼 기물이었을 것으로 가정하고 있다.

대고와 장구

어느 원시인에게든 대고大鼓가 있었음에 대해 번잡하게 서술할 필요가 없을 것이다. 시베리아(87)나 만주, 중국의 무격은 모두 대고를 가지고 있기 마련이다. 중국의 북은 고대부터 있었던 것이며,《주례周禮》에는 '고인鼓人'이라는 관직도 보이며, 나의 때는 북을 치면서 악정령을 퇴양하였다. 조선에도 예부터 대고가 존재했음은《삼국지》마한전의 소도에 대한 기록에 "懸鈴鼓 事鬼神"이라 한 것과《삼국사기》권32 악지樂志에서 신라의 악기에 대고가 있음을 전하고 있는 데서도 알 수 있다. 그러나 오늘날의 조선 샤먼 가운데는 맹샤먼이나 독경자 외에 대고를 가지고 있는 사람은 없다. 무녀나 박사 가운데 대고를 사용하는 자는 매우 적으며, 전라도 곳곳의 무녀들에게서만 보일 뿐이다. 그리고 다른 도의 무녀, 박사, 호세에비와 같은 정통 샤먼은 모두 장구를 사용하고 있다. 이는 어떠한 이유에서일까?

무녀의 북에 대해서는 고려 말의 기록에 나타난다.《고려사》권120 김자수전에 "上書曰……浮屠之說 猶不可信 況怪誕荒幻之巫覡乎……九街之上 鼓吹歌舞 靡所不爲"라 하여 무녀의 궁궐 출입을 통제

하였다고 한다. 그러나 여기서 말하는 북이 어떤 북인지 알 수 없다. 조선시대 중엽의 기록에 따르면 무녀가 장구를 사용한 것은 분명하다. 차천로車天輅의《오산설림초고五山說林草藁》에는 다음과 같은 기록이 있다.

光廟謁文宣王廟歸 因不豫 貞熹王大妃憂之 問諸巫 皆曰孔廟神爲崇
貞熹王大妃命宮人 率諸巫 行淫祀於大成殿庭中 諸巫雜沓 衆伎亂作
舘中諸生 有士氣者爲之倡 領諸生驅逐諸巫 椎破腰鼓雜樂 宮人驚散
云云

여기서 말하는 요고腰鼓란 분명히 장구다. 장구란 길이 3척 정도의 허리 부분이 가늘고 양끝으로 갈수록 두꺼워지는 북으로, 앉아서 칠 수도 있지만 원래는 한쪽 어깨에서 다른 쪽 허리에 매고, 서서 칠 수 있게 만든 것이다. 이 장구, 즉 요고는 고구려인도 사용했었다.《삼국사기》권32 악지에는 "高句麗樂通典云……樂用彈箏一 掬箏一 臥箜篌一 竪箜篌一 琵琶一 五絃一 義觜笛一 笙一 橫笛一 簫一 小篳篥一 大篳篥一 桃皮篳篥一 腰鼓一 齋鼓一 檐鼓一 唄一 云云"이라 하여 당나라에서 채용한 고구려악 가운데 요고가 보인다. 필자는 악기에 대한 지식이 없어서 이 악기들을 하나하나 설명하기 어려우나, 언뜻 보기에도 쟁箏, 비파琵琶, 금琴, 생황〔笙〕, 피리〔笛〕, 통소簫과 같은 것들은 모두 중국 악기 이름이며, 중국에서 들어오기 전부터 그러한 것들이 고구려에 있었다고는 생각하기 어렵다. 더욱이《삼국사기》권32 악지는 신라 악기에 대해 "玄琴 象中國樂部琴而爲之"라고 하였고, "加耶琴 亦法中國樂部箏而爲之"라고 하였으며, 비파에 대해서는 "鄕琵琶與唐制度 大同而小異 亦始於新羅 云云"이라고, "三竹 亦模倣唐笛而爲之者也"라고 하고 있다. 더욱이 통전通典(《삼국사기》악지에 실림)은 "百濟樂……樂之存者箏笛桃皮篳篥箜篌 樂器之屬 多同於內地"
라고 하여 은근히 중국으로부터 영향을 받았음을 말하고 있다.

이렇게 삼국시대에 당의 악기를 모조하는 것이 성행했었다면, 요
고도 아마 중국의 악기를 본뜬 것이라 생각된다. 진晉나라 종름의
《형초세시기》에는 이미 "十二月八日 爲臘日……村人並繫細腰鼓 載胡
頭 及作金剛力士 以逐疫"이라고 하여 세요고細腰鼓라는 것이 나온다.
또 《천하군국이병서天下郡國利病書》(《중국풍속사》, 201쪽)에는 "山西忻
州郡境……巫者 以木爲鼓 圓徑斗一握 中小而兩頭大 如今之杖鼓 四尺
者謂之長鼓 二尺者謂之短鼓……鳴鑼擊鼓吹角 巫一人以長鼓遶身而舞
兩人復以短鼓相向而舞 云云"이라고 하여 장고라는 명칭이 보이고,
장고杖鼓, 단고短鼓도 장고와 마찬가지로 조선의 장구와 같은 부류인
것 같다.

그렇다면 조선의 장구는 중국 악기를 본따 만든 듯한데, 장구 이
전에 조선의 무격은 무엇을 사용했는가? 이에 대해서는 조선의 고
가古歌에 몇 가지 사례가 있을 뿐이다. 사본寫本으로 전해져 온 조선
의 고가 가운데 12군데에 무고巫鼓라는 것이 보이는데, 그것은 분명
히 대고를 가리킨다. 예컨대 《청구영언靑丘永言》에

물위 뱃머리와 물아래 뱃머리들이
3월이 되면 공곡貢穀을 실어 가고자
1천 석을 싣는 대중선大中船을
손도끼로 수리하여
삼색의 과일과
머리가 붙은 생물을 갖추어
피리[笛], 무고巫鼓를 울리면서
오강성황신五江城隍神과

남해용왕신南海龍王神에게
손을 비비면서 기도를 올리네

라고 하는 것과

이좌수李座首는 검은 암소를 타고
김약정金約正은 장구[長鼓]를 메고
손권농孫勸農, 조당장趙堂掌은 취하여
비실비실 걸으면서
장구는 덩더기 덩덩 무고는 둥둥 돋우는 가운데 춤추고 있다
산촌 토속민[土百姓]의 질박천진質朴天眞한 태고의 순풍은 과연 이
것이리라

라고 하는 노래다. 모두 작자·연대가 알려져 있지 않다. 장식성이
적고 구체적이며, 그리고 사상적·지식적·추상적이지 않은 이러한
가풍歌風은 조선시대 이전에 많이 발달한 것 같으나, 그것은 의논할
여지가 많은 것이며, 이 작품이 고려시대의 것이라고 단정할 만한
증거는 없다. 연대야 어쨌든 옛 조선인이 장구와 무고를 구별하며,
특히 선원이 사용하는 대고를 무고라고 한 것은 분명하다. 오늘날
조선의 뱃머리에는 장구가 없으며 반드시 대고를 매단다. 또 원칙적
으로 대고에 얹는 우피는 소의 생가죽(털이 붙어 있는 채)이다. 그 대
고를 오늘날에는 일반적으로 '배북[船鼓]'이라고 하며, 무고라고 부르
지 않는다. 그런데 옛 노래에서는 이 배북과 민간에서 사용하는 대
고를 무고라고 한다. 이것은 분명히 무녀가 장구 이전에 대고를 사
용하였음을 말해주는 것이라 생각된다. 덧붙여 말하면, 《삼국지》가
전하는 마한인이 소도에 영고鈴鼓를 매달아 귀신을 모시는 것이 무

격적인 행위가 분명하다면 당시의 북은 대고였다고 보는 것이 타당하며, 무녀들도 대고를 가지고 있었다고 추론할 수 있다.

또 맹샤먼이 대고를 가지고 있는 것은 아마도 사원寺院에서 사용하는 대고의 모조품이 아니라 옛날 무녀가 가지고 있었던 대고를 그대로 빌렸던 것으로 생각된다. 맹샤먼의 대고는 크기로 보면 사원의 그것보다 훨씬 작고 생피를 사용하지 않을 뿐, 나머지는 배북와 일치하며, 특히 민간에서 사용되는 대고와는 완전히 같다. 양면에 우피를 얹으며, 몸통도 옆면도 정원형正圓形인데, 원의 직경은 약 1척 4~5촌 정도이다. 몸통에 쓰이는 나무는 소나무 또는 버드나무이다.

언제부터 무녀가 장구를 사용하였는지 분명치 않으나, 어쨌든 조선시대 중엽부터는 확실히 가지고 있었다. 그리고 대고보다는 무가舞歌를 부르는 데 훨씬 적당한 악기였으므로 대고 대신 장구를 썼을 것이다. 그러나 맹샤먼은 노래를 부르지 않고 경문을 읽었기 때문에 장구보다는 단조로운 대고가 적절했고, 그래서 장구를 사용하지 않았다고 생각된다.

그리고 조선 무녀는 장구에 반드시 개가죽을 썼는데, 그것은 아마 대고에 개가죽을 사용한 전통이 종교적으로 고수되어 온 것이 아닌가 생각된다.

앞서 소개한 맹샤먼 최 태사의 이야기에 따르면, 악귀는 대고의 소리를 두려워하고, 선한 신은 그 소리를 따라 내린다. 그들은 강신할 때 흥분하기 때문에 대고를 치면서 경문을 읽고, 신장의 힘으로써 악귀를 구양할 때도 위압적인 경문과 함께 맹렬히 대고를 치는 것이다.

거 울

방울〔鈴〕과 거울〔鏡〕도 시베리아의 무격에게 빼놓을 수 없는 부속품이다.(88) 시베리아의 토속연구자가 '동 또는 철의 평판금平板金, Copper or Iron plate'이라든가 '동 또는 철의 원판금圓板金, disk'(89)이라고 한 기록은 오래된 거울(古鏡)을 가리키는 말일 것이다. 닐Nil(90)과 같은 이는 부리야트족의 'toli'를 분명히 금속제 거울metal looking glass이라고 하였으며, 중국 학자는 모두 거울(鏡)이라고 분명히 말하고 있다. 예컨대 청나라 방식제方式濟의 《용사기략龍沙紀略》풍속조에는 "神之巫曰薩麻 帽如兜鍪 緣檐垂五色繒 條長蔽面 繒外懸二小鏡 如兩目狀 著絳布裙 鼓聲闐然 應節而舞 其法之最異者 能舞馬於堂 飛鏡驅祟 又能以鏡治疾 徧體摩之 云云"이라 하였고, 서종량의 《흑룡강술략》 권6에는 "巫風盛行 家有病者 不知醫藥之事 輒招巫 入室誦經 裝束如方相狀 以鼓隨之應聲跳舞 云病 由其祟 飛鏡驅之 向病身按摩數次 遂愈 云云"이라고 하였다. 만주인은 거울로 빛을 비추거나 병인의 몸을 안마하면 사람에게 씐 악정령이 쫓겨나 병도 낫는다고 생각한 것 같다.

그러나 조선 무녀·박사의 거울에 대해서는 이와 같은 이야기가 없다. 거울은 제의 때 일정 장소에 나란히 매달아 놓을 뿐이다. 그들이 거울을 신성한 것으로 생각하기 때문이겠지만, 거울은 대체 어떤 신성神性을 지니는 것일까? 야쿠트인은 무격의 상의에 장식된 평평한 원형의 얇은 금속 2개 가운데 하나를 태양(91)이라고 하고, 다른 하나를 얼음 속의 태양(92)이라고 한다. 엄지손가락 길이에 손바닥 크기만 한 다른 동판금이 사람 형상의 그림, 또는 중앙에 사람 형상이 부조된 동판금을 덮고 있다.(93) 어떤 무격은 두 개의 태양(또는 해와 달), 물고기 모양의 철제물을 상의의 아래쪽에 매달고 있다.(94) 알타이 무격은 두 개의 동으로 된 원판을 상의 앞에 꿰매어 붙인다.(95) 부리야트의 무격은 금속제 거울에 열두 마리의 동물을 그려 놓는다.(96) 그 밖의 민족들이 가진 거울에 대해서는 알려진 바가 없다. 이들에 따르면 야쿠트에서 거울은 대부분 태양과 태음(얼음의 태양)이라고 여겨지며, 알타이 무격이 한 쌍의 거울을 가지고 있는 것은 태양·태음의 상징이 아닌가 생각된다. 그리고 거울은 아니지만 옷이나 대고 위에 태양·태음을 비롯해 동물, 뱀, 까마귀, 말, 검은 개구리[黑蛙], 신상神像 등을 그린 것은 야쿠트, 알타이, 타타르, 부리야트 등에서 볼 수 있다.(97) 그리고 조선의 무녀와 박사는 거울을 일월대명두日月大明頭 또는 일월성신대명두日月星辰大明頭라고도 하였다. 게다가 그들의 거울(철제 원형 거울)의 뒷면에는 별 모양의 부조가 다수 보인다.

이와 같이 주위 민족 사이에도 거울을 일월신에 견준 사례가 있으며, 조선에서 그 명칭이 일월(성신)대명두임을 볼 때, 그것은 확실히 일월(성신)신의 표상이라고 추론할 수 있다. 거울의 모양도 일월을 표상하고자 한 쌍의 원 모양으로 만든 것이라 생각된다.

그런데 이러한 추측에도 문제가 하나 있다. 조선의 문헌에는 물론 토속에도 평안도·황해도나 그에 인접한 함경남도, 경기도 일부 지역을 제외한 다른 도에서는 무녀에게 거울이 없다. 꽤 많은 수의 무녀와 그 방면에 정통한 일반인, 또는 다른 샤먼을 조사해도 거울이나 명두의 이름을 아는 자가 없다. 그러므로 오늘날 조선의 자료에서 결론을 내리면 평안도·황해도의 무녀나 박사의 거울은 고려시대에 북방유목민─만주족, 몽고족과 같이 이주·귀화한─에 의해 수입된 것으로 추론할 수 있다. 거울뿐만 아니라 박사가 외부 민족의 영향으로 생겨났을 것이라는 점은 이미 언급하였고, 무녀나 박사가 궁시·갑주를 소지하고 있는 것도 황해도·평안도의 특색으로, 다른 도에는 없다. 그것도 아마 중세 북방민족의 새로운 영향, 또는 새롭게 전래된 것이라 할 수 있다. 서역부국인이 악귀를 죽이기 위해 '대갑무검帶甲舞劍'하는 것은 앞에서 예를 들었는데, 몽고 무격도 갑주궁시를 가지고 있음은 청나라 예친왕의 《소정잡록嘯亭雜錄》 권2 만주도신의滿洲跳神儀의 마지막 절에서 "蒙古跳神 用羊酒輝和 跳神以一人介胄 持弓矢 坐牆者 堵蓋先世有劫祀者 故豫使人防之 防之因沿爲制"라고 한 기록에서 알 수 있다. 선대에 겁사자劫祀者가 있었다고 하는 것은 아마 전설이겠지만, 원래 의미는 악정령에 대한 시위가 아니었나 추측된다. 샤먼적 행동을 할 때 이와 같은 시위를 했다는 것은 충분히 있을 법한 이야기이다. 게다가 몽고인의 사초구射草狗란 의식에서는 무격을 쓰고, 이 의식에 나선 자는 각각 궁시로 초구(악정령의 상징)를 쏴 이로써 재액에서 벗어났다고 여긴다. 이에 대해 송렴宋濂의 《원사元史》 권77 국속구례國俗舊禮에는 다음과 같은 기록이 있다.

每歲十二月下旬 擇日 於西鎭國寺內墙下 灑掃平地 太府監供綵幣 中尙監供細氈鍼線 武備寺供弓箭環刀 束稈草爲人形一 爲狗一 翦雜色綵段 爲之腸胃 選達官世家之貴重者 交射之……射至靡爛 以羊酒祭之 祭畢 帝后及太子嬪妃 倂射者 各解所服衣偉 蒙古巫覡祝讚之 祝讚畢 遂以與之 名曰脫災 國俗謂之射草狗

옛 조선의 무격도 궁시갑주를 사용했는지 여부는 분명치 않으나, 황해·평안 양도에만 그런 무기가 있다는 사실은 중세 북방민족으로부터 새로 유래된 것이 아닌가 싶다.

방 울

거울과 더불어 방울[鈴]이 신시베리아족 무격에게서 떼려야 뗄 수 없는 물건이란 것은 앞서 말했다. 방울은 만주 무격도 사용한다. 청나라 양빈楊賓의 《유변기략柳邊紀略》은 "跳神者 或用女巫 或以家婦 以鈴繫臀後 搖之作聲 而手擊鼓 云云"이라고 하며, 예친왕의 《소정잡록》권2 만주도신의는 "巫用銅鈴 繫腰跳舞 云云"이라 쓰고 있다. 또 아계阿桂의 《흠정만주원류고欽亭滿洲源流考》권18 국속제천國俗祭天조에는 《후한서》마한전의 "又立蘇塗 建大木 以懸鈴鼓 事鬼神"이라는 기록을 인용하여 만주의 토속과 비교하는 부분에서 "又滿洲祭祀有神鈴 及腰鈴手鼓等 與此所云鈴鼓亦合 但並不懸于神杆 惟夕祭儀 有大小鈴 七枚 繫于樺木桿梢 懸于架梁之西 云云"이라고 하였다. 같은 책 사신祀神조에는 "夕祭則 司祝束腰鈴執手鼓 前後盤旋鏘步"라고 한다.

그리고 《삼국지》나 《후한서》의 마한전은 옛 조선에도 영고가 존재했음을 말해주고 있으며, 오늘날 조선의 무녀, 박사, 제주도의 남무 등은 전국적으로 모두 일곱 개 또는 다섯 개의 방울을 자루에 매단 것을 가지고 있다. 알타이 무격의 방울iron rattles은 무격의 능력에 따라 그 수가 많거나 적다고 하는데,(98) 조선에는 그런 말이 없었다. 방울소리도 대고소리와 마찬가지로 악정령들에게 공포의 대상이 되고, 반대로 선신은 선호하는 것이라 한다(최 태사와 중화中和의 윤 무녀의 이야기).

방울과 경쇠

방울[鈴]과 경쇠[磬]는 모두 맹샤먼만 지닐 수 있다. 방울은 방울추[舌]가 있는 보통의 것이며 큰 것과 작은 것 두 개를 가지고 있고, 독경할 때 울린다. 그런데 조선 맹샤먼이 가진 경쇠는 중국 고대의 것과는 전혀 다르다. 조선 맹샤먼의 경쇠는 놋쇠로 된 크기가 작은 무설령無舌鈴으로, 그 위에 끈으로 묶여 있는 사슴뼈로 쳐 울리는 것이다. 이 작은 무설령은 맹샤먼이 점칠 때나 신의 뜻을 여쭈어 볼 때 자신의 정신을 긴장·통일시키고자, 또는 환자의 귀에 그 맑은 소리를 울려서 그에게 위안을 주는 용도로 쓴다(최 태사의 이야기). 이 기물들은 다른 샤먼에게 없는 것이다. 과거 조선의 불승이 이들의 기물을 사용하고 있었는지는 알 수 없으나, 오늘날의 조선 승려들 사이에서는 쉽게 찾아볼 수 없다. 만약 있다고 해도 승려가 그것을 사용하여 점이나 환자를 위안하는 일은 결코 없다. 그런데《진서晉書》권95 불도징佛圖澄전에는 다음과 같은 기사가 있다.

> 佛圖澄天竺人也……善誦神咒 能役使鬼神 腹旁有一孔 常以絮塞之 每夜讀書 則拔絮 孔中出光 照于一室 又常齋時 平旦至流水側 從腹旁孔中 引出五臟六腑洗之 訖還內腹中 又能聽鈴音 以言吉凶莫不懸驗…… 段末波攻勒 衆甚盛 勒懼問澄 澄曰 昨日寺鈴鳴云 明旦食時 當擒段末波……劉曜……自攻洛陽 勒將救之……澄曰相輪鈴音云 秀支替戾岡 僕谷劬禿當……此言軍出捉得曜也……勒死之年 天靜無風 而塔上一鈴獨鳴 澄謂衆曰 鈴音云 國有大喪 不出今年矣 旣而勒果死 云云

곧 다양한 기적과 함께 방울(상륜탑相輪塔 위에 있던 것) 소리로 점을 친 기록이 보인다. 맹샤먼처럼 손을 들고 점을 친 것은 아니지만, 맹샤먼이 불교의 영향을 받아 생긴 점으로 미루어 보아 둘 사이에 어떤 관계가 있는 것이 아닐까 생각된다.

길랴크족(99)이나 야쿠트족(100)의 무격은 동으로 만든 추 없는 방울small bells without tongues을 가지고 있었다고 하나, 그것과 조선 맹샤먼의 놋쇠로 만든 추 없는 방울이 관계되어 있다고는 생각되지 않는다.

5) 여러 샤먼의 발생적 관계

조선에 존재하는 여러 샤먼의 발생적 상호관계를 밝히는 것은 거의 불가능한 일이다. 그러나 대강의 추리는 어느 정도 할 수 있을 것이다.

가족적 샤먼이 샤머니즘 발달과정에서 보아 가장 시원적이라는 점에 대해서는 이 장 제1절에서 다소 의견을 밝혀 놓았으므로 다시 새삼스럽게 말할 필요도 없을 것이다.

앞서 가족 샤먼으로부터 공동(부락)적 샤먼을 거쳐 직업적 샤먼으로 발달했을 것이라는 차플리카의 상상설을 기술하였다. 많은 학자들이 여성 샤먼으로부터 남성 샤먼이 생겨난 것이라고 종종 추리하고 있는 것은, 차플리카의 책《시베리아 원주민》제12장〈샤머니즘과 성〉에 상세히 소개되어 있다. 그러나 필자는 일반적 샤머니즘의 발달에 대해 언급하려는 것이 아니다. 그리고 이것들이 조선 샤먼의 변천, 또는 발달과정에 그대로 해당될 것이라고도 생각하지 않는다.

조선의 가족 샤먼 형태는 조사해 보면 어느 정도 보편적으로 나타나는 현상이다. 그리고 가장 단순하며, 기도문구와 방법을 알고 식도를 휘두르며 아귀를 물리치는 방법을 아는 정도일 뿐, 의식을 위한 옷도 없고 사회에서 특수한 계급으로 취급되는 것도 아니다. 또 신빙적인 것도 아니기 때문에 누구나—특히 중년 이상의 여성—가족 샤먼이 될 가능성이 있다. 이는 조선민족의 반도 이주와 더불어 들어오게 되었다고 보아도 문제가 없을 것이다.

그리고 직업적 샤먼도 분명히 고려 이전의 기록부터 종종 나타나고 있으며(《후한서》,《삼국사기》), 부락적(또는 공동적) 샤먼은《삼국지》마한전에 "信鬼神 國邑各立一人 主祭天神 各之天君"이라고 나타난다(5장 4절에서 상술). 오늘날에도 아직 남아 있는데, 각 군읍 또는 큰 촌락에는 한 명씩 '당골(단골)'이라고 불리는 무녀가 있다. 그녀는 부락적·공동적 제의의 주사자가 될 권리를 가지고 있으며, 이것도 거의 보편적이다. 그러나《삼국지》에 나타나는 이른바 '천군天

君'이 공동의 무巫였다고 해도, 그것이 조선에서 가족 샤먼으로부터 발달한 것이라고 생각할 수는 없다. 오히려 가족 샤먼과 더불어 존재하고 있었다고 보아야 할 것이다.

직업적 무녀가 고려시대 이전부터 존재했던 것은 분명하나, 그 무녀가 부락적 샤먼에서 파생되었다고 추론할 만한 자료는 거의 없다. 또 천군이 과연 무녀였는지에 대해서는 의심스러운 바가 있다. 오늘날의 부락적 제사의 주사자에는 무녀가 있는가 하면 부락에서 뽑힌 남성도 있다. 오늘날에는 거의 중국식 제사를 지내기 때문에 한문으로 된 축문을 읽고 중국식 제복祭服(예컨대 도포, 전복)을 입는데, 그들이 지내는 제신祭神(예컨대 산신, 동신. 즉 부락신)은 고유의 신들이다. 제단과 같은 것은 몽고에서 이른바 악박鄂博(오보)이라고 하는 것으로, 이것을 '고당' 또는 '산신당山神堂', '산지당'이라고 부른다. 반드시 당이 세워져 있는 것은 아니고, 대부분은 원시형 그대로인 퇴석단堆石壇이다. 그렇기 때문에 당이 있는 것도 퇴석단도 같은 이름을 쓴다.

오늘날에는 그 주제자를 제관이라고 하지만, 만약 선출된 제관이 옛날에도 있었다면 그때는 조선어로 '당골' 또는 '천군'이라고 불렀을지도 모른다. 그렇다면 천군에는 남자도 여자도 있었다고 해야 할 것이다. 부락적 제의를 무격이 주제하는 경우와 선거자 또는 장로가 주제하는 경우가 있는 것은 주위 민족에도 그 사례가 있음을 제1장에서 이미 서술하였다.

그러나 선출된 제관이 천군이라고 불렸는지에 대해선 알 수 없지만, 그들이 남무가 아니었음은 확실하다. 또 그가 샤먼이 아니라 승려였다는 것도 분명하다. 그리고 부락적 무녀도 천군이라고 불렸다는 추론도 인정해야 한다. 어떻게 보면 조선 고대에 남무가 있었다는 증거는 하나도 없다. 또 부락적 당골은 오늘날 여성으로만 한

정되어 있다. 여기서 우리는 고대 조선에는 남무가 존재하지 않았다는 것과, 가족 샤먼도 부락적 무녀도 또 직업적 무녀도 모두 여성이었다는 것만은 주장할 수 있다고 생각된다. 그리고 고려시대에는 불교의 영향으로 맹샤먼이 나타났고, 맹샤먼은 무녀의 영향을 받아 악정령 구양을 하게 되었으며, 대고도 사용하게 되었다.

또한 고려시대에 북방 여러 민족의 영향으로 변성變性 남무인 박사가 생겼고, 홍원 이북 함경도에는 호세에비라는 남무도 있었다.[101] 호세에비는 경經, 장구, 가사와 그 밖의 여러 가지 면에서 맹샤먼이나 무녀의 영향을 받았다. 제주도에 남무가 많은 까닭은(여무와 거의 같은 수가 있다) 고려시대에 이 섬이 일시적으로 몽고 영토가 되었던 점에서 몽고의 영향을 다분히 받았기 때문이 아닌가 추측해 본다.

신기음神奇音을 내는 이른바 돼지무당〔太子〕이 언제부터 등장하였는지는 알 수 없으나, 고려 중엽에는 확실히 존재하고 있었다. 단순한 점자인 태자, 즉 맹두는 아마 태자무녀에서 갈라져 나왔다고 생각되며, 조선시대 초엽에는 확실히 존재하고 있었다. 신빙적 점자는 맹두 또는 무녀의 모방으로 나타났을 것이며, 독경자는 분명 맹샤먼의 모방이다.

무녀는 원칙적으로 신의적神意的·신빙적神憑的이라야 했기 때문에, 옛날에는 세습적인 무녀가 존재하지 않았던 것이 아닐까? 경제생활의 복잡화와 더불어 세습적 무녀(조선 중부 및 조선 남부에만 있음)와 제자弟子남무(함경도 홍원 이북에만 있다)라고 하는 견습(전수적)남무도 나타나게 되었던 것으로 보인다.

5. 다신교적 여러 신과 승려

1) 신의 종류와 성질

고려 이전에 속하는 옛 기록에 따르면 조선민족이 믿었던 신들은 하늘·땅·산·강·해·달·별 등 여럿이 있다. 《삼국지》부여전에는 "夫餘……以殷正月祭天 國中大會 連日飮食歌舞 名曰迎鼓 於是時斷刑獄 解囚徒……有軍事亦祭天 云云"이라고 하며, 《후한서》고구려전에는 "高句驪……祠……社稷零星……以十月祭天大會 名曰東盟 云云"이라고 기록되어 있다. 《후한서》예전에는 "濊……常用十月祭天"이라고 하였으며, 《삼국지》마한전에는 "國邑各立一人 主祭天神 名之天君", 고구려전에는 "又祠靈星社稷 云云"이라고 썼다. 또 《양서梁書》고구려전에도 "又祠靈星社稷 云云"이라 하였고, 《수서》신라전에는 "每正月朝相賀……其日拜日月神"이란 글도 보인다 《신당서新唐書》고려(고구려)전에는 "高麗……祀零星及日……", 신라전에서는 "新羅……好祠山神"이라고 기록하였다.

한편 《삼국지》예전에서 "濊……祠虎以爲神"이라는 호랑이신[虎神]도 산신이었음에 틀림없다. 또 《삼국사기》권45 온달전에는 "高句麗常以三月三日 會獵樂浪之丘 以所獲猪鹿 祭天及山川神 至其日 王出獵 群臣及五部兵士皆從 云云"이라 하였으며, 《삼국사기》신라본기에는 권10 헌덕왕 9년조에 "夏五月 不雨 遍祈山川 云云"이라는 기록이 있다. 또 고구려본기 권16 산상왕 7년조에는 "春三月 王以無子禱於山川"이라고 하였고, 권19 평원왕 5년조에는 "夏大旱 王減常膳祈禱山川"이라고 한 구절이 보인다.

백제본기를 보면, 천지산천에 기도한 기사가 더러 나타난다. 예컨대 《삼국사기》권23 온조왕 20년조에는 "春二月 王設大壇 親祠天

地"라고 나와 있다. 또 온조왕 38년에는 "冬十月 王築大壇 祠天地"라는 기록이 있는데, 이것을 믿을 수 없다 하더라도 권23 다루왕 2년조에 "二月 王祀天地於南壇"이라는 기사를 비롯해 권24 고이왕 5년조의 "春正月 祭天地 用鼓吹"라든가, 고이왕 10년의 "春正月 設大壇 祀天地山川", 14년조의 "春正月 祭天地於南壇", 비류왕 10년조의 "春正月 祀天地於南郊 王親割牲", 권25 아신왕 11년조의 "大旱 禾苗焦枯 王親祭橫岳 乃雨", 그리고 권26 동성왕 11년조의 "冬十月 王設壇祭天地"라는 기록 등은 백제에 분명히 천지신 숭배가 있었음을 보여주는 것이라고 생각된다. 그러나 지신 숭배에 대해 신라나 고구려에 관한 기록에는 고유신앙이라고 할 만한 기록이 없다.

오늘날의 토속에도 조선 남부에서 흔히 지신제를 정월 초에 행할 뿐 다른 것은 모두 사라지고 없지만, 지신제라고 해도 그렇게 지신을 제사지낸다는 명료한 의식意識·의식儀式도 없다. 다만 마을 전체가 여러 신들에게 기쁨을 주어 1년 동안 행복하고자 하는 일종의 유희적 의식이다. 조선 고유어에도 '하늘님'이라는 말은 있었지만 '지신'에 해당되는 말은 없다. 그렇다고 하여 백제의 지신신앙이 중국의 영향을 받은 것이라고 속단할 수 없다. 천신신앙이 있는 곳에서는 지신의 존재가 인정되었으며, 북쪽에 인접한 몽고족이나 흉노족에도 옛날부터 지신 숭배가 있었던 것 같다. 《삼국지》오환전은 "烏丸……敬鬼神 祠天地日月星辰山川 及先大人有健名者 亦同祠以牛羊"이라고 하였고, 《사기》흉노전에는 "五月大會籠城 祭其先天地鬼神……單于朝出營 拜日之始生 夕拜月" 등의 기록이 보인다. 근세 서책에서 예를 들면 한이 없다.

위의 기록에서 볼 때, 조선의 고대 종교에 천지산천일월성신天地山川日月聖神 숭배가 있었음은 분명하다. 그러나 조선 고유 종교에서 다신교적 신이 이것뿐이었다고는 생각되지 않는다. 오늘날의 토속에서 추론하면 위의 신 말고도 아래와 같은 신이 더 있다.

① 조신竈神(조왕竈王, 여성)

② 산신産神(여성)

③ 소도신蘇塗神(수호신인 신오神烏를 말하는 듯)

④ 가신家神(성조成造, 무성)

⑤ 해신海神(용왕龍王, 성별은 알려진 바 없음)

⑥ 우물신[井神, 성별 불명]

⑦ 수신樹神(나무신[木神], 무성)

⑧ 주신酒神(무성)

⑨ 바람신[風神, 여성]

이 밖에 비교적 새로운 것으로 생각되는 신으로는 '창고신倉庫神' '온돌신溫突神' '된장신' 등이 있다. 또 반신반정령적半神半精靈的인 것으로는 '천연두·성홍열의 여신'도 있다. 또 그들의 위대한 조상을 나라의 수호신으로서 숭배한 것에 대해서는 제3절에서 따로 논하기로 하겠다. 다음으로 신들의 신성에 대해서는 간단하게 설명을 하고자 한다.

(1) 천신, 지신

앞에서 인용한 여러 기록에 따르면, 부여, 고구려, 예 등은 10월에 대회大會를 열어 천신에 제사지냈다. 또 군軍에 관련된 일이 있을 때도 부여인은 천신에 제사지내고, 고구려에서는 3월 3일에 멧돼지와 사슴을 사냥하여 천신과 산천신에 제사지냈다. 백제에서는 비정기적으로 제단을 만들어 천지신을 제사지냈다. 백제의 경우 모든 기록이 후세에 남겨진 것이며, 중국 사상의 영향을 받지 않았을까 생각되지만, 그 외에는 대부분 원시적인 것 같다. 백제에서는 국왕이 국가의 대표자로서 사적으로 제사를 지냈는데, 다른 경우는 민중적으로 나라에서 대회를 열고 있다. 백제에서는 국왕이 시기·경우에 따라 국가의 행복을 빌었던 데 견주어, 부여·고구려·예의 경우는 어떤 특별한 뜻이 있어서 10월에 천신을 제사지낸 것이 아닌가 생각된다. 예컨대 10월은 수확철이기 때문에 수확에 대한 감사와, 내년의 풍작을 기원하며 천신에 제를 올린 것이 아닌지 추측해 볼 수 있다. 부여는 이미 당시에 정착농경을 하고 있었고, 고구려도 반농半農민족이었다. 마한족에 대해서도 "祭鬼神 羣聚歌舞……十月農功畢 亦復如之"(《삼국지》 마한전)와 같은 기록이 나타난다. 마한인은 다양한 귀신을 제사지냈던 모양인데, 어쨌든 수확을 위해 행한 것은 분명하다. 이와 같이 마한인의 수확제는 고구려·예·부여의 10월 제천祭天과 같은 의미가 아니었을까?

《삼국지》 고구려전에는 "其國東有大穴 名隧穴 十月國中大會 迎隧神還於國上祭之 置木隧於神坐"라 하고, 《신당서》 고려전에는 "國左有大穴 曰神隧 每十月 王皆自祭"라 하여 고구려에서 10월에 수신隧神을 제사지낸 것으로 보이는데, 어떤 의미에서 지낸 제사인지는 분명하지 않다.

그런데 《송사宋史》 고려전에 따르면 "國東有穴 號歲神 常以十月望日迎祭 謂之八關齋 禮儀甚盛 王與妃嬪 登樓大張樂宴飮 賈人曳羅爲幕 至百匹相聯 以示富 三歲大祭 云云"이라고 하여 수신은 고려시대에는 세신歲神이라고 불렸던 듯하다. 팔관제八關齋라는 것은 신라시대부터 있었던 것으로, 당시 어떠한 목적에서 제사지냈는지 분명하지 않지만, 고려시대의 세신에서 그 이름이 전용된 것은 확실하다. 고려인의 세신은 동굴신이며, 10월에 제사가 이루어졌던 것도 분명하다. 고구려에서 10월에 수신에게 제사지낼 때도 세신의 의식이 수반되었는지는 분명하지 않지만, 그 전 시대에 있었던 10월 제천의 유습이 10월의 수신제였다고 상상하는 것도 무리는 아닐 것이다. 고구려인의 10월 제천(《후한서》)과 10월 수신제(《삼국지》)가 모두 사실이라면 천신이 수신이었다고 여길 수 없으며, 두 개의 큰 제의가 같은 달에 행해졌다고도 생각할 수 없다. 그래서 부여·예 등과 마찬가지로 10월에 제천한 습속이 훗날 천신의 지위를 수신이 대신하게 되면서 10월에 지내는 제사만은 지켜왔던 것이 아닌가 추측해본다. 그리고 10월의 제사는 고려인의 10월 세신제나 마한인의 10월 수확제, 나아가서는 오늘날 조선 전역에서 행해지는 10월의 수확제[洗秏宴]와 같은 의미로 천신을 제사지냈던 것이 아닌가 한다.

오늘날의 수확연회도 마을 전체의 농부가 모여 음주가무를 즐기면서 산과 들에서 노는데, 그 가운데 한 명이 농신農神(=山神)의 대리자로서 암소를 거꾸로 타고 온다. 황해도에서 농신의 대리자는 도포를 입고 암소를 거꾸로 탄 채 제의를 행하는 동안에는 한 마디도 하지 않을뿐더러 주위 사람들이 내년 수확에 대해 물어볼 때도 표정으로만 대답한다. 많은 농부들은 짚이나 종이로 풍성한 벼의 모조품을 만들고 그것을 땅에 심는 흉내를 내어 내년의 풍작을 기원하며, 그 제의는 파종 전과 수확 이후 두 번 한다(장연군長淵郡 오성근 씨 이야기).

수신을 세신으로 제사지내게 된 이유에 대해, 많은 미개 습속처럼 성적인 의미가 있었는지를 알 수 있을 만한 자료가 없지만, 천신이 세신의 성격을 지니고 있었음은 위의 이유에 더해 몇 가지를 더 엿볼 수 있을 것이다. 게다가 천신에게는 군사에 관련된 경우에도 제사지낸 것 같으며(부여), 그 밖에 나라와 백성의 행복을 위해서도 기도가 행해졌을 것이다.

다음으로 지신地神에 대해서는 《고려사》에서 천지天地라고 종종 함께 쓰이며 제사 기록에 나타난다. 그러나 고려시대의 자료를 고유 종교를 연구하는 데 사용하는 것은 위험하다. 고려 이전의 자료로는 백제의 것밖에 없지만, 그것이 중국의 영향을 받지 않았다고 하더라도 그 신의 성격은 매우 막연하다. 천신과 더불어 국가안녕을 위해 제사지낸 것으로 어렴풋이 생각할 수밖에 없다. 오늘날 민간의 천신 관념도 사상 속에만 존재하며, 신앙·제의상에는 나타나지 않지만, 지신과 같은 것은 상상 속에도 존재하지 않는다.

또한 천지신에 의해 재앙과 병이 발생했다고 하는 민간신앙도 찾아볼 수 없다. 천지신은 오직 한학漢學사상에서만 언급된다.

천신에 대해서도 지고하고 유일한 천신을 믿는 민족과, 다수의 천신을 믿는 몽고족과 같은 민족이 있다. 조선 고대 천신은 과연 어느 쪽에 속했는지 분명하지 않지만, 신계神界의 조직은 대체로 사회 조직의 영향을 받게 되므로 조선이 고구려, 신라, 백제와 꽤 대조직적인 국가로 분립하고 있었을 때는 한 명의 지고한 천신만이 인정되고 있었는지도 모른다. 그러나 그 지고신 아래 몽고족과 같이 천신이 여럿 있었는지는 알 수 없다. 오늘날에는 천신이 분명 한 명이다.

(2) 해·달·별의 신

일월신日月神이 신앙의 대상이 된 이유는 말할 것도 없이 빛을 선호하는 원시인의 필연적인 산물이었다. 조선의 그것에 대해서도 제3장 곳곳에서 언급하였고, 그 사상을 전설에서도 찾아볼 수 있는데, 《삼국유사》 권1의 '연오랑 세오녀' 설화다. 그들은 해와 달의 정령으로, 그들이 일본으로 건너간 뒤 신라의 해와 달이 빛을 잃어버렸으므로 사자가 가서 겨우 그 빛만을 받아왔다는 설화이다.

또 신라인은 정월 아침의 해를 경배하였다. 그러나 이 일월신이 조선 고대 종교에서 어떠한 지위를 차지하였고, 어떠한 신성을 지니고 있었는지는 분명하지 않다. 태양신 숭배는 신라만이 아니라 고구려 주몽설화 속에서도 찾아볼 수 있는데, "日娠卵生 云云"이라는 구절이 그것이다. 일신난생日娠卵生 설화는 몽고족에도 있다. 홍균洪鈞의 《원사역문증보元史譯文證補》 권1 상에 "天未曉時 有白光 入自帳頂孔中 化爲男子 與同寢 故有孕……斯蓋天帝降靈 欲生異人也 云云"이라는 구절이 있을 뿐만 아니라, 손사의孫土毅의 《흠정몽고원류欽定蒙古源流》 권1에도 "夜夢與一白色人同寢 迨後産一卵 此子出卵中 云云"이라는 구절이 보인다. 또 북방 여러 민족이 태양을 숭배하였음은 말할 필요도 없다. 서몽신徐夢莘의 《삼조북맹회편三朝北盟會編》 권3이 "其節序 元日則拜日相慶"이라고 기록한 만주인의 습속은 신라인의 원일배일 元日拜日과 같이 예로부터 있었던 것이 아닌가 하고 추측된다.

특히 달[太陰] 숭배의 한 이유로 《사기》 흉노전에서 "月盛壯則攻 戰 月虧則退兵"이라고 한 것과 팽대아彭大雅의 《흑달사략黑韃事略》에서 "其擇日 行則視月盈虧 以爲進止"라고 한 것이 믿을 만하다면, 조선 고대인도 그것과 유사한 이유로—그 밖에 신비적 이유나 빛을 선호하기 때문이기도 하지만—해의 신을 제사지냈을 것이다. 오늘날에도 정월 15일에는 월제月祭를 지내는데, 일반적으로 보름달을 선호한다. 달 숭배 자체의 이유는 여러 방면에서 심리적 설명이 가능하다고 하더라도 고대 조선의 해와 달이 가진 신성에 대해서, 그리고 그것이 인간 생활에 어떤 구체적인 행복을 주는 것인지에 대해서는 그다지 알 수 없다.

그러나 달의 신에 대해 해의 신과 마찬가지로 경제적 의미가 있었던 것이 아닌가 생각되는 민간신앙이 한 가지 있다. 태양 숭배에 경제적 의미가 있다는 것은 많은 인류학자가 주장하는 학설인데, 조선의 민간에서는 많은 식물이 밤에도 달빛을 받아 생장한다고 생각하고 있다. 예컨대 대죽순이나 보리 이삭은 밤에 가장 잘 자란다고 여기고, 아이가 자는 동안 허리를 펴는 것은 생장의 증거인데, 그것에 의해서만 아이는 한층 자라난다고 여기고 있다. 물론 비과학적인 이야기이기는 하나, 사물의 생장이 밤과 관계되는 것은 달과 사물의 생장의 관계를 암시한다고 생각된다. 더욱 자세한 예를 들면, 아이는 1일부터 15일까지(선보름)는 자라고, 16일부터 30일까지(후보름)는 자라지 않는다고 여겼다. 조류潮流에 대해서도 대략 같은 설명을 하고 있다.

태양이나 그와 같은 천체 숭배에 따라 별[星辰] 숭배가 일어나는 것은 쉽게 떠올릴 수 있는데, 고대 조선의 별 숭배에 대해서는 아무것도 알 수 없다. 오늘날 민간에서 신앙의 대상이 되는 별은 북두칠성과 삼태성으로, 이것이 과연 고유 신앙인지, 중간에 중국의 영향을 받은 것인지 알기 어렵다. 북두칠성에 대해서는 지상에서 효도를 한 일곱 명의 아이가 죽은 뒤 하늘에 올라가서 일곱별이 되었다는 전설이 전한다.

이상 천상계의 여러 신은 모두 선한 신으로, 민간신앙에선 인간계에 재화를 주는 일은 없다. 그러나 다음으로 말하고자 하는 지상계의 여러 신은 모두 선악 양면을 지니고 있다. 곧 본래 선신인데, 인간이 나쁜 짓을 저지를 경우 벌을 내리는 것이다.

(3) 소도신

소도蘇塗는 그것이 신체神體인 동시에 원시 제단이었기 때문에 소도를 퇴석단堆石壇이나 입석立石과 더불어 원시제단이라는 장을 별도로 하여 본론에 넣고자 하였다. 그러나 분량이 너무 늘어나는 데다,

소도, 퇴석단 등이 오늘날 거의 연구되지 않아서 그 자료를 세계적 차원으로 구해야 했으므로 논지가 이 글과 멀어지는 면이 있었다. 그래서 소도와 퇴석단, 입석의 연구는 그것을 연구여행 보고로 니시무라西村 교수에 제출하였다.

그 보고에서는 특히 중국 옛 서책에서 만주족, 몽고족, 묘족의 신간神杆(귀간鬼竿)에 대해서 강조하였고, 시베리아, 튜턴, 히브리, 가나안, 남양, 남미, 북미 여러 민족의 소도에 대한 자료를 발견, 기록하였다. 또 소도에는 런던의 알세이서Alsatia(또는 화이트 프라이어스 White Friars)와 같은 기능이 없고, 《삼국지》마한전에서 말하는 별읍別邑은 성지역聖地域이라고 해석해서는 안 되며, 별읍이 《삼국지》나 《후한서》에서 '국國' 아래에 속하는 행정구역으로 분명히 사용되고 있는 점 등도 지적하여 소도란 각 별읍의 경계에 세운 것으로 추측된다고 하였다. 게다가 만주·몽고에서 많이 볼 수 있는 소도에도 경계의 의미는 있으나, 죄인이 피난하는 장소로서의 뜻은 없다는 점도 지적했다. 그리고 소도 위에 놓인 새 모양의 나무는 오늘날 토속에서 추론하면 신조神鳥일 것이며, 소도의 신체가 그 신조로, 그것이 부락의 수호신인 동시에 원시 제단이라는 사실을 여러 문헌에서 인용하여 논하였다. 그래서 여기서는 단순히 소도신이 부락 수호신으로서 고대부터 존재했을 것이라는 지적만 하도록 한다.

오늘날 소도신의 신성은 애매한데, 부락적 제의(불신제ブル神祭) 때 나무 탁자로 된 제단을 반드시 소도신이 있는 방향으로 향하게 하는 관습이 있는 것을 볼 때, 소도신은 부락 행복의 수호신이었음을 엿볼 수 있다. 또 민간에서는 병의 회복과 그 밖의 행복을 개인적으로, 또는 일가가 소도신에 기도하는 경우도 있다.

(4) 조신, 가신

조신竈神은 노부인으로, 조왕竈王이라 하여 각 집 부엌에서 모시고 있다. 중국식으로 '竈王之位, 萬事亨通'이라고 적힌 종이를 붙여놓는 경우도 있으나, 그렇게 하지 않더라도 조신은 부엌의 온돌 아궁이 부근에 있는 것으로 여겨지며, 여자가 조신 앞에서 입을 크게 벌리고 음식을 먹는 것은 금기시 된다.

조신은 가족이 그녀에게 불경스러운 일을 저질렀을 때 집안에 재병災病을 내리기도 한다. 집안 제사나 명절 제의 때는 반드시 조신에게 그녀의 몫을 바치고, 햇곡식이 나왔을 때는 조신에게 가장 먼저 제일 좋은 쌀을 일정량 단지에 담아서 바쳐야 한다. 이것은 부엌에 있는 선반에 두고 다음 해 거두게 될 햇곡식과 바꿀 때까지 그대로 둔다(함경남도의 습속). 그녀는 불의 여신이자 음식의 여신이다.

가신家神은 집을 지키는 신이다. 속칭 성조신成造神이라고 하며, 집안에서 행하는 여러 제사, 예컨대 아이의 산신제産神祭, 동짓날 팥죽을 끓여 지내는 제사, 병자가 있을 때나 명절 제의 때는 반드시 음식을 갖추어서 가신에게 제사를 올린다. 햇곡식을 수확했을 때는 단지나 그 밖의 그릇에 햇곡식 가운데 가장 좋은 것을 넣고 가신에게 바치며, 다음 해의 햇곡식과 바꿀 때까지 내버려 둔다(조선 남부의 습속). 가신이 있을 자리는 샤먼이 정해준다. 맹샤먼이나 무녀가 '成造之位'라고 쓴 종이[位牌]를 가지고 집안 곳곳의 벽과 벽, 구석을 돌아다니면서 "성조는 어디 계십니까?"라고 외친다. 그러면 신기하게도 성조신이 있는 곳에 종이가 붙는다고 한다. 가족이 가신에 대한 제사를 게을리 하거나 불경한 일을 저질렀을 때, 가신도 재앙을 내린다. 그는 건물을 지키고 집안일을 보호하는 신이다.

(5) 산신, 온역신(두창신)

산신産神은 셋 또는 한 명의 노부인으로, 주로 신생아나 산모와 관계한다. 태어난 아이가 만 1년을 지내기 전까지는 산신이 돌보며, 그동안 아이가 걸리는 병은 산신이 내린 것이다. 산후 3·7일 안에 개, 돼지, 닭 등을 죽이면 아이가 그 동물의 소리를 내게 되고, 뱀을 죽이면 아이의 피부가 뱀처럼 되거나, 다른 병을 얻기도 한다. 또 가족은 밖에서 동물을 죽여서는 안 되며, 장례식을 보아도 문상을 가서는 안 된다. 과부와 석녀石女, 상중喪中인 사람들은 산신이 가장 싫어하는 존재이다. 예령穢靈이나 무녀(무녀는 지방에 따라 예외가 있다)도 산가産家에 들어갈 수 없다.

산신에게 바치는 음식이 불결하거나 태반을 잘못 다루어도 노여움을 산다. 산신은 성격이 매우 까다롭고 잔소리꾼이라 조금이라도 마음에 들지 않으면 아이를 울리고 산모의 젖샘을 막으며, 출산 뒤 회복을 어렵게 한다. 그녀는 3·7일 동안 산모나 아이에게 붙어 있으며, 그 뒤로는 가끔씩 찾아온다. 아이가 태어난 지 1년이 지나면 그 뒤에는 생일 때마다 한 번씩 찾아온다. 유년기가 되어야 비로소 산신으로부터 자유로워지는 것이다. 아이는 모두 산신이 점지해 준다. 산신의 이름은 조선에서 '지양'이라고 한다. 이 명칭은 조선어로 해석이 되지 않는다. 이는 아마 몽고어와 같은 계통일 것이다. 몽고어의 'zayang'은 창조자creator를 뜻하며, 'Adaha zayang'은 소를 만드는 사람cattle creator을 말한다.(102) 따라서 이 몽고어를 보아야 비로소 '지양'의 뜻을 알 수 있는 것이다.

다음으로 두창痘瘡과 온역瘟疫의 신은 대체로 비슷한 신인데, 얼굴이 추한 노부인이다. 더욱이 두창신은 얼굴 전체에 두창의 흔적이 있는 '지양'이라고 여겨지고 있다. 이 여신들은 모두 '마마'(부인이라는 뜻)라고 불리며, 매우 무서운 신이기 때문에 악정령처럼 물리칠 수 없다. 다른 신들과 마찬가지로 가족 샤먼이나 무녀가 기도해야 했는데, 이는·병의 성격상 당연히 그래야 할 것이었다. 고려시대에는 온역 때문에 국가가 종종 양제禳祭를 행하였다.《고려사》권63 잡사雜祀조에 "肅宗三年(1098년-필자 주)……六月 祭五溫神於五部 以禳溫疫……六年二月……祭溫神于五部 以禳溫疫 三月……祭五溫神"이라는 기사가 보인다.

두창신은 온역신보다 불결함을 더욱 싫어하기 때문에 집안 청소와 음식에 특별히 주의를 기울여야 한다. 이 여신들이 들어왔을 때는 조상에게 지내는 제사도 중지해야 한다. 조선시대 중엽의 기록에도 이에 대한 상세한 기록이 보인다. 어숙권魚叔權의《패관잡사稗官雜祀》권2에는 다음과 같은 기록이 있다.

> 國俗重痘瘡神 其禁忌大要曰 祭祀 犯染 宴會 房事 外人 及油蜜腥膻 汚穢等臭 此則載於醫方盖痘瘡 如蚕隨物變化故也 世俗守此甚譚 其餘拘忌 又不可紀 苟或犯之則死 且殆者十居六七 若沐浴禱請 則垂死而復生 以此人愈信之 至誠崇奉 至有出入之際 必冠帶告面者 瘡畢一二年 尙忌祭祀 雖士人 未免拘俗 至於廢祭 盖瘡神之忌 舊不如此 自近年加密 若又過四五十年 則未知竟如何也

이를 볼 때 두창신이 얼마나 큰 공포의 대상이었는지를 알 수 있다. 불결한 물건이나 음식으로 전염된다는 것은 과학적 설명이지만, 원시적 민간신앙에서는 두창신이 이들을 싫어하는 것으로 여기며, 신의 뜻을 거역하면 그 노여움을 사서 죽게 된다고 믿었던 것이다.

(6) 해신, 우물신

해신海神은 문자나 한학적 사상에서는 '용'이라고 하는데, 민간신앙에서는 '미리(용의 순우리말)'가 아닌 '광저리(바다의 괴물)'라 한다. 아마 후자가 고유 신앙인 것 같다. 덧붙이자면, 설화에서는 메기에 의해 밀물과 썰물이 생기고, 메기가 해신인 것처럼 여겨지는 경우도 있다. 해신은 주로 어부, 선원 등이 숭배하고 신사神祠는 어촌 근처 산기슭에 지어진 것이 보통이다. 신사는 산신신사와 별다른 차이가 없다. 항해자에게 해신은 항해하는 동안 파도가 잔잔하도록 지켜주는 존재이며, 선원이나 승선자 가운데 부정한 자가 있을 경우에는 격랑을 일으켜서 배를 전복시킨다. 어부들에게 그는 물고기의 번식을 지배하는 신이고, 어부들이 잘못을 저지르면 어획량을 줄이거나 어선을 뒤집어버린다.

역사상 고려시대에는 종종 해신에게 기우제를 지냈다. 번잡함을 피하고자 몇 가지 사례를 들자면, 《고려사》권6 정종 2년기에는 "五月……有司奏 自春少雨請依古典……先祈岳鎭海瀆 云云"이라는 기사가 보이며, 6년기에는 "四月……禱雨于臨海院"이라고 하였다. 또 권11 숙종 3년기에는 "四月……祈雨于五海神"이라고 기록했으며, 6년기에는 "四月……設龍王道場于臨海院 祈雨"라고 나온다. 해독용왕海瀆龍王은 중국에서 유래한 사상이며, 도량을 설치한 것은 고려시대에 여러 가지 이유로 성행한 것인데 말할 것도 없이 이는 불교적 제의이다. 조선 고유의 고전에도 해신에게 비가 오기를 빌었던 기록이 나오는 것으로 보아, 그들 나름의 형식이 존재했던 것이 아닐까 추측된다.

고려시대에는 여러 신들에게 기우하였다. 종종 도량을 열어 금강경, 운우경, 용왕경, 화엄경 등을 읽고 비가 오기를 기원하였고, 산천의 여러 신들이나 여러 신묘神廟에도 기우제를 지냈는데, 또 가끔은 '하천'(103)이나 박연폭포에도 비를 빌었다. 예컨대 《고려사》 권7 문종 5년기에는 "三月……禱雨于川上"라고 하며, 권11 숙종 4년기에는 "六月 禱雨于諸神祠 及朴淵川上"이라고 하는 기사를 찾아볼 수 있다. 제사 형식, 즉 의식에 대해서는 보증할 수 없다 하더라도, 이처럼 강이나 폭포에 비를 바랐던 신앙 자체는 고유한 것이 아니었을까 한다. 그리고 조선반도는 세 면이 바다로 둘러싸여 있기 때문에 해신 숭배가 자연 발생했을 가능성도 충분히 있다. 용신사龍神祠에 대해 《고려도경高麗圖經》 권17 사우祠宇는 "蛤窟龍祠 在急水門上隙 小屋數間 中有神像 舟行水淺不可近 惟舟師輩 以小艇 迎而祭之"라고 말하며, 또 같은 부분에서 "五龍廟 在群山島客館之西一峯上……正面立壁 繪五神像 舟人祠之甚嚴"이라고 기록하였다. 이 신사들은 매우 훌륭했던 것으로 보인다. 그런데 소규모일수록 단 한 칸의 신상도 없는 경우가 많았다. '□海龍神之位'라고 쓰인 종이 위패가 없는 것도 흔한 일이다.

해신은 임신한 여자를 싫어한다. 서거정徐居正의 《필원잡기筆苑雜記》 권1에 "申文忠公……忽遭颶風……孕婦在舟中 衆曰 自吉孕婦 於行船大忌 宜投海以禳 云云"이라고 한 것이 그 예다. 또 해신은 인간, 특히 처녀의 희생을 선호한다. 전설 가운데 민간에서 유명한 《심청전》의 주인공 심청은 부처에게 바치는 공양미 300석을 받고 아버지의 보이지 않는 눈을 고치고자 해신에게 바치는 희생물로 선원에게 팔려간다.

선원은 암초나 소용돌이가 있는 곳에 해신이 있다고 여겼으며, 하천의 소용돌이도 하천신이 자리한 곳이라고 하였다. 암초나 소용돌이 때문에 배는 더러 부서지고, 인간은 그 속에 휩쓸린다. 이와 같은 관념은 굳이 말할 필요도 없이 '애니미즘'적인 것이다.

용신이라는 관념은 바다와 떨어진 산지에서도 찾아볼 수 있다.

하천의 신도 용신으로 간주되며, 정천井泉(우물)의 신도 용신이라 한다. 하천신과 정천신을 위한 제사도 종종 용왕제라고 한다. 석 무녀 (경남 동래군 구포리 사람)는 우물신에게 기도할 때

> 동해용왕신이시여, 서해용왕이시여, 남해용왕신이시여, 북해용왕신이시여, 이 제사를 받아 주소서. 이 제물을 많이 잡수소서. 그리고 이 식수의 맛을 좋게 해 주소서.

라고 말한다. 그녀의 말에 따르면 우물신이나 강의 신은 모두 대용왕신에 속한다.

우물신은 부정한 자가 우물물을 긷거나 마을 사람들이 제사를 게을리 할 때는 우물 속에 벌레를 끓게 하거나 물을 더럽게 하며, 때로는 물을 마르게 한다.

(7) 바람의 신

《고려사》 권63 길례吉禮 소사小祀에 따르면 풍신風神, 우사雨師, 뇌신雷神, 영성靈星 등을 제사지내며 청우晴雨를 위해서는 영제禜祭를 하였다. 그리고 이 신들을 위해 각각 단을 만들었다. 그러나《고려사》의 기록으로 알 수 있는 것은 의식뿐이며, 신에 관한 내용은 조금도 알 수 없다. 게다가 이 신들은 고유 신앙의 존재로 다룰 만한 어떠한 증거도 없다. 아마도 중국의 모방일 것이다.

민간신앙에는 오직 바람의 여신이 있을 뿐이다. 이 신은 노부인으로, 2월 1일부터 20일 사이에 가족적 샤먼이 각 집에서 개별적으로 제사지낸다. 그때 각 집 문 앞에 금줄을 치는데, 황토를 뿌리는 경우도 있다. 그 여신은 '영동할머니'라고 불리며, 경상도와 전라도

지방의 사람들만 제사를 지낸다. 그러므로 전라도에서는 그 신을 경상도의 신이라고 하고, 전라도 사람이 그 여신을 제사하는 것은 경상도 사람과 결혼하기 때문이다. 곧 경상도에서 아내를 맞이하면 그 며느리가 여신 신앙을 가져오는 것이다. 그러므로 전라도에서도 경상도 며느리를 맞아들인 집에서만 바람의 여신에 대한 제의를 행한다(전북 진안군 용담리의 정병기 씨 이야기).

또 그 여신에 대해서는 전설이 있는데, 정병기 씨의 말에 따르면 다음과 같다.

> 바람의 여신은 본래 경상북도 영천군의 관리였는데, 그녀가 죽을 때 "나는 사후 풍년신이 되어 2월에는 산 쪽으로 올라갈 것이다. 너희들은 나를 잘 제사지내야 한다"고 하였다. 영천에는 오늘날에도 아직 여신의 묘가 있다고 하며, 옛 영천군수가 그 무덤 앞을 말을 탄 채 지나가려 하자 말이 다리를 움직이지 못하게 되었다. 마을 사람들의 충고에 따라 여신을 제사지냈더니, 과연 영험이 있어서 말의 다리가 다시 움직이게 되었다.

경상도에도 이와 같은 이야기가 전하고 있지만, 어떤 이는 여신의 고향을 충청도 영동—영동과 음이 비슷하다—이라고 하거나 영천이라고도 하며, 관리였다고는 하지 않는다. 여자가 관리였다는 이야기는 이상하기 때문이다. 그런 전설이야 어찌되었든, 이 여신을 경상도에서만 제사지내고 있다는 사실은 혹시 이 여신의 신앙이 결코 오래된 것이 아님을 의미하지 않을까 하는 의문이 들게 한다. 그러나 오래된 것이 아니라고 단정할 만한 확실한 증거도 없다.

요컨대 바람의 여신은 풍년신이라 한다. 겨울의 북풍이 2월에 들어서면서 진정되고, 마침내 따뜻한 봄이 찾아와 보리의 파종기가 되며, 벼와 기타 곡물의 농작기가 되기 때문일 것이다. 세찬 북풍을 쫓아냄과 동시에 따뜻한 봄여름의 바람을 불게 하는 것이 이 여신으로, 완전한 선신이다.

(8) 수신

조선 민간에서는 특별한 종류의 수목樹木이 아닌 큰 나무를 숭배하고 있다. 산속의 큰 소나무나 큰 느티나무 아래에서도 조잡한 난석단亂石壇을 찾을 수 있다. 그것은 어머니가 아픈 아이를 안고 산신이나 수신樹神(나무의 신)에게 기도를 올린 증거이다. 또 산신을 제사지내는 이른바 '당산堂山'은 큰 바위나 나무를 뒤에 두고 짓는다. 마을 안이나 외곽에도 큰 나무가 있으면 반드시 숭배 대상이 되며, 10곳의 마을 가운데 7, 8곳에는 큰 나무로 둘러싸인 빈 터가 있다. 마을 사람은 그곳에서 여름 동안 더위를 피하고, 때로는 연회 장소로 사용하기도 하는데, 그들은 그곳에 신이 있다고 생각한다. 수신은 특수한 신성은 없지만, 사소한 재병에 대해서는 수신에게 개인적으로 기도하는 것이 보통이다.

수신 숭배의 이유는 두 가지가 있다. 하나는 신비적 이유로, 방관승方觀承의 《종군잡기從軍雜記》(《소방호재여지총초小方壺齋輿地叢抄》에 실림)에 따르면, "荒漠曠磧 有大樹則神祀之 不敢伐其枝葉"이라고 한다. 이것은 몽고족이 사는 사막에서는 당연히 있을 수 있는 신앙이지만, 어느 민족이든 큰 나무에 대해서는 이와 같은 신비로운 뜻이 담겨져 있다는 믿음을 갖고 있다. 또 하나의 이유는 '애니미즘'적인 것으로, 큰 나무도 인간처럼 피를 흘린다고 하는 것이다. 조선에서 쉽게 찾아볼 수 있는 이야기인데, 특히 응소應劭의 《풍속통의風俗通義》 괴신怪神 제9에 따르면, 〈世間多有伐木血出 以爲怪者〉라는 제목 아래 다음과 같은 이야기가 나온다.

謹按 枉陽太守江夏張遼叔高去鄒 令家居買田 田中有大樹 十餘圍 扶
疏蓋數畝地 播不生穀 遣客伐之 木中血出 客驚怖 歸其事白 叔高大
怒 老樹汁出 此何等血 因自嚴行 復斫之 血大流灑 叔高使先斫其枝
上有一空處 白頭公可長四五尺 忽出往赴 云云

　이처럼 늙은 나무의 즙을 피라 생각하고 그를 인간처럼 여기며
숭배하는 것이다. 조선에서도 큰 나무를 벤 사람은 종종 나무의 정
령(보통 백발의 노인으로 여겨지고 있음)에게 복수를 당하거나 그 자리
에서 즉사한다고 여겨진다.
　또 큰 나무의 줄기가 여성의 생식기와 같은 모습으로 썩어 문드
러진 것도 자주 숭배 대상이 되는데, 그것은 기이함을 선호하는 심
리의 산물로서, 생식기 숭배에 따른 것은 아니다. 신앙의 대상은 어
디까지나 큰 나무 그 자체이다.

(9) 주신, 된장신, 창고신, 온돌신

　주신酒神과 된장신은 각각 빚어진(담가진) 옹기 속에 있다고 한
다. 모두 성별은 알 수 없지만, 이 술이나 된장을 부정한 자가 맛보
거나, 맛본 뒤에 금줄(조선 남부에만 이 습속이 있다) 치는 것을 잊어
버렸을 때는 화를 내어 발효시키지 않는다고 한다. 더욱이 주신이
있을 동안(아직 발효되지 않았을 때) 성관계를 절대 가져서는 안 된
다. 이를 어기게 되면 술이 시어 버린다고 한다.
　창고신은 종종 뱀의 모습을 취하는데, 성별은 분명하지 않다. 창
고 속 어딘가에 있다고 한다. 제사를 게을리 할 때는 가끔씩 가족에

게 재병을 준다.

온돌신은 성별이 없으며, 온돌 속의 어딘가에 있다고 여겨진다. 온돌을 만들 때, 부정한 돌이나 흙으로 만들면 가족에게 재앙이나 병이 생긴다. 온돌은 《구당서》 고려전에 "其俗 貧窶者多 冬月皆作長坑 坑下燃熅火"라는 기록에 처음 나오므로 온돌은 고구려에는 확실히 있었던 모양이다. 또 송나라 때의 《삼조북맹회편》 권3, 《대금국지》 권39에도 보이며, 고염무顧炎武의 《일지록日知錄》, 서청의 《흑룡강외기》 권6에도 보이고 있다.

2) 산천신의 신성과 그 기원

신 성

조선의 산천신이 가진 신성은 다른 신들과 비교해도 가장 다양하다. 우선 《삼국사기》에서 찾아보면 산천신은 메뚜기[蝗害]와 가뭄[旱魃] 등의 재앙에서 구해주는 신이었다. 곧 그 권1 파사이사금 30년기에는 "秋七月 蝗害穀 王遍祭山川 以祈禳之 蝗滅有年"이라고 하였으며, 권2의 첨해이사금 7년기에는 "自五月至七月 不雨 禱祀祖廟及名山乃雨"라고 하였다. 또 권10의 헌덕왕 9년기에는 "夏五月 不雨 遍祈山川"이라는 기록도 있다. 이상은 신라본기에 보이는 내용인데, 다음으로 고구려와 백제본기를 살펴보면 그들은 산천신에게 아이를 바라고, 비를 빌며, 국가의 행복을 기원하였던 것을 알 수 있다. 권16 산상왕 7년기에는 "春三月 王以無子 禱於山川 云云"이라고 하였고, 권19 평원왕 5년기에선 "夏大旱 王減常膳 祈禱山川"이라고 했다. 권45 온달전에는 "高句麗常以三月三日 會獵樂浪之丘 以所獲猪鹿 祭天及山川神 云云"이라고 하는 기사가 있으며, 권24 고이왕 10년기에 "春正月 設大壇 祀天地山川"이라고 한 것은 국가의 행복을 천지나 산천의 신에게 기원한 것으로 생각된다. 권25의 아신왕 11년기에서 "大旱 禾苗焦枯 王親祭橫岳 乃雨"라고 하였는데, 횡악橫岳은 어느 산이었는지 알 수 없지만, 산신과 비가 밀접한 관계를 가지고 있었음을 엿볼 수 있는 것이다. 《신당서》 신라전도 "新羅……好祠山神"이라고 하였는데, 《구당서》 권199 상 백제전은 백제왕이 "隆 到熊津城 與新羅王法敏 刑白馬而盟 先祀神祇及山川之神 而後歃血"이라 하여 나아가 그들의 산천신[川谷之神] 숭배가 강했음을 말해주고 있다.

고려시대가 되면서 기우나 아이를 점지해달라는 것은 물론, 국가의 행복이나 전승 등을 산천신에게 빌었으며, 병을 물리치거나[禳病], 군대를 물리치는 일[禳兵], 눈이 내리길 비는 것[祈雪]까지도 산천신에게 기원하였다. 또 중국을 모방하여 국내 산천에 종종 훈호勳號를 바쳤다. 이러한 사례에 대해서 《고려사》를 살펴보고자 한다. 권4 현종 2년기에는 "四月……以久旱 禱雨于宗廟 移市肆 禁屠宰 斷繖扇 審冤獄 恤窮賤……辛酉 禱雨于松嶽 大雨"라고 한다. 가뭄은 신의 노여움 때문에 일어나는 것으로서, 정치에 여러모로 노력하고 근신하였다. 종묘에도 기도하였으나 특히 송악松嶽에 비를 기원하였다. 송악은 《고려사》 권12 예종 원년 2월기에 "日官奏 松嶽乃京都鎭山 云云"이라고 하는 바와 같이 고려의 수호산으로, 수호신의 하나였다. 권4 현종 3년기에는 "六月……以旱命有司 治冤獄 放輕繫 禱祠山川"이라고 하였고, 9년기에는 "二月……加國內山川神祇勳號"라고 하였는데, 산천신기山川神祇에 훈호를 바치는 것은 《고려사》에서도 종종 찾아볼수 있다.

고려에서는 종종 천지신이나 산천신에게 국가의 안녕을 기원하고, 그 제의를 초醮라고 불렀다. 권63 잡사雜祀에 보이는 현종 3년의 "七月 大醮于毬庭 國家故事 往往遍祭 天地及境內山川于闕庭 謂之醮"라는 기록이 그것이다. 기우를 다양한 신에게 올렸다고는 하나, 그

것이 특히 산천신(또는 해신)과 관계를 가지고 있음은 다음 기록이 말해준다. 《고려사》권6 정종 2년기에 나오는 구절이다.

五月 有司奏 自春少雨 請依古典 審理寃獄 賑恤窮乏 掩骼埋胔 先祈 岳鎭海瀆 諸山川能興雨者於北郊 次祈宗廟 每七日一祈 不雨還從岳 鎭海瀆如初 旱甚則修雩 徙市斷繖扇 禁屠殺 勿飼官馬以穀 王從之 避正殿 減常膳

우선 악해산천岳海山川의 신에게 기도하고, 뒤에 종묘에 기도한다. 그것은 고유의 제의로서, 가뭄이 심할 때는 중국식 기우제를 지냈던 모양이다. 앞서 말한 바와 같이 고려에서는 기우제를 올릴 때 불교적인 다양한 의식을 행하거나, 무격과 맹승을 모으거나, 천지신과 종묘 등에 기도하기도 하였다. 그러나 비를 내리는 데 가장 효력이 있고 고유신으로 간주된 것은 악해산천의 신, 그 가운데서도 특히 산신이었던 듯하다. 《고려사》권6 정종 6년기는 "五月朔 禱雨于北岳"이라고 하며, 권10 선종 2년기는 "四月……以旱 命有司 講雲雨經 於臨海院七日 又禱于山嶽"이라고 한다. 권11 숙종 3년기에서는 "七月……祈晴于松嶽神祠"라고 말하고 있으며, 권14 예종 11년에는 "四月……禱雨于九月山"이라 하여 특히 산신에게 비를 빌었던 기록을 볼 수 있다. 현종 2년에도 "四月……以旱久……禱雨于松嶽 大雨"라고 한다.

다음으로 고려에서는 산천신, 특히 산신을 전쟁의 수호신이라고도 생각했던 듯하다. 전승을 기원하고 양병禳兵을 빌었을 뿐만 아니라, 때로 산신이 정말로 신력神力으로써 아군을 도와준다고 믿고 있었던 것이다. 《고려사》권10 선종 4년기에 보이는 "正月……命有司 祭山川廟社 以祈神兵助戰"이라는 바와 같이, 막연히 산천묘사山川廟社

에 전쟁에서의 도움을 빌었던 것은 전쟁이 잦았던 고려 중엽의 기록
에서 종종 보인다. 특히 산천에 도움을 구한 것은 정지鄭地라는 사람
으로, 아래의《고려사》기록에 나온다.

> 倭賊已至南海之觀音浦 使覘之 以爲我軍怯惴 適有雨 地遣人禱智異
> 山神祠曰 國之存亡 在此一擧 冀相予 無作神羞

그리고 많은 산신들이 적의 침입으로부터 나라를 수호했다고 전
하는 기록도 결코 적지 않다. 예컨대《고려도경》권17 사우숭산묘祠
宇崧山廟조에는 다음과 같은 기록이 있다.

> 崧山神祠 在王府之北……山路崎嶇 喬松森陰……其神本曰高山 國人
> 相傳 祥符中 契丹侵逼王城 神乃夜化松數萬 作人語 虜疑有援 卽引
> 去 後封其山爲崧 以祠奉其神也 民有災病 施衣獻良馬以禱之 比者使
> 至 六月二十六日 丁未 遣官致祭 祠宇高遠 惟至牛山 設酒饌 望而拜
> 之 遵舊典也

여기에서는 산신을 망배望拜하는 원시의식까지 기록하고 있다.
이 설화에 보이는 거란병에 대한 기사는 반 정도는 사실이었는지도
모르나, 거란을 퇴각시켰기 때문에 처음으로 숭산신崧山神을 제사지
내게 되었다는 서술은 물론 당시의 전설이며, 송악 숭배는 그 이전
부터 있었음이 틀림없다.

이와 같은 전설은 다른 산에 대해서도 전해지고 있다.《고려사》
권63 잡사에는 "顯宗二年 二月 以丹兵至長湍 風雲暴作 紺岳神祠 若
有旌旗士馬 丹兵懼不敢前 令所司修報祀"라고 한다. 또 원종이나 충
렬왕 대의 탐라전투 때는 무등산이나 금성산이 전라도의 병사를 도

와줬다고 한다. 즉《고려사》권27 원종 14년기에 "五月……以光州無等山神 陰助討賊 命禮司 加封爵號 春秋致祭"라고 한 기록이나,《고려사》권63 잡사 충렬왕 3년 5월의 "以耽羅之役 錦城山神 有陰助之驗 令所在官 歲致米五石 以奉其祀"라고 한 기록이 그것이다. 산천에 도움을 기원한 것은《고려사》권63 잡사 공민왕 8년 12월에 "以賊起 祭中外山川於神廟 以求助"라고 한 것을 마지막으로《고려사》여기저기에서 보인다.

그렇다고 고려인이 전쟁에서의 도움을 반드시 산천신에게만 기도했던 것은 아니다. 다양한 의식을 열어 부처의 도움을 바라거나, 독제纛祭(임금의 행차나 군대의 행렬 앞에 세우는 둑에 지낸 제사)를 지낸 것도 종종《고려사》에서 찾아볼 수 있다. 도량道場을 연 기록은《고려사》권12 예종 3년기에 "五月……講藥師經於文德殿 以禳賊兵"이라는 것을 시작으로, 몽고나 왜구, 여진의 침략으로 다사다난했던 고종 때는 금강도량金剛道場, 소재도량消災道場, 무능승도량無能勝道場, 인왕도량仁王道場, 염만덕가위노왕신주도량閻滿德加威怒王神呪道場 등을 열었다. 독제는 여원연합군이 일본 원정을 시도했을 때 처음 시작하여, 고려 말까지의 기록과《동국여지승람東國輿地勝覽》권1 여기저기에서 보인다. 예컨대《고려사》권63 잡사 충렬왕 7월의 "三月……以將征日本 祭纛于宮南門"이라고 한 것이 그 첫 기사이다. 그러나 이것들은 모두 고유신앙이 아니다. 독제는 아마도 고려 중엽에 몽고와 접촉하면서 그들의 풍습을 모방한 것으로 생각된다. 그리고 그것은 조선시대까지 지켜졌다. 결론적으로 조선의 고유신앙에서는 산신이 가장 큰 수호군신守護軍神으로 여겨졌던 것으로 보인다.

또 역병을 몰아내려는 목적에서도 산신을 제사지냈다.《고려사》권13 예종 4년 12월에는 "命有司 分祭于松嶽 及諸神祠 以禳疾疫"이라는 기록이 보인다. 또 산신에게 후사를 빌기도 했다.《고려사》권

63 잡사 명종 14년 5월 기사에서는 "以太子無嗣 遣使禓祭于白馬山"
이라고 하였다. 또 산신에게는 병의 치유도 기원하였다.《고려사》
권37 충목왕 4년 11월의 기록은 "公主以王疾 遣前贊成事李君俊 設水
陸會於天磨山 禱之"라고 하였다. 수륙회水陸會라고는 하나 그 주신은
천마산신天磨山神이었을 것이다. 산천신에게 눈이 오도록 빌었던 사
례는《고려사》권63 잡사에 나오는데, "文宗二年十二月制 大雪之候
雪不盈尺 宜令諏日 祈雪於川上", "肅宗九年十二月 祈雪于山川"이라는
구절에서 확인할 수 있다. 이상함을 싫어하는 사상이 있었기 때문이
다.

또 고려에서는 평상시에도 국가의 안녕을 산천신에 기도했던 것
으로 생각된다. 예를 들어《고려사》권63 잡사에는 다음과 같은 기
록이 보인다.

> 國家故事 往往遍祭天地及境內山川于闕庭 謂之醮
> 宣宗六年二月……六年 二月 親祀天地山川于毬庭
> 肅宗六年四月 合祀 己酉年幸三角山 所過名山大川于開城及楊州
> 忠烈王元年六月 遣使于忠淸慶尙全羅東界等道 遍祭山川
> 辛禑五年三月……遣使醮摩利山

산천에는 국가 주도로만 제사지낸 것은 아니며, 일반 민간에서도
행해졌다. 그것은 앞서 인용한《고려도경》에서도 보인다. 또《고려
사》권85 형법刑法 금령禁令에는 다음과 같은 기록이 있다.

> (忠烈王)十四年 四月 監察司榜曰 國家連因旱乾 禾穀不登 無識之徒
> 因祭松岳 群飮山谷 因緣失行者有之 故法司 已曾論請受判 然禁防漸
> 弛 今復盛行 云云

또 《동국여지승람》 권32 웅천현 사묘祠廟조에는 "新增 熊山神堂 在山頂 土人每四月十日 迎神下山 必陳鍾鼓雜戲 遠近爭來祭之"라는 기록이 있고, 같은 책 권44 삼척군 도호부 사묘조에는 "太白山祠 在山頂 俗稱天王堂 本道及慶尙道傍邑人 春秋祀之 繫牛於神座前 狼狽不顧而走 曰如顧而 神知不恭而罪之 過三日府收其牛而用之 名之曰退牛"라고 하였다. 《신증동국여지승람新增東國輿地勝覽》을 대강 살펴보면, 산신사가 세워진 곳이 조선 전 지역에 47개소가 있으며, 그 가운데 '禱雨有應(비를 기원하면 그에 응한다)'이라고 한 곳이 세 군데, 강江·천川·진사津祠는 25군데로 그 가운데 '禱雨有應'한 곳이 두 군데이다. 해신사는 세 군데이다. 산천사가 두 군데, 그 가운데 '禱雨有應'한 곳이 두 군데이다. 연못 가운데 '禱雨有應'한 곳은 24군데, 신사가 있는 곳이 한 군데이다. 산 위에 있는 연못 가운데 '禱雨有應'한 곳은 15군데이다. 우물로 '禱雨有應'한 곳은 네 군데이다. 용굴龍窟에서 '禱雨有應'한 곳이 한 군데이다. 바위는 한 군데이다. 연못·우물·샘·굴 등은 모두 용이 있는 곳이라고 여겨지는 것이 보통이다.

오늘날 민간에서 행해지는 고유 신앙에서도 다신교적 신 가운데 산신이나 강·바다의 용왕신이 가장 위대하다고 말한다. 산천신에게는 모든 것을 빈다. 황해도 지방에서는 모든 샤먼적 신사神事를 치른 뒤 산신당에 가서 제사지내며, 정월 15일에는 마을 전체의 부녀자가 모두 산신당에 참배하며 반주를 바친다(황주 정관섭 씨 이야기). 함흥이나 홍원군의 부녀자가 봄의 좋은 날에 산신을 맞이하여 온종일 가무를 즐기는 풍습은 이미 서술하였다. 평양에서는 봄 또는 추수날에 부녀자가 음식병과를 준비하여 대성산신大聖山神을 맞이하는 제사를 지낸다. 이를 속으로 '산맞이'라고 한다. 다른 도의 '영산迎山'과 같은 말이다. 이 '영산'은 조선 중부와 남부 지방에서 봄가을에 하는 일종의 놀이이다. 그러나 옛날에는 아마 산신에게 기쁨을 주고 풍작이나 안녕·행복을 빌었던 제의였음은 황해·평안·함경도 등과 다를 바 없었을 것이다.

이상의 기록이나 토속을 바탕으로 보면, 국가가 제사지낸 산천신에는 중국의 영향이 약간 있었을 것으로 보이며, 문헌의 표현법은 중국적이지만, 산천신의 신앙 자체는 중국의 영향을 받기 이전부터 조선 고유의 신앙으로서 존재했다. 시베리아의 여러 민족이나 몽고, 만주족 사이에서도 산천신 숭배가 가장 강하다는 것은 다음에 논하고자 한다. 그리고 특히 산신은 국가의 행복을 지켜주고 전쟁 때 음조陰助를 주며, 메뚜기떼를 제거하고 비를 내리게 하여 풍작이 들게 하며, 병마를 쫓아내고, 아이를 점지해주며, 눈을 내려주는 신이었다. 그렇다면《동국여지승람》의 저자가 경주의 낭산狼山을 신라의 진산鎭山(104)이라 하고, 전주 건지산乾止山을 백제의 진산,(105) 개성의 송악산을 고려의 진산,(106) 경성의 삼각산을 조선의 진산(107)이라고 한 것도 결코 중국적 사상에 따라 제멋대로 만들어낸 것이 아니라, 수호산이라는 고유의 관념을 중국식인 진산으로 표현한 것으로 생각된다.

이처럼 다양한 신성을 지니는 산천신은 요컨대 농업신으로서, 국가수호신으로서, 또 그 밖에 여러 가지 의미에서 위대한 신이었다.

산천신은 어떻게 이와 같은 위대한 신으로 자리매김하였을까? 이것을 생각해 보려면 산천신의 기원적 의미를 살펴보아야 할 것이다. 그리고 그 기원적 의미를 살펴보려면 동방 여러 민족의 산천신 숭배 상태를 우선 생각해 보아야 할 것이다.

주위 민족의 산천신 숭배

중국의 기록을 살펴보면,《여씨춘추》권5 중하仲夏 5월기에는 "仲夏之月……命有司 爲民祈祀山川百原"라고 하며, 같은 책 권6 6월기는 "季夏之月……令民無不咸出其力 以供皇天上帝 名山大川四方之神 以祀宗廟社稷之靈 爲民祈福也"라고 하여 천신 다음으로 산천신을 두고 있다. 그리고 권11 11월기에는 "仲冬之月……天子乃命有司 祈祀四海大川名原淵澤井泉 云云"이라고 하여 강과 바다의 신[川海神] 말고도 평원, 연못[淵澤], 우물[井泉]신에 제사지낸 기록이 보인다. 또 권12 12월기에는 "季冬之月……乃畢行山川之祀 及帝之大臣 天地之神祇……令宰 歷卿大夫 至于庶民 土田之穀 而賦之犧牲 以供山林名川之祀 云云"이라고 하여 12월에 성대한 산천신 제사가 있었음을 떠올리게 한다. 또 그들은 동시에 천지신도 제사지냈던 것 같다. 이 제사는 아마 한漢나라 때의 이른바 납제臘祭일 것이다. 납臘에 대해서 응소의 《풍속통의》 사전祀典 제8에서는, "臘 謹按禮傳 夏曰嘉平 殷曰淸祀 周曰大蜡 漢改爲臘 臘者獵也 言田獵取獸 以祭祀其先祖也 云云"이라고 하였다. 전렵田獵에서 잡은 동물로써 조상을 제사지내는 것이 납제로, 그것은 하·은·주 시대부터 있었던 유습이라고 한다. 예로부터 지내오던 제사였던 것은 틀림없겠지만, 납제 때 조상을 제사지낸 것은 한나라 때의 신앙으로, 그 이전에는 아마 《여씨춘추》에서 말하는 바와 같이 산천천지의 신들을 위해 거행된 것으로 생각된다. 그리고 이는 고구려인이 3월 3일에 동물을 사냥하여 천신과 산천신에 제사지낸 의식과 같은 의미였던 것으로 보인다.

또 중국에는 전국시대 이전부터 순수巡狩라는 제도가 있었는데, 주로 산천신을 제사하는 것이 그 기원적 의미였다. 예컨대 《예기》 권4 왕제王制에는 "歲二月東巡守 至于岱宗 柴而誣祀山川……五月南巡守 至于南嶽 如東巡守之禮 八月西巡守 至于西嶽 如南巡守之禮 十有一月北巡守 至于北嶽 如西巡守之禮"라고 하였다. 이 기록에서는 수렵으로써 산천신을 제사지냈다고 확실히 말하지는 않았지만, '순수巡守'란 곧 '순수巡狩'로 '수狩'는 '엽獵'을 뜻한다. 허신許愼의 《설문說

文》은 '수狩'를 "화전이다〔火田也〕"라고 하는데, 화전火田이란 산림의 사방에 불을 피워 동물을 은신처에서 몰아내는 원시수렵법의 하나였다. 그리고 그 수렵에는 반드시 개를 사용했다. 개를 사용했다는 증거는 오늘날의 사냥법에서도 많이 찾아볼 수 있으나, 수렵 등 사냥에 관한 글자에 개견 변(犭)을 부수로 쓴 것이 많다는 점에서도 추리된다. 후지타藤田 박사의 말에 따르면, 猟(畋)은 개를 사용한 전렵畋獵에서 나온 글자이며, 수獸는 개와 짐승이 싸우는 모양을 본따 만들어진 글자라고 한다. 취臭는 사냥할 때 개가 짐승들의 냄새를 잘 맡는다는 뜻에서, 획獲은 개가 잡은 동물이란 뜻에서, 폐斃는 개가 동물을 넘어뜨리는 모양에서, 헌獻은 사냥하여 잡은 동물을 신들에게 바친다는 뜻에서 만들어진 글자이다.

이렇게 보면 중국 상대上代의 순수제巡狩制는 요컨대 국왕이 사방의 산에서 순렵하여 산천신을 제사지내는 하나의 종교적 의례였던 것 같다. 그런데 전국시대가 되면 그 뜻이 변화하는데, 맹자와 같은 이는 "天子適諸侯曰巡狩 巡狩者 巡所守也"라고 하여 천자가 제후의 영지를 순시한다는 의미로 이해하고 있다. 이러한 후세의 변천이야 어쨌든 중국에 고대부터 산천 숭배가 있었던 것은 확실하다. 산천 숭배에 관한 중국의 기록을 찾아보면 한이 없지만, 특히 지금 조선과 관계된 예를《명사明史》권49 예禮 산천山川에서 인용하면 다음과 같다.

> 洪武二年 以天下山川 祔祭嶽瀆壇 帝又以安南高麗臣附 其國內山川
> 宜與中國同祭 諭中書及禮官考之……高麗之山三 其水四 命著祀典設
> 位以祭 三年遣使往安南高麗占城 祀其國山川……

《고려사》권42 공민왕 19년기에도 "三月 帝遣道士徐昊 來祭山川

云云"이라는 기록이 나오는 것으로 보아 이 둘은 완전히 일치한다. 오늘날의 사람들이 볼 때는 참으로 특이한 일이라고 생각되는 이와 같은 제례가 후세의 중국인들에 의해서도 엄숙히 행해지고 있었던 것이다.

다음으로 몽고족의 산천 숭배를 보면,《삼국지》권30 오환전에 "有病……以刀決血脈及祝天地山川之神……敬鬼神 祠天地日月星辰山川 及先大人有健名者"이라고 하는 기록과, 또 오환인들이 그들의 타계를 적산赤山이라고 한 것 모두 그들의 산천 숭배를 말해주는 증거다. 섭융례의《거란국지》권27 세시잡기歲時襍記나 그가 쓴《요지》(《역대소사》61)는 거의 같은 글인데, 다음과 같이 기술하고 있다.

冬至日……國主北謁 拜黑山 奠祭山神 言契丹 死魂 爲黑山神管…… 契丹黑山 如中國之岱宗云 凡人死魂 皆歸此山 每歲五京 進人馬紙物 各萬餘 事祭山而焚之 其禮甚嚴 非祭 不敢近山

이것을 보면 그들이 흑산黑山(오환인의 적산 숭배가 흑산으로 변한 것으로 생각된다) 숭배의 엄숙함을 엿볼 수 있다. 그들의 신앙은 적산신이나 흑산신에 대한 것만이 아니다.《요지》에는 "時擧兵 必殺灰牛 白馬 祀天地及木葉山神"이라고도 한다. 또 나카 미치요那珂通世가 번역한《징기스칸실록成吉思汗實錄》권2 84쪽에는 다음과 같은 내용이 나온다.

첩목진帖木眞은 부르칸[不兒罕]의 위에 내려와 그 가슴을 밀고 말하기를, '……부르칸의 큰 산[御嶽]을 아침마다 제사지내고 날마다 기원하라. 우리 자손의 자손까지 외워 두어라.'

부르칸은 신의 이름이며, 첩목진이 말한 것처럼 산신이기도 하나 부리야트인은 그것을 가신家神으로서 방안 한 구석 어두운 곳의 선반 위에 모시고 있고,(108) 또 '텡거리', 즉 천신(그들의 천신은 99명이 있다)의 아래에 있는 천상신이기도 하다.(109) 몽고에 '부르칸'이라고 하는 산이 있었는지는 알 수 없으나, 몽고인은 큰 산을 모두 제사지 내는 것으로 보인다. 그것은 그들의 이른바 오포[鄂博] 숭배에서 확실히 알 수 있다. 오포란 산봉우리에 돌무덤을 만든 것으로, 그곳에 신(산신일 것이다)이 산다고 생각한다. 예컨대 방관승의 《종군잡기》(《소방호재여지총초》 수록)에서는 "峰嶺高處 積亂石成冢 名崿博 謂神所棲 經過必投以物 物無擇 馬鬣亦可 將誠云"이라고 하며, 원규생阮葵生의 《몽고길림토풍기蒙古吉林土風記》(《소방호재여지총초》 수록)에도 "蒙古 不建祠廟 山川神示著靈應者 壘石象山冢 懸帛以致禱 報賽則植木表 謂之鄂博 過者無敢禮"라는 기록이 있다. 이 오포는 회강인回疆人에게도 있는 풍습인 모양이다. 《회강풍속기回疆風土記》(《소방호재여지총초》 수록)에는 "額魯特土爾扈特人等 遇大山則祭之 或揷箭一枝於地 或擲財物少許 謂之祭鄂博"이라고 기록하였다.

이 오포 숭배는 조선에서도 보편적으로 발견된다. 그러나 명칭은 '산제당', '산신당', '고당'이라고 한다. 그러나 꼭 당堂이 있는 것은 아니며, 대부분은 고개 위에 돌무덤을 만들고 오색의 천을 매달아 제사지낸다. 길을 지나던 이는 반드시 참배하고 작은 돌이든 무언가를 던져야 한다. 이곳은 산신의 처소이며, 산신의 제단이다.

만주에도 산신 숭배는 있다. 예를 들면 만주인이 장백산을 애신각라愛新覺羅(누르하치)가 탄생한 성스러운 산이라고 하는 것도 그렇지만, 기윤紀昀의 《오로목제잡기烏魯木齊雜記》에 "肅然下馬 如見所尊 未喩其故 或曰 畏博克達山之神也"라고 하는 구절을 보면 산신에 대한 그들의 태도를 엿볼 수 있다.

다음으로 시베리아 여러 민족의 산천신에 대해 약간 살펴보면, 상세한 것은 알 수 없으나 역시 보편적임을 알 수 있다. 팔라스Pallas 는 오스탸크Ostyak족이나 퉁구스족에게도 산악숭배가 있음을 보고하고 있으며,(110) 알타이족은 일월신과 산천삼림의 신들을 제사지내고 있다고 한다.(111) 더 동쪽으로 가서 흑룡강 하류지방에 있는 퉁구스족(골디, 망군, 오로치) 등은 자주 강의 신에게 (기장 등으로) 제사지낸다.(112) 그들은 산기슭에 우상을 두고 그 앞에 기장 또는 모래, 쇠냄비를 넣은 작은 상자를 놓은 뒤 기원하는 자가 냄비를 작은 막대기로 쳐서 맑은 소리를 내며 나무조각이나 지푸라기 등을 상자 안에 던져 넣는데, 이것은 신에게 바치는 것이라 한다.(113) 산기슭에 안치되어 있는 우상은 아마도 산신을 의미하는 것이 아닐까 생각된다.

길랴크인은 '바다표범이나 물고기의 머리는 바닷가 절벽에서 해신을 위해 바친다.'(114) 또 그들은 산신을 위해 개를 죽여 희생물로 삼고,(115) 불의 신이나 산, 바다, 숲의 여러 신들에게는 여러 가지 희생물을 바친다.(116) 그들은 산, 곧 산신을 'Pae'라고 하며, 바다, 즉 해신을 'Tol'이라고 한다.(117)

코랴크인은 해신이 여성이라 하고, 어떤 산이나 곶, 낭떠러지 등을 수렵자나 여행자의 보호자라 하며, 'apakel', 즉 아버지 또는 할아버지라고 부른다.(118) 유카기르인은 해신을 '해모海母'라고 하여 종종 희생을 바친다. 해안선에서 살고 있는 축치인도 해신 신앙을 가지고 있으며, 그 밖에도 바다의 정령(바다코끼리[海象]의 어머니로 여기고 있다)을 믿고 있는데, 이들은 모두 여신이다.(119)

기 원

이러한 산신 또는 강·바다신 숭배는 주위 민족에게도 보편적일 뿐만 아니라 몽고, 중국, 조선에서는 특히 흥성하였다. 이 산천신의 기원에 대해서는 각 민족 공통적으로 경제적 의미가 있었으리라 생각된다. 산천신의 기원 문제는 인류학적 문제로서, 조선 고유 종교에서는 중요한 의미를 가지지 않을 수도 있으나, 지금까지 인류학자들은 산천신, 특히 산신의 기원에 대해 그다지 구체적인 의견을 발표하지 않은 것 같다. 그것이 필자가 이와 같은 항목을 만들게 된 동기이다.

산천과 바다는 수렵이나 어업을 주로 하던 원시민족들에게는 무엇보다도 소중한 공간이었다. 산천과 바다는 그들에게 모든 식물, 건축재료, 의복재료를 주었다. 한마디로 말하면 산천과 바다는 그들의 모든 경제생활을 지배하였던 것이다. 산천이나 바다를 애니미즘적으로 본 수렵·어업민족들에게 산·강·바다신이 그들의 가장 중요한 신들이었음은 쉽게 상상할 수 있다. 그것이 특히 우리 동방 여러 민족과 같은 과거 또는 현재에 모두 수렵·어업 두 시대를 거쳤고, 또는 거치고 있기에 어느 민족 사이에서든 산·강·바다신 숭배가 엄숙하고 성한 것은 당연한 일이다. 동방민족 가운데 가장 문화민족이었던 중국인들조차 은나라 때까지는 유목민족이었고 반농적半農的 경제생활을 하고 있었는데, 이와 함께 수렵시대의 유속을 간직하고 있었음은 순수제의 본래 뜻과 狙, 狩, 獵, 臭, 獘, 獻, 獲, 獸 등 여러 한자의 원래 뜻에서도 약간 엿볼 수 있다. 또 그들이 반농반유목적이었던 것은 계契부터 탕湯에 이르는 동안 열 번이나 도읍을 옮기고 있으며, 탕이 처음으로 박亳(지금의 허난성河南省 상구현商邱縣)에 도읍을 정했던 것, 탕부터 반경盤庚에 이르는 기간 동안에 도읍을 다섯 번 옮긴 것, 무을武乙 때도 종종 하남과 하북을 전전했던 것, 《주례》에 목인牧人, 우인牛人, 양인羊人 등의 관명이 보이는 것 등에서도 엿볼 수 있다고 생각된다. 어쨌든 오늘날 시베리아 주민들의 대부분이 아직 주로 유목생활을 하고 있고, 구시베리아족이나 만주 주민의 일부는 거의 어업·수렵시대를 벗어나지 않고 있다. 초기의 고구려인이 반농반유목적이면서 수렵생활을 하고 있었던 것은 다음의《삼국사기》권13 유리명왕기에서도 알 수 있다.

二十一年春三月 郊豕逸 王命掌牲薛支逐之 至國內尉那巖得之 抱於國內人家養之 返見王曰 臣逐豕至國內尉那巖 見其山水深險 地宜五穀 又多麋鹿魚鼈之産 王若移都 則不唯民利之無窮 又可免兵革之患也 夏四月 王田于尉中林……九月 王如國內觀地勢 還……二十二年冬十月 王遷都於國內 築尉那巖城 十二月 王田于質山陰 五日不返 云云

그들이 도읍으로 적합하다고 생각한 산수 험한 곳은 농경에 그다지 적합하지 않은 셈이다. 그러나 농경도 할 수 있고 특히 산과 바다의 산물이 많기 때문에 그곳을 도읍 삼자고 한 것이다. 이는 분명히 그들이 한편으로는 수렵과 어업에 의지하여 생활하고 있었음을 말해주는 것이라고 할 수 있다(또 고구려의 왕이 자못 전렵畋獵을 했던 것은 백제왕의 그것처럼《삼국사기》에 종종 보인다). 이들의 생활양식이나 유속은 그 앞 시대의 수렵생활을 말해주는 것으로 생각된다.

이와 같이 어로·수렵적 생활이나 유목적 생활을 했고, 또는 지금도 그 생활을 하고 있는 동방 여러 민족에게 그들의 모든 경제적 생활을 지배하는 산, 강, 바다의 신들이 숭배 대상이 되는 것은 앞서 말한 바와 같이 가장 이해하기 쉬운 일이다. 더욱이 어업시대나 수렵시대에 산천신은 그들의 가장 위대하고 강한 신이며, 또 식물의 신이었다. 그리고 그들의 생활이 농업시대에 들어선 뒤에도 산천신은 의연히 그 위대함과 식물의 신으로서 신성을 보존해 온 듯하다. 그러므로 조선의 산신은 비를 내려주고 해충을 제거하는 농업신으로 여겨지게 되고, 농신제를 할 때도 선거된 농신이 '산신'이라고 불린 것으로 생각된다. 또 위대한 신이기 때문에 산신·해신에는 다양한 기원-기복, 자손 기원, 병의 구양, 적의 구축, 눈의 기원-을 하게 된 것이라 생각된다. 그렇지 않으면 조선의 민간신앙에 농신 외에는 어떤 신도 존재하지 않은 이유라든가, 산신에게 풍년이나 비를 기원하는 이유가 설명되지 않는다.

산·강·바다신 숭배를 신비적으로 설명하려는 사람에게는 심산유곡과 어두운 밤 등의 산과 바다의 장엄함을 이야기할 것이다. 원시인의 머릿속에는 확실히 이와 같은 신비로움에 따른 공포도 있었을 것이고, 그 신비로움에서 온 공포가 그들의 산해신 숭배의 한 원인이 되었을 것이다. 그러나 보통의 산이나 하천 등은 그들에게는 조금도 그러한 공포감을 주지 않았을 것이다. 그것은 일반적인 산악·하천이 그들에게 이상한 감각을 주지 않았기 때문이다. 제번스Jevons 교수가 지적하였듯이,(120) 원시인에게 항상적인 사물은 초자연적이지 않았다. 예컨대 아침이 되면 해가 뜨고, 저녁에는 서쪽으로 지며, 달은 정기적으로 출몰하고, 별은 항상 빛난다. 이 현상은 그들에게 자연적인 것이다. 그러므로 천체 숭배는 결코 가장 오래된 것이 아니다. 또 일반적으로 말하면 천체가 그들의 생활에 직접적으로 크게 관계된 것도 아니었다. 그러므로 산악과 하천 자체가 그들에게 신비감을 주며, 초자연적이라고 생각되었다고는 여겨지지 않는다. 산악과 하천이 그들에게 의식주를 제공한 사실이야말로 신비감이 생기고 숭배의 관념도 발생하게 된 근원적인 이유가 아닐까?

게다가 오늘날에 존재하는 신앙에서 보아도, 흑룡강 하류 지방에서 주로 어업으로, 다음은 사냥으로 생활하고 있는 여러 퉁구스족 사이에는 강의 신을 가장 숭배하고 있으며, 해안선에 살고 있는 축치인들은 바다의 신을 가장 숭배하고 있다. 또 어렵민족인 길랴크인은 산·바다·숲의 신에게 모든 희생을 바치며, 수렵민족인 코랴크인들은 산신이 수렵자를 보호하는 아버지라고 여기고 있다. 원시인의 신앙은 그들의 지리적 환경과 경제생활을 떠나서 생각할 수 없다. 산에 기대어 생활하는 자에게는 산신이 가장 위대한 신이다. 1926년 7월 25일 《보지신문報知新聞》에 보고된 이 신문사 탐험대 특파원의 흑부심곡黑部深谷 사냥꾼들의 신앙을 기록한 내용은 다음과 같다.

> 미개인이 가지는 일종의 신비적인 신앙을 그들 엽사들도 다분히 가지고 있다. 그 가운데서도 산을 욕하는 것은 큰 금기로서 서로 금계禁戒하고 있으며, 만약 그것을 범한 자는 천구天狗신에게 납치될 것이라고 전해져오고 있다.

한편 '밴쿠버Vancouver섬의 사람들도 어떤 산 이름을 말하는 것을 두려워하며, 그것을 어길 때는 바다에서 배가 난파한다고 믿는다'(121)고 전한다.

이와 같이 산·바다·숲의 신 경제적 기원에 대해서 약간의 암시를 준 사람이 있다. 예컨대 스턴버그Sternberg는 길랴크의 신앙에 대해 다음과 같이 말하였다.

> 숲, 산, 바다, 불 등의 주인은 경제적 견지에서 볼 때 인간에게 가장 중요한 것임은 물론이다. 천상의 신은 인간과 직접 관계가 없기 때문에 그렇게 중요시되지는 않고 있다.……게다가 중요하지 않은 신은 해와 달의 신들이다. 거의 모든 희생은 숲이나 산, 바다, 불의 주인에게 바치고 있다.(122)

콕스웰Coxwell은 길랴크의 '사냥꾼들이 출발할 때 불[火]만이 아니라 산이나 바다에 희생을 바치는 것은 주의할 만한 일이다. 산에 개를 희생으로 바치는 것은 그들이 산의 정령이 가진 힘에 대한 진실한 신앙을 보여주는 것이다'(123)라고 하였다. 다른 민족의 산신·천신 숭배는 차치하고, 동방 여러 민족의 산천신 숭배의 기원은 확실히 앞서 말한 바와 같이 경제적 의미에서 출발했을 것이라고 생각된다. 이것을 조선에 국한하여 생각해 보더라도 해신은 어부들이나 선원, 어민에게 가장 중요한 신이며 위대한 신이지만, 산촌인에게는 산신이 가장 숭배되고 해신은 중요시되지 않는다. 그리고 중간적 지대에 살고 있는 사람들에게는 산·해신 모두 중시되고 있다. 가장 두드러진 예를 들면 제주도의 해안가에 사는 주민들은 해신만을 숭배하고, 내륙의 화전민 사이에서는 산신만을 숭배하고 있다.

산신의 성별

조선 민간신앙에서 강·바다신의 성별은 분명하지 않다. 모두 용왕이라고 하고 있는데, 중국식으로 왕이라면 남성일 것이라고 해석하는 사람도 있지만, 고유 신앙에서는 어떠했는지 확인할 수 없다. 그러나 산신에 대해서는 그것이 확실히 호랑이를 타고 흰 수염을 기른 노인으로, 산신당의 벽에 걸려 있는 많은 그림의 중앙에 놓여 있다. 그런데 문헌에 따르면 고유 산신은 여성이었음을 알 수 있고, 민간신앙에서도 최초의 산신이 여성이었을 것으로 생각되는 많은 증거들이 있다.

조선시대 초엽에 김종직이 쓴 전라도 지리산 여행기인 《두류기행록頭流記行錄》에는 다음과 같은 기록이 있다.

······登天王峯 雪霧翳勃 山川皆闇 中峯亦不見空矣 宗先詣聖母廟······
祠屋但三間 嚴川里人所改創 亦板屋下釘甚固 不如是則 爲風所揭也
有二僧 繪畵其壁 所謂聖母 乃石像而眉目髻鬟 皆塗以粉 云云

그 뒤 김일손의 《속두류록續頭流錄》에도

……登天王峯 峯之上 有板屋 乃聖母祠也 祠中安一石塑 爲白衣女像
未知聖母是何人 或曰高麗王太祖母 爲生育賢王 能統三韓 故尊祀之
式至于今 嶺湖之間 要福者歸之 奉以爲淫祀 仍盛楚越尙鬼之風 遠近
巫覡 憑玆衣食之

라는 기사가 있다.

지리산(두류산)은 전라도에 인접한 경상도 지역에서도 신에게 제
사지내고 있었다. 《동국여지승람》 권31 함양군 사묘祠廟조에도 "聖
母祠 祠宇二 一在智異山天王峯上 一在郡南嚴川里 高麗李承休帝王韻
記云 太祖之母威肅王后"라고 기록하고 있다. 또 같은 책 권30 진주
목 사묘조에는 "聖母祠 左智異山天王峰頂 有聖母像"이라고 한다. 이
기록들에 따르면 고려시대부터 지리산 성모사聖母祠에서는 고려 태
조의 어머니를 제사지냈던 모양이다. 그리고 성모사는 꼭 산 위에
하나만 있었던 것이 아니라 마을에도 있었다.

그러나 산 위에 모신母神을 모신 것은 지리산만이 아니며, 또 모
신으로 되어 있는 인물의 설화도 저마다 다르다. 《동국여지승람》
권30 합천군 사묘조에는 "正見天王祠 在海印寺中 俗傳大伽倻國王后
正見 死爲山神"이라고 하였으며, 권21 경주부 사묘조에는 "神母祠
在鵄述嶺上 神母卽朴堤上妻也 堤上死於倭國 其妻不勝其慕 發鵄述嶺
望日本痛哭而終 遂爲鵄述嶺神母 母其村人 至今祀之"라고 기록되어
있다.

이 성모 또는 신모에 관한 이야기는 서왕모西王母설화에서 많은
영향을 받은 것으로 보이는데,《동국여지승람》권21 경주부 사묘조
에 보이는 "聖母廟 在西嶽仙桃山 聖母本支那帝室之女 名婆蘇 早得神

仙之術 來止海東 久而不還 遂爲神 世傳赫居世乃聖母之所誕也 故中國
人讚 有仙桃聖母 娠質肇邦之語"라는 기록과 같은 책 권14 충주목 산
천조에 있는 "連珠峴 在州南五里 諺傳 連州女仙遊風流山 或遊是峴",
고적조에 보이는 "泡母臺 在風流山 高數十丈 諺傳 昔有仙女 名薔薇
自號泡母 常遊其上 香滿一洞 唐明皇聞之 遣道士 迎入宮 號貞完夫人"
이라고 하는 기록이 그 예다. 경주 선도산신모에 대해서는 《삼국유
사》 권5 선도성모수희불사仙桃聖母隨喜佛事조에 다음과 같은 기록이
실려 있다.

> 眞平王朝 有比丘尼名智惠 多賢行 住安興寺 擬新修佛殿而力未也 夢
> 一女仙風儀婥約 珠翠飾鬢 來慰曰 我是仙桃山神母也 喜汝欲修佛殿
> 願施金十斤……惠乃驚覺　率徒往神祠……神母本中國帝室之女……久
> 據此山 鎭佑邦國……有國已來 常爲三祀之一 云云

　이것은 물론 황당한 이야기이지만, 이 속에서 우리는 산과 여신
(신선으로 변화하였지만)의 관계를 엿볼 수 있다. 그리고 이 전설들에
나오는 이들이 모두 여선女仙이라고 하는 것도 성모·신모사상과 관
계가 있지 않을까 생각된다. 성모·신모의 이야기를 선녀설화화한 것
이 선도산선녀, 주련선녀, 장미선녀의 이야기라 해도, 위의 문헌에서
볼 때 그 신모·성모가 반드시 산신이었다고는 말할 수 없다.
　그러나 다음의 설화를 보면 분명히 앞의 의문점을 풀 수 있을 것
이다. 《동국여지승람》 권42 황해도 우봉현 산천조에는 다음과 같은
기록이 있다.

> 聖居山 在縣南六十里 一名九龍山……金寬毅續年通錄 聖骨將軍居扶
> 蘇山右谷 一日與同里九人 鷹捕平那山 會日暮 就宿岩竇 有虎當竇口

大吼 十人相謂曰 虎欲陷我輩 試投冠 攬者當之 遂皆投之 虎攬聖骨
冠 聖骨出欲與虎鬪 虎忽不見 而寶崩 九人皆不得出 聖骨還報平那郡
來葬九人 先祀山神 其神現曰 豫以寡婦主此山 幸遇聖骨將軍 欲與爲
夫婦 共理神政 請封爲此山大王 言訖與聖骨俱隱不見 郡人因封聖骨
爲大王 立祠祭之 以九人同亡 改山名曰 九龍 云云

또 분명히 산신사에서 여신을 제사지내는 곳은 앞에서 말한 지
리산 성모사, 해인사의 정견천왕사正見天王祠, 경주 서악의 성모묘, 경
주 치술령의 신모사 등이 있으며, 그 밖에도 개성 송악산, 나주 금성
산 등에도 있다. 《승람》 권5 개성부 사묘조의 "松岳山祠 上有五
宇……四曰姑女 五曰府女"라는 것은 분명한 그 증거이며, 같은 책 권
35 나주목 사묘조의 "錦城山祠……祠宇有五……每夜娼妓四人輪直祠
中"이라고 하는 오사五祠의 신은 분명치 않지만 개성에서와 마찬가
지로 여신도 그 가운데 하나로서 제사지내고 있는 것이 아닌가 하는
추측을 할 수 있다. 사당의 벽화에서도 보편적으로 보이는 것이지
만, 이는 원시 산신이 여성이었음을 말해주는 것으로 생각된다.

이상은 모두 산의 사묘 안에서 제사지낸 여신에 대해서 조사한
것인데, 조선에는 산 자체를 '모산母山'이라고 일컬은 것이 많다. 속
되게 말하면 '암산'(여자, 또는 모산을 뜻함)이라든가 '어머니산'(모산
을 뜻함)이라고 하는 것이 각지에 있다.

《승람》에서도 20군데를 찾을 수 있다. 즉 권3 한성부 산천의 모
악母岳, 권6 경기 산천의 대모산大母山, 권11 양주목 고적의 대모산성
大母山城, 권11 적성 고적의 아미성阿未城, 권12 강화도호부 산천의 대
모성산大母城山, 권14 충청남도 청풍군 산천의 부산婦山, 권16 진안현
고적의 대모산성, 권17 공주목 산천의 모악산母岳山, 권20 결성현 사
묘의 모산당母山堂, 권34 전라도 금구현 산천의 모악산, 권34 태인현

산천의 모악산, 권34 옥구현 산천의 모산, 권36 영광군 산천의 모악산, 권36 함평현 산천의 모악산, 권39 순창군 성곽의 대모산성, 권40 순천도호부 산천의 모후산母后山, 권40 동복현 산천의 모후산, 권41 황해도 평산도호부 고적의 자모산성慈母山城, 권43 해주목 산천의 선녀산善女山, 권54 평안도 자산군 산천과 성곽의 자모산, 자모산성 등이 그것이다. 모두 속어를 한자로 바꾼 것으로 보인다. 또 산성이 많아 성이 있는 산의 이름을 따서 이름을 붙이는 것은 당연히 있을 수 있는 일이므로 설명할 필요 없겠지만, 성황산城隍山이 있는 곳에 성황산성이 있는 사례도 《승람》에 6개가 확인된다. 이와 같이 산 또는 산신을 여성으로 하는 예증은 많지 않지만, 그것을 남성이라고 한 기록은 하나도 찾을 수 없다.

또 《승람》 권11 적성현 사묘조에 "紺岳祠 諺傳 新羅以唐將薛仁貴爲山神 本朝以名山載中祀 春秋降香祝以祭"라고 한 구절이 있는데, 이는 아마 이 지방에서 전해져 내려와 후세에 만들어진 이야기일 것이다.

한편 민간신앙을 찾아보면, 이번에는 정반대로 산신을 모두 호랑이를 타고 흰 수염을 기른 노인으로 묘사하고 그를 산신령이라고 한다. 어떤 사람의 말에 따르면, 그것은 화선사상化仙思想의 영향을 받아 중국의 노자를 산신으로 제사지내게 된 것이라고 한다. 그러므로 백수의 노인을 벽화에 그렸다고 한다. 그것이 맞는 말인지도 모르지만, 그렇다 하더라도 그것은 매우 근세의 일일 것이다. 기록에서는 단절되어 그럴 듯한 내용은 찾을 수 없기 때문이다.

그러나 특히 강하게 생각되는 한 민간신앙이 있다. 그것은 산신령〔騎虎老人〕 옆에 반드시 부인상 몇을(상이 없는 사당에는 위지位紙를) 둔 점이다. 산신당의 벽화는 대체로 전국에서 모두 비슷한데, 가장 완전한 것으로 생각되는 황주의 덕일산 정상에 있는 산신당 벽화 속

여러 신의 위치를 알아보자. 오른쪽부터 다음과 같은 순서로 놓여 있다.

① 부인(아기씨)상-현세적 복식
② 부인(아기씨)상-약간 옛날의 복식
③ 부인(아기씨)상-②보다 더욱 옛날의 복식
④ 부군府君(또는 선왕先王)상-문관의 복식
⑤ 산신령〔騎虎老人〕(중앙에 있는 백발노인으로 호랑이를 타고 있음)
⑥ 불상(관음불)
⑦ 칠성남신七星男神상-중국식 복식
⑧ 불상
⑨ 부인(아기씨)상
⑩ 응수자鷹狩者상(군복을 입고 말을 탄 채 팔에 매를 올려놓음)
⑪ 어마자御馬者와 그 말의 상

다른 신상은 모두 하나인데 부인상은 왜 네 개나 있는지 의문이 든다. 황주의 정관섭 씨의 이야기에 따르면, 다른 신상은 더하거나 뺄 수 없지만 부인신상만은 몇이라도 늘릴 수 있다. 왜냐하면 이 신들 가운데 가장 촌민의 생활과 관계가 있는 것은 여신, 곧 아기씨님이며, 재병이 있을 때나 행복을 기원할 때 부인신상을 산신당에 헌납하면 영험이 대단하다고 한다. 그러나 다른 신상을 헌납하는 관습은 없다. 그 사실은 평안도·황해도뿐만 아니라 다른 도에서도 종종 확인할 수 있다. 이것은 아마 산신령〔騎虎老人〕이 산신의 지위를 대체하기 전에 있던 고유 여산신 신앙의 유속이라고 보아야 할 것으로 생각된다. 부인신을 기호노인의 부인이라고 하는 곳은 어느 지방에도 없을 것이다.

좀 더 여러 방면에서 민간신앙을 조사해 보면, 평양 대성산에는 '황제부인(마누라, '황제인 부인'이라는 뜻)'의 신당이 있다. 평양의 부인들은 봄 또는 햇곡식이 날 때 술과 음식을 준비하여 '산맞이' 또는 '망제望祭(산바라기)'를 한다. 이것을 성제聖祭라고 한다. 개성 사람들은 송악산의 신을 '대왕부인(마누라, '대왕인 부인'이라는 뜻)' 또는 '왕신부인(마누라, '王神인 婦人'이라는 뜻)'이라고 하여 그 신에게 여러 가지 기원을 한다. 개성의 경우만은 그것이 이른바 동신성모東神聖母를 뜻하는 것으로 추리될지도 모른다.

그러나 앞에서 본 여러 여산신 신앙이 보편적이라는 점에서 볼 때, 고려의 동신성모(부여신 또는 하백녀, 왕모) 숭배도 혹시 옛날의 여산신 숭배가 전설화된 것이 아닌가 하고 생각된다. 즉 고구려의 건국전설에 보이는 주몽과 그 어머니는 《후주서後周書》 고려전에는 "高麗……又有神廟二所 一曰夫餘神 刻木作婦人之象 一曰登高神 云是其始祖 夫餘神之子 竝置官司 遣人守護 蓋河伯女與朱蒙云"이라고 하며, 《고려도경》 권17 사우祠宇 동신사東神祠에는 "東神祠 在宣仁明內……正殿榜曰 東神聖母之堂 以帟幕蔽之 不令人見神像 盖刻木作女人狀 或云乃夫餘妻河神女也 以其生朱蒙 爲高麗始祖 故祠之 舊例使者至 則遣官設奠 其牲牢酌獻 如禮崧山神式"이라고 기록하고 있다. 또 《송사》 고려전에서 "高麗……又遣御事民官郭元侍郎郭元……自言……風俗頗類中國……又正月七日 家爲王母像戴之 云云"이라고 쓴 것은 고구려 및 고려의 국모 숭배—이름은 부여라고 하거나 부여의 처로 되어 있지만—를 보여주는 것이다.

또한 신라가 선도산 여신선, 즉 원래의 여산신을 혁거세의 어머니라 하고 지리산의 여산신을 고려 태조의 어머니라고 하는 것이나, 해인사에서 모시는 여산신을 대가야국의 왕후라 하는 것, 경주 치술령의 여산신을 박제상의 처라고 하는 것, 민간에서 많은 산을 대모산 또는 모산이라고 부르거나 또 지방에 따라서 그 촌락의 건설자를 여신이라고(예컨대 경남 구포에서는 그 마을을 만든 이가 최씨 할머니라는 무녀라고 하여 산속의 신사에 모시고 있다) 하는 등의 점에서 유추하면, 정확한 증거나 연대는 불분명하다 하더라도, 옛날 그들(나라 전체)의 어머니였던 여산신의 설화가 변하여 후세 건국자의 어머니가 된 것이 아닌 생각된다. 그러므로 모신이 종종 산과 관계되어 산신으로서 제사지내게 된 것이 아닌가 생각되는 바이다. 여기서 필자가 열거한 증거들을 통해 고유 산신이 여성이었음이 어느 정도 이해되었다면 만족스러울 것이다.

명 칭

현재 조선의 민간에서 말하는 산신은 보통 산신령인데, 산신의 거처, 또는 산신사에 대해서는 다음과 같은 여러 가지 명칭이 있다. 사당이 있건 없건 보통 그 명칭은 일치한다(사당이 없는 곳에는 난석단이 있다).

① 산신당: 일반적 명칭
② 산치당: 함남 홍원의 방언
③ 선왕당: 평양
④ 부군당: 황주
⑤ 국사당: 함흥, 평남 중화

'산천당山千堂'이라고 하는 것은 아마 산신당의 와전일 것이며, 선왕당도 글자 그대로 선왕 또는 조상신을 제사지낸다는 의미에서 만든 명칭이겠지만, 부군이라고 하는 것은 약간 문제가 있다. 고염무의 《일지록집해日知錄集解》 권24 부군에 다음과 같은 기록이 있다.

府君者漢時太守之稱 三國志 孫堅襲荊州刺史王叡 叡見堅驚曰 兵自
求賞 孫府君何以在其中 孫策進軍 豫章華歆爲太守 葛巾迎策 策謂歆
曰 府君年德名望 遠近所歸(錢氏曰 漢時郡國守相稱府君 亦稱明府)

부군이란 한나라 태수 또는 군국수郡國守들이 서로 부르는 존칭어
였다. 그렇다면 그들의 부락 또는 군읍을 지킨다는 뜻에서 부군이라
는 명칭을 산신당에 채용한 것일까? 조선의 문헌에서 부군이란 명
칭이 보이는 것은 어숙권의 《패관잡기》 권1이다.

余曾祖 文孝公 不信妖怪 禁巫覡不得出入於家 景泰庚午 爲司憲府執
義 府有小宇 叢掛紙錢 號曰府君 相聚而瀆祀之 凡新除官 亦必祭之
惟謹 公令取紙錢焚之 痛斷其祀曰 焉有憲府 瀆祀無名之鬼乎 自後凡
所歷官府 其府君之祀 皆焚燬之 云云

여기서는 관부官府에서 제사지내는 어떤 신이라고 한다. 이 관부
에서 제사지내는 신이 부군이라는 것은 글자의 뜻에서 이해할 수 있
다. 산신당을 부군당이라고 하는 것은 조금 이상하지만, 거기에는
무슨 이유가 있을 것이다. 사헌부 등의 관부에서 제사지냈다고 하는
신이 누구였는지 분명하지 않지만, 내가 아는 바로는 대한제국 말까
지 경상도 지방의 각 군읍의 관부에는 《패관잡기》에서 말하는 이른
바 부군 같은 것이 있었다. 그것은 녹의홍상의 부인상(화상 또는 목
상)으로, 새로 관리가 부임하면 꼭 그 신사에 알리며, 목제 남근 하
나를 신상 옆에 달아 주는 것이다. 다른 기원을 할 때는 전폐錢幣를
달아둔다. 이것이 무슨 신인지, 또 남근이 무엇을 의미하는지 모두
알 수 없지만, 그것도 요컨대 여산신 숭배의 한 변형이 아닌지, 그리
고 이것이 《패관잡기》의 부군이었던 것이 아닌지 생각된다. 그 관

계가 어찌되었든, '부군'은 곧 '관부의 신'이라는 뜻이며, 그것이 전화되어 군읍 또는 촌락의 수호신이라는 의미에서 산신을 부군이라고 하였던 것이 아닐까 추측할 수 있다. 그런데 그렇게 대답하기에는 약간 주저되는 점이 있다.

민간에서는 부군을 '부군'이라고 발음하지 않고 보통 '부칸'이라고 한다. 부군의 와전이라고 하면 그만이지만, 앞서 말한 바와 같이 몽고에서는 산신을 분명히 '부르칸'이라고 하고 있다. 그렇다면 혹시 조선 민간에서 '부칸'이라고 하는 것이 몽고어가 변형되어 전해진 것은 아닐까? 그리고 부군이라고 한 것은 단순한 차자借字가 아닐까? 그렇다면 '부칸'은 확실히 산신이라는 뜻으로, 각 관부의 사신도 산의 여신이었으리라 추리되지만 현 단계에서는 확실한 증거를 찾을 수 없다.

국사당國師堂이라고 하는 것은 민간에서는 '국시당', '국수당'이라고도 하는데, 그 의미가 무엇인지 분명하지 않다. 다만 문헌 여기저기서 발견될 뿐이다. 예컨대 《승람》 권5 개성부 사묘조의 "松岳山祠 上有五守 一曰城隍 二曰大王 三曰國師 四曰姑女 五曰府女 俱末知何 神"라는 기록과, 권4 개성 봉수烽燧의 "松岳山國師堂烽燧", 권28 상주목 봉수의 "國師堂山烽燧", 권50 종성도호부 산천의 "國祠堂中嶺"이라는 구절이 보일 뿐이다.

3) 조상 숭배의 맹아

오늘날 조선의 가묘·조상 제사의 의식이 확정된 것은 고려 말년이다. 《고려사》 권63 대부사서인제례大夫士庶人祭禮에는

恭讓王二年 二月 判大夫以上祭三世 六品以上祭二世 七品以下至於

庶人 止祭父母 並立家廟 朔望必奠 出入必告 四仲之月必享 食新必
薦 忌日必祭 當忌日不許騎馬出門 接對賓客 其俗節上墳 許從舊
俗……儀祭之 行禮儀式一依朱文公家禮 隨宜損益 云云

三年六月……命申行家廟之制

라고 하여 꽤 상세한 과정이 나와 있다. 이 제정이 발표된 것은 조
준이나 정도전, 김초 등의 잦은 상서나 운동으로 이루어졌다고 보이
지만, 그전에도 조선에서는 어떤 고유 형식으로, 더욱 원시적인 형
태로 조상 숭배가 행해졌던 것이 아닌가 생각된다.

　백성 모두가 조선, 즉 왕실의 조상을 제사지낸 것은 물론이지만,
《삼국지》고구려전에 따르면 "其俗……於所居之左右 立大屋 祭鬼神"
이라는 기록이 있는데, 그 습속은 고려 말년까지는 존속했던 것으로
보인다. 한편《고려사》권118 조준전에는 그가 공양왕에 상서한 글
에 다음과 같은 구절이 있다.

吾東方家廟之法 久而廢弛 今也國都至于郡縣 凡有家者 必立神祠謂
之衛護 是家廟之遺法也 嗚呼 委父母之屍於地下 不爲家廟而祀之 不
知 父母之靈 何所依乎 云云

　위호衛護란 것이 가족 호위신이라는 뜻에서 나온 말인지는 알 수
없으나, 조준은 무비판적으로 그것을 가묘의 유법이라고 하고 있다.
그러나 이 두 기록만으로는 어떤 귀신에게 제사를 지냈는지 알 수
없다.

　때문에 주위 민족에서 유사한 습속을 찾아볼 필요가 있는데, 흑
룡강 하류에 살고 있는 길랴크족도 '각 집 안에 작은 신사가 있으며,

우상을 두고 있다'[124]고 한다. 그러나 이것도 과연 어떤 신을 제사 지낸 것인지 분명하지 않다. 그러므로 우리는 안타깝게도 그 자료를 조상 숭배의 형식으로 취급할 수 없다. 그러나 다른 면에서《후한서》동옥저조에 따르면 "東沃沮……其葬 作大木槨 長十餘丈 間一頭 爲戶 新死者先假埋之 令皮肉盡 乃取骨置" "槨中 家人皆共一槨 刻木如主 隨死者爲數焉"이라고 하는 것으로 미루어 함경도에는 확실히 조상 숭배 의식이 싹트고 있었던 것 같다.

이와 같은 원시적 조상 숭배는 주위 민족에도 있다. 흑룡강 하류의 퉁구스족은 사체를 목관 안에 넣고 죽은 사람을 위해 그 위에 깨끗한 집을 짓는다. 무덤 옆에는 죽은 사람에게 필요할 어망, 화살, 창 등을 걸어놓고, 또 나무로 죽은 사람의 우상을 만들어 그 얼굴에는 기름을 바르는데, 사자의 영이 그 속에 들어가며 그 조각이 파손될 때 비로소 죽은 영혼이 지하의 천국으로 갈 수 있다고 여긴다.[125]《수서》권83 서역부국전은 "死後十年而大葬……立其祖父神而事之"라고 하며,《수서》권84 돌궐전에는 "……於是 擇日 置屍馬上而焚之 取灰而葬 表木爲塋 立屋其中 圖畵死者形儀 及生時所經戰陣之狀 殺一人則立一石 有至千百者"라고 한다. 길랴크인도 시신을 화장한 뒤 재를 조심스럽게 수집하여 그 위에 나무로 작은 집을 짓는다고 한다.[126]

이와 같이 조상의 나무상이나 그림을 모시는 행위가 주위 민족에 있었다면, 그들과 대체로 비슷한 생활양식을 가지고 있었던 동옥저에도 앞서 말한 바와 같은 숭배형식이 있었을 수도 있다. 그리고 동옥저가 만약 주위 민족과 마찬가지로 조상의 우상을 위해 집을 지은 것이었다면, 고구려인이나 고려인의 '위호'도 아마 그러한 나무상을 제사지냈던 습속이 조금 진보한 것이 아니었을까 생각되는데, 그것을 증명할 만한 자료는 문헌이나 토속에서 찾을 수 없다.

4) 승려

종교학의 정의에서 승려는 마술사와 논리상 전혀 다른 것이다. 그러나 무격이 성한 동방민족 사이에서, 특히 조선에서는 무격이 양쪽 기능을 모두 갖춘 것이 보통이다. 불교나 도교가 들어오면서 불승, 도사 등이 다양한 종교적인 일을 했지만, 무녀와 맹승 등도 종종 기우제 때 기용되었다. 또 넓은 의미에서 가족 샤먼도 승려적 기도를 한다. 예컨대 바람의 여신에 대한 그녀들의 태도는 분명히 승려적이며, 마술적 의미는 하나도 없다. 나아가 국왕도 어떤 면에서 보면 승려적 일을 하였다. 예를 들어 신라, 고구려, 백제, 고려, 조선의 여러 왕들은 모두 그들의 조상이나 건국자의 묘에 종종 친사親祀하였다.

《신당서》 고려전에 따르면 "國左有大穴 曰神隧 每十月 王皆自祭"라는 일도 하였다. 《고려사》 권135 신우전에 따르면 못된 장난을 좋아하던 왕은 "祈雨壇 親自擊鼓以禱……"라는 일도 저질렀다. 또 《국조보감國朝寶鑑》 권2에 따르면 정종 2년 "三月朔 日有食之 上素眠 率群臣 伐鼓以救之"라고 한다. 이러한 예를 들면 끝이 없다.

한편 고대 조선에 제정일치시대가 있었다고도 생각되지 않는다. 그러므로 필자는 승려의 의미를 극히 좁게 해석하여 직능적 또는 직업적인 고유의 승려에 대해서만 서술하고자 한다. 조선에는 예로부터 부락 제의를 관장하는 무녀가 있었던 듯하고, 그 성격은 분명히 승려였던 것 같다.

오늘날 조선의 샤먼은 모두 직업적이다. 그런데 직업적 샤먼 가운데서도 좀 특별한 지위에 있는 무녀가 있다. 그것은 이른바 '당골 무당'이라고 하는 것으로, 단순히 '당골'이라고도 한다. 이 무녀는 어떤 군읍 또는 부락에 전속되어, 그 구역에서 행해지는 부락적 또는 공동적 제의(예를 들면 별신제)는 반드시 그녀가 주제한다. 부락적 제의 때는 종종 다른 부락 무격의 응원을 필요로 하는데, 주제자의 권리는 결코 남에게 양보하지 않는다. 또 수익금을 분배할 때도 모든 수입을 셋으로 나누어 3분의 2는 당골 자신이 가지고 나머지는 다른 무격에게 고르게 나누어 준다.

요컨대 어떤 부락 또는 지방의 당골인 무녀를 당골이라고 하는 것이며, 바꿔 말하면 당골 무녀는 자신만의 소속구역을 가지고 있는 것이다. 한 구역 안에 여러 명의 무격이 있을 경우에도 당골은 그 가운데 가장 힘이 있는 한 명에 한정된다. 다만 예외도 있는데, 함경도 북부와 같이 남무가 많고 우세한 지방에서는 남무 당골도 허용되고 있다. 그것은 아마 함경도 북부가 만주족 등의 영향으로 남무의 존재를 인정하는 데다, 남무가 성하게 되면서 생긴 근세의 산물일 것이다. 조선에 남무가 있는 곳은 함경남도 홍원 이북의 모든 함경도 땅과 평안도, 황해도, 그리고 제주도뿐이다. 남녀 무격이 반반인 평안도나 황해도에서도 당골은 여성에 한정되어 있다.

이 당골 무녀에 대한 유일한 옛 기록은 《삼국지》 마한전에 "信鬼神 國邑各立一人 主祭天神 名之天君"이라고 하는 것이다. '천군'이라고 하는 것은 아마 단골의 음역임에 틀림없을 것이다. 당골(또는 단골)이라는 단어는 오늘날 보통 '단골손님'이라고 부를 때의 의미로도 사용되지만, 전속 무녀를 당골이라고 불렀던 옛 말의 전용일 것이다.

그리고 당골의 원어는 아마 몽고에서 빌려온 것으로 생각된다. 몽고어로 '텡거리'는 보통 하늘을 뜻하는데, 천상계에 있는 신 가운데서도 '텡거리'라는 이름을 가진 존재가 아흔아홉 있다.[127] 햇빛도 텡거리라고 하며,[128] 무격을 텡거리라고 하는 경우도 있다. 마지막의 경우는 예컨대 나카 미치요那珂通世 박사가 번역한 《징기스칸실

록》권10에서는 다음과 같이 기록하고 있다.(129)

> 7명 가운데 闊闊出帖卜騰格哩(코코츄테부텡거리, 코코츄라고 하는 신
> 무神巫)가 있었다.……거기에 테부텡거리[帖卜騰格哩]는 징기스[成吉
> 思合]칸쭉에게 말하기를, "장생하는 상제의 명령으로서 칸을 정하
> 는 신을 선포하노라. 일차로는 첩목진국帖木眞國을 취하라"고 하였
> 다.……

'텡거리[騰格哩]'는 남무이며(나카 박사는 무격을 모두 신무神巫로 번
역하고 있다), 그는 어떤 예언까지 하였던 것이다. 즉 몽고어에 따르
면 텡거리는 무巫를 뜻함과 더불어 천군(천신)을 뜻한다. 이처럼 무
격을 신으로 여기는 사례는 중국에도 있다. 범려의 《운계우의雲溪友
議》에 보이는 "奉巫覡爲神明 號巫覡爲天師", 《극담록劇談錄》에 보이
는 "狄惟謙之 因求雨不驗 杖殺郭天師" 등이 그것이다. 마한인도 옛날
에는 당골을 이와 같이 두 가지 의미로 함께 사용했다면, 중국인이
'단골'을 '천군'이라고 의미에 맞게(음과 뜻이 모두 통하도록) 번역한
것은 오히려 탁월한 번역이라고 해야 할 것이다. 어원이야 어쨌든
일단 조선에는 예로부터 부락적 승려가 있었다는 데는 의심할 여지
가 없다.

　부락적 승려의 직장職掌이 어떠한 것이었는지는 기록에 전하는
바가 없으므로 알 수 없으나, 부락적인 여러 제의·신사 등에서 주제
자로 일했던 사실은 틀림없을 것이다. 부락적인 여러 신사 가운데는
악정령 구양과 같은 마술도 분명 있었겠지만, 《삼국지》가 "主祭天
神"이라고 암시하고 있듯이, 천신 이하 산신, 해신, 부루[部落]신, 소
도신 등을 제사지내는 종교적 제의도 있었을 것이다. 오늘날의 당골
무녀가 부락적 제의로서 유일하게 지내고 있는 것은 이른 '부루신

제'이다. 이 부락신에 대한 제의는 조선 어디서나 행해지고 있는데, 앞에서 쓴 백씨 무녀(구포의 당골)의 이야기에 따르면, 구포(경남 동래군)에서는 '부루신제'가 정월 11일의 첫날밤에 시작되어 14일 한밤중에 끝난다고 한다. 제의가 시작되면 우선 무녀가 노래로

이 제사는 누구를 위한 제사인가? 해님 달님의 제사이다.

라고 선언한다. 다음으로 '앞의 당산신이시여, 뒤의 당산신이시여, 남당산 여당산님이시여, 제물을 많이 잡수소서. 소찬을 즐겨 드시며, 이 동네의 각 집, 부귀공명하게 해주소서……'라고 산신에게 기도하고, 다음에는 구포마을을 만든─물론 전설적인─최씨 할머니(무녀라고 함)에게 기도한다. 그 뒤에 부락적 제신, 소도신, 일찍이 동네에서 유명했던 사람들, 마지막으로 다양한 정령의 이름을 부르며 진수성찬을 올리는 것이다(단, 천신을 제사지내는 일은 없다고 한다). 이것은 분명히 승려적 성격의 행위이다.

그러나 오늘날의 당골 무녀가 하는 일과 성격이 과연 마한시대의 천군과 동일한 것이었는지, 또 오늘날의 당골은 오직 명칭만을 마한의 천군에서 가져온 것이며, 그 천군은 오늘날 각지의 습속에 남아 있는 동신제洞神祭(또는 고당제) 때 선거되는 일시적인 제관의 전신이었는지, 아니면 그것들과 전혀 다른 것이었는지는 물론 쉽게 알 수 있는 바가 아니다. 그것이야 어쨌든 '천군'과 유사한 명칭을 가지면서 기록과 특별히 모순되지 않은 부락적 무녀가 오늘날 존재하고 있는 이상, 그리고 다른 기록에서 해당될 만한 것이 발견되지 않는 이상, '천군'의 후신이 오늘날의 당골 무녀이리라고 가정하는 것도 결코 무리는 아닐 것이다.

천군, 즉 당골 무녀는 고유 승려였던 것으로 보인다. 그리고 오

늘날의 무격이 승려적 성격을 많이 가지고 있다는 설명은 되풀이할 필요도 없을 것이다. 또 '포제酺祭'나 '고당제' 때 뽑힌 제관도 일시적인 승려라고 보아도 문제가 없을 것이다.

6. 무격계급의 역사적 고찰

1) 무격계급의 성쇠

무녀의 사회적 지위에 대한 고려 이전의 유일한 자료는《삼국사기》권1에 있는 다음과 같은 기록이다.

> 南解次次雄(次次雄 或云慈充 金大問云 方言謂巫也 世人以巫事鬼神 尙祭祀 故畏敬之 遂稱尊長者 爲慈充)

《삼국유사》권2 제2 남해왕조에는 "南解居西干 亦云次次雄 是尊長之稱 唯此王稱之……按三國史云 新羅稱王曰居西干 辰言王也 或云呼貴人之稱 或曰 次次雄 或作慈充 金大問云 次次雄方言謂巫也……"라고 하여 김대문의 이야기가 완전히《삼국사기》와 일치하고 있다. 이들의 해석에 따르면, 차차웅이란 '존장자尊長者'의 뜻이었다고 하는 것과, 원래 무巫의 명칭이었던 것을 존장자(또는 왕)에 적용했다고 하는 두 가지 설이 신라부터 고려에 걸쳐 있었던 모양이다.

여기서 문제가 되는 것은 김대문의 언어적 해석이다. 《삼국사기》권46 열전에 따르면 김대문은 "金大問 本新羅貴門子弟 聖德王三年爲漢山州都督 作傳記若干卷 其高僧傳花郎世記樂本漢山記猶存"라고 하는데, 신라 사람으로 꽤 이름난 학자였던 모양이다. 그러나 성덕왕은 8세기 초의 군주로, 김대문이 살던 시대는 신라가 나라를 세운 지 수백 년(《삼국사기》에 따르면 건국한 지 7백 년 뒤) 뒤가 된다. 따라서 김대문의 언어적 해석의 타당성을 쉽게 믿을 수 없다. 더구나 김대문이 주장한 신라의 다른 왕칭에 대한 언어적 해석이 완전히 유치한 부회설임을 볼 때, 자충慈充에 대한 그의 이론이 더욱 의심스러워진다. 곧 《삼국사기》 권1은 다음과 같이 말하고 있다.

儒理尼師今立 南解太子也……初 南解薨 儒理當立 以大輔脫解素有
德望 推讓其位 脫解曰 神器大寶 非庸人所堪 吾聞聖智人多齒 試以
餅噬之 儒理齒理多 乃與左右奉立之 號尼師今 古傳如此 金大問則云
尼師今 方言也 謂齒理 昔南解將死 謂男儒理壻脫解曰 吾死後 汝朴
昔二姓 以年長而嗣位焉 其後 金姓亦興 三姓以齒長相嗣 故稱尼師今

'이尼'는 오늘날의 이(齒)이고, '사금師今'은 터(跡) 또는 눈금이다. 그러나 '떡을 씹는다'는 것은 완전히 전설이며 사실로 받아들이기 어렵고, 이사금은 오히려 일본어의 '주군主君(ヌシキミ)과 같은 뜻이라고 해석해야 할 것이다. 또 치리齒理라는 것은 완전한 부회설이다. 김대문은 당시에 있었던 서병噬餅 운운하는 전설에서 그와 같은 이론을 주장했던 것 같다. 또 《삼국사기》 권3에 따르면

訥祇麻立干立(金大問云 麻立者 方言謂橛也 橛謂諴操 準位而置 則
王橛爲主 臣橛列於下 因以名之)

라고 하며, 《삼국유사》 권1 제2 남해왕조에도 같은 기재가 있다. 이 또한 완전히 끼워 맞춘 이야기로, 왕의 자리와 신하의 자리를 말뚝의 열위列位로 정하였다는 이야기는 믿을 수 없다. '마립간麻立干'도

아마 '머리칸[首干]'이라고 해석해야 할 것으로, '머리 부분'이라는 뜻이었을 것이다. 그것을 김대문은 무리하게 억지로 설명하고 있는 것이다.

이와 같이 김대문의 해석이 억지로 보이는 이상, 자충이 원래 무의 이름으로 후대 왕명에 적용되었다고 하는 그의 설은 우선 의문시해야 할 것이다.

그러나 김대문의 이론이 유치한 억지라고는 하나, 이사금은 오늘날의 말에서도 '잇자국'과 뜻이 일치하며, 마립이 마루[樾]와 유사한 것을 볼 때, 그는 당시의 살아 있는 말로 차차웅을 풀어보고자 노력했음이 틀림없다. 곧 무녀를 당시 사람들이 차차웅 또는 자충이라고 했으리라는 것은 상상된다. 그리고 자충이라는 무의 호칭이 존장자의 이름에 적용되었는지, 또는 존장자의 이름인 차차웅이 무의 호칭으로 전용되었는지는 분명치 않다 해도, 어쨌든 양자가 일치된 것을 볼 때, 당시 무녀가 얼마나 존경받았었는가 하는 것만은 추측할 수 있다. 김대문도 사람들이 무녀를 외경했음을 말하고 있으므로, 신라시대 무녀의 세력은 확실히 오늘날보다는 강대한 것이었다고 생각된다.

고려시대

고려시대에도 무격의 세력은 왕성하였다. 불교가 성행했음은 말할 것도 없지만, 불교와 무격의 근본사상 또는 교리가 전혀 달랐다 하더라도 민중신앙은 교리나 그 철학적 사상에 따라 움직이는 것은 아니다. 불교의 여러 신들이 그들의 재병을 물리쳐주고 행복을 가져오는 모습을 민중은 받아들이고 이해할 뿐이다. 그러므로 민중이 이해하는 부처는 무격적 신령과 특별히 모순된 것은 아니었다. 그래서 불교와 무격은 신라시대에도 고려시대에도 함께 흥성했던 것이다.

민중만이 아니라 국가에서도 불사를 성하게 운영함과 동시에 때로는 2~3백 명의 무녀들을 모아서 기우제를 집행하였다. 충렬왕 6년 5월에는 맹승盲僧을 모아 비를 기원했다. 또 국왕은 자주 무녀의 말을 따랐다. 예컨대《고려사》권16 인종 24년기에 다음과 같은 기록들이 있다.

正月 王疾篤 卜曰 資謙爲崇 云云
二月……巫覡謂 拓俊京爲崇 追復俊京門下侍郎平章事 召還其子孫官之
二月 以巫言 遣內侍奉說 決金堤郡新築碧骨池堰

위정자 가운데도 무녀나 맹승의 말을 믿은 자가 있었다.《고려사》권130 반역 홍복원전이나 김준전에 보이는 "(高宗)四十五年 福源密令巫 作木偶人 縛手釘頭埋地 或沉井呪詛……", "俊……又以盲僧伯良卜其吉凶……時有淫巫 號鵲房 出入俊家 俊惑其言 國家事 皆占凶 時號鵲夫人……"과 같은 것이 그 예이다.

민간의 부녀자는 더욱 말할 것도 없고, 궁주宮主 등도 맹인이나 무녀의 말을 신용하였다.《고려사》권28 충렬왕 3년기에 "七月……內豎梁善大守莊等告 慶昌宮主與其子順安公琮 令盲僧絡同 呪咀上 命中贊金方慶訊之 不服"라고 하는 기록과, 같은 책 권89 후비열전 가운데 충렬왕비에 대한 기록에서 "貞和宮主失寵 使女巫呪詛公主 云云"이라는 것, 또 충숙왕후인 명덕태후에 대해 "有女巫 以妖言出入后宮 頗見信愛……"라는 기록들이 그 예들이다.

원나라와 고려의 국왕 사이에 서로 무녀를 초청한 적도 있다. 예를 들어《고려사》권29 충렬왕 8년기에

七月……遣散員高世如元 請醫巫

八月……高世還自元 帝曰 病非巫所能已 醫則前已遣 云云

라는 기록이라든가, 같은 책 권30 충렬왕 18년기의

八月……遣郎將秦良弼 押呪人巫女如元 帝召之也

九月……帝……令呪人巫女等入殿 執帝手足呪之 帝笑之

라는 기록이 그것이다.

　또 고려시대에 무격의 제의가 융성했음은 다음의 두 기록—태조 때와 충렬왕 때의 것—에서 그 현상이 일반적이라는 것을 엿볼 수 있다. 《고려사》 권93 최승로전에서 최승로가 태조에게 올린 글 가운데 "所謂淫祀無福 我朝宗廟社稷之祀 尙多未如法者 其山嶽之祭 星宿之醮 煩瀆過度 云云"이라고 한 것이 있음을 전하고 있으며, 조선시대 조신의 《수문쇄록搜聞瑣錄》에는 "高麗文成公安珦 嘗作詩書于學宮曰 香燈處處皆祈佛 絃管家家盡祀神 獨有一間夫子廟 滿庭春草寂無人 槪然 以興起斯文爲已任 云云"이라는 기록이 있다.

　그러나 봉건적인 중세였기 때문에 지방관 또는 중앙관 가운데 무격계급을 아주 미워하며 때로는 불교의 승려까지도 미워한 자가 있었다. 그들은 모두 유학자였을 것이다. 그들은 무격을 징벌하고 우상을 파괴하였으며, 음사淫祠를 폐하곤 하였다. 또 도성 밖으로 쫓아내기도 하였다. 그러나 그것이 당시 무녀들의 발호를 뜻한다는 것은 다음 여러 예증을 통해 알 수 있다. 《고려사》 권16 인종 9년기에는 다음과 같은 기록이 있다.

八月……日官奏 近來巫風大行 淫祀日盛 請令有司 遠黜群巫 詔可 諸

巫患之 斂財物貿銀瓶百餘 賂權貴 權貴奏曰 鬼神無形 其虛實恐不可

知 一切禁之未便 王然之弛其禁

일관日官은 음사를 엄금하고자 하였으나, 무녀들의 운동과 귀족들의 후원으로 그 조치는 완화되었다. 그 뒤 함유일의 결단으로 일관의 주장은 이루어졌다. 즉《고려사》권99 함유일전에 따르면

有一 嘗酷排巫覡 以爲人神雜處 人多疵癘 及爲都監 凡京城巫家悉徙

郊外 民家所畜淫祀 盡取而焚之 諸山神祠 無異跡者 亦皆毀之 聞九

龍山神最(저자가 쓴 원문은 最神)靈 乃詣祠射神像 旋風忽起 闔門兩扇

以防其矢 又至龍首山祠 試靈無驗焚之 是夜王夢 有神求救者 翼日

命有司復構其祠……登州城隍神 屢降於巫 奇支那家禍福 云云

라고 한다. 함유일의 맹렬한 우상 파괴로 도성 관내의 무녀·신사는 거의 훼손되고 만 것 같다. 그러나 이것이 언제까지 실행되었는지는 매우 의심스럽다.

　그것보다 약 반 세기 뒤인 고종·원종 이후의 기록에서는 앞에서 인용한 바와 같이 무녀가 궁중에 출입하거나 위정자는 물론 국왕을 위해서까지 다양한 예언·점복·저주 등을 수행했다고 나타난다. 충렬왕 때는(《고려사》권125 오잠전) "分遣倖臣 選諸道妓有色藝者 又選 京都巫 及官婢善歌者 籍置宮中 衣羅綺戴馬尾笠……"이라고 하여 도성 안에 무녀가 있었음을 말하고 있다. 또 충선왕이 즉위하던 해(1308)의 기록(《고려사》권33)에는 "(卽位)四月 太史局言城中巫覡淫祀日盛 請徙郭外"라는 것이 보인다. 이어 다음 왕인 충숙왕 후8년(1339)의 기록(《고려사》권85 형법금령)에는 "後八年 五月 監察司牓示禁令…… 一巫覡之輩妖言惑衆 士大夫家歌舞祀神 汙染莫甚 舊制巫覡不得居城內

仰各部盡行推刷 黜諸城外"라는 기록이 있다.

이들의 기록에서 유추해 볼 때, 함유일의 무녀 성외축출정책은 한때 제도로 정해져 있었던 모양이다. 그리고 금령이 완화됨과 동시에 무녀는 또 다시 성 안으로 들어왔다가 폐해를 끼치면 관서에서 다시 축출 명령이 떨어지곤 했던 모양이다. 그러나 1339년의 법령도 그리 오래 지속되지 않았음은 고려 말의 기록에서 알 수 있다.

다음으로 지방관의 무격 배척을 보면,《고려사》권99 현덕수전에는 다음과 같이 전한다.

爲安南都護副使 爲政廉明 吏民敬畏 尤惡淫祀 禁令甚嚴 巫覡不得入境 有吏執女巫 與其夫至 德秀訊之 顧謂同僚曰 此巫非女 乃男子也 同僚笑曰 非女安有夫乎 德秀令裸 視果男子也 先是 巫出入士族家 潛亂婦女 其被汚者 亦羞之 不以語人 故所至恣淫穢 至是 一方服其 神明

같은 책 권105 안향전에는

忠烈元年 出爲尙州判官 時有女巫三人 奉妖神惑衆 自陜州 歷行郡縣 所至作人聲 呼空中隱隱若喝道 聞者奔走設祭 莫敢後 雖守令亦然 至 尙 珦杖而械之 巫托神言 怵以禍福 尙人皆懼 珦不爲動 後數日 巫乞 哀 乃放 其妖遂絶

라고 한다. 안향은 사문운동斯文運動의 거장이었기 때문에 이런 일을 감행한 것이 당연하지만, 다른 많은 지방관들이 얼마나 무녀를 두려워했었는지 이 글을 통해 알 수 있다. 다음의《고려사》권106 심양전을 보아도 무녀를 두려워했던 많은 지방관의 태도를 알 수 있다.

忠烈初 爲公州副使 有長城縣女 言錦城大王降我云 爾不爲錦城神堂
巫 必殺爾父母 我懼而從之 女又與縣人孔允丘通 作神語曰 我將往上
國 必伴孔允丘行 羅州官給傳馬 一日郵吏急報都兵馬使曰 錦城大王來
矣 使驚怪 有羅人仕于朝者具神異諷王議欲迎待 所過州縣守 皆公服郊
迎 廚傳惟謹 至公州 言易 不待 巫怒傳神語曰 我必禍暘 退寓曰新驛
夜暘使人覘之 女與允丘宿 遂捕鞫之俱伏

이것이 특수한 경우였다 하더라도, 무녀를 외경시하고 있던 시대
가 아니었다면 이러한 비상식적인 난행이 있었을 리가 없다. 그리고
《고려사》 권109 우탁전은 "初調寧海司錄 郡有妖神祠 名八鈴 民惑靈
怪 奉祀甚瀆 倬至卽碎之 沉于海 淫祀遂絶"라 하고, 권108 제전에는
"……又惡異端淫祀 使工圖僕隷制梃 嗾犬 逐僧巫狀於壁觀之"라고 하였
는데, 오히려 이는 예외적인 사례였을 것이다.

고려 말에도 무격은 성행했던 모양이다. 더욱이 무녀를 흉내 내
어 세간을 놀라게 하는 사람까지 등장하게 되었다. 같은 책 권107
권화전에는 다음과 같은 기록이 있다.

和 辛禑時爲淸州牧使 有固城妖民伊金 自稱彌勒佛 惑衆云 我能致釋
迦佛 凡禱祀神祇者 食馬牛肉者 不以貨財分人者 皆死 若不信吾言
至三月 日月皆無光矣 又云 吾作用則草發靑花 木結穀實 或一種再穫
愚民信之 施米帛金銀恐後 馬牛死則弃之不食 有貨財者 悉以與人 又
云 吾勅遣山川神 倭賊可擒也 巫覡尤加敬信 撤城隍祠廟 事伊金如佛
祈福利 無賴輩從而和之 自稱弟子 相誣誑 所至守令 或出迎舘之 及至
淸州 和誘致其黨 縛其渠首五人囚之 馳報于朝 都堂移牒諸道 悉捕斬
之 判事楊元格 信奉其說 至是逃匿 搜獲之 杖流 道死

이것은 몹시 큰 사건으로서, 이금이라는 사람이 어떤 계획 아래 이러한 사기를 친 것 같다. 어쨌든 그가 미륵불을 자칭하고 무격을 공경하고 믿으라고 한 것을 보면, 당시 민가의 신불信佛·신무격信巫覡 사상을 이용하여 무녀를 흉내 내려-금성대왕과 같은-한 것으로 생각된다. 시대와 내용은 다르지만 오늘날의 공산주의나 사회주의를 이용하여 조선의 태을교太乙敎나 일본의 대본교大本敎의 미신적 예언이 행해지는 것과 같은 현상이었다고 볼 수 있다.

고려 말이 되면 유학자가 조정에서 큰 세력을 차지하며, 주요 인물들이 종종 배불排佛·배무排巫의 상소를 올렸다. 공양왕 때 성균대사성이었던 김자수가 왕에게 상소한 글 가운데 다음과 같은 구절이 있다(《고려사》 권120 김자수전).

> 浮屠之說 猶不可信 況怪誕荒幻之巫覡乎 國中設立巫堂 旣爲不經 所謂別祈恩之處 又不下十餘所 四時之祭 以至無時 別祭一年 縻費不可殫記 當祭之時 雖禁酒之令方嚴 諸巫作隊 托稱國行 有司莫敢詰焉 故崇飮自若 九街之上 鼓吹歌舞 靡所不爲 風俗不美 斯爲甚矣 乞明勅有司 除祀典所載外 一禁淫祀 痛斷諸巫出入宮掖 以絶妖妄 以正風俗 云云

이를 보면 국가의 제사를 무녀가 정시적 또는 비정시적으로 집행한 일이나, 사전祀典에 그에 대한 기사들이 있었던 사실을 알 수 있다. 김자수는 이와 같은 미신적 풍습을 경제적·도덕적 견지에서 극단적으로 바로잡고자 했던 것이다. 역시 공양왕 때 성균박사였던 김초는 상소문(《고려사》 권117 이첨전)에서

> 釋氏潔身亂倫 逃入山林 此亦一道也 然其禍福之說 妖妄尤甚……臣

願……放巫覡於遠地 不令在京都 使人人設家廟 以安父母之神 絶淫
祀 以塞無名之費 而嚴立禁令 剃髮者殺無赦 淫祀者殺無赦 議者謂
此二弊 根深蔕固 不可遽革 然殿下中興 一新法制 豈可因循 若能革
之 堯舜之治 可及也 若委任微臣 不聽讒言 聽以便宜痛禁 則不出數
年 庶乎其盡革也

라고 하였다. 그의 멸불론滅佛論은 공양왕이나 보수파의 노여움을 불
러일으켜 한때 그는 사형에 처해질 뻔했다. 이 밖에도 정도전 외의
중신들이 배불·배무를 주장, 상소하였다. 그와 같은 상소운동이 얼
마나 효과가 있었는지는 분명하지 않다.

 불교나 무격에 강력한 탄압을 가한 것은 조선시대였다. 우선 불
교에 대해서 한 마디 해두면, 조선은 태조 때부터 무격은 물론 불교
에 대해서도 많은 제한을 가하였다. 태종은 종래의 12종을 양종으로
제한하였다. 그러나 철저한 압력이 가해진 것은 15세기 후반의 성종
때부터다. 이에 대해서는 성현의 《용재총화》 권1이 말해주고 있다.

新羅高麗 崇尙釋敎 送終之事 專以供佛飯僧爲事 逮我本朝 太宗雖革
寺社奴婢 而其風猶存 公卿儒士之家 例於殯堂 聚僧說經 名曰法席
又於山寺設七日齋 富家爭務豪侈 貧者亦因例措辦 耗費財穀甚鉅 親
戚朋僚 皆持布物往施 名曰食齋 又於忌日 邀僧先饋 然後引魂設祭
名曰僧齋 成廟崇正學闢異端 凡于佛事 臺諫極言其弊 由是士大夫家
畏憲章物議 雖遭喪忌 俱依法行祭 不供佛僧 其因仍不弊者 惟無賴下
民 然不得恣意爲之 又嚴度僧之禁 州郡推刷無牒者 長髮還俗 中外寺
刹皆空 物盛而衰 理所然也

 다시 무격 이야기로 돌아오면, 유학의 전성시대였던 조선시대에

여러 관리들이 대체로 무격을 좋아하지 않았음은 쉽게 상상된다. 특히 문헌에서 몇 가지 사례를 들면 남효온의 《사우명행록師友名行錄》에는 "深淵……不喜巫佛……"라고 하였고, 어숙권의 《패관잡기》권2에는

風郡 舊得木偶人 以爲神 每歲五六月間 奉置公館 大張祀事 一境坌集 金僉知延壽 爲都收 捕巫覡及首事者杖之 火其木偶人 妖祀遂絶 宋判書千喜 性剛果 嘗按嶺南 有巫自稱佛弟子曰 我能使病者愈 死者生 一道信其術 咸傳 客之 務先其求 至有破貲而不憚者 公聞之怒曰 彼敢肆其妖於吾地耶 捕致之獄 杖殺之 一道肅然 云云

俗傳 官府收巫稅布甚重……

라고 하였다. 이것을 통해 민간에 아직 무격이 성하고 있었음을 엿볼 수 있다. 지방관 가운데는 심하게 무격을 배제하려고 애쓴 자가 있었던 사실이라든가, 일반 관부가 무녀에게 무거운 세금을 부과하여 압박했던 일도 어느 정도 파악되고 있다. 허봉의 《해동야언海東野言》에서 "孫勿齋 爲方伯時 若遇旱乾 每致齋虔 禱雨輒應 如不雨則 乃怒其神曰 豫禱汝雨 不雨何也……"라고 한 데서 재래신에 대한 그들의 태도를 엿볼 수 있다. 일반 민중도 시간이 지날수록 유학사상에 익숙해졌고, 차츰 경제사상에도 눈을 뜨게 되었으며, 고려시대 때처럼 너무 과대한 음사는 행하지 않게 되었지만, 여전히 무격에게 여러 가지 점복과 마술을 의뢰했음은 물론이었다. 그러나 무격이 옛날처럼 유언으로 세간을 소란스럽게 하는 일도 줄어들었다.

유학자가 일반적으로 미신을 배척하고 있다고는 하지만, 일반 부녀자들이 아직 무녀에게 의지하고 있었던 사실은 귀족 부인이나 왕

비 등이 아직 무녀를 쓰고 있었음을 보여주는 다음 사례에서 알 수 있다. 《용재총화》 권4에는 "漆原府院君尹子當 母南氏……往巫家問卜……"이라고 하고, 차천로의 《오산설림초고五山說林草藁》는 "光廟謁文宣王廟歸 因不豫 貞熹王大妃憂之 問諸巫 皆曰孔廟神爲祟 貞熹王大妃 命宮人率諸巫 行淫祀於大成殿中 諸巫雜沓 象伎亂作……"이라 한다. 또 《패관잡기》 권1에 "余曾祖文孝公 不信妖怪 禁巫覡不得出入於家……俗於人死之 三日七日 例具酒餠 往于巫家 巫云 新魂下降 人言其已往及未來事 公卒 藏獲等往一巫家 巫言 我平生不喜如此事 汝輩其速還"이라는 기록도 아마 문효공文孝公 집안 부인들이 전갈을 무격의 집으로 보냈기 때문일 것이다.

고려시대에도 무격계급은 종종 도성에서 쫓겨난 것으로 보이는데, 조선시대에는 그것이 가장 심했던 듯하다. 안로의 《기묘록보유己卯錄補遺》 상上에는 "崔淑生……爲大司憲 巫女居住於都城內者 皆令出聚于東西活人署 撤城南尼舍 毁佛像 使僧人不得接近於都下 云云"이라고 하여, 무녀는 거주 제한이 있었고 불승은 축출되었던 것으로 보인다. 그러나 그 뒤 무녀 또한 축출되었다.

《대전통편》 권2 잡세雜稅는 《속대전》을 인용하여 "(續)外方巫女錄案收稅 每各稅木一匹……京巫女屬活人署 (增)京城巫女逐出江外 收布令癈"라고 하는 것을 보아 《대전통편》이 나왔던 시대(18세기 중반 이후)에 이르러 이미 무녀는 완전히 서울에서 한강 밖으로 축출되었던 것 같다. 그것이 오늘날에도 무녀가 한강 이남의 노량진에만 자리 잡고 있는 이유일 것이다. 그 전의 《경국대전》이 편찬되던 시대(국초~15세기경)에도 무녀는 정부의 여러 가지 경제적 압박을 받았으며, 도성에서 쫓겨나기도 하였다. 《대전통편》 권5 금제禁制에서 인용한 바에 따르면

私奴婢田地 施納寺社巫覡者論罪 後其奴婢田地屬公

京城內巫覡居住者 閭閻內僧侶居住者 乞糧見父母同生輸齋物僧尼勿
禁 論罪

花郎游女及巫女 留住城中者 並摘發論罪 花郎游女 所在摘發 良家子
女 永屬殘邑奴婢 公私賤杖一百流三千里 巫女在城中者 一切刷出 不
檢擧官員罷黜

라고 한다. 조선시대는 대체적으로 무녀가 도성 안에 거류하는 것을
금지했다고 생각된다. 더욱이 《문헌비고文獻備考》 권139 형고刑考 교
대시絞待時조에 명률을 인용하여 "師巫以左適亂正之術 煽惑人民爲首
者"라고 하여 세간을 소란스럽게 만든 사무師巫를 교수형에 처하라
고 했을 정도로 무격을 금지했던 모양이다. 이것은 주의할 만한 법
제이다.

끝으로, 무격계급은 오늘날에는 팔천八賤 가운데 가장 천한 것이
며, 가장 천민인 예자穢者와 거의 동일하게 여겨지고 있는데, 언제쯤
부터 그렇게 되었는지 현재는 분명하지 않다. 그러나 그것이 조선시
대 때부터라는 것은 명백하며, 고려 말까지는 그렇지 않았던 것 같
다. 예컨대 《고려사》 권125 지윤(벽행)전은 "池奫忠州人 其母巫女
發跡行伍 屢從軍有功 恭愍朝累遷 判崇敬府事……辛禑時 拜門下贊成
事 判圖司事……"라고 하여 무녀의 아들이면서 높은 관직에 올라갔
음을 전한다. 조선시대보다 관리 등용에 계급 제한을 엄격히 두지
않았던 고려시대였기 때문에, 엄밀한 의미에서 무녀의 자제가 고관
이 되어도 그것이 꼭 무녀를 천민으로 하지 않았던 증거라 할 수 없
겠지만, 대체로 고려시대가 조선시대보다 무격계급을 천시하지 않았

다는 사실만은 엿볼 수 있다.

| 주 |

(1) M. A. Czaplicka, *Aboriginal Siberia: A Study in Social Anthropology*, 1914, Oxford, pp. 197~198.
(2) 徐夢華, 《三朝北盟會編》卷3, "珊蠻者 女眞語巫嫗也."
(3) 西淸, 《黑龍江外記》卷6, "薩瑪 巫覡也."
(4) 方式濟, 《龍沙紀略》風俗, "降神之巫曰 薩麻."
(5) E. Ysbrate Ides, *Driejaarige Reize naar China*, Amsterdam, 1698~1710.
(6) *Ibid.*, pp. 35, 39(B. Laufer, "Origin of the word the Shaman", *American Anthropologist* Vol. No.3, 1917).
(7) "M. de la Brunière's letter", dated from the bank of the Usuri, and addressed to the Directors of the Seminary for Foreign Missions, Published in the Annales de la Propagation de la Foi, Vol. ⅩⅩ, 1848(Quoted in E. G. Ravenstein's, *Russians on the Amur*, London, 1861, p. 92).
(8) E. G. Ravenstein, *Russians on the Amur: Its Discovery, Conquest, and Colonization with a Description of the Country, its Inhabitants, Productions, and Commercial Capabilities*, London, 1861, p. 93.
(9) *Ibid.*, p. 384.
(10) *Ibid.*, p. 464.
(11) Richard Maack, *Expedition to the Amur*, St. Petersburg, 1859.
(12) Thomas W. Atkinson, *Travels in the Upper and Lower Amur*, London, 1860, p. 372.
(13) Atkinson, *Oriental and Western Siberia ; A Narrative of Seven Years' Exploration and Adventures in Siberia, Mongolia, the Kirghis Steppes Chinese Tartary, and Part of Central Asia*, London, 1859, pp. 382~383.
(14) G. Kennan, *Tent-Life in Siberia and Adventures among the Koriak and other Tribes in Kamtchatka and Northern Asia*, London, 1870, p. 207.
(15) John Lee Maddox, *The Medicine man; A Sociological Study of the Character and Evolution of Shamanism*, New York, 1923, p. 24.
(16) Czaplicka, *op. cit.*, p. 160.
(17) *Ibid.*

(18) A. L. Kroeber, *Anthropology*, London, 1923, pp. 363~364.

(19) Lord Avebury, *Origin of Civilization and the Primitive Condition of Man*, London, 1912, p. 280.

(20) Ivor H. N. Evans, *Studies in Religion, Folk-Lore, and Custom in British North Borneo and the Malay Peninsula*, Cambridge, 1923, p. 138.

(21) 은殷의 무함巫咸에 관해서는 고담무顧炎武의 《일지록日知錄》 권25 무함조에 중국 여러 고전에서 자료를 모아 논평한 남무·여무 등의 주周나라 관명이 보이는 것을 보더라도 중국 고대의 무격세력을 알 수 있다. 각 대의 무격에 대해서는 재료가 정사正史·잡서雜書에서 산견되므로 그러한 사료를 모은 축목祝穆의 《사문유취事文類聚》 전집 권38 기예부技藝部 무자巫者조와 《연감유함淵鑑類函》 방술부方術部 무巫의 장이며 청나라 말 상하이에서 출판한 장량채張亮采의 《중국풍속사》 제3편 2장 17절 4편 1장 9절, 4편 3장 13절 등을 참조할 것. 그러나 이러한 서적은 원문을 충실히 인용하지 않았으므로 반드시 원본을 대조해야 한다. 오늘날의 무격에 대하여는 《중국풍속사》 204쪽에서 "嗚呼 今之淫祀巫覡 遍於天下 然禁之者幾人哉"라고 한 것으로 보면 그 수의 많음을 알 수 있을 것이다.

(22) Lord Avebury, *Origin of Civilization*, p. 319.

(23) *Ibid.*, p. 281.

(24) Czaplicka, *op. cit.*, p. 298.

(25) *Ibid.*, p. 299.

(26) *Ibid.*, p. 306.

(27) V. F. Troshchanski, *The Evolution of the Black Faith of the Yakut*, 1902, pp. 105~106, quoted by Czaplicka, *op. cit.*, p. 298.

(28) 제주도 성산포 주민 현이길玄二吉의 이야기.

(29) D. Banzaroff, *The Black Faith or Shamanism among the Mongols*, 1891, Quoted by Czaplicka, *op. cit.*, pp. 166~167.

(30) Banzaroff, *op. cit.*, pp. 107~153(Czaplicka, *op. cit.*, p. 191).

(31) Kroeber, *Anthropology*, p. 349.

(32) A. G. Keller, *Societal Evolution*, 1915, p. 260; pp. 133ff.

(33) E. B. Tylor, "Animism", *Primitive Culture*, 1871~1920.

(34) *Ibid.*, vol. II, pp. 126ff.

(35) Maddox, *The Medicine Man*, pp. 7.

(36) Czaplicka, *Aboriginal Siberia*, p. 278.

(37) Tylor, *Primitive Culture* II, pp. 69~74.

(38) 重松俊草, 〈支那古代殉送の風俗に就いて〉(《東洋史論叢》, 다이쇼 14년판, 481~540쪽) 八.

(39) Tylor, "Hades" *op. cit.*, pp. 65~68.

(40) Tylor, *op. cit.*, pp. 79~82.

(41) Jevons, "An Intro.", *To the History of Religion*, p. 299.

(42) 《峒谿纖志》, 問影樓輿地叢書.

(43) Shashkoff, *Shamanism in Siberia*, 1864, p. 58, quoted by Czaplicka, *Aboriginal Siberia*, p. 155.

(44) Czaplicka, *op. cit.*, p. 161.

(45) Potanin. G. N, *Sketches of North-western Mongolia*(Russians), vol. Ⅳ, 1883, p. 36, quoted by Czaplicka, *op. cit.*, p. 162.

(46) Wierbicki, *The Natures of the Altai*(Russ☐☐☐ p. 68, quoted by Czaplicka, *Aboriginal Siberia*☐☐☐

(47) Czaplicka, *op. cit.*, p. 145.

(48) *Ibid.*, p. 162.

(49) I. Curtin, *A Journey in Southern Siberia*, ☐☐.

(50) M. Alexander Castren, *Reisserinnerungen áus* ☐☐☐☐ *1838~77*, 1853, p. 267, quoted by Czaplicka, *op. cit.*

(51) I. Curtin, *A Journey in Southern Siberia*, ☐☐☐☐

(52) Edward B. Tylor, *Anthropology*, pp. 350~351.

(53) 《위서魏書》 권100 물길勿吉전에서 "부모가 봄이나 여름에 죽으면 세워서 묻고는 무덤 위에 지붕을 지어 비나 습기가 차지 않도록 한다"고 한 것과, 《수서隋書》 권84 돌궐突厥전이 "……이에 날짜를 잡아서 시체를 말 위에 얹어 태우고 그 재를 모아 장례를 지낸다. (그곳에) 나무를 둘러쳐 무덤으로 삼는데, 그 속에 집을 지었다"고 한 것도 참조할 수 있다. Czaplidka, *Aboriginal Siberia*, p. 164에 따르면, 보굴족Vogul이나 오스타크족Ostyak도 무덤 위에 지붕형태의 덮개를 만든다고 한다.

(54) W. J. Perry, *The Origin of Magic and Religion*, London, 1923, pp. 8~10.

(55) Elliot Smith, *The Evolution of the Dragon*, Manchester, 1918, pp. 150~153.

(56) S. Nishimura, part Ⅱ "The Gourd Ship", *A study n the Ancient Ship of Japan* 및 西村眞次, 《文化移動論》, pp. 209~210.

(57) Czaplicka, *Aboriginal Siberia*, p. 169.

(58) Paul Radin, *Religion of the North America*, Anthro, In N. America, pp. 294~297.

(59) Czaplicka, *op. cit.*, p. 170.

(60) *Ibid.*, p. 167; Bogoras, *The Chuckchee*, p. 414.

(61) *Ibid.*, p. 169; Bogoras, *The Chuckchee*, p. 414.

(62) *Ibid.*, p. 167.

(63) Jochelson, *The Koryak*, p. 47; Czaplicka, *op. cit.*, p. 192.

(64) Czaplicka, *op. cit.*, p. 192.

(65) *Ibid.*, pp. 167~168.

(66) Jeremiah Curtin, *A Journey In Southern Siberia*, p. 96.

(67) D. Klementz, *The Buriats*(Enc. Religion and E□□□ p. 13.

(68) Bogoras, *The Chuckchee*, p. 413; Czaplicka, *op. cit.*, □□□

(69) Trashchanski, *The Evolution of Black Fair*□□□, p. 118, quoted by Czaplicka, *op. cit.*, p. 198.

(70) Czaplicka, *op. cit.*, p. 244.

(71) 鳥居龍藏, 《日本周圍民族の原始宗敎》□□□

(72) 鳥居龍藏, 《有史以前の日本》 大正□□□

(73) Czaplicka, *op. cit.*, p. 244.

(74) *Ibid.*, p. 252.

(75) Sir Frazer, *Adonis, Attis, Osiris*, 1907, pp. □□□

(76) Czaplicka, *op. cit.*, pp. 248~251.

(77) *Ibid.*, p. 249.

(78) *Ibid.*

(79) *Ibid.*, p. 251.

(80) Jochelson, *The Koryak*, p. 51; Czaplicka, □□□

(81) Bogoras, *The Chuckchee*, p. 435; Czaplicka, □□□

(82) *Ibid.*

(83) 《海東名臣錄》 권4 참조.

(84) J. Curtin, *A Journey In Southern Siberia*□□□……Origin of Shaman).

(85) 금성대왕이란 물론 국왕의 의미□□□ 당시의 금성에 금성대왕이라고 하는□□□ □ 지는 모르나, 또 대왕이라고 하는□□□ 도 남성신과 같은 것으로 생각되는데 □□□ 대왕大王, 황제皇帝, 왕신王神의 칭호를 주어□□□ 속俗 위에 많이 남아 있고□□□ 금성신당錦城神堂에는 무녀의 영靈을 신神□□□ 고 있었기 때문에 아마 금성대왕□□□ 당무堂巫를 가리킨 것으로 보인다.□□□ 이와 유사한 사례가 있다. "天下郡國利□□□ 來《중국풍속사》, 201쪽에 실림)□□□ 忻州郡境 村落約三百許……極□□□ 俗合二三十家 共祀一大王神 其□□□ 山 或以其陂澤 或以其地産之□□□ 輒加以聖賢帝王公相之號 如愚□□□ 祀 云云"이라 한다.

(86) *Aboriginal Siberia*, p. 206.

(87) *Ibid.*, p. 203.

(88) *Ibid.*

(89) *Ibid.*, pp. 210, 211, 219, 223, 226.

(90) *Ibid.*, p. 226.

(91) *Ibid.*, p. 211.

(92) *Ibid.*, p. 212.

(93) *Ibid.*

(94) *Ibid.*, p. 215.

(95) *Ibid.*, p. 219.

(96) *Ibid.*, p. 226.

(97) *Ibid.*, pp. 214~227.

(98) *Ibid.*, p. 220.

(99) *Ibid.*, p. 210.

(100) *Ibid.*, p. 212.

(101) 함경도의 호세에비가 예외적으로 男□□□ 것 및 그 명칭이 외래적인□ □□ 4장 2절에서 말했지만, 샤먼□□□ 식식에 대해서도 함경도에는 외래 □□□ 듯하다. 예컨대 함흥에서는 一家一年中□□□ 기 위해 '간지풀이'라는 제의□□□ 女를 불러 신위神位 앞에서 가족의□□□ 의 여성이 우선 춤추고, 다음으로 무격□□□ 는 것으로 되어 있다. 여러 가지 악기□□□ 가 제의 동안은 무녀와 가족□□□ 되어 춤을 추면서 돌아다닌다. 홍원에서는□□ □ 라고 한다. 함흥의 '간지풀이'와 같□□□ 인 목적으로 행하지만, 무녀 또는 호세에비□□□ 하여 가족과 함께 가무歌舞한다. 산신山神□□□ 식식이며, 참집자參集者는 격覡 말고는□□□ 뿐이다. 이상의 두 가지는 이移(?)□ □□ 인데, 회령에서는(진태완陳泰琓 군의 이야기)□□□ 양襄의 경우에도 가족 가운데 젊은□□□ 식식 전에 춤춘 후, 호세에비가 양襄□□□ 라고 한다. 이와 같은 풍습은 다른 도에□□□ 다. 그런데 만주에서는 무격과 함께□□□ 악기를 치거나 가족과 무격□□□ 되어 무용舞踊하며, 젊은 여자가 무巫□□□ 되곤 한다. 또 무병無病이라도 계절□□□ 한다. 즉 예친왕의 《소정잡기》□□□ 주도신의洲跳神儀에 따르면 그 가운데□□□ 巫人 用女使 吉眠 舞刀祝詞曰□□□ 神版 諸護衛擊神版 及彈弦□□□ 之 云云"이라는 기사가 있으며, 양빈楊賓의 《유변기략》□□□ 滿人 有病必跳 音條 神 亦有色□□ □ 富貴家 或月一跳 或季一跳□□□ 有弗跳者……跳神者 或用□□□ 婦 云云" 이라고 한다. 서청의 《흑룡강외기》□□□ 達呼爾病 必曰祖宗見卜在 召□□□ 之……薩瑪擊太平鼓作歌 病□□□……無分晝夜 聲徹四隣, 云云"이라 하고 있다. 상술한 함경도□□□ 가에 만주민족의 이와 같은□□□ 일 것이다. 함경도에는 고려시대□□□ 초기까지 여진족이 거주, 이주, □□□ 이다.

(102) Jeremiah Curtin, *A Journey In Southern*□□□ ~47.

(103) 《高麗史》 권63 雜祀에 「每水旱□□□ 岳溪上號曰川祭……」라는 설명□□ □ 의 주신은 산신이었음에□□□

(104) 《新增東國興地勝覽》 권21□□□

(105) 같은 책 권33.

(106) 같은 책 권4.

(107) 같은 책 권3.

(108) Curtin, *op.cit.*, p. 29.

(109) Czaplicka, *op.cit.*, p. 283.

(110) "Voyages de Pallas", Vol. Ⅳ, pp. 79, 434□□□ Avebury's, *Origin of Civilization*, p. 26□□□

(111) Czaplicka, *op. cit.*, p. 281.

(112) F. G. Ravenstein, *Russians on the Amur*□□□ p. 384.

(113) *Ibid.*, pp. 383~384.

(114) *Ibid.*, p. 392.

(115) C. F. Coxwell, *Siberian and Other Fol*□□□

(116) *Ibid.*, pp. 121, 126: and Czaplicka, *op. cit.*, □□□

(117) Czaplicka, p. 272.

(118) *Ibid.*, p. 265.

(119) *Ibid.*, p. 257.

(120) F. B. Jevons, *An Introduction to the His*□□□

(121) Load Avebury, *Origin of Civilization*, p. 2□□□

(122) (원고 소실로 내용을 알 수 없음)

(123) (원고 소실로 내용을 알 수 없음)

(124) (원고 소실로 내용을 알 수 없음)

(125) (원고 소실로 내용을 알 수 없음)

(126) (원고 소실로 내용을 알 수 없음)

(127) (원고 소실로 내용을 알 수 없음)

(128) (원고 소실로 내용을 알 수 없음)

(129) (원고 소실로 내용을 알 수 없음)

민속과 민족

1. 민속과 민속학

민속이란 민족의 풍속과 관습을 가리키는 것이며, 그것을 연구하는 과학을 민속학이라고 한다. '풍속 습관' 또는 '민풍 토속'이라 하는 말은, 귀족지배시대에 귀족계급들이 자기네들이 속하는 고급문화만을 문화라 생각하고 민중 사이에 수만 년 전승되던 민속을 천시하여 문화라 하지 않고 '풍속 습관'이라 낮춰 불렀던 습관적인 말이다. 그러나 귀족의 고급문화가 하늘에서 떨어진 것도 아니요 땅에서 솟아난 것도 아니니, 그것이 민속에서 점진적으로 발달한 것임을 현대 민속학은 명백하게 규정하였다. 그러므로 민속문화는 귀족문화의 기반이며, 그 전신前身이었던 것이다.

그래서 우리는 흔히 고급문화를 귀족문화라고 함에 대하여 민속문화를 민족문화라고 이르기도 한다. 귀족도 민족이었기는 했으나 그들은 전체 인구의 백분의 일에도 미치지 못하였고, 또 그 문화는 귀족계급만이 누렸던 것이요 민중에게는 조금의 행복도 주지 않았기 때문에 우리는 민족의 문화를 귀족문화와 민족문화로 구별하는 것이다. 그리고 민중이 생활하고 행복을 누리던, 귀족문화의 전단계인 민속을 연구하는 과학을 '민속학'이라 일컫는 것이다. 민속학은

377

민중의 의·식·주·생활·정치·경제·사회·신앙·언어·공예·오락·설화 등 모든 생활을 연구의 영역으로 삼는다.

2. 민속과 역사

한 민족의 민속도 그때그때의 정치·경제·국제관계 등에 따라 부단히 변화되어 왔다. 그러므로 민족의 민속사는 그 민족의 민족생활사라 할 수 있다. 그러나 지금까지 귀족주의 역사가들은 그들의 역사적 저술에서 이 부분을 무시하고 오직 왕실과 귀족들의 생활과 귀족문화만을 다루어 왔다. 그러나 앞으로의 민족사는 귀족문화와 민족문화를 같은 가치로 다루어야 할 것이다. 그렇지 않으면 그것은 진정한 민족사라 할 수 없기 때문이다.

귀족문화는 그 역사가 극히 짧다. 이집트나 메소포타미아에서 보아도 겨우 4~5천 년에 지나지 않고 조선의 그것은 2천 년도 되지 못한다. 이에 견주어 민속문화는 수만 년, 수십만 년의 역사를 가졌다. 인류의 사회생활이 시작하던 원시시대부터 존재했던 것이다. 그러므로 귀족문화의 뿌리는 매우 빈약하지만 민족문화의 그것은 매우 단단한 것이라 할 수 있다.

3. 귀족문화와 민족문화

그 예를 조선사에서 들어보면 2천 수백 년 전 한족漢族의 귀족문화가 우리에게 들어왔을 때, 지배귀족계급들은 곧 그것을 모방하여 관복과 언어, 제도와 생활을 한화漢化하였다. 고려시대에 1백여 년 동안 몽고족의 압력으로 민족적 고난을 겪으면서 귀족들의 생활은 현저하게 몽고화하였다. 36년 동안 일본의 지배 아래서 유산계급의 일꾼들은 적敵의 민속을 쉽사리 모방하여 일본식 주택에서 일본요리와 일본식 차와 술을 마시고 심한 자는 그 야만적인 일본옷과 '훈도시(일본의 남성 속옷)' '게타(일본의 나무신)'까지 모방하였다. 이것은 귀족계급·유산계급이란 자들이 얼마나 자기문화에 대한 애착이 없고 개인의 권력과 지위의 획득에만 온 관심을 기울이며 지배자들의 환심을 얻고자 아첨했는가를 말하는 것이다. 이와 달리 민중은 그 전통문화인 민속을 어떠한 정치 상황 아래서도 수천 년 동안 묵묵히 지켜왔다. 우리의 상투와 백의, 감투, 그리고 처녀의 편발(땋은머리)과 부인의 총발(모아 묶은 머리) 등은 2천 년 전의 기록에도 보이는 것으로, 그때부터 지금까지 큰 변화 없이 지켜 내려오는 것이다. 밥을 먹은 뒤 숭늉을 마시고, 술은 탁주를 마시고 김치와 깍두기, 고추장을 먹는 것도 민속일 것이다. 일제시대에도 민중은 이것을 지켜냈다. 이러한 차이는 경제적 이유로 설명할 수도 있겠지만, 귀족문화의 뿌리가 빈약함은 물론이요 귀족이나 유산계급이란 자들이 이기적·개인적·비민족적이라는 것, 또한 민족문화의 뿌리가 단단하고 민중의 생활과 의식이 혈연적·사회적·민족적인 것도 그 이유가 될 것이다.

4. 민속과 민족

민속은 민족색채가 가장 뚜렷한 민족문화의 한 부분임을 우리는 알 수 있었다. 그리고 민속문화를 함께 향유하는 자는 서로의 감정과 의사가 쉽게 통하고, 그래서 같은 사회집단에서 생활하기를 바란다. 따라서 단결이 더욱 쉬운 것이다. 그러나 같은 인류이지만 민족문화가 서로 다르면 우리는 그런 집단과 함께 생활하기를 꺼려하고 또는 원하지 않는다. 우리가 이민족의 지배를 싫어하고 조선민족만의 힘으로써 자주독립하기를 바라는 까닭 또한 여기에 있다. 가령 우리가 부유한 어떤 나라와 합하여 같은 국민이 된다면 경제적으로 우리는 전보다 더 행복할 수 있을지 모르나, 우리의 감정 및 사상생활에는 막대한 불편과 불행이 있을 것이다. 그러므로 우리는 경제적인 행복보다도 감정·사상생활의 행복을 얻고자 어렵지만서도 자립을 원하는 것이다.

같은 민족이라도 만일 어떤 사람이 우리 민속을 전부 버리고 양옥에 양복에 양식만 하고 외국어만을 쓰며, 아무리 부부끼리라도 남의 앞에서 거리낌 없이 키스를 하고 사촌끼리 혼인을 하는 등 외국풍의 생활을 한다고 치자. 그러면 우리는 그 사람과의 교제를 어색하게 여길 것이며 그 가정과의 혼인을 거부할 것이다. 그러나 비록 외국인일지라도 그 사람이 조선옷을 입고 조선음식을 먹고 조선말을 쓴다면 우리는 그에게 친밀감을 느낄 것이다. 이렇듯 민족문화 곧 민속은 민족감정·민족의식과 깊은 관계를 갖고 있으며, 이 민족감정과 민족의식은 정치와 중대한 관련을 갖게 되는 것이다. 정치는 이론으로만 되는 것이 아니다. 이론과 사상보다는 민족이나 국민의 감정이 더욱 중요한 바탕이 되며 중심이 되는 것이다. 지금 조선의 정치인 가운데 이를 무시하는 자가 있다면, 그는 정치인으로의 재능이 없는 사람이다.

서구의 여러 민족문화는 그 차이가 매우 작다. 그만큼 그들의 민족감정도 빈약하다. 미국인이 잡다한 민족으로 구성되었으면서도 통일된 국민생활을 하는 이유가 바로 여기에 있다. 그러나 조선은 그 민족문화가 너무나 뚜렷해서 다른 민족과는 매우 다르다. 이것은

4~5천 년 동안 같은 지역에서 같은 혈족이 공동운명 아래 공통된 정치·경제생활을 하면서 주위의 강대한 이민족에 대하여 강렬한 투쟁을 감행해온 것, 그리고 단결적·배타적인 반동으로 자신의 문화를 지켜온 것에 그 이유가 있을 것이다. 이렇듯 강렬한 민족문화는 민족적이고 자주적인 독립감정을 뜻하는 것이며, 수천 년 동안 역사적으로 생겨난 이 민족감정을 민족감정이 빈약한 서구에서 한낱 정치사상으로 간단하게 파괴할 수는 없을 것이다.

그렇다고 해서 우리가 민족지상주의자 또는 배타주의자라는 것은 아니다. 우리는 전 인류가 한 혈족이 되기를 바라며 한 문화를 가지기를 바란다. 그러나 그것은 머나먼 장래에 속하는 일이요, 우리의 생활은 현실이다. 정치에는 이상도 필요하지만 그보다 더 중요한 것은 현실이다. 나는 이 현실을 말하고자 하는 것이다.

한국의 민속 예술
- 특히 그 가무연극에 대하여 -

1. 고대의 가무연극

가무연극은 고대로부터 현대에 이르기까지 그 종류가 다양하며 자주 행해졌다. 오늘날 우리는 원한다면 언제 어디서라도 다양한 종류의 오락물을 볼 수 있다. 이와 달리 고대로 거슬러 올라갈수록 그 종류는 적고 그 수 또한 많지 않다. 우리가 수렵을 주된 생산양식으로 했던 시절, 전 부족적 제연이라 하던 것은 아마 1년에 1번이었을 것으로 보이며, 이것에는 12월이라는 음력 섣달[臘月]이 선택되었다. 12월은 사냥에 가장 알맞은 시기이며 그들은 온 부족을 거느려 대규모 사냥을 했고, 그 수확물을 산신이나 조상(전 부족)의 신들에게 바쳤으며, 여기에 전 부족적인 제사가 행해졌다. 이때에는 신들을 포함하여 전 부족 사람들, 추장, 민중, 남녀가 모두 모인다. 연회장의 중앙에는 수확물인 동물의 머리 등을 높이 들어 춤과 노래, 음식으로써 신들과 함께 즐기고 또 수확물에 대해 감사하며, 많은 수확물을 얻고 전쟁에서 무사하기를 기원하였다. 악기는 주로 대고大鼓를 사용하였고, 이에 맞춰 모두 함께 춤을 추고 노래를 하였으며, 함께 술을 마시고 함께 동물의 고기를 먹었다. 그때 그들은 또한 수렵을 모방한 연극을 하며 여러 종류의 무술경기도 했다. 이 연회는 며칠에 걸쳐 계속되었다. 이 정기적인 씨족적 대연회 후, 그들은 전쟁으로 떠날 때나 전쟁에서 이겨 돌아올 때도 같은 연회를 열었다.

농업시대가 되면, 이전 시대의 씨족사회는 차츰 무너지고 더욱 큰 부족적 소국가가 건설된다. 그들은 국가적 대집회 때에도 □□도 농업적으로 변화되며, 5월 모내기를 □□했을 때와 10월 수확을 마쳤을 때, 이 두 번의 시기가 회합하는 시기[會期]로 선택되었다. 전자는 풍년을 기원하기 위해서이며, 후자는 수확을 감사하기 위한 의식이다. 이 선택된 날에 그들은 옥구슬로 □□를 장식하였는데, 의식에서는 이것으로 목걸이나 귀걸이 등을 만들었다. 남녀노소를 구분하지 않고 구름처럼 몰려들어, 밤낮을 가리지 않고 대무용회가 계속되었다. 저마다 음식과 술을 가져와 신들과 함께 즐기며, 며칠 동안 기쁨의 장이 되었다. 그들의 춤은 수십 명씩 한 무리[團]가 되어 원을 만들고, 대고·피리[笛]·뿔피리[角]·거문고[瑟] 등의 악기 소리와 군중들이 부르는 노랫소리에 맞춰서 서로 손을 잡거나 손을 풀고 다 함께 몸을 굽혔다 일어나면서 팔이나 다리, 목을 흔들며 노래하는 것이다. 이러다가 지치면 다른 무리가 나와서 이를 대신한다. 또 곡물의 풍양을 뜻하는 신성 연극도 행했다. 이때 어떤 이는 산신으로 분장하고, 어떤 이는 조상신으로 분장하며, 다른 사람들은 노래를 부르고 춤을 추면서 농사짓는 모습을 흉내 내었다. 이런 경우 노래는 산신과 조상신, 기타 신들의 찬미가이고 협력과 용기를 북돋는 노래이며, 삶을 즐기는 연애의 노래였다. 이때 젊은이들은 자신의 남편, 아내가 될 사람을 물색하였다. 전쟁에 나갈 때와 돌아올 때에도 이와 같은 집회를 행했다. 무장한 군집 앞에 그들 조상의 무용담이나 전쟁에서 세운 공로가 노래나 웅변을 빌려 전해졌고, 이로써 국민이 단결하고 전력戰力을 높일 수 있었던 것이다.

이 시대에는 이와 같은 국가적 대집회 이외에 개인 또는 공동체가 영리를 목적으로 하여 자유로이 가극 무용의 모임을 이루는 일은 없었다. 단 가뭄 때의 기우제나 혼례 때, 장례 때에 부족적인 소규모 연회가 열리고, 또 섣달 그믐 때와 역병이 돌 때 악귀를 쫓는 의식 등이 있었을 뿐이다.

이 시대 가무 연극의 특색을 형식상에서 관찰한다면 다음과 같다. ① 노래와 무용과 연극이 함께 쓰여 아직 그것들이 나뉘지 않으며, ② 또 직업화하지도 않았고 ③ 부족적·국가적·국민총체적이며 ④ 그것은 해마다 일정한 날짜에 행하는 연중행사로, 직업적인 그것과 같이 수시로 이를 행할 수 없었다. ⑤ 민중은 모두 출연자이자 관객이었기 때문에, 특정한 사람만이 출연자 또는 관객이 된다는 제한이 없었다. ⑥ 연회비용은 민중 전체가 □□에 따라 내는 것이었다. 또 이를 □정신 면에서 생각한다면 ⑦ 고대로 올라갈수록 이것은 종교적이며, 이는 개개인의 향락을 위해 행하는 것이 아니라 전 부족민 또는 국민 전체가 그들을 수호하는 신들을 즐겁게 하여 위로하고자 신들과 민중이 하나가 되어 기쁨을 함께 하기 위해 행한 것이며, 어디까지나 총체적이다. 거기에는 그들 공통의 조상인 건국 시조가 모셔지고, 그들에게 농작물이나 어렵漁獵의 수확물을 주는 산신, 하해신, 전쟁에서 이기도록 도와주는 전쟁의 신, 세계를 지배하는 하늘신, 광명을 주는 태양신, 그리고 그들의 생활을 항상 지켜주는 조상신 등에게 제사를 지냈던 것이다. ⑧ 그리고 또 그들은 단순히 향락을 위해서가 아니라 내일의 생활, 내일의 용기와 단결, 내일의 승리를 항상 노래에 담아서 연회를 행했기 때문에, 이 때문에 국민의 정신이 타락한다거나 약해지는 일은 결코 없었다.

2. 중세 및 근세의 가무연극

삼국시대, 통일신라시대, 고려시대를 거쳐 조선시대라고 □□에 시대가 내려감에 따라 외국과의 교류와 접촉이 많아졌다. 문화도 차차 발전하여 □□와 계급의 문화작용이 갈수록 커지게 되었다. 이와 함께 종교(불교)의 목적, 영리, 또는 단순한 오락을 위해, 중국·서역·몽고 등에서 여러 종류의 오락이 수입·보급되었다. 그리고 그러한 문화는 차츰 한국화하기도 했고, 그것들이 자극이 되어 한국에서 독창적인 노래나 춤, 연극이 생겨나기도 했다. 이리하여 점점 고급이고 기술적인 것은 모두 영리적이 되어 때와 장소를 가리지 않고 이를 행하게 되었다. 이것은 이전에 있었던 모습이다.

그러나 한편으로 농민적이었던 종래의 것도 계속적으로 행하였다. 그러나 그것은 이제 국가적·부족적인 큰 행사는 아니었고, 부족적인 작은 행사로서 열렸으며, 또 그것에 포함되는 종교적 정신도 점차 약해졌다. 그리하여 오늘날에는 이미 그 행사마저 사라지고 있다. 이것은 세상이 전체적 의식보다도 개인적 의식에 관심을 두었기 때문이다. 처음에는 불교를 선전하기 위한 가면극, 무용가악, 연예, □□ 등이나, 외줄타기, 물구나무서기, 무등타기, 인형극, 영산□와 같은 것들이 있었는데, 이것도 더욱 분화하여 그 대부분은 영리적인 것이 되었고, 또 그동안 형식상·내용상에서도 여러 변화를 일으켰다. 그리고 그와 같은 불교적 가극무용은 사상思想에는 물론, 한국의 민속적 가극무용에도 큰 영향을 끼쳐 □□도 □□가 되어 가극무용 자체의 내용과 형식이 매우 풍부해졌다. 그리고 근세에 들어 중국의 희곡에 자극을 받아 이른바 창극이라는 것이 생겼다.

현재 우리가 가지고 있는 민속예술로서의 가극무용을 살펴보면,

① 춘향전, 심청전과 같은 창극

② 광대나 기생에게 전해지는 가사와 가요

③ 농민과 기타 민중이 부르던 민요와 잡가

④ 경상도 및 황해도, 경기도에서 행하는 가면극

⑤ 무용으로는 황창무, 처용무, 승무, 검무, □무, 백□무, 좌당무, 전□무, 양반무, 노견무, 사자무, 팔목무, 와무, 좌무, 기타 여러 무용

⑥ 농민적인 여러 가지 연중행사

이들 가극무용에 대해서 그 대체적인 특색을 살펴보면 다음과 같다. ① 지금은 거의 종교적·국가적 의식이라는 성격을 잃고 완전히 오락화되고 있다. ② 황해도의 여러 상무적 무용(팔목무, 사자무와 같은) 외에는 모두 평화적·해학적이며 단조롭고 느리다. ③ 그러나 그 속에는 고뇌가 있고 비애가 있다. ④ 그리고 그 때문에 폐퇴적인 면도 있지만 또 견인성과 존대함을 지니고 있으며, 한편 해탈적·체관적인 면도 있다. ⑤ 따라서 단조로움 속에 비상한 복잡함을 담고 있으며, 고요함〔靜〕 안에 움직임〔動〕의 힘을 담고 있다 ⑥ 그러므로 이 예술은 감정만으로는 충분히 이해할 수 없고, 감정과 함께 이성을 움직여야 완전히 이해할 수 있다. 음식에 비유하면 입술에서 바로 목(인후)으로 넘기는 좋은 맛이 아니라 이〔齒〕로 씹고 음미하는 좋은 맛과 같다. 비단의 아름다움이 아닌 목면의 아름다움이요, 딸의 아름다움이 아닌 아내의 아름다움이다. ⑦ 이 예술은 명랑과 쾌활, 유쾌함과 행복감, 만연감이 빠져 있다. □□한 생생한 강함이 빠져 있는 데 대해 견실하고 진지함이 있다. 똑똑하고 민첩하며 순종하는 아름다움이 아니라 눌박訥朴 속에 고집이 센 아름다움이다. 따라서 모방을 배제하고 어디까지나 자존심이 강한 독창성을 숭상하

고 있다.

이상에서 우리는 간단하게나마 한국 민속예술의 발달 과정을 약술하고 나름대로 그 일반적 특색을 소개하였다. 그러나 그것이 오늘날 우리 생활에서 최선이라고는 생각하지 않는다. 우리는 과거를 연구하여 그 가운데 장점을 취하고 현재를 다시 봄으로써 그 단점을 버리고, 그를 통해 국가이상에 합치하는 새로운 가무연극의 창건을 위해 노력해야 할 것이다.

민속 일반

가정 내의 사신

평남 성천지방 일반 가정 내의 사신은 다음과 같다.

1) 조왕竈王

부엌〔竈〕의 신이며 불의 신이 마지막 날 하늘로 올라가 보고하는 신이다. 세간에서는 조왕조모(조왕할머니)라 부르는데, 이 신은 불씨가 꺼지는 것을 가장 싫어하기 때문에 주부는 이를 주의해야 한다 (이것은 성냥이 없던 옛날이야기). 훌륭한 집, 모범적인 집에서는 5대, 7대에 이르기까지 불씨가 꺼지지 않는다. 여자는 부엌에서(즉 이 신 앞에서) 불결한 일이나 버릇없는 행동을 해서는 안 된다.

2) 토공土公

땅의 신으로 지운地運이라고도 하며, 뒤뜰의 기둥 위 같은 곳에 삼베나 흰 종이로 만든 위패를 두어 그를 모신다.

3) 성주성인成主聖人

집의 신이며 삼베 또는 흰 종이로 만든 위패를 마룻대 위에 두어 그를 모신다.

4) 제석신帝釋神

농사의 신이다. 헛간에 삼베 또는 종잇조각에 글을 써서 만든 위패를 두어 햇곡식을 가마니에 넣어 바치고 매년 햇곡식을 바꾸어 넣는다. 이것을 제석표라고 한다.

5) 고신庫神

곡식 창고의 신으로, 창고 안 적당한 곳에 삼베 또는 흰 종이로 만든 위패를 붙여 그를 섬긴다.

6) 우물신[井神]

식수의 신인데 우물에는 붙일 곳이 없으므로 위패는 만들지 않는다. 지붕이 있는 우물에는 붙일 수 있다.

7) 대감大監

재물과 장사의 신이므로 상인은 특히 이를 중히 여긴다. 술집에는 '주대감'이 있고 □옥에는 □대감이 있는 등 기생집, 콩나물집, 포목상, 대장간, 소와 말을 파는 곳 등 저마다 독자적인 대감신을 모신다. 이 신은 때에 맞추어 제사를 올려야 하는 탓에 미리 무제巫祭를 할 때 사용하는 의복과 관물 등을 준비하여 고리 안에 넣은 뒤 정해진 곳에 봉해 둔다. 이것을 신광神筐 또는 대감광이라고 한다. 위패도 설치한다.

8) 만신萬神

이것은 잡귀잡신(허튼귀신)이며 사람으로 치면 거지 같은 것이다. 무제巫祭를 행할 때는 마지막에 이 만신제를 하지만 가정에서도 부엌 뒷벽 등에 종이인형 같은 것을 붙여 놓고 집 안에서 제사를 지낼 때에는 앞서 말한 여러 신들에게 제사를 지내고 마지막에 만신도 먹이게 되어 있다. 앞서 말한 여러 신들 말고도 집에 따라서는 특수한 신에게 제사를 지내기도 한다.

(1) 세턴마누래

이것은 죽은 무당의 영이며, 조상에게서 전해 내려온 신이다. 즉 조상 가운데 무당이 있었거나 또는 조상의 전래신이다. 이러한 집을 발견하면 여인들은 다음과 같은 말을 한다.

"에구 저 집에서는 세턴마누래 사굇군 춤추어야 되겠군, 안 추곤 못 견딘다. 맏며느리라도 추어야 된다."

집의 크고 작은 신사神事 때에는 반드시 이 신을 위안해야 한다. 그는 무령이기 때문에 특히 춤을 추고 노래를 부르며 노는 것을 좋아한다. 무제를 할 때에는 무巫와 함께 며느리들이 춤을 추어야 하고, 만약 무를 부르지 않고 가족끼리만 치르는 작은 규모의 신사에서도 그를 위안해주지 않으면 노하는 것이다.

(2) 왕신王神

왕신대감이라고도 한다. 나무를 조각하여 여자인형을 만들고, 거기에 화려한 색의 옷을 입힌 뒤 고리 안에 넣어 일정한 곳에 봉해 둔다. 이 신은 나무 조각이기 때문에 스스로 오뚝 서기도 하고 넘어지기도 하여 마치 살아 있는 것 같아 매우 무섭다. 또 화를 잘 낸다. 조금이라도 제사를 게을리 하거나 기분을 상하게 하면 바로 화를 내 액厄을 닥치게 한다. 그렇기 때문에 주부는 그 고리(당지개미)를 닦으면서 음식을 바치거나 빌기도 하고, 무巫를 불러 제사를 지내게 하기도 했다. 제사를 지내는 것을 '노닌다'고 한다. 이 신은 재화는 있어도 이익은 없는 귀신이지만 어디에서든지 붙어서 들어오면 반드시 제사를 지내야 한다. 이 귀신은 하루 만에 삼형제를 낳고 "너는 사돈집에 가라"고 분가를 명령할 정도로 그 전파력이 무섭다고 한다. 이렇게 친척집에 전파하기 때문에 왕신에게 제사를 지내는 집과는 아무도 결혼을 하려 하지 않는다. 그러므로 이러한 집에서는 이를 비밀에 부치고 속여서 결혼을 하거나, 땅을 딸에게 준 뒤 출가를 시키기도 한다. 그러면 곧 왕신이 옮겨 간다.

1931년 8월 평남 성천군 아파리Y波里 석관칠 노인 이야기

가족무巫

　감기·설사·두통 같은 작은 병에 걸렸을 때나 중병이라도 무巫를 부를 능력이 되지 않을 때, 집안에 크지 않은 재앙이 닥쳤을 때, 그리고 그 밖에 사소한 기도를 할 때에는 무녀를 부르지 않고 가족 안에서 조모 또는 주부 등이 제사를 지낸다. 적은 음식을 올리고 손을 빌면서 소원을 말하고 절을 할 뿐이며, 대부분의 여자는 자기가 한다. 그렇지만 될 수 있는 대로 축사를 잘하는 것이 효과가 있다고 생각되는 것이 인정이므로, 말을 잘하는 자가 주가 되어 말하고 그 여자와 함께 다른 여인들도 절한다. 남자라고 기도를 할 수 없다는 것은 아니지만 이러한 도사는 여자가 하는 것이 관습이며, 또 여자가 해야 신이 더 좋아한다는 것은 인간계에서 널리 알려진 사실이다. 또 산후 3·7일에서 20일 동안에는 집에 무巫를 두지 않으므로(불정한 자라 하여) 산모·아이가 병에 걸려도 가족이 산신(세존님)에 이를 기원하기로 되어 있다.

1931년 8월 평남 성천군 아파리 석관칠 노인 이야기

강신봉降神棒

죽은 자의 영혼을 불러와야 할 때 강신봉을 쓴다. 이것은 신죽神竹 또는 신대라 하고 그 길이가 2척에서 1척 5촌가량 되는 가는 막대기다. 사발에 흰쌀과 동전(병자의 나이에 따라, 예를 들어 40세이면 40전을 넣는다), 명포(목면 3척 3촌) 등을 넣고 그 위에 신죽을 세운다. 아무나 이것을 잡고 있을 수 있으나 과부가 잡는 것이 가장 좋다고 한다. 무巫가 악기를 치면서 강신사를 읊으면 잡고 있는 신죽이 동요한다. 신이 내렸다[降神]는 증거이다. 액운을 가진 사령이 가족이면(이것은 무巫가 점을 쳐서 미리 알 수 있다) "너해 차저 나니거라"고 가족이 말하면 신죽은 뒤주를 치고 그 뒤주를 열어주면 원하는 옷을 친다. 그러하면 그 옷을 주는 방식으로 한다. 그리고 그 옷은 태워 버리든가 또는 무巫에게 주고, 사발 안에 있던 쌀과 돈, 옥면도 무巫에게 준다.

1931년 8월 평남 성천군 아파리 석관칠 노인 이야기

태자·공주(1)

여자 판수, 즉 점치는 일을 업으로 삼는 소경 가운데는 속히 '명도明道'라는 것이 있다. 명도란 그들의 신인 죽은 아이의 혼을 말한다. 그렇지만 점을 치는 여인 자체를 명도라고 할 때도 있다. 엄격하게 따지면 신은 '명도', 그들은 '명도네'(네는 약간 존경의 뜻을 가지는

인칭접미어)로 구별한다. 그들 중에는 간혹 남자도 있지만 대부분은 여자이며 특히 젊은 여자가 가장 많다. 그들의 신인 명도는 새소리와 같은 언어로 신수점·묘점 등을 본다. 이렇게 이상한 소리를 내는 것이 명도의 특징이다. 명도에는 남자아이의 영혼과 여자아이의 영혼이 있으며, 전자는 대주(태자太子의 잘못된 발음일 것이다)라 하며 후자는 공주라고 부른다. 그러므로 명도네들은 그들의 신의 성별에 따라 대주네 또는 공주네로 구별된다. 그리고 대주의 소리는 점을 치는 여인의 콧구멍 또는 이 사이 등에서 나오는 것인데 공주의 소리는 실제로 공간에서 나오는 것이라고 한다. 또 가짜 명도도 있는데, 이것은 신이 소리를 내는 것이 아니라 점을 치는 사람 자신이 내는 소리라고 한다.

명도는 태자·공주를 가리지 않고 모두 역병 또는 다른 여러 병으로 죽은 아이의 혼이지만 열 살 이전에 죽은 아이는 죽어도 혼이 없으므로 명도가 되는 일은 없고, 열두세 살쯤 되는 것을 가장 영하다고 한다. 아이가 가장 영리해지는 것은 바로 그 나이 때쯤이기 때문이다. 어려서 죽은 아이들은 그들의 제자가 될 인물을 찾아다니다가 적당한 사람을 찾으면 그 사람의 몸에 들어간다. 친척이나 남에게 이렇게 들어가면 그 사람은 몇 달이고 병을 앓는다. 이 병은 몸의 어디가 아프거나 하는 것이 아니라, 그저 신경이 예민해지고 식욕이 사라져 몸이 파래지며 명도가 시키는 대로 목적 없이 돌아다닌다. 어느 때에는 여러 귀신들 또는 불교의 신들과 접촉하기도 하고 어느 때에는 밀통과 같은 다른 사람의 비밀스런 일을 맞추기도 하며, 또는 '며칠에는 이 마을에 화재가 있을 것이다'와 같은 예언을 하기도 한다. 이러한 상태는 명도뿐만 아니라 보통 여자 점쟁이의 초기에도 있는 것이며 이러한 병자가 있는 집은 곧 이것을 무녀(무당 또는 당골)에게 의뢰한다. 그러면 무녀는 빙의된 귀신의 종류에 따라 굿을 한다. 접신이 명도일 때에는 명도굿을 하고 그렇지 않을 때에는 허신을 몰아내는 제(허신풀이)를 한다. 명도제가 태자제와 공주제로 구별되는 것은 말할 것도 없다. 이러한 제를 올리면 병이 낫고 그때부터 그는 점쟁이가 되어 돌아다니게 된다. 돈을 받고 점을 쳐주는 매복賣卜에 나가지 않으면 그는 다시 병을 앓게 된다. 이와 같은 제는 한 번이고, 만약 효과가 없으면 여러 번 한다. 명도에 빙의된 여자는 그의 신인 명도를 위해 귤색(송화색) 수건(길이 3척)을 만드는데 집에 있을 때는 자기 방의 옷장 위에, 매복을 위해 떠나다닐 때에는 점을 보는 방 안의 옷장 위에 수건을 걸고 이것을 명도의 휴식소로 삼는다. 태자(또는 공주)는 그 수건 위에 앉아 점을 보려고 찾아온 부녀자들을 대한다. 그 말은 보통 사람의 귀에는 새소리로밖에 안 들리지만 점쟁이의 귀에는 사람의 말과 같이 들린다. 그렇기 때문에 그는 부녀자들에게 명도의 말을 통역하여 전한다. 공주는 그 방 안에 아이 이외의 남자가 들어오는 것을 싫어한다. 여자라 부끄럽다고 한다. 태자도 남자가 들어오는 것을 좋아하지 않는다. 이것도 아이이기 때문에 어른 앞에서는 부끄럽다는 이유에서이다. 그래서 어른이 들어가면 명도는 밖으로 나가 버린다.

명도는 수백 수천 리 떨어진 곳이라도 가서 그곳의 상황을 조사하고 오며, 과거와 현재, 미래의 일 무엇이든지 물음에 따라 대답한다. 어느 때에는 죽은 이의 목소리를 흉내 내어(즉 그 사람이 되어서) 여러 가지 현재의 상황이나 소망 등을 말할 때도 있다.

무당 중에는 명도는 없다. 따라서 명도로서 무당이 되는 자도 없다. 명도는 매복을 하며 돌아다니므로 무녀와 같은 행동을 할 적도 없다. 또 무당은 모두 무술巫術의 공부를 통해 되는 것이고 명도, 여자 점쟁이처럼 이 병을 거치는 일도 없다.

1931년 9월 전남 여수군읍 김응수 노인 이야기

태자·공주(2)

어린아이의 영혼이 여인에게 붙어서 공중에서 휘파람 소리를 내면서 점을 본다. 이 어린아이의 영을 '공징이'(공주의 잘못된 발음인 듯) 또는 '명도'라고도 하며, 보통 그 여인을 공징이라고 부른다. 천연두로 죽은 네 살 또는 대여섯 살의 아이가 원혼이 되어 구천을 떠돈다. 때때로 나무 위 등에서 휘파람 소리를 내며 휘휘 하는 것을 무녀 또는 신이 붙은 여인이 "명도야 내캉살자"(나와 같이 살자)고 하며 나무 아래에서 부르면 그는 내려와 그 여자에게 붙는다. 그러면 그 여자는 길흉을 점복하며 돌아다닐 수 있다. 그리고 사람이 만약 명도를 향해 "너는 어느 집 아이였었니?"라고 물으면 명도는 "누구누구 집에 우연히 탁생하였을 뿐, 진실로 그 집 아이가 아니였었다"고 대답한다. 이러한 사람은 보통 점을 보는 여인이지만 무녀이면서 명도인 자도 있다.

1930년 7월 대구 김이욱(69세) 노인 이야기

무첩신과 관련한 이야기 두 편

무녀 가운데는 아름답고 노래를 잘하는 자가 많으므로 특이한 것을 좋아하는 이가 무녀를 첩으로 삼는 경우가 있다. 그런데 이 무첩巫妾의 사혼死魂이라는 것은 대단히 성가신 것으로 그가 죽은 뒤 영혼을 제사지내지 않으면 가족에게 해를 끼치며 여러 가지 재화를 가져오므로, 이러한 집에서는 뒤뜰 모퉁이에 신막神幕을 쳐서 이를 제사하고 집안의 대소사를 빠뜨리지 않고 보고해야 한다. 또한 매달 음력 초하루와 보름에는 음식을 놓고 제사를 지내는 것이 풍습이며,

가족은 그의 기분을 상하지 않게 하려고 전전긍긍한다. 이러한 무첩의 혼을 '검신' 또는 '검신귀신'이라고 하며 그 신막을 '검신막'이라 부른다. 검신은 일단 가까이 하면 절대로 떨어지지 않으므로 속어에 다음과 같은 이야기가 전한다.

옛날 밀양에 손병사의 어머니가 처음으로 그의 종의 집에 간 다음 날의 일인데 계집종들이 처음 온 그를 조상의 사당(가묘)에 안내한 뒤, 뒤뜰의 한 신막을 가리키면서 거기에 절을 하라고 하였다. 그가 그것이 무엇인지 묻자 '이것은 4대조의 첩이었던 무녀의 신막이며 대대로 이것을 챙겨왔는데 여기에 절을 하지 않으면 반드시 재액이 있다'고 말하였다. 손병사의 어머니는 유명한 여장부였으므로 이를 단호히 거절하고 집안에 재앙을 단절시키겠다고 계집종에게 엄명하여 이것을 태워 버렸다. 그러자 무언가가 신막에서 나와 남쪽으로 날아가면서 "네 이년, 너는 자식 낳는 대로 다 잡아 갈 것이다"라고 부르짖었다.

마침 첫 아이가 죽고 둘째 아이가 또 병이 들었다. 그러자 손병사의 어머니는 크게 화를 내며 '이것이 참말로 내 자식이라면 저러한 사귀에게 붙들려 갈 이유가 없다'고 하며 병든 아이를 끌고 나와 신막이 있던 자리의 돌 위에 던져 죽여 버렸다. 이때 홀연히 공중에서 말이 있기를 "야, 참 무서운 여자다. 이 다음에는 훌륭한 아이를 낳을 것이다" 하고 사라졌다. 그리고 마침내 손병사를 낳았다.

또 경북 칠곡군의 어느 마을에서도 이러한 말이 전한다. 한 여인이 자기 집의 검신막을 태워버렸더니 갑자기 한 무녀가 미친 사람같이 뛰어 들어오며 "왜 내 집을 태우는가. 너의 시어머니는 좋은 사람이었는데 너는 어찌 그러한 악인인가. 너는 자식과 복 없이 살 것이다"라고 부르짖으며 기왓장을 던지기에 몽둥이로 때렸더니 무녀가 "이것은 내가 하는 것이 아니다. 당신 집 앞으로 지나니 갑자기

새파란 얼굴을 한 귀신이 나와 나에게 붙어서 이렇게 말하게 한다"
라고 하였다. 그래도 그가 무녀를 욕하며 쫓아냈더니 그 뒤로 무첩
혼은 다른 집으로 옮겨가 다시 오지 않게 되었다. 이렇게 검신이 다
른 집으로 옮겨가면 그 집에서도 반드시 이를 제사지내야 한다. 그
렇지 않으면 재화를 일으키기 때문이다.

1930년 7월 대구 김이욱 노인 이야기

살殺·상배운喪配運

여자에게는 '상배수喪配數'라는 것이 있다. 배우자를 잃어버릴 운
이라는 것이다. 이것을 '상배쌀'이라고도 한다. '쌀'이라는 것은 악기
惡氣이며, 예를 들어 귀신이 붙은 땅은 "여기에는 쌀이 있다"고 한다.
사람 얼굴에 살인상이 나타나면 "저 사람의 얼굴에는 살인의 쌀이
있다"고 한다. 상배쌀이라는 것도 그러한 의미이다. 보통 이 쌀에
'살殺' 자를 붙인다. 또 귀신이 붙지 않은 땅에 닭이나 돼지 등을 기
르는데, 그 가축이 죽거나 병을 앓으면 그 장소에 쌀이 있어서 안
자란다 하며 땅을 바꾼다. 사람에게 쌀이 있으면 그 사람은 비명횡
사하거나 역경에 빠진다. 여자면 과부가 되거나 이혼을 한다.

그런데 옛날 경성의 재상가 또는 세가 등에서는 만약 그들의 딸
에게 이 쌀이 있으면 그들 늦은 밤에 종들을 몰래 거리에 내보내 멍
하니 배회하는 시골사람을 보면 누구든 관계없이 자루를 씌워서 데
려온다. 그리고 딸과 하룻밤 관계를 하게 한 뒤에는 죽어버린다. 만
약 딸에게 두 번 상배의 쌀이 있으면 두 명을 그렇게 한다. 이것을
'푸대쌈'이라 하는데 그렇게 하면 상배운에서 벗어나게 된다고 한다.
옛날에는 개가를 금하였으므로 그러한 악풍이 있었던 것이다. 그래

서 시골뜨기는 무턱대고 경성에 올라올 수 없었다고 한다.

1931년 9월 15일 전남 여수읍 김응수 노인 이야기

반수·이장

평남 각지에는 각 동리에 '반수·이수' 또는 '이헌·이장'이라 부르는 자가 있었다. 보통 '동네어른'이라 한다. 마을에 따라 명칭은 각각 달랐지만 그 직책은 같았다. 다른 성姓을 가진 사람들이 사는 부락에서 이렇게 불렀고, 동성同姓 부락에서는 '문장門長'이라고 한다. 이 반수 자리에는 부락에서 나이가 많고 덕이 있는 사람이 뽑히는 것이 보통이다. 때로는 돈과 권세로 될 때도 있다. 그러나 모두 세습은 아니고 또 임기가 정해진 것도 아니며, 노쇠·병과 같은 여러 사정으로 사임하면 다른 이를 선택하기로 되어 있다. 그리고 이 반수 선거는 대단히 신중히 거행되며 마을 사람 가운데 한 명이라도 반대하면 그만둔다. 동리의 크고 작은 일은 모두 반수가 결정하며, 중대사는 부하인 풍헌風憲·약정約正·관농觀農 등과 상담하여 결정한다. 그는 마을 사람들의 관혼상제에 대해서도 상담을 해줄 때도 있고 마을 사람들로부터 대단히 존경을 받으며, 그의 생일에는 마을 사람들이 함께 잔칫상을 차리고 축하하기도 한다. 어떤 곳에서는 반수될 사람을 미리 결정했다가 그의 생일에 반수로 추대할 때도 있다. 또 반수는 개인의 유산분배 등을 처결할 수도 있고, 동리는 반수가 다스리기 때문에 군수·관찰사 등은 크게 관계가 없고, 이에 간섭하려 하지도 않는다. 반수에게는 누구나 직접 소訴할 수 있으며 마을을 지나는 이라도 불평이 있으면 소송할 수 있다. "이 마을에도 반수가 있겠지. 그 집이 어디냐?"고 묻고 불평한다. 보통 남의 말을 듣지 않고 제

마음대로 하는 아이에게 "반수노릇 하려느냐"고 욕한다.

1931년 8월 성천 아파리 석관칠 노인(74세) 이야기

동갑장同甲醬·방문주方門酒

황해도 해주海州에서는 딸이 태어나면 장醬을 담갔다가 시집갈 때에 이것을 가지고 가게 한다. 이것을 '동갑장'이라 하는데, 이는 딸과 같은 나이라는 의미다.

황해도 약주藥酒 가운데는 박문주朴門酒(혹은 방문주)라는 것이 있는데, 대단히 맛이 좋다. 박씨문중에서 만들기 시작하여 이 이름이 생겨났다 한다.

혼가상투婚家相鬪·문주門呪

해주에서는 신혼 때 신랑 쪽 친척 가운데 청년들이 신랑을 둘러싸고 신랑집에 가면 신부집에서도 친척 청년들이 나와 서로 들어간다 못 들어간다 싸움이 시작된다. 신부 쪽이 지거나 화해를 한 뒤에야 비로소 집에 들어가 식을 올리는 풍습이 있다.

또 해주에서는 5월 단오 때 창포과 애초艾草를 새끼로 번갈아 짠 뒤 이것을 문짝 위에 가로 걸어 잡귀를 막는 습속이 있다(개성에도 같은 풍속이 있다). 다음 해 단오 때에 새것과 바꾼다. 또는 긴 발을 걸어서 벽사辟邪로 삼을 때도 있다.

이상 해주 송남섭 씨 이야기

나는 평남 성천군 아파Y波에서 홍역과 천연두가 유행했을 때 집집마다 문짝 위에 표瓢를 걸어 놓은 것을 보고, 또 함경남도 홍원과 서호진에서는 항상 문짝 위에 표를 걸어둔 것을 보았다.

1930년 7월 보고 들음

혼 속

평안도의 빈민 사이에는 바르지 못한 혼인풍속이 여러 가지 있는데, 매매혼·데릴사위[率婿]·민며느리[預婦]·과부도적 등이 그것이다. 먼저 매매혼부터 말하자면 열일곱에서 스무 살쯤 되는 딸의 값이 제일 높고 그 인물에 따라 2~3백 원에서 5~6백 원 가량이며, 열둘에서 열여섯 살 가량의 딸은 백 원에서 2~3백 원 가량이다. 이러한 것은 말할 것 없이 매우 가난한 이들의 이야기로, 체면도 예의도 차리지 않는 계급 사이에 있는 습속이다. 딸이 크면 당연히 밥줄로 생각하고 양가 간 말이 오고간 뒤에 금액이 결정되면 혼인이 이루어진다. (다만 이것은 요즘의 작부 등을 파는 것과는 다르다. 매매라고는 하지만 누구라도 좋으니 돈만 많으면 그에게 준다는 것은 아니고, 신랑 될 사람의 인품도 생각하여 금액이 다소 적어도 사람이 좋은 자에게 주는 정도이다.) 이렇게 하여 성립된 혼인이라도 양가 가족 간의 인척관계·애정관계 등은 다른 이들과 조금도 다름이 없다. 그저 여자 쪽에서 이혼을 제의할 때에는 처음에 받은 금액을 반환해야 한다.

가난한 사람은 신부를 얻기 위해 어느 정도의 돈을 저축해야 하기 때문에 대단히 힘들다. 저축이 전혀 없는 자는 이른바 데릴사위로 남의 집에 들어가 용남傭男(방언으로 절게=머슴)이 되어야 한다. 데릴사위는 2~3년 내지 5~6년으로 기간을 약속하고 그 기간 동안 여자의 집에서 농사 및 기타 노동에 종사하며 기한이 만료되면 약속했던 딸을 아내로 얻는다. 여자의 집에서는 딸이 열두세 살쯤 될 때 스무 살 이상의(노동력이 왕성한) 남자를 데릴사위로 맞으니, 남자가 서른 살, 여자가 18~19세쯤 되었을 때 결혼한다. 항상 남자가 연상이며 이것은 조혼을 자랑으로 여기는 상류가정과는 반대다. 상류가정에서는 도시나 시골과 관계없이 신부가 적게는 두세 살에서 많게는 네다섯 살 연상인 것이 보통이다. 그리고 데릴사위혼을 할 때 결혼비용은 모두 여자 집 쪽의 부담이고 분수에 맞게 집, 전지田地, 가구 등을 나누어 주기도 한다. 그런데 만약 여자 쪽에서 파혼을 제의한다면 상당한 보수를 데릴사위에게 지불해야 한다. 이때 당사자 간에 애정이 생겼거나 여자가 윤리관념이 강해 비록 구두의 약속일지라도 두 남편을 섬기지 못하겠다고 둘이서 도망가는 비극 등이 일어나기도 했다. 그러나 옛날에는 이러한 일은 별로 없었고 오히려 데릴사위가 자기의 생가에는 돌아가지 않고 일생을 처가에서 살며, 거기서 아이를 낳고 손자까지도 보는 일이 적지 않았다.

가난한 집안의 데릴사위는 이러하지만 여자의 집이 부유하고 그 집에 남자아이가 없을 때에는 양자를 얻지 않고 데릴사위를 맞아서 같이 살기도 했다. 이것도 이름은 데릴사위라 한다. 이때 가정 안에서는 항상 아내가 우세하며 사위는 머리도 들지 못할 정도였으므로, 속담에도 "넘어다보는 단디(목이 짧은 항아리-엮은이)에 보리석때만 있으면 처가살이 하지 말아"라고 하고 있다.

다음으로는 민며느리가 있는데 이것도 매매혼·데릴사위혼과 같이 가난한 사람들 사이에 널리 있는 보통의 결혼법으로, 남자 쪽에서 일곱에서 열두 살 가량 되는 딸을 싼 값에 사든가 또는 양가의 상의 후에 얻어온다. 돈을 받고 딸을 파는 것은 가장 불명예스러운 일이기는 하지만 너무나 가난하여 딸을 기를 수 없는 집에서는 자기

보다 다소 생활력이 있는 집에 이렇게 하여 딸을 맡긴다. 물론 장래에는 누구 아들의 처로 한다는 약속을 하고 맡기는 것이며 이것은 데릴사위와 동일하다. 17~18세나 된 성년의 처를 사려면 수백 원이나 되는 돈이 필요하기 때문에 이 민며느리혼이 행하여진다. 그리고 이 민며느리가 16~17세가 되면 식을 올려 정식 며느리로 하고 비용 일체는 남자 쪽의 부담이다. 민며느리는 그의 남편보다 연상이기도 하고 연하이기도 하지만, 중농가정에서는 이른바 육례를 갖추고 정식 결혼을 할 때에도 신부가 2~3년 또는 4~5년 연상일 경우가 많다. 그것은 농가에는 노동력이 필요하기 때문에 14~15세가 되는 남자아이가 있으면 18~19세의 한창인 며느리를 맞아서 가사를 돕기 위함이다.

마지막으로 과부도적(과부 매간다)은 가난한 하층민 또는 노총각 등이 하는 것인데 어떤 마을의 어떤 집에 과부가 있다고 알면 그의 동무들에게 술과 밥을 사고 공모하여 밤중에 과부를 훔쳐온다. 그들은 동아줄을 준비하고 몰래 여자 방에 침입하여 그의 입을 막고 동아줄로 묶어 몸을 움직이지 못하게 하고 여자의 등을 마주대어 지고 도망간다. 제대로 업으면 여자가 물어뜯기도 하고 잡아 뜯기도 하기 때문이다. 이때 여자의 시아버지나 다른 사람들이 반항하면 쌍방 싸움이 되거나 죽이기도 하므로, 부잣집에서는 항상 하인들에게 엄중히 지키게 해 이러한 무리의 침입을 애초에 방지한다. 이렇게 훔쳐온 여자는 준비해 놓은 방에 넣어 강제로 부부가 된다. 일단 이렇게 되면 제3자는 절대로 여기에 대해 상관하지 않고 관의 송소를 받지 않으며, 세간에서는 '과부 매어다 살아야 홀애비가 살지'라고 당연히 생각한다. 그러나 수절하는 열녀를 상대로는 이러한 일을 하지 않고 만약 이렇게 하여 여자가 죽었을 때는 살인죄로 취급한다.

1931년 8월 평남 성천군 아파리 석관칠 노인 이야기

산모단山母壇

마을 밖이나 산록 또는 고개 등 길가에 작은 돌을 마구 쌓아놓은 소석단小石壇이 있다. 그리고 그 석단의 중앙 또는 그 옆에는 작은 나무가 서 있다. 이것을 여수군麗水郡에서는 '할미당(노파당 혹은 조모당이라는 뜻)'이라 하고, 그 옆을 지나는 사람들은 반드시 길가의 돌을 주워서 여기로 던져야 한다. 그리하면 노독路毒(=족통足痛, 곧 먼 길에 지쳐 생기는 피로나 병)이 생기지 않는다고 한다. 돌을 던질 때 여기에 기원을 하는 사람도 있다. 또 여기를 향해 아이의 병이 낫기를 비는 어머니도 있고 아이를 낳지 못하는 여인이 아이를 기원하기도 한다. 그때에는 단목가지에 오색의 비단[錦絹] 조각을 걸고 음식을 놓는다.

1930년 10월 전남 여수군읍 김동건 씨 이야기

나는 12~13세 무렵에 막내삼촌(당시 20세 정도로, 지금은 돌아가심)을 따라 경남 동래군 사하면 하단리에서 같은 군 구포면 구포리에 가는 도중에 하단리에서 반 리里가량 떨어진 곳에서 위의 것과 같은 난석단亂石壇(어지럽게 쌓아올린 석단─엮은이)을 만났다. 그것은 낙동강 입구에서 이어지는 산기슭 길가에 있으며, 보통 보는 산모당보다는 좀 컸는데 하단리와 엄궁리의 경계가 되고 있다는 것이 숙부의 말이었다. 숙부는 길가에 있던 돌을 주워 그 위에 던져 올린 뒤 나에게도 그렇게 하라고 말하였다. 나는 좀 큰 돌을 주워서 거기에 던졌지만 돌은 단까지 닿지 못하였다. 그러자 숙부는 그 돌을 다시 주워서 단 위에 올리라고 하였다. 그리고 "이것은 옛사람의 돌무덤(돌깨장葬)이다. 그러니 해골이 밖으로 나오지 않게 여기를 지나는 사람들이 모두 돌을 던져 봉분을 높게 하는 것이다. 만약 그렇게 하지 않으면 망령에게 벌을 받게 된다. 돌이 봉분 밖으로 떨어지면 아무런 효과도 없다"고 가르쳐 주었다. 난석단은 무덤 가운데서도 특이한 모양이며, 봉분형에 약간 높은 것이었다. 그렇지만 거기에는 이른바 단목壇木도 있고 또 그 나무에는 신께 제사를 드린 흔적인 오색의 비단조각[絹片] 등이 걸려 있었다. 그러고 보니 숙부의 말과 같이 촌민 가운데는 이것을 옛날의 돌무덤이라고 믿는 사람이 있을지도 모르나, 그것은 아마도 석단이 좀 커서 그 모양이 무덤과 비슷한 데서 나온 상상에 지나지 않고, 이것은 역시 여수에 있는 할미당 같은 것으로 생각된다. 청나라 말기의 것으로, 지은이를 알 수 없는 〈고려풍속기高麗風俗記〉《소방호재여지총초小方壺齋輿地叢鈔》 제10질에는 "村邊巷口每見小樹枝上挂五色布下以碎石堆積如壇式者遠視之 因風飄曳 宛如護花旛 問之土人 謂係病愈還願云"이라고 하였다.

함흥국사당기문咸興國師堂記文

함흥 만세교의 오른쪽 성천강에 닿아 있는 산록에는 세간에서 전하는 국사당國師堂이 있다. 작은 신사이며 그 안의 현판에 '석단사중건기石壇祠重建記'라는 제목의 다음과 같은 기록이 있었다.

盖以山川分形以來山有靈水有神皆爲人物之成就而濟世報應之道可行矣 壇在城西層岩叢樹之間受盤龍淸秀之氣抱城川靈淑之精壇之神亦靈而有禱輒應其果驗矣故一州之人輻湊之朝朝暮暮香煙不斷然而有壇無祠是爲祈者之慨嘆久矣奧在壬辰秋故啓功郎崔公齊岳惜之因壇建祠禱以嗣孫其再明年 甲午四月十八日生一男孫衆異之曰借其靈而降也嗚呼居請易得崔公已逝風磨雨滲祠亦隨傾辛亥之夏爲霖所損而存者山高水淸而己後十

二年壬戌秋其孫甲午生瑢郁克肖其德追惟往事乃營重建不一望而工告訖
其容制度一狀前日之輪焉此豈非激勸後人有不忘之誠乎偉哉崔門之有是
祖是孫其將蒙㦬襈而延世而世世享德傳之無窮非但是祠之幸抑亦崔門之
幸也歟

同治元年 七月　日　雞林　金載河 謹記

金載滉 奉書

木手 前千摠 金喆福

盖瓦 前千摠 弼永宅

당산堂山

여수군에서는 당산을 '사장射場'이라고도 하는데, 이것은 산을 뜻
하는 것이 아니다. 당산은 농부들이 쉬는 곳이기도 하고 때로는 무
인武人들의 궁사장弓射場으로도 사용되며, 거기에는 반드시 큰 나무가
그늘을 만들며 서 있고 동리 밖에 있다. 그렇지만 이름은 당산이라
한다. 그리고 정월 15일과 8월 백중날에는 마을 사람들이 이곳에서
제사를 지내는데, 이때 무巫는 부르지 않는다. 당산의 큰 나무는 '사
장나무[射場樹]'라 하지만 '당산나무[堂山樹]'라고 하는 것은 들어본 적
이 없다.

1930년 9월 전남 여수군읍 전동건 씨 이야기

성황당(경성)

경성京城 동소문東小門 밖 산기슭에 벽돌이엉을 한 작은 성황당이

다. 지나가던 사람에게 물으니 이를 '선왕당先王堂'이라고 한다. 마루
는 널빤지로 되어 있고 앞쪽 벽 위에는 종잇조각에 '남무성황대신지
위南無城隍大神之位'라고 쓴 위패와 '남위후南位后에 아씨신지위阿氏神之
位'라고 쓴 위패가 있으며, 그 아래에는 나무로 만든 촛대와 도자기
로 된 향로가 각각 하나씩 제사상 위에 구비되어 있다. 오른쪽 벽에
는 '남무삼신지위南無三神之位'라고 쓴 종이로 된 위패가 있고 신위와
제사상 사이에 벽으로 붙인 선반 위에는 기도자가 놓은 명태의 머
리, 베와 비단[布帛], 배[梨] 등이 산재하여 있는데, 배 위에는 서툰
솜씨로 여인의 상이 그려져 있다.

경성 동대문 밖에 있는 개운사開運寺는 보통 영도사永導寺라고 부
른다. 이 절 입구에는 붉은 칠을 한 네 개의 장주長柱가 있으며 길의
좌우에 늘어서 있다. 스님에게 물으니 이를 장군이라 하는데, 잡귀
를 막고 사찰을 지켜준다고 한다. 어떤 것에는 '상원주장군上元周將軍'
이라고 몸통에 새겨져 있고 어떤 것에는 '하원당장군下元唐將軍'이라
고 새겨져 있다. 그 머리 쪽은 음경陰莖과 매우 비슷하다. 장주에서 2
간間쯤 떨어진 곳에 짚[藁]으로 만든 원추 모양의 '기주基主(터주까
리)'라는 것이 있고, 스님의 말에 따르면 촌에는 집집마다 이것이 있
으며 이를 '직김'이라 부른다고 한다. 이 안에는 옹기가 있고 그 안
에는 곡식이 들어 있는데, 매년 햇곡식과 바꾸어 넣고 짚도 표면만
은 새로 간다. 부인들은 자유롭게 수시로 여기에 음식을 놓고 기도
를 한다. 기주 옆에는 누석단이 있고 단 뒤에는 관목이 있으며, 그
가지에는 베와 비단조각이 걸려 있다. 그리고 단 옆에는 기와로 지
붕을 이은 작은 신당이 있다. 이 둘은 모두 성황당이며 당 안에는
성황신 부부의 화상과 용녀신의 화상이 모셔져 있고 산신상은 없다.
산신은 절 뒤의 산신각에 모셔져 있다. 이러한 기주가리·성황당은
절에서 만든 것이지만 스님이 여기에서 예배·기도 등을 한 적은 없

고, 민부民婦들이 자유롭게 와서 치성을 드리거나 무녀를 데리고 와서 사사祀事를 할 때도 있다.

이 영도사의 본당 뒤에는 다른 사찰에서 볼 수 있는 것과 같이 산신각과 칠성각이 있고, 또 경내 구석에는 시식석施食石(시식돌)이라는 것이 있다. 단가檀家(절에 시주하는 사람의 집-엮은이)의 의뢰가 있으면 불사佛事(사자死者?도의식度儀式과 같은 것)를 마친 뒤에 이 돌을 단으로 삼고, 그 주변에 병풍을 친다. 그리고 돌 위에 음식을 놓고 귀신의 이름을 적어놓은 종이를 두셋 또는 다수를 걸어놓은 뒤, 잡귀에게 시식을 하게 하면서 지금부터는 사람에게 액을 주지 말라고 독경?도를 하기도 한다.

1930년 5월 경성에서 보고 들음

아파리Y波里 성황신城隍神

평남 성천군 아파리의 강변 동네 어귀에 큰 버드나무가 있다. 동네 사람들은 이 나무를 '당수堂樹(당텃남)'라 하고 나무 주위를 '성황제기(선왕재터)'라 하며, 거기에 이 마을의 성황신이 있다고 생각해 왔다. 성황은 촌리를 수호하는 신이다. 그러므로 민가에서는 무제巫祭를 할 때에도 성황신에 알리지 않고 할 수는 없다 하여 먼저 버드나무 아래, 즉 성황제기에서 선왕맞이의 제식을 하고, 집에 온 뒤 굿을 마저 하는 법이며, 동제(부락공동제=모음제사)는 반드시 여기서만 하는 것이다. 따라서 동제를 '성황제'라고도 한다. 동제의 중요한 점은 매년 봄 2월과 가을 9월에 정기적인 제식이 있고, 역병이 유행할 때 등에는 임시제를 한다는 것이다.

동제에는 무巫를 쓸 일도 없고 제관·집사를 추천하여 뽑으며, 비용은 동네 사람들 각자가 능력껏 돈을 모아 소를 잡거나 백반, 떡, 어채魚菜와 과일 등을 바친다. 제관 3인은 3일 전부터 목욕재계한 뒤 당일에는 도포를 입고 제문을 고하며, 집사 4~5인은 서무를 본다. 이날 마을의 남녀노소는 모두 여기에 참관하고 저녁 제식이 끝나면 각 집마다 같은 양의(바친 금액의 차이와 관계없이) 고기와 고깃국을 집사에게 나누어 받은 뒤, 이것을 갖고 가서 오랜만에 음식을 제대로 먹는다(이전에는 소를 개인이 자유롭게 잡는 것이 허용되지 않았기 때문에 촌민들은 이러한 제식 향음주례鄕飮酒禮 때가 아니면 소고기를 맛볼 수 없었다). 밥과 떡, 나물과 과일들은 양이 적으므로 집사들이 나누어 먹는다. 작은 마을에서는 떡과 과일도 조금씩 각 집에서 나누어 먹기도 했다.

1931년 8월 아파리 석관칠 노인(74세) 이야기

푸재질〔小祈禱〕

1. 상문탈〔喪門祟〕

죽은 사람으로 말미암아 인근에 여러 가지 탈이 생기는 것을 '상문탈'이라고 한다. 밥상에 흰밥 세 그릇과 소금 세 접시를 놓고 상문(죽은 사람이 있는 집)을 향해 손을 빌면서 무巫가 비는데, 도사禱詞의 내용은 "몇 년 며칠에 난 어느 아이가 상문탈로 병이 들었으니 빨리 고쳐 주옵소서"라고 하는 것이다.

2. 영산탈〔靈山祟〕

동사凍死·허식虎食·총살銃殺·장폐杖斃 등으로 죽은 부귀浮鬼(떠돌아다니는 못된 귀신—엮은이)를 '부영산浮靈山(뜬녕산)'이라고 부르고 그들의 탈〔崇〕을 '영산탈'이라 한다. 이들 귀신에게는 밥상에 흰밥 세 그릇과 술 세 잔, 나무 세 접시와 붉은 고기 세 그릇을 놓고, 사람이 없는 방향을 향해 역시 손을 빌며 기도한다. 도사는 앞(상문탈)의 것과 비슷하다.

3. 거리탈〔街路崇〕

길〔街路〕 또는 여행을 하다가 얻은 탈인데, 이것은 산 위의 국사당에서 하는 것이 원칙이지만 집안 마당에서 산을 바라보며(바래산)하기도 한다. 밥상에 흰밥 세 그릇과 술 한 잔, 나물 세 접시(떡은 있으면 좋고 없어도 무방함)를 차리고 손을 빌면서 "국수성황님(국수선왕님)……" 하고 빈다.

4. 곱불〔風邪〕

밥과 술, 나물을 밖에 뿌리면서 "왔다갔다 거리곱불들 다 먹고 물러가라"고 부르며 이것을 물리친다.

5. 산천기도山川祈禱

보통의 무巫는 산천기도를 별로 모르고 산천기도로 신이 내린 무巫는 이것을 다 하지만, 대체로 산천기도를 요구하는 가정도 극히 드물다. 이 마을에서는 홍洪씨 성을 가진 보살노파(당년 79세)가 이것을 하는데, 이 노파는 무巫는 아니고 불법佛法으로 기도를 드리면서 부처님을 모시고 있다. 이러한 자를 '보살노친菩薩老親' 또는 그저 '보살'이라고 부르는데 여기저기 그 흔적이 있다. 홍씨 성을 가진 보살은 18세 때 신이 내렸다고 하는데, 무巫는 되지 못하고 중년에는 남의 첩이 된 적도 있다고 한다.

1931년 5월 아파리 무巫 강태평 이야기

화전민 신앙

화전민은 산신령님과 성인을 가장 많이 숭배한다. 그들은 산에 있는 큰 나무를 골라 이것을 산신으로 모시기도 한다. 또 반드시 큰 나무가 아닐지라도 정결한 장소의 그럴듯한 신비한 나무를 산신으로 선택할 때도 있고, 또는 간조한 당을 짓고 거기에 호랑이를 타고 있는 노산신老山神 부부의 화상을 모시기도 한다. 따라서 전자는 이동적·임시적이지만 후자는 고정적이다.

날을 잘 선택하여 겨울에도 15일 동안 목욕재계하고 근엄한 몸과 마음으로 제사를 지내야 한다. 만약 이를 어기면 산신 앞에서 즉사할 수도 있다. 특히 화전민 등이 이를 잘 섬기면 생각지도 못한 곳에서 산삼을 얻기도 하고, 사슴이 뜰에 들어와 저절로 죽기도 한다. 산신령은 '신령님'이라고도 한다.

성천읍 차원술 노인 이야기

굴골〔紇骨〕 도산령都山靈

산신은 최고의 신으로, 이를 섬기는 태도가 대단히 경건해야 함은 말할 것도 없다. 성천 부근 굴골의 산신령은 도都산신령으로 숭배를 받아서, 성천 사람은 50리나 되는 굴골까지 가서 산신제를 하기도 한다. 이 신은 원래 함경도에 있었는데 바람에 불어서 평남에 왔다고 하며, 이 지역에서 가장 숭배를 받고 있다. 병·운□·자손 등 여러 가지를 빌지만 성인은 산신목山神木 앞에 있는 작은 정목淨木을 골라 이것을 백호대생일白虎大生日 성인聖人으로 섬긴다. 신목의 선택이 끝나면 반드시 먼저 성인을 섬기고, 그리고 나서 산신을 섬기는 것이 보통이다. 성인 앞에서는 어류와 육류를 사용하지 않고, 산신 앞에서는 육류는 사용하지만 어류는 사용하지 않는다. 풍년·병·자손 등을 위해 기도한다. 화전민일지라도 조상의 제사·묘제 등은 평지 사람과 다르지 않다.

1931년 5월 성천읍 차원술 노인 이야기

화전민의 혼속

화전민은 모두 가난하기 때문에 혼인은 데릴사위(솔서)·민며느리(예부)가 보통이고 매매혼도 한다. 30~40년 전까지는 자기에게 아들이 있더라도 딸을 위하여 반드시 데릴사위를 맞았다. 딸이 열 살쯤 되면 17~18세의 남자를 맞아 한집에 살게 하고 생활과 관련한 모든 것을 처가에서 부담하지만 그 대신 사위의 노동력은 모두 무상으로 제공받는다. 이렇게 하여 짧게는 5~6년, 길면 십수년 동안이나 처가에 있으면서 아내가 성년이 되어 결혼식을 거행하고 아이를 낳은 뒤 가마와 가구 등을 받고 나서야 비로소 일가를 이루고 분가하게 된다. 그 가운데는 아이를 4~5명 낳은 뒤에야 분가하는 사람도 있고, 심한 경우에는 일생을 처가에서 살기도 한다. 더욱 심한 경우에는 자식, 손자에 이르기까지 처가에서 살기도 한다. 옛날에는 이것이 관습으로만 시행되었고 이를 악용하는 자가 있다는 것을 별로 듣지 못하였지만, 지금은 인심이 천박해져서 몇 년 뒤에는 결혼을 시킨다는 계약증서를 작성하게 되었다. 그렇지만 데릴사위 기간이 끝나기도 전에 도망치는 자가 있다. 그것은 한번 약혼한 이상 딸을 다른 곳에 출가시키는 일은 없을 것을 알고, 딸이 크면 어차피 자기한테 올 수밖에 없다는 생각으로 부도덕한 행동을 하는 것이다.

또 화전민 사이에는 '민며느리(예부)'라는 것이 있다. 그것은 가난한 집안의 딸을 어릴 때 얻어 기르고, 그 딸이 크면 자기 자식과 결혼시키는 방법이다. 가난한 자는 며느리를 맞는 데 필요한 막대한 돈을 부담하기가 어려워 이러한 방법을 쓰는 것이다. 따라서 화전민 사이에는 매매혼도 있고, 돈 주고 산 며느리가 마음에 들지 않을 때 다른 사람에게 전매하는 경우도 있다. 이러한 솔서혼·예부혼·매매혼은 화전민뿐만 아니라 빈농 사이에서도 빈번하게 행하여진다.

1931년 5월 성천읍 차원술 노인 이야기

액막이〔厄流〕

정월 14일 밤 종이에 어린아이의 이름과 생년월일을 적어서 그 것으로 밥과 떡을 싸고 마을 앞에 흐르는 비류강에 이것을 띄운다. 이렇게 하면 그해의 액을 막을 수 있다고 한다.

1931년 5월 성천읍 차원술 노인 이야기

조상신주祖上神主

지체가 높은 집의 성〔大姓〕을 가진 양반가에서는 조상의 사당을 설치하고 거기에 밤나무로 만든 인형을 봉안한다. 이것을 '조상신주 대가리'라고 부르고 종가의 장자가 이를 지킨다. 신주를 만드는 데 사용하는 밤나무는 반드시 닭이나 개의 소리가 들리지 않는 곳에서 얻은 것이어야만 한다.

1931년 5월 성천읍 차원술 노인 이야기

풍신제風神祭

양덕군陽德郡 지동리支洞里(지금은 성천군成川郡에 속함)에서는 7월 중에 부락공동으로 여러 종류의 음식을 차리고 강변에서 풍신에게 제사를 드리는 풍속이 있다. 바람이 많으면 농작에 나쁘기 때문이다. 근처의 군郡 가운데 이곳에만 있는 풍속이고, 다른 곳에는 없다.

1931년 5월 성천읍 차원술 노인 이야기

기우제祈雨祭

이것도 부락 공동의 제사인데 하지夏至 이전에는 하지 않고 하지 이후에 구룡소九龍沼에서 시행된다. 구룡소는 성천의 구룡면九龍面 구룡리龍淵里에 있는데, 이 연못에 소머리 또는 돼지머리를 빠뜨린다.

1931년 5월 성천읍 차원술 노인 이야기

그물굿 푸넘〔器物祭神託〕

그물은 기물器物이고 기물은 가재도구를 뜻한다. 죽은 사람의 망령이 무巫에게 내려 그의 입을 빌려 가족에게 자기가 말하고 싶은 것을 말하는 제차祭次를 '기물제器物祭'라고 한다. 이것은 생각해보면 무巫가 보통 일반적인 사실을 말하고 이것이 망령의 말이라고 주장해도 주제자의 가족은 믿을 수가 없다. 영무靈巫만이 능히 망령과 접할 수 있고, 영무가 아닌 무巫는 흔히 거짓말을 하기 때문이다. 진실을 증명하기 위해 영무는 그 집(주제자의 집)의 가재도구 수와 소재,

유래 등을 말한다. 이것은 망자와 가족 이외의 사람들은 모르는 것이므로 그렇게 하면 정말로 망자의 영이 내렸다고 믿을 수가 있다. 그러므로 망령이 실제로 내린 것인지 아닌지를 믿게 하기 위하여 무巫가 그 기물을 맞춰 내는 것이 망령초강제차亡靈招降祭次 가운데서 가장 관중과 가족의 주의를 끄는 것이다. 따라서 '망령초강제'라는 이 절차를 평안도에서는 보통 '기물제'라고도 하는 것 같다. 아래의 내용은 처자를 두고 비명횡사한 아버지가 무巫와 접하여 그의 입을 빌려 처자에게 말하는 신탁이다. 이러한 신탁을 속히 '공수恭受'(신언을 공공히 받는다는 데서 유래한 듯하다)라 하고 신탁을 주는 것을 '공수 준다'고 하며, 그의 신탁을 받는 것을 '공수받는다'고 한다.

> 아버지가 왔다. (이때 처자는 무巫, 즉 아버지 앞에 나아가서 손으로 빌면서 "아버지 잘 왔습니다"라고 말하면서 인사를 한다) 내가 가지 않을 길을 아버지가 가라 해서 부득이 갔다가 탈이 났다. 오다가 돈이 없어 배가 고파 못 견디고 남의 대사大事하는 데 들어가 음식을 먹은 것에 상문喪門(잡귀의 하나로, 죽은 지 한 달 지나지 않은 사람의 넋-엮은이)이 침노하여 여기저기 문복門卜해도 끝내 탈을 알 수 없고, 백약百藥이 무효하여 제 명에 못 가고 비명횡사하였으니 애석하고 원통하다. 살아온 세상살이를 누구에게도 전하지 못하였다. 너를 맡기면 좋을 텐데, 너는 철이 없어 걱정이 되고 네 어미가 있지만은 남자가 갈 데는 남자가 가야지, 여자가 가야 하니 답답하다. 아버지가 있다 해도 나이 많아 세상을 모르시니 답답하고 애석하다. (이때 처자는 비는 것을 계속하면서 "집의 일을 근심 말고 아무쪼록 극락세계에 왕생하여 주옵소서"라고 말한다)
>
> 세간살이를 다 버리고 자던 방을 떠나고 다니던 길은 잊어버리고, 자손나부 많이 놓고 좋은 친구 하나도 못 보고 지부황천地府黃

泉에 돌아가서 두견으로 벗을 삼고 공산에 홀로 누웠으니, 어찌하면 다시 자손이나 아내, 친척과 만나서 좋아라고 한번 놀아볼까 답답하고 적막하다. (이때 처자들은 "아버지 저세상에 가서 또 같이 재미나게 삽시다"라고 말한다)

내가 와서 여러 조상님네 모시고 와서 밥도 잘 먹고 떡도 잘 먹고 술과 고기를 잘 먹고 가니 부디 잘 있거라. 다음에 또 이런 굿이 있으면 또 와서 무당의 입을 빌려 서러운 사정 이야기 하마. 그리 알고 잘 있거라. 나는 간다 나는 간다. (이때 처자는 "아버지, 변변치 못하여 미안합니다. 또 꼭 오십시오. 이 다음에는 더 잘 차려 놓겠습니다. 그러면 잘 갑시다"라고 말하며 이별한다. 손으로 비는 것은 계속한다)

이 망령강제차는 주제자 가족이 가장 관심을 갖는 것인데 조상의 영이 노한지 즐거운지, 횡사하는 망령이 극락에 가려고 하는지 가지 않고 가족에 액을 주려고 하는지, 또 가족에게 어떠한 요구를 하려는지, 이러한 것은 이 제사로써 알 수 있다. 그러니 무巫의 말 (곧 조상 망령의 말)도 경우에 따라서는 상당히 많을 것이지만, 여기에서는 다만 일반적인 것의 대략을 기술하였을 뿐이다. 가재도구의 수량, 소재, 유래 등을 알아맞히는 무巫는 그것을 비밀리에 조사했을지도 모르므로 보통 무당은 일반적인 것을 말할 뿐이다.

성주成主

다른 지방에서 '제석단지' 또는 '부루단지'라고 하는 신호神壺를 한산에서는 '성주단지'라고 한다. 작은 병이 아니라 중간 크기 정도

되는 병에 매년 햇곡식을 바꾸어 넣고 이것을 대청 한 구석에 봉하여 넣는다. 이 신을 '성주'라 한다.

한산 이하복 씨 이야기

단오로端午露

5월 단오 아침, 일찍 일어나 풀잎에 맺힌 이슬을 깨끗한 그릇에 받은 뒤, 그 물에 백분을 타 화장하면 얼굴이 예뻐진다고 한다. 그래서 단오 아침에는 젊은 부인네, 처녀들이 들 여기저기에서 보인다.

충남·한산속 한산 이하복 씨 이야기

상인의 연악宴樂

지방의 앉은장수[坐商]와 등짐장수[負商]들은 봄과 가을 2회 회합하여 연락을 한다. 삼현풍악三絃風樂을 연주하고 보현기타步絃其他의 예藝를 하고 음식을 같이하며 하루를 즐긴다. 이때 좌장으로 추천되는 자는 인망이 있는 부상富商으로 많은 존경을 받는다. 비용은 각자 분에 맞게 낸다.

충남·한산속 한산 이하복 씨 이야기

산놀이[中秋山遊]

8월 17일은 일년 가운데서 여자가 가장 즐거운 명절이다. 부녀자들은 새 옷으로 화려하게 꾸미고 음식을 만들어서 친한 이웃들과 다같이 부락의 명산에 올라간다. 거기에서 좋은 장소를 선택하여 하루 종일 그 풍경을 즐기고, 저녁에는 또 친한 이웃이 서로 불러서 집에 돌아가고 여흥을 집에서 한다. 일반적으로 정월은 남자의 명절이며 8월은 여자의 명절이라는 것도 이 때문이다. 이날 남자는 산에 오르기를 절대 삼가므로, 온 산이 부녀자와 아이들로 분주하다. 이것을 '산놀이'라고 한다. 만약 남자가 이를 어기고 산에 올라가면 마을 사람들에게 모욕을 받고, 심할 때에는 얻어맞기도 한다. 이 풍속은 4~5년 전까지 계속되었는데, 전쟁으로 없어졌다.

충남·한산속 1943년 한산 이하복 씨 이야기

걸선침乞善針

칠월칠석날 밤 소녀들은 줄[眞苽]에 침을 꽂아 놓는다. 다음 날 아침 거기에 거미줄이 쳐 있으면 그는 나중에 재봉을 잘하게 된다고 한다.

무지개[虹]

무지개는 선녀가 머리를 감으려고 하늘에서 지상의 샘으로 내려올 때에 거는 다리이다. 그러므로 무지개는 반드시 하늘에서 어떤 샘에 뿌리를 내린다 한다.

버드나무〔柳〕와 민성民性

옛날 조선의 민성民性은 매우 온순치 못하였다. 기자箕子가 와서 이것을 보고 민성을 온순히 하고자 버드나무를 조선 곳곳에 심었다. 그래서 조선인은 온순한 성질을 가지게 되었다 한다.

1923년 8월 경북 성주군읍 이익주 씨 이야기

평양의 다른 이름이 유경柳京인 것도 기자가 평양에 수많은 버들을 심은 데서 나온 이름이라 한다.

1927년 11월 평양 모某군 이야기

봉선화

봉선화로 손톱을 물들이면 현기증을 일으키지 않는다.

개와 닭의 눈

개의 눈에는 눈〔雪〕이 보이지 않는다. 닭의 눈에는 삼 줄기가 보이지 않는다.

백발白髮·눈물이 남〔出淚〕·죽음〔死〕

백발은 신이 정해준 마지막 날이 가까워졌음을 알리는 최초의 계시이며, 그 다음에 눈물이 나게 하고, 마지막에는 죽음을 준다.

까마귀 위협하기〔嚇鳥〕

평안남도 각처의 논밭에서 죽은 까마귀를 몽둥이 끝에 매단 것을 볼 수 있다. 이것은 곡물에 해를 끼치는 까마귀를 비롯한 기타 조류를 위협하려는 뜻이다.

삼등의 박수〔覡〕 방칠성方七星

1930년 5월 30일, 나는 안내인 차원술 노인을 데리고 유명한 삼등三登(강동군)의 박수〔覡〕 방칠성을 방문하고자 아침 성천으로 향하는 자동차를 탔다. 그의 이름은 성천·강동 등지에 널리 알려져 있고, 보통 '삼등섬석이' 또는 '강동섬석이'라고 부른다. '섬석이'라는 것은 콩〔大豆〕과 붉은 팥〔赤豆〕의 반종半種 같은 곡물이고, 방씨는 남자라고도 여자라고도 할 수 없는 이른바 박사무당이므로 이렇게 부른다.

강동읍에 내리니 11시쯤이었는데, 하필 그때 부슬비가 내리기 시작하여 곧 멎을 것 같지도 않다. 삼등까지는 50리나 된다고 하였다. 열심이던 차 노인은 두세 명의 노인을 붙잡고 방칠성에 대해 묻는 듯하더니 기쁜 낯으로 내 옆에 와서 "다행히 방씨에 대해 잘 아는 사람이 있으니까 이 사람으로부터 말을 들읍시다"라고 말하였다. 그 사람은 강동읍에 사는 안기홍安基鴻이라고 하는 65세의 노인인데, 상식 있고 품이 좋은 촌부였다.

그의 말에 따르면 유명한 강동섬석이는 약 40년 전에 죽었고, 강동군에는 지금 삼등에 있는 방섬석이가 이름을 팔고 있다고 한다. 죽은 강동섬석이의 영靈이 방칠성에게 내렸다고 세상 사람들은 말하지만, 자기는 믿을 수 없다고 했다. 방칠성은 17~18세 때 삼등에서 강동읍으로 와서 십수년 동안 무업巫業을 하고 다시 삼등으로 갔지만, 그 10여 년 동안의 그를 자기는 잘 알고 있다고 했다.

그는 12~13세 때 다시 무령巫靈이 내린 뒤 무병巫病에 걸려 허튼소리[讝語]를 하고, 내린 죽은 무당의 집에 가서 그의 무구巫具를 얻어 왔다고 하니, 강동섬석이의 영이 내렸다고는 믿을 수 없다. 그의 어머니도 무업을 하고, 여자이면서 대주가大酒家였다. 방씨는 그의 어머니에게 무술巫術을 배웠을 것이다. 무巫는 원래 여자가 하는 일이고 상대도 다 여자이다. 따라서 여자들의 무리 속에 들어가 이 일을 하려면 자연스럽게 여자의 모습을 해야만 된다. 남녀가 함께 있는 것은 국법으로 금하기 때문이다. 따라서 방씨도 여자옷을 입고 여자의 속곳[內衣]을 입고 여자같이 머리를 틀어 올리고 여자의 다리속곳을 쓰고 치마 단속곳까지 입고 면도를 하고 수염을 뽑고 꼭 여자와 같은 모양을 하고는 걸음걸이도 말씨도 여자와 같이 한다. 그러나 잘 때에는 방망이[(?)捧]같은 것을 가지고 있고 능히 사용도 할 수 있다. 확실한 남자이다. 그러나 우스운 것은 방씨가 아내를 얻지 않고, 도리어 남자(바람난 자)를 맞아 그를 남편같이 대하면서 방씨가 그 남자를 먹이고 있다. 그리고 그 남자에게는 본처가 있지만, 만약 그 남자가 다른 여자와 정사 같은 것이 있는 때에는 대단히 질투하며 싸움도 잘하였다. 그들의 관계는 계간鷄姦인 듯, 방씨는 항문의 병에 걸려 늘 항문에서 피를 흘렸다. 방씨는 지금도 독신으로 있고 여자를 가까이 하지 않는다고 하는데, 올해로 52~53세쯤 되었을 것이다.

박사는 원칙적으로 아내를 얻지 않지만, 근래에는 당당히 아내를 두고 첩을 4~5명씩이나 가진 자도 있다. 그리고 행사 때에만 여자 옷을 입고 가정에서는 남자옷을 입고 일상생활을 한다. 그러나 그 가운데는 아내를 얻고 자녀까지 있으면서 따로 다른 남자를 남편으로 정하고 있는 자도 있다. 박사의 남편이 되는 남자는 보통 사람은 아니고 모두 바람둥이나 타락자뿐이다.

방칠성은 그의 굿이 주변의 마을 가운데 제일간다고 하며 쌍작두도 타고 산돈〔算錢—고전古錢·당고전當古錢·석전錫錢 등을 사용〕으로 점을 잘 친다. 무구는 다른 무와 같이 명두경明頭鏡·방울·검·삼차창三叉鎗·명장고明杖鼓·갑주甲冑·우모립羽毛笠·벙거지〔氈帽〕 등이다.

이상 강동읍 안기홍 노인 이야기

아파리丫波里 눈먼 박수〔盲覡〕 김인석

아파리에서는 맹격盲覡을 '쇠경·참봉參奉·맹인盲人' 등 일반 맹인과 같이 부를 때도 있고, 따로 '훈장·복술'이라고 일컬을 때도 있다. 훈장은 선생이라는 뜻으로 그들의 지식에 대한 경칭이며, 복술은 그들의 점복술에 대한 부름이다. 어느 때는 눈이 멀지 않은 자〔有目者〕로서 독경讀經(아파리에서는 설경說經이라고 함)을 업으로 하는 자가 있어 이것을 특히 '경經쟁이'라고 한다. 또 맹녀盲女로써 맹격과 같이 설경說經·점복占卜을 업으로 하는 사람도 적지 않고, 이들은 대체로 맹격과 결혼하여 함께 살지만 나인복술(여복술)·나인쇠경·나인참봉 등으로 불린다. 단 나인훈장이라는 칭호만은 없다.

김인석은 당시 71세로, 3세에 반半 맹인이 되고 15세부터 20세까지 은산殷山의 권 훈장(유목자)에게 옥구경·칠성연명경·안택경·팔문송·산왕경과 그 밖에 필요한 경문을 배웠다. 맹격의 기구는 점복용의 산가치[鐵製算籌]와 경쇠[占錢·磬金], 그리고 대고大鼓·요령搖鈴 등이다. 기도의 종류는 다음과 같다.

1. 안택기도安宅祈禱

이것은 집안의 평안을 위하여, 또 가옥 신축·개축·이사 때나 집안이 평안하지 않을 때 한다. 이 기도는 정 2, 3월과 9, 10, 동짓달에 하고 4, 5, 6, 7, 8의 4개월 동안은 하지 않는다. 농번기이기 때문이다. 농사를 시작하기 전과 수확이 끝난 뒤에 봄과 가을 2회 정기적으로 하는 가정도 많다. 평안한 가정을 위하여 기도를 드릴 때는 성황·오방지운(지신)·성조·제석·조왕·세인(성인)·조상신 순으로 하고, 마지막에 시식[解送]을 한다. 성인은 서천서역국西天西域國에서 온 신이다.

2. 명당기도明堂祈禱

집안의 평안을 위하여 한다. 가정에서 하고 도신禱神의 순서는 안택기도와 같다.

3. 칠성기도七星祈禱

이것은 칠성을 섬기는 집만 한다. 남자주인과 맹격이 같이 산골짜기에 들어가 칠성형七星形으로 7개의 제단을 쌓고 28수의 기를 나란히 세운 뒤, 병풍을 둘러 세우고 밥과 떡, 술과 나물을 놓고 칠성경七星經을 읽는다. 가정에서 소규모로 할 때에는 단을 쌓지 않고 제물을 놓고 경만 읽는다. 이것은 주로 자손을 원하는 사람이나 아이의 잦은 병치레 등으로 고생하는 사람들이 행한다.

4. 산신기도山神祈禱

이것도 남자주인과 같이 맹격이 깊은 산속에 들어가 탑을 쌓고 '일월성신사신日月星辰四神', '산천초목사령山川草木四靈'이라고 쓴 두 기를 좌우로 세운다. 그리고 흰밥 세 그릇과 술과 과일을 놓고(나물은 쓰지 않음) 병풍을 둘러 세운 뒤 산천경山川經을 읽는다. 자손을 원하는 사람, 자손의 장명長命을 원하는 사람, 또 재수·신수(재운·신운)가 좋기를 원하는 사람이 이것을 한다.

5. 용왕기도龍王祈禱

이것은 보통 뱃사람이 하는데, 집에 익사자가 있거나 물의 재액이 예측될 때 한다. 배에 타서 강 또는 바다에서 사해四海의 용왕을 초청하여 항해의 안전과 풍어豊漁 또는 익사자의 극락왕생·재액의 면제 등 그때그때의 경우에 따라 기도한다. 주로 용왕경을 읽는다.

6. 삼재기도三災祈禱

삼재가 든 해에 한다. 방 안에서 삼재도액경三災度厄經을 읽는다.

7. 세존기도世尊祈禱

이것은 자손을 원할 때나 아이를 낳은 뒤 유아가 오래 살기를 빌 때처럼 모두 아이를 위하여 한다. 세존은 아이를 주는 신이다. 방 안에 밥과 떡, 나물을 차려 놓고 생선과 고기는 쓰지 않는다. 병풍으로 둘러싸고 주로 세존경을 읽는다.

8. 축사逐邪

사귀邪鬼에 붙잡혀 광인이 된 자는, 사방에 부착符笮(粟稈)에 ?을 세우고 그 가운데에 병자를 놓은 뒤, 축사경逐邪經을 되풀이하여 읽으면서 복숭아나무 가지와 삼인도三寅刀, 벽력조霹靂棗를 가지고 이를 위협하여 고친다.

복숭아나무 가지는 동쪽으로 향한 것을 쓰고 삼인도라는 것은 인년寅年 인월寅月 인일寅日에 만든 것이다. 그리고 벽력조라는 것은 벼락 맞은 대추나무로 만든 장방형의 큰 인장印章으로, 전자篆字로 '뇌공雷公' 또는 '황건역사각지黃巾力士刻之'라 새겨 있다. 병자의 몸에서 사귀가 숨은 구멍을 찾아 벽력조에 붉은 모래〔朱砂〕를 붙여서 이것을 그 구멍에 대고 인장을 찍는다.

1931년 5월 27일

무병巫病(아파리의 여러 무)

김기주의 처 김용수는 그해 나이가 3□세로, 아이가 하나 있고 생활상태는 빈곤하다. 3년 전에 한번 헛소리〔囈言〕를 하였으므로 부적을 몸에 붙이기도 하고 뜸〔灸〕을 놓기도 한 적이 있다. 그런데 작년 정월쯤, 또 병이 나서 십수일을 앓고 난 뒤 어느 날 저녁 갑자기 눈빛이 변하더니 춤을 추고, 무당노래를 부르면서 칠성님이 내렸다고 부르짖었다. 그리하여 동리의 대무 강태평을 초대하여 신내림〔降神〕의식을 하여 달랬다. 지□□ 간단한 무제(푸닥거리) 정도를 하지 □□ 그러나 이렇게나 빨리 그 달에 신내림을 하는 것은 대단히 드물다.

홍기준의 처 박세국은 그해 나이가 34세로, 1남 3녀를 두었는데 생활은 역시 빈곤하다. 작년 8월부터 병에 걸리고 지금도 아직 병중이지만 별로 아픈 데도 없다. 그저 잠을 못자고 입맛이 없으며, 꿈자리가 사납고 기운이 없다. 때때로 무의식중에 춤추고 노래 부르고 싶고 무당노래를 부르□□ 한다. 허공에서 칠성신이 내려오는 꿈을 꾼 적이 있는데 그것이 남신이었는지 여신이었는지 정신이 얼떨떨하여 기억나지 않고, 또 그것이 한 사람이었는지 일곱 사람이었는지도 기억나지 않았다. 단지 하늘에서 목면木綿이 길게 늘어져 있었다는 것만 기억하고 있다.

김관식의 처는 그해 나이 45세로, 몇 명의 자녀가 있는데 생활상태는 역시 빈곤하다. 올봄 갑자기 서천신(세틴님)□이 내려서 대무 강태평이 강신의식□을 하였는데, 의식 도중 그는 돌연히 기절하여 넘어진 채 그의 남편을 향해 "이 괘씸한 놈아"라고 부르짖었다. 그랬더니 남편은 곡물을 큰 대야에 가득 담아 와서 무당 앞에 놓고, 그의 처를 향해 "세틴할마님 잘못했습니다"라고 머리를 땅에 대고 빌었다. 아내는 또 일어나서 남편의 뺨을 주먹으로 때리더니 또 "이 괘씸한 놈"하고 부르짖었다. 남편은 또 미곡□을 내고 빌었다. 이들 곡물은 모두가 □□ 가지는 것이다. 그는 아직 완전한 무巫가 되지 못하였다. 이상 3인은 모두 마르고 신경질적으로 보였다.

1931년 5월 27일 조사

아파리 무巫 강태평

성천군 아파시ㅏ波市는 100호 가량 되는 촌락인데 대소大小 신구新舊의 무녀가 열 명 정도 있다. 그 가운데 대무大巫는 51세의 강태평이라는 사람이다. 그 여자의 말에 따르면 오늘날 평양에는 신식新式무당이 많고, 모두 선생에게 배운 무巫이다. 그렇지만 촌무는 대개 접신무(내린 무당)이며 2~3년 또는 7~8년 동안 앓고 나서 무가 되므로 모든 무사巫辭는 자연히 입으로 나오는 것이다.

성천에서는 '무巫'를 보통 '무당'이라고 하는데, '대감' 또는 '만신'이라고도 한다. 대감이라는 것은 대감신을 모시기 때문에 그렇게 불리고 만신은 만 명의 신을 제사지내기 때문이다. 그는 30세 때 무병에 걸렸고 35세부터 무업을 시작하였다. 무병을 앓는 동안 그는 진남포의 장로교회당에 다니면서 일방 가무를 하기도 하였다. 그러는 동안 병이 나았는데, 병중에 그는 음식을 잘 못먹어 막대같이 마르고, 광인과 같이 허튼소리를 하였다.

무구로는 갑甲 1개, 주胄 1개, 삼지창三枝槍 1개, 대검大劍 2자루, 명당구〔杖鼓〕 2개, 재금〔饒鈸〕 1개, 정鉦 1개, 갱증〔小鉦〕 1개, 소검小劍 2자루, 방울〔鈴〕 2개, 명두경明頭鏡 대·중·소 3개, 승변僧弁(승려의 고깔)과 장삼長衫 및 가사袈裟(법의), 현립玄笠·무관들이 입던 옷〔戰服〕·쾌자快子 및 관대官帶, 홍상紅裳·녹상의綠上衣 각 1벌씩이 있으며, 별실에는 가지가지의 신상을 모시고 제사드린다.

그는 무조巫祖를 모르며 무도巫道는 서천서역국의 삼불불타三佛佛陀에서 나왔는데 삼불이라는 것은 석가세존·관세음보살 및 지장보살이라고 말한다.

무巫는 그 인접신의 종류에 따라 각각 그의 성무의 도가 구별되며, 모두 99도가 있다고 하는데 그 가운데 중요한 것은 다음과 같다.

1. 턴신길〔天神路〕

천신天神은 천지일월성신의 신, 즉 도깨비(한자로는 옛날부터 '獨脚鬼'라고 써 왔다. 이 귀신은 못된 장난을 좋아하는 작은 귀신이라 하는데, 어떠한 까닭인지 평안도에서는 이를 '천신'이라고 부른다)이다.

2. 세턴길〔西天路〕

西天이 과연 이에 맞는 한자인지 아닌지는 의문이지만, 서천은 옛날의 성무聖巫 또는 대무大巫의 사령死靈이라고 생각된다. 그리고 이 서천의 도道로서 무가 되는 것을 최상의 길이라 하는데, 그것은 서천서역국의 삼불불타에서 무도가 나왔기 때문이다. 속설에 어린아이의 혀를 찌르고 그 피를 빨아서 죽이면 어린아이의 영이 붙어서 세턴이 된다고 하는 것은 거짓이며, 그는 그러한 사실을 보고 들은 적이 없다고 한다.

3. 대감길[大監路]

대감大監은 정3품 통정대부 이상, 즉 당상관을 뜻하는 존칭이다. 무에도 그 시사신侍祀神에 대감이라는 것을 가지고 있으며, 이것은 훌륭한 사람의 사령이며 풍류·놀이를 좋아하는 신이라고 하였다.

4. 칠성길[七星路]

북두칠성신이며 일곱 명의 노인을 그려서 표현한다.

5. 장수길[將帥路]

장수將帥의 사령이다. 이러한 길은 무병을 앓을 때 꿈속에서 보는 신의 종류로 구별된다.

신간神間

그의 침실 옆에 '신간神間'이라는 방이 있는데 거기에는 다수의 채색신상이 모셔져 있다. 정면 중앙이 칠성신(칠성님)이고 상단의 3신은 크고 하단의 4신은 작게 그려져 있다. 모두 남신인데 상단 3신 가운데 하나는 문관이고 하나는 무관, 또 하나는 승려의 옷을 입고 있다. 하단의 4소상은 '칠성애기'라고 한다. 칠성의 오른쪽에는 '천지건곤일월성신대감天地乾坤日月星辰大監'이라고 하는 문관신이 있고 그 옆에는 구름과 학을 탄 남신인 '신선'이 있다. 칠성신의 왼쪽에는 바다 위 용을 탄 여신이 있는데, 이를 '용궁선녀' 또는 '성인'이라고 한다. 그 용신의 왼쪽에는 갑주창검을 가지고 말을 탄 남신이 있는데, 이를 '작도군웅대감斫刀軍雄大監'이라 하고, 그 옆의 남신이 택일을 하는 원천강袁天綱 주역선생, 또 그 옆에서 소나무에 걸쳐 호랑이에 탄 남신이 '제일명산청룡산신령'이며 이 산신 다음에서 장을 쥐고 있는 노승을 '서산대사' 또는 '삼불불타성인'이라고 한다. 그리고 오른쪽의 신선 다음에 의자에 걸터앉아 있는 여신이 '월궁아지씨(애기씨)'이고 아지씨 다음에 무복을 입고 무선巫扇을 쥔 여신이 '세턴님〔西天神〕'이며, '세턴애기〔西天阿只〕' 또는 '세턴할머니〔西天祖母〕'라고 한다. 그리고 서천신의 옆에 있는 신이 여러 신을 시종하는 남신으로, '천리도산만리도산대감'이라 한다. 이 신간의 집 밖 입구벽 위에 말을 탄 삼남이 있는데, 이는 '만신님〔萬神〕'이라 한다. 이는 즉 잡귀잡신의 두령이며, 신실에는 들어갈 수 없는 하등의 신이다.

신간의 선반 위에는 물건이 차려져 있다. 거기에는 무기巫器와 무복 등을 감추어 놓으며 이를 '신당지기〔神行李〕'라 한다.

강태평은 집을 나갈 때와 집에 돌아왔을 때에는 반드시 이 신간에 들어가 제신에게 고하고 절〔告拜〕을 한다고 한다. 이상 제신의 위치과 특색을 간단히 말하면 다음과 같다. 숫자는 강태평이 말하는 신의 위치의 높고 낮음의 순서를 뜻한다.

구분	향하여 왼쪽 ←					정면			→ 향하여 오른쪽			신간 밖
번호	8	7	6	5	4	1	2	3	9	10	11	12
신명	삼불三佛 (또는 서산대사)	산신령 山神靈	원천강 袁天綱	군웅대감 軍雄大監	용궁선녀 龍宮仙女	칠성 七星	대감 大監	신선 神仙	월궁아지씨 月宮阿只氏	서천조모 西天祖母	시종대감 侍從大監	만신 萬神
성별	남신男神	남신男神	남신男神	남신男神	여신女神	남신男神	남신男神	남신男神	여신女神	여신女神	남신男神	삼남신 三男神
비고	승려이며 석장을 듦	소나무에 걸쳐 호랑이를 탐	(주역선생) 상像 앞에 분향한 향로가 있음	말을 타고 갑옷을 입었으며 검劍을 쥠	물 위에서 용을 탐		문관文官의 옷을 입음	구름과 학을 타고 있음	의자에 기댐	무복巫服을 입고 무선 巫扇을 쥠		맘을 탐

무제巫祭 절차

무제에 사용하는 제물(음식)은 어떤 절차에도 동일하며 밥·떡·술·지지밥[五目飯]·콩나물[豆萌菜]·숙주나물[綠豆菜]·호박나물[南苽菜]과 같다. 대규모의 제에는 소·돼지·개·닭 등을 잡고 개고기는 만신제에만 사용한다.

1. 주당풀이[周堂解]

사람은 각각 주당을 갖고 있다. 따라서 무제를 시작하기 전에 병·재화災禍 등이 나지 않도록 먼저 문 밖에서 주당을 푼 뒤 방 안에 들어가서 주당을 푼다. 이때 무는 노란 수건[黃巾]과 쾌자를 입고 제상에 공물을 하고 빈다.

2. 성황제(선왕굿)

성황은 동네를 다스리는 주신이다. 그러므로 모든 무제는 그 종류와 관계없이 먼저 성황에게 고한 다음에 시작해야 한다. 아파리의 성황은 강변의 큰 버드나무이며 대제大祭 때에는 소와 닭(기타의 공물을 물론)을 바치고 제사지낸다. 무는 현립·쾌자·관대·채복을 입고 "성황님 모씨 도신禱神을 하겠사오니 복을 누리어 주십소서"라고 기원한다.

3. 조상제(조상거리)

제물은 성황제와 같다. 가정에서 지내는 무제는 조상신들을 중심으로 하는 것이다. 조상신은 가정의 행복과 가장 관계가 깊다. 무는 성황제가 끝나면 제가祭家에 가서 청소한 방에 병풍을 세우고 제물을 바친 뒤, 조상제신에 기원한다. 기도의 내용은 때에 맞게 임시로 만드는데, 주로 "좋은 날 좋은 시를 택하여서 제사를 지내니까 주인에게 복을 내리고 병이 낫도록"과 같은 내용이다.

4. 좌정坐定

제신을 불러 자리에 앉기를 청하는 절차로, 이 또한 방 안에서 한다. 이때 포백布帛(석배)놀이를 하는데, 포백은 조상 기타신이 내려오는 길이다. 성황신이 강림할 때도 이를 쓰는데, 무는 그것을 가지고 가서 가무하면서 희롱한다. 그러면 그 길로 신들이 내려온다.

5. 종이 태우기〔燒紙〕

방 안에 작은 상을 놓고 그 위에 쌀을 넣은 바리〔鉢〕를 놓고 얇은 백지를 적당히 잘라서 이를 한 장씩 쥐고 태우면서 "명命소지가오 복福소지가오"라고 부른다. 그리고 마지막 종이가 다 탔을 때 손을 놓으면 재가 올라간다. 그 재가 올라가면 길吉, 내려가면 불길不吉이라 하며, 필요에 따라 몇 장이고 이를 태운다.

6. 칠성거리〔七星祭〕

이것은 마당에서 한다. 작은 상 위에 밥 한 그릇을 바치고 향을 피우며, 병풍을 세우고 무는 승변과 장삼을 입고 동쪽을 향하여 기원한다. 그 내용은 "복을 주옵소서"와 같은 것이다.

7. 넝정거리

넝정신은 잡귀가 가장 두려워하는 신이며, 오방의 각신장에 속하여 있다. 이 제는 방 안에서 하며 무는 현립·쾌자·관대를 입고 "각신장神將에 속한 넝정님 다 내리옵소서"라고 신을 부른다. 제가 끝나면 바가지에 밥과 떡, 나물 등을 넣어서 집 밖에 뿌린다. 여러 잡귀를 쫓겠다는 의미이다.

8. 대감거리〔大監祭〕

대감은 부랑과 난폭의 신, 즉 헌놈의 신이며 도깨비 같은 놈이다. 대감거리는 방 안이나 마당에서 하며, 무가 벙거지〔巫武十〕와 쾌자를 입고 "대감님 기분 좋게 놀고 주인집을 평안히 하여 줍소서" 하고 기원한다. 대감신은 놀기를 좋아하므로 무巫는 이 무제 때 가장 즐겁게 춤추며 관중도 즐겨 날뛴다.

9. 제석거리〔帝釋祭〕

제석은 가옥을 수호하는 신이며 곳간 안에 있다. 흔히 '제석이 당삼촌 이래로 버려야 먹는다'고 하는 제석이다. 각 가정에서는 대청마루 벽 위 한 구석에 쌀과 보리 등을 섬〔俵, たわら〕에 넣어 이를 제사하며 매년 햇곡식이 나면 바꾸어 넣는다. 이를 '오쟁이〔帝釋俵〕'라고 한다. 무巫는 승변과 장삼을 입고, 공물에 어육류는 사용하지 않는다.

10. 강성거리〔監牲〕

감생신도 대감과 비슷한 것인데, 부랑·난폭하지는 않고 선량하며 고상한 신이다. 이 신에게는 특히 돼지를 바치며, 무는 갑옷투구를 입고 창과 검을 지니고 방 안에서 지낸다.

11. 가시리〔別祭〕

조상 기타의 신들이 배가 불러 떠날 때의 이별굿이다.

12. 더나

더나는 귀신의 이름이며 조상들을 데리고 간 세 사자使者를 가리킨다. 즉 숨디운이 사자使者 피디운이 사자 끄러낸이 사자를 □□하는 절차이다.

13. 뜰중굿〔庭中祭〕

일명 만신놀이〔萬神遊樂〕라고도 하는데, 지금까지 맛있는 음식을 먹지 못하고 문 밖에서 우물우물하던 잡귀잡신을 먹이는 마지막 절차이다. 무는 쾌자만을 입고 귀신들을 부르며 또 그 자신이 잡귀가 되어 문밖에 나갔다가 다시 마당 안으로 들어오면서 "아— 배가 아프다 배가 아프다"고 부르짖으며 괴로운 표정을 한다. 이것은 복통 때문에 죽은 아귀餓鬼이다. 그러면 무의 제자는 "춤추면 낫는다"고 말한다. 무는 음악에 맞추어 춤추며 먹는다. 한입 가득 물고 이를 뿌리며 또는 손으로 끄집어내서 마구 뿌리기도 한다. "배불리 먹었으면 썩썩 물러가라"는 말을 듣고 무巫는 문을 나간다. 이번에는 두통으로 죽은 자의 흉내를 낸다. 다음에는 절름발이 귀신의 흉내를 내고 곱사등이의 흉내를 내고, 이렇게 각종 귀신의 흉내를 내면서 문을 드나든다. 그리고 또 탐식貪食의 임내를 한다. 이는 불가의 시식과 같은 의미의 것이다. 개를 잡았으면 이때 개고기를 사용한다. 개고기는 높은 신에게는 사용하지 않는다. 이로써 굿은 끝난다.

기타의 제祭

이상이 보통 무제의 절차인데, 이 밖에도 주가主家의 청에 따라 중간중간 다른 종류의 제를 넣을 때도 있다. 농사제·천제敔祭·봉제蜂祭·성조제成造祭 등이 그것인데, 모두 평소에 입던 옷을 입고 하여도 무방하며 가무도 하지 않고 다만 축원의 기사祈辭를 할 뿐이다. 달구질을 할 때에도 성조제를 한다.

무사巫辭는 반드시 처음에 "아왕만세我王萬歲"로 시작한다.

무의 조수로, 장고 등을 치는 자를 '시내쟁이' 또는 '술마리', 혹은 '애기무당(소무小巫의 뜻)'이라 하며, 이들은 보통 풍류와 놀이를 좋아하는 여인이다. 그들은 무제를 할 때 장고를 치면서 무가 한 말을 한마디 한마디 그대로 되풀이한다. (예를 들면 무가 '사바세계'라 하면 조수도 '사바세계'라 하고, '남섬부주南贍部洲'라 하면 '남섬부주'라 되받아친다) 그러므로 굳이 책을 보거나 또는 손을 잡고 가르침을 받지 않아도, 무사를 따라하면서 자연스럽게 무가 되는 자도 많다.

1931년 여름〔夏〕 조사

성천成川 무巫 원순이

원순이는 당시 나이가 56세로, 그의 남편 김□□은 성천읍成川邑 숭신조합崇神組合의 취체역取締役이다. □□문을 들어가면 바로 눈에 띄는 것은 이른바 수문장인데, 흰 종이를 손바닥만 하게 접어서 문주門柱에 붙인 것이다. 다른 민가에서는 유리병의 목을 새끼로 맨 뒤 문주에 걸어 놓은 것도 있고 빨간 당초唐草를 문주에 걸어 놓은 것도 보인다. 모두 문신, 즉 '수문장'이라 하였다.

원순이의 주택은 부엌 1칸과 거실 1칸뿐이다. 거실은 5평쯤 되는 누추한 곳이지만 비교적 넓은 방이다. 그 한 모퉁이에 신간神間이 있고 세턴독·만신독·칠성당지기·대신大神고리 등이 온돌 위에, 또는 선반 위에 놓여 있고, 옆에 장고·명두 같은 무구가 놓여 있다. 세턴독에는 제가祭家에서 얻어 오는 조〔粟, 조는 이 지방의 주식물이다〕를 넣어 두고, 집안사람은 무巫의 허락 없이 이 조를 꺼낼 수 없다. 장사를 나갈 때에도 무의 허락을 얻어야만 된다. 그리고 무의 말은 즉 대감신大監神(원순이의 접신)의 말이므로 집안사람은 그러한 때에는 무에게 '대감님'이라고 최대경어를 쓰고, '어머니'나 '숙모'라고는 부르지 않는다. 만신독에는 옥수수가 나면 옥수수를 넣고, 소맥이 나면 소맥을 넣는 식으로 햇곡식을 교대로 넣는다. 칠성당지기에는 옷을 넣고 대신고리에는 명두(신경神鏡 및 중요 복식)를 넣는다.

이 여무女巫는 무조巫祖를 모르고 무巫는 서역국 서천님에게서 나온 것이라고 막연히 말한다. 이 여무의 접신은 대감신이므로, 2인칭일 때 사람들은 이 여무를 '원대감'이라고 존칭한다. 무巫는 일반적으로 '대감'이라고 부를 때도 있지만 보통은 '무당' 또는 '당골'이라고 부른다.

이 여자는 23세 때 신이 내리고 27세 때 무구를 받아 왔는데(죽은 무당의 집에서), 중간에 무업을 그만두었더니 병이 재발하여 뜸치료를 받았다고 한다. 41세 때 3~4개월 동안 심하게 앓은 뒤 대감신이 내렸다 한다(大監路). 그 당시에는 기절 상태였으므로 얼마 기억에 남아 있지는 않으나, 산의 돌을 가지고 와서 금金이라고도 하고 자주 하늘을 향해 부르짖었다고 한다. 그리고 어떤 죽은 무당집에 가서 복식기구 등을 얻어서 무업을 시작하면서 겨우 병이 나았다고 한다.

무제의 절차는 ① 좌차제 ② 조상굿 ③ 제석굿 ④ 칠성굿 ⑤ 성인굿 ⑥ 세틴굿 ⑦ 제가의 소사신所祀神 ⑧ 군웅(구녕)굿 ⑨ 대감 ⑩ 장수제(거리) ⑪ 전걸립錢乞粒 ⑫ 만신제이고 좌차 시에는 쾌자를 입고 조상제에는 동다리를 입으며, 제석·칠성·성인·걸립의 여러 절차에는 장삼과 승변을 입는다. 주가主家 사신祀神의 절차에는 관대·천? 를 착용하고, 군웅에는 모립(벙거지)을 입으며 대감과 장수에는 갑주 창검을 사용하고 만신에는 오직 쾌자만 입는다. 이 12절차에서 공통적으로 사용하는 것은 방울[鈴]이다. 걸립 때 주가나 주가의 친척은 조나 베, 돈을 낸다. 이것이 무의 소득이 되는데, 옛날에는 한 번에 얼마라고 보수를 정하고 하는 자는 없었으나 지금에는 미리 계약을 한 뒤에 하는 자도 있다.

한편 옛날에는 읍마다 한 명의 관官무당이 있어 무당을 부르는 것을 관리하고, 제사가 있으면 반드시 보고하여 그의 허가를 받기로 되어 있었지만 지금은 관무당이 없어졌다. 또 옛날에는 제사 때마다 주로 조를 받고 당골택[檀家]은 매년 겨울마다 □분의 속을 주었지 만, 지금은 이 풍속도 차츰 변하여 간다.

그리고 무제를 시작하기 전에 선왕(성황)맞이 의식을 하기로 되 어 있다. 선왕은 성황당까지 맞이할 때도 있지만 도중에서 ? 할 때 도 있다. 감응상感應床을 만들고 무巫는 현립·관대·전복·부채를 쥐고 신을 맞이하는 말을 한다. 무巫가 한마디 한마디 노래하면 조수(술마 리)가 이것을 반복하는 것으로, 다른 무사巫辭 때와 같다. 술마리는 모두 여인이다.

중화中和 무巫

다음에 말하고자 하는 것은 1926년 3월에 내가 평안남도 중화군 中和郡 해압면海鴨面 광석리廣石里 110번지의 무녀 윤복성에게 물어 조 사한 것이다. 매우 불충분한 조사이지만 버리기 힘든 자료도 약간 있으므로, 앞으로 그 줄거리를 쓰고자 한다. 그 여자는 50세 전후의 중간 체격을 가진 여인으로, 얼핏 보기에는 보통 가정의 부인과 아 무런 차이가 없다. 그의 집안에도 신붕神棚·신상神像 등이 하나도 없 고 무구는 모두 궤 안에 넣어 놓았으니, 실내의 모습도 마을의 다른 집과 조금도 다름이 없었다. 오직 방 한구석에 장고 몇 개를 놓은 것이 무가巫家라는 느낌을 주었다.

그는 아들도 있고 며느리도 있었다. 그의 남편은 별로 정기적인 소득이 없고 그 여자의 수입으로 먹고사는 모양이었다. 대체로 경성 이남의 무녀는 악인(재인才人·공인工人·화랑花郎·낭중郎中 등으로 부름)과 결혼한다. 여자가 가무를 하면 그의 남편은 악기를 치며 이를 도와 같이 돈을 버는 것이 보통이지만, 황해·평안도 및 함경남도 홍원洪原 이북에서 무격巫覡은 이 점에서 남방과 그 취의를 달리한다. 즉 그들은 굿을 할 때에 임시로 악수樂手를 고용해야 한다. 이 악수를 평안도와 황해도에서는 '술마리'라 하며 보통의 무녀로서 일시적인 술마리로 고용되는 자도 이렇게 부른다. 또 무녀가 아니라 술마리를 정업으로 하는 자도 있다.

또 홍원 이북에서는 흔히 수업 중인 자에게 악기를 맡게 하며 이를 '재사무당'이라고 한다. 그러나 보통 무격에게 악기를 부탁할 때 이를 특수한 명칭으로 부른 적은 없다. 그렇지만 그들은 남방과 같이 부부가 함께 하는 것은 아니다. 그런데 윤복성은 그 땅에서 '큰무당[大巫]'이라고 불리고 또 그 근처 마을의 단골무당이라고 하는데, 남쪽의 무녀와 같이 무서巫書 같은 것도 없고 불경 같은 것을 읽은 적도 없다고 한다. 나는 학우 법학사 김원석 군의 소개로 김군의 형인 김호석 씨를 해압면 성하리에서 만나고, 또 김씨의 소개로 윤복성과 만나게 되었다. 광석리와 성하연리는 몇십 정町 떨어진 이웃이었다.

제祭의 종류

1. 선왕님굿

선왕은 일반적으로 '先王'이라는 한자를 붙일 때도 있지만 이것은 정확한 것이 아니고, '성황城隍'의 잘못된 음인데 성황신을 가리키는 것도 아니다. 윤씨의 말에 따르면 이는 산신을 말하는 것이다. 이 굿은 촌락적 새신賽神의례이며 구舊 정월 날에 하며 마을의 광장에서 선왕당, 즉 산신당(당堂이라고 하지만 광석리에는 당이 없으므로 산허리에 작은 돌을 쌓아 올린 소석단을 가리킴)을 향하여 제상을 차린다. 제상은 보통 제상을 사용하지 않고 제를 올릴 곳 중앙에 네 개의 기둥을 세운 뒤, 그 위에 실긍[棚]을 만든 것이다. 그리고 이 제붕祭棚에는 밥과 떡, 나물과 과일, 술과 생선, 닭고기 외에 특별히 소나 돼지를 차려 놓기로 되어 있다. 소를 바칠 때에는 사족과 머리는 이를 그냥 쪄서 바치며 나머지는 각각 요리하여 바친다. 돼지는 털과 내장만 빼고 한 마리를 통째로 삶아 바친다. 마치 살아 있는 것처럼 말이다. 또 '감응천[感應布]'이라는 것을 성왕당 나무에 매다는데, 그의 축사는 대체로 "선왕님, 이 마을이 평안하도록 농사 잘 되고 마을에 어떤 잡병 없게 하여 줍소서"라는 의미의 것이다. 이렇게 무녀는 마을의 안과태평安過太平, 마을 각 집의 수복강녕을 기원하는 것이다.

2. 동내굿

이것은 동제의 의미로, 의식은 앞의 선왕굿과 같다. 다른 점이 있다면 전자는 해마다 또는 격년 1회 정기적으로 하는 것과 달리 후자, 즉 동제는 마을에 무슨 사고(역병·화재·한재 등)가 있을 때에만 하는 것이다. 먼저 선왕맞이를 하고 그 다음에 본의식에 들어간다.

3. 조상님 수왕굿

이것은 '보은굿'이라고도 하고 조상의 제령諸靈을 위안하고 또 여러 조상의 극락왕생을 수왕전에 기원하는 의례이다. 마당에 제를 위한 마루를 만들고 각종 음식을 놓은 뒤, 아이들은 그를 향해 조상령에 곡을 하며 절을 올린다. 무녀는 여러 신령의 감응을 빌면서 "자손공을 받아 극락왕생 하옵소서"라는 의미의 축사를 올린다.

4. 가랑신

이것은 '사신가랑신'이라고도 하는 문신의 이름이다. 이 제의는 특히 굿이라고 하지 않고 '가랑신한다' 또는 '사신가랑신한다'고 말할 뿐이다. 즉 가랑신을 제사한다는 의미이다. 가랑신이라는 것은 구 정월 14일에 엮어서 문주 한쪽에 매다는 오쟁이[藁苞]를 말하는데 (이것은 보통 '사신오쟁이'라고 함) 그 안에 낡은 옷과 밥, 닭다리와 닭머리, 흰 종이와 오색의 포백 등을 넣고 문을 지키라는 의미로 각 집의 문주에 매다는 것이다. 그리고 그것을 다시 만드는 날인 정월 14일에 무녀를 초청하거나 사적으로 가랑신제를 하는 것이다. 이때에는 반드시 개를 잡고 밥과 떡, 나물과 고깃국, 닭고기 등과 같이 이를 제상에 놓고 무녀(사적일 때에는 주부)는 사신오쟁이 안에 것을 뒤지면서 "가랑신님, 이 굿 받아가지고 명 많이 주고 복 많이 주고 잡신 막아 아이 병 거둬 가시오"라는 의미의 축사를 읽은 뒤, 지난해의 낡은 포는 태워버리고 새것을 대신 매달기로 되어 있다.

5. 상문굿

이것은 상가의 음식 등으로, 병이 들었을 때에 하는 굿이다. 모밀떡[蕎麥餅] 24개(안 찐 떡[生餅] 21개·찐 떡[熟餅] 3개)를 밥과 술, 나물과 과일 등과 같이 놓고, 장고는 치지 않은 채 무녀는 "상문탈이 났으니 고픈 배 불리고 쓸던 가슴 멈추고 모년생 모병세 거두어 가지고 물러서시오"라고 축사를 드린다. 모밀떡은 귀신이 매우 무서워하는 것이므로 바친다.

6. 수왕굿

이것은 앞서 서술한 조상님 수왕굿과 같이 조상을 제사하는 의례지만, 그 본뜻은 각각 다르다. 전자는 오직 일가의 안과태평을 위해 조상을 제사하는 의식이지만, 수왕굿은 조상이 자손에게 액을 메울 때만 하는 제사이다. 제상에는 대체로 조상님 수왕굿과 같이 제품祭品을 차려놓지만 규모는 작다. 병든 사람이 남자면 12척의 목면을, 여자면 9척의 목면을 가지고 두 사람이 양쪽에서 가만히 이것을 서로 잡아당기고, 그 중앙에 방울을 놓고 무녀가 축사를 한다. 그리고 이 방울이 떨어지는 시간으로 병이 언제 나을지 판단하는데, 떨어지는 방울은 여자가 치맛자락으로 받게 되어 있다.

7. 징너구

이것은 죽은 사람이 있을 때 그 시체를 마당에 놓고 지내는 굿으로 밥과 국, 나물과 과일, 술 등을 제상에 놓고 망령의 극락왕생을 기원한다. 사자가 남자면 10척의 목면을, 여자이면 9척의 목면을 양쪽에서 가만히 서로 당기며 그 중앙에 방울을 놓는 것은 수왕굿과 같지만 방울이 떨어짐과 함께 무녀는 신사를 마치기로 되어 있고 목면은 태워버린다. 또 방울은 흙 위에 떨어뜨리지 않고 여인이 치맛자락으로 받는 것도 수왕굿과 같다. 축사는 대체로 "이 굿 받아서 좋은 극락세계로 가고 다음에 사내[厄]나지 말도록 하라"는 의미의 것이다.

8. 덕구풀이(積鬼解의 뜻인지?)

이것은 병이 오래된 사람을 위하여 하는 신사이다. 병자를 들에 세우고 병인이 남자이면 12척의 목면을, 여자이면 9척의 목면을 사용하여 방울을 중앙에 놓고 병이 나을 때를 판단하는 것은 앞서 말한 두 개의 굿과 같다. 그러나 이것은 닭을 병자 대신으로 매장한다는 점이 다르다. 병자가 남자면 수탉을, 여자면 암탉을 산 채로 9마리 묶어서 신사 중에는 이것을 병자의 품에 안게 하고 신사가 끝난 뒤 끄집어내 매장한다. 매장 시에는 반드시 "에성 닭이야"라고 세 번 부르짖는다. 이 부르짖음은 사람의 장식葬式 때에도 관을 구멍에 내려서 봉분을 만들기 전에 하기로 되어 있지만, 이때는 연속적으로 이를 부르게 되어 있다. 이렇게 닭을 대신 생매장하는 것을 '대신가기', '닭대신넣기', 또는 '대신보내기'라고 한다. 제품은 상문제 때와 같은 음식을 놓고, "이 굿 받아먹고 날네 물러서라"는 뜻의 축사를 한다.

9. 철머리굿

들에 네 기둥을 세우고 그 위에 선반을 만든 뒤 선반 위에 제사상에 올릴 술과 떡, 과일과 나물, 생선과 고기 등을 놓는다. 밥은 제외하고 놓지만, 따로 '감응상'이라는 것을 네 기둥 밑에 바친다. 감응상에는 흰쌀을 놓을 뿐이다. 그리고 선반을 향해 장고를 놓고 무녀는……

이러한 여러 신사 마지막에는 반드시 칠성제(칠성굿)를 한다. 칠성신에는 밥과 떡, 술과 과일, 나물과 국, 생선과 고기 등을 놓고, 무녀와 가족 모두 그를 향해 분향재배한다.

ㅇ 칠성축사는 지은이의 저서 《조선신가유편朝鮮神歌遺篇》을 참조

무구巫具

1. 장고

개가죽으로 붙인 허리가 잘록한 장고〔細腰鼓〕로 3개를 소유하고, 그 가운데 하나를 '명당구'라 부르며 중요히 여긴다. 다른 둘을 그저

'당구(보통장고)'라고 부른다. 대고大鼓는 쓰지 않는다.

2. 명두

일반적으로 '明頭' 또는 '明圖'의 한자를 쓰는 오래된 청동제 거울을 말하는 것이다. 2개 한 쌍을 소지하고(그 수는 무에 따라 다르지만 보통 쌍으로 소지한다) 이것을 '일월대명두日月大明頭' 또는 '국대명두國大明頭' 등으로 부른다. 윤씨가 가진 명두 가운데 하나는 양면에 아무것도 조각하지 않은 것이었지만, 하나의 뒷면에는 국대명두의 4자와 수많은 별이 음각되어 있었다. 모두 원모양이고 얇으며, 궁형이므로 표면은 좀 볼록한 원이 되고 뒷면은 좀 오목하게 파여 있었다. 그리고 그 표면 가운데에는 끈을 넣을 구멍이 있고, 거기에 매인 목면(반 폭이며 길이 3척 7촌을 필요로 한다고 함)에는 문서라고 제題하고 다음과 같은 기문이 있었다.

一里居許氏所生男子七歲辛亥生次子一歲丁巳生四柱身弱故壽命長久術尹萬身處授養宣約是遣日月星辰國大明頭如是成文事

서툰 글이지만 의미는 추측할 수 있다. 문중의 '사주'라는 것은 생년월일과 태어난 시간에 따라 전해지는 사람의 운이고, '만신'이라는 것은 무에 대한 경칭이며, '萬神'이라고 한자를 쓴다. 이것은 신사 때에 시룽[祭棚] 밑에 걸고 점복 시에는 그 뒷면에 흰쌀을 뿌리고 액귀를 판단한다. 무는 흰쌀을 조금 주워서 거울 표면에 뿌리고 귀신의 이름을 부르면서 거울을 기울인다. 거울 표면은 심하게 매끄러우며 또 궁처럼 휜 모양이므로 쌀은 금방 미끄러진다. 그렇지만 부른 이름이 액을 내리는 귀신일 경우에는 한 톨, 또는 몇 톨의 쌀이 거울 표면에 붙어서 움직이지 않는다. 이렇게 하여 액을 내리는 귀신을 알아낼 수가 있다.

3. 방울[鈴]

방울을 '쇠(철의 뜻)'라고 부르고 한 대에 20여 개의 방울을 붙인 것이다. 방울 모양은 말의 목에 거는 것과 같고, 흔들면 소리가 나게 추[舌]가 붙어 있다. 이것은 신사 때에 사용하여 병이 언제 나을지, 귀신의 의도가 무엇인지 등을 알 수가 있고(앞서 서술한 수왕굿·징너 구·덕구풀이 등 참조) 또 점복 시에는 이것을 점주에게 쥐게 하여 소숭귀신所崇鬼神·길흉화복을 점칠 수가 있다. 즉 무가 강신도사降神禱詞를 읽고 귀신을 방울 위에 내리면 소숭귀신의 이름 또는 길흉을 묻는다. 그때 물어본 사항에 대해 방울이 울리면 그것은 그렇다는 대답이 되고, 울리지 않으면 아니라는 답이 된다고 한다.

4. 검劍

크고 작은 두 가지가 있는데 큰 것은 금칼, 작은 것은 손칼[手刀]이라고 한다. 손칼은 식도과 같은 것이며, 이외에 포정鉋丁 같은 검을 가질 때도 있다. 이것들은 귀신을 두렵게 할 때에 사용한다. 귀신은 검과 철 소리를 무서워하기 때문이다.

5. 삼차창三叉槍

이것도 귀신을 위협할 때에 사용하며, 한 개를 갖는다.

6. 갑주甲胄

삼차창을 쥘 때에 입는 것인데 갑甲을 갑옷, 주胄를 투구라 한다.

7. 갱징〔小銅羅〕

악기로 사용한다.

이상 제구 가운데서 거울과 방울, 명장고 세 가지는 무에게 가장 중요한 것이다. 이러한 것을 무녀 자신이 사거나 기증을 받는 것은 별로 영靈하지 않다 하고, 만약 이러한 것을 죽은 무당의 현몽現夢으로 얻으면 그 물건이 영할 뿐만 아니라, 그것을 양도 받은 무도 역시 영한 무 또는 참무당이라고 인정받는다. 그 가운데서도 방울과 거울은 무가 죽기 전에 이를 비밀스러운 곳에 묻어두고 죽은 뒤 자기의 무술을 전하여도 좋겠다고 생각하는 여자의 꿈에 나타나 그 장소를 가르쳐 준다. 이렇게 무가 어느 여자에게 강접하는 것을 '접신接神'이라고 한다. 일단 접신된 여자는 갑자기 광인과 같이 되고, 가무를 하면서 물건이 묻힌 장소에 가서 무구를 파내어 가지고, 이로써 훌륭한 무가 된다. 그리고 일체의 무술은 죽은 무당의 영, 즉 그 접신의 가르침을 받고 파낸 무구는 대단한 영성靈性을 갖게 된다. 그렇지만 죽은 무당이 무구를 묻어 놓은 장소를 알고 자기의 의지로 이를 파내어 무가 되는 자도 있다. 이와 같은 경우에도 죽은 무당은 그자에게 강접하여 복술과 무술을 가르치는 것이지만 이것은 전자보……(이후 원고 없음)

여러 신의 신성神性[1]

다음에 나는 여러 신神의 신성에 대하여 간단한 설명을 할 필요

---

[1] 이 글은 원고의 앞부분이 소실되어 제목과 앞의 내용을 알 수 없다. 따라서 내용에 맞추어 엮은이가 임의로 제목을 달아 두었다.

를 느낀다. 우선 설명하기 쉬운 것부터 말하면 '성주[成造]'가 가옥신
인 것, '조상'이 제가祭家의 여러 조선祖先인 것, '지운地運'이 가옥의
대지를 수호하는 지신인 것, '수문장'이 가옥의 문을 수호하는 문신
인 것 등은 설명할 필요도 없고, '선왕'은 동리를 수호하는 경계신이
자 토지신의 신성을 가진 성황신이 잘못 전해진 것이다. 중국의 성
황은 성지城池의 의미이며 그 또한 경계·토지의 수호신이다(손진태,
《조선민족문화의 연구》 가운데 누석단론 참조). 제석은 인도 불교의 인
드라신으로(인더스강이 신격화한 자), 천상계의 농업신이다. 조선에서
도 농신農神·직신織神·봉신蜂(蜜)神 등 농업신으로 되어 있다. 이른바
성인님은 석가모니불이 아니요, 성화聖化한 승려로서 조선의 독자적
인 사상인 듯하고, 선생님이란 것은 무격의 선배인 망무로, 선무先巫
라고 할 자이다. 마우님은 님을 붙이지 않는 경우에는 '마울'이라 하
며, 그 도가禱歌의 내용으로 미루어 볼 때 부府·조曹·아衙 등 마을에
해당하므로, 봉건적 관존사상에서 그러한 대관의 사령死靈을 신격화
한 모양이라 할 수 있다. 대감도 동일한 사상의 산물로, 조선의 관직
에서는 정3품 이상의 당상관을 '대감'이라 하였다. 무가 가운데서도
그러한 경향이 보이나, 실제 신앙에서 대감신은 마을신이 문관인데
대감은 무관신으로 되어 있다. 감성은 아마 감상監嘗일 것이며 관부
의 감상관監嘗官을 신격화한 요리신이다. 무제巫祭에는 음식이 중요하
므로, 특히 요리신을 위할 것이다. 세턴은 무녀 사이에 보통 무조巫
祖라고 생각되는 여평신으로, 서천서역국에서 나왔다고 한다. '신선'
이라고도 하여 도교사상의 영향도 있는 모양이다. 원구는 남신으로
'원구제석'이라고도 하나, 그 의미와 신성은 분명하지 못하다. 넝정
은 여신이나, 의미와 신성은 역시 확실하지 않다. 구능은 '군웅軍雄'
이라고 기록상에 보이나, 한자의 옳고 그름과는 관계없이 무장신인
것만은 명백하다. 산님은 무제巫祭를 지낼 때 사용하는 종이 화초花草

를 만드는 사람이 신격화된 것이다. 끝으로 주당周堂은 혼인 시의 택일방법을 뜻하는 것으로, 도표로 정리하면 다음과 같다.

嫁娶周堂		
姑	堂	翁
夫		第
厨	婦	竈
其法 只論月分大小 不問節季 大月 從夫向姑 順數 小月 從婦向竈 逆數 擇第·堂·厨·竈日 用之 如遇翁·姑 而無翁姑者 亦可用		

보살노친네〔菩薩老親〕

평안도에서는 간단한 기도(푸닥거리)도 하며 주로 점을 업으로 하는 신 붙은 여인을 속히 '보살노친네'라 부르고 무라고는 하지 않는다. 그들의 점법은 무巫와 거의 같고 쌀점〔米占〕·동전점〔錢占〕 등을 하는데 명도경明圖鏡만은 사용하지 않는다. 성천군 아파리Y波里에서 내가 만난 여인은 현주소가 평양부 신양□에 있는 이맹화라는 52세의 여인인데(이후 원고 없음)

제3부

신 가

초神을 둔ㅣ 그 ㄷ음가

ㅔ이 가장 單純하에데

하며 ㄴ는 誕生에 씨라도

것은 諸民으

諸民

다。 다。 対 다。
別編

殺伐神의 對모
說話도 그것은
誕生에 閼한
說中에 閼한 來世에 閼한
한 것을 廻想하고 그
잘은 지 자못 求하며서도 있었
文學도 있을 만한 있이
關한, 文學이 있으 ㅓ 있으면 일이
長年이 있었 一 있었

조선 무격의 신가神歌[1]

차 례[2]

各거리푸념 初頭 其一

各거리푸념 初頭 其二

各거리푸념 初頭 其三

尊神門열이푸념

都請拜 푸념

一. 마우님 請拜

二. 성조님 請拜

三. 聖人님 請拜

四. 神仙세턴님 請拜

五. 원구님 請拜

六. 帝釋님 請拜

七. 雲淨님 請拜

八. 先生님 請拜

九. 祖上님 請拜

一〇. 大監님 請拜

一一. 監嘗님 請拜

一二. 허튼거리

勸善굿푸념

各마을請拜

日月노리푸념　　　　　　以上《靑丘學叢》

聖人노리푸념(日月노리푸념 再出) 文章

創世歌 (其氏 再出)　　　新家庭

一. 祖上푸리

二. 龍船歌

三. 西往歌

四. 自責歌

五. 勸往歌

六. 悔心曲

七. 지양푸리　　　　　　　以上《佛敎》

---

1) 원고의 내용은 1935년과 1937년에 각각 두 차례씩《靑丘學叢》에서 발표된〈朝鮮巫覡의 神歌〉의 一, 二, 三, 四의 한글과 한자로 풀이한 부분 등이 거의 같다. 단《청구학총》에 발표된〈朝鮮巫覡의 神歌〉와의 차이점은 일본어로 번역된 내용이 빠져 있는 점, 각주가 한국어로 서술된 점, 그리고 각주의 내용이〈朝鮮巫覡의 神歌〉의 그것과 상이한 점 등이다. 이상의 사실로 미루어보아 본 원고는《청구학총》에 발표된〈朝鮮巫覡의 神歌〉의 내용을 기초로 하여 새로 정리한 것임을 짐작할 수 있다.

2) 원고와 함께 발견된 목차를 같이 실었다. 목차는 손진태가 원고지에 자신이 채집하여 개제한 神歌들을 잡지별로 정리해 놓은 것이다. 고려대학교에 기증된 손진태의 유고에는《靑丘學叢》에 실린〈朝鮮巫覡의 神歌〉가운데 '各거리푸념 初頭 其一'부터 '各마을請拜'에 해당하는 내용, 그리고《佛敎》에 실린 '七. 지양푸리'에 해당하는 내용이 포함되어 있다.

1. 각숌거리푸념 초두初頭

1) 각거리푸념 초두(其一)

턴디 건곤 오행문이라 / 하느님은 갑자 병자하니 / 갑자는 자월 자 새로 생하시고 / 이 따님은 을해 을툭하니 / 툭월 툭씨로 생하시고 / 인도 인생은 인월 인씨로 생하시고 / 구신은 묘월 묘방으로 생하시고 / 턴티 건곤 오행문이라 / 동방 갑을 삼팔목 / 남방 병덩 니칠화 / 서방 경신 사구금 / 북방 님개 일눅수 / 둥왕 무기 오십토 / 오행정기 분명하오 / 일월 오행 정기가 났아오면 / 일월 성진 있음메다 / 해 미테는 일광노요 / 달 미테는 월광노요 / 별 미테는 호종씨요 / 동에는 사성이요 / 서에는 오성이오 / 남에는 눅성이오 / 북에는 칠성이오 / 멍에다물 삼태성 / 오별상 눅성문이오 / 데 강남은 자월 자디오 / 우리 강남은 당턴자 설읍이오 / 단군첸년 그자첸년 / 이첸년을 사랐음메다 / 송도올나 왕근태조 / 오백년 도읍이오 / 아 태조 등극후에 / 그성게씨 함경도 / 본궁에서 설읍하여 / 팔도 감사 칠도 시관 / 사사명광 금광내도 / 털넝 데짝 강원도요 / 털닝 이짝 평안도요 / 편안도 사십 사관 갈나낼적 / 일양 사주에 십천개허니 / 남동 삼원에 구산등(1)이라 / 일 갱개를 도라 들즉 / 을묘년에 설포허고 / 개묘년에 성읍허고 / 삼십 눅면 이옵드니 / 자 후창을 분간 허니 / 열아홉면이 올사와다 / 방영문 토포청 / 대성 지성 문선왕 / 좌우를 갈나 갱게면이 올사와다 / 모씨으 명당에 도라 들적에 / 턴 태산 동에 지고 / 연수강을 앞을 놓아 / 좌우 청농 집을 디어 / 나 라님으 채매던에 / 든돌 아레 불을 니어 / 세턴에다 내를 올녀 / 사 사라 누려 와 게떤 / 모씨명당 도라 드러 / 쥐위 금년 해운 색은 / 유 세차 그모 태세 / 당차 금년 남신년 해운이 옵고 / 달누 내려 오월 니십일 / 오날 공수 바다 낼적 / 턴기대요 백둥넉을 / 내여 노코 바다 낼적 / 일상생그 니둥턴과 / 삼아절레 사둥유혼 / 오상화회 눅둥복덕 / 칠화절명 팔둥본궁 / 턴월덕에 합한 날과 / 생그 복덕 바다내여 / 청농 황도 명당 황도 / 검기 황도 대덕 황도 / 옥당 황도 사명 황도에 / 드는 날에 받아 내여 / 만 조상님 받을 날 되옵시고 / 자손나뷔 천년당굿 / 디릴 날 되어서 / 차나록 마나록 은절미 놋절미 / 닐곱 구녕 동실게 / 새 안개로 김울 올녀 / 네모 망판에 세 매로 들어 쳐서 / 동내전 부인들이 부누거튼 손으로 / 짝짝이 돈돈이 빚어 내여 / 너버찬 광이에 / 기리차게 담아 노았아오니 / 만 조상님네 / 철년당 굿 받으레 오옵소사

詩祭次 禱歌

天地 乾坤 五行文이라 / 하느님은 甲子 丙子하니 / 甲子는 子月子時로 生하시고 / 이 따님은 乙亥 乙丑하니 / 丑月 丑時로 生하시고 / 人途 人生은 寅月 寅時로 生하시고 / 鬼神은 卯月 卯時으로 生하시고 / 天地 乾坤 五行文이라 / 東方 甲乙 三八木 / 南方 丙丁 二七火 / 西方 庚辛 四九金 / 北方 壬癸 一六水 / 中央 戊己 五十土 / 五行 精氣 分明이오 / 日月 五行 精氣가 났사오면 / 日月 星辰 있읍네다 / 해 밑에는 日光노요 / 달 밑에는 日光노요 / 별 밑에는 호종씨요 / 東에는 四星이오 / 西에는 五星이오 / 南에는 六星 / 北에는 七星이오 / 멍애다물 三台星 / 五別星 六星門이오 / 저 江南은 子月 子地오 / 우리 江南은 唐天子 說邑이오 / 檀君 千年 箕子 千年 / 二千年을 사랐읍네다 / 松都올라 王建太祖 / 五百年 都邑이오 / 我太祖 登極後에 / 李成桂氏 咸鏡道 / 本宮에서 設邑하여 / 八道 監司 七道 試官 / 사사명광 금광내도 / 鐵嶺 저짝 江原道요 / 鐵嶺 이짝 平安道요 / 平安道 四十 四官 갈라낼적 / 一壞 四州에 十川界하니 / 兩

東 三原에 九山돌이라 / 一 江界를 돌아들즉 / 乙卯年에 設浦하고 / 癸卯年 에 成邑하고 / 三十 六面이 옵드니 / 慈 厚昌을 分揀하니 / 열아홉面이 올사외다 / 防營門 討捕廳 / 大聖 至聖 文宣王 / 左右를 갈라 江界面이 올사외다 / 某氏의 明堂에 도라 들적에 / 天台山 등에 지고 / 延水江을 앞을 놓아 / 左右 青龍 집을 지어 / 나리님의 채마田에 / 구들 알에 불을 너어 / 국둑에다 연기를 올려 / 살아 누려 오시던 / 某氏 明堂 도라 드러 / 至于 今年 해運 朔은 / 維 歲次 己卯 太歲 / 當此 今年 壬申年 해運이 옵고 / 달로 내려 五月 二十日 / 오날 恭受 받아 낼적 / 天機大要 百中歷을 / 내여 놓고 받아 낼적 / 一上生氣 二中天醫 / 三下絶禮 四中 遊魂 / 五上和解 六中福德 / 七下絶命 八中本宮 / 天月德에 合한 날과 / 生氣福德 받아내여 / 青龍 黃道 明堂 黃道 / 金貴 黃道 大德 黃道 / 玉堂 黃道 司命 黃道에 / 드는 날에 받아 내어 / 萬 祖上님 받을 날 되옵시고 / 子孫들이 千年堂굿 / 드릴 날 되어서 / 차조 수수 입쌀떡 노티[油菜] / 일곱 구멍 동시루에 / 細 안개로 김을 올려 / 네모 떡판에 세매로 들어 쳐서 / 洞內의 婦人들이 粉같은 손으로 / 짝짝이 돈돈이 빚어 내여 / 넓은 광주리에 / 길차게 담아 놓았아오니 / 萬 祖上님네 / 千年堂굿 받으려 오옵소서

1932년 6월 평안북도 강계읍江界邑 서부동西部洞
남무(박사) 전명수 구송口誦

2) 각거리푸념 초두(其二)

턴디가 턴디 안이라 / 건곤 오행문 법이 턴디요 / 인간이 인간 아니라 / 오룬 일눙에 내신 인간이요 / 구신이 구신 아니다 / 법문에 내신 구신이외다 / 하느님은 디황씨요 / 인간은 인황씨요 / 구신은 신

도문이요 / 넘데내려 신농씨 / 태호내려 복흐씨 / 턴디 건곤 오행문
이 분명허오니 / 오행정긔를 갈나 낼 적에 / 돌방갑을 삼팔목을 /
남글 빌엇습니다 / 남방병뎡 니칠화에 / 불을 빌엇습니다 / 서방경
신 사구금에 / 쇠를 비럿습니다 / 북방 님개 일둑수에 / 물을 빌엇
습니다 / 듕앙 무기오십토에 흑을 빌엇음메다 / 데 강남은 자월 자
디옵고 / 이 강남은 다턴자설옵이외다 / 단군 쳰년 그자 쳰년 / 니
쳰년을 사랐옵메다

諸祭次 禱歌 初頭(其二)

天地가 天地 아니라 / 乾坤 五行 文法이 天地요 / 人間이 人間아니
라 / 五倫 人倫에 내신 人間이오 / 鬼神이 鬼神 아니라 / 法文에 내
신 鬼神이외다 / 하느님은 天皇氏요 / 이 따님은 地皇氏요 / 人間은
人皇氏요 / 鬼神은 神道門이요 / 炎帝 내려 神農氏 / 太皓 乾坤 五
行門이 分明하오니 / 五行 精氣를 갈라 낼 적에 / 東方 甲乙 三八木
에 / 남글 빌었읍니다 / 南方 丙丁 二七火에 / 불을 빌엇습니다 /
西方 庚辛 四九金에 / 쇠를 빌었읍니다 / 北方 壬癸 一六水에 / 물
을 빌었읍니다 / 中央 戊己 五十土에 흙을 빌었읍니다 / 저 江南은
子日 子地옵고 / 이 江南은 唐天子 設邑이외다 / 檀君千年 箕子千年
/ 二千年을 사랐습니다

(이하는 앞과 동일하므로 생략함) 강계 남무 전명수 구송

3) 각거리푸념 초두(其三)

사바는 세개 남섬은 부주 / 해동은 데일 도선국에 / 백두산 일 지맥
이 / 동으로 흘네 내려 / 삼각산이 되었는데 / 인왕산이 주산되고 /
종남산이 안산되고 / 광악산이 청농이오 / 말니재는 백호로다 / 동

정은 수구를막아 / 피산은 대해하고 / 널부는 전성하니 / 노지 일월이오 / 순지 건곤이라 / 설니 방춘에 가지 꽃이피고 / 금지 옥엽은 천 만 세에 청춘을 띠여있고 / 금사 옥토기 세켠으로 / 오백 오십니를 / 물니 다라 내려 오니 / 평안도 생겻는데 / 그자 쳔년 단군 쳔년 / 이쳔년지 도읍이라 / 모란봉이 주산되고 / 문수봉이 안산이오 / 관왕묘가 청농이오 / 지당산이 백호로다 / 불과 지적 일니내에 / 대동강수는 호호 탕탕 흘너가고 / 모란봉 기동켠에 / 보통강수는 / 양양 잔잔 흘너간다 / 넌광덩에 올나가서 / 턴하강산 바라보니 / 일양 사주 십쳔개요 / 낭동 삼원에 구산등(1)인데 / 당서 일면은 용용수요 / 대야 동두 점점산에 / 청포당 널군뜰은 / 일도 도백 거접쳔데 / 일백 오십니를 몰녀 다라 들어오니 / 안주 따는 평디외다 / 청쳔강을 덩포삼고 / 강 데켠은 청남이오 / 강 이켠은 청북인데 / 청남은 스물 세골 / 청북은 스물 한골 / 도합하니 마흔네골인데 / 고을 갈나 갱개군에 / 면을 갈나 갱개면에 / 동내을 갈나 서부동이 올슴는데 / 차갓댁에 돌아들적에 / 쳔리 행농 주를 삼고 / 터태산을 등에 지고 / 연수강을 앞에 노코 / 좌청농 우백호가 분명한데 / 든돌알에 불을 때여 / 새턴국에 내를 날녀 / 가문성뎐 막을차자 / 모씨 가내 낭주 부체 / 건공명이 올슴네다 / 云云

諸祭次 禱歌 初頭(其三)

娑婆世界 南贍 部州 / 海東은 第一 朝鮮國에 / 白頭山 一枝脈이 東으로 흘러 내려 / 三角山이 되었는데 / 仁旺山이 主山되고 / 終南山이 案山되고 / 冠嶽山이 靑龍이오 / 萬里峴은 白虎로다 / 동정은 수구를 막아 / 피산은 대해하고 / 널부는 전성하니 / 堯之 日月이오 / 舜之 乾坤이라 / ?? 芳春에 가지가지 꽃이 피고 / 金枝玉葉은 千萬世에 靑春을 띠어있고 / ?? 西便으로 / 五百五十里를 / 몰려 다라

내려 오니 / 平安道 생겼는데 / 箕子 千年 檀君 千年 / 二千年之 都
邑 이라 / 牡丹峰이 主山되고 / 文殊峰이 案山이오 / 關王廟가 靑龍
이오 / 地藏山이 白虎로다 / 不過咫尺 一里內에 / 大同江 水는 / 浩
浩 蕩蕩 흘러가고 / 牡丹峰 기동便에 / 普通江 水는 / 洋洋 潺潺 흘
러간다 / 練光亭에 올라가서 / 天下江山 바라보니 / 一壤 四州 十川
界요 / 兩東 三原에 九山登인데 / 長城一面은 溶溶水요 / 大野 東頭
點點山에 / 靑布帳 넓은 들에 / 一道 道伯 居接處인대 / 一百五十里
를 / 몰여 다라 들어오니 / 安州따는 平地외다 / 淸州江을 定標삼고
/ 江 저편은 淸南이오 / 江 이편은 淸北인데 / 淸南은 시물 세고을
/ 淸北은 시물 한고을 / 都合하니 마흔 네고을 인데 / 고을 갈나 江
界郡에 / 面을 갈나 江界面에 / 洞里를 갈라 西部洞에 옵는데 / 此
家宅에 돌아들 적에 / 千里 行龍 주를 삼고 / 天台山을 등에 지고 /
延水江을 앞에 놓고 / 左靑龍 右白虎가 分明한데 / 구들 앞에 불을
때여 / 굴둑에 내를 날려 / 家門聖殿 幕(?)을 찾아 / 某氏 家內 兩
主 夫妻 / 乾坤命이 올습니다 / 云云

강계 남무 전명수가 지닌 사본에서 옮겨 실음

| 주 | (1) 존신문열이 푸념 주 참조.

2. 존신문열이 푸념

오방문을 열어 놀적 / 신기문두 열어 보자 / 턴하문을 열고 노코 /
디하문두 열어 노코 / 데 동방에 청개문과 / 데 남방에 적개문과 /
데 서방에 백개문과 / 데 북방에 흑개문과 / 데 등앙에 황개문과 /
오방문을 열어 노니 / 각 구데 존신이 / 문을 열어 오옵서사 / 마우

님두 문을 열어 오옵소사 / 성조님두 문을 열어 오옵소시 / 성인님두 문을 열어 오옵소사 / 신선님두 문을 열어 오옵소사 / 세턴님두 문을 열어 오옵소사 / 원구님두 문을 열어 오옵소사 / 데석님두 문을 열어 오옵소사 / 녕천님두 문을 열어 오옵소사 / 간주님두 문을 열어 오옵소사 / 선상님두 문을 열어 오옵소사 / 조상님두 문을 열어 오옵소사 / 감상님두 문을 열어 오옵소사 / 대감님두 문을 열어 오옵소사 / 권선님두 문을 열어 오옵소사 / 뒤으로 현무님두 문을 열어 오옵소사 / 앞으로 오방 디운 / 안토지신 구토실녕 / 내외 디운님두 문을 열어 오옵소사 / 안 수문당 한녀섯고 / 밧 수문당 한녀섯과 / 열 두나라 도수문당 / 날 당수 길당수요 / 범 겉으니 당수님도 / 문을 열어 오옵소사 / 오방문을 열어노니 / 주당문을 여어보자 / 핸애비옹짜 주당문이며 / 할미고짜 주당문이오 / 애비부짜 주당문이며 / 에미모짜 주당문이오 / 아드자짜 주당문이며 / 며누리부짜 주당문이오 / 사우서짜 주당문이며 / 무당무짜 주당문이오 / 나가네객자 주당문이며 / 마구구짜 주당문이오 / 치매저짜 주당문이며 / 비역주짜 주당문이오 / 조왕조짜 주당문이며 / 생살 주당 팔만제조왕의 / 주당문 열어 노흘적에 / 지금 한쌍 비러내고 / 열쇠 한쌍 빌어 내며 / 각구존신 각신장으 / 각 마을 제신 팔만제조왕으 / 주당문이나 신도문꺼지 / 열어 노니 다 각 신장이 / 모도 오옵소사

尊神門열이 禱歌

五方門을 열어 놀적 / 神鬼門도 열어 보자 / 天下門을 열어 놓고 / 地下門도 열어 놓고 / 저 東方에 靑開門과 / 저 南方에 赤開門과 / 저 西方에 白開門과 / 저 北方에 黑開門과 / 저 中央에 黃開門과 / 五方門을 열어 놓니 / 各 곳에 尊神이 / 門을 열어 오옵소셔 / 마우님도 門을 열어 오옵소셔 / 成造님두 門을 열어 오옵소셔 / 聖人님

도 門을 열어 오옵소셔 / 神仙님도 門을 열어 오옵소셔 / 세턴님도 門을 열어 오옵소셔 / 원구님도 門을 열어 오옵소셔 / 帝釋님도 門을 열어 오옵소셔 / 영전님도 門을 열어 오옵소셔 / 간주님도 門을 열어 오옵소셔 / 先生님도 門을 열어 오옵소셔 / 祖上님도 門을 열어 오옵소셔 / 監賞님도 門을 열어 오옵소셔 / 大監님도 門을 열어 오옵소셔 / 권선님도 門을 열어 오옵소셔 / 뒤으로 玄武님도 門을 열어 오옵소셔 / 앞으로 五方地運 / 安土之神 九土神靈 / 內外 地運님도 門을 열어 오옵소셔 / 안 守門將 한여섯과 / 밧 守門將 한여섯과 / 열두 나라 都守門將 / 날 將帥 길將帥요 / 범 같으신 將帥님도 / 門을 열어 오옵소사 / 五方門을 열어놓니 / 周堂門을 열어보자 / 햅애비翁字 周堂門이며 / 할미姑字 周堂門이오 / 애비父字 周堂門이며 / 어미母字 周堂門이오 / 아들子字 周堂門이며 / 며누리婦字 周堂門이오 / 사위婿字 周堂門이며 / 무당巫字 周堂門이오 / 손客字 周堂門이며 / 마구廐字 周堂門이오 / 차례第字 周堂門이며 / 부엌廚字 周堂門이오 / 조왕竈字 周堂門이며 / 生殺周堂 八萬諸竈王의 / 周堂門 열어 놓을적에 / 자물쇠 한쌍 비러내고 / 열쇠 한쌍 빌어 내며 / 各 尊神 各 神將의 / 各 마울 諸神 八萬 諸竈王의 / 周堂門이며 神道門까지 / 열어 놓니 各 神將이 / 모도 오옵소사

　　　　1932년 6월 평안북도 강계읍 서부동 남무(박사) 전명수 구송

| 주 | (1) '일양一壤'은 평양을 의미하며 평안도에는 양壤 자가 들어 있는 지명이 한 곳뿐이라는 뜻이다. 4주四州는 의주義州·안주安州·정주定州·삭주朔州이고, 10천계十川界는 원천順川·성천成川·개천价川·덕천德川·선천宣川·박천博川·태천泰川·희천熙川·수천肅川·용천龍川 및 강계江界를 뜻한다. 양兩동은 강동江東과 벽동碧潼, 3원三原은 평원平原·위원渭原·영원寧原을 뜻한다. 그리고 9등산九山登은 맹산孟山·

분산焚山·철산鐵山·가산嘉山·곽산郭山·은산殷山·증산甑山·자산慈山·
운산雲山 및 삼등三壺을 뜻한다.(주석번호의 위치는 확인할 수 없다
-엮은이)

3. 도청배푸념〔都請拜 禱歌〕

1) 마우님 청배 푸념

-初頭는 省略- / 마우님으 근본은 / 이구산이 근본이오 / 일천 월
천 야매동천 / 소솔천 대솔천 넘어가니 / 벙마랑왕과 벙마랑부인이
/ 마울길로 내렸습네다 / 하늘 생긴 턴동마울 / 따 생겨 디동마울 /
인간 생겨 인황마울 / 구신이면 신돗마울 / 가경턴재 오시월마울 /
산사무난사 호적관에 / 노리보든 마우님과 / 데 나라에 턴잿마울 /
우리 나라 니씨마울 / 암행어사 출도마울 / 함경도에 본잔마울 / 江
邊七邑 七山마울 / 서자동궁 기잣마울 / 낭주부체 합궁마울 / 자손
이 생겨 수명마울 / 조상 자분 사잣마울 / 돈을 다라 錢財마울 / 배
를 나서 질잿마울 / 종앨 떠서 지청마울 / 술을 되면 주갓마울 / 떡
을 비저 왕빗마울 / 마주 앉은 불반마울 / 오늘 반두 열두반과 / 내
일 반두 열두반과 / 시물네나 상고반에 마우님과 / 이간의 성전상도
라드러 / 조상으로 내려오는 마우님과 / 대갑에 대를 물려 / 뉘갑에
뉘를 물려 / 던답 받아 내려 오는 마우님 / 도청배에 오옵소서

마울神 請拜 禱歌
-初頭는 省略- / 마우님의 根本은 / 이구山이 根本이오 / 日天 月
天 야매동天 / 小率天 大率天 넘어가니 / 벙마랑王과 벙마랑夫人이/

마울길로 내렸습니다 / 하늘 생겨 地動마울 / 人間생겨 人皇마울 / 鬼神이면 神道마울 / 가경턴재 오시월마울 / 산사무난사 호적관에 / 노리보던 마우님과 / 저 나라에 天子마울 / 우리 나라 李氏마울 / 暗行御史 出道마울 / 咸鏡道에 本잔마울 / 江邊 七邑 七山마울 / 서 자동궁 기잣마울 / 兩主夫妻 合宮마울 / 子孫이 생겨 壽命마울 / 祖上 잡어 간 使者마울 / 돈을 다투어 錢財마울 / 배를 나어서 織財마울 / 조이를 떠서 紙廳마울 / 술을 지어면 酒家마울 / 떡을 비저 왕빗마울 / 마주 앉은 불반마울 / 오늘時도 열두時와 / 來日時도 열두時와 / 스물네나 상고반에 마우님과 / 이 宅 聖殿 도라드러 / 祖上으로 내려오는 마우님과 / 代갑에 代를 물려 / 뉘(代·世)갑에 뉘를 물려 / 田畓 받어 내려 오는 마우님 / 都請拜에 오옵소서

2) 성조님 청배 푸념

-初頭는 省略- / 성조님으 근본은 / 그 워데가 본이드냐 / 아방궁이 본이로다 / 아방궁 태고왕 세존 / 닐곱 주이 칠 형데며 / 여달 주이 팔형데요 / 아랫녁 내려가서 / 재사공을 잡아다가 / 높은 산에 낭글 찍고 / 나즌 산에 터를 닥가 / 저즌 낭근 굽따듬고 / 굽은 낭근 젓따듬아 / 게탕 대패를 먹여 내여 / 아흔 아홉궁 지을 적에 / 아랫녁 내려가 / 내인 천을 잡아다가 물을 길너 / 아애천을 잡아다가 흑을 꿍저 / 명두宮을 지어 노니 / 그 은해로 성좃길로 보냇쇠다 / 높이 노라 대성주며 / 나추 노라 신성주며 / 어가운데 도성주며 / 성주목사 성주판관 / 칠깃전 대도감네 성주님아 / 밤이면은 불 말키고 / 나지면은 물을 말켜 주시든 성주님 / 인물 채데 도채더 하시든 성주님 / 도청배에 오옵소사

成造神 請拜 禱歌

-初頭는 省略- / 成造님의 根本은 / 그 어데가 本이드냐 / 阿房宮
이 本이로다 / 阿房宮 太古王 世尊 / 일곱 木手 七兄弟며 / 여덟 木
手 八兄弟요 / 아랫녁 내려 가서 / 都片手를 잡아다가 / 높은 山에
남글 찍고 / 낮은 山에 터를 닥가 / 휘여진 남근 굽 다듬고 / 굽은
남근 휘게 다듬어 / 橫鉋 大鉋를 먹여 내여 / 아흔 아홉宮 지을
적에 / 아랫녁 내려가 / 女人 千을 잡아다가 물을 길려 / 아이 千을
잡아다가 흙을 이제여 / 명두宮을 지어 놓니 / 그 恩惠로 成造길로
보냈소이다 / 높이 노라 大成造며 / 낮히 노라 新成造며 / 於가운데
都成造며 / 成造牧使·成造判官 / 칠기전 大都監네 成造님아 / 밤이
면은 불을 맑히고 / 낮이면은 물을 맑히어 주시던 成造님 / 人物차
지 도차지 하시던 成造님 / 都請拜에 옵소사

3) 성인님 청배 푸념

-初頭는 省略- / 성인님으 근본은 / 그 워데가 본이드냐 / 황금산
이 본이로다 / 황금산 주제문장 / 석가네려 대부테 / 노론 쇠부터
검은 쇠부터 / 삼불상 서인님아 / 황금산에 터을 닥가 / 노푼 산에
남글 떡어 / 나즌 산에 암자를 디어 / 아흔 아홉 중상들이 / 어떤
중상은 꼭갈을 쓰고 / 어떤 중상은 줄갓을 쓰고 / 어떤 중상은 댓갓
을 쓰고 / 어떤 중상은 목닥을 들고 / (이후 없음)3)

聖人神 請拜 禱歌

-初頭는 省略- / 聖人님의 根本은 / 그 어대가 本이드냐 / 黃金山

---

3) (三) 성인님 청배 푸념에 해당하는 10쪽부터 (四) 神仙세턴님 청배 푸념 앞부분에
해당하는 14쪽까지 원고가 없다.

이 本이로다 / 黃金山 住持文章 / 釋迦如來 大佛陀 / 누른 쇠부처·검은 쇠부처 / 三佛像 聖人님아 / 黃金山에 터를 닥가 / 높은 山에 남글 찍어 / 낮은 山에 庵子를 지어 / 아흔 아홉 衆生들이 / 어떤 衆生은 꼭갈을 쓰고 / 어떤 衆生은 굴갓을 쓰고 / 어떤 衆生은 대갓을 쓰고 / 어떤 衆生은 本鐸을 들고 / (이후 없음)4)

4) 산선神仙세턴님 청배請拜 도가禱歌

(이전 없음)5) / 새턴국에 내려와서 / 꽃수래를 허야 노흐니 / 대한 칠년 왕가물 되어 / 꽃이 말라 죽는 고나 / 그넌지수 비가 와서 / 뿔이 싹아 죽는구나 / 꽃이 모도 죽어 노흐니 / 옥황전에 죄를 지어 / 옥황님이 잡아 갈적 / 원앙성부인 산아수대왕 / 빨니 잡하오라고서 / 분부지녕 낫고나라 / 금부 나장 내려 오니 / 산아수대왕은 잽혀 가고 / 원앙성부인은 태모가 되어 / 가지를 못하는구나 / 산아수대왕만 잡아 개고 / 옥황전에 올나 갈적 / 산아수大王 하난 말이 / 원앙성부인과 니르누나 / 내가 잽혀 올나간 댐에 / 만약 아들이 나면 안낙동이오 / 딸이 나면 안낙녀라 / 니름을 지어라 니러고 가나라 / 원앙성부인 상아수대왕 죽은 혼이 / 세턴님으로 돌녀 노아 밧게 허여 / 그때부름 꽃법이 낫습메다 / 화둥지왕에 모란화요 / 초록당데 누지황요 / 만고통신 불도화요 / 뉵조마울 작약화요 / 골눈산에 길경화 / 수양산에 긴달화 / 문전에 뚝두화 / 천태산에 쌍구화 / 꽃수래 꽃내비허시든 / 원앙성부인 산아수대왕 / 세턴길로 돌녓습네다 / 둥지게 초롱게 인물게 단청게 / 배운산에 돈전게 / 금마산에 주만게 / 허가돈전 바다 보든 / 신선님과 세턴님이 / 데 왕단에 강

---

4) 위와 같음.
5) 위와 같음.

님하오 / 단 청밀에 단 약과며 / 정청밀에 전약과며 / 낭괴 채수 바다 보든 / 신선세턴 수왕세턴 / 단이문세턴 온이문세턴 / 고흔 아들 고흔 딸을 / 생겨주든 세턴님아 / 도청배에 오옵소서

(이전 없음)6) / 西天國에 내려 와서 / 꽃을 길리어 노흐니 / 大旱 七年 왕가뭄 되어 / 꽃이 말라 죽는고나 / 九年之水 비가 와서 / 뿌리 썩어 죽는 고나 / 꽃이 모두 죽어 노흐니 / 玉皇前에 罪를 지어 / 玉皇님이 잡아 갈적 / 원앙성夫人 산아수大王 / 빨니 잡아 오라고서 / 吩咐之令 낫고나 / 禁府邏將 내려 오니 / 산아수大王은 잡혀 가고 / 원앙성夫人은 胎母가 되어 / 가지를 못하는구나 / 산아수大王만 잡아가지고 / 玉皇前에 올나 갈적 / 산아수大王 하는 말이 / 원앙성夫人에게 이러는구나 / 내가 잡혀 올라간 다음 / 만약 아들이 나면 安樂童이오 / 딸이 나면 安樂女라 / 이름을 지어라 이러고 가는구□ / 원앙성夫人 산아수大王 죽은 魂 / 세턴님으로 돌려 노아 받게 하여 / 그때부터 꽃法이 났읍네다 / 花中之王에 牡丹花요 / 草綠長堤 柳絮花요 / 萬古忠臣 紅桃花요 / 六曹마을 芍藥花 / 崑崙山에 桔梗花 / 首陽山에 진달내 / 門前에 접시꽃 / 天臺山에 쌍구花 / 꽃 길리고 꽃 각구시던 / 원앙성夫人 산아수大王 / 세턴길로 돌렸습니다 / 둥주리花 黃龍花 人物花 / 白雲山에 돈錢花 / 金馬山에 주름花 / (未審) 받아 보던 / 神仙님과 세턴님이 / 저 王壇에 降臨하시오 / 단 淸蜜에 단 藥果며 / 精淸蜜에 煎藥果며 / 南瓜 菜蔬 받아 보던 / 神仙세턴 수왕세턴 / 단이문세턴 온이문세턴 / 고흔 아들 고흔 딸을 / 생겨주시던 세턴님아 / 都請拜에 오옵소서

---

6) 위와 같음.

5) 원구님 청배請拜

-初頭는 省略- / 원구님으 본은가서 / 그 워디가 본이드냐 / 금부
덕산 아양땅이 본이로다 / 아양덜에서 인경을 맹걸나고 / 화주중을
인간에 내려 보내 / 면면이 골골이 자갑 자갑이 / 동내 방내 기슬
높은 초가집 / 단간지 우막 거사초막으로 / 댕기면서 쇠걸닙[2]을
허는구나 / 원산네 집에 다다러서 / 쇠 동녕을 달나누나 / 원산이
오마니가 / 원산이를 젓먹이며 / 원산이가 너머 귀허여서 / 무심둥
허시는 말이 / 이 중상아 말 드러소 / 내 아들 원산이 밖은 업소이
다 / 그래노니 그 중상이 / 여보시오 마누래님 / 내인들 말이 / 오
뉴월에도 서리가 선다니 / 무슨 말을 그리 돈절히 하오 / 그 중상이
도로 나와 / 금부덕산 올나가서 / 쇠를 쇠탕에다 녹혀노니 / 인경을
디을나니 / 인경이 안되누나 / 멧번 디어 노아도 / 인경이 종내 안
되누나 / 그적에는 화주중상을 / 자바 내여 문복을 하누나라 / 이중
상아 말 드러소 / 쇠 걸닙을 갈적에 / 부정헌일 허지 말나 / 당부지
염 허엿드니 / 무슨 일을 해엿느냐 / 부정헌일 해엿느냐 / 바로 직
고 허러누나 / 그 중상이 허는 말이 / 쇠 걸닙을 하다가서 / 아모일
도 부정한일 아니허엿소 / 원산네 집에 당도 허여 / 원산이 오마니
가 허는 말이 / 원산이를 젓 먹이면서 / 내아들 원산이 박건 업다
하옵데다 / 그말 박겐 드른말이 없습네다 / 그러면은 빨니 내려가 /
원산이를 잡아 오란다 / 화주중상이 내려 온다 / 원산이가 나가 놀
다가 두러 오면서 / 저 오맘과 말을 하는데 / 오마님아 무슨 말을
그리 / 돈절히 허엿습넷가 / 금부덕산 아양덜에서 / 화주중이 날자
부려 내려 옴무다 / 나를 몸을 감추어 주오 / 원산이 오마니가 생각
하여 보니 / 팔만 구왕방에 드러 가서 / 섬담 아래 감추어 놓고 /
방안에 나와서 낭 다리를 / 쓸면슬낭 우는 말이 / 내 아들 원산이가

죽엇구나 / 헛 우름을 우는구나 / 화주중이 드려 오며 허는 말이 / 여보 마누래님 / 원산일 빨니 내여 보내란다 / 원산이 어머니가 허는 말이 / 여보소 중상아 내말을 드러 보소 / 중 간 댐에 그 이튼날 / 내 아들이 갑잭이 죽어서 / 어제 죽어 그제 장사 하엿소 / 여보소 마누래님 / 내말을 드러 보소 / 어제 죽어 그제 장사가 왼 말이오 / 그제 죽어 어제 장사가 올리요 / 어제죽어 그제 장사가 말 안되오 / 그러면은 내 집에 어더 보소 / 그 중이 팔만 구왕방에 드러가서 / 쇠꼬치를 섬단을 / 매애기로 딜너 노흐니 / 가운데 섬에서 자지 피가 무더 난다 / 그 섬을 뽀바 내니 터네 보니 / 원산이가 잇구나 / 원산이를 개구 간다 / 원산이 오마니가 허는 말이 / 목 말나 허면 물 먹이고 / 날 보고푸다 허면 / 꽃을 꺾어 주옵소사 허는구나 / 원산이가 금부덕산에 / 아양덜에 올나 가서 / 아흔 아홉 중상들이 / 대직개를 들구 / 원산이를 집을내니 / 원산이가 허는 말이 / 이여소 중상들아 / 나는 장차 중상으 손에 잽혀슬난 / 쇠탕에나 드러 가디 안카슴네 / 내 손으로 드러 가겟소 / 허면슬낭 말 하기를 / 쇠탕에다 대직개로 / 다리를 노아 주소 / 중상들이 쇠탕에다 / 다리를 노아주니 / 원산이가 다리에 올나 세서 / 동서남북 행하여 사배를 허고 / 하늘께다 포백을 허고 / 쇠탕에 떨어지니 / 인경을 맨들어 놋코 / 중상들이 인경을 꼭지에 / 달나니 달수가 제양 업다 / 암만 달나고 공부를 / 허여두 못 다는데 / 원산이 사춘 원목이가 / 저 어마니과 말을 하되 / 내 사춘 원산이가 / 금부 덕산에 올나 가서 / 죽엇는지 살엇는지 모러갓스니 / 오마님아 나를 업고 금부덕산으로 / 올나갑시다 허여 노흐니 / 원목이 오마니가 업구 / 금부덕산을 올나 가니 / 아흔 아홉 중상이 인경을 / 달나구 공부를허여도 못 다누나 / 원목이가 허는 말이 / 이여소 중상들아 답답허오 / 아흔 아홉 중상이 모두 무혀 / 모래를 한나이 한섬씩 / 파 개구 와서 모아 놋코

/ 그 섬담 우에 굴녀 올녀 놋코 / 섬을 한나씩 뽑아 내면 / 인경이 아니 달니 갓느냐 / 야 그말이 올쿠나 / 그때 부틈은 원목이가 / 원산이 사춘이오 / □□□ 나느냐 하면 / □다섯쌀이 분명하외다 / 그때부틈 어분 아이 말이라도 / 귀넝겨 드러란 말이 올사외다 / 원목이가 허는 말이 / 내 사춘 원산이가 / 죽어슬낭 인경이되고 / 내가 살아 무엇허리 / 나는 죽어 망치 된다 하고 / 쇠탕에나 뛰며 들어 / 망치가 되었구나 / 그때부틈 인경법이 낫습네다 / 인경을가 매진이면 이십 팔숙 / 새벽이면 삼십 삼턴 체 나흐니 / 인경이가 울다가서 마즈막 소리를 / 에미헤르를 에미흐르를 함네다 / 마즈막 소리는 왜해르르 허는가 허니 / 에미헤를 뽑아 신창을 바다신어도 / 액삭티를 안캇쇠다 / 그래슬낭 마즈막 소리를 / 에미헤르를 험니다 / 원산이 원목이 사춘간으 / 죽은 혼을 원구데석길로 보냇슴네다 / 그때부틈 원구님으 본은가서 금부덕산이 본이 외다 / 살창원구도 원구며 / 낫가리(4) 원구 세원구며 / 말니사창 구왕방에 드러가서 / 열 닷말 왕설기며 / 스물닷말 전석에나 / 노리보든 원구님도 / 도청배로 오옵소사

원구神 請拜 禱歌

-初頭는 省略- / 원구님의 本은 / 그 어데가 本이드냐 / 金府德山 安養땅이 本이로다 / 安養寺에서 인경을 맹걸냐고 / 化主중을 人間에 내려 보내 / 面面이 골골이 자갑 자갑이 / 洞內 坊內 檐下 높은 草家집 / 單間 우막 거사 草幕으로 / 단이면서 쇠建立을 하는구나 / 원산네 집에 다다러서 / 쇠 동녕을 달라는구나 / 원산이 어머니가 원산이를 젓먹이며 / 원산이가 너무 귀하여서 / 無心中 하는 말이 / 이중아 말 드르소 / 내 아들 원산이 밖에는 없소이다 / 그래 노흐니 그중이 / 여보시오 마누래님 / 女人들 말이 / 五六月에도 서리가 선

다는데 / 무슨 말을 그리 餘地없이 하오 / 그 중이 도로나와 / 金府
德山 올라 가서 / 쇠를 쇠湯에다 녹히어 / 인경을 지으랴하니 / 인
경이 안되는구나 / 몇 번 지어 놓아도 / 인경이 종내 안되는구나 /
그제는 化主僧을 / 잡아 내여 問服을 하는구나 / 이 衆生아 말 드러
소 / 쇠 걸님을 갈적에 / 不淨한일 하지 마라 / 당부를 하였드니 /
무슨 일을 하였느냐 / 不淨한일 하였느냐 / 바로 直告 하라는구나 /
그 중이 하는 말이 / 쇠 걸님을 하면서 / 아무 不淨한일 안이 하였
오 / 원산네 집에 當到하여 / 원산이 어머니가 하는 말이 / 원산이
를 졋 먹이면서 / 내아들 원산이밖에는 없다 하옵데다 / 그말 밖에
는 드린말이 없습니다 / 그러면 빨리 내려가 / 원산이를 잡아 오라
고 한다 / 化主僧이 내려 온다 / 원산이가 나가 놀다가 드러 오면서
/ 저 어머니와 말을 하는데 / 어머님아 무슨 말을 그리 / 생각 없이
하였읍니까 / 金府德山 安養寺에서 / 化主僧이 나를 잡으러 내려 옵
네다 / 나를 몸을 감추어 주오 / 원산이 어머니가 생각하여 보니 /
八萬 광房에 드러 가서 / 섬덤이 알에 감추어 놓고 / 房안으로 나와
서 兩 다리를 / 쓸면서 우는 말이 / 내 아들 원산이가 죽었구나 /
헛 우름을 우는구나 / 化主僧이 드러 오며 하는 말이 / 여보 마누라
님 / 원산이를 빨리 내여 보내라고한다 / 원산이 어머니가 하는 말
이 / 여보소 중아 내말을 드러 보소 / 중 간 다음 그 이튿날 / 내
아들이 갑자기 죽어서 / 어제 죽어 그적게 장사 하였소 / 여보소 마
누라님 / 내말을 드러 보소 / 어제 죽어 그적게 장사가 왼 말이오 /
그적게 죽어 어제 장사가 옳지요 / 어제 죽어 그적게 장사가 말 안
되오 / 그러면 내 집에 찾어 보소 / 그 중이 八萬 광房에 드러가서
/ 쇠꼬치로 섬단을 / 每섬 마다 찔으미 / 가운데 섬에서 자지 피가
묻어 난다 / 그 섬을 뽑아 내여 터치어 보니 / 원산이가 있구나 /
원산이를 가지고 간다 / 원산이 어머니가 하는 말이 / 목 말라 하면

물 먹이고 / 날 보고 싶다고 하면 / 꽃을 꺾어 주옵소서 하는구나 / 원산이가 金府德山에 / 安養절에 올라 가서 / 아흔 아홉 중들이 大 찍개를 들고 / 원산이를 찝을랴고 하니 / 원산이가 하는 말이 / 여보소 衆生들아 / 나는 장차 衆生의 손에 잡혀서나 / 쇠湯에 드러 가지는 않겠소 / 내 손으로 드러 가겠소 / 하면서 말 하기를 / 쇠湯에다 大찍개로 / 다리를 놓아 주소 / 衆生들이 쇠湯에다 / 다리를 놓아 주니 / 원산이가 다리에 올라 서서 / 東西南北 向하여 四拜를 하고 / 하늘게 再拜를 하고 / 쇠湯에 떨어지니 / 인경이 되었구나 / 인경을 맨들어 놓고 / 衆生들이 인경을 꼭지에 / 달랴니 달수가 없다 / 암만 달랴고 工夫를 / 하여도 못 다는데 / 원산이 四寸 원목이가 / 저 어마니와 말을 하되 / 내 四寸 원산이가 / 金府德山에 올라 가서 / 죽엇는지 살엇는지 모르겠으니 / 어머님 나를 업고 金府德山으로 / 올라 갑시다 하여 놓니 / 원목이 어머니가 업고 / 金府德山을 올라 가니 / 아흔 아홉 중이 인경을 / 달랴고 工夫를하여도 못 다는구나 / 원목이가 하는 말이 / 여보소 衆生들아 답답하오 / 아흔 아홉 衆生이 모두 모여 / 모래를 하나이 한섬씩 / 파 가지고 와서 모아 놓고 / 그 섬담 위에 굴려 올려 놓고 / 인경을 꼭지에 달아 놓고 / 섬을 하나씩 뽑아 내면 / 인경이 아니 달리 겟느냐 / 야 그 말이 옳구나 / 그때 부터는 원목이가 / 원산이 四寸이오 / 몇쌀 먹엇느냐 하면 / 初 다섯쌀이 分明하외다 / 그때부터 업은 아이 말이라도 / 뒤감어 드러란 말이 올사외다 / 원목이가 하는 말이 / 내 四寸 원산이가 / 죽어서 인경이 되고 / 내가 살아 무엇하리 / 나는 죽어 망치 된다 하고 / 쇠湯에 뛰어 들어 / 망치가 되었구나 / 그때부터 인경法이 낫읍네다 / 인경을 밤이면 二十 八宿 / 새벽이면 三十三天 처 놓으니 / 인경이 울다가 마지막 소리를 / 에미헤르를 에미헤르를 합네다 / 마지막 소리는 외 헤르르 하는가 하면 / 에미 혜를 뽑아

신창을 받아 신어도 / 愛惜치 않겠소이다 / 그래서 마지막 소리를 /
에미헤르를 합니다 / 원산이 원목이 四寸間의 / 죽은 魂을 원구帝釋
길로 보냇습니다 / 그때부터 원구님의 本은 金府德山이 本이외다 /
쌀倉원구 都원구며 / 낫가리원구 勢원구며 / 萬里紗窓 광房에 드러
가서 / 열닷말 왕 시루떡이며 / 시물닷말 全石에 / 노리보든 원구님
도 / 都請拜로 오옵소서

6) 데석님 청배 푸념

-初頭는 省略- / 데석님의 근본은가 / 그 워디가 본이드냐 / 철영
넝 철영당높이 본이외다 / 농으 데석 남성이 거-비 / 남성이는 오
래비요 / 거-비는 누이외다 / 남성이는 남다리 남팔이 / 가드라데
서 것디를 못하고 / 거-비는 낭다리 팔이 성허엿는데 / 낭눈이 어
두엇습네다 / 거-비가 오래비 남성이를 업어노니 / 남성이가 낭눈
을 떠서 / 일누로 가자 델누로 가자 하문슬낭 / 밥을 가서 얻어 먹
다가 / 철영넝을 올나 오니 / 철영높에 금팡석이 떳구나라 / 우리가
데걸 건제 개구 가자하니 / 거-비가 말을 허되 / 우리 얻어 먹는게
/ 그거해서 무엇허겟노 하고 / 안이 건제개고 간다 / 내려 가니 어
떤 마당시가 올나 오니 / 남성이가 말을 허되 / 이오시오 마당시오
/ 한 행보에 얼마나 남슴넷가 / 마당시가 허는 말이 / 나물 때도 있
고 밋디는 때도 있다 하니 / 그러면 이 넘 말게 높이 잇시니 / 그
높에 금팡석이 한나 떳스니 / 그걸 건제 개구 가면 / 족키 평생 먹
사오리다 하니 / 마당시가 올라 가니 / 금팡석이 변허여서 / 금대맹
이가 되어서 / 마당시를 물나고 쫏차 나오누나 / 마당시가 채찍으로
/ 한허리를 테 노흐니 / 한허리가 끊어뎃네 / 마당시가 내려 와서 /
가 애들을 때리면서 하는말이 / 금대맹이 헌데다가 / 나를 물네 죽

어라 가러첫느냐 / 이리면서 때리누나 / 매만 둘이 죽두룩 얻어 마 잣네 / 아니들 둘이 도루 / 넝 말게 올나가 보니 / 금팡석이 한허리 가 / 끊어데서 떳구나라 / 야 아들이 허는 말이 / 우리것이 분명하 다 / 개저가자 하니 개구 내려 오니 / 어떤 중상이 대권선을 / 가 아들 앞에 페테 노흐며 / 권선을 허라누나 / 야 애들이 허는 말이 / 우리 얻어먹는 아해들이 / 무엇으로 권선을 허오리까 하니 / 그 중 상이 허는 말이 / 너이가 이지야 철영높에서 / 금팡석을 얻엇스니 / 그것 시주하라 허니 / 할수 없어 시주를 허엿구나 / 그때부틈 부테 님으 / 머리에는 금도금을 올넛쇠다 / 그때부틈 부테 머리 마당 / 금도금이 잇슴네다 / 그 은혜로 데석길노 보냇쇠다 / 농으 데석 질 데석 / 밭데석 논데석 / 노른 밭에 흰 종지 / 흰 밭에 노론 종지 / 밧길노 흘녀 / 밭길노 거더 무더 / 농신님이 물을 주어 / 신농씨가 여름을 열나 / 산신이 불을 부테 / 노른 노른 닉엇는데 / 마디좀 고 약좀 / 알감부기 참감부기 주지말고 / 이싹에서 되가 나고 / 단에선 말이 나서 / 열 닷말 왕얼기며 / 스물 닷말 적선에 / 노리 보든 데 석님아 / 사월 파일 꽃전노리 / 기름잠이 무자반에 / 받아 보든 데 석님두 / 도청배로 오옵소사

帝釋神 請拜 禱歌

-初頭는 省略- / 帝釋님의 根本은 / 그 어데가 本이드냐 / 鐵嶺 鐵 嶺塘 높이 本이외다 / 農의 帝釋 남생이 거북 / 남생이는 오래비요 / 거북이는 누이외다 / 남생이는 兩다리 兩팔이 / 고부러저서 것지 를 못하고 / 거북이는 兩다리 팔이 성하엿는데 / 兩눈이 어두웠습니 다 / 거북이가 오래비 남생이를 업으면 / 남생이가 兩눈을 떠서 / 이리로 가자 저리로 가자 하면서 / 밥을 얻어 먹다가 / 鐵嶺영을 올 라 오니 / 鐵嶺높에 金方席이 떠 있구나 / 우리가 저것을 건저 가지

고 가자하니 / 거북이 말을 하되 / 우리 얻어 먹는 것이 / 그것해서
무엇하겠노 하고 / 아니 건저 가지고 간다 / 내려 가니 어떤 馬장사
가 올라 오거늘 / 남생이가 말을 하되 / 여보시오 馬장사요 / 한 行
步에 얼마나 남습니까 / 馬장사가 하는 말이 / 남을 때도 있고 밋지
는 때도 있다하니 / 그러면 이 嶺 마루에 높이 있으니 / 그 높에 金
方席이 하나 떳으니 / 그것을 건저 가지고 가면 / 足히 平生 먹사오
리다 하니 / 馬장사가 올라 가니 / 金方席이 變하여서 / 金大蟒이가
되어서 / 馬장사를 물랴고 쫓어 나오는구나 / 馬장사가 채쪽으로 /
한허리를 처 놓으니 / 한허리가 끊어젓네 / 馬장사가 내려 와서 /
그 아이들을 때리면서 하는 말이 / 金大蟒이 한테다가 / 나를 물려
죽어라 가러첫느냐 / 이리면서 때리는구나 / 매만 둘이 죽도록 얻어
맞었네 / 아이들 둘이 도로 / 嶺 마루에 올라가 보니 / 金方席이 한
허리가 / 끊어저서 떳구나 / 이 애들이 하는 말이 / 우리것이 分明
하다 / 가지고 가자 하고 가지고 내려 오니 / 어떤 중이 大勸善을 /
그 아이들 앞에 펴처 놓으며 / 勸善을 하라고 하누나 / 그 아이들이
하는 말이 / 우리 얻어 먹는 아이들이 / 무엇으로 勸善을 하오리까
하니 / 그 중이 하는 말이 / 너이가 이제 鐵嶺높에서 金方席을 얻었
으니 / 그것을 施主하라 하니 / 할수 없이 施主를 하였구나 / 그때
부터 부체님의 / 머리에는 金鍍金을 올렸소이다 / 그때부터 부체 머
리마다 / 金鍍金이 있읍네다 / 그 恩惠로 帝釋길로 보냇소이다. /
農의 帝釋 질(織布)帝釋 / 밭帝釋 논帝釋 / 누룬 밭에 흰 種子 / 흰
밭에 누른 種子 / 손길로 흘리어 / 발길로 걷어 묻어 / 龍神님이 물
을 주어 / 神農氏가 여름을 열리어 / 山神이 日支를 주어 / 누릇 누
릇 익었는데 / 마디좀 고약좀 / 알감부기 참감부기 주지말고 / 이싹
에서 되가 나고 / 단에서는 말이 나서 / 열 닷말 한섬이며 / 시물
닷말 金石에 / 노리 보던 帝釋님아 / 四月八日 꽃前노리 / 기름떡

무떡에 받아 보던 帝釋님도 / 都請拜로 오옵소서

7) 넝정님 청배 푸념

-初頭는 省略- / 넝청님으 본은 가서 / 그 워디가 본이드냐 / 촉나라이 근본이라 / 넝정새가 나오는데 / 도선 여들도 다 댕겨도 / 이만한 고디 제양 업서 / 오동낭게 둥지를 틀적에 / 오색 비단을 모아 낼적 / 위원 갱개 사승포면 / 위 초산 오승포면 / 창성 벽동 늑승포며 / 양덕 맹산 새북포면 / 길주 명천 숙당포면 / 해가 도흐니 일공단이면 / 달이 도흐니 월공단이면 / 인간 니별에 생사단이면 / 모초단 양공단이며 / 오색 비단을 모아 내여 / 둥지를 틀어 색기를 칠적에 / 알을 낫느데 다섯알을 낫구나라 / 안아 까니 대한칠년 왕가물이 되어서 / 벌기 즘상 다 말나 죽엇스니 / 데 동방에 청벌기가 서되 서홉 / 데 남방에 적벌기가 서되 서홉 / 데 서방에 백벌기가 서되 서홉 / 데 북방에 흑벌기가 서되 서홉 / 데 둥앙에 황벌기가 서되 서홉 / 모아 내여 멕여 기루니 / 부둥짓치 낫구나라 / 회를 태와 날닐적에 / 첫 색기는 하늘황데 / 넝정새로 날녀 놋코 / 두채 색기 따황데으 / 넝정새로 날녀 놋코 / 셋채 색기 데나라으 턴자 / 넝정새로 날녀 놋코 넷제 색기 우리나라 니씨 / 넝정새로 날녀 놋코 / 다섯체 색기 이 명당에 / 넝정새로 날님네다 / 살미인 넝정 줄넝정이면 박넝정이라 / 강남 갓든 구 제비는 / 삼월 삼진 도라 올적 / 박씨 한알 물어다가 심어노니 / 그날누서 나왓구나 / 그날누 넉지버더 / 그날누 여름이 열네 / 첫 눈에 한통 열고 / 둘챗 눈에 또 한통 열고 / 셋잿 눈에 또 한통 열고 / 그날노서 그덧구나 / 그날로서 따내여서 / 박을 가서 타는구나 / 첫 통을가 타내여서 / 한쪽은가 하늘황데 / 넝정박으로 돌려 놋코 / 또 한 쪽은 따황데 / 넝정박으

로 돌녀 놋코 / 또 한통을 타 내여서 / 한쪽은가 데나라의 턴자 / 넝정박으로 돌려 놋코 / 또 한쪽은 우리 나라 니씨 / 영정박으로 돌녀 놋코 / 또 한통을 타 내여서 / 한쪽은가 이 명당에 / 넝정박으로 돌려 놋코 / 정정님아 도청배로 오옵소사

넝정神 請拜 禱歌

-初頭는 省略- / 넝정님의 本은 / 그 어데가 本이드냐 / 蜀나라이 根本이라 / 넝정새가 나오는데 / 朝鮮 여듧道 다 다녀도 / 이만한 곳이 정히 없어 / 梧桐남게 둥지를 틀적에 / 五色緋緞을 모아 낼적 / 渭原 江界 四升布며 / 渭 楚山 五升布며 / 昌城 碧潼 六升布며 / 陽德 孟山 細北布며 / 吉州 明川 熟唐布며 / 해가 좋으니 日公緞이며 / 달이 좋으니 同公緞이며 / 人間 離別에 生絲緞이며 / 牟綃緞 洋公緞 / 五色緋緞을 모아 내여 / 둥지를 틀어 색기를 칠적에 / 아을 낫는데 다섯알을 나었구나 / 안어 까니 大旱七年 왕가뭄이 되어서 / 벌기 즘생 다 말라 죽었으니 / 저 東方에 靑벌기가 서되 서슴 / 저 南方에 赤벌기가 서되 서슴 / 저 西方에 白벌기가 서되 서슴 / 저 北方에 黑벌기가 서되 서슴 / 저 中央에 黃벌기가 서되 서슴 / 모아 내여 먹이어 기르니 / 부둥깃이 낫구나 / 회를 태이어 날닐적에 / 첫 색기는 하늘 皇帝 / 넝점새로 나려 놓고 / 둘재 색기 따皇帝의 / 넝정새로 날려 놓고 / 셋제 색기 저 나라의 天子 / 넝정새로 날려 놓고 / 넷재 색기 우리 나라 李氏 / 넝정새로 날려 놓고 / 다섯재 색기 이 明堂의 / 넝정새로 날립네다 / 조이 넝정 줄넝정이며 박넝정이라 / 江南 갓던 舊 제비는 / 三月 三辰 도라 올적 / 박씨 한알 물어다가 씸어 놓니 / 그날로서 나왔구나 / 그날로 넌출이 벋어 / 그날로 여름이 열리어 / 첫 눈에 한통 열리고 / 둘잿 눈에 또 한통 열리고 / 셋잿 눈에 또 한통 열리고 / 그날로서 굳었구나 / 그

날로서 따내여서 / 박을 타는구나 / 첫 통을 타 내여서 / 한쪽은 하늘 皇帝 / 넝정박으로 돌려 놓고 / 또 한쪽은 따皇帝 / 넝정박으로 돌려 놓고 / 또 한통을 타 내여서 / 넝정박으로 돌려 놓고 / 또 한쪽은 우리 나라 李氏 / 넝정박으로 돌려 놓고 / 또 한통을 타 내여서 / 한쪽은 이 明堂의 / 가매(釜鼎瓢)박으로 돌려 놓고 / 넝청님아 都請拜로 오옵소서

8) 선생님[5] 청배 푸념

-初頭는 省略- / 선생님의 근본은가 / 그 워디가 본이드냐 / 초록산 시울문이 본이로다 / 턴하人문의 선생님 / 디하人문에 선생님 / 학사문에 선생님 / 재주턴문 열어 주든[6] 선생님아 / 말문 글문 공수人문 방울문 / 재금문 당굿문 목문 / 열어 주든 선생님아 / 니게 원네 선생님아 / 김홍근네 선생님아 / 삼우 선생님[7]이 오실적에 / 당구으 근본은가 / 그 워디가 본이드냐 / 궁궁산이 본인데 / 푸를창자 창구요 / 구신굿자로 본을 받아 / 걸망치으 본은가서 / 삼심삼턴이 본이외다 / 색기채를 들어 티니 / 색기채으 본은가서 / 그 워디가 본이드냐 / 이십팔수가 본이외다 / 데 재금으 본은가서 / 그 워디가 본이드냐 / 모둘젯자 제금인데 / 쇠금人자로 본을 바다 / 데 방울으 본은가서 / 그 워디가 본이드냐 / 할님산이 본이외다 / 선대신으 본은가서 / 그 워디가 본이드냐 / 어비왕이 본이외다 / 검칼으 본은가서 / 그 워디가 본이드냐 / 곽곽산이 본이외다 / 데 마랑[8]으 본은가서 / 그 워디가 본이드냐 / 농으 국이 본이외다 / 데 쌀으 본은가서 / 그 워디가 본이드냐 / 제 미산이 본이외다 / 데 감응으 본은가서 / 그 워디가 본이드냐 / 안동산이 본이외다 / 데 떡으 본은가서 / 그 워디가 본이드냐 / 왕빗[9]마울님이 본이외다 / 데 종애으

본은가서 / 그 워디가 본이드냐 / 지청왕이 본이외다 / 데 술으 본은 가서 / 그 워디가 본이드야 / 주감마울이 본이외다 / 네로 선생님아 / 도청배로 오옵소사 / 팔만간주(10) 제간주면 꽃간주요 / 간주님이 오실전에 / 네로 선생 여러 선생 만 선생이 / 간주반으로 좌정허여 / 도청배로 청배문에 / 다 놀네 도행문으로 드옵소사

先生神 請拜 禱歌

–初頭는 省略– / 先生님의 根本은 / 그 어데가 本이드냐 / 草綠山 시울門이 本이로다 / 天下門의 先生님 / 地下門의 先生님 / 學士門의 先生님 / 才操天門 열어 주던 先生님아 / 말門 글門 恭受門 방울門 / 재금門 杖鼓門 목(聲帶)門 / 열어 주던 先生님아 / 李桂元네 先生님아 / 金洪根네 先生님아 / 三位 先生님이 오실적에 / 杖鼓의 根本은 / 그 어데가 本이드냐 / 궁궁山이 本인데 / 푸를 蒼字 창구요 / 귀신鬼字 본을 받아 / 큰망치를 들어 치니 / 큰망치의 本은 / 三十三天이 本이외다 / 색기채를 들어 치니 / 색기채의 本은 / 그 어데가 本이드냐 / 三十三宿이 本이외다 / 저 재금의 本은 / 그 어데가 本이드냐 / 모들諸字 제금인데 / 쇠金字로 本을 받아 / 저 방울의 本은 / 그 어데가 本이드냐 / 翰林山이 本이외다 / 선대신의 本은 / 그 어데가 本이드냐 / 어비王이 本이외다 / 劒칼의 本은 / 그 어데가 本이드냐 / 곽곽山이 本이외다 / 저 穀物의 本은 / 그 어데가 本이드냐 / 農의 國이 本이외다 / 저 쌀의 本은 그 어데가 本이드냐 / 齋米山이 本이외다 / 저 感應床의 本은 / 그 어데가 本이드냐 / 안동山이 本이외다 / 저 떡의 本은 / 그 어데가 本이드냐 / 왕빛마울님이 本이외다 / 저 조이의 本은 그 어데가 本이드냐 / 紙廳王이 本이외다 / 저 술의 本은 / 그 어데가 本이드냐 / 酒監마울이 本이외다 / 예로부터 先生님아 / 都請拜로 오옵소서 / 八萬간주

諸간주며 꽃간주요 / 간주님이 오실적에 / 예로 先生 여러 先生 萬先生이 / 간주盤으로 坐定하여 / 都請拜로 請拜門에 / 다 놀러 都行門으로 드옵소서

9) 조상님 청배 푸념

─初頭는 省略─ / 조상님으 근본은가 / 그 워디가 본이드냐 / 데일 족산이 본이로다 / 조비 조비 증조비면 / 고조비네 냥우분과 / 증조비네 냥우분과 / 예조비네 냥우분과 / 큰아반네 냥우분과 / 뼤나타고 아반네들 / 살으나타고 오만네와 / 덩모 생모님네 / 이모님네 양모님네 / 서모님네 후모님네 / 고모님네 왕모님네 / 다 놀네 도청배로 드옵소사 / 요 뒷전에 또 오실적에 / 그 뉘라고 안이 오랴 / 오켠두 오실적에 / 오컨 큰아반네 오큰만네 / 오삼춘네 오사춘네 / 오오춘과 눅춘 칠춘 팔춘네들 / 말 안에나는 조상과 / 말 밖에 난 조상과 / 다 놀네 드옵소사 / 요 뒤전에 또 오실적에 / 뉘시라고 안이 오시랴 / 친켠두 열두 컨이오 / 실내켠두 열두 컨이오 / 오켠두 열두 컨이오 / 사둔님네 혼당님네 / 매부네 처남네 작숙네 / 다 놀네 드옵소사 / 요 뒷전에 오실적에 / 조상으로 내려오면 / 각 영산길⁽¹¹⁾에 간 이들은 / 안당 도던에 못드러오니 / 데밧당으로 다 놀네 드옵소서 / 넝산길에 간이들아 / 범에 물네 호랑넘산 간이들아 / 개에게 물네 사줄넝산에 간이들아 / 다 놀네 드옵소사 / 배암에 물네 사교넝산에 / 간이들도 드옵소사 / 목을 매서 결항넝산에 / 간이들도 드옵소사 / 소게 박기여 죽은 넝산 / 말게 채와 서낭넝산 / 흙에 무테 로신넝산 / 돌에 맞아 석신넝산 / 낭게 맞아 목신넝산 / 물에 빠저 수신넝산 / 타관 달니 면달니에 / 갓다가서 환고향을 못하고 / 노둥에 간이 넝산 / 불에 타딘 화둥넝산 / 총에 맞아 배락넝산 / 칼

에 맞아 칼손녕산 / 간이 들도 / 다놀네 도청배에 오옵소사 / 내인
들 거럼을로 들적에 / 즌자리[(12)]에 간이 들아 / 마른자리 낙태길에
/ 산모 길노 아이 못낫코 / 태 못나서 훗더틈에 / 불근 적니 해수
천만 / 기침증에 간이 들과 / 어너털이 금고금에 간이 들아 / 다 놀
네 드옵소사 / 요 뒤전에 오실적에 / 아애들 거럼을로 드옵소사 /
낙태길에 간 애기들 / 산모길로 간 애기들 / 즌자리에 간 애기들 /
마른자리에 간 애기들 / 손님길에 간 애기들 / 우둣길에 간 애기들
/ 적은 홍역 독매기[(13)]에 간 애기들 / 바람에 간 애기들 / 배알이에
간 애기들 / 불근 적니에 간 애기들 / 다 놀네 데 뜰중에 / 도청배
로 다 오옵소사

祖上神 請拜 禱歌

-初頭는 省略- / 祖上님의 根本은 / 그 어데가 本이드냐 / 第一祖
山이 本이로다 / 祖父 祖父 曾祖父며 / 高祖父네 兩位分과 / 曾祖父
네 兩位分과 / 黎組父네 兩位分과 / 할아버지 兩位分과 / 뼈주신 아
버지네들 / 살주신 어머니네들 / 嫡母 生母님네 / 姨母님네 養母님
네 / 庶母님네 後母님네 / 姑母님네 王母님네 / 다 놀러 都請拜로
드옵소서 / 이 뒷전에 또 오실적에 / 그 뉘라고 아니 오랴 / 外便도
오실적에 / 外할아버지 外할머니 / 外三寸네 外四寸네 / 外五寸과
六寸 七寸 八寸네들 / 말 안에 나든 祖上과 / 말 밖에 난 祖上과 /
다 놀러 드옵서 / 이 뒷전에 또 오실적에 / 뉘시라고 아니 오시랴 /
親便도 열두 便이오 / 室內便도 열두 便이오 / 外便도 열두 便이오
/ 査頓님네 婚黨님네 / 妹夫네 妻男네 姑母夫네 / 다 놀러 드옵소서
/ 이 뒷전에 오실적에 / 祖上으로 내려오며 / 各 靈山길에 간이 들
은 / 안當 禱殿에 못드러오니 / 저 밖갓當으로 다 놀러 드옵소서 /
영산길에 간 이들아 / 범에 물려 虎狼영산 간이들아 / 개에게 물려

사줄넝산에 간이들아 / 다 놀러 드옵소서 / 배암에 물려 蛇蚊영산에 / 간이들도 드옵소서 / 목을 매여서 結項영산에 / 간이들도 드옵소서 / 소게 받히어 죽은 영산 / 말게 채이어 城産영산 / 흙에 무치어 土神영산 / 돌에 맞아 石神영산 / 남게 맞어 木神영산 / 물에 빠저 水神영산 / 他關 代面에 / 갔다가 還故鄕못하고 / 路中에 간이 영산 / 불에 타진 火中영산 / 銃에 맞어 벼락영산 / 칼에 맞어 칼손영산 간이 들도 / 다놀너 都請拜에 오옵소서 / 女人들 거름으로 들적에 / 진자리에 간 이들아 / 마른자리 落胎길에 / 産母길로 아이 못낳고 / 胎 못낳서 後더틈에 / 붉은 赤痢 咳嗽 喘滿 / 기침症에 간이 들아 / 너털이 瘧疾에 간이 들아 / 다 놀러 드옵소서 /이 뒷전에 오실적에 / 아이들 거럼으로 드옵소서 / 落胎길에 간 애기들 / 産母길로 간 애기들 / 진자리에 간 애기들 / 마른자리에 간 애기들 / 손님길에 간 애기들 / 牛痘길에 간 애기들 / 적은 紅疫 毒맥이에 간 애기들 / 驚風에 간 애기들 / 배알이에 간 애기들 / 붉은 赤痢에 간 애기들 / 다 놀네 저 뜰中에 / 都請拜로 다 오옵소서

10) 대감님 청배 푸념

-初頭는 省略- / 대감님으 근본은가 / 그 워데가 본이드냐 / 이 강남 데 강남 건네 가니 / 대수피 또약섬이 본이외다 / 데 나라예 턴재대감 우리나라 니씨대감 / 개폐문에 초일대감 / 산사 무난사 / 호적관에 노리보든 대감님과 / 서울올나 홍패대감 백패대감 / 활 잘쏘는 활낭대감 / 말 잘하는 호반대감 / 글 잘하는 문신대감 / 시골 내려 풍수대감 / 으술대감 복술대감 목수대감 / 이 명당에 돌아 들어 던당대감 / 조상으로 내려 오며 / 대대 물네 내려 오는 대감 / 발 낮은 이괴두지과 / 발 높은 이장두지 / 은쾌상 금쾌상 자리 보든대

감 / 방파 철융 안바튼이 탁전님 / 궁궁제비 상살피 죽비단에 / 노
리 보든 대감님과 / 이 명당에 드라 드러 / 조상으로 내려 오는 /
어느 어느 이든지 / 터던에 잇는 대감 / 턴신대감⁽¹⁴⁾ 다르러서 / 도
청배에 오옵소사

大監神 請拜 禱歌

-初頭는 省略- / 大監님의 根本은 / 그 어데가 本이드냐 / 이 江南
저 江南 건너 가니 / 대슢 또약섬이 本이외다 / 저 나라의 天子大監
우리나라 李氏大監 / 開閉門에 초일大監 / (未審) / (?)에 노리보든
大監님과 / 서울 올라 紅牌大監 白牌大監 / 활 잘쏘는 閑良 大監 /
말 잘타는 虎班大監 / 글 잘쓰는 文臣大監 / 시골 내려 風火大監 /
醫術大監 卜術大監 木手大監 / 이 明堂에 돌아 들어 殿堂大監 / 祖
上으로 내려 오며 / 代代 물려내려 오는 大監 / 발 낮은 衣櫃두지
(반다지)와 / 발 높은 衣欌두지(衣籠) / 銀机床 金机床 자리 보든
大監 / 防牌 戰絨 안밧인이 着戰笠 / 孔雀이 上살피 죽비단에 / 노
리 보던 大監님과 / 이 明堂에 돌아 들어 / 祖上으로 내려 오는 /
어느 어으 분이든지 / 터전에 있는 대감 / 天神大監 다 드러서 / 都
請拜에 오옵소서

11) 감상님 청배 푸념

-初頭는 省略- / 감상님으 근본은가 / 그 워디가 본이드냐 / 칼산
국이 본이외다 / 데 나라의 턴자감성 / 우리 나라 니씨감성 / 개패
문에 초일감성 / 산사무난사 / 호적관에 노리 보든 감성님 / 범을
잡아 호랑감성 / 사슴을 잡아 포눅감성 / 곰을 잡아 능족감성 / 놀
글 잡아 장산감성 / 꿩을 잡아 생치감성 / 닭을 잡아 영계감성 / 소

를 잡아 설판감성 / 말을 잡아 선앙감성 / 물고기를 잡아 어물감성 / 돌을 잡아 한괴잔상 감성님아 / 도청배에 오옵소사

監嘗諸神 請拜 禱歌
-初頭는 省略- / 監嘗님의 根本은 / 그 어데가 本이드냐 / 칼山國이 本이외다 / 저 나라에 天子監嘗 / 우리 나라 李氏監嘗 / 開閉門에 초일감성(?) / (未審) / (?)에 노리 보던 監嘗님 / 범을 잡아 호랑감성 / 사슴을 잡아 脯肉감성 / 곰을 잡아 熊足감성 / 노루를 잡아 獐산감성 / 꿩을 잡아 生雉감성 / 닭을 잡아 嬰鷄감성 / 소를 잡아 설판감성 / 말을 잡아 城隍감성 / 물고기를 잡아 魚物감성 / 돌을 잡아 한괴장상 감성님과 / 都請拜에 오옵소서

12) 허튼거리 푸념

-初頭는 省略- / 허튼거리에 넝산으로 간이들아 / 아귀넝산 비위넝산 / 검사넝산 포사넝산 / 산거리 산네주 / 손각씨[15] 손마누리[16] / 대왕 들어 늘고에 대왕이나 / 만니고에 대왕이나 / 사창고에 대왕이나 / 농상두 굴너내고 / 대궐두 때려내든 / 관대왕 창대왕 방대왕 / 대왕님네 도청배에 오옵소사 / 총사대감도 도청배에 오옵소사

허튼거리 諸神 請拜 禱詞
-初頭는 省略- / 허튼거리 靈山으로 간이들아 / 惡鬼靈山 비위靈山 / 劍死靈山 砲死靈山 / 山거리 山女王 / 손각씨 손마누라 / 대왕 들어 늘庫에 大王이나 / 萬里庫의 大王이나 / 社倉庫의 대왕이나 / 龍床도 굴너내고 / 大闕도 때려내는 / 館大王 倉大王 坊大王 / 大王님네 禱請拜에 오옵소서 / 叢祠大監도 都請拜에 오옵소서

1932년 6월 평북 강계읍 서부동 남무(박사) 전명수 구송

| 주 | (1) 죽편竹編 또는 영편柃編의 동구리[行李]로, 그 속에 신물神物(제용
祭用, 의복 등)을 놓아두었으므로, 그것을 신이 앉아 있는 곳이
라 하는 모양이다. (주석의 위치는 알 수 없다—엮은이)

(2) 사찰을 세우기 위하여 민간으로 돌아다니며 포시布施를 구걸하
는 것을 속된 말로 '건립建立'이라 한다. 그 철을 구하는 것을
'쇠 건립'이라 한다.

(3) 강계에서는 조[粟]를 '샅'이라 하며 또는 '소미小米'라고도 한다.
(주석의 위치는 알 수 없다—엮은이)

(4) 곡물을 쌓아놓은 더미를 '낫가리'라 한다.

(5) 이미 죽은 제무諸巫를 '선생先生님'이라 한다.

(6) 무사巫辭나 무巫의 노랫소리와 공수의식恭受儀式 및 무령巫鈴·무
발巫鈸·무장무장고巫杖鼓 등은 모두 선생에게 배우고 교도教導되
고(문이 열리고) 한다는 뜻이다.

(7) 도무당·이계원·김홍근 등은 전명수 자신의 선생[先巫]이라고
하였다.

(8) 마랑은 무제 때에 주인집에서 무巫에게 보수로 주려고 제장祭場
에 내놓은 곡물의 이름이다.

(9) '왕'은 크다는 뜻이고, '빗'은 자른다는 뜻이다. 그러므로 '왕빗'
은 크게 빗은 떡을 의미하며, 이 떡과 종이, 술과 고기, 생선 등
의 제사반찬은 감응상感應床에 올리는 것이다.

(10) 무제巫祭 때에 무巫는 자기 소유의 '명두경鏡'과 여러 종류의 옷
및 여러 단골[檀越]집으로부터 받은 무구巫具·조화造花·수양문서
포收養文書布(단명운短命運이 있는 자녀를 형식상으로만 무巫에게
수양아들이나 수양딸로 준다고 하여 베와 비단에 그 사주와 이

482 제3부 신가

름과 사유를 기록하여 무巫에게 주는 것) 같은 것을 제장祭場에 매달아 놓는다. 이것을 '간주'라 하며, 팔만八萬이나 되는 큰 수 란 뜻이다. 간주님은 그러한 신물神物을 신격화한 것이다.

(11) '영산靈山길에 간 이들'이란 것은 원래는 산에서 죽은(호랑이나 이리 등에게) 자를 뜻하는 것으로, 평안도에서는 '영산靈山길'이 라면 호랑이에게 물려 죽는 것을 의미한다. 이것이 점차 여행 중 죽음[旅死]이나 기이한 죽음[異死], 뜻밖의 사고나 재앙으로 말미암은 죽음[非命橫死] 등으로 사용되기 시작한다.

(12) 아이를 낳은 후 3일 이내를 '진자리[濡席]'라 하고 그 이후를 '마른자리'라고 하였다.

(13) 성홍열의 독으로 생긴 부스럼으로 말미암은 죽음을 말한다.

(14) 평안도에서는 도깨비를 '천신天神'이라 한다.

(15) 손각씨는 결혼하지 않은 처녀의 죽은 혼으로 까다로운 귀신이 다.

(16) 손마누라는 질병의 여신이다.

4. 권선굿 푸념

초와 권선도 권선이오 / 이와 권선도 권선이오 / 삼아 권선도 권선 이고 / 오늘 반두 열두 반이오 / 내일 반두 열두 반이오 / 시물 네 이 상고 반이라 / 마우님네 다 놀네 오옵소사 / 데 둥턴을 바라 보 니 / 백 비둘기가 나라 든다 / 저 오마니가 질재자가 용아 / 백 비 단을 모아 내여 / 항냥같은 강에로서 / 전필오 지게 세워 / 반필오 깃두 달고 동정을 달아 / 명두기를 입혓사라 / 성인 삼불이 오옵소 사 / 데 둥턴을 바래 보니 / 배릉개비 나라 든다 / 저 오마니가 질

재주가 용아 / 청삭 유삭을 모아 내여 / 항냥걸은 강에로서 / 전필로 깃두 달고 동정 달아 / 명두애기 입혀 노니 / 신선 세턴이 오늘 오씨에 오노매라 / 데 둥턴을 바라 보니 / 소르개미 나라 든다 / 아래로 누덕 바디 / 우으로 누덕 저고리 / 일너로 가도 베울락 / 델노로 가도 뻬울낙 뻑뻑 / 울어 가면 어니 누가 / 영게 종게 아니주랴 / 영정님이 오옵소서 / 아랫녁을 내려다 보니 / 무슨 꽃이 피었드냐 / 노롯 노롯 호박꽃도 아니외다 / 발갓 발갓 진달네도 아니외다 / 헷속 헷속 목회꽃이 상꽃이라 / 원구데석님이 오옵소서 / 뒷동산에 올라 가니 / 무슨 여름 열렀드냐 / 참배낭게 돌배가 열고 / 돌배낭게 참배가 열어 / 닝금낭게 대추가 여러 / 대추낭게 님금이 열어 / 멀고낭게 다래가 열어 / 다래낭게 멀구가 열어 / 농구낭게 뜰꿩이 여러 / 뜰꿩이 낭게 농구가 열어 / 그 말이 데말이 허사로다 / 참배낭게 참배가 열고 / 돌배낭게 돌배가 열고 / 멀구낭게 멀구가 열고 / 다래낭게 다래가 열고 / 전낭게 전이 열고 / 잣낭게 잣이 열고 / 오약 조약 여신 실괴 / 낭단 조상님이 / 다 놀네 드옵소사 / 데 둥턴을 바라 보니 / 자치 한쌍이 나라 든다 / 우으로 알락 조고리 / 알에로 알낙 바디 / 일노로 가면 깩깩 울고 / 델노로 가두 깩깩 울며 / 대감 감성님이 다 놀네 드옵서서 / 요 뒤전에 오실적에 / 가마구 한쌍이 나라 든다 / 우으로 얘청 저고리 / 알에로 얘청 바디 / 말글 딥고 재를넘어 / 재를 딥고 말글넘어 / 일느로 가두 까울낙 깍깍 / 우는 가마구 넝산으로 돌네 보자 / 넝산님이 다 놀레 드옵소사 / 웃논에단 찰볘를 심거 / 아랫논에단 매볘를 심거 / 가운뎃 논에 쌀볘를 심거 / 농신이 물을 주어 / 신농씨가 여름을 여러 / 산신님이 불을 부테 / 노롯 노롯 닉었구나 / 이 굿 주는 실내부인이 / 금채대를 둘어 메고 / 앙금 상금이 흘터 내여 / 새투레 구들에 농정을 허여 / 적대무 확에 적대무 공이에 / 슬어 내여 열세벌 물수룸허여

/ 한강수에다 흘니 빗겨 / 데 강남서 건너오는 / 진주겉은 얼근 독에 / 상방에는 상조래 / 둥방에는 둥조래 / 하방에는 하조래 / 조래뱅비 일너 내여 / 하로 비즌 단감주면 / 이를 비즌 삼야주라 / 둘어 떴다 고청주면 / 가매 부어 단 화주요 / 화병 주병 맥여 네여 / 은잔 놋잔 다버리고 / 팔모 각기 사그잔에 / 가득 잠속 부어 내여 / 컨선잔으로 돌네 보자 / 마우님도 잡수시오 / 성조님도 잡수시오 / 성인님두 잡수시오 / 신서님두 잡수시오 / 세턴님도 잡수시오 / 원구데석 잡수시오 / 넝진간주 잡수시오 / 선생님두 잡수시오 / 조상님도 잡수시오 / 대감 감성 잡수시오 / 허튼 하산이 잡수시오 / 팔만 제조왕이 잡수시오

勸膳祭 禱歌

初아 勸膳도 勸膳이오 / 二와 勸膳도 勸膳이오 / 三와 勸膳도 勸膳이오 / 오날 盤도 열두 盤오 / 來日 盤도 열두 盤오 / 싀물 너히 上高 盤라 / 마우님네 다 놀러 오옵소서 / 저 중천을 바라 보니 / 白비들기가 날아 든다 / 저 어머니가 織裁주가 용하여 / 白緋緞을 짜 내여 / 항 樑같은 가위로서 / 全匹로 기리 삼고 / 半匹로 깃도 달고 동정을 달아 / 명두애기를 입혔어라 / 聖人 三佛이 오옵소서 / 저 中天을 바라 보니 / 바랑갭이 나라 든다 / 저 어머니가 織裁주가 용하야 / 靑色 柳色 비단을 짜서 / 항 樑같은 가위로서 / 全匹로 기리 삼고 / 半匹로 깃도 달고 동정 달아 / 명두애기 입혀 놓니 / 神仙세턴이 오늘 午時에 오노매라 / 저 中天을 바라 보니 / 솔개미 나라 든다 / 아래로 누덕 바지 / 위으로 누덕 저고리 / 이리로 가도 삐울탁 / 저리로 가도 삐울낙 삑삑 / 울고 가면 어너 누구가 / 嬰雞種雞 아니주랴 / 靈淨님이 오옵소서 / 아랫녁을 내려다 보니 / 무슨 꽃이 피었드냐 / 노릇 노릇 호박꽃도 아니외다 / 발갓 발갓 진달네도 아

니외다 / 햇속 햇속 목화꽃이 上꽃이라 / 원구帝釋님이 오옵소서 / 뒷동내에 올라 가니 / 무슨 여름 열렸드냐 / 참배남게 돌배가 열고 / 돌배남게 참배가 열어 / 林檎남게 大棗가 열고 / 大棗남게 林檎이 열어 / 머루남게 다래가 열어 / 다래남게 머루가 열려 / (?)남게 아 가위(山査) 열려 / 아가위남게 (?)가 열러 / 그 말이 저 말이 虛辭 로다 / 참배낭게 참배가 열고 / 돌배남게 돌배가 열고 / 머루남게 머루가 열고 / 다래남게 다래가 열고 / 전남게 전이 열고 / 잣남게 잣이 열고 / 오약 조약 여신 實果 / 兩黨祖上님이 / 다 놀러 오옵소 서 / 저 中天을 바라 보니 / 까치 한雙이 나라 든다 / 위으로 얼럭 저고리 / 아레로 얼럭 바지 / 이리로 가며 깍깍 울고 / 저리로 가도 깍깍 울며 / 大監 監常님이 다 놀어 드옵소서 / 이 뒷전에 오실적에 / 가마귀 한雙이 나라 든다 / 우으로 야청 저고리 / 아레로 야청 바 지 / 마루를 집고 재를 넘어 / 재를 집고 마루를 넘어 / 이리로 가 도 까울낙 깍깍 / 우는 가마귀 靈山으로 돌여 보자 / 靈山님이 다 놀러 드옵소서 / 웃논에다는 찰베를 심어 / 아랫논에 매베를 심어 / 가운뎃 논에 쌀베를 심어 / 龍神이 물을 주어 / 神農氏가 여름을 열 여 / 山神님이 불을 붙이여 / 노릇 노릇 익었구나 / 이 굿 주는 室 內夫人이 / 흘대를 둘러 메고 / 앙금 상금 흘러 내여 / 細土 구들에 말리어 / 赤大木 절구에 赤大木 공이에 / 찌어 내여 열세번 물씻음 하여 / 漢江水에 흘이 씻어 / 저 江南서 건너오는 / 眞珠같은 얼근 독에 / 上房에는 上祭酒 / 中房에는 中祭酒 / 下房에는 下祭酒 / 祭 酒 準備하여 내여 / 하로 빚은 단甘酒며 / 이를 빚은 三夜酒라 / 눌 러 떴다 高淸酒며 / 가매 부어 다린 火酒 / 花瓶 酒瓶에 막어 넣어 / 銀盞 놋盞 다 버리고 / 八모 각기 砂器盞에 / 가득 담숙 부어 냉 / 勸膳盞으로 돌려 보자 / 마우님도 잡수시오 / 成造님도 잡수시오 / 聖人님도 잡수시오 / 神仙님도 잡수시오 / 西天님도 잡수시오 /

원구帝釋님도 잡수시오 / 靈淨잔주님도 잡수시오 / 先生(先巫)님도 잡수시오 / 祖上님도 잡수시오 / 大監·監常님도 잡수시오 / 허튼 하산이 잡수시오 / 八萬 諸竈王이 잡수시오

1932년 6월 강계읍 서부동 남무(박사) 전명수 구송

5. 마우님 추원 푸념

각 마울 제신이 / 다 떡제비 열락에 다 옵시사 / 사람의 根本을 들추면 / 칼 갈아 손에 들고 / 소지 써 품에 품고 / 적덩 가자 관덩 가자 / 이송까지 가는 법이 있삽고 / 구신으 근본을 둘추면 / 십년 먹은 원수라도 / 그 시로 푸러저 갑니다 / 마울님의 근본은 / 그 워데가 본이드냐 / 으구산이 본이러라 / 일턴 월턴 야매동턴 / 소술턴 대술턴 너머 가니 / 벙마랑王과 벙마랑夫人이 / 마울길오 내렸읍네다 / 하눌 생긴 턴동마울 / 따 생기니 디동마울 / 인간생긴 인왕마울 / 구신이면 신도마울 / 데 나라에 턴자마울 / 우리 나라 니씨마울 / 가경턴재 오시월마울 / 산사무난사 호적관으 / 보리 보든 마우님과 / 암행어사 출도 마울 / 함경도에 본잔마울 / 갱병 칠읍 칠산마울 / 서자동궁 기갓마울 / 낭주 부처 합궁마울 / 자손이 생겨 수명마울 / 조상 자분 사줄마울 / 돈을 달나 전재마울 / 배를 나서 질재마울 / 종앨 떠서 지청마울 / 술을 디면 주갓마울 / 떡을 비저 왕빗마울 / 마주 앉은 불반마울 / 오늘 반두 열두 반과 / 내일 반두 열두 반과 / 스물 네나 상고반에 마우님과 / 이 간에 성전 도라 들어 / 조상으로 내려오는 마우님과 / 대갑에 대를 물려 / 뉘갑에 뉘를 물려 / 던답 바다 내려 오는 마우님 / 떡재비 열락에 다 옵소사 / 대주 정성 모씨 건명 쉬흔 다섯 / 곤명 실녕인 모씨주 마흔 여섯

/ 낭주 부체 주손으로 애탄지액 / 부모님으 거상지액 / 동상에나 소
복지액 / 낭주 부체 니별지액 / 동내 방내 구실지액 / 좀놈이나 즉
단지액 / 굴근놈으 호령지액 관재구실 / 부루 화재 무루 수액 / 도
주 마처 강적지액 / 그물에나 파봉지액 / 재물에나 손재지액 / 물녀
달아 치원이오 발원이오 / 안ㅅ당주를 배설하고 / 좌우 곗당 도두
매고 / 종애그르 거러 신당전과 / 향노 향탁 분향 고양 하올적에 /
강신향이며 넛출 향이며 / 분향 강신 처련당에 / 신사 도문 올사외
다 / 각 마을 제신이 / 다 내려 흠향 하옵소서 / 업신거는 만사옵고
/ 있는것이 적사와 / 이마망큼 발원이오 / 이 전에 니분 덕은 만만
하오나 / 새라 새덕 내리시길 / 천만 복축이 올시다 / 머리 검은 인
도 인생 / 아모리 정허누래두 / 부정헌게 많습메다 / 데 동방에 청
개수며 / 데 남방에 적개수며 / 데 서방에 백개수며 / 대 북방에 흑
개수며 / 데 둥앙에 황개수며 / 오방년수 바다 내여 / 올나 가는 우
둥수와 / 내려 가는 감연수와 / 청덕방에 옥개수와 / 금종와수로 새
수하옵시고 / 다 드러서 흠형하오 / 인도 인생 입으로나 지은 죄며
/ 눈으로나 지은 죄면 / 손으로나 지은 죄를 / 천가지 죄 만국 죄사
를 / 눌러 담당 하옵시고 / 다 드러서 받읍소사 / 데 박갓테 냇더
서면 / 안 마귀와 밧 마귀와 / 농천매면 기룽매면 / 마구에 손물지
액 물녀주고 / 우렁간에 대도치며 / 지즐개며 울 닭이며 / 안뜰 밧
뜰 채와주옵고 / 안 노적이 열두 노적 / 밧노적이 열두 노적 / 구슬
노적 싸 노적과 / 봉활달기 색길 치고 / 금두텁이 터를 닥가 / 소디
허니 황금출이오 / 개문에는 만복내라 / 오복이 드러 올적 / 구렁복
은 세려 들고 / 돌복은 구러 들고 / 인복은 거러 들고 / 새복은 나
라 들고 / 물복은 흘니 들고 / 오복이 창성하고 / 자손이 만당하여
/ 부귀 공명 당수 당명 시겨 줄적 / 실하자손 만사영은 / 자손청으
로 돌녀 주고 / 당상학발 천년수는 / 부모청으로 돌녀 주옵소서

마울神 前 祝願 禱歌

各 마울 諸神이 / 다 떡제비 宴樂에 다 오옵소사 / 사람의 根本을
들추면 / 칼 갈아 손에 들고 / 訴志 써 품에 품고 / 적庭 가자 官庭
가자 / 二訟까지 가는 法이 있삽고 / 鬼神의 根本을 들추면 / 十年
묵은 怨讐라도 / 그 時로 풀어저 갑니다 / 마울님의 根本은 / 그 어
데가 本이드냐 / 이구山이 本이러라 / 日天 月天 야매동천 / 小率天
大率天 넘어 가니 / 벙마랑王과 벙마랑夫人이 / 마울길오 내렷옵니
다 / 하늘 생긴 天動마울 / 따 생기니 地動마울 / 人間생긴 人皇마
울 / 鬼神이면 神道마울 / 저 나라에 天子마울 / 우리 나라 李氏마
울 / 가경턴재 오시월마울 / 산사무난사 호적관마에 / 노리 보든 마
우님과 / 暗行御使 出道마울 / 咸鏡道에 本잔마울 / 江邊 七邑 七山
마울 / 서자 동궁 기잣마울 / 兩主 夫妻 合宮마울 / 子孫이 생겨 壽
命마울 / 祖上 잡은 使者마울 / 돈을 다루어 錢財마울 / 배를 나어
서 織財마울 / 조이를 떠서 紙廳마울 / 술을 지으면 酒家마울 / 떡
을 빚어 왕빗마울 / 마주 앉은 불반마울 / 오늘 盤도 열두 盤와 /
來日 盤도 열두 盤와 / 쇠물 네나 上高盤에 마우님과 / 이 宅 聖殿
도라 들어 / 祖上으로 내려오는 마우님과 / 代 갑에 代를 물려 / 뉘
갑에 뉘를 물려 / 田畓받어 내려 오는 마우님 / 떡재비 宴樂에 다
오옵소서 / 代主 精誠 某氏 乾命 쉰 다섯 / 坤命 室令人 某氏主 마흔
여섯 / 兩主 夫妻 子孫의 哀嘆之厄 / 父母님의 居喪之厄 / 동생의
小服之厄 / 兩主 夫妻 離別之厄 / 洞內 坊內 口舌之厄 / 적은 놈의
是非之厄 / 큰놈의 號令之厄 官災口舌 / 불으 火災 물으 水厄 / 盜
賊 맞어 强賊之厄 / 器物의 破崩之厄 / 財物의 損財之厄 / 물여달나
祝願이오 發願이오 / 굿場을 排設하고 / 左右 겻당(棚) 도두 매고 /
조이를 거러 神將前과 / 香爐 香卓 焚香 供養하올적에 / 降神香이며
그나머 香이며 / 焚香 降神 처련堂에 / 神事 禱門 올시외다 / 各 마

울 諸神이 / 다 내려 歆饗하옵소서 / 없은것은 많사옵고 / 있는것이 적사와 / 이마만치 發願이오 / 이 前에 입은 德은 萬萬하오나 / 새라 새德 내리시기를 / 千萬 伏祝이 올시다 / 머리 검은 人途 人生 아무리 淨하누라 해두 不淨한게 많습네다 / 저 東方에 靑溪水며 / 저 南方에 赤溪水며 / 저 西方에 白溪水며 / 저 北方에 黑溪水와 / 저 中央에 黃溪水며 / 五方淸水 받아 내여 / 올라 가는 우둥水와 / 내려 가는 감연水와 靑德方에 玉溪水와 / 金淨華水로 洗手하옵시고 / 다 드러서 歆饗하옵소서 / 人途 人生 입으로 지은 罪며 / 눈으로 지은 罪며 / 손으로 지은 罪를 / 千가지 罪 萬가지 罪事를 / 눌러 容恕하옵시고 / 다 드러서 받읍소서 / 저 밖같에 냇더 서면 / 안 馬廏와 밧 馬廏와 / 龍天馬며 麒麟馬며 / 馬廏에 損物之厄 물려 주고 / 우리깐에 大돌이며 / 짖는 개며 우는 닭을 / 안뜰 밖앗뜰에 차게 하여 주옵고 / 안 露積이 열두 露積 / 밖앗 露積이 열두 露積 / 구슬 露積 쌀 露積과 / 鳳凰닭이 색기를 치고 / 金 두꺼비 터를 닥가 / 掃地하니 黃金出이오 / 開門에는 萬福來라 / 五福이 들어 올적 / 구렁福은 서리어 들고 / 돌福은 굴러 들고 / 人福은 거러 들고 / 새福은 나라 들고 / 물福은 흘러 들고 / 五福이 昌盛하고 / 子孫이 滿堂하여 / 富貴 功名 長壽 長命 시켜줄적 / 膝下子孫 萬世榮은 / 子孫廳으로 돌려 주고 / 當相鶴髮 千年壽는 父母廳으로 돌려 주옵소서

　　　　　　　　　1932년 6월 강계읍 서부동 남무(박사) 전명수 구송

　청배가 끝나면 무巫는 각 신 앞에 주인집의 식재息災 강복降福을 빌며 축원한다. 이 마울신 전前 도사禱詞는 그 하나이다. 청신 전 축원사는 축원에 차이가 있을 뿐이요, 본사는 동일한 것이라 하였다. 그리고 그 초두는 도청배 도가의 그것과 동일하므로 이 한 가지 예로써 다른 것들을 모두 유추할 수 있다 하였다.

그리고 이른바 마울은 부府·조曹·아衙 등 마을에서 기원한 말인 듯하며, 마우님 곧 마울신은 관의 신령을 가리키는 듯하다. 이상으로써 우리는 남무 전명수의 제차신가 전체를 대강 살펴보았다. 이것들은 평안도 각지에서 채집한 편적인 제차신가의 여러 종류이다.

(이후 원고 없음)

지양풀이

(이전 원고 없음)[1]

염제炎帝 신농씨神農氏 뒤에 나서 역산曆山에 낭글 비여 / 훌정 장기 따부 호미 광이 연장 맨드러서 / 높은 데 밭 갈기며 나즌 데 논 치기와 / 농사법을 가르키고 상백초賞百草 약을 지어 병든 인생 구조하고 / 태혹太皓 복희씨伏羲氏 다시 나서 창해 같은 의견으로 / 하도河圖 낙서洛書 그려 내고 날 가운데 제자 모아 / 만물을 매매하여 장사법을 가르키고 / 八괘를 시획하여 음양을 분별하고 천부天婦를 마련할 때 /

(원고 없음)[2]

그때 그 시절에 석가세존 다시 나서 / 서역국 불도로서 중국을 건너 올때 / 장삼 입고 곡갈 쓰고 염주 걸고 가사 메고 / 불자佛子 등을 거나리고 동방에 도덕페니 불법이 흥성트라 / 그때에 전륜왕轉輪王은 九대대의 독자로서 / 세대로 왕자러니 년광이 四十토록 / 슬하에 무자하매 매일 한탄 하는말슴 / 어언에 백수白首되면 종묘 사직 국왕 옥쇠玉璽 / 누구게 전수하며 평생에 무자無子하면 / 후사를 어이 할고 주야 탄식하시드니 / 그때에 왕후부인 왕의 탄식 드러시고 / 정

---

1) 1~2쪽까지의 원고가 없어 禱歌의 제목을 확인할 수 없다.
2) 2~5쪽까지의 원고가 없다.

성으로 복지 주왕 대왕의 한탄함은 / 도시 첩의 허물이옵고 무자의 죄 지중하오니 / 천만번 용서하옵시고 후궁을 취하시라 / 남녀간 자식 두어 평생에 영화삼고 / 후사를 이즈시면 첩은 죽어 도라 가도 / 여한이 없으리다 슳이 앉아 제읍하니 / 대왕이 도라 보시고 부인을 달내여曰 / 사정은 딱하오나 부인 설어 마옵소서 / 존비 귀천 흥망 성쇠 사람마다 다있는데 / 한탄한들 무엇하며 설어한들 무엇하며 / 부부간 안락함은 이 또한 복이어니 / 짐이 만약 취첩하면 자식도 좋거니와 / 안락한 부부정이 자연 소원할터이니 / 부인은 그른말삼 일정으로 마르시고 / 귀체를 안부하야 평생을 바랩소서 / 대왕과 부인이 악수로 상별하고 / 각각 궁을 다라가시드라

3.

그때에 왕후부인 대전大典을 내여 놓고 / 책장마다 고준하니 三강 五륜 인의예지 / 죄의 경중 온갖 법이 가추 가추 씌였는데 / 여자의 형법보니 아시兒時에는 부모를 믿고 / 출가후는 가군을 믿고 늙어면 자식을 쫏나니라 / 七거지악에 일넛스되 / 一왈 무자거無子去 二왈 부모불효거 / 三왈 사음거邪淫去 四왈 투의거妬猜去 / 五왈 절도거竊盜去 六왈 다언거多言去 / 七왈 악병거惡病去 칠거지죄와 / 불효지죄 三千 중에 무자 절손지죄가 / 가장 큰 죄라 하였거늘 부인이 보시고 자책曰 / 내가 만약 고집하면 남의 가문을 마치리라 / 사세 비록 그러하나 다시앉아 생각함에 / 만고 성현 호걸 군자 명산 대천 공을 드려 / 얻어 난이 허다하니 공자 모친 안씨부인 / 니구산尼丘山 높이 앉아 백일을 기도하야 / 성인을 두었거던 나도 또한 공을 드려 / 자식을 바래 볼까 / 여러날을 생각하고 깊이 생각 상소지어 / 대왕께 올이시니 대왕이 뵈옵시고 내궁에 입어트라 / 그때 부인이 대왕 전 복지 주曰 / 고금 이래 무자인이 지성으로 공을 드려 / 성현 군자

두었시니 첩도 또한 공을 드려 / 자식을 바래고저 하오니 대왕은 정대한 / 마음으로 잠간생각 하옵소서 / 대왕이 가라사되 부인의 말삼을 조칠진댄 / 이세상에 무자식할사람 어너 뉘가 있으리오마는 / 명승지지 염불 전에 지성으로 발원하야 / 비록 후세 도라가도 한이 없게 하옵소서

4.

부인 허락받아 일관 급히 불러 / 길일 선택한 후 그 날이 당도함에 / 높은 산 송죽빌려 천문에 기도하고 / 낮은 산 수토빌려 지문에 금토놓고 / 사방을 려소하고 내궁을 말킨 후에 / 예단을 간추릴제 백지 千권 황촉 三千 / 지촉을 준비하고 대단大緞 三百필로 가사 채복 준비하고 / 백미 三百석은 공양미로 준비하고 / 금은 三千량을 권문에 기록하야 / 금은 채단과 각색 공물을 수래에 높이 실고 / 궐문 밖에 내다르서 룡운사龍雲寺로 찾어 / 한곳을 다다르니 별유천지 비인간이라 / 남은 화산華山이오 북은 고산嵩山이오 / 절로 큰 고목들은 동서로 휘이여서 / 五행으로 버러 서서 그 우에 오작烏鵲 즘생 / 각각이 집을 지어 알을 품고 색기 처서 / 후대를 전하는데 天地間 만물중에 / 최귀한 사람되여 미물보다 못하리오 / 나도 급히 룡운사로 한발거름 달녀 가서 / 왼갓 공을 가초드려 후대를 잇게하야 / 대왕의 근심 씻고 만종녹을 누리리라 / 아미타불 염불하여 점점찾어 드러 가니 / 고봉 준형은 좌우에 병풍되고 / 율울 송죽은 좌우에 눈썹되고 / 기암 괴석은 반공에 쏘사있고 / 잔잔 시내는 처처에 폭포되여 / 산한이 장엄도 한저이고 / 중중 석벽에 잔내비 슾이 울어 / 가린한 부인마음 하염없이 도누우고 / 황금 같은 꾀고리는 양류 간에 높이 앉아 / 세우정細雨情을 노래하고 화초는 만발하야 / 일월을 희롱하고 공산 야월 두견새는 / 귀촉도 불여귀 꽃가지 눈물 뿌려 점

점히 물드리고 / 남원 록초 비호접은 꽃들 보고 반가하며 / 쌍쌍히 나라 드니 경치 좋은 삼촌이라 / 부인이 반석에 의지하고 홀로 왼갓 탄식하며 / 눈물을 뿌리시고 슯이 제읍 비는 말슴 / 세상에 무삼 죄로 하물며 여자되여 / 남의 가문 출가하여 국모國母가 되었으니 / 무삼한이 있으리만 년당年當 사십四十 근하도록 / 슬하에 자식 없어 후대를 못 닛는가 / 천지 일월 성진님과 이 차산중 모든 신중 / 잔명을 구조하야 룡운사 길을 여러 / 삼신을 모셔 와서 자식 보기 비나이다.

5.

말을 다 마친 후에 눈물 딱고 한숨 지며 / 서편을 바래 보니 어떠한 중 한분이 / 장삼 입고 가사 매고 련화관蓮花冠 높이 쓰고 / 염주걸고 단주 쥐고 죽장 집고 발랑 지고 / 석경 좁은 길을 염불하며 내려와서 / 부인 앞을 지내거늘 부인이 반겨하야 / 저기 가는 저 존사는 잠깐 길을 머물소서 / 그 중이 예배하고 부인 앞에 복지커늘 / 부인이 물자오되 룡운사로 가랴면 어디로 가나이까 / 그 중이 손을 들어 사방을 가르치며 / 저편 고개 넘어 석교를 건너 가면 룡운사로 가오리다. / 하직하고 도라서서 문득 간곳 없는지라 / 부인이 그제야 도승인줄 아릅시고 / 정신을 수습하야 도승의 지도 대로 / 서산을 넘어 가니 옥련중에 한 석교 있거늘 / 그 다리 건너 가니 산수 거룩하고 / 경개절승한데 오색 채운이 사면에 가득하고 / 만화 방초 중에 황금으로 쌕였으되 / 룡운사라 하였거늘 부인이 반겨 보고 / 그 곳을 찾어 가니 은연한 쇠북 소래 / 가까이 들이거늘 절 문안에 들어서서 / 삼보佛奴를 찾어 정결청淨潔廳에 숙소하고

6.

이튿날 평명부터 부인이 정성대로 왼갓 공을 다 드린다. / 명산 대
천 령신단과 룡운사 부처님 전 / 차례로 발원할제 제불 보살 미륵님
과 / 석가여래 제석보살 칠성불공 라한불공 / 백일산재 천제불공 삼
신불공 룡왕불공 / 가사시주 다기시주 창호도벽 연등사주 / 왼갓 불
공 다한 후에 집으로 나려 와서 / 성조(空竈)왕 구능 중천 당산 천령
川靈 지신제를 / 정성으로 발원하고 타향 객사 거리 송장 / 선심으로
묻어 주고 병든 걸인 약도 주며 / 배고푼이 밥도 주며 환과鰥寡 고독
구조하며 / 천차만민 외로운것 가지가지 적선하니 곳곳이 송덕이라

7.

하룻 밤 일기 좋아 월색을 구경타가 / 침석에 의지하야 홀연히 잠을
드니 / 삼경말 사경초에 궁전에 오색 채운 / 난대 없이 모아 들려
방광放光이 영롱트니 / 어떠한 선관이 룡포 입고 왕관 쓰고 / 백무선
손에 쥐고 황학을 빗겨 타고 / 허공으로 내려 올 때 五음 六률 풍악
소래 / 궁전을 울리드니 그 선고나이 궁에 내려 / 동자를 앞 세우고
문을 열고 들어 와서 / 부인 곁에 좌정크늘 부인이 대경 문왈 / 어
떠한 선관이 완래 궁중 내당을 모르고 / 무례히 왕림하십니까 선관
이 답하여 왈 / 나는 三十 三천 도솔천궁兜率天宮 지왕이러니 / 부인
의 지극한 정성과 수다한 공덕이며 / 무수한 발원과 만민의 송덕이
/ 구천에 사모친 고로 하날이 감동하야 / 옥황님이 드르심에 천문을
급히 열고 / 시자에게 명령하야 나를 불러 분부사되 / 지하국 내려
가서 부인궁에 급히 이러 / 자식 주라 하시기로 동자를 전하오니 /
만세 유전 하옵소서 말을 마치자 / 청의 동자를 부인께 주시고 이러
나 하직하고 / 문듯 간곳 없는지라 / 부인이 몽사를 깨다르매 마음
이 쇄락하고 / 정신이 황홀커늘 문창을 살펴 보니 발서 날이 평영이

라 / 그날 대왕이 내궁에 입어하시거늘 / 부인이 간밤 몽사를 낱낱이 주달하니 / 대왕이 또한 질거하시며 / 짐이 또한 꿈을 얻으니 / 서역국 수미산 금불암 산다는 중이 대전에 드러와 / 개하에 복지 주왈 소승의 승명은 / 석불연이라 하오며 소승의 절이 빈궁하온 중 / 중수한지 오래되어 눈비를 피키 어려오니 / 어지신 황상의 덕택으로 금자金子 오백금을 시급하시면 / 빈궁을 면하옵고 모든 부처님을 / 편히 모시겟사오니 황상 하해지택을 / 천만번 바래나이다 하거늘 / 짐이 시자를 명하야 즉시 오백금을 허옵하니 / 대전에 올리며 왈 만세를 연하옵소서 / 하직하고 돌아간 후 짐이 꿈을 깨다르니 / 동방이 기명이라 부인의 꿈과 나의 꿈이 비등한 청몽이니 / 부인 정성 소치인가 하나이다 / 무수히 칭찬하시며 길조를 기대리시드니

8.

과약 그달부터 태기있어 태중 한달만에 금부지왕이 / 내외간 정수 받아 인충을 마련하고 / 태중 두달만에 적부지왕이 / 오색실 고이 맺어 성태를 정하시고 / 태중 석달만에 백부지왕이 / 이 목 구 비 마련하고 / 태중 넉달만에 두수지왕이 / 사지 수족 마련하고 / 태중 다섯달 만에 별적지왕이 / 대골大骨 소골 칠십七十 여절 남녀 분간 마련하고 / 태중 여섯달만에 지광지왕이 / 흡폐吸肺 기래 간경이며 오장 육부 마련하고 / 태중 일곱달에 태산지왕이 / 十二 골육 二十七맥 十二 경낙 / 남자 능동 좌유하고 여자 능동 우유하야 / 좌우를 분별하고 태중 여들달에 군심지왕이 / 三萬 八千 四 혈穴 모공毛孔을 마련하고 / 태중 아홉달에 대명大明지왕이 / 총명 지혜 마련하고 / 태중 열달만에 복덕지왕이 / 식녹 재복 마련하고 / 천상궁 도지왕이 금탄金綻지왕 명덕命德지왕 / 분접分接지왕 삼신을 분부하되 / 지하궁 내려 가서 부인의 복중 애기 / 세상에 인도하라 삼신이 명을 듣고 /

명덕왕은 명命술 쥐고 분접왕은 가새가위 들고 / 금탄왕은 열대〔鍵〕
쥐고 / 부인 전에 내려 와서 부인을 침노히니 / 그때 부인이 배쌀이
절리시며 / 천지 아득하고 일월이 빛이 없어 / 정신이 혼미 중에 금
광문金光門 고이 열어 / 애그를 탄생하니 분접지왕 가새들고 / 애기
태줄 갈라 내여 금반金盤에 목욕시켜 / 부인 전에 드리거늘 부인이
정신 채려 / 애기를 살펴보니 꿈에 보든 동자로다 / 부인이 대히하
사 애기를 길르실제 / 공조功曹지왕은 부자유친 마련하고 / 태충太沖
지왕은 모자인정 마련하고 / 천강天罡지왕은 군신유의 마련하고 /
태을太乙지왕은 부부유별 마련하고 / 승광勝光지왕은 장유유서 마련
하고 / 소길小吉지왕은 붕유유신 마련하고 / 전송傳送지왕은 력년신
수 마련하고 / 종괴從魁지왕은 흥망성쇠 마련하고 / 천괴天魁지왕은
존비귀천 마련하고 / 증명徵明지왕은 가정기물 마련하고 / 신후神后
지왕은 성덕광명 마련하고 / 대길大吉지왕은 수요장단壽夭長短 마련하
고 / 六축지왕은 노비奴婢 전답田畓 천재千財 만금萬金 / 우마牛馬 六축
장성키 마련 후에 / 七七 四十九일만에 모든 지왕이 각각 분발하야
/ 세상 천지 남녀 탄생 명지장단 부귀 빈천 흥망 성쇠를 / 억조 창
생께 각각 정하시드라 / 어와 장할시고 지왕의 높은 성덕 / 고금 이
래 사람 마다 지주 정성 발원하고 무수 공덕 수행하면 / 천지간 음
양조화 뉘 아니 성취할가

1931년 8월 동래군 구포 맹인 최순도 구술

나는 제4편에서 불교도가 남긴 왕생에 관한 문학 4종을 소개하
였다. 이미 왕생에 관한 문학이 있으면 그의 탄생에 관한 문학도 있
을 법한 일이다. 나는 그것을 찾은 지 자못 오래 되었다. 그러나 나
는 그것을 구하면서도 한편으로 구하지 못하리라 예상하고 있었다.
여러 민족의 신화·전설에도 내세에 관한 것은 많으나 탄생에 관한

것은 희박하며, 비록 있더라도 설화의 중심이 가장 단순하여 살대신殺代神의 대신으로 호생신好生神을 두어 그 주지가 두 신 사이의 투쟁을 말함에 지나지 못하는 것이 보통이다. 뿐만 아니라 우리 고유 신앙에는 그러한 두 신에 관한 특수한 전설도 없는 모양이다. 그런데 나는 맹인 최순도崔順道로부터 뜻밖에 이 산신전설産神傳說을 얻게 되었다.

이 탄생신가에 보이는 이른바 지왕은 산신의 명칭인 경상도의 속어 지양(제양이라고도 한다)에 가까운 음의 한자를 끌어다 쓰고, 또한 약간의 의미를 포함하게 한, 일부 식자계급이 널리 쓰는 말이다. 즉 그들은 '지양'이라는 말을 한 번 들어서 그 의미를 해득하기 어려우므로 양을 '王'으로 끌어다가 '지王'이라고 하며 심한 사람은 '제왕帝王'이라고 하기도 한다. 이 신가의 제1절에 보이는 '삼신제왕三神帝王'이 그 예이며, 이것은 '삼신지양[三位産神]'을 중국의 천지인 삼황에 끌어다 쓴 것이다. 삼황은 오직 삼황이요 삼신지양과는 어떤 연관도 없다. 산신의 명칭은 지방에 따라 차이가 있으나 그것은 제쳐두더라도 산신을 삼위의 여신으로 생각하는 것은 여러 도에서 많이 볼 수 있는 신앙인 모양이다. 아직 충분한 조사를 하지는 못하였으나 경상도에서는 이것을 '삼신지양'이라 하며 삼남도에서 혹은 이것을 '삼시랑(삼신랑三神娘의 잘못된 발음일 것이다)'이라고 하며 함경과 삼남의 대부분에서는 출산 후 삼기 백반과 삼기 미역국을 산신께 바치는 관습이 있다. 자세한 고증은 여기서 생략하나 위에서 서술한 여러 사실들로 보아도 조선민족의 산신은 삼위의 여신이 그 원시상태일 것이라고 생각한다. 이 산신에 관한 신화가 곧 지양풀이다.

그런데 지금 맹인들이 전하는 지양풀이를 보면, 작자는 민속 고유 신앙인 산신의 신화를 구성하면서 그것을 완전히 유교적·불교적인 것으로 윤색하여 버렸으며 어떤 경우 도교적 색채(태산·태을 등)

까지를 엿보게 하였다. 이 신화의 작자는 산신의 본국을 도솔천궁이라 하였다(7절 참조). 이것은 작자가 불교도였다는 증거이다. 그러나 그는 결코 순수한 불교도도 아니었다. 그 증거로써 그는 제1절의 창세 설화에서 중국의 삼황 오제며 요순우탕 문무주공 및 공자까지를 거들었다. 산신의 □시를 말하고자 함에는 천지 최초부터 그것을 설명하지 않을 수 없었다. 그러나 이것은 작자가 산신이 먼 옛날 인류가 생겨날 시대부터 존재하였다는 의미를 설명하려는 염원적 수사 이외에 특별한 다른 의미는 없을 것이다. 다음에 그는 산신의 재소를 구하였으나 중국 신화에서는 그것을 생각해내기 불가능하였다. 그러므로 그는 산신이 도솔천궁(8절에서도 그는 천상궁에 도지왕이 있다고 하였다)에 주재한다고 도출하였다. 그리고 그는 전륜왕후轉輪王后가 자식을 낳기 위해 공덕을 쌓았다는 내용을 설화의 중심으로 삼고 작자 자신이 이상적이라 생각한 산신의 특질을 표명하여 이 지양풀이를 구성하였다. 그러나 그는 곳곳에서 그의 상식의 불충분과 논리의 처소를 폭로하였다. 그는 공자와 석가시대의 전륜왕후(작자는 전륜왕을 그저 제왕의 의미로 해석한 모양이다)의 탄생 이후로 제 산신이 사해에 분발하여 인류 생산의 기능을 비로소 시작한 것 같이 말하였다. 이것은 결코 역사적 상식을 가진 사람이 만든 것이 아니다. 작자는 삼황 오제 시대나 요순우탕 시대나 공자석가의 시대나 모두 아득한 고대 인류 최시의 시대인줄로 생각하였던 모양이다. 또 그는 제1절에서 천황天皇·지황地皇·인황人皇을 삼신제왕이라고 하였다. 이것은 민속상의 삼신지양에 끌어 댄 것이 명백하다. 그럼에도 제7절에서 그는 도솔천궁에 지양이 주재한다고 하여 작자의 실제 신앙을 다시 말하였으며, 제8절에서도 천상궁 도지왕이 금탄金綻·명덕命德·분접分接 삼지왕에 명령한다는 등의 말을 하였다. 작자의 견해는 실제로는 도솔천궁 산신설이었고 삼황산신설은 일시적인 직감을 아무런 의도 없이 삽입한 데 지나지 않을 뿐이다. 또 그는 민간신앙에서 산신의 성이 여성임을 완전 무시하고 남성으로 취급하였다.

이러한 사실로 보아 작자는 결코 충실한 민족신앙의 애호자도 아니었으며 유불에 충분한 상식을 가진 사람도 아니었던 모양이다. 그는 분명 약간 보고들은 바가 있고, 민족종교에도 관계를 가진 맹인독경자 계급에 속한 근세의 인물이었을 것이다. 이렇게 만족할 만큼 취할 바 없는 작품이지만, 작자가 특히 탄생지학誕生之學과 산신신화에 뜻이 있었음을 귀하게 생각하며 구비문학으로서 가치도 약간 있을 듯하기에 후세에 남겨 두고자 하는 바이다. 그리고 작자가 제8절에서 금탄·명덕·분접 삼위의 산신을 말한 것은 작자 자신이 상상해낸 산신의 3종 기능을 신격화한 데 불과할 것이며 같은 제8절에서 말한 임신 10개월의 십위 산신이나 산후의 13산신 등도 대부분은 작자 자신의 상상력이 만들어낸 산신 기능의 신격화에 지나지 않을 것이다. 산후에 13신을 두었다는 그 수는 출생으로부터 제1주년(첫돌)까지의 13개월에 상응케 한 수일 것이다.

끝으로 우리는 기이한 산신신화일망정 여기에서 약간 민족신앙의 자료를 발견할 수 있을까 한다. 즉 우리의 모성은 그들의 종교적 (봉기) 가족적(□□) 또는 인류로서의 책임을 다하고자 자손을 얻기 위하여 얼마만 한 고심과 노력으로 어떠한 여러 종류의 기원 수재를 하였으며, 또 산신의 기능과 산신과 사람과의 관계는 민중이 그것을 얼마나 믿었던가 하는 등 사상을 엿볼 수 있을 것이다.

이 탄생신가는 유아와 산모의 아픔을 위하여 삼위 산신 앞에 이것을 가송하여 그 평유를 기원하는 것이다.

무녀기도사巫女祈禱詞[1]

(앞부분 없음)

2. 산신産神께 올리는 말

삼신 지양님네요 / 아거머니 / 국 잘 자시고 밥 잘 자시고 / 약을 써도 약 소음이 나고 / 몸 어서 숩기 풀리도록 / 어름 싹고 눈 싹듯이 / 말(마루)의 가시 저로 집어 / 앉는듯이 거두어 주시오 / 옥등에 불 쓴듯이 / 이 가중에 불로 맑히고 물로 맑혀서 / 이 가중에 우습꽃이 피도록 하여 주시오

　　　　　　 1922년 8월 경상남도 동래군 구포 무녀 한순이 구술

---

1) 원고의 1~3쪽이 없으나 4쪽의 소제목 '(二) 産神께 올리는 말' 앞 줄에 '八 巫女祈禱詞'라고 기재하였다가 두 줄로 삭제한 흔적이 남아 있다. 또한 '(二) 産神께 올리는 말'과 '(三) 아기가 울 때에 産神께 올리는 말' 등의 소제목은 최초 (一)과 (二)로 기재하였다가 뒤에 교정을 보면서 각 글자 위에 'ㅡ'을 덧붙여 (二)와 (三)으로 만든 사실이 확인된다. 따라서 본 원고의 최초 제목은 '八 巫女祈禱詞'였으며 (二)와 (三)의 내용이 (一)과 (二)로 기재되어 있다가 교정 과정에서 새로운 기도사 한 편을 (一)로 추가하면서 기존의 (一)과 (二)는 (二)와 (三)으로 수정되었음이 확인된다. 다만 (一)에 해당하는 원고가 없어 본 원고의 제목이 최초의 '八 巫女祈禱詞'를 수정하지 않고 사용하였는지는 확인할 수 없다. 원고의 내용은 1930년 도쿄에서 발간된 《朝鮮神歌遺篇》〈八. 巫女祈禱詞〉의 一, 二에 해당하는 한글 원고 부분과 대부분 일치한다.

3. 아기가 울 때에 산신産神께 올리는 말

어진 지양님네요 / 착한 지양님네요 / 생기주는 방성에 / 어질고 순하도록 / 저 료식 잘 먹도록 / 노래소리 거두어 / 시로 거두고 때로 거두어 / 묵고 자고 자고 묵고 ⋯⋯.

앞과 같음, 구포 무녀 한순이 구술

성조신가成造神歌 -성주풀이-1)

1.

홀연 천지 개벽 후에 / 三황 五제 그 시절에 / 천황씨 처음 나셔 / 목덕木德으로 임군 되어 / 일월 성진 조임하니 / 날과 달이 밝아 있고 / 지황씨 후에 나셔 / 토덕土德으로 임군 되니 / 물과 낡이 돋앗드라. / 이황씨 다시 나셔 / 형제 九인이 분장 구九주州하아 / 개皆 출어出於 인세人世할제 / 인간 문물 마련하고 / 수인씨燧人氏 후에 나셔 / 시찬수始鑽樹 불을 내여 / 교인 화식 마련하고 / 유소씨有巢氏 다시 나셔 / 구목 위소構木爲巢하고 食木實할때 / 낡을 얽어 집을 삼고 / 설 한을 피하더니 / 헌□씨軒轅氏 후에 나셔 / 고산의 낡을 비여 / 三 四쌍 배를 모아 / 만경 창파 띄여 놓고 / 억조 창생 통섭하며 / □뜸 맺고 그물 지어 / 고기 잡기 매련하고 / 신온씨 후에 나셔 / 력산歷山의 낡을 비여 / 홀정 쟁기 만들어셔 / 농사법 가러치고 / 상백초嘗百草 약을 지어 / 치병 생활 다사리고 / 복희씨 성군이라 / 창해같안 의견으로 / 하도 낙서河圖洛書 풀어 내고 / 날 가운데 제자 모

---

1) 원고의 내용은 1930년 동경에서 발행된 《朝鮮神歌遺篇》 중 六 成造神歌의 한글 원고부분과 거의 동일하다. 단 본 원고의 제목 앞부분에는 《朝鮮神歌遺篇》의 '六' 대신 '二'라는 번호가 부여되어 있어 《朝鮮神歌遺篇》와는 다른 책에 싣기 위해 정리했던 원고임을 확인할 수 있다.

와 / 만물 매매 가러치고 / 시획始劃 팔괘八卦하여 / 음양을 가르칠 제 / 남자의 취처법과 / 여자의 출가법을 / 예필로 가르치셔 / 부부를 정하더라 / 여화씨女媧氏 후에 나셔 / 五색 돌 고이 갈아 / 이보천以補天하신 후에 / 여공 제기諸技 가르치며 / 남녀 의복 마련하고 / 법왕씨 법을 내고 / 도당씨陶唐氏 역서曆書 내여 / 춘하추동 四시절과 / 동장冬藏 추수秋收 마련하고 / 공자님 출세하야 / 시서 백가 三강 五륜 / 인의 예지 선악 반상 / 유식 무식 가르치니 / 그때 그 시절에 / 성조본成造本이 어디매뇨 / 중원국中原國도 아니시오 / 조선국도 아니시오 / 서천국이 정본正本이라 / 성조 부친 천궁대왕 / (중간 원고 없음)[2]

2.

성조 부친 천궁대왕 / 나이 서른 일곱이오 / 성조 모친 옥진부인 / 나이 서른 아홉이라 / 양주 나이 년당 사십四十 근하도록 / 슬하에 一점 혈육이 없어 / 매일 부부 한탄할제 / 한날은 복사卜師를 청하야 / (중간 원고 없음)[3] / 국화꽃 세송이가 / 벼개 우에 피였거늘 / 二경에 두몽하니 / 三태台 六경卿 자미성紫微星 / 부인 앞에 나리시고 / 금쟁반에 붉은 구실 / 셋이 궁굴려 보이거늘 / 三경에 두몽하니 궁중 방내에 五운雲이 모의 들고 / 어떠한 선관이 황학을 타고 / 채운에 싸이어셔 / 국문을 크게 열고 / 부인 곁에 앉이며 왈 / 부인은 놀라지 마옵소셔 / 나는 도솔兜率천궁지왕이라 / 부인의 공덕과 정성이 지극한 고로 / 천황이 감동하고 제불이 지시하사 / 자식 주려 왔나이다. / 일월 성진 정기 받아 / 동자를 마련하야 / 부인을 주시며 왈 /이애기 일홈은 안심국安心國이라 지어시며 / 별호는 성조씨라

---

2) 8쪽에 해당하는 원고가 없다.
3) 10~13쪽에 해당하는 원고가 없다.

하라. / 무수히 길겨할때 / 무정한 풍성 소래 / 부인의 깊이 든 잠 / 홀연 꿈을 깨고 보니 / 선관은 간곳 없고 / 촉화만 도도였다. / 부인 이 몽사를 국왕전에 설화하니 / 국왕도 길거드라

3.

이튼날 평명에 / 해몽자를 급히 불러 / 몽사를 설화하니 / 초경에 감정 새 두 머리 / 청충를 물고 보이는 것은 / 좌편은 대왕의 직성 이요 / 우편은 부인의 혼령이라 / 청충靑虫 두 머리는 / 원앙비취지 낙鴛鴦翡翠之樂일뿐더러 / 국화꽃 세송이는 / 국가에 三태 六경 날 꿈 이요. / 二경에 얻은 꿈은 / 三태 六경 자미성은 / 삼신 제불이 대왕 을 모신 바요 / 금쟁반 붉은 구실 셋은 / 국가에 두남 할 꿈이 옵고. / 三경에 얻은 꿈은 / 선관이 부인의 침실에 좌정한 것은 / 이는 곧 지양(産神)이라. / 성진의 정기 받아 / 동자를 마련하야 / 부인을 쥬 신 것은 / 국가에 두남하면 / 소년 공명할 것이니 / 번몽煩夢을 생각 마옵소셔.

4.

과약 기언으로 / 그 달부터 잉태 있서 / 한 두달에 이실 맺고 / 三 四삭에 인형 생겨 / 다섯달 반짐 싯고 / 六삭에 大부생겨 / 七삭에 골육 맺고 / 八九삭에 남녀 분별 / 三만 八천 四 혈공血孔과 / 四지 수족 골각이며 / 지혜 총명 마련하고 / 十삭을 배살하야 / 지양이 내려 왔어 / 부인의 품은 아이 / 세상에 인도할제 / 명덕왕은 명命 을 주고 / 복덕왕은 복을 주고 / 분접왕은 가래 들고 / 금탄왕은 열 ㅅ대 들고 / 부인을 침노하니 / 부인이 혼미중에 / 금광문 고히 열 어 / 아기를 탄생하니 / 딸이라도 반가운데 / 옥같은 귀동자라 / 부 인이 정신 차려 / 금침에 의지하고 / 애기 모양 살펴 보니 / 열골은

관옥 같고 / 풍채는 두목지라

5.

부인이 대희하야 / 관상객을 급히 불러 / 아이 관상 매련할제 / 설
화雪花 상 백간지에 / 황모필 험뻑 꺼셔 / 홍연紅硯에 먹을 갈아 / 개
하에 복지하고 / 초중말년 부귀 공명 / 흥망 성쇠 길흉 화복 / 개개
히 기록하니 / 그 글에 하였으되 / 천정天庭이 놀았으니 / 소년 공명
할것이요 / 준두準頭가 놀았으니 / 부귀 공명 여일이라. / 양미 간이
검었으니 / 전처 소박할 것이요 / 일월각이 낮았으니 / 二十 전 十
八세에 / 무산 천리 두인 처에 / 황토섬에 三년귀양 마련하였거늘 /
관상객이 보기를 다한 후에 / 상서相書를 올리거늘 / 부인이 살펴보
고 / 간장이 꺾어지기 / 해염없이 설리 운다. / 전공이 가석이라 /
이러히헐줄 았았으면 / 생기지나 말았을걸 / 너의 팔자 용렬하고 /
내 복지 그뿐이라. / 내 년당 四十에 / 지극히 공을 드려 / 독자 너
를 얻을 적에 / 부귀 영화 하겠더니 / 二十 전 十八시에 / 三년 귀
양 가단 말가 / 제불보살 야속하고 / 삼신지양 무정하다 / 뉘 다려
원성하며 / 허물한들 무었하리 / 방성 애통 설리 우니 / 시위하는
시녀들과 / 태 가려던 모든 부녀 / 눈물을 난금이라 / 부인을 달래
면서 / 좋은 말로 권청하니 / 부인이 애통타가 몽사를 생각하고 /
눈물을 끝이시며 / 아이 일홈 정명할제 / 이 아이 일혼을 安心國이
라 정하시고 / 별호는 成造라 불어더라.

6.

성조 무병장성하야 / 일취 월장 자라 날제 / 두쌀 먹어 거름 하니 /
못 갈바 정히 없고 / 세쌀 먹어 말삼 하니 / 소진蘇秦 장의葬儀 구변
같고 / 네 살 먹어 행예하니 / 효제 충신 뿐을 받고 / 다섯쌀에 서

당에 입학하니 / 사광師曠의 총명이라. / 세월이 여류하야 / 어느듯 성장하니 / 성조 나이 십오十五세라 / 시서 백가 만권 서책 / 무불통지 하는지라. / 一일은 성조 내념 생각하되 / 장부 출세하였다가 무삼공을 얻어 / 천추에 빛난 일홈 / 벽상에 올리리요.

7.

그때 마참 지하궁을 살펴 보니 / 새 즘생도 말삼 하고 / 가막 까치 벼살 할제 / 나무 돌도 굼니러고 / 옷낡에 옷도 열고 / 박낡에 밥이 열고 / 쌀낡에 쌀이 열고 / 국수낡에 국수 열고 / 온갖 과실 다 열어서 / 세상에 생긴 사람 / 중박하리 없는지라 / 인간이 생겼으되 / 연명은 풍족하나 / 집이 없어 수풀을 의지하고 / 유월 역천 더운 날과 / 백설 한풍 차운 절을 / 곤곤히 피하거늘 / 성조님 생각하되 / 내 지하국 나려가서 / 공산의 낡을 비여 / 인간의 집을 지어 / 한열을 피게하고 / 존비를 가라치면 / 성조의 빛난 일홈 / 누만년 전하리라 생각하고 / 부모 양위 전에 인간 집 없음을 / 민망히 태고하니 / 부모 양위 허락하시거늘 / 허락 받아 지하국 내려 가셔 / 무주 공산 다달으매 / 왼갓 낡이 다 있으되 / 어떤 낡을 바라 보니 / 산신이 좌정하야 / 그나무도 못 쓰겠고 / 또 한 낡을 바라 보니 / 당산 지킨 낡이 되어 / 그 나무도 못 쓰겠고 / 또 한 낡을 바라 보니 / 오작 짐승 집을 지어 / 그 나무도 못 쓰겠고 / 또 한 낡을 바라 보니 / 국수 지킨 낡이 되어 / 그 나무도 못 쓰겠고 / 나무 一주도 쓸 낡이 없는 고로 / 나무 없는 사정沙汀을 / 역력히 기록하야 / 상소 지어 손에 들고 / 하은荷恩을 재배하고 / 천은을 사례하야 / 천상 옥경 높이 솟아 / 천황님 전 복지하고 / 상소를 올리시니 / 옥황님이 상소 받아 관찰하시고 / 성조를 보와 기특히 넉히시고 / 제석궁에 하교하야 / 솔씨 서발 닷되 七홉 五작을 허급하시거늘 / 성조님이 솔씨 받아 / 지하궁 내려 왔어 / 금관 조복 정히 입고 / 사모 관대 높이시며 / 옥교에 좌정하고 / 삼태 육경 모든 신하 / 좌우로 시위하고 / 외 삼천 내 팔백이 / 전후로 나열하야 / 황휘궁을 드러 가서 / 옥교를 놓어시고 / 그때 성조님은 / 상방으로 모셔 드려 / 주효로 상배하고 / 화촉동방에 백년을 연연맺고 / 그날 밤을 보낼적에 / 천정天庭이 불리하고 연분이 부족하야 / 계화씨桂花氏를 소박하고 / 박대가 자심트라

8.

대왕과 부인이 / 성조 장성함을 기특히 여기시고 / 一일은 만조 제신을 모와 / 국사를 의논 후에 / 성조 취혼 간택령이 나리시거늘 / 좌정승 복지 주왈 / 황휘궁皇輝宮에 한 공주 있으되 여공 자질이 아름답고 / 숙녀의 기상이 되오니 / 그곳을 청혼하소서. / 대왕이 그 말삼을 옳이 녁여 / 황휘궁에 청혼하니 / 황휘왕이 허혼하시거늘 / 사성四星 택일 갈히 받아 / 황휘궁에 보낸 후에 / 납폐를 봉하시고 / 취혼일이 당도하니 / 성조 위의 보량이면 / 금관 조복 정히 입고 / 사모 관대 높이시며 / 옥교에 좌정하고 / 三태 六경 모든 신하 / 좌우로 시위하고 / 외 三천 내 八백이 / 전후로 나열하야 / 황휘궁을 드러 가서 / 옥교를 놓어시고 / 그때 성조님은

(중간 원고 없음)[4]

상바으로 모셔 드려 / 주효로 상배하고 / 화촉동방에 백년을 인연 맺고 / 그날 밤을 보낼적에 / 천정天庭이 불리하고 연분이 부족하야 / 계화씨桂花氏를 소박하고 / 박대가 자심트라.

---

4) 44쪽에 해당하는 원고가 없다.

(중간 원고 없음)[5]

통현通編을 드려 놓고 / 법전을 상고하니 / 그 글에 하였으되 / 三강 五륜 모로는 놈 / 부모 불효하는 자 / 현처 소박 비웃 불의 / 저저히 사실하야 / 국법을 시행하되 / 무산 천리 무인도 황토섬에 / 三년 귀양 마련 하였거늘 / 대왕이 생각하니 / 천지가 아득하고 / 일월이 무광하되 / 국법을 시행하여 / 성조를 급히 불러 / 귀양 가라 독촉 하니 / 성조님이 할일 없이 / 부왕의 명을 받아 / 남별궁南別宮을 드 러 가셔 / 모친 전에 하직할졔 / 불효자 안심국이 / 부모님 전 득죄 하고 / 무산 천리 무인도 황토섬에 / 三년 귀양 가나이다 / 모친님 은 존귀 무사하옵소서 / 소자 다행히 귀양 살고 도라 오면 / 대왕 대비 모시옵고 / 百세 봉양 하려니와 / 소자 만일 황토섬에 죽어지 면 / 오날이 모자간 영이별이로소이다. / 방성 애통 설리 우니 / 부 인이 듣기를 다 한 후에 / 기절하야 업더 져서……. / 악수 상별 통 곡하며 / 국아 국아 안심국安心國아 / 너의 팔자 용렬하고 / 내 복이 그 뿐이라 / 대왕님도 무정하고 / 조정 간신 야속하다 / 부삼 죄 지 중키로 / 二十 전 어린것을 / 인적도 불도처에 / 三년 귀양 윈 말이 냐 / 천지 일월 성진님과 / 명천明天이 감동하사 / 우리 태자 안국심 이 / 정상을 살피시고 / 무사히 귀양 살고 / 도라 오기 하옵소서 / 국아 국아 안심국아 / 너 대로 三년 귀양 / 내가 살고 도라 오마. / 아모리 만류하나 / 국법이 중한지라 / 성조 모친을 달래여 왈 / 부 모 대로 자식 가는 법은 / 예로부터 있거니와 / 자식 대로 부모 귀 양 가는 법은 / 천추에 없사오니 / 모친은 존체 무사하옵소서. / 눈 물로 하직하고 / 눈물로 하직하고 / 궐문 밖 내달으니 / 三태 六경 모든 신하 / 잘 가라고 하직하며 / 원즌 친척 일가들도 / 잘 가라고

---

5) (九)의 도입부에 해당하는 원고 46쪽이 없다.

하직하며 / 三천 궁녀 나인들도 / 잘 가라고 하직하고 / 곡성이 낭자하니 / 기시에 무사들이

(중간 원고 없음)[6]

도이화 목란화 / 두견화 만발하야 / 좌우 산천 어리었고 / 남원 녹초 호접들은 / 꽃을 보고 반기는듯 / 쌍거 쌍래 날아 들고 / 동원도리 편시춘은 / 곳곳마당 춘색이라 / 또 한편 바라보니 / 청강 녹수 원앙새는

(중간 원고 없음)[7]

구만 장천 대붕새 / 왕사당 전 저 제비며 / 호만새 북금새며 / 적벽화전赤壁火戰 저 원앙들 / 춘색 따라 날아 드니 / 거년 추에 이별하는 / 왕사당 전 저 제비는 / 금춘 삼월 삼길일에 / 옛 주인을 찾것마는 / 슬프다 성조님은

(원고 훼손)[8]

락누탄식 □□□을제 / 서왕모西王母 청조새가 / 공중에서 우지진다. / 계화부인 바라보고 / 새야 청조새야 / 유정한 즘생이라 / 주유천하 다니다□ / 황토섬 드러 가서 / 가군 태자 성조님이 / 죽었는지 살았는지 / 생사 존망 알아다가 / 나에게 부처주게 / 말이 맞지 아니 하야 / 청조새 입에 물었던 / 편지봉을 부인 무릎에 / 뚝 떠러치고 날아 가니 / 계화부인 괴히 녁여 / 편지 받아 개척하니 / 가군의 필적은 분명하나 / 눈물이 흘러 글人발을 살피지 못하고 / 곤곤히 그친 후에 / 편지봉을 집어 들고 / 남별궁을 들어 갈제 / 성조 모친 옥진부인 / 년당 四十에 왼갖데 공을 드려 / 독자 성조 두었으매 /

---

6) 54~71쪽에 해당하는 원고가 없다. 단 66쪽 원고는 있으나 아래쪽 2/3 가량이 찢어져 원고의 내용을 파악할 수가 없다.
7) 73쪽에 해당하는 원고가 없다.
8) 75쪽 원고 중 전반부 1/2 가량이 찢어져 내용을 파악할 수 없다.

편지 받아 개척하니 / 가군의 필적은 분명하나 / 눈물이 흘러 글人
발을 살피지 못하고 / 곤곤히 그친 후에 / 편지봉을 집어 들고 / 남
별궁南別宮을 들어 갈제 / 성조 모친 옥진부인 / 년당 四十에 왼갖데
공을 드려 / 독자 성조 두었으매 / 사랑코 귀히 길려 / 주야로 사랑
히 녀기시드니 / 문득 조정 □소讒訴맞내 / 황토섬 정배 후로 / 성조
를 생각하고 / 나날이 로탄勞歎하니 / 병 앓들고 무엇 되리 / 시름
상사 병이 들어 / 침석에 의지하야 / 눕고 이지 못하더라 / 인삼 녹
용 고량 진미 / 아무리 공경한들 / 회춘할수 없는지라 / 그 때에 계
화부인 / 편지봉을 집어 들고 / 부인곁에 앉으며 왈 / 시모님은 정
신을 진정하와 / 태자 서간 감찰하옵소셔 / 부인이 들어시고 / 놀라
며 하는 말이 / 이것이 외인 말이냐 / 꿈이거던 깨지 말고 / 생시거
던 변치 마소 / 하늘이 지시하사 / 태자 서간 얻어 보니 / 슬프고
즐거와라 / 서간띄여 개척 하니 / 만지 장서 하였으되 / 자자히 서
름이라 / 옥진부인 통곡하며 / 대왕님도 무정하고 / 조정 간신 무심
하다 / 우리 태자 성조씨가 / 귀양 간지 수 三년에 / 해배할줄 모로
신고 / 의복 없는 저 인생이 / 엄동 설한 찬 바람에 / 추어 어이 살
았으며 / 양식이 떨어지니 / 三 四월 긴긴 해에 / 배가 고파 어찌
할고 / 참혹한 경과로다 / 이렇게 설리 우니 / 삼천 궁녀들도 / 같
이 눈물 지어 우니 / 곡성 분분터라 / 그때에 천궁대왕天宮大王 룡
상을 뫃와 국사를 의논타가 / 곡성이 들리거늘 / 이 곡성이 어인 곡
성이냐 / 노신이 복지 주왈 / 황토섬 귀양 가신 / 태자 서간이 왔나
이다 / 대왕이 들어시고 / 서간을 급히 올려 / 사연을 살펴 보니 /
글자 마당 서름이라 / 대왕이 마음이 알리여 / 낙누 후회하며 / 간
신을 원□하고 / 금부도사 명령하야 / 좌우승상 모시시고 / 황토섬
태자 성조 / 귀양풀어 입시하라 / 최촉령이 내리시니 / 금부도사 명
을 듣고 / 일등 목수 불러 드려 / 항장목 비여 내여 / 八 九간 배를

모와 / 순금 비단 돛을 달고 / 二十四명 선인들과 / 도사공을 호령하되 / 황토섬이 어더메냐 / 얼른 바삐 행선하라 / 도사공이 명을 듣고 / 짐人대 끝에 국기 달고 / 적군들을 동독하야 / 황토섬을 드러갈제 / 바람도 순히 불고 / 물결도 잠잠하니 / 만경 창파 대해중에 / 범범 중류 떠나간다.

12.

그때 태자 성조씨는 / 청조에게 편지 전한 후로 / 계화부인 답서 오기를 / 조석으로 바라드니 / 난대 없는 경광선이 / 국기를 높이 달고 / 강상에 둥둥 떠서 / 어더메를 향하거늘 / 성조님이 바라보고 / 어허 그 배 반갑고나 / 지내 가는 과선인지 / 장사하는 상선인지 / 시절이 요란하야 / 군량 실고 가는 밴지 / 十리 장강 벽파 상 / 왕래하는 거룻밴지 / 태백이 기 경 비상천하니 / 풍월 실고 가는 밴지 / 동강桐江 칠리탄에 / 엄자릉嚴子陵의 낚시 밴지 / 적벽강 추야월에 / 소자첨蘇子瞻의 노든 밴지 / 만경 창파 욕모천에 / 천어 환주穿魚換酒하든 밴지 / 기산영수箕山潁水 맑은 물에 / 소부巢父 허유許由 노든 밴지 / 알기가 어렵고나 / 일러라 어느 배냐 / 거게 가는 선인들게 / 고국부탁 전해 볼가 / 상상봉에 높이 올라 / 소래를 크게 하여 / 져게 가는 선인들아 / 기한이 자심하야 / 죽게된 이 인생을 / 구원하고 도라가소 / 선인들이 바라보니 / 모양은 즘생이나 / 음성은 사람이라 / 사공이 대답하되 / 네가 짐생이냐 사람이냐 / 성조님이 말삼한다 / 여바라 선인들아 / 나는 다른 사람이 아니라 / 서천국 태자 성조ㄹ러니 / 부왕님 전 득죄하고 / 귀양 온지 수년에 / 화식 먹지 못□□□ / 일신에 털이 나서 / 알아 볼수 없지마는 / 나도 일人 점 사람이라 / 금부도사 그말 듣고 / 황황 급급하며 / 좌우 승상은 군신지예도 치려 / 금관 조복 사모 관대 / 일신을 정제□□ / 이십

사二十四명

(원고 훼손)9)

성조를 모셔다가 / 고상高床에 좌정하니 / 성조 곤곤한 정신을 차리시고 / 승상을 도라 보며 / 국가 흥망과 부모의 존망이며 / 제신의 안부를 / 낱낱이 물은 후에 / 성조님을 공경할제 / 인삼 녹용 고량 진미 / 나날히 봉양하니 / 왼 몸에 났던 털이 / 일시에 다 빠지고 / 정화수精華水에 목욕시켜 / 의복을 갖추어 입어시니 / 남중 호걸이 분명하다 / 청삼 옥대 어사화御賜花를 / 머리에 꽂으시고 / 선중船中에 좌정하니 / 선관이 분명하다. / 발선일이 당도하니 / 도사공의 거동 봐라 / 고사를 차리는데 / 어동魚東 육서肉西 남과南果 북채北菜 / 차례대로 차려 놓고 / 큰돌 잡아 수족 묶어 / 잔것 같이 차려 놓고 / 왼갓 제수 가추 求해 / 지성으로 제祭만 할제 / 북채를 갈라 잡고 / 북을 둥둥 울리면서 / 사해 룡왕四海龍王 사두 칠성四斗七星 / 오악 산령五嶽山靈 일월 성진 / 명명한 천지간에 / 하강 휘명하옵소서 / 헌원씨軒轅氏 배를 모아 / 이제以濟 불통한 연후에 / 후생이 뽄을 받아 / 다 각기 위업하니 / 막대한 공이 아니며 / 하우씨夏禹氏 칠九년치수 / 배 아니고 다사리며 / 서천국 태자 성조 / 황토섬 들어 올제 / 배 아니고 어이 오며 / 수 三년 귀양 후에 / 다시 환국하오시니 / 바람도 순히 불고 / 물결도 잔잔하야 / 무사히 도달하기 / 천만 복축 발원이요 / 광풍도 마아 주고 / 치파없이 점지 하옵소서 / 빌기를 다 한 후에 / 배를 띠어 고국을 도라올때 / 돛 감고 돝을 달아 / 어기여차 소래 하며 / 북을 둥둥 울려내니 / 원포 집범이 아니냐. / 그 때에 성조님은 / 황토섬을 바라보고 / 해변 청산 잘 있거라 / 나무 돌도 잘 있거라 / 一희 一비 하직하며 / 고국을 도라볼제

___

9) 92쪽 원고 왼편이 찢어져 해당 쪽 뒤의 두 소절을 확인할 수 없다.

/ 그 때는 어느 때냐 / 추 七월 망간이라 / 백로는 희였는데 / 월광은 명랑하다 / 강상의 백구들은 / 오락 가락 왕래할제 / 청풍은 서래하고 / 수파는 불흥이라 / 백빈주白蘋洲에 갈메기는 / 홍료紅蓼로 날아 들고 / 삼산三山에 기러기는 / 한수漢水로 도라 들제 / 심양강潯陽江 당도하니 / 백락천白樂天 일거 후에 / 비파성 끊어지고 / 적벽강 지내 오니 / 소동파 노든 자취 / 의구 한객閒客 있것마는 / 조맹덕曹孟德 일세지웅은 이금안재아 / 월락오제 깊은 밤에 / 고소성姑蘇城에 배를 매니 / 한산사寒山寺 쇠북성이 / 객선에 들려 온다 / 고기 낚는 어부들은 / 강태공의 낚대 빌고 / 엄자릉嚴子陵의 긴줄 빌어 / 범려선范蠡船 빌려 타고 / 오락 가락 왕래하며 / 외로운 밤 千리 원객 / 겨우 든 잠 깨와 내고 / 탑전의 노승들은 / 팔폭 장삼 곡갈 쓰고 / 꾸벅 꾸벅 읍을 하니 / 한사 모중寒寺暮鐘이 아니며 / 소상 야우瀟湘夜雨 동정 추월洞庭秋月 / 평사 락안平沙落雁 어촌 락조村落照 / 황릉 애원黃陵哀怨 원포 귀범遠浦歸帆이 아니냐 / 팔경을 지내 오며 / 수궁 경가景佳 다 본 후에 / 기일 간 매질하야 / 서천국을 당도할제 / 고국 산천 반가와라 / 선창에 도박하고 / 그때 성조님이 궐내에 입시할제 / 좌우 승상 옹위하며 / 육조 제신 나와 맞고 / 전후 좌우 어전사령 / 앞 뒤로 나려 서서 / 삼현 풍악 권마성勸馬聲은 / 대도상 진동하고 / 태자 기구 놀라와서 / 그렁 저렁 성조님이 궐내에 입시하야 / 부왕님전 숙배하니 / 대왕님이 부자의 애정과 군신지절로 / 一희 一비하며 기특히 녁이시고 / 전옥에 가친 죄인 / 수 三년 귀양 죄인 / 백방 해배하옵시며 / 대연을 배설터라 / 그 때에 옥전부인 / 성조 귀양 푼단 말삼 들어시고 / 수 三년 깊이 든 병 / 기월 간에 완쾌하야 / 옥경루玉瓊樓에 높이 올라 / 성조 들어오심을 고대터니 / 문득 성조씨가 남별궁을 들어 오거늘 / 부인이 급히 내려 / 성조의 손을 잡고 / 수 三년 고생함을 / 만번이나 위로터라 / 모루 전에 대강 설화

하신 후에 / 이날 밤 三경시에 / 성조님이 명월각을 찾어 들어 / 계화부인 三 四년 못 보든 애정을 / 낱낱이 서회할제 / 주효를 상배하고 / 언어로 상통하며 / 원앙침 비취금에 / 음양을 히롱하며 / 만단수회 위로하며 / 그밤을 지낼적에 / 두솔천궁兜率天宮 지양(産神)님이 / 성조 가문 들어 왔어 / 열 자식을 마련하다 / 一남자 탄생 二남자 탄생 / 三남자 탄생 四남자 탄생 / 五남자 탄생하니 / 아들 다섯 분명하고 / 一녀 탄생 二녀 탄생 / 三녀 탄생 四녀 탄생 / 五녀 탄생하니 딸 다섯 분명커늘 / 남녀 간 十 자식이 / 충실하게 자라난다 / 일취 월장 장성할제

13.

그 때에 성조님이 / 년당 七十 백발이라 / 一일은 성조님이 / 과거사를 생각하니 / 오호라 슬픈지라 / 기부유 어천지하고 / 묘창해지 일속이라 / 어화 청춘소년들아 / 어제 소년 오날 백발 / 내 어이 모로리오 / 서산에 지는 해는 / 명조라 돋것마는 / 동해수 흐른 물은 / 다시 오기 어려와라 / 홍안이 자수 되니 / 다시 젊들 못 하리라 / 내 소년 시절에 / 천상궁 올나 가서 / 솔씨 언어 심은 제가 / 해수를 헤여 보니 / 四十 九년 되었고나 / 기간에 어떤낡이 / 다 성림成林하였는지 / 완경차翫景次로 내려 가서 / 집이나 지어 볼가. / 성조님 아들 다섯 딸 다섯 / 열 자식을 그나리고 / 지하궁을 나려 왔어 / 종남산 높이 솟아 / 나무 마당 적간할제 / 왜철축 진달목木 / 느러진 장목長木이며 / 세담한 박달목 / 군자절 송목이며 / 일출봉 부상목扶桑木 / 월 중에 계수목과 / 노가지 향목이며 / 몸人질 좋은 오동목과 / 음양 상충 행자목杏子木과 / 백자목栢子木 석류목이 / 장성하기 서 있으나 / 연장 없는 저 낡을 / 누라서 비여 내리. / 성조 한 계교를 생각하고 / 열 자식을 그나리시고 / 시냇가에 내려 가서

/ 좌수에 함박이며 / 우수에 쪽박 들고 / 첫철鐵을 밀었으되 / 사철沙鐵이라 못 쓰겠고 / 두 번째 다시 일어 / 상쇠 닷말 중쇠 닷말 / 하쇠도 닷말이라 / 열 닷말 일어 내여 / 대등의 대불미(풀무)며 / 중등의 중불미며 / 소등의 소불미며 / 불미 세채 차려 놓고 / 온갖 연장 장만한다 / 대도끼 중도끼 소도끼 / 대짜구 중짜구 소짜구며 / 대톱 중톱 소톱이며 / 대찍개 중찍개 소찍개며 / 대끌 중끌 소끌이며 / 대마치 중마치 소마치며 / 대칼 중칼 소칼이며 / 금도끼 둘러 메고 / 대등의 대목 베고 / 중등의 중목 베고 / 소등의 소목 베고 / 굵은 낡을 잣 다듬고 / 자즌 낡은 굵게 깎아 / 집 낡을 만든 후에 / 주 과 포 염脯塩 가추어서 / 천지 정신 제만 하고 / 상목은 국궁國宮 짓고 / 중목은 관사 짓고 / 여목을 골라 내여 / 부귀 빈천 백성들의 / 집을 지어 맡기실제 / 집터를 살피시고 / 룡두龍頭에 터를 닦고 / 학두鶴頭를 꼬리 삼아 / 역군들을 동독하야 / 꿩의 머리 돌 치우고 / 가래 머리 흙 고를 제

(중간 원고 없음)10)

六十四 괘지법으로 알매 얹고 / 三百八十四 효지법으로 개와 얹어 / 하도 락서河圖洛書 산자 역고 / 일월로 창호 내고 / 태극으로 단청하고 / 음양으로 빈주 짜고 / 만권 서책 마루 놓고 / 五十토로 도벽 하고 / 오채五彩로 영창 달아 / 고대광실 높은 집에

(뒷부분 원고 없음)11)

---

10) 119쪽에 해당하는 원고가 없다.
11) 121쪽 이후의 원고가 없다.

기도사祈禱詞 모음

1. 산신産神지양님 전前 기도사祈禱詞

남산은 봉이고, 조선은 긔이고 / 사도강남은 시라진재고 / 해동 조선 성상남도 동래구 모면 모리 / 신미년 이 해분에 / 이씨 가중 박씨 명당 삼신 지양님네 / 앉아도 명견明見 만리하고 / 서도 명견 만리하고 / 주유周遊천하하고 / 상통 천문하고 하달 지루하시는 지양님네 / 두 달에는 피를 몽으고 / 석 달에 입투세 나고 / 넉 달에 자리 잡고 / 다섯 달 반삭 걸고 / 여섯 달 육삭매고 / 일골 달은 칠삭이고 / 여들 달은 팔삭이고 / 아홉 달은 구삭이고 / 열 달 가망 채아(채워) / 지양 분접 시킬나고 / 지양님 거동보소 / 좋은 날 좋은 시 가리아서 / 일곱 칠성님께 명을 빌고 / 제석국에 복에 복을 빌고 / 지양님께 정기 받고 / 아부님의 뼈를 빌고 / 어무님의 살을 빌고 / 아부님께 흰 이슬 받고 / 어무님께 붉은 이슬 받고 / 지양님이 천상 청궁天宮에서 / 운아雲蜺다리·왕긔다리·서기瑞氣다리 타고 / 지하에 강림하사 / 이날(又는 其日)이 댁으로 좌정하옵기 / 집안 말키고 외인 기하고 / 정신 채려 위하오니 / 생기(생기어)주는 방성에 / 진 자리 명을 주고 / 마른 자리 복을 주고 / 명은 동방삭으로 마련하고 / 복은 석숭石崇으로 가련하고 / 一년 열두달 과년 열석달 / 三백 六

十·일 한달 설흔날 / 하로 열두시 시시 때때에 / 병도 업고 탈도 없시 / 묵고 자고 자고 묵고 / 어진 냄이 순 냄이 되고 / 아거머니도 후환없이 / 밥 잘 묵고 젓잘 나게 / 어진 지양님네요 거두어 주옵소서 / 막죽(마지막) 칠일七日에는 지양님 대접을 / 말 잡고 소 잡고 많이 하오리다

1931년 5월 경남 동래군 귀포 무녀 한순이 구술

(중간 원고 없음)[12]

4. 용왕신龍王神 전前 기도사祈禱詞

동해신 아명룡왕 / 남해신 축룡왕 / 서해신 거싱룡왕 / 북해신 온강룡왕 / 동해바다 해수관음 룡왕님네 / 낙동洛東 칠七백리 룡왕님네 / 오늘 이 제수를 드리오니 / 사방 룡왕님은 강림 음향하옵시고 / 사바세계 삼계화댁三界火宅 동모님네가 / 일심 정성 모아 비두 발원하오니 / 물에 빠진 수중 고혼들 / 육지 환생케 하여 주옵시고 / 이 동내 각댁이 금년 一년동안 / 아무 수파水破업시 안과 태평하고 / 복 많이 받고 명 많이 받두룩 / 부대 점지하여 주옵소서

1931년 5월, 앞과 같음, 구포 무녀 한순이 구술

---

12) (二)와 (三)에 해당하는 원고가 없어 그 내용을 확인할 수 없다.

5. 정신井神 전前 기도사

동에 청룡왕, 남에 적룡왕 / 서에 백룡왕, 북에 흑룡왕 / 해수관음
룡왕님네 / 이 새미(샘)왕녀각씨 왕대비 룡왕님네 / 시우 三년디리
고공을 디리오니 / 이 동네 백성들이 이 식화수먹어도 / 병人네없고
탈人기 없고 / 수명 장수하고 소원 성취하고 / 가무를 닥치도 이 食
水 / 마르지 안토록 점지 하옵소서

앞과 같음, 구포 무녀 한순이 구술

6. 산신山神 전前 기도사祈禱詞

금정산金鼎山(1) 산신령님네요 / 영니케 구해 보오소서 / 수모(祭主 姓
名을 말함)가 오늘 / 신령님 전 제만을 디립니다 / 三年 디리 정성이
지극히 디리겠습니다 / 경상남도 동래군 모면 모리 모년생 祭主 수
모 / 모년생 처 모·모년생 장자 모·모년생 차자 모 / 모년생 장녀
모·모년생 차녀 모(等等 生年 及 名을 거둔다) / 一년 열두달 과년 열석
달 / 三백 六十날 한달 설흔날 / 하로 열두시 밤낮 주야에 / 병 없
고 탈 없고 수명 장수하고 / 복덕 구존하고 소원 성취하기로 비나이
다

앞과 같음, 구포 무녀 한순이 구술

| 주 | (1) 구포리의 주산. 별신굿[別神祭] 때는 사립문 차례대로 재물이 들
어오는 날이나 장시에서 이익을 얻는 날이 있게 해 달라고 한다.

7. 세존世尊님 전前 기도사祈禱詞

모시곡갈 한 장삼 입고 / 구절죽장 손에 든 우리 시준님 / 인도시준 법도시준님 / 이 댁에 자식 부루우고 / 밥 부루우고 옷 부루우고 / 귀한 귀동자 나거던 靑 수복구전하야 / 명은 동방삭으로 마련하고 / 복은 석숭으로 마련하고 / 백대 천손하고 만대 유전하고…… / 온 농사 찬 농사 지아서 / 세존님 전에 먼저 발원하오니 / 해가 돌아 일광보살日光菩薩 달이 돌아 월광보살 / 一년 열두달 과년 열석달 / 三백 六十일 한달 설흔날 / 하로 열두시 이 집안 안과 태평하고 / 부귀 공명하고 소원 성취하도록 하옵소서

앞과 같음, 구포 무녀 한순이 구술

8. 조상신祖上神 전前 기도사祈禱詞

먼저 간 이 선망조상 / 나주 간이 후망조상 / 증조 여들 려조黎祖 여들 / 부주 천망 월내 조상님네 / 월내밥상 많이 받아 자시는 조상님 네요 / 이 음식 반갑게 음향하시고 / 이 가중에 자손 부루우고 / 밥 부루우고 옷 부루우고 / 귀한 귀동자 나거던 / 수명 장수하고 백대 천손하고 / 부귀 공명하고 명은 동방삭으로 마련하고 / 복은 석숭으로 마련하옵고 / 一년 열두달 과년 열석달 / 三백 六十일 한달 설흔날 / 하로 열두시 날로 거두어 / 이 집안이 안과 태평하고 / 소원 성취하도록 하옵소서. / 복 많이 주고 덕 많이 입펴 주시면 / 잇지 안코 年年(或三年)드리 / 이 功을 드리겠습니다.

앞과 같음, 구포 무녀 한순이 구술

9. 성조신成造神 전前 기도사祈禱詞

千년 성주 만년성주님네 / 몸주성주 지우성주 지도성주 / 저 나래는 공자성주 우리 나래 맹자성주 / 객사 안에 전패성주 대주代主 몸주성주 / 성주님 난데 본은 / 천상 천궁에 천하국인데 / 성주님이 놀기 심심해서 / 집을 짓기 원하는데 / 성경대사 터를 잡아 / 룡의 머리 터를 딱고 / 학의 머리 주치 놓아 / 입구 자 집 지을때 / 五행으로 지은 집은 / 凹귀에 풍경달고 / 동남풍이 건들부니 / 풍경소리 야야하다 / 분으로 앙土하고 / 연지로 새북하야 / 광광하게 휘황트라 / 큰방 치리 볼짝시면 / 각지장판 소래반에 / 청룡으로 도벽하고 / 청룡은 황을 기려(그리어) / 꾀꼬리 기린(그린) 방에 / 뫼색기가 넘노는듯 / 룡장龍檄·봉장鳳檄 객기수리며 / 자개 함농 반다지라 / 이리 저리 펼처노어니 / 어찌 아니 좋을손고 / 해동 조선 경상남도 / 모군 모면 모리 모명당 / 대주도 나이 五十이오 / 성조成造님도 五十이오 / 대주와 성조님이 / 나도 정히 정동갑이오 / 생시도 한날 한시오니 / 이 제물 많이 잡수시고 / 이 집안 대주님이 / 동서남북 출입시에 / 물에도 탈이 업고, 뭍테도 탈이 업고 / 장사를 하면 재수가 있고 / 농사를 지으면 곡식이 붓고 / 귀동자가 나면 무병 장성하고 / 수명 장수하고 부귀 공명하고 / 一년 열두달 과년 열석달 / 三百 六十날 한달 설흔날 / 하로 열두시에 이 집안 식구가 / 안과 태평하고 소원 성취하옵도록 / 성주님 전에 지성 발원하오니 / 날로 거두고 시로 거두어 주옵소서

앞과 같음, 구포 무녀 한순이 구술

10. 소도신蘇塗(1)神 전前 기도사祈禱詞

거릿 대 산신령님네요 / 시우 三년디리 이 제만을 디리오니 / 이 동
내 잡귀 잡신 막아 / 이 동내 각댁이 삼짝 차례대로 / 안과 태평 재
수 사망있어 / 一년 열두달 三백 六十날 / 한달 설흔날 하로 열두시
에 / 무병 장수 복덕 구전하고 / 동내 각댁에 어린것들로 / 잔병 잡
탈 업시 / 얼는 펄펄 자라도록 점지하옵소서

앞과 같음, 구포 무녀 한순이 구술

| 주 | (1) '소도蘇塗'는 보통 '솟대' 또는 솔대라고 하는데, 구포에서는 이
것을 '거릿대(가간街竿의 뜻)' 또는 '갯대'라 한다. 한 마을을 지
키며 질병·유행병 등을 막는 소임을 가진 부병신部病神으로서, 소
나무로 만든 높은 장대이며 장대 위에 나무로 된 독수리 모형을
두었다. 이는 마을 어귀에 세우는 것이다.

기타 신가

제석신가帝釋神歌(양덕陽德) −제석帝釋굿 푸념−

아해 萬歲 / 오늘날에 어느님 노리시냐 / 帝釋님 (農神) 노리시라 /
게 워디가 本이시냐 / 西天 西域國이 본이시라 / 帝釋님의 오마니가
生하실 째 / 첫大門에 드러서서 / 名山大師가 내려서서 / 바라 갱징
을 들러 치니 / 쥐도 잠잠 새도 잠잠 / 둘챗大門 드러 서서 / 바라
갱징 들러 치니 / 쥐도 잠잠 새도 잠잠 / 셋채大門 드러 서서 / 바
라 갱징 들러 치니 / 쥐도 잠잠 새도 잠잠 / 넷채大門 드러서서 /
바라갱징 들러치니 / 쥐도 잠잠 새도 잠잠 / 다섯채大門 드러서서 /
바라갱징 들러치니 / 쥐도 잠잠 새도 잠잠 / 여섯채大門 드러서서 /
바라갱징 들러치니 / 쥐도 잠잠 새도 잠잠 / 닐곱채大門 드러서서 /
바라갱징 들러치니 / 쥐도 잠잠 새도 잠잠 / 여들재大門 드러서서 /
바라갱징 들러치니 / 쥐도 잠잠 새도 잠잠 / 아홉채大門 드러서서 /
바라갱징 들러치니 / 쥐도 잠잠 새도 잠잠 / 열채大門 드러서서 /
바라갱징 들러치니 / 쥐도 잠잠 새도 잠잠 / 열한채大門 드러서서 /
바라갱징 들러치니 / 쥐도 잠잠 새도 잠잠 / 열두채大門 드러서서 /
바라갱징 들러치니 / 그 적에야 큰 애기 / 문을 열고 싹 나서며 /
쥐도 새도 출납 못하는 곧에 / 이게 무엇이 왔는냐 분하(분주)하다

525

/ 너 어마니 아바지 다 어디 갔느냐 / 오마니는 꽃구경 가고 / 아바지는 뒷南山에 꽃물주려 갔다 / 施主發願 大師가 하는 말이 / 施主發願 왔노라고 / 세자애기 하는 말이 / 대문을 채와노코 쇠大門에 돌낀(끈) 달아 / 채왔으니 못주갓소 / 무쇠 大門에 돌낀 다라 / 채왔으니 못주갓소 / 大師가 하난 말이 / 이내 발낄로 들러치면 열릴 테니 / 시주발원 하옵소소 / 그적에 세자애기 하난 말이 여러봐라 / 그적에야 大師가 발낄로 / 두 세 번을 들어 치니 / 쩡기 하고 열려서 / 첫독을 들고 보니 빈독이오 / 둘채독을 들고보니 / 거무줄이 한독이라 / 셋채독을 들고보니 / 쪽쪽복福(족지비)이 앉았더라 / 넷채독을 들고 보니 / 너굴福이 앉았더라 / 다섯채독을 들고 보니 / 풍덕새가 새낄(새끼를) 치고 / 깃을 디려 앉앗더라 / 여섯채독을 들고 보니 / 물왕복[水旺福]이 가득 하다 / 닐곱채 독을 들고 보니 / 사지福이 가득하다 / 여들채 독을 들고 보니 / 人福이 상해나고 / 아홉채 독을 들고 보니 / 구렁福이 상해들고 / 열채 독을 들고 보니 / 뚝겁福이 상해 나고 / 열한채 독을 들고 보니 / 금사金蛇복이 들어 앉고 / 열두채 독을 열고 보니 / 쌀이 한독이라 우루위로 쑥 거더노코 / 한말을 푹 퍼서 / 大師가 大門밖에 게시니 / 갓다가 시주를 바드라 하니깨니(하니까) / 밑없은 잘게(자루에)다가 네(넣)라고 하길네 / 세자애기 하는 말이 / 밑없은 잘게다 어찌 넣갓느냐 / 大師가 하는 말이 / 걱정 말고 네여(넣어) 달나 / 쏘다 네니 大門으로 하나 되니 / 세자애기 하는 말이 / 아가 아가 비 개(가저) 오너라 키 개(가저)오너라 / 大師가 하난 말이 / 빗길 간거 아니 먹노라 / 킷길 간거 아니 먹노라 / 너 아바지 상에 놓는 / 금제 놋제 내여다가 / 한알 두알 집어 두니 해가 다 가고 / 西山에 해가 올랏스니 자고 가라 / 大師가 하난 말이 / 어디서 자라느냐 / 발가테 호박넘줄 알에 자고 가라 / 大師가 하난 말이 / 호박 덩울 밧삭하는 것 / 미서와

(무서워)서 못 자갓노라 / 세자애기 하난 말이 / 작투탕〔斫刀間〕에서 나 자구 가라 / 작두꼬쇠(꼬지) 미서와서 못 자갓노라 / 세자애기 하는 말이 / 소하고 같이 자고 가라 / 소똥내 나서 못자갓노라 / 세자애기 하는 말이 / 굽뜨락에서나 자구 가라 / 배락(벼락)장군 미서 와서 못 자갓노라 / 세자애기 하는 말이 / 구팡(축대)에서나 자구 가라 / 굴때(굴둑)장군 미서워서 못 자갓노라 / 세자애기 하는 말이 /울아바지 깐〔房〕에서나 자구 가라 / 넝감(영감)내 나서 못 자갓노라 / 그럼 울오마니 깐에서나 자구가라 / 노친네 내 나서 못 자갓노라 / 울오반깐에서나 자구 가라 / 총각(우리 오라버니)내 나서 못자갓노라 / 그럼 우리 兄님房에서나 자구 가라 / 젓비린내 나서 못 자갓노라 / 그럼 우리애이 방에서나 자고 가라 / 지린내 나서 못 자갓노라 / 그럼 내 간에서나 자고 가갓는가 하니 / 大師가 하는 말이 / 그럼 그러라 발서 그를 꺼이지 / 밤이 되니 복빤에다 새를 막고 / 세자애 긴 구석에 눗고 / 대사는 길말굽〔門턱〕 누어 / 세자애기 밤中만 하드 니 하는말이 / 아따 이것이 웬일이냐 / 내 허리띠가 大師허리에 감 겼구나 / 大師 허리띠가 내 허리에 갱겼구나 / 大師가 하난 말이 / 저 부모네 듯갓소 / 저 동상네 듯갓고 / 밤中만 하드니 / 大師가 하 는 말이 / 아따 이게 웬 일이냐 / 세자애기 허리가 내 허리에 왔구 나 / 내 허리띠가 세자애기 허리에 갔구나 / 세자애기 하는 말이 / 잠갓고 자구 가시오 / 아침에 있다나서(이러나서) / 大師가 가갔노 라 하니깨니(하니까) / 세자애기가 하난 말이 / 맹물에 좁쌀이라도 풀어 먹고 가시라오 / 大師가 하는 말이 / 내 집팽이 두두고 갈겐 / 나 보고풀제 처다 보라 / 大師가 하난 말이 / 석달만에 물에서는 해 감내 나고 / 밥에서는 생쌀내 날제 / 물에 돌관을 들고 보면 / 닝금 (능금)하나 이슬테니 / 그쩍에 그걸 하나 먹어 보라 / 국에서는 된 장내 날쩍에 / 뒬안(뒷뜰)에 대추 한알 따 먹으라 / 大師가 갈적에/

너 어만 아바지가 쥐기랄제(죽이려할 때) / 네귀보고 세 번씩 허배虛
拜 하라 / 열달을 배스러서 / 오마니 아바지 꽃밭에 / 꽃구경 갔다
오실적에/ 아우 동상 兄님이며 / 오라바니며 다 마중 나가나 / 세자
애기 못 나가네 / 아바지가 하난 말이 / 세자애기 와 못나오노 / 열
단닢 초매기(열다섯폭 치마가) / 폭폭이 범으러 못나오오 / 열자 문
이 이모 저모 / 걸려서 못 나옵네다 / 아바지가 하난 말이 / 아따
이것이 웬일이냐 / 양반의 家門에 이게 웬일이냐 / 남산에 名人이
있다 하니 / 卜債를 열두兩을 가지고서 / 말을 타고 물어 보러 갑니
다 / 그 名人이 하난 말이 / 별 탈이 아니로다 / 석달만 지내 봐라
/ 너도 모른다. / 卜債를 안주고 / 집으로 돌아 올제 / 그 名人이 하
난 말이 / 가다가 구렁이가 나서서 / 물라하니 네 못 가리라 / 오다
가 큰 뱀이 나서서 못가고 / 그 名人을 되 卜債 열두兩을 / 갔다 주
어서 오니 아무치도 안코 / 또 한 곳에 名人이 있다하야 / 卜債 열
두량을 자지고서 / 물어 보려 가니 / 그 名人이도 이제 석달만 지내
보라 / 그것도 모른다 하고 / 돈을 아니주고 오니 / 그 名人이 하는
말이 / 가다가 다리가 허무러저서 못 가리라 / 오느라니 다리가 허
무러저서 못 가고 / 되 卜債 열두兩을 갓다 주고 오니 / 아무치도
않어 / 세자애기 아버지가 하는말이 / 저 어디 사랑房에 / 물을 기
러다가 끄리어라 / 양반에 家門에 이개 웬 일이냐 / 그를적에 세자
애기가 밖에 나서서 / 네귀보고 虛拜하니 / 세자애기 쥑일라니 / 하
늘에서 벼락을 때러서 못쥐기고 / 바 드려 죽일라 하니 / 세자애기
가 네귀 보고 허배하니 / 바가 송당 송당 써러저서 못 쥐기고 / ⌐
에다 파 무드니 / 석달만에 ⌐ 속에서 아아들이 글소리가 나니 / 아
바지가 나가 보니 / 오마니가 아바지 나간 댐에(다음에) / 가만히
나가서 파 내여 놓고 / 아아들이 열두세 나니 / 너는 와 아바지가
없니 하고 / 아아들이 그러니깐 / 저 오마니가 하는 말이 / 이 지팽

이를 가지고 / 너 아바질 차자 가라 / 맞 아들은 머리를 쥐고 / 둘채 아들은 복판을 쥐고 / 셋채 아들은 꽁쟁이를 쥐고 / 하늘 한끌 가노라리 / 어엽뿐 處子가 나와서 뺄래 하니 / 여기매 한 중네집이 어디요 / 저기 저 산 끝에 가보라 / 그 산끝을 다 가니 / 웬 老人이 길 슬게 서 있어 / 앉아서 이야길 하길 / 저오마니 이얘길 하며 / 제가 지팽이를 들고 가는 것을 보더니 / 한 늘그니가 「그 지팽이 낯닉다」 / 그 아들이 하는 말이 / 어떻게 되어서 낯 니근가 / 여기 한 중네 집이 어데메요 / 老人 하나가 말 하기를 / 그건 웨 뭇는가 / 어디서 오느냐 너들이 / 西天西域國서 오는데 / 세자애기 아들이 노라 / 그러면 내가 한 중이다 / 너이 三兄弟서 손꾸락을 찍어라 / 찍어서 피가 한데로 모여 들면 내아들이라 / 저 한江에 박아지 하날 띠여 노면 / 너이들이 가서 三兄弟서 / 한넢씩 쥐면 내 아들이라. / 그적에 한중이 띠워 노니 / 三太子가 가서 한넢씩 쥐고 오니 / 그적에야 한중이 하난 말이/내 아들이다 / 너 오마니는 / 무얼로 내여 주랴 / 국쑤당으로 내여 주자 / 너는 제석이 되고 / 너는 용(農)의 제석이 되고/너는 후룽제석이 되라

1931년 6월 5일 양덕군陽德郡 백석리白石理 무녀〔大監〕 윤화嬅 구술

조상신祖上神 전前 도가禱歌 −조상굿 푸념−

조상 맞이 가자 / 3잔에 술 부어 들고 / 조상님 모시러 가자 / 구조상님 모시러 가자 / 신조상님 모시러 가자 / 9대 천문들과 / 8대조 7대조 6대조 / 5대조 4대조 3대조 / 한아반네 양친 아반네 양친 / 큰아밤님들 아니 오리까 / 삼촌 사촌 오륙촌님 / 칠팔촌 구촌님 / 매부님 장숙님 고모님 누님네 / 조상님 모시러 마중 가자 / 상上시

내⁽¹⁾야 너도 가자 / 중中시내야 너도 가자 / 애기시내 옆에 끼고 / 상시내야 화병花瓶 들어라 / 한편 손엔 안주 들고 / 10리허에 유막을 짓고 / 5리허로 마중 가자 / 조상님인들 아니 오리까 / 10리허에 권고 소리 / 5리허에 풍류 소리 / 만조상님이 다 옵소사 / 술 빚는 날 편지가 가고 / 떡 빚는 날 회문回文이 가고 / 편지를 받아 들고 만조상님이 / 옥사장아 문을 열어라 / 옥사장이 와 그르느냐 / 우리 자손네가 신사神事 연락宴樂 드린다고 / 오시라고 편지가 왔소 / 옥사장이 옥문을 열어 주니 / 옥문 밖에 낫다 서며 / 열시왕[十王]을 바라보니 / 네 귀가 번쩍 박석 돌이오 / 세 귀가 번뜻 귀추돌이오 / 남녀 죄인을 전 좌우로 / 갈라 꾸렸구나 / 초판관은 문서 잡고 / 열시왕은 분부 하시며 / 인간에 댕기는 사자들을 불러서 / 수태 많은 죄인들을 / 저 죄인은 무슨 죄냐 / 이 죄인은 인간에 살때 / 배 곪은이 밥 많이 주어 / 음식 공덕 많이 하고 / 목 마른이 물 많이 주어 / 급수 공덕 많이 하고 / 헐벗고 떠는 인간 의복을 주어 / 의복 공덕 많이 하고 / 재전財錢 없는 사람 돈을 주어 / 재물 공덕 많이 하고 / 적선 죄인이 외다 / 그 죄인은 불러 내라 분부 하시되 / 한다 하는 무당들을 불러서 / 극락세계로 가시라고 추원하고 / 중 대사를 불러서 / 파리 갱징을 둘러 티며 / 제를 올리며 추원하기를 / 천상보살天上菩薩이 되여 가라 / 다른 수다한 죄인들에게 / 인간서 무슨 적선 햇나 무르니 / 그 죄인들이 적선은 없이 / 악한 죄인이라 인간에 살째 / 남의 집안에 조적질한 죄인 / 남의 재물 억매로 뺏던 죄인 / 남의 앞은 몸 매 친 죄인 / 남의 유부녀 화간 죄인 / 악한 죄인들을 불러 내여 / 열시왕이 분부 하되 / 높은 죄인은 화탕火湯 지옥에도 가두고 / 어름 지옥에도 가두고 / 바늘 지옥에도 가두고 / 어둔 지옥에도 가두고 / 귀신 지옥에도 가두고 / 조상님이 이것을 보고 / 그제야 열시왕 문을 열고 / 만조상네가 드러 서니 / 엄숙하기 끄지 없오 / 열시왕이 채리 채리로 내리 앉았는데 / 말 드리기 엄엄 하다 / 제일에는 진광대왕秦廣大王 / 갑자甲子 갑이 상갑上甲인데 / 육갑 차지하고 앉었고 / 제이에는 초강대왕初江大王 / 경오庚午 갑이 상갑인데 / 육갑을 차지 하고 / 제삼에는 송제대왕宋帝大王 / 병자丙子 갑이 상갑인데 / 육갑을 차지 하고 / 제사에는 오관대왕五官大王 / 임오壬午갑이 상갑인데 / 육갑을 차지 하고 / 제오에는 염라대왕閻羅大王 / 무자戊子 갑이 상갑인데 / 육갑을 차지하고 / 제육에는 변성대왕變成大王 / 갑오甲午 갑이 상갑인데 / 육갑을 차지하고 / 제칠에는 태산대왕泰山大王 / 경자庚子 갑이 상갑인데 / 육갑을 차지하고 / 제팔에는 평등대왕平等大王 / 병오丙午 갑이 상갑인데 / 육갑을 차지하고 / 제구에는 도시대왕都市大王 / 무오戊午 갑이 상갑인데 / 육갑을 차지하고 / 제십에는 오도전륜대왕五途轉輪大王 / 임자壬子 갑이 상갑인데 / 육갑을 차지하고 / 채리 채리 앉었는데 / 말 드리기 엄엄하다 / 시왕님 시왕님 열시왕님 / 우리 자손네가 신사연락神事宴樂 드린다고 / 구경을 오라고 편지가 왔쇠다 가갔쇠다 / 시왕님이 앉았다가 / 워찌 가랴 못 가리라 / 할일 없어 도라 섰다 / 또 재뜸 도라 서며 / 또 한마디 엿주엇쇠다 / 시왕님 시왕님 열시왕님 / 우리 자손네가 신사연락 드린다고 / 구경을 오라고 편지가 왔쇠다 가갔쇠다 / 열시왕님이 앉앗다가 / 정 가갔으면 인간에 댕기는 / 사자를 다리고 가거라 / 열시왕이 분부하야 / 일직사자 월직사자 불직사자 / 세 사자를 불러 내여 / 이 죄인들을 대리고 인간에 갔다 오라 / 그제야 허락 맡아 / 열시왕께 하직하고 / 시왕문을 열고 낫다 서니 / 전석돌이라 전석돌에서 뚝 떠러지니 / 참참하기 그지 없다 / 어들로 가야 인간엘 갈지 / 사자님이 길을 잡고 오시는 길에 / 험한 곳을 다 지내 오는데 / 내 처움에 가던 길이 / 다 풀밭이 되었구나 / 가던 길에 생초목이 다 나고 / 그렁 저렁 오는 길에 / 월천강越川

江을 다다르니 / 나무배는 썩어지고 / 돌배는 까라 안고 / 흙배는 다 풀리고 / 사자님네 걱정하되 / 이 어찌 건너 가리 / 만조상님네가 / 사자님 걱정 마로 / 인간 사공 불업세다 / 배사공아 배를 내라 / 한아반이 할만네 어디로 가오 / 자손네 신사연락 구경 가오 / 이번 길에 갔다가 / 갈모시를 받아다가 / 너이 발싸개를 줄라 배를 대라 / 월천강을 건너 서서 / 소롱개 험한 처處를 지내서 / 압록강을 다다르니 / 거기가 거기로구나 / 인간사공을 불러 타자 / 배사공아 배를 대라 / 할만네 할아반네 워두러 가시오 / 자손네 신사연락 구경가오 / 술 괴기를 받어다가 / 너를 줄라 배를 대라 / 압록강을 건너 서서 / 저기 저 산이 무슨 산이냐 / 물이 만소 황하수산黃河水山이라 / 너머 선다 저기 저 산은 무슨 산인지 / 나무도 만소 초목산이라 / 저기 저 산은 무슨 산인지 / 돌도 많다 석산石山이라 / 저기 저 산은 무슨 산인지 / 풀이 피여서 청태산이라 / 저기 저 산은 무슨 산인지 / 눈이 와서 백두산이라 / 그 산을 넘어 선즉 / 저기 저 산은 무슨 산이냐 / 꽃이 피여서 화초산이라 / 상 꽃 까지를 꺾어 들며 / 손주 방성(손자애기) 갔다 주자 / 이 꽃을 갔다 주면 / 명과 복이 가득하다 / 그 산을 너머 선즉 / 저기 저 산은 무슨 산이냐 / 칼치고개를 다다러서 / 워 워찌 넘어 가랴 / 만조상님네가 오르며 내리며 / 울며 불며 워찌 가랴 / 그저게(그때에) 1천 동갑에 3천 벗이 / 열시왕에 못 밀었다가 / 거기서 만내 넹기 준다 / 칼치고개 넘어 서니 / 저기 저 산이 무슨 산이냐 / 불이 붙어 화산이라 / 워 워찌 넘어 가랴 / 그 적에도 1천 동갑 3천 벗이 넹기 준다 / 나도 가자 나도 가자 / 쌀근(싹아진) 손목을 휘여 잡으며 / 나도 가자 나도 가자 / 넘어 섯다 저기 저 산이 무슨 산이냐 / 안게가 자우러 졌구나 / 그것이 안개가 아니라 / 만조상네 한숨이로다 / 저기 저 산이 무슨 산이냐 / 등채 같은 비가 온다 / 그것이 비가 아니라 / 만조상네 눈물이로다 / 그적에는 험한델 다 지나서 / 某里 내 살던데 잡아 든다 / 제 동내를 잡아 든이 / 본당 성왕님이 나따 서며 / 못 드러 오리라 / 그적에 편지를 내 뵈이며 / 들이 허배 내 허배 / 석삼배拜 허배를 하니 / 성황님이 어서 드러가라 분부 내려 / 그제야 문간에 드러 서니 / 수문장이 못 들이라 / 석삼배 절을 하니 / 그제야 들 오나라 드러 서니 / 오방지운五方地運이 못 들이라 / 석삼배 절을 하니 / 그제야 들 오나라 / 문을 열고 드러 서니 / 성주님이 못 들이라 / 석삼배 절을 하니 / 그제야 들 오나라 / 굿당에 드러 서니 / 무란당이 못 들이라 / 그적에 인정을 보내고 드러 선다 (이때에 자손이 백지를 무당에게 주면 무당은 이것을 받아서 신좌神坐에 올린다) / 드러 서니 자천당이 못 들이라 / 옌주당이 못 들이라 / 또 인정을 보내고 들어 서니 / 그적엔 만감응萬感應이 못 들이라 / 만감응에 인정을 보내고 / 만조상님 채리 채리 앉으시요 / 이리도 앉으시오 저리도 앉으시오 / 만조상님께 추원을 드립니다 / 이댁 대주代主(姓名) / 입설 구口설 관재구설 / 연무 취제 낙마落馬 낙상落床 질고지액疾苦之厄 / 보모의 거상지액 처궁妻宮의 이별지액 / 자손의 공명지액 동상의 원불지액 / 모진액은 만류 해 주오 / 나라 찬 대주 충신 / 가는 천량은 휘여 잡아 주오 / 오는 천량을 맞아 들이 주오 / 조선팔도에 널린 재물은 / 일본재물이나 대국재물이나 / 퉁단지 호명呼名에 전선줄 추파에 / 다 대주께로 점지하소 / 조선팔도에 널린 이랑 / 찬 건답이며 네귀잽이 광토전廣土田이며 / 드렁 높은 논밭 전지며 / 황해도 널린 전지며 / 성천成川 강동江東 널린 전지 / 사원四原(2) 삼등三登 목화 전지 / 강원도로 논밭 전지며 / 함경도로 삼밭 전지며 / 도라 가면 문서를 다 마가서 / 넷발 가진 발루지를 채워 주소 / 장두지도 채와 주소 / 나라찬 대주 충신 / 재물 우에다 잠을 재우고 / 천千량 우에다 거름을 걸여 / 직손直孫이 왕성하고 / 외손이 번성하고 / 동내 배포에 무어 놓니(一洞一家의 意) / 이 동네 가도 김정승댁이오 / 저 동내 가도 김정승댁이오 / 김정승만 왕성하고 / 우마 대매가 번성하고 / 저름과 재앙을 말류하고 / 안 마구가 왕성하고 / 밖 마구가 번성해서 / 우마가 왕성하고 / 뜰반으로 재물의 봉패도 말류하고 / 눈끈이 강정도 말류하고 / 발끈이 조적盜賊도 말류하고 / 상문지액喪門之厄도 만류하고 / 모진 광풍은 내 불어 가고 / 비단 바람은 들이 불어 / 인간 소설 명바리는 / 몸빵우로 실리고 / 복福바리는 유산고庫로 실리고 / 천리고를 채와 주오 / 만리고를 채와 주오 / 썩이 묵고 썩이 쓰면 / 도두 먹고 두고 쓰며 / 못 다 먹어 장리 주고 / 못다써서 취리 주고 / 없은 백성 적선하고 / 조맹 불이길 바램이라 / 밤이면 옥방등에 불 밝기도 / 낮이면 청계수에 맑거 주고 옥계수에 맑거 주고 / 먹은 자리 메워 주고 / 쓴 자리 도두와 주소 / 무당들 놀던 자리 / 일금金이 쏘사 오고 / 명두(3) 걸였던 자리 / 생금이 쏫아 나도록 하옵소서

1931년 6월 양덕구읍 무녀 박장손(48세) 구송

| 주 | (1) 시내는 장고를 치고 무녀가 부르는 노래를 받아 되풀이하는 무의 조수로, 모두 여성들이다.

(2) 위원渭原·평원平原·영원寧遠등 삼원의 잘못된 표기이다.

(3) 무巫가 소유한 신경神鏡으로, 무제巫祭시 제장祭場에 걸어둔다.

성황신城隍神 맞이 도가禱詞 −선왕마지 푸념−

선왕님 모시려 가십시다 / 선왕님 모시는 길에 / 洞內前 선왕님이 안오실까 / 새립 선왕님이 안오실까 / 府君前 선왕님이 안오실까 /

선왕 마누래 선왕 도령씨 / 東明王 선왕님 오십시다. / 방설문 내려
가면 방설문 선왕님 / 올라 가는 舊官使道 선왕님 / 내려 오는 新官
使道 / 대궐문 선왕님 다 오십소서 / 굴골[紇骨山][(1)]에 都山靈 선왕
님 오십소사 / 四海龍王 선왕님 오십소사 / 팔도에 都선왕님 오십소
사 / 거리선왕님 오십소사 / 路中선왕님 오십소사

1931년 5월 성천읍 무녀 원순이 구술

| 주 | (1) 흘골산은 성천군의 주산으로, 그 산신은 성천군의 주산신이며
　　　성천무의 총본산이라 한다.

새턴 성수신 전 도가 –새턴 성수 푸념–

구하궁 재궁님 / 만만세 사릅시다 / 대한국 황제님 / 억만세 사릅시
다 / 해동 조선국이 열려서 / 하늘 생겨서 천황씨오 / 따 생겨 지황
씨오 / 천지 만물이 생하실적에 / 인간이 생겨나서 / 옥황상제 득죄
하야 / 천상궁 무녀가 되여서 / 옥황상제님 분부에 / 북두칠성님이
강림하고 / 남두육성님 오신다 / 일월 성진 성인님이 오신다 / 우리
황제님 생기신 직성별이 / 사해용왕 칠성님이 오신다 / 평양에는 박
사[朴司] 대감님 / 관운장[關雲長] 대감님 / 용강[龍岡]은 김용서 대감님 /
만고충신은 김덕령[金德齡] 대감님 / 제갈공명 왕대천문 3대 애뱅 / 녯
무당 녯 성수 구무당 구성수 / 새 님애 새 성수 온다 / 성수님 오실
적에 / 말문장 성수가 온다 / 말하고 글 쓴다고 / 글 문장 성수가
온다 / 각도 각읍에 불리는 성수 □□ / 성수님 전에 기도 발원 들
입니다

서천 서역국서 오실적에 / 육로 천리 수로 천리 올적에는 / 흙배는 풀어지고 / 돌배는 까라 앉고 / 나무배는 썩어 지고 / 용왕님이 패수선을 주어서 / 동남풍을 비러서 와서 / 인간에 자손도 생겨 주고 / 새턴님이 오옵소서

1931년 6월 성천군 대구면 별창리 안安무녀

안무녀는 대감길로 내렸다고 해서(대감신을 내려받은 신으로 한다는 뜻이다) 마을 주민들은 그를 '대감님'이라고 불렀다.

대감신大監神 전前 도가禱歌(초두)

구토차지한 신령대감 / 이십사록 산령대감님 / 본잣골님 三都堂 선왕님네 / 본자본리本里 도선왕대감님 / 별사대감님 로사路祀대감님 / 천제天祭받는 대감님 로사받는 대감님 / 삼거리대감님 도골이대감님 / 삼거리선왕님 팔포선왕대감님(국수당님) / 서울올나 벼실대감 / 시골내려 홍패紅牌대감 / 백패받던 대감님 홍패받던 대감님 (이하 소원을 말한다)

1931년 6월 평남 영원군 □□ 사양리
무녀 이경춘(당시 76세) 구술

주당周堂 푸리 도가禱歌

구하궁 재궁하 / 아홰님금 만세라 / 이 만세 설법은 / 어느 님이 내시였나 / 아황님금이 낸 만세 / 이만세 억만세로 살읍소사 / 수만세

로 유전하기 축원이오 / 해운을 다리면 임진년 해운에 / 달공수를 다리면 / 오월이 상망에 / 월천강 날 골라 / 주역강 시를 받아 / 좋은 날 좋은 시에 매겨 노코 / 햇력과 묵은력 / 머리 없는 백중력百中曆도 두시고 / 묵은녁은 저체 노코 / 햇녁을 도두시고 / 한두 녁을 뒤고 보니 쓸날 □□ / 펄각 펄각 넘어 간다 / 십여장 넘어 갈제 / 그 넢에도 날이 없어 / 백호白虎 태상太常 못쓸 네라 / 열한채 넙 뒤고 보니 / 절명일絶命日이라 못쓸네라 / 열두채 넙 뒤고 보니 / 대주 인代主人은 명 줄 날이야 / 실내인室內人은 복줄 날이야 / 인간에는 기줄 줄날 / 일대자손 만대누련 / 부귀공명 하옵소서 / 내노라 쓰실 적에 / 주당님이 아이동童짜 주당과 / 침애상瘳짜 주당이나 / 할미 고姑짜 주당이나 / 어미모母짜 주당이나 / 애비부父짜 주당이나 / 한 애비조祖짜 주당님이 / 구진동의 주당이나 / 내 노라 소옵소서 / 각 성명 각주당이나 / 아이동童짜 주당이나 / 천만리로 물홍 방송하옵소서 / 이굿하고 삼년만에 / 사원삼동(1) 면애 얄[棉花田]은 / 여원 방내 문세[文書?] 하라 / 여원 덕촌 새북패 / 여원 방내 문세 하라 / 추원이오 발원이오 / 이 지정에 모진 악귀 / 주당님이 모라 내고 / 이 지방은 빈한하니 / 극락세계 서왕西往세계 / 나옵소사 추원이오 / 이 굿하고 일년은 열두달 / 삼백이면 에쉰날에 / 과년이면 열석달에 / 삼만이면 육천시를 / 하로 같이 각과 달나 / 길 넘은 대학이나 / 머리 넘은 소학이나 / 천만리로 무령 방송 시케 달아 / 모진 광풍 내 부러 놓고 / 조흔 순풍 드려 불어 / 오는 복은 아사 들여 / 가는 복은 왜겨 들여 / 오복이 창성 만복이 누련 / 이 굿하고 물왕복이 흘러 드러 / 사지복은 띄(뛰)여 들어 / 인복人福일랑 상해들고 / 천 낭千兩개 행제橫財나 만낭개 행제나 / 눈에 눈사망과 / 닐고 달아 추원이오 / 못다 먹어 출리 주고 / 못다 써서 장리 주고 / 뒷산에는 노적봉에 / 뒷산은 베슬산 / 앞산에는 노적봉에 / 국수노적 싸노적에 / 돈은 썩어 쌍녹 가고 / 옷은 썩어 두엄이 되고 / 쌀은 썩어 물왕복이 되옵소사 / 오복이 창성 만복이 유전 하옵소서 / 추원 대로 되옵소사 / 이 굿하고 삼년이 무아 / 십년이 태평 하옵소서 / 이마 맘치 추원이오

1931년 6월 양덕군 백석리 무녀(대감) 윤화준

| 주 | (1) 위원渭原·영원寧遠·평원平原 등 삼원의 잘못된 표기이다. 삼동은 강동江東·벽동碧潼·삼등三㔖을 이르는 것이다.

주당周堂물님 도가禱歌

저나라 사백土伯주당 / 우리나라 금주今主주당 / 대황제 금주왕주당 / 팔도에 도백주당 / 어간주당 집당주당 / 화이주당 첨하주당 / 비역(부엌)주당 객주당 / 할미고姑짜주당 한애비[夫]짜주당 / 아들자子짜주당 며누리부婦짜주당 / 차례제第짜주당 마당전에 신령주당 / 사해팔방으로 물녀줍시사 / 삼십삼천이 아롭소사 / 이십팔숙이 아롭소사 / 천지건곤이 아롭소사 / 일월성진이 아롭소사 / 북두칠성이 아롭소사 / 남두칠성이 아롭소사 / 서두칠성이 아롭소사 / 사칠성 선관이 아롭소사 / 구토대인 구토九土신령이 아롭소사 / 이십사녹 산령이 아롭소사 / 토주관土主官 선왕이 아롭소사 / 삼도당三都堂 선왕이 아롭소사 / 팔만대성주八萬大成主 아롭소사 / 오방지신이 아롭소사 / 각 마울 새신神이 아롭소사 / 만조상 제백관이 아롭소사 (운운)

1931년 6월 평남 영원군 온화면 사양리
무녀 이경춘(당시 76세) 구술

산님[1]굿 도가(초두)

올내거러 백마지 받던 산님마울 / 내리거러 홍마지 받던 산님마울 /
금마지로 드러받던 산님마울 / 발없어 이능매로 드러 받던 산님마
울 / 꼬리없은 사중매로 드러 받던 산님마울 / 우병화右瓶花 좌병화
드러 받던 산님마울 / 오색 은련화銀蓮花로 드리 받던 산님마울 / 함
박꽃으로 드러 받던 산님마울 / 느러진 걸유화로 드러 받던 산님마
울 / 도도거리 초롱화로 드러 받던 산님마울 / 촉불영정에 드러 받
던 산님마울 / 참기름 발심에 드러 받던 산님마울 (다 오시어 굿 받으
시라고)

1931년 6월 평남 영원군 온화면 사양리

무녀 이경춘(당시 76세) 구술

| 주 | (1) 산은 무제巫祭 때 사용하는 오색지화를 만드는 자(무부巫夫 등)
로, 남방에서는 '산이'라 하며 또는 '화초花草산이'라고도 한다.

막묵[施食]굿 도가禱歌(초두)

임진왜란에 화쌀 끝어 간 사줄 / 총에 맞아 간 사줄[使者] / 목을 비
여 죄인당비물에 간 사줄들 / 삼거리 노중 비명에 간 사줄 / 천신
[1](독개비)비물에 매여 간 사줄 / 불에 타서 화사길에 간 사줄 / 물
에 빠저 수사길에 간 사줄 / 목을 매여 영산길에 간 사줄 / 배암에
물녀 독사길에 간 사줄 / 바틀기침에 간 사줄 / 흘너가는 시내행차
비명에 간 사줄 / 골머리 두통에 간 사줄 / 흉복알이에 간 사줄 /
구토증에 간 사줄 / 등창나서 간 사줄 / 배창나서 간 사줄 / 꾀임병

(코레라)에 간 사줄 / 붉어나 적리에 간 사줄 / 림질병에 간 사줄 / 항증나서 간 사줄 / 복질통 간 사줄 / 마누래〔痘疫〕길에 간 사줄 / 적은홍역 비명에 간 사줄 / 영산비물에 매여 간 사줄 / 선왕님비물에 매여 간 사줄 / 별사비물에 매여 간 사줄 / 로사비물에 매여 간 사줄 / 천신(독개비)비물에 매여 간 사줄 / 박재비물에 매여 간 사줄 / 도골이비물에 매여 간 사줄 / 삼거리비물에 매여 간 사줄 / 팔포선왕비물에 매여 간 사줄

1931년 6월 평남 영원군 온화면 사양리

무녀 이경춘(당시 76세) 구술

| 주 | (1) 평안도에서는 도깨비귀鬼를 '천신天神'이라 한다.

지운신地運神 전前 도가禱歌

아해님금 만세 / 오늘도 날이야 / 어느님 노리시냐 / 지운님 노리라 / 우 높은 지운과 / 가 높은 지운과 성주 지운 / 지운님 本은 그 어데가 본이시냐 / 서전서역국 본이시라 / 올나 가는 동지새외 / 항복 받던 지운님과 / 내려 오는 문안새 / 항복 받던 지운님 / 지운님 본은 가서 / 구제비 한쌍이 저 강남 드러 가서 / 솔씨 한상 물어다가 / 우리 조선 강남산에 던졌더니 / 그 솔이 씨가 나와서 점점 자래 / 호박 지추 다라 놓고 / 일엄기리 참아전에 / 네구 번듯 광토 전장 닦아 놓고 / 네구에다 풍경風磬 달아 / 호령각에 지어 놓고 / 지운님이 좌정할제 / 올녀 거러 대성주 지운과 / 내려 거러 신성주 지운과 / 열두나 도都성주 지운님 / 지운님이 이굿을 하고 / 낮이면 인간을 허여 내여 / 밤이면 인간을 허여 드려 / 춘하추동 사시절을 / 밤에

는 불이 맑고 / 낮이면 물이 맑아 / 물과 불을 수화상극水火相剋 될지라도 / 춘하추동 사시절을 / 하로 거치 각과 달나 추원이오 / 이굿하고 1년은 열두달 / 3백이면 여쉰날 과년이면 열석달 / 삼만이면 6천시를 / 하루 거치 각구아 달나 / 길넘은 대大학이나 머리넘은 소小학이나 / 천만리로 무렁 방송시켜 달나 / 모진 광풍 내부러 놓고 / 좋은 순풍 드러 부러 / 오는 복은 아사 드려 / 가는 복은 외겨 드려 / 오복이 창성 만복이 누련 / 이굿하고 물왕복이 흘너 드려 / 사지 복은 뛰어 드러 / 인복人福을난 상해 들고 / 물왕복은 흘너 드러 / 천량의 횡재나 만냥의 횡재나 / 눈에 눈사망과 / 닐과 달나 추원이오 / 못댜먹어 취리주고 / 못다써서 장리長利주고 / 뒤ㅅ산에는 노적봉에 / 뒤ㅅ산은 벼슬산 / 앞산에는 노적봉에 / 국수노적 싸노적에 / 돈은 썩어 상녹 가고 / 옷은 썩어 두엄이 되고 / 쌀은 썩어 물왕복이 되옵소사 / 이굿하고 3년이 무사 / 10년이 태평하옵소사 / 이마만침 추원祝願이오

1931년 6월 양덕군 백석리 무녀(대감) 윤화준 구술

조상신 전前 도가禱歌

궁아궁 자궁자라 / 아해님금〔我王〕 만세라 / 삼십삼천天 티 거러고 / 이십팔숙宿 내리 걸고 / 건과 곤이 연을 묻고 / 한울 생겨 천황씨라 / 따이 생겨 지황씨 / 인간 생겨 인황씨 / 천지 건곤 생길적에 / 인간 만물이 생길적에 / 세존님이 나앉으며 / 목덕木德으로 왕을 그리고 / 화덕씨 불을 내고 / 신농씨 씨를 내고 / 룡왕씨 물을 내고 / 열두 나라 베실을 묻는다 / 뎨 나라 뎨도 새요 / 우리 나라 디도 새요 / 단군檀君 천년 기자箕子 천년 오백년 도읍을 / 산山지 조종은 곤륜

산崑崙山이요 / 수水지 조종은 황하수黃河水라 / 동방으로 흘러내려 / 묘향산 생길적에 / 도다 오다(日也) 일만 세계 / 디여 가다(月也) 한 산이오 / 사바娑婆는 세계 남섬南贍은 부주部洲 / 해동海東은 조선 관서關西 내려 평안도 / 청남淸南은 이십사주州요 / 청북淸北은 사십이주州요 / 희천熙川이라 소강남小江南 / 모면面 모리里 모집에 굿을 하오니 / 해운은 임신壬申년이외다 / 달은 사월달 날은 보름날 / 생기 복덕 천월덕天月德 / 도흔 날 도흔 시에 / 금년 신수 부량해서 / 녜 세업〔舊習〕을 안버리고 / 새 세업〔新習慣〕을 안내고 / 지운地運통년 여러 놓고 / 사주 팔자 운대중에 / 신사神事 연락宴樂을 지냄메다 / 초가망(感應?) 연락에 / 만가망 배설에 / 공미供米 공찬供饌 채렸소다 / 진수 성찬을 채려 놓고 / 향로 향탑〔榻〕을 가추우고 / 상탕에 세수하고 / 중탕에 목욕하고 / 하탕에 수족 씻고 / 신원백모 전과剪瓜 단발에 / 구하정성을 드림메다 / 디병주 화병주花瓶酒 / 빛 동흐니 감응주感應酒 외다 / 맛이 동은 이태백이 포도주도 / 아주 잠속 부었쇠다 / 조상 마우님(府君?)이 / 다 길을 열어 오실적에 / 권할권勸자 권함메다 / 받을봉奉자 받으시오 / 양주 부처 부귀 공명 자손 만당 / 1년 열두달 삼백 여쉰날 / 모든 액운지액을 다 면하고 / 모진 고불 관재 구설 / 식첩職貼이 높아 가고 / 월급자리 돋어지고 / 수명은 동방삭이 갇고 / 부처 백년 화락하게 / 도아 주시고 삶여 줍시사 (운운)

1931년 6월 평북 희천읍 무녀 길해준(당시 48세) 구술

제석신帝釋神 전前 도가禱歌

성인제석 석가여래 세존님 / 서천 서역국에 관세음보살님 / 여래보살 대세지大勢至보살 / 문수文殊보살 아미阿彌보살 / 사명당四溟堂 육환

대사六環大師 성진性眞이 / 천조황대신天照皇大神 신무천황神武天皇(二者는 일본신) / 칠성七星제석님 나오실제 / 남으가중에 하강하여 받으실제 / 앞바다도 열두 바다 / 뒷바다도 열두 바다 / 스물네 바다 건너 오실제 / 약수弱水 삼천리 먼먼 길에 / 나무배는 썩어지고 / 돌배는 가라 앉고 / 흙토선土船은 푸러지고 / 수양산에 앵무공작 / 연엽주蓮葉舟로 배를 지어서 / 청기 홍기로 돛을 달아 / 무지개로 닷줄하고 / 열녀 충신 노를젓고 / 아홉상좌가 시위서고 / 효제충신이 시위서고 / 박씨朴氏가중에 하강하실제 / 나라 만신萬神(巫)은 중이 되여 / 측배 장삼을 떨처 입고 / 용당가사를 둘러 메고 / 백팔 염주 목에 걸고 / 승마 곡갈을 숙여 쓰고 / 발라鉢羅 갱징을 손에 들고 / 식상 도듬은 탑자塔子가 되고 / 차린 진미를 굽어 보실때 / 말서되 공양지미는 / 삼신 세존님이 받으시고 / 서말서되 무덩시루 상공미上供米는 / 칠성님이 받으시고 / 기름떡(절편)에 무재미(차떡)는 / 삼다물제석님이 받으시고 / 못두부[方型豆腐] 적두부는 / 소당제석님이 받으시고 / 높은 남겐 황술내[黃梨] / 옅은 남겐 청술내[靑梨] / 가얌 보두[葡萄] 모래(머루) 다래 / 왕밤 대조 새 실과는 / 아미보살이 받으시고 / 연평延坪바다를 석 건너서 / 석묵채며 다시마는 / 금불부처가 받으시고 / 챔기름에 발심지는 / 문수보살이 받으시고 / 후추찬물[1]에 천수千手를 걸어서는 / 천수보살이 받으시고 / 동에는 청제장군 / 남에는 적제장군 / 서에는 백제白帝장군 / 북에는 흑제黑帝장군 / 중앙에는 황제黃帝장군 / 오방신장五方神將이 옹호하야 / 제석세존님이 받으신다 운운

1932년 6월 황해도 연평도 대무 변주월(당년 66세) 구술

|주| (1) 정화수에 호초胡椒를 띄운 것.

제석신帝釋神 전前 도가禱歌

용의 제석 부귀제석 / 유상고庫제석 천리고庫제석 만리고庫제석 / 물
왕복은 흘러 들고 / 구렁복은 세여 들고 / 인人복은 걸어 들고 / 거
북복은 띠여 들고 / 사지獅子복은 날아 들고 / 일년 열두달 삼백 예
쉰날 / 삼만육천시時를 한시 같이 가꾸어지라

　　　　　1931년 6월 양덕군 백석리 무녀(대감님) 윤행화(38세) 구송

청배도가請拜禱歌

제석님이다 하강하시오 / 도훈장제석都訓長帝釋 이원당제석 보물寶物
제석 유자제석 / 흘러 가는 물왕복旺福제석 / 인복人福제석 사지獅子
복제석 / 나라 드는 봉황복鳳凰福제석 구렁복제석 / 쪽쪽(쪽제비)복
제석 제석당으로 하강하소
성인聖人님이 하강하시오 / 팔도명산 산령성인山靈聖人 / 자손 셍기
주는 석가모니성인 세존문성인 / 서천서역국 석가성인 / 금강산 삼
불 부체성인 / 제불 제체 성인님과 / 항금산 황주자 성인님 / 백두
산 성인님 봉래산성인님 / 서울이라 삼각산성인님 / 팔도명산 도산
령 성인님 / 평양이라 대성산大聖山 성인님 / 성천成川이라 강선루降
仙樓성인님 / 방우대 성인님 성궁대 성인님 / 미륵님 성인님 / 성인
당으로 하강하시오

성주 지운地運님이 하강하시오 / 성주반盤으로 하강하시오 / 본당本
堂선왕님이 오시게하오 / 三선왕님이 다 하강하시오 / 선왕반으로
좌차坐次들 하소 / 산령山靈님이 오시게 하오 / 산신반으로 좌차들

하소 / 대감님이 오시게 하오 / 천자대감天子大監 이씨왕대감李氏王大監 / 공자님대감 맹자님대감 / 태모복희씨太卑伏羲氏 재제씨대왕災帝氏大王 / 도당씨陶唐氏 대감 천자님대감 / 우주감사右州監司대감 하주下州 감사대감 / 전라감사대감 평양감사대감 / 올라 가시는 구舊감사대감 / 내려 오시는 신新감사대감 / 대감반으로 좌차들 하소

조상님이 오시게 하오 / 일조상님 다 옵소서 / 구조상이 다 옵소서 / 신조상이 다 옵소서 / 조상반으로 좌차들 하소 / 조래님이 오시게 하오 / 조래반으로 좌차들 하소

신장님이 다 오시오 / 신장반으로 좌차들 하소 / 성수님이 다 오시오 / 성수님반으로 좌차들 하소 / 장수님이 다 오시오 / 장수반으로 좌차들 하소 / 신선애기 다 오시오 / 신선동자가 다 오시오 / 월궁月宮애기 다 오시오 / 애기씨반으로 좌차들 하소 / 예로 선생들 다 옵소서 / 선생반으로 좌차들 하소 / 새천님이 오시게 하오 / 새천반으로 좌차들 하소

1931년 6월 5일 양덕구읍陽德舊邑 무녀 박장손(48세)

제제차諸祭次 도가禱歌 초두初頭(其二)

天地가 天地 아니라 / 乾坤 五行文 法이 天地요 / 人間이 人間 아니라 / 五倫 人倫에 내신 인간이오

구신이 구신 아니다 / 법문에 내신 구신이외다 / 하느님은 턴황씨요 / 이 따님은 디황씨요 / 인간은 인황씨요 / 구신은 신도문이요 / 넘데내려 신농씨 / 태호내려 복흐씨 / 턴디 건곤 오행문이 분명허오니

/ 오행정긔를 갈나 낼 적에

鬼神이 鬼神 아니라 / 法文에 내신 鬼神이외다 / 하느님은 天皇氏요
/ 이 따님은 地皇氏요 / 人間은 人皇氏요 / 鬼神은 神道門이요 / 炎
帝 내려 神農氏 / 太皓 내려 伏羲氏 / 天地 乾坤 五行門이 分明하오
니 / 五行 精氣를 갈라 낼 적에
동방갑을 삼팔목을 / 낭글 빌엇습니다 / 남방병덩 니칠화에 / 불을
빌엇습니다 / 서방경신 사구금에 / 쇠를비럿습니다 / 북방 님개 일
둑수에 / 물을 빌엇습니다 / 둥앙 무기오십토에 / 흑을 빌었음메다
東方 甲乙 三八木에 / 남글 빌었읍니다 / 南方 丙丁 二七火에 / 불
을 빌었읍니다 / 西方 庚辛 四九金에 / 쇠를 빌었읍니다 / 北方 壬
癸 一六水에 / 물을 빌었읍니다 / 中央 戊己 五十土에 / 흙을 빌었
읍니다

데 강남은 자월 자디옵고 / 이 강남은 다턴자설읍이외다 / 단군 쳔
년 그자 쳔년 / 니쳔년을 사랐음메다
(이하는 前詞와 동일하므로 생략함)
저 江南은 子日 子地옵고 / 이 江南은 唐天子 設邑이외다 / 檀君千
年 箕子千年 / 二千年을 사랐습니다

강계 남무 전명수 구송

조선은 농업국이니만큼 민족신앙(무격종교)은 대체로 농업적이
다. 오직 도회지에만 □공업적 신앙이 발달되었을 뿐이다. 이 밖에
도 어업·수렵(특히 매사냥)·광업·채삼업 등에 관련한 특수 신앙도
있다. 농민들은 1년 동안의 농사의 성공과 가족의 식재息災, 영복迎福
을 위하여 농사를 시작하기 전과 수확한 뒤에 기풍과 추수감사와 제

신의 강복을 위하여 봄과 가을에 무제를 행한다. 봄□의 제례는 그
들의 식량 관계로 풍성하지 못하지만 추제秋祭는 수확 후인 만큼 매
우 풍성하다. 그리고 이 춘추의 정례·제례 밖에 가□의 질병 기타의
재화災禍를 위하여서도 임시적으로 무제□ 거행된다. 이러한 제례
(굿)에 무격은 제신을 불러 내려오게 한 뒤 잔치를 벌여 즐기게 하
여 제신의 보호와 강복을 기원한다. 제신은 각각 특수한 신성(역임)
을 소유하였으나 또 일반적인 식재息災 강복도 가능하다고 믿어진다.
그러므로 춘추의 정례·제례에는 물론이요, 임시 제례 때에도 제신을
□좌에 초청하는 경우가 허다하다. 나의 이른바 '제차祭次'라는 것은
이러한 제례 때의 12차제(열두 거리)를 뜻하는 말이다. 제1편 소재所
載 □가는 이 열두 거리 정규의 제신祭神 차제에 속□지 안는 특수한
제의에 가송歌頌되는 자이요, 제2편 소수所收 신가는 정규 의식에 송
도되는 자이다.

강계 무격은 먼저 존신문열이 의식을 행하고 이어서 제신諸神의
강림을 동시에 초청하는 도청배都請拜의식을 행한다. 그 다음에는 제
신諸神의 각개 착석을 원하는 개별적 청배의식을 행하고(대규모의 의
식 □는 각 신에 각각 일탁一卓의 제상을 요하나 소규모의 경우는 일탁으로
통용한다) □음에 음식을 권하는 권선의식을 행한다. 그리고는 제주
와 그 가족에 대한 식재□ 강복을 도원하는 것이다(그러므로 이러한
무제의 본질은 개인주의적이며 동시에 가족주의적이다. 공동적·부락적인
경우는 매년 혹은 격년 행하는 동제이다). 따라서 신가는 송가임과 동
시에 기도사가 되는 것이다. 그리고 제신諸神의 흠향이 필한 뒤 최후
에 잡귀·잡신을 위한 시식을 행한다. (이것을 퇴송退送·뒷전·헐은거리·
거리먹이라고도 한다. 주빈을 대접한 뒤에 걸인 대…… (이후 원고 없음)

성수신 전 기도사(−서수님 전 비난수−)

성수님전 비나이다 / 해운을 다리면 / 임진년 해운에 운기도 자욱하고 / 신수도 몽진하고 / 월학 대학이나 다 소멸시켜 달라고 / 터전을 다리면 / 나랏님 옥터전 다리며 / 농말을 다리면 김씨부리로 / 일년 열두달 삼백 에쉰날 / 과년은 열석달 삼만은 육천시 / 하로 같이 오동나무 겉가지에 / 봉황처럼 각꾸어 달라 / 신수지액은 저 백문에 물러달라 / 성순님전 비난이오 / 성순님전에서 열 넘은 인간은 / 하루 겉이 각꾸어 달라 / 낮이면 허여내고 / 밤이면 허여 들려 / 봉황겉이 가꾸어 달아 축원이오 / 선대신 각방에는 이름을 노코 / 타도에는 명망을 노코 / 나갈적엔 고흔 바리 / 드러 올제 찬바리에 / 바리 바리 싯고 오게시리 추원이오 / 부형같은 성주님이 / 옥황상제 분부 맡아 / 일월성진 하강길로 / 외 무지개 줄을 발마 / 쌍 무지개 지색으로 / 서로나 세 하늘[三十三天]에 / 봉래蓬萊바다 청학을 타시고 백학을 타시고 / 세안게 빗발에 / 천동도 삼년에 / 지동도 삼년에 / 흙비도 삼년에 / 재비도 삼년에 / 석삼년 아홉해 / 노를 닥가 가지고 오실적에 / 잠자리 헌조가 / 꿈몽사 주실제 / 님의 단장 시내 복색 / 나무 도장 헐어다가 / 내 도장을 무어 노코 / 각방에 불리 실제 / 천하민이 우르러 보고 / 남의 입설 구설이나 / 관재 구설 구설이나 / 오영문에 취책이나 / 관문에 휘살이나 / 도문에 구열이나 / 저백문에 무른 방송 / 씨게달아 추원이오 / 이마 만침 사완이오 / 추원 축수 장천에 서시고 / 기도 발원 구천에 섭시사 / 남의 추원 거연인들 받을소냐 / 추원대로 되옵소서

1931년 6월 양덕군 백석리 무녀(대감) 윤화준 구술

뜻을 알 수 없는 말이 많은 것은 유감이다.

별신 전 기도사

앞도 당상堂上골목이 / 뒷도 뒤산골목이 / 남당산 여당산님네 / 제물 많이 잡수시고 / 허찬도 반갑게 잡수시고 / 이 동내 각댁이 삽작 차례마다 / 부귀 공명하게 하시오 / 가무[旱]도 없고 물[洪水]도 안지고 / 잡귀 잡신이 못 두루도록 / 이 동내를 거두어 주시오

1922년 8월 앞과 같음, 무녀 한순이 구술

별신은 3년마다(격년의 뜻) 한 번씩 마을 공동으로 행하는 신사이다. 무가 이것을 집행하며 혹 '별신別神'이라고 한자를 쓰기도 하나 특별한 신을 제하는 것이 아니요, 산신·용왕·소도·장승·최씨할머니(전설상 구포 창설자인 무녀)의 각 집 조상신 기타의 제신을 위하는 것이다. 별신은 속된 말로 '벨신'이라고도 하나 아마 '불신' 또는 '벌신'의 와전일 것이며, 불과 벌은 부락·도시의 뜻을 가진 옛말이다.

칠성신七星神 전 기도사

북두칠성 원근성 / 남두육경 칠일성 / 삼태자三胎子 보별성 / 오경대 칠성님 / 발 높은 대식상 / 칠성단 뫃아 놓고 / 분향재배 드리옵니다 / 모씨 가중에 몇에 나는 자손에게 / 명빌이 굿을 하오니 / 명 많이 주고 / 복 많이 주고 / 신사 덕 많이 입혀 주시오 운운

1922년 8월 평안남도 중화군 해압면 광석리
무녀(큰무당) 윤복성 구술

아이의 병[兒病]을 위하여 칠성단을 묻고 밥과 떡, 나물과 과일을

차려놓는다. 주모主母가 분향 칠배한 뒤(칠성신을 향하여) 무녀가 이 기도사를 드리는 것이라 하였다.

아병兒病 시 성인신聖人神 전 기도사

오른 어깨 다홍 가새袈裟 / 왼 어깨 자지 가새 / 판장삼 원앙 몰아 / 그리든 성인이 / 맑은 총기 낳과 / 흐리 총기 물처 / 약효 날래 얻어 / 양 우어깨 날래 태와 주시오

1926년 3월 함흥 본궁 대무 김쌍돌이 구송

소지燒紙 시 기도사

일월성진님께 상소소지외다 / 옥황상제께 거뢰소지외다 / 사해용왕님 전에 뫼운 소지외다 / 나라님께 백성의 사랑 소지외다 / 군수님께 태평의 소지외다 / 모년 모월 모일생 모(성명) 소지외다 (하면서 번번이 소지를 올닌다)

1931년 5월 성천읍 무녀 원순이 구술

조상祖上풀이

먼저가신 先亡조상 / 나중가신 후망부모 / 각각열명 조상신령 / 증조고조 조부조모 / 부친모친 兩位신령 / 上侍下率하와 한잔술한상 밥을 / 열싀물이 몰나라말업시 / 각각흠향 하옵소서

못다살고 못다자시간명복은 / 자손에게 전하시고 / 餘之명복은 傳代傳孫하고 / 후대유전 하옵시며 / 만세무량 하옵소서

家中조상 청춘원혼 / 以此인연 공덕으로 / 마음을 치시고 / 지옥보를 소멸하고 / 극락세계 가옵소서 / 유 명 이- 다를망정 / 마음이야 다를잇가 / 안즌데도 모로옵고 / 서신데도 모로오니 / 인간이- 보는듯이 / 食床을 응감하소서

하산명월이 서산곡되야 / 시체는 청산에 有치마는 / 영혼이야 안이오며 / 넉신들 변하릿가 / 山寂寂 야삼경에 / 청춘은 욱어지고 / 홍안은 변해간들 / 영혼이 업사오며 / 넉신들 업사릿가

세상사 무상하야 / 이십후 삼십후에 / 종적업시 죽는목심 / 여긔저긔 數多하며 / 인간칠십 고래희요 / 팔십은 定命이니 / 병든날 근심걱정하는날을 / 저저히 생각하면 / 팔십을 다살아도 / 편한 가 몃십년고 / 하물며 청춘시에 / 애련히 죽는목심 / 잔인코 가련하다

명사십리 해당화야 / 진다 설어마라 / 삼월춘풍 화개시에 / 너는다시 피거니와 / 逆旅가튼 천지간에 / 蜉蝣가튼 우리인생은 / 한갓공도 못니루고 / 초로가치 시러지면 / 다시오기 어려와라 / 황천이 어더맨지 / 가고다시 못오드라

가련한 영혼시체 / 대석에 결관結棺하야 / 행상대채 넌지실ㅅ고 / 북망산천 드러가니 / 公道롬은 백발이오 / 못면할손 죽음일세 / 명산에 터를 가 / 沙土墳墾 지어노코 / 조객이 허터지니 / 혼인들 안이울ㅅ가 / 공산은 적막한데 / 홀노어이 누엇느냐 / 송침을 울을삼

고 / 쉬파리 벗을삼고 / 흙흘낭 집을삼아 / 살은썩어 물이되고 / 는 썩어 흘키되니 / 가련인생 무상하나 / 영혼이야 썩어지면 / 넉신들 변할손가

백년貪物 저재물은 / 하로아침이라 / 공수래 공수거 / 빈손들고 나왔다가 / 빈손들고 도라가니 / 친구업는 冥間人길에 / 할ㅅ길업는 고혼일세 / 산적적 월삼경시에 / 외로히 누엇신들 / 생전에 친튼버지 / 어너누 겨테안자 / 한잔술 권하오며 / 금풍바람 배오節에(中秋省墓) / 일가친척 원근간이 / 산소에 다달나서 / 餠菓酒肉 채려노코 / 신령불너 제사한들 / 가저가며 먹고갈ㅅ가 / 죽은후는 자최업네

唐양귀비 越서시도 / 죽음을 못면하고 / 소동파 이적선과 / 백낙천 두목지도 / 필법凜凜 하엿시되 / 죽음을 못면햇고 / 동방삭 소진장의 / 금곡장원 石崇富도 / 염라왕을 못친하니 / 죽음을 못면햇고 / 만고성현 호걸군자 / 한면치 못해서니 / 하물며 우리가튼 / 초로인생 어인수로 / 죽음을 피할손가 / 죽음을 怨마시고 / 애착을 생각말고 / 아미타불 염불밧고 / 玉飯獻饌 酒飯獻味 / 착실응감 하옵신후 / 극락세계 가옵ㅅ서

최순도

왕생가住生歌

천지천지 분分한 후에 / 세상천지 만물지중에 / 사람 한쌍 이러났소 / 사람이 또 있더냐 / 여보소 시조[施主]님네 / 이 세상 나온 사람 / 뉘 덕으로 나왔더냐 / 불분 살림에(부러운 살림?) / 은덕분에 나오실

적 / 아부님전에 움을 빌고 / 어마님전에 배를 빌고 / 인생인생 탄생
하니 / 발가한 남자가 났소아 / 한 두쌀에 철을 몰라 / 부모님 공 다
몬 갚고 / 初세쌀이 당진하니 / 홍두역紅痘疫 닷두역 다 지내고 / 열
다섯에 청춘이 당진하니 / 어마님이 옷을 지어 입히고 / 옷의 우에
띄를 띄워 놓고 / 아부님이 과관 시키시고 / 성관成冠 우에 갓 씨우고
/ 옛날 옛시절에 / 정남定男 정녀定女 법이 없소아 / 무럽 안고 한지
(혼자) 살가냐 / 놀ㅅ배 재양 없어 / 남으 딸에 남으 아들에 / 천상天
上 근원을 무어 / 청실에 기역 뭇고 / 홍실에 이은 뭇고 / 부모네 셜
소 하고 / 앉아 놀아 세간世間으로 베슬 하고 / 두러 누어 자손 공 세
우시고 / 이십쌀이 청춘이오 / 삼십이 골각(骨骼?)이오 / 사십이 半장
소(長壽?)라 / 오십이 시소(始衰?)라 / 육십이 재살(自壽?)러라 / 칠십
이 무향장無鄕長이라 / 여든한나 종수정명終壽定命꺼정 다 살아도 / 잠
든 날 병든 날 걱정 근심 다 제하면 / 단 사십이 못된 인생이오 / 아
니 먹고 아니 쓰랴 / 있고 아니 먹고 아니 쓰는 거는 / 왕장군王將軍의
고중재庫中財라 / 없고 잘 먹고 잘 쓰는 거는 / 만고 영웅 호걸일러라
/ 애낄것이 무엇 있소 / 인생 한번 백발 되면 / 다시 젊기 어렵도다
/ 죽기를 생각하니 / 그 아니 셜을소냐 / 어제 오날 성튼 몸이 / 재
앙災殃 나자 삼삼하고 / 약한 몸이 태산같은 병을 들어 / 침석에 누어
게서 / 불어느니 어머니요 / 다맛 찾느니 냉수로다 / 나우나니 우름
이요 / 지녀나니 한숨이니 / 당상堂上의 아부님 어마님아 / 의원들이
약을 써도 / 약덕이 재양 없소 / 판수들이 정經 읽어도 / 정덕德이 재
양 없소 / 무녀巫女들이 칭약 해도 / 귀명祈命덕이 없소 / 청수清水만이
약인가 / 물과 밥이 약인가 / 삼신산三神山이 울안에 있어도 / 구할
길이 재양 없어 / 할일 없고 헐일 없네 / 염라대왕 채판관에서 / 패
자牌子 나서 사자使者 삼봉이 떠날적에 / 함짝 손에 패자 들고 / 함짝
손에 창검槍劍 들고 / 월앙사슬 빗겨 차고 / 활등같은 굽은 질에 / 쌀

대 같이 달려 들며 / 다들어 박차 서며 / 함경도 새죄인아 / 어서 가
자 날래 가자 / 시時가 늦고 때가 늦네 / 거기서 인생 패길(딸국질)
세 마듸를 하니 / 인생 사람 몬 되시어 / 저생 패길 세마듸 하고 /
저생 사람 분명하오 / 저 방중에 눕혀 놓고 / 산수병풍山水屛風 둘러
치고 / 속적삼 벗어서 / 허리에 걸처 놓고 / 사재ㅅ매(使者밥) 세그릇
지어 / 머리ㅅ맡에 놓섭시고 / 이틀만에 입관이오 / 향로 향탕香湯 대
려서 / 향香물에 목욕 시켜 / 저성맵씨 고이 해 놓고 / 버더나무 쪽술
로 / 무찹쌀 세술반 넣고 / 진주 한쌍 물리고 / 사흘만에 출도出途 하
실적에 / 엄나무 화단華緞에 / 붉은물 명정대에 / 찬물 만사대에 / 우
야 주야 떠날적에 / 영결 종천終天에 하직하고 떠날적에 / 하누님도
무정하오 / 이 따님도 고이 없소 / 북경北京질이 머다 해도 / 사신행
차使臣行次 왕래하오 / 강남질이 머다 해도 / 강남 갔던 구舊제비 도라
오오 / 서울질이 머다 해도 / 각읍各邑 수령守令이 왕래하오 / 곤륜산
崑崙山이 높다 해도 / 하늘 아레 있읍메다 / 대하수大河水 바다이 깊다
해도 / 모래 우에 있습메다 / 자자법자 영결 종천에 / 하직하고 떠나
서 / 명산 대천에 찾어가 / 쌀어는 썩어 내수川水 되고 / 이 내 혼정魂
精이 썩어 서산 나귀 되여 ……

1926년 3월 함경남도 함흥군 운전면 본궁
큰무당 김쌍돌이(71세) 구송

김무녀는 이 노래를 회선곡이라고 하였다. 전반이 항간의 회심곡
悔心曲과 유사함을 보면 회심곡의 감화를 받은 것은 명백하다. 무녀
는 이것을 망령을 위해서 부르는 노래라고 하였다. 그래서 나는 이
것을 왕생가라고 제명題名하였다. 후미가 빠진 듯한데 무녀는 그저
그런 것이라고만 답하였다.

용선가龍船歌

반야용선 모아낼 / 순금으로 배를못코 / 순은으로 삼을지어 / 자게
瑪瑙 난간치고 / 인의예지 짐 시와 / 효제충신 돗틀달고 / 삼강오륜
櫓를거러 / 선상에는 화초달고 / 선하에는 물ㅅ결달아 / 압사공은
문수보살 / 뒷사공은 보현보살 / 비로자나 선주되고 / 오백불은 적
군이라

이물노 드러가니 / 관음세지 양대보살 / 좌우편에 갈나안자 / 지옥
가는 인생들아 / 얼는밥비 염불하고 / 적선도를 생각하야 / 염불선
에 어서올나 / 극락으로 함긔가세

고을로 바래보니 / 대원본존 지장보살 / 장상명주 손에들고 / 지옥
가는 저사람아 / 탐심악도 이것불고 / 염불선에 어서올나 / 恒河沙
數 만흔염불 / 자자히 드러시고 / 어서밥비 극락가세

염불동무 / 가득실ㅅ고 / 방편돗대 노피달고 / 행진놋대 구지잡아
/ 四十八願 大願風이 / 허공중에 빗겨부니 / 아장청 맑은물에 / 泛
泛중류 배를 여 / 삼계바다 얼는넘고 / 화장바다 건너가서 / 극락전
에 다다르니 / 數多하온 대보살과 / 無數하온 석연문이(聲聞緣覺) /
각각히— 향해잡고 / 쌍쌍히— 춤을추며 / 백종풍악 울니시고 / 전각
에 드러가니 / 극락세계 장엄보소 / 만금으로 이되고 / 七寶蓮— 너
른못이 / 處處에— 생겻시되 / 팔공덕수 맑은물이 / 가득히 실녀잇
고 / 물미테 닌모래 / 순색으로 황금이라

최순도

퇴귀사退鬼詞

워--ㅅ새-- / 시우 조상을 물니는 것이 안이라 / 성주 안전을 물니는 것이 안이라 / 구능장수를 물니는 것이 안이라 / 이 터전을 물니는 것이 안이라 / 이 당산골맥이 주산골맥이를 물니는 것이 안이라 / 압도당산 뒷도뒤산 남당산 여당산님네를 물니는 것이 안이라 / 삼신지양님네를 물니는 것이 안이라 / 동내 방내 손님네를 물니는 것이 안이라 / 선살 묵는 아모 방성(幾歲某兒의 뜻)이 / 한발 드리 디디고 / 한발은 내 디디고 / 올스거름에 따라 들고 / 저거름에 묻어 들고 / 신운이 불길해서 얏보고 탐보고 / 침노귀침에 접살한 귀신아 / 이 물밥 구한에 많이 받아 가지고 / 열대왕에 매인 귀신들아남

제4부

설 화

畜

人 黃某는 有名한 下者

黃盲의 꿈에 한 女人

를 安고 全身에 流血

短刀가 꽂아 있었고

「나는 錢某의 딸인데

로 金海에 復園의 竹林溪

이 継田가 나를 죽어서 나의 屍体는 下라

葉下에 묻었는데 나의 屍体는 下라

한글 설화

맹격이 광인을 다스림〔盲覡治狂〕

　　한 총각이 남의 집 처가살이를 하고 있었는데, 하루는 장인의 명으로 떡을 메고 맞은 편 마을까지 가는 길에 한 노인을 만났다. 노인은 그의 딸로 보이는 한 처녀를 데리고 있었다. 노인이 말하기를 "여보 젊은이, 우리들은 배가 고파 죽을 지경이요. 나는 죽어도 아깝지 않지만 딸이 불쌍하니 아무쪼록 이 딸에게 떡을 좀 주십시오"라고 부탁하였다. 젊은이는 불쌍히 여기고 두 사람에게 마음대로 떡을 먹게 하였다. 그러자 노인이 "이 은혜를 갚을 도리를 모르겠소. 만약 그대가 좋다면 이 딸을 그대에게 드리겠소. 이 아이는 나의 딸이오"라고 말하였다. 그 여인을 보니 나이는 18~19세로 보이고 얼굴도 예쁘므로, 이 총각은 곧 승낙하였다. 그의 정혼자는 이제 겨우 여덟 살밖에 되지 않아 결혼할 때까지 기다리기 어려웠기 때문이었다. 그리고 노인과 헤어져 신부를 데리고 어떤 주막에 들어가 2인분의 밥을 청하고 먹으며, 좋아하며 즐거이 말할 때에 그의 장인이 찾아왔다. 장인은 그를 심부름 보낸 뒤 기다리다 못하여, 보낸 곳은 말할 것도 없고 맘에 걸리는 곳은 여기저기 모두 찾아 본 뒤 겨우 이를 찾아낸 것이다. 장인이 몰래 그의 행동을 살펴보니, 그는 2인분의 밥상을 앞에 놓고 무엇인가 작게 말하고 있었는데 상대가 보이지 않았다. 잘 보니 도깨비에 들려 있었다. 그리하여 집에 데리고 와서 쇠경〔盲人〕을 불러서 축사경逐邪經을 읽고 복숭아나무 가지로 병인을 때리기도 하여, 사귀를 쫓아내고 겨우 치료하였다. (광병狂病은 무녀로서는 고칠 수 없다)

병이 나은 뒤 그는 "처음에 쇠경이 독경하기도 하고 복숭아나무 가지로 때리기도 하였지만, 자기는 아무렇지도 않고 무섭지 않았다. 하지만 다음에 그 쇠경을 부른다고 할 때에는 가슴이 두근두근 하며 그의 얼굴이 보이면 무엇인지 무서워지고 독경을 하면 신장神將이 내려와서 자기의 목을 조이므로 숨이 막히고, 그 위에 채찍으로 매를 맞은 까닭에 저도 모르게 '장군님 잘못했습니다'라고 외치고 기절하고 말았다"고 말하였다. 이것은 내가 젊었을 때 본 사실이다.

1931년 8월 평남 성천군 아파리 석관칠 노인 이야기

성주의 황씨 맹인〔星州黃盲〕

경상북도 성주의 맹인 황 아무개는 유명한 점생이었다. 어느 닐 밤 황맹의 꿈에 한 여인이 보였다. 머리는 헝클어진 채 온몸에 피를 흘리고 목에는 단도가 꽂혀 있었다. 여인이 말하기를 "나는 전錢 아무개의 딸입니다. 아버지가 염전 일로 김해에 가 있는 사이에 계모가 나를 죽여서 뒤뜰 대나무 숲의 낙엽 밑에 묻었는데, 시체는 아직 썩지도 않고 또 저세상에 갈 수도 없소. 나의 이 한을 풀어주면 나는 매일 와서 귀계鬼界의 일을 당신에게 알려 드리겠소"라고 했다.

한편 전 아무개가 김해의 염전에서 돌아오니 그의 아내는 "그 애는 어떤 남자와 도망쳐 간 곳을 모르겠소"라고 말하였다. 그렇지만

전씨는 이것을 믿지 않고 여기저기를 찾아 돌아다니다가 황맹의 이름을 듣고 그에게 물었다. 이 전날 밤에 전씨 여인이 보였을 때 "내일은 아버지가 점을 보러 오니까 이러이러하게 가르쳐 드리시오"라고 말하였다. 이렇게 하여 전씨 여인의 억울함은 풀렸다. 약속대로 전씨 여인은 항상 와서 황맹에게 귀신계의 사정을 가르쳐 주었으므로 황씨는 더더욱 유명해졌다.

그러던 어느 날 밤에 와서 "내일은 전주에 사는 백씨 성을 가진 과부가 그의 삼대독자를 위하여 점을 보러 올 것이니 이렇게 알려 주소"라고 했다. 그런데 그의 말대로 다음 날 백 과부가 와서 "나의 집은 남자는 모두 어려서 죽고 지금 삼대독자가 있는데, 그의 운명을 알려 주십시오"라고 했다. 그리하여 그는 전씨 여인이 알려준 대로 "당신의 독자는 15세의 3월 3일에 죽을 운명인데, 그날은 벌써 내년에 닥쳐옵니다. 목숨을 부지할 방법은 하나밖에 없소. 올해 11월 그믐날에 경성 남대문 밖에서 날이 밝는 것을 기다려 종이 울리고 남대문이 열리자마자 제일 처음에 들어가는 사람이 있을 것이니 그 사람을 놓치지 않게 조금도 뒤떨어지지 말고 따라가면 살 방법이 있을 것이오"라고 말했다.

소년은 이 말대로 섣달 그믐날의 새벽 종소리를 기다리고 있었더니 뜻밖에도 누더기 옷을 입은 한 거지가 처음으로 남대문에 들어갔다. 반신반의하였지만 운명에 얽힌 중요한 일이므로 주저하지 않고 곧 거지를 따라갔다. 거지는 낮에는 여기저기를 다니며 밥을 구걸하고, 밤에는 어디의 부엌을 찾아서 그 아궁이 안에서 자는 것이었다. 소년도 같이 거지를 따라 밤이면 그의 옷자락 끝을 꽉 잡고 그 옆에서 잠들기가 3개월여나 되었다. 그렇지만 그 거지는 그동안 한마디도 하지 않고 또 강제로 소년을 떨궈 버리려고도 하지 않았다. 이렇게 하여 3월 2일 밤이 되었다. 내일은 소년이 죽는 날이다.

그날 밤 거지는 모화관慕華館의 부엌 아궁이를 잘 곳으로 정하고 처음으로 아이에게 "오늘 밤은 네가 아궁이 안에서 자라. 나는 입구에서 자겠다"고 하였다. 소년은 그의 말대로 전과 같이 거지의 옷자락을 꽉 쥐고 오늘 밤은 한숨도 못자고 있었더니, 어두워질 때쯤 많은 귀신들이 와서 소년의 이름을 부르면서 누구누구를 내놓으라고 고함을 쳤다. 그렇지만 거지는 이에 응하지 않고 잠깐 있더니 큰소리로 오방신장五方神將을 부르며 귀신들을 흩어지도록 하였다. 그러자 좀 있다가 천둥소리가 들리고 벼락과 함께 거지는 번개 속에 갑자기 몸을 감추고 말았다. 그 거지는 사실 인명人命을 다루는 칠두칠성신七斗七星神이며 잠깐 거지로 몸을 바꾸어 인간계의 시찰을 위해 내려왔는데, 3월 3일은 그가 돌아갈 날이었다고 한다. 이렇게 하여 소년은 목숨을 부지할 수가 있었던 것이다.

1930년 7월 대구 김이욱 노인 이야기

제사와 조상

사람이 죽은 뒤 혼이 남지 않는다는 것은 믿을 만한 설이 못 된다. 어떤 사람이 외출했다가 자기 집으로 돌아오는 길에 갑자기 소낙비를 만났는데, 마을에서 멀리 떨어진 곳이므로 몸을 의지할 곳이 없어, 할 수 없이 한 외빈外殯(매장을 하지 않고 관 위에 넝을 덮어서 일시적으로 야외에 빈장한 것)을 보고 그 아래에 몸을 의지하였다. 이럭저럭 밤이 되었는데 비가 멎지 않아 그는 마침내 거기에서 밤을 지샐 수밖에 없었다. 한밤중이 되어 갑자기 밖에서 사람 목소리가 나며 "이사람, 오늘은 나의 제삿날이니까 같이 가서 먹지 않겠나"라고 말했다. 그러자 무덤 속에서 "오늘 밤은 손님이 있으니까 혼자 갔다

오게"라는 대답이 있었다. 또 밖에서 "오늘은 아들이 평부지탕不斧之湯을 먹여주었다. 태어나 처음 보는 음식이었는데 대단히 맛이 있었다"고 말하니 무덤 속에서는 "그랬나? 그것 참 좋았겠다"라고 대답한다. 말할 것도 없이 두 쪽이 다 말소리뿐이며 형상은 없고 밖에 있는 자는 옆 무덤에 묻힌 자 같다. 그는 다음 날 옆 무덤의 주인을 찾아가서 "어젯밤은 당신의 선친의 제삿날이었습니까? 대체 당신은 어떠한 제물을 놓았습니까?"라고 평부지탕의 뜻을 물었다. 그러자 그 청년은 부끄러운 낯을 하면서 "보는 바와 같이 어려운 생활인데 게다가 요즘에는 일도 얻지 못하여 가족은 사흘째 밥을 먹지 못하고 있으므로 하는 수 없이 도끼를 씻어 가마니에 달아 그 국을 놓았습니다"라고 대답하였다. 그는 젊은이의 효심에 감격하여 자기의 논밭 수십 경을 빌려주고 농사를 짓게 하였다.

맹인을 태사太師·참봉參奉이라고 부름

영종대왕의 형님 가운데 맹인이 있었다. 그는 왕의 형으로 태어났으므로 그 어떤 소원도 다 이룰 수 있었다. 그렇지만 그는 오직 앞을 보지 못해 이것을 대단히 슬피 여겨, 나중에는 기악妓樂에도 모멸을 느꼈다. 어느 날 그는 궁전 누각 위에 올라가 조용히 세상 형편을 살피고 있었다. 마침 그때 "문수問數"라고 부르면서 누각 아래를 걷는 자가 있는 것을 듣고 이상하게 생각하여 가까이 있던 시자侍子에게 "저것은 무슨 소리인가"라고 물었다. 시자가 대답하여 그도 자기와 같은 상황에 있으며 따로 생업도 없고 오직 매복賣卜을 하며 다니는 자임을 알았다. 그리고 그는 처음으로 '이 세상에는 자기와 같은 처지의 사람도 있구나'라고 알게 되어 대단한 동정심과 호기심에 이끌려 시자에게 그 맹인을 누각 위로 부르게 하였다. 그와 여러 가지 말을 하여 보니 말이 참 잘 맞으며 처음 만난 사이인데도 10년 지기 같은 감정이 생기므로 그는 그 후 매일 복청卜廳에 가서 맹인들과 어울리며 비로소 위안을 얻게 되었다. 이때부터 복청은 영종의 칙명에 따라 '어복청御卜廳'이라 부르고 맹인들은 '태사太師'라 불리게 되며, 어복청에는 매일 71인씩 당번맹인을 두었다. 이 당번은 갑오년부터 폐지되어 어복청은 경성과 전주 두 곳으로 나뉘었는데, 두 곳에는 다 영종왕형의 초상을 걸었다 한다. 또 경성 어복청의 초상에는 새로 임명된 승상이 고하고 절을 올렸다고 한다.

또 맹인을 '참봉參奉'이라고 하게 된 것은 숙종대왕肅宗大王 때이다. 그때 왕은 무녀와 맹인을 불러 무녀는 혹세무민의 무리로서 천민으로 치고, 맹인은 의사와 같은 것으로 보고 참봉이라 부르게 하였다고 하는 말이 있다.

1925년 7월 경상남도 동래군 구포 맹인 최순도 이야기

부락내혼의 마을

경상북도 신녕新寧의 뒤실[逗若]이라는 부락에는 모든 집에 신막神幕이 있고, 그 신막에서는 가면을 제사하고 있다. 그 가면에 대한 전설을 보면, 옛날 이 마을 사람이 강에 나가 보니 큰 나무궤짝이 흘러 내려오기에 그것을 건져 안을 보자 가면이 가득 들어 있었다. 그리하여 이를 집집마다 한 장씩 나누어 제사하게 되었다. 이것을 제사하면 풍년이 되고 제사하지 않으면 화액이 일어난다. 그러므로 뒤실 사람들은 매월 삭망朔望(음력 초하루와 보름)에 이를 제사하고 집안의 대소사를 전부 여기에 고하였다. 이러한 기피할 만한 귀신을

섬기기 때문에 다른 부락 사람은 이 부락 사람과의 혼인을 싫어하게 되어 할 수 없이 뒤실 사람들은 부락 내에서 서로 결혼을 하게 되었다고 한다.

1930년 7월 대구 김이욱 노인 이야기

(3)[1]

또 어떤 게으름뱅이는 손가락 하나 놀리기가 귀찮아서 밥도 그 아내가 숟가락으로 퍼서 입에 넣어 주었다. 어느 날 아내가 급한 일이 있어서 며칠 동안 집을 비우게 되었다. 아내는 흰떡을 길게 만들어서 그 한쪽 끝을 남편의 입에다 물려주면서 "내가 돌아올 때까지 이것을 먹고 계십시오"라고 말한 뒤 떠났다. 그런데 돌아와서 보니까 그는 입 속에 넣어준 부분만 먹고 밑의 떡은 먹지 않아, 그것을 매단 채 굶어 죽어 있었다고 한다.

1930년 12월 경상남도 동래군 구포읍 이필남 씨 이야기

염소는 소의 사촌 아우

하느님이 세상에서 쓸데없는 것을 없애려고 하였다. 그 가운데 소는 어떤지 생각하여 보았으나 밭과 논을 갈기 때문에 없앨 수가 없고, 염소를 불러 "너는 세상에서 쓸데없는 동물로, 먹기만 하니 없

---

1) 97쪽까지의 원고가 없어 어떤 제목의 설화 중 세 번째 부분인지 확인할 수 없다. 다만 유고에 포함되어 있는 일문 원고에 비슷한 이야기가 실려 있는데, 그 제목은 "大怠け者話三則"으로 되어 있다.

애려고 한다"고 하니 염소가 대답하기를 "나는 사촌 덕택으로 먹고 있으니 사람에게 폐를 끼치는 일은 없습니다"라고 하였다. 하느님은 이상하게 여겨 "네 사촌이 누구냐" 하니, 염소가 대답하되 "소입니다" 하였다. "어찌하여 소가 네 사촌이 되느냐" 하니, 염소의 말이 "소도 발굽이 둘이요, 나도 둘입니다. 또 소도 뿔이 둘인데, 나도 뿔이 둘입니다"라고 하였다. 하느님이 "그러면 소 꼬리는 긴데 네 꼬리가 짧은 것은 무슨 까닭이냐" 하니 염소가 말하기를 "그것은 외탁입니다"라고 하였다고 한다.

1928년 2월 경상남도 동래군 구포읍 김문환 기고

단 똥

어떤 사나이가 꿀벌통을 발견하여 그것을 실컷 먹었는데 곧 똥이 마려워 사람 다니지 않는 곳에 가서 조금 누어 보았다. 그런데 조금도 똥이 구리지 않아 이상하게 여기고 시험삼아 그것을 조금 손가락 끝으로 찍어 맛을 보았다. 그런데 뜻밖에도 똥이 달기에, 그는 대단히 기뻐하여 똥을 누다 말고 옆에 있는 가지 밭에서 가지를 하나 따서 그것을 항문에 박고 그대로 서울로 가서 큰 소리로 "단 똥 사려" 하고 외치고 다녔다. 이것을 들은 대신과 부자들은 이상하다 여기고 다투어 그 똥을 샀으므로 그는 그 덕택에 큰 부자가 되었다. 한때 서울 장안에서는 이 단 똥이 유명하였다.

그런데 인색하기로 유명하여 사람들의 미움을 받고 있는 옆집 사내가 이것을 듣고 "너는 어찌하여 단 똥을 누느냐"라고 묻자, "그것은 별 것 아니다. 날콩을 서 되쯤 먹고 냉수를 서 되쯤 마시고 한참만 있으면 나온다"고 하였더니, 인색한 사내는 곧이 듣고 곧 날콩서 되와 물 서 되를 먹었다. 그런데 조금 있으니 정말 뱃속에서 천둥과 같은 소리가 나므로 "됐구나" 하고 기뻐하여 배 아픈 것도 잊어버리고 가지로 항문을 틀어막고 서울 시내로 들어가서 "단 똥 사려" 하고 외쳤다. 그러자 한 나쁜 대신이 저도 이름난 단 똥을 한번 먹어 보려고 그의 항문에 입을 대고 있었는데, 가지를 쑥 빼자 맹렬한 악취가 나는 설사 똥이 들입다 쏟아졌다. 그래서 악한 대신은 똥 벼락을 맞고, 인색한 사내는 중형을 받았다 한다.

1927년 8월 경상남도 마산부 명주영 군 이야기

거짓말로 장가 든 사람

옛날 한 재상이 있었는데 매우 거짓말을 즐기어 "내 마음에 꼭 드는 거짓말을 두 가지만 하는 사람에게는 내 외동딸을 주리라"고 하였더니, 조선 팔도의 거짓말쟁이란 거짓말쟁이는 모두 모여 왔다. 그러나 아무리 턱없는 거짓말을 하여도 둘째 이야기가 되면 "응, 그것은 정말이다" 하고 딸을 주지 않았다. 그런데 어느 날 한 청년이 와서 말하기를 "머지않아 더운 여름이 올 테니 지금 장안 종로 거리의 군데군데에 깊은 굴을 파고 그 속에 작년 겨울의 찬바람을 잡아 넣어두었다가 여름이 되거든 그것을 내놓아 팔기로 하면 굉장한 돈벌이가 되겠지요"라고 하니까, 재상은 재미가 나서 "그것은 훌륭한 거짓말이다. 그래 그 다음은?"이라 하였다. 그러자 청년은 허리에 차고 있던 주머니에서 헌 문서를 한 장 꺼내어 재상 앞에 펴 보이며 "이것은 돌아가신 대감이 돌아가시기 전에 나에게 빌려 가신 십만 냥의 돈 문서입니다. 이것을 갚아 주십시오"라고 하였다. 재상은 '이 것을 거짓말이라 하면 딸을 주어야 되겠고, 정말이라 하면 십만 냥이란 돈을 주지 않으면 안 되겠고'라고 생각하여 할 수 없이 그 딸을 청년에게 빼앗겼다고 한다.

앞과 같음, 김문환 씨 기고

최가와 강가

옛날부터 최가崔哥 성을 가진 사람은 모질다고 한다. 그리고 최가가 앉은 자리에는 잔디풀도 나지 않는다고 한다.

옛날 어떤 최가 할아버지가 하루는 혼인집에 가서 "돼지 꼬리는 눈 어지럼병에 약이 되니까 혼인집에 가거든 꼭 그걸 하나 얻어오시오"라고 하는 할머니의 부탁으로 그것을 얻어 가지고 돌아오는 길에 산을 하나 넘게 되었다. 그때 밤은 꽤 깊고 할아버지는 조금 술이 취했었다. 그런데 난데없이 한 시커멓고 키가 크고 눈도 코도 없는 허청이 도깨비가 나타나서 "영감, 그 돼지 꼬리를 나한테 안 주려나"라고 하였다. 돼지 꼬리는 허청이가 제일 좋아하는 것이다. "마누라가 가져오라고 했으니까 너한테 줄 수는 없다"고 할아버지가 거절하자 도깨비는 대단히 골이 나서, "그래 안줄 테면 두고 봐라" 하고 도깨비는 금방 많은 동무들을 데리고 와선 할아버지를 산꼭대기까지 끌고 가더니 할아버지를 산 밑으로 차 던졌다. 산 밑에 다다랐을 때 도깨비들은 또다시 산꼭대기로 끌고 올라가서 다시 차 내렸다. 이렇게 끌려 올라갔다가 굴러 떨어지기를 수십 번이나 하였지만, 할아버지는 끝끝내 돼지 꼬리를 주지 않고 꼭 손에 쥐고 있었다. 나중에는 도깨비들도 기가 막혀서, "여보 영감, 성이 무어요" 하고 물었다. 할아버지가 "나 말이야, 내 성은 최가다" 하였더니 도깨비들은 놀란 얼굴로 "아 그럼 처음부터 최가라고 말을 하지. 최간 줄 알았더라면 이런 헛수고는 안 했을 텐데"라고 하면서 모두 돌아갔다고 한다. 그런데 이런 최가 열이 한데 뭉쳐도 강가姜哥 하나를 당하지 못한다고 하니, 강가가 얼마나 독한지 충분히 짐작할 수 있을 것이다.

앞과 같음, 이필남 씨 이야기[2]

말괄량이 처녀

　어떤 곳에 말괄량이 처녀가 있었다. 술은 말로 먹고 욕질하기와 남자들에게 싸움 걸기가 일쑤인지라 어떤 사나운 남자라도 그 여자를 꺾을 수는 없었다. 그래서 그는 부잣집 외동딸인데도 아무도 그에게 장가들려는 사람이 없어 헛되이 세월은 흘러 나이가 벌써 서른이 되었다. 부모는 이것을 대단히 걱정하여 "아무나 이 딸을 데려가는 사람에게는 내 재산을 절반 주겠다"고 하였다. 이것을 듣고 한 얌전한 남자가 그 처녀를 데려가겠다고 하므로 부모는 물론 흔쾌히 승낙하였다. 그러나 신부인 그 처녀는 첫날밤인데도 불구하고 버릇없게 새빨갛게 취해서 입에서 연시 같은 냄새를 풍기면서 신랑은 제쳐놓고 쿨쿨 코만 골면서 자기 시작하였다. 신랑은 미리 이럴 것을 짐작하고 있었으므로 도포 소매에서 감을 수십 개나 꺼내어 그것을 뭉개서 신부의 속곳과 궁둥이에다 철썩철썩 발라 놓았다. 그리고는 한참 있다가 신부를 조용히 흔들어 일으키고 몽롱한 눈을 뜨며 바라보는 신부에게 "여보 이것 좀 보시오. 당신은 술을 너무 먹어서 이렇게 설사를 한 것이오. 신혼 첫날밤에 개를 불러서 이걸 먹일 수도 없고 정말 딱하게 되었으니 오늘 밤만은 내가 이것을 먹기로 하겠

---

2) 원고뭉치가 새롭게 시작되어 언제 채록한 것인지 확인할 수 없다. 단 다른 원고에서 같은 이름을 가진 사람으로 경상남도 동래군 구포읍의 이필남을 확인할 수 있다.

소" 하면서 신랑은 싫은 얼굴 한번 나타내지 않고 그것을 다 먹었다. 신부는 궁둥이의 척척한 것이랑 또 그 모양이랑 꼭 그것은 자기가 싼 똥이라고 믿었기 때문에 대단히 신랑의 마음에 감격하여 그때부터 술을 끊고, 또 먼저의 잘못을 고쳐서 세상에 드물 정도의 착한 아내가 되었다.

나쁜 호랑이 혼내주기

마음 나쁜 호랑이 한 마리가 항상 어느 할머니의 무밭을 헤쳐 놓으므로, 어느 날 노파는 호랑이에게 "무 같은 것 먹지 말고 오늘 저녁에 우리집에 와 다오. 팥죽을 줄 테니 참 맛있고 몸에 좋다"고 하여 놓고 노파는 집에 와서 장독간에는 화로 속에 숯불을 묻어놓았다. 부엌에 들어가서는 물독의 물에다 고춧가루를 뿌려 놓고 행주에는 바늘을 잔뜩 꽂아 놓고 부엌문에는 쇠똥을 깔고 마당에는 멍석을 펴 놓고 대문 안에는 지게를 놓고 기다렸다.

대식한

옛날 굉장한 대식가가 있었다. 그의 아내가 서 되의 찹쌀로 볶음떡을 만들어 잠시 그에게 맡겼더니, 그는 순식간에 그것을 전부 먹어버렸다. 아무리 대식가라도 서 되나 되는 떡이니 조금은 남겼으리라고 생각한 그의 아내는 "다 먹었다는 것은 거짓말이지요? 나도 조금만 먹읍시다" 하여 보았으나 사실은 정말 전부 먹어버렸던 것이다. 그는 자면서 떡을 먹어도 절대로 체하는 일이 없었다. 그러던 어느 날 한 대접에 한 문文하는 우렁을 열 그릇이나 샀는데 그 살만 먹어서는 도저히 배가 부를 것 같지 않아 그는 껍데기 채 전부 입에 넣어서 물과 함께 한입에 삼켜버렸다. 그러자 처음에는 무엇을 좀 먹은 것 같았다. 그러나 그때부터 움직일 때마다 뱃속의 우렁껍데기가 눌러 그는 마침내 그 때문에 죽어버렸다 한다.

1923년 8월 경상북도 달성군 월배면 상인동 윤희병 씨 이야기

아내를 잃은 사내와 독수리

옛날 한 남자가 그 신부와 여종을 데리고 집으로 돌아오는 길에 어떤 강을 건너게 되었다. 강을 한 절반쯤 건넜을 때 갑자기 도둑놈의 배가 나타나서 색시와 여종을 빼앗아 달아나 버렸다. 젊은 사내는 분하게 여기며 다시 언덕으로 돌아와서 이리저리 생각하여 보았지만 어떻게 할 도리가 없었다. 그런데 그때 큰 독수리 한 마리가 어디선가 날아 와서 "도둑놈들은 바다 저쪽으로 갔다. 그러나 당신은 이 바다를 건널 수 없을 테니 소를 한 마리 잡아서 그 고기를 여러 조각으로 베어서 내가 당신을 돌아볼 때마다 그것을 한 조각씩 내 입에 넣어 주면 당신을 내 등에 태워서 데려다 주겠소"라고 말하였다. 그 말대로 하여서 바다를 거의 다 건넜을 때에 독수리가 또 돌아다 보았는데 그때는 쇠고기가 한 조각도 남아 있지 않았다. 그래서 할 수 없이 자기 팔을 한쪽 베어서 주고 겨우 바다를 건널 수 있었다. 그런데 독수리는 그를 육지에다 내려놓자마자 칵 소리를 지르며 아까 삼킨 그의 팔을 뱉어서 다시 붙여주고 나서는 "이 길을 바로 가면 커다란 버드나무가 하나 서 있을 테니 그 위에 올라가서 숨어 있으면 도둑놈을 찾아 낼 수 있을 것이오"라고 하고는 어디론

가 날아가 버렸다. 젊은 사내는 그렇게 하여 버들가지 속에 숨어 있었는데, 밤이 깊자 한 여자가 몰래 도둑놈의 집에서 나왔다. 그러더니 버드나무 밑에 있는 우물에서 물을 길어 그것을 단 위에 바치고는 "제발 서방님을 만나게 하여 주시옵소서" 하고 비는 것이었다. 얼굴은 잘 보이지 않았으나 그것은 분명히 여종의 목소리였다. 그는 나무에서 내려와 주인과 여종 두 사람은 그지없이 기뻐하며 함께 울었다. 그런데 차츰 여종의 말을 들어 보니, 사내의 아내는 벌써 마음과 몸을 다 도둑한테 바치고 남편 생각은 조금도 하지 않을뿐더러 도리어 남편이 원수를 갚으러 올까봐 걱정하고 있다는 것이다. 사내는 크게 화가 나서 당장에 두 원수를 찔러 죽이고 싶었으나 여종의 말을 들어 분을 참고 얼마 동안 도둑의 광 속에 숨어 있었다. 그동안에 여종은 틈을 타서는 장군수將軍水를 길어다 주었다. 젊은이는 그 물을 먹고 점점 힘이 강해졌다. 하루는 여종이 몰래 큰 칼을 가져 오더니 "이걸로 한번 힘을 시험해 보십시오"라고 말하였다. 젊은이는 그것을 마음대로 휘두를 수가 있었다. 또 하루는 여종이 와서 "지금이 가장 좋은 기회입니다. 도둑놈은 지금 술이 취해서 자고 있으니까 이 기회를 놓치지 말고 죽이십시오" 하였다. 젊은 사내는 큰 칼을 들고 도둑놈 방에 들어가서 먼저 도둑놈의 코를 쳤더니, 도둑놈은 목에 붙은 비늘을 거꾸로 세우며 덤비려 하였다. 사내는 곧 여종이 일러준 대로 비늘 밑으로 칼을 칵 찔러서 도둑놈의 목을 잘랐다. 그러자 도둑놈의 머리가 풀쑥 뛰어 공중으로 올라갔다가 다시 떨어지며 그 목에 도로 붙으려고 하였다. 그때 여종이 재빨리 치마 속에서 재를 꺼내어 목에다 뿌렸다. 그래서 머리는 일단 목에 붙었으나 다시 굴러 떨어져서 마침내 도둑놈은 죽어버렸다. 사내는 그 아내까지 붙들어 죽이고 여종과 함께 도둑놈의 광을 보았더니 한 광에는 쌀이 하나 가득 있고 한 광에는 돈이 가득하고 또 한 광에는 금은보배가 산처럼 차 있었다. 두 사람은 이것들□□□ 도둑놈의 부하에게 나누□□□주고 잘 타일러서 좋은 사람이 되□□□고 제일 귀중한 보배만 가지고 집으로 돌아와서 사내는 그 종 계집아이와 결혼하여 행복하게 살았다고 한다.[3]

1931년 4월 경상남도 동래군 구포읍 이필남 씨 이야기

곡조문하문설랑자曲棗門下問薛郎子

옛날 한 사람이 중원의 과거를 보기 위해 북경으로 떠나기 전에 무당에게 가서 그 앞길을 점쳐달라고 하였다. 무당은 "중원의 땅에 들어가면 맨 먼저 만난 사람을 잡아서 그 말을 물어 보시오. 그러면 반드시 급제할 수가 있을 것이오"라 하였다.

압록강을 건너서 안동현에 닿자마자 중을 한 사람 만났다. 그는 친한 것처럼 중에게 인사하며 "냉면이나 자시러 갑시다"라고 꼬였다. 중은 그를 미친 사람으로 알고 처음에는 상대를 하지 않으나, 너무나 권하는 데 못 이겨 냉면집으로 들어갔다. "무엇이든지 이야기를 하나 해 주시오"하고 졸라대므로 하는 수 없이 중은 다음과 같은 이야기를 하였다. "요사이 북경에서는 이상한 일이 있었습니다. 북경에는 곡조문가曲棗門家라고 하는 대가가 있는데, 그 집 문이 흰 대추나무로 만들어진 까닭이라 합니다. 그 집의 딸이 요전에 바로 결혼하기 며칠 전에 죽었다가 그로부터 며칠 뒤에 다시 살아났습니다. 그 딸의 이야기에 따르면 딸은 죽었을 때 옥황상제의 앞에 불려가서 '너는 아무개하고 약혼을 하였는데, 내가 정한 연분은 남경

---

3) 원고의 일부가 훼손되어 9자를 확인할 수 없다.

에 사는 설정승의 아들이다. 두 곳이 너무 떨어져 있으므로 인연을 맺을 기회가 없어 너의 아버지는 다른 사람하고 혼약을 하였다. 그러나 내가 정해 놓은 법을 어길 수는 없는 것이니 그래서 너를 불러 낸 것이다'라는 말을 들었다고 합니다. 그리고 남경의 설랑자도 상제로부터 '너의 인연은 북경의 곡조문가의 딸과 맺어졌다'고 들었습니다. 그 딸과 아들은 천국의 문에서 엇갈려서 얼굴을 서로 보지 못하였으나, 살아난 뒤 설랑자는 북경의 곡조문가를 찾아서 두 사람은 훌륭하게 혼인하였다고 합니다. 참 얼마나 이상한 일이오" 하고 이야기를 끝마쳤다.

이런 이야기를 듣고 나서 과거와 무슨 관계가 있을까 하고 생각하면서 그는 중과 헤어져 북경으로 갔다. 그런데 시험의 과제를 보자 뜻밖에도 그것은 '곡조문하문설랑자曲棗門下問薛郞子'라 하였으므로 그는 단숨에 이를 적어서 내놓았다. 다른 응시자는 제목의 의미를 전혀 몰라 모두 낙제하였으나 그만은 급제할 수가 있었다고 한다.
(曲棗門下問薛郞子라 함은 좀 우스우나 들은 대로 써 둔다)

1928년 1월 함경남도 정평군읍 이학사 김양하 군

고래 뱃속에서 노름질

고래는 배를 송두리째 삼켜버리는 일도 있다. 어떤 사람이 배를 타고 바다에서 이질을 하다가 삼켜서 고래 뱃속으로 들어갔다. 들어가 보니 거기에는 이미 먼저 들어간 여러 사람들이 노름을 하고 있고, 그 옆에는 한 옹기장수가 옹기(사기) 짐을 얹은 지게 옆에서 노름 구경을 하면서 담배를 피우고 있었다. 그때 이겼다 졌다 내어라 못 내겠다 하여 마침내 노름꾼들끼리 큰 싸움이 일어났는데, 그 중의 한 사람이 옹기장수의 지게에 부딪혀서 물독 항아리 할 것 없이 모두 깨져서 산산조각이 났다. 그 조각에 창자를 찔려 고래는 앓기 시작하여 이리저리 뛰어 다니다가 마침내 죽어버렸다. 그래서 그 속의 사람들은 옹기 조각으로 고래의 옆구리를 찢고 겨우 빠져나왔다고 한다.

나의 기억

선왕당 선왕님과 장기를 두다

몹시 장기를 즐기는 남자가 있어, 그는 늘 장기판을 들고 다녔다. 어느 날은 아무리 장기 둘 사람을 찾아도 보이지 않아 선왕당('국사당'이라고도 하는데, 산신을 모시는 당으로 산모퉁이나 산중허리 깊은 곳에 있다)에 가서 거기에 모셔 둔 선왕님에게 "선왕님 장기 한 판 둘까요" "응. 괜찮지" 하고 자문자답하고는, 장기판을 내려놓고 말을 정식으로 벌여 놓은 다음에 "내가 지면 북어 한 마리와 탁주 한 동이를 내겠습니다. 당신이 지면 나한테 어여쁜 색시를 하나 소개하여 주십시오" "그러지" 하고 또 자문자답하여 서로 약속이 되었다. 그리고 그는 "약자 선수니까 먼저 나부터 두겠습니다. 자, 말이 나왔습니다" 하고 한 손으로는 자기 말을 쓰고 또 한 손으로는 선왕님의 말을 써서 한 판을 끝냈다. 결과는 그가 져서 그는 마을에 내려가 동무들에게 돈을 꾸어 약속대로 북어와 술을 갖고 가서 "먼저 선왕님부터 드세요" 하고 술 한 잔을 선왕님에게 드리고 안주로 북어도 드린 다음 자기도 그 잔을 들고 "저도 주십니까. 황송합니다" 하면서 자작하여 마셨다. 그리하여 술을 다 마신 뒤에 그는 다시 "선왕님 다시 한 판 둡시다" "괜찮지" 하고 자문자답하여 장기는 새로 시작되었다. 이번에는 선왕님이 졌다.

그럭저럭 해가 져서 어두침침한데, 그는 장기판을 끼고 집으로 향하였다. 그런데 그때 마침 산 밑에 있는 우물에 물을 길러 나온 한 젊은 여자가 갑자기 그의 앞으로 와서 "서방님 다녀오셨어요? 많이 기다렸어요. 일은 어떻게 되었어요? 어머니도 걱정하고 계십니다" 하면서 반겨 말하므로, 그는 별안간의 일에 어리둥절하였으나 "응, 잘 됐수" 하고 어물쩍하게 대답하였다. 그러자 여자는 그의 손을 잡고 자기 집으로 인도하였다. 끌리는 대로 그 집에 들어가니 또 그 집 노모가 나와서 "얘야 지금 오니. 그 일이 잘 됐다지. 잘했다. 빨리 들어가거라" 하고 방으로 인도하므로 그는 또 모르는 척하고 방으로 들어갔다. 옛날 일이라 지금같이 밝은 남포나 전등이 없었다. 등잔불인지 기름불인지 모르지만 그런 것을 켰을 터이니 사람의 모양을 똑똑하게 분별할 수는 없었다. 더구나 노모는 나이를 먹어서 눈이 어두워져 등잔 밑에서도 그의 얼굴을 잘 알 수 없었다. 그리고 여자는 그의 얼굴과 모습이 자기 남편과-여러 달 전에 무슨 일로 집을 나간-비슷한 까닭에 잘못 보고 그를 들어오게 한 것이었다.

곧 저녁을 차려 온 젊은 아내는 밥을 권하면서 곁에서 여러 가지 이야기를 하여 보니 아무리 하여도 이상하기에 잘 얼굴을 살펴보니 닮기는 하였지만 남편은 아니었다. "에구머니 큰일났구나" 하고, 손님에게 부디 그냥 돌아가 주십사 간청하였으나, 그렇게 쉬사리 물러갈 사내가 아니었다. "내가 내 맘대로 들어온 것은 아니고, 서방님이니 아들이니 하며 당신들이 나를 데려 오지 않았소. 나는 오늘부터 당신의 남편이요" 하고 고집을 피우는데, 여자들은 어찌할 수가 없어 결국에는 약간의 땅을 주고 또 어여쁜 색시까지 그에게 얻어 주겠다는 약속으로 물러가게 하였다. 그 대신 이번 일은 절대로 입 밖에 내지 않기로 맹세하였다. 그리하여 그는 "선왕님도 약속을 지킨다"고 감동하였다 한다.

1928년 정월 경상남도 마산부 이은상 군 이야기

팥죽 훔친 시어머니

어떤 가난한 집에서 팥죽을 쑤었다. 그런데 욕심쟁이 시어머니는 제가 조금이라도 더 먹으려고 며느리가 우물에 간 사이에 몰래 부엌에 들어가서 바가지로 한가득 팥죽을 펐다. 그러나 너무 뜨거워서 그것을 먹기에 오래 걸릴 것 같으므로 천천히 먹으려고 그것을 가지고 뒷간에 들어갔다. 한참 만에 며느리가 돌아왔는데 그 또한 팥죽을 훔쳐 먹으려고 바가지에 가득 퍼 가지고 뒷간에 들어가려 하였다. 이것을 본 시어머니는 급하게 팥죽을 감춘다는 것이 그만 바가지를 자기 머리에 뒤집어쓰고 말았다. 거기에 며느리가 들어와서 시어머니가 있는 것을 보고 무안한 마음에 손에 든 바가지를 내밀면서 핑계 대기를 "어머니 이걸 잡수세요" 하였더니, 시어머니는 "아니 괜찮다. 팥죽을 안 먹어도 이렇게 팥죽 같은 땀이 흐른다"고 대답했다고 한다.

1924년 경상북도 대구부 정칠성 여사 이야기

못된 호랑이 물리치기

옛날 과부 할머니가 조그마한 밭을 갈아 겨우 살림을 하고 있었는데, 늘 못된 호랑이 한 마리가 와서 "할머니, 너하고 나하고 누가 먼저 이 밭을 가는가 내기를 해 보자. 내가 지면 아무것이나 네가 원하는 것을 주고, 네가 지면 나한테 팥죽을 다오"라고 하였다. 그래서 밭을 둘로 나눠서 내기를 했지만 호랑이는 그 발로 죽을힘을 다해서 흙을 파내므로 할머니는 항상 팥죽을 빼앗길 수밖에 없었다. 그러나 호랑이의 말을 듣지 않으면 호랑이가 무슨 짓을 할지 모르기 때문에, 할머니는 할 수 없이 그 말을 듣곤 하였다.

어느 날도 또 호랑이 때문에 고생을 하고, 그날 밤 팥죽을 끓여 놓고 호랑이가 오기를 기다리고 있었다. 그런데 갑자기 파리가 한 마리 날아오더니 "할머니, 나한테 그 팥죽을 한 그릇 주면 할머니를 도와주지요"라고 하므로 할머니는 그것을 한 그릇 주었다. 좀 있다가 또 달걀이 하나 굴러 오더니 또 같은 말을 하므로 또 팥죽을 한 그릇 주었다. 다음에는 거북이 어슬렁어슬렁 기어 와서 또 팥죽을 청하였다. 또 그 다음에는 소똥이 오고, 삿자리가 오고, 나중에는 지게가 왔다. 할머니는 모두 팥죽을 먹여 보냈다.

한참 있다가 호랑이가 와서 바로 팥죽을 먹으려 하자, 아까 그 파리가 날아 와서 등잔불을 꺼 버렸다. 그러자 호랑이가 "어두워서 먹지 못하겠으니 불을 켜다오"라고 하였다. 할머니가 "부엌 화로에 불이 있으니까 네가 가서 가져오려무나"라고 하였더니, 호랑이는 중얼거리며 부엌에 나갔다. 호랑이가 불을 얻으려고 화롯불을 헤치자, 그 속에 숨어 있던 달걀이 빵 하고 터져서 호랑이의 눈을 쳤다. 호랑이는 눈이 어두워 쩔쩔 매면서, 그 옆에 있는 물통의 물에 눈을 씻으려고 하였다. 그러자 통 속에 숨어 있던 거북이 뛰어나와서 호랑이의 눈을 꽉 물었다. 호랑이는 놀라서 달아나려고 마당으로 나오다가 소똥에 미끄러져 넘어졌다. 그러자 그때 뜰에 있던 삿자리가 호랑이를 꽁꽁 싸서 대문께까지 가니, 거기에 있던 지게가 기다리고 있었다는 듯이 덥석 호랑이를 지고 가서 바닷속에 던져 버렸다.

1931년 1월 경남 동래군 구포읍 이필남 씨 이야기

처녀의 원혼

어떤 처녀가 시집갈 나이가 되어서 어떤 집안과 혼담이 있었는데, 처녀의 삼촌이 굳이 반대해서 끝내 파혼이 되었다(처녀에게는 아버지가 없었다). 처녀는 이를 슬퍼하여 그만 물에 빠져 죽어버렸다. 그런데 그 뒤부터 처녀의 원혼이 밤마다 그 어머니의 꿈에 나타나서 어머니를 괴롭혔다. 부엌에 있는 그릇을 내던져서 깨뜨리고, 문을 흔들기도 했으며, 갑자기 불을 꺼서 집안사람들을 놀라게 하거나 집을 태우는 시늉을 하였다. 집안사람들은 백방으로 빌었으나 듣지 않으므로 참다못해 무당에게 부탁해서 처녀의 혼을 잡아 항아리 속에다 넣어 버렸다(무당은 처녀가 몸을 던진 곳에서 용왕에게 제사를 지내고, 밀봉한 항아리에 끈을 달아서 이것을 강물 속에 던지고 주문을 외우면서 처녀의 혼을 항아리 속에 잡아넣었다. 그런데 이상하게도 밀봉한 항아리 속에 여자의 머리카락이 들어간다고 하며, 그것이 죽은 사람의 혼이 들어간 증거가 된다고 한다) 물귀신은 이렇게 하여서 잡는 것인데, 그 처녀의 원혼도 이렇게 항아리 속에다 잡아넣었던 것이다.

그런데 어디를 어떻게 뚫고 나왔는지 처녀의 혼은 다시 나타나서 가족들을 더욱 괴롭혔다. 그래서 그 집에서 이사를 하면 좋다는 말을 듣고 강을 건너서 다른 곳으로 이사를 갔다. 그런데 이사 간 그날 밤 어머니가 불을 켜려고 어두운 부엌에서 성냥을 찾고 있으려니까 저도 따라 왔다는 것을 알리고자 처녀의 혼은 어머니 손에 성냥을 가져다 쥐어 주었다고 한다. 어머니는 처녀의 원혼을 위로하기 위해서 여러 가지 제를 지내고 굿을 하고 무당과 점쟁이들한테 푸닥거리를 받느라고 재산을 모조리 탕진하고 거지가 되었다고 한다.

1931년 1월 경남 동래군 구포읍 이필남 씨 이야기

도깨비 이야기

옛날 서울에 한 가난한 노인이 예쁜 딸을 데리고 살고 있었다. 하루는 어떤 젊은 총각이 와서 적지 않은 돈을 주고 여러 가지로 친절하게 하므로, 노인은 마침내 총각의 청을 들어서 자기 딸을 주기로 약속하였다. 그런데 예장을 가져 오는 것을 보니까 그것은 보통 물건이 아니고 모조리 이상한 것뿐이었다. 기괴한 일이라고는 생각하였지만 어쨌든 노인은 이것을 받았다. 그리고 혼례식은 언제 하겠느냐고 물었더니, 어느 날 밤에 오겠다고 대답하였다. 혼례식을 밤에 하다니 이것도 이상한 말이라고 생각했지만, 총각이 좋아하지 않을까봐 노인은 여기에 대해서도 깊이 캐지 않았다.

그런데 혼인한 지 며칠 안 되서 그 딸은 점점 말라갔고, 이대로 두다가는 몇 달 안가서 죽을 것 같기에 하루는 노인이 점쟁이에게 가서 점을 쳐 보았다. 그랬더니 점쟁이는, "이것은 도깨비장난이요"라고 하면서 사위에 대해서 여러 가지로 노인에게 묻더니, "어쩌면 당신 사위는 도깨비가 변한 것일지도 모르겠소. 도깨비는 무엇보다도 술을 싫어하니까 오늘 밤에 오거든 술을 권해 보시오. 그리고 그 것을 먹지 않겠다고 하면 술병으로 그를 때려 보시오"라고 하였다. 그래서 그날 밤 그대로 하여서 노인은 술병으로 사위를 때렸다. 그랬더니 술병이 깨지자마자 사위는 그림자도 없이 사라지고 말았다. 이 말을 들은 점쟁이는, "그럼 그 도깨비는 죽어버렸을 것이오. 저기 있는 물푸레나무 밑에 굴을 파고 사흘 뒤 밤에 몰래 그 속에 숨어서 보시오. 그러면 모든 것을 알 수 있을 것이오"라고 하였다. 그렇게 하고 노인이 숨어 있으려니까 과연 여러 도깨비들이 모여 와서 나무 밑에 잔치를 벌이고 음식을 먹기 시작하였는데, 그 자리에서 젊은 도깨비 이야기가 나와서, "그놈 왜 조금도 안 보일까" 하고 한 놈이 말하니 다른 도깨비가 "그놈은 이러 이러한 나쁜 짓을 하여서 술병에 맞아 사흘 전에 죽어버렸단다" 하고 대답하였다. 정말 그 뒤로는 사위가 오지 않았으나, 딸은 얼마 안 가서 죽었다고 한다.

1931년 4월 경남 동래군 구포읍 이필남 씨 이야기

시자와 무당

숙종대왕肅宗大王 때에 장동 김씨에 시자라는 사람이 있었다. 그에게는 한 친구가 있었는데 두 사람은 같은 해 같은 달 같은 날 같은 시에 태어나고, 또 같은 서당에서 공부하여 같이 과거에 급제하여 둘 사이는 정말로 형제 이상이었다. 그런데 그 친구가 불행하게도 열여덟 살 때에 죽어버렸다. 시자의 비탄함은 말할 것도 없었다. 그는 꿈에라도 한번 그 친구를 만나기를 바랐으나 꿈에도 나타나지 않았다.

시자가 스물세 살이 되었을 때, 경상도 감사가 되어서 대구로 부임하였다. 그런데 그는 무당이 무엇보다도 싫어서 무당만 보면 모조리 잡아서 죽였다. 그 때문에 대구 근방에서는 거의 무당의 그림자도 찾을 수 없게 되었다. 그런데 어떤 날 밤중에 혼자 방에 앉아서 무얼 생각하고 있으려니까 갑자기 무당이 굿을 하는 소리가 나므로, 곧 역졸을 보내어 주인과 무당을 잡아 오게 하였다. 데리고 온 것을 보니까 주인은 뜻밖에도 감사 휘하에 있는 도통인都通引이었다. 그는 불같이 성을 내어 통인을 꾸짖고 무당은 곧 때려죽이라고 명령하였다. 통인은 머리를 땅에 대고 엎드려서 "자식이 중병으로 죽을 것 같아서 할 수 없이 이런 죄를 지었습니다" 하고 울며 애소하였다. 무당은 조용히 감사 앞으로 가까이 가더니 그 얼굴을 들여다보면서

"제가 보기에 대감께서는 일생을 두고 이루지 못한 소원이 하나 있는 것 같습니다. 제가 이 자리에서 죽는 것은 조금도 한이 없습니다만 죽기 전에 대감님의 그 소원이나 풀게 하여 드렸으면 합니다" 하고 말하였다. 감사는 무당의 신기한 말에 깜짝 놀라 모르는 사이에 노여움도 저절로 풀려서 "너는 어떻게 그것을 아느냐. 내 일생의 소원은 죽은 아무개라는 친구를 이세상에서 다시 한 번 만나 보는 것이다. 과연 네 힘으로 이 원을 풀 수 있겠느냐" 하고 물었다. 무당은 죽은 사람의 이름과 나이를 묻더니 이튿날부터 큰 굿을 동헌東軒 넓은 마당에서 시작하였다. 무당은 큰 머리를 얹고 쾌자를 입고 이레 낮 이레 밤을 두고 춤추고 노래하며 귀신내리는 굿을 하였다.

이레날 아침, 과연 감사의 죽은 친구의 영혼이 굿터에 나타났다. 감사는 너무도 기쁜 나머지 맨발로 대청에서 뛰어내려서 친구를 맞아 손을 잡고 자기 자리로 인도하였다. 그리고 두 사람은 마주 앉아서 서로 가슴을 풀고 그리운 정을 터놓았다. 그러나 이 광경은 다만 무당과 감사만이 보고 알 뿐, 다른 옆에 있는 사람들은 알 수 없었다. 이야기하는 가운데 죽은 친구는 다음과 같은 말을 하였다.

"나는 저승에서 사람의 수명을 맡아 보는 일을 하고 있다. 그래서 언제나 그 자리를 비울 수가 없으나, 이레 전부터 곱게 차린 많은 무당들이 와서 귀찮게 조르기에 마침내 못 이겨서 명왕冥王에게 이것을 말하고 세 시간의 말미를 받아 자네를 만나러 이 세상으로 나왔다. 자네 정명定命은 몇 살이고 그 해 어느 달 어느 날에는 이세상을 떠날 것이다. 그러면 저승에서 또 다시 만나게 될 것이다." 또 "자네는 많은 무당을 죽이고 있으나 이것은 좋지 못한 일이다. 모두 자네의 죄업이 되는 것이니 이다음부터는 죽이지 말라"고 말하였다. 이 뒤부터 시자는 결코 무당을 죽이지 않을뿐더러 임금님께 아뢰어서 무당을 금하는 법령을 풀게 하였다. 이 일로 말미암아 후세의 무당들은 시자의 덕을 찬양하고 그를 은인으로 숭배하게 되어 지금도 굿을 시작하기 전에는 반드시 먼저 '시자–'하고 길게 불러서 그에게 경의를 표한다고 한다.

1931년 4월 경남 동래군 구포읍 맹인 최순도 씨 이야기

풍수설風水說(1)

옛날 어떤 부자가 아버지가 돌아가셔서 좋은 묏자리를 구하고자 시체를 가장假葬하고, 지관地官에게 부탁하여서 길지吉地를 찾게 하였다. 지관은 몇 달 동안 산을 찾아 다녔으나 좋은 묘지를 찾을 수 없었다.

그런데 하루는 산 위에서 밑을 내려다보니까 한 노총각이 삿자리에다 싼 시체를 등에 지고 올라 와서 그 근방에 내려놓고 묻으려고 하였는데, 지관이 얼른 위에서 내려 와서 그 터를 보니까 세 정승과 여섯 판서를 낼 길지였다. 총각은 남의 집 머슴인데 그 아버지가 돌아가셔서 묘지를 가릴 여유도 없고 한시라도 빨리 묻으려고 아무데나 아버지 시체를 내려놓은 것이었다. 지관은 총각에게, "너한테는 내가 다른 좋은 묘지를 찾아 줄 테니까 이 터는 나한테 다오"라고 하였다. 길지를 찾아준다고 하니 총각은 기뻐서 이를 승낙하였다. 그리고 지관에게 끌려서 아버지 시체를 다시 업고 하루 종일 산길을 걸었다. 그러나 지관이 터를 가르쳐 주지 않으므로 너무도 고단해서 시체를 밭 옆에 내려놓으면서 "지관님, 묘지를 가린다는 것은 내 팔자에 없는 일입니다. 나는 여기다 아버지를 묻고 빨리 집에 가겠습니다"라고 하였다. 지관이 돌아다보니 뜻밖에도 거기는 당일로 만석꾼이 날 복지福地였다. 그래서 풍수는 생각하기를, '이 사람은

꽤 팔자가 좋은 사람이다. 길지를 얻고 못 얻는 것은 모두 제 팔자로구나. 그러나 하루 만에 만석꾼이 부자가 된다는 것은 대체 어떻게 해서 될 수 있는 것일까. 어디 한번 보자' 하고 생각하였다. 그래서 그는 총각에게, "그럼 네 마음대로 하여라"라고 하고 저는 조금 떨어진 곳에서 바라보고 있었다. 총각은 아무렇게나 구멍을 파고 거기에다 아버지 시체를 넣고 흙을 덮은 뒤에 머리를 풀고 울기 시작하였다. 그랬더니 얼마 뒤 한 젊은 여자가 그 묘지로 올라오더니 총각 옆에서 역시 머리를 풀고 울기 시작하였다. 지관은 그 여자를 총각의 누이나 무엇으로 알고 있었다. 그런데 한참 있다가 이삼십 명의 사내들이 무엇을 찾는 모양으로 아랫길 쪽을 지나다가 지관을 부르며, "지금 여기로 젊은 여자가 하나 지나가지 않았소" 하고 물었다. 그러나 지관은 그런 이상한 여자가 지나가는 것을 본 적이 없으므로, "아니, 그런 일은 없소" 하고 대답하였다. 그랬더니 젊은 사내들은 멀리 다른 쪽으로 사라져 버렸다. 그들은 묘지에서 울고 있는 여자를 보기는 하였으나 그 사람이 그들이 찾고 있는 여자라고는 꿈에도 생각하지 않았던 것이다. 그들이 가 버린 뒤에 여자는 총각에게 말하기를 "나는 아무개 정승의 딸인데 어떤 집으로 시집을 갔으나 불행히도 올해 과부가 되었습니다. 남편은 나에게 막대한 논밭과 많은 보배를 남기고 떠났는데 친척들이 나를 죽이고 내 재산을 빼앗으려고 하고 있습니다. 그래서 나는 그들의 틈을 타서 보배만 이 주머니에 싸 가지고 지금 집을 달아나 온 것입니다. 아까 지나간 많은 사람들은 나를 잡으려 하는 사람들입니다. 이것도 인연이니 저와 같이 살면 어떻겠습니까? 이 보배만 팔아도 넉넉히 만 석은 될 것입니다"라고 하였다. 총각이 두말없이 승낙한 것은 더 말할 필요도 없다. 지관은 감탄하면서 이 모습을 바라보았다.

이튿날 지관은 총각에게서 허락 받은 곳에 부자의 아버지를 묻게 하였다. 그리고 관례대로 죽은 사람의 동무들이 그 관을 들고 땅속에 넣으려 하였다. 그런데 그때 한 사람의 허리에 차고 있던 칼이 빠져 나와서 무덤 속에 떨어졌으나 그것을 본 사람은 아무도 없었다. 묘 속에 칼 같은 것이 들어가면 대단히 좋지 못하다고 한다. 칼이 운기를 베기 때문이라고 한다. 과연 그 뒤 몇 해 안 되서 부자의 집은 망해버렸다. 그리고 그 총각의 집에서는 뒷날 세 정승과 여섯 판서가 났다고 한다. 다른 사람 팔자에 있는 묘지에다 무리하게 묘를 써도 결코 복을 받는 것이 아니라, 도리어 화를 입는 경우가 많다. 그리고 총각은 그가 먼저 발견한 터에다 일단 괭이를 내렸으므로 그 터에서 받을 복도 그가 받았다고 한다.

풍수설(2)

동래군 구포에서 양산군 물금으로 가는 길에 낙동강가에 용두산 龍頭山이라 하여 용의 머리와 흡사한 모양을 한 산의 꼬리가 삐져 나와 있었다. 거기는 대단한 복지라고 하여 옛날부터 많은 사람들이 거기에 묘를 쓰려고 하였으나 묘를 쓰고 돌아오면 그날 밤부터 매일 밤, 솥뚜껑이 쨍쨍 울리고 너무도 무서워서 견딜 수 없어 모두 묘를 다른 데로 옮겼다고 한다. 그리하여 지금도 그 산에는 묘가 하나도 없고, 누가 이 산에 묘를 쓸 팔자를 가지고 있는지는 물론 아무도 모르는 일이라고 한다.

1931년 2월 경상남도 동래군 구포읍 이필남 씨 이야기

윤구만 이야기

황산黃山의 윤구만尹九萬은 누구나 다 아는 큰 부자인데 그에 대해서는 여러 가지 이야기가 전해지고 있다.

그 하나. 그의 아버지는 가난하고 아내도 죽자, 봇짐장사(옷감 같은 것을 보자기에 싸서 그걸 지게에 지고 장으로 돌아다니면서 파는 장사)를 하면서 어린 구만이를 지게 위에 얹어 지고 다녔었는데, 어떤 마을 밖에서 병으로 죽어버렸다. 마을 사람들은 그 시체 위에다 돌을 쌓아서 그냥 장사를 지냈다. 그런데 그는 머리를 땅에 박고 죽었는데, 그 자리가 바로 금구입니金龜入泥의 혈穴이었으므로 과연 윤구만이는 커서 구만 석 부자가 되었다고 한다.

그 둘째로, 윤구만은 젊었을 때에 가난하였다. 그런데 어느 날 낮잠을 자고 있는 것을 그 아내가 보니까 그의 콧구멍에서 빨간 생쥐가 한 마리 나오기에 아내가 생쥐의 뒤를 밟았다. 그러자 쥐는 마을 밖에 있는 선왕당〔城隍堂〕 돌무더기 속으로 들어갔다. 그 돌을 들어 보니, 그 밑에는 삿자리만 한 커다란 반석이 있어서, 쥐는 그보다 더 밑으로 들어가지 못하고 다시 집으로 돌아올 것 같았다. 아내는 빠른 길로 급히 집에 돌아와 있었는데, 쥐도 발발 기어 와서 콧구멍으로 뛰어 들어갔다. 그러자 남편이 하품을 하면서 일어나 하는 말이, "지금 대단히 이상한 꿈을 꾸었다. 지독히 꾸불꾸불한 험한 산길로 들어가니까 거기에 돌 단壇이 있어 그 속에 들어 가 보니 커다란 황금장이 있더라"고 하므로, 아내는 대단히 기뻐하며 남편에게 말을 전한 뒤 선왕당 위에 두 간쯤 되는 집을 짓고, 그 반석이 있는 곳을 부엌으로 하였다. 그 커다란 반석은 모두 토금土金이었던 것이다. 그들은 남들이 모르게 조금씩 그 토금을 뜯어서 팔고 팔고 해서 마침내 구만 석의 큰 부자가 되었다고 한다.

소년과 도둑

옛날 어떤 곳에 관상을 잘 보는 대사大師가 있었다. 어느 날 그는 건넛마을에 동냥을 갔는데, 어떤 집에 들어갔더니 열 살쯤 되어 보이는 소년이 그에게 주려고 쌀을 가지고 나왔다. 대사는 그 소년의 상을 본 뒤에 "똑똑하기는 하나 불행하게도 단명하군"이라고 한탄하였다. 이것을 들은 소년은 "어머니" 하고 울면서 집 안으로 뛰어 들어가서 까무러쳐 버렸다. 어머니는 깜짝 놀라서 큰방에서 뛰어 나오며 "왜 그러니, 정신을 차려라" 하면서 소년을 안았다. 그때 대사가 안마당 쪽으로 들어오자 소년의 어머니는 그에게 "웬 사람이요" 하고 물었다. 대사는 자기가 중인 것과 관상을 잘 본다는 말을 하고, 또 그 소년에게 명이 짧다고 한탄했더니 소년이 그걸 듣고 까무러쳤다고 말하였다. 그랬더니 어머니는 다시 놀라며 "그럼 어떻게 하면 이 아이를 살릴 수 있을까요?" 하고 물었다. 대사는 이에 대답하여 "오늘부터 이 아이가 가고 싶다는 곳으로 보내서 죽을 고생을 시키는 것이 좋을 것입니다. 그 밖에는 도리가 없습니다"라고 하였다. 이 말을 들은 어머니는 곧 짐을 꾸려 거기에 사철 입을 옷과 열다섯 냥 노자를 주고 울면서 아들을 보냈다.

소년은 집을 나와서 산으로 산으로 들어갔다. 어느 날 밤 소년은 인적이 끊긴 숲 속에 누워서 눈을 감고 여러 가지 생각에 젖어 있다가 잠깐 잠이 들었다. 그랬더니 하늘에서 항아리만 한 커다란 배 세 개가 제 옆에 떨어지는 것에 놀라서 눈을 뜨고, 이상하게 생각하여 어둠 속을 손으로 더듬어 보니까 과연 꿈에 보았던 그 배가 세 개 있었다. 소년은 □김에 아무 생각도 없이 배가 고프던 참에 한 개를 먹고 나머지 두 개는 주머니 속에 넣어 두었다. 이럭저럭 날도 밝아 왔으므로 소년은 다시 보따리를 메고 길을 떠났다. 한 고개를 넘으려니까 문득 한 노인이 앞에 나타나서, "나는 이 산의 산신령인데 네 사정이 하도 불쌍하기에 앞일을 가르쳐 주려고 왔다. 너는 이 산 밑에서 노랑 벙거지를 쓰고 쇠몽둥이를 가진 세 도둑을 만날 것이다. 그러나 다행히 목숨은 건질 것이다"하고는 어디론가 사라져 버렸다.

그런데 소년은 정말로 산 밑에서 도둑을 만났다. 도둑들은 "거기 섰거라"하면서 숲 속에서 뛰어 나오더니 소년이 갖고 있던 보따리를 빼앗았다. 소년은 아무 말도 없이 그들이 하는 대로 내버려 두었다. 세 도둑놈은 소년의 보따리 속에서 이상한 배 두 개를 보더니 모두 쇠몽둥이를 내던지고 배를 서로 빼앗으려고 싸웠다. 소년은 이때가 기회라고 생각하여 도둑놈의 쇠몽둥이를 들고 그들의 머리를 한 대씩 후려쳤다. 도둑놈들이 그 자리에 고꾸라지는 것을 보고 소년은 급히 산을 내려와, 어떤 조그마한 집 한 채를 보고 "사람 살려 주시오"하면서 그 집으로 뛰어 들어갔다. 그랬더니 머리가 새하얀 할머니가 나와서 소년을 데려 들어가더니 돌 굴 속에 가두어 버렸다. '아차, 이거 도둑놈 집인가 보다'하고 소년은 깨닫고, 잠시 낙심하였지만 다시 정신을 가다듬어 '하여튼 이 굴을 끝까지 들어가 보자'하고 생각하였다. 그런데 밖에서 사람 소리가 들리기에 귀를 기울이고 들어 보니까, 도둑놈 같은 것이 "어머니 조그만 아이놈을 못 보았소?"하고 물었다. 그러니 노파가 "그놈은 벌써 돌 굴 속에 잡아 두었다"하고 대답하였다. 이것을 들은 소년은 '이거 안됐군'하고 굴속으로 기어들어 갔다. 그러니까 거기 하얀 호랑이 한 마리가 입을 벌리고 소년을 기다리고 있었다. 소년은 호랑이를 보자마자 금방 뛰어 호랑이 잔등에 올라타고, 그 양쪽 귀를 꽉 잡고 등에 엎드렸다. 호랑이는 깜짝 놀라서 굴 밖을 향하여 달아났다. 그때 소년은 옆에 서 있는 커다란 버드나무를 보고 그 가지를 잡고 번쩍 몸을 일으켜서 나무에 뛰어 올랐다. 그리고는 "호랑이야. 호랑이야" 하고 외쳤다. 그랬더니 밖에 있던 도둑놈들이 이 소리를 듣고 총을 가지고 굴에서 나오는 호랑이를 쏘아 죽이고 굴에 들어 와서 버드나무 위에 있는 소년을 불러 내려오게 하였다. 나무에서 내려온 소년을 보자 세 도둑은 저마다 "이놈 아까 우리를 때린 놈이구나"라고 하면서 굴에서 끌어내어 때려죽이려□ 하였다. 그때 아까 그 노파가 와서 "잠깐 기다려라. 이 아이를 만일 때려죽이면 살기殺氣가 붙어 제사에 쓸 수가 없게 된다"고 하였다. 그 말을 들은 도둑들은 때리는 것을 멈추고, 그 대신 소년을 끓여 죽이기로 하여, 도둑의 두목은 그 아내를 불러서 솥에 물을 끓이도록 이르고 저는 칼을 가지고 뒷마당으로 가려고 하였다. 도둑의 아내는 부엌 안 구석에서 울고 있는 소년을 보곤 불쌍히 생각하여, 물을 끓이면서 소년에게 이렇게 말하였다. "나는 본디 공주였는데 도둑한테 잡혀 와서 지금은 도둑의 아내가 되어 있다. 그러나 나는 네가 불쌍해서 못 견디겠다. 나중에 도둑이 오거든 나를 누님이라고 불러 다오. 나는 너를 동생이라고 그럴게" 하였다. 좀 있다가 도둑이 부엌에 나타나서 "여보, 물 끓었소?" 하고 물었다. 그러나 여자는 이에 대답은 하려고도 하지 않고 그저 울기만 하였다. 도둑은 괴상하게 여기어 "여보, 오늘 같이 기쁜 날에 왜 우는 거요. 아이를 죽여서 제사를 지내면 모든 소원을 이룰 수 있게 되고 벌이도 잘 된다는데" 하였다. 여자는 그때야 비로소 얼굴을 들고 "그것도 좋겠지만 그 희생이 되는 것이 내 동생인데 어찌 내가 기쁘겠소" 하였다. 그랬더니 도둑은 "뭐, 동생이야? 이거 큰일 날 뻔했군"이라 하면서 가마솥의 물을 퍼 내버리고 갑자기 태도가 바뀌어 소년에게 "처남, 잘 왔네"라고 인사를 하고는 소년을 곧 안방으로 모시어 "지금까지 일은 모두 용서해 주게" 하고 빌고, 맛있는 음식을 많이 만들어 내놓고 대접을 하였다.

소년은 그 뒤로는 매일 도둑놈과 같이 산에 들어가서 사냥을 하고, 집에 돌아와선 맛난 음식을 먹고 하여 갈수록 튼튼해졌다. 그렇게 한 달쯤 지낸 뒤에 소년은 집에 돌아가고 싶다고 말하였다. 그랬더니 도둑들은 제발 더 있으라고 붙들었으나 소년은 "부모가 그리워서 돌아가야겠다" 고 하니, 그들도 할 수 없어 "그럼 며칠만 기다리시오" 하고 그들은 산에 가서 칡을 많이 캐어 와서 그것으로 커다란 구럭을 여러 개 만들기 시작하였다. 소년은 이상하게 생각하여, "그것은 무얼 하려고 만드는 거요?" 하고 물으니까 도둑의 두목은 "처남이 돌아갈 때 쓸 거요" 하고 대답하였다. 그러는 동안에 떠날 날이 되자 도둑들은 광을 하나 열고 그 속에 쌓여 있는 여러 가지 짐승 가죽을 꺼내어서 먼저 만들어 두었던 구럭 속에 모두 가득 집어넣었다. 그리고는 "변변하진 못하지만 선물로 가지고 가게" 라고 하였다. 소년은 속으로 기뻐하였지만, "대체 그렇게 많은 물건을 어떻게 가지고 갑니까?" 하고 물으니까, 도둑들은 웃으면서 "그런 건 걱정할 것 없어" 라고 하였다. 그리고 도둑들은 소년을 한 구럭 위에 자리를 만들어 앉히고 구럭과 함께 지게에 실었다. 소년이 그들의 지게를 보니 모두 쇠로 만든 굉장히 커다란 것이었다. 여러 도둑은 □을 지고 산을 넘고 또 □을 넘어서 어떤 산꼭대기에 다다랐을 때, 지게를 내려놓았다. 도둑의 두목이 "처남 내리게" 라고 하였다. 소년이 내리자 도둑의 두목은 멀리 산 밑을 가리키면서 "저기 조그만 집이 보이지? 저건 주막일세. 여기서 이 짐을 굴리면 짐은 저절로 굴러서 주막집 앞까지 갈 것이네. 거기까지 가면 달구지가 조금이라도 있을 테니 이걸 실어가게" 하고 거기서 짐들을 굴려 주었다.

소년은 거기서 도둑들과 작별하고 커다란 나무 □리만큼씩 한

가죽 구럭을 따라서 산을 내려 주막을 찾아가 보니, 주막은 짐에 부딪혀서 절반이나 무너져 있었다. 그 주막에서 술을 먹고 있던 손님들은 그 짐이 떨어지는 소리에 놀라서 이거 벼락이 떨어졌나보다 생각하고 있는데, 한 소년이 들어오면서, "지금 소리에 놀라지나 않았습니까"라고 하므로 손님들은 소년이 무슨 요술이나 쓰는가 보다 생각하고 무서워서 모두 밖으로 달아났다. 그런데 커다란 짐들이 밖에 굴러 다니는 것을 보고 손님들은 모두 골을 내면서 "네 짐 때문에 집이 무너졌으니 물어내라"고 하였다. 소년은 자기의 부주의를 사과하고 구럭에서 가죽을 한 장 꺼내서 "이걸 팔아서 집을 고치시오"라고 하고, 며칠 동안 주막에서 쉬면서 "달구지는 모두 주막집에 모이게 하라"고 일렀다.

그로부터 사흘도 못 되는 사이에 백여 대의 달구지가 몰려 왔으므로 그것에다 가죽을 나누어 싣고 임금님이 계시는 서울로 출발하였다. 어떤 마을에서는 이 행렬을 보고 "이건 어디서 싸움이 일어나서 군량을 나르고 있나 보다" 하고 몰래 집안 세간을 팔아 피난하는 사람까지 많이 있었다. 몇 달 동안 이렇게 가서 겨우 임금님 계신 곳에 이르자, 짐을 잠깐 밖에 기다리게 하고 자기는 임금님 앞에 나가서 공주한테서 온 편지를 드리고 모든 이야기를 하였다. 그리고 또 "이 가죽은 공주님께서 임금님께 보내는 선물이오니 받아 주십시오"라고 하였다. 그랬더니 임금님은 잠깐 동안 딸을 생각하고 우신 뒤에, 밖에 나가서 짐이 너무나 많은 것에 놀라 기뻐하시면서 "이건 모두 안 곳간에 집어넣어라" 하고 분부하셨다. 모두 집어넣은 뒤에 달구지꾼들에게 삯으로 가죽을 한 장씩 주어 보내고 소년은 그 나라의 큰 벼슬을 하였다. 그리고 또 소년의 상을 보아 준 대사에게 후하게 상을 내리고, 소년은 어머니를 만나서 잘 먹고 잘 살았다고 한다.

　　　1924년 8월 황해도 안악읍 판팔리 박용섭 씨 이야기

개미와 토끼

옛날의 개미는 퍽 게을러서 토끼 허리에 붙어 그 피를 빨아 먹고 살던 기생충이었다. 그런데 어느 날 많은 개미가 여전히 토끼 잔등에 붙어 있으려니까 "오늘은 너희들에게 밥이라는 맛있는 것을 대접할 테니 내 잔등에만 붙어 있지 말고 다 내려오너라"라고 토끼가 말하였다. 그러자 개미들이 모두 게으름뱅이 걸음으로 엉금엉금 기어 내려 왔다. 토끼는 밥 한 주먹을 큰 나뭇잎에 얹어 놓고 그 잎사귀 한 끝을 물고는 "자, 다 오너라"라고 하였다. 개미들이 좋아하며 가까이 가자 토끼는 잎사귀를 물고 폴짝 뒤로 뛰어 가서 거기서 밥을 씹으면서 "자, 여기까지 오너라"라고 하였다. 개미들이 또 거기까지 겨우 가니 토끼는 또 뒤로 뛰어 달아났다. 그렇게 하기를 몇 번이나 거듭하자, 개미들은 크게 분하여 어디까지나 토끼를 쫓으려고 하였다. "너희들에게 잡힐 것 같으냐" 하고 토끼는 한발 한발 뒷걸음질로 물러나면서 개미들을 잔뜩 약올렸다. 개미들은 마침내 기운이 없고 맥이 풀리게 되었다. 토끼는 또 뛰려고 하다가 그 뒤에 있던 큰 바위에 부딪쳐 깜짝 놀라서 그 옆에 있는 나무 위로 올라갔다. 그래서 개미들은 나무 밑에서 토끼가 내려올 때까지 기다리기로 하였다. 그러나 그들은 고달프고 배가 너무 고파서 모두 허리가 가늘어지고 눈이 쑥 들어가서 짜부라지고 하여 거의 죽어 가던 참에, 마침 토끼가 먹다 남긴 밥알 하나가 있기에 개미들은 모두 덤벼들어 그것을 핥아 먹었다. 그렇기 때문에 비록 눈은 짜부라졌으나 겨우 길을 찾아다닐 수 있을 만한 힘을 얻었다. 그리하여 그들 중의 한 떼는 사람 사는 곳으로 밥을 얻으러 가고 한 떼는 토끼가 내려오는 것을 기다리고 있었다. 굶주림과 고달픔과 싸우면서 마을에 갔던 한 떼의 개미가 약간의 밥을 얻어 가지고 돌아 왔으므로 같이 그것을 나누어 먹고 겨우 목숨만은 구할 수 있었다. 그러나 그동안에 토끼는 이미 딴 곳으로 도망가 버렸다.

개미들은 그 뒤부터 토끼와 떨어져 저희들끼리 모여서 일하게 되었다. 개미의 허리가 가늘어진 것은 그때부터이다. 눈도 그때부터 짜부라졌기 때문에, 그들은 더듬이를 지팡이로 하여 길을 찾으면서 몇 곱이나 더 부지런히 일을 하게 되었다 한다.

1928년 1월 마산부 시인 이은상 군 이야기

원숭이의 재판

호랑이 한 마리가 함정에 빠져 고생을 하고 있던 차에 마침 한 사람이 지나가고 있었다. 호랑이는 함정 속에서 슬픈 소리로 "여보세요, 여보세요. 부디 좀 살려 주십시오. 반드시 은혜를 갚겠습니다"라고 하므로 불쌍히 여겨서 그 사람은 긴 나뭇가지를 함정에 넣어 주었다. 호랑이는 그것을 붙들고 기어 올라왔는데, 올라오자마자 호랑이는 큰 입을 벌리고 무서운 소리로 "나는 지금 배가 고파 죽겠다. 미안하지만 너를 꼭 잡아먹어야겠다"라고 하였다. 그 사람은 "은혜도 모르느냐" 하고 꾸짖어도 보았으나 호랑이는 듣지 않았다. 그리하여 호랑이와 사람은 결국 원숭이에게 재판을 받으러 갔다.

원숭이는 나무 위에서 내려와 호랑이와 사람의 하소연을 듣고 나서 "그러면 사건이 일어난 현장을 한번 조사할 필요가 있다"고 하여 셋은 함께 현장까지 갔다. 원숭이가 "호랑이야, 너는 어떤 모양을 하고 있었느냐" 하니 호랑이는 함정 속으로 뛰어 들어 갔다. 그때 원숭이는 사람에게 말하기를 "이제부터는 저런 나쁜 놈을 살려 주지 마시오. 자, 어서 가시오" 하고, 또 함정 속의 호랑이에게는 "은혜를 모르는 놈아, 인제 원래대로 되었으니 죽든지 살든지 마음대로 하여라"하고 산으로 가 버렸다.

1921년 11월 전북 전주군 완산정 유춘섭 군 이야기

꿩과 비둘기와 까치와 쥐

한 숲 속에 꿩과 비둘기와 까치가 살고 있었다. 흉년을 만나 먹을 것이 없자 꿩은 쥐에게 찾아가서 "고양이 먹이 있느냐. 먹을 것 좀 주렴" 하고 경멸하며 말하였다. 그러자 쥐 마누라가 부엌에서 나와서 가지고 있던 부젓가락으로 꿩의 뺨을 때렸다. 그래서 꿩은 지금도 뺨 밑이 빨갛다고 한다.

다음에는 비둘기가 쥐 집을 찾아가서 "쌀뒤주 도둑 있느냐. 먹을 것 좀 주어"라고 하였다. 쥐 마누라는 또 비둘기 머리를 부젓가락으로 때려 주었다. 그래서 비둘기 머리는 지금도 멍이 들어 파랗다 한다.

마지막으로 까치가 쥐의 집을 찾아가서는 공손하게 "쥐양반 계십니까. 부디 먹을 것을 조금 주십시오. 올해는 흉년이어서 아주 곤란해 하고 있습니다" 하였다. 그러자 쥐는 "너는 누구하고 같이 있느냐. 꿩새끼와 비둘기새끼하고 같이 있지는 않느냐"고 물었다. "우리 마을에는 그런 것들은 없습니다"라고 까치는 대답하였다. 그러니까 쥐는 좋은 낯으로 먹을 것을 주었다. 그리고 쥐 마누라는 까치에게 "당신은 얼굴이 잘 생겨서 말도 대단히 점잖게 하시는구려"라고 말하였다.

1923년 8월 함남 함흥군 서호진 내호 도상록 군 이야기

의리 아는 개 전설(1)

경상북도 선산군 도개면 신림동에는 '개무덤'이라는 것이 있다. 이와 얽힌 다음과 같은 이야기가 전한다. 한 백년쯤 전에 신림에 사는 어떤 농부가 개를 데리고 장에 가서 주막에서 친구들과 술을 먹고 집에 돌아가는 길에 산기슭에서 취해 쓰러져 버렸다. 그때 마침 산불이 나서 그가 누워 있는 곳까지 다가오므로 개는 큰 소리로 짖기도 하고 주인의 옷자락을 물어 당기기도 하였으나, 주인은 눈을 뜨지 못하였다. 그러자 개는 그 밑에 흐르는 개천으로 뛰어가 꼬리를 물에 적셔 가지고 와서는 주인의 얼굴에 묻혀 주곤 하였다. 그리하여 주인은 겨우 정신을 차려 겨우 살아날 수가 있었으나, 개는 그만 기진맥진하여 쓰러져 죽고 말았다. 그것을 안 주인은 그 개를 위하여 사람과 같은 장례를 행하고 무덤을 만들어 주었다. 비석의 글은 그때의 선산부사善山府使 안安 아무개가 지어 썼다고 한다.

1927년 8월 경상북도 왜관 김영석 노인 이야기

의리 아는 개 전설(2)

또 이러한 이야기도 있다. 옛날 한 사람이 소를 팔려고 고개 너머 동네의 장에 갔다가 돌아오는데, 날이 저물어서 도적을 만나 소 판 돈을 빼앗기고 목숨까지 잃었다. 그때 주인을 따라 갔던 개가 주인이 맞아 죽는 것을 보고 집으로 달려가 그 집사람의 옷자락을 물어 당기면서 큰 소리로 슬피 짖었다. 이를 이상하다고 생각한 집사람이 개를 따라서 가보니 이 같은 모양이 되어 있으므로 즉시 관가에 고발하였다. 관가에서는 검시檢屍까지 하여 보았으나 산도적이 한 짓이라, 범인을 잡을 수가 없었다. 그런데 그때 또 그 개가 나타나서 관리의 옷깃을 물어 당기며 짖어 대므로 먼저 일도 있고 하여 개를 따라서 가 보았다. 개는 뜻밖에도 죽은 사람의 옆집으로 들어갔다. 그리하여 옆집 주인을 향하여 몹시 짖어대므로 자세히 보니까 옆집 사내는 얼굴이 새파랗게 되어서 개를 보고는 어쩔 줄을 몰랐다. 관리는 그 사내가 범인인 줄 깨닫고 잡아다가 문초한 결과, 그 사내는 옆집 사람이 소 팔러가는 것을 알고 나쁜 맘을 먹어 숲 속에 숨어 있다가 그 같은 일을 저지른 것이 드러나게 되었다. 그 뒤 개가 죽었을 때 그 집에서는 훌륭한 장사를 지내고 무덤까지 만들어 주었다고 한다.

같은 날 김영석 씨 이야기

효자와 동삼

옛날 개성에 한 효자가 있었다. 그런데 어머니가 중병에 걸려 그는 약이란 약은 다 써 보았으나 효과가 없었다. 그러던 어느 날 한 중이 동냥을 왔다가 그 말을 듣고 "당신에게 아들이 있습니까" 하고 묻기에 효자는 있다고 대답하였다. 그러자 중은 "그러면 큰 가마솥에 물을 끓이고 그 속에 아드님을 넣고 뚜껑을 꼭 덮어서 하루쯤 삶은 다음에 그 물을 어머니에게 드리면 나을 겁니다" 하고는 문득 사라졌다. 효자는 한참 주저하였으나 마침내 '아이는 또 낳으면 되지만 부모는 돌아가시면 그만이다. 아이를 죽여서라도 어머니의 병을 고치지 않으면 안 되겠다'고 결심하였다. 그때 마침 서당에 갔던 아들이 돌아오기에 그는 쏟아지는 눈물을 꿀꺽 삼키고 자기 아들을 붙잡아서 가마솥 속의 펄펄 끓는 물에 거꾸로 집어넣고 눈을 질끈 감고 뚜껑을 단단히 덮었다. 그런데 조금 있으니 또 아이가 들어 왔다. 그것은 조금 전에 그가 가마솥에 집어넣은 그의 아들이었다. 그는 웬일인가 놀라서 여러 가지로 □□ 물어 보았으나 틀림없는 자기 아들이었고, 방금 서당에서 돌아오는 길이었다. 이상히 여겨 곧 가마솥 뚜껑을 열어 보니 거기에는 큰 동삼이 하나 떠 있었다. 동삼 국물을 마시고 어머니의 중병은 나았다. 먼저 들어 왔던 동냥중은 도승이었다. 그 도승은 효자의 효성에 감동하여 동삼을 사람으로 바꾸어 효자의 집으로 보냈던 것이다. 지금도 개성 근촌에 그의 효자문이 있다.

1926년 3월 개성부 고한승 군 이야기

아들 묻은 전설

충청북도 옥천군과 충청남도 태전군 사이의 경계에 우뚝 솟은 높은 산이 있다. 옛날 그 산 밑에 효자와 효부가 살고 있었다. 그들은 늙은 어머니를 모시고 젖먹이 어린아이를 기르고 있었다. 어머니에 대한 그들의 효성은 실로 놀랄 만하였다. 매일 부부는 노모를 위하여 맛있는 음식을 구하는 것이 한 가지 일이었다. 맛있는 음식이 있다는 말을 듣기만 하면 어떠한 짓을 해서라도 그것을 구해다가 어머니에게 드렸다. 그래도 그들은 늘 효양이 부족하다고 스스로 황공하게 여겼다. 그런데 이 부부에게 큰 근심이 생겼다. 그것은 다름이 아니라 아이가 점점 자라나게 되니, 그들이 어머니를 위하여 온갖 정성으로 구하여 오는 음식을 늘 아들에게 빼앗기게 되는 까닭이었다. 아이를 책망하면 노모는 그것을 싫어하였다. '아들이 있어서는 효양을 다할 수 없다. 아들 때문에 어머니를 굶주리게 할 수는 없다'

고 생각한 그들은 서로 의논한 결과, 아들은 또 얻을 수 있으나 어머니는 다시 모실 수 없으니 아이를 산 채로 묻기로 하고, 남편은 괭이를 들고 산으로 올라가서 한 곳을 파기 시작하였다. 두 자쯤 파내었을 때 이상한 그릇이 하나 나타나기에 그 그릇을 가만히 꺼내어 놓고 다시 흙을 파내었다. 그런데 그때 마침 아이를 업고 다다른 아내가 갑자기 목 메인 소리로 남편을 불렀다. 남편은 아내의 이상한 소리에 놀라서 돌아다보니 아내는 두꺼비 같이 □게 살찐 아들을 업고, 울어서 퉁퉁 부은 눈에 눈물을 빗발처럼 떨어뜨리고 있었다. "이 아이를 묻는 것은 너무나 불쌍하니, 어머님이 진지를 잡수실 동안 저는 이 애를 업고 밖으로 나가기로 합시다. 그리고 다 잡수신 뒤에 돌아오면 어머님께 봉양도 되고 아들을 죽이지 않아도 되지 않겠습니까" 하고 아내는 말하였다. 남편도 "그것 참 좋은 생각이다" 하고, 기뻐하며 그릇을 가지고 세 사람은 집으로 돌아갔다. 그들은 흙 속에서 얻은 그릇을 깨끗이 닦아서 그것을 쓰려고 하였다. 그런데 이상하게도 그 그릇에 무엇이든지 조금만 넣어 두고 얼마 뒤에 열어 보면, 넣어 둔 것과 꼭 같은 물건이 그릇에 가득 차 있는 것이었다. 매우 괴이하게 여겨 시험 삼아 돈 한 닢을 넣어 두고 조금 뒤에 들여다보자, 그와 같은 돈이 그릇에 한가득 있었다. "이 그릇은 하늘이 우리 노모를 봉양하라고 주신 것이다" 하고 부부는 기뻐하였다. 그리고 "이 그릇에서 나오는 것은 모두 어머니에게만 드리기로 하고 어머니가 돌아가신 뒤에는 이 그릇을 다시 그 자리에 묻어야 하겠다"고 맹세하였다. 그 뒤 효자 부부는 아무 어려움 없이 노모에게 효성을 다하고, 노모가 돌아간 뒤에는 맹세대로 그릇을 본래 자리에 묻었다. 그 뒤에 어느 사람이 이 일을 알고 그 그릇을 얻으려고 찾았으나, 아무리 땅을 파보아도 나오지 않았다고 한다. 이 까닭에 이 산의 이름을 '식장산食藏山'이라고 부르게 되었다고 한다.

산골 색시

옛날 어떤 젊은 사람이 촌색시에게 장가를 들었다. 신혼 첫날밤에, 금방 색시가 새방에 들어오자마자 신랑은 갑자기 똥이 마려워서 부끄러움을 무릅쓰고, "병풍 너머 앉은 신부, 뒷간을 가르쳐 주시오"라고 하였다. 그랬더니 신부는 "우리 고을 산골짜기에는 짐승이 많으니 요강을 쓰십시오. 제가 내다 버리겠습니다"라고 하였다. 그러나 신랑은 첫날밤에 신방 안에서 똥을 누는 것은 버릇없는 일이라고 생각하고 저 혼자 밖에 나가서 뒷간을 찾았다. 신부도 부끄러워서 신랑을 말릴 수도 없었다. 그런데 신랑이 겨우 뒷간을 찾아서 막 걸터앉으려고 할 때에 갑자기 호랑이에게 물려가 버렸다. 신랑의 고함을 들은 신부는 곧 방을 뛰어 나와서 몽둥이를 집어 들고 호랑이 뒤를 쫓았다. 호랑이는 들을 지나고 산을 넘어서 한 곳에서 신랑을 먹으려고 땅에 내려놓았다. 신부는 거기서 한참 동안 호랑이와 싸워 마침내 호랑이를 쫓아 버렸다. 그리고 넘어져 있는 신랑을 등에 업고 아랫마을까지 가서, 깊은 밤중에 어떤 집 대문을 두들겨서 사람을 깨우고, "길 가는 사람인데 남편이 갑자기 병이 나서 넘어졌으니, 미안합니다만 하룻밤만 재워 주십시오"라고 하였더니, 그 집 사람들은 매우 동정하여 그들 부부를 사랑에 들여보내 자게 하였다. 어두워서 잘 보이지는 않았지만 아무래도 이상한 점이 있기에 그 집 여종이 다시 나와서 문구멍으로 여자의 모습을 자세히 엿보니, 볼에는 연지를 찍고 옷은 색옷으로 화려한 것이 조금도 나그네 같지는 않고 어디 색시 같기에 이것을 안주인한테 말하였다. 그랬더니 안주인은 자기 아들 생각이 문득 나서 혹여나 하는 불안한 마음으로 빨리 가서 넘어져 있는 신랑의 얼굴을 잘 보고 오라고 여종에게 일렀다. 여종이 더 자세히 잘 보니 그 옷도 그 얼굴도 자기 집 서방님에 틀림없었다. 그때부터 그 집은 야단법석이 나서 의사를 불러 오고 미음을 만들어 먹여 겨우 신랑을 정신 차리게 하였다.

이 소문은 뒤에 나랏님에게까지 올라가서 그 여자는 나라로부터 정열부인貞烈夫人에 봉해지게 되고, 죽은 뒤에는 온 고을 사람들이 열녀각烈女閣을 세워주었다 한다.

1931년 1월 경남 동래군 (앞과 같음) 이필남 씨 이야기

바보 사위

한 바보가 장가를 갔는데, 처가에 재행再行(장가간 지 사흘만에 신랑은 일단 자기 집에 돌아가 좀 있다가 다시 처가로 가는 걸음이다)을 가는데 그 집을 잊어 버려서 길가에 있는 아이들을 붙잡고, "애들아, 어제 그제 차일 치고 잔치한 집이 어디냐"고 물어서 겨우 처가를 찾아는 갔다. 그런데 누가 자기 아내인지 몰라서 마침 베를 짜고 있는 젊은 여자를 보고 그 사람 자기 아내인 줄 알고, "조오타 주제에 베 짠다—고"(이후 원고 없음)

김 소년과 대적

옛날 김 정승과 이 판서 두 집이 있었다. 김 정승의 집에는 아들이 있고 이 판서의 집에는 딸이 있었다. 두 집은 매우 사이가 좋아

서 아이들이 네다섯 살 되었을 때에 장래에 결혼시키기로 하였다.

김 정승의 아들이 꼭 여덟 살 되던 때였다. 이 판서 집에서는 자기 딸의 생일에 성대한 잔치를 베풀고 김 정승의 아들을 초대하였다. 김 정승은 그때 마침 일이 있어 자기는 집에 남아 있고, 하인들을 시켜 아들만 이 판서 집으로 보내었다. 두 집은 상당히 떨어져 있었던 것이다. 두 아이가 커다란 상에 앉아 즐겁게 마주 앉아 있을 때에 갑자기 김 정승 집에서 하인이 뛰어와서 "서방님 큰일났습니다. 지금 대적이 집에 쳐들어와서 아버님을 죽이고 어머님은 도적에게 끌려갔으며, 보물도 모조리 빼앗겼습니다. 빨리 돌아가 보십시다"하고 황급하게 말하였다. 돌아가 보니 하인의 말 그대로였다. 김 도령은 원수를 갚으려고 행장을 꾸려 길을 떠났다. 그러나 그는 도적이 누구인지 또 어디 사는지조차 모르고 있었다. 그러나 그는 비록 어리지만 굳은 결심을 하고 도적을 찾아 집을 떠난 것이었다.

하루는 김 도령이 산속을 걷고 있었는데, 그가 걸어가는 절벽 밑에서 이상한 소리가 들렸다. 아래를 내려다보니 거기 한 소년이 곰과 씨름을 하면서 그에게 도움을 청하였다. 김 도령은 그 소년을 그대로 죽게 둘 수가 없으므로, 겨우 절벽을 기어 내려가서 둘이서 힘을 합하여 곰을 죽였다. 그 소년의 말에 따르면 그 또한 김 도령과 마찬가지로 어떤 대적 때문에 가족은 모두 죽고 집은 불에 타 버렸다고 한다. 그래서 하는 수 없이 이 산에 들어와 제 손으로 작은 집을 짓고 짐승을 잡아먹으면서 겨우 살았다고 하였다. 또 그러면서 원수를 찾고 있다고 하였다. 말을 들어 보니 그 소년의 집을 망하게한 도적이 바로 김 도령의 집을 습격한 그 도적이었다. 그래서 거기서 두 소년은 서로 형제의 의를 맺었다.

두 소년은 함께 도적의 집을 찾아가는 길에 한 곳에서 커다란 강을 건너게 되었는데, 운수 나쁘게도 나룻배는 강 한가운데서 폭풍을 만나 돛대는 꺾이고 노는 부러지고, 배는 마침내 엎어져 버렸다. 두 소년은 깨진 배 조각에 매달렸다. □……□까지는 알았으나 그 뒤의 일은 꿈속과 같았다. 정신을 잃었던 것이다.

김 도령은 겨우 정신을 차려서 눈을 떠 보았더니, 그 곁에 그와 나이 비슷한 소년이 그를 간호하고 있었다. 그 소년은 강에서 고기를 잡아 생활하는 사람이었다. 그 소년 어부의 말에 따르면□……□ 김 도령은 널판자를 타고 기절한 채 소년 어부가 서 있는 언덕으로 밀려왔던 것이다. 두 사람이 서로 집안 이야기를 해 보았더니 소년 어부도 그 대적에게 부모를 잃고 단 하나뿐인 누이까지 빼앗겼다고 했다. 게다가 지금은 남의 종이 되어 있으므로 할 수 없이 고기를 잡아서 입에 풀칠을 하고 있다는 것이었다. 두 소년은 거기서 또 의형제를 맺었다. 그리고 죽었는지 살았는지 모르는 곰을 잡던 아우의 소식을 알기 위해, 그리고 또 도적이 사는 곳을 찾기 위해 함께 떠났다. 두 소년은 한 곳에서 큰 강을 건너게 되었다. 이번에는 어찌 될 것인가 하고 걱정하고 있던 차에 강 한가운데서 또 폭풍을 만났다. 이번에도 역시 돛대가 부러지고 노가 달아나고 배는 뒤집어졌다. 두 사람은 제각기 깨진 배 조각을 타고는 인사불성이 되었다.

김 도령은 어느 섬가에 사는 한 노파에게 구원을 받았다. 노파의 말에 따르면 거기는 무서운 대적이 다스리는 섬이었다. 그리고 대적은 때때로 육지 쪽의 나라에 가서 그곳의 부잣집을 쳐서는 재물과 여자를 빼앗아 간다는 것이었다. 삼년 전에는 김 정승의 집을 쳐서 그 처를 빼앗아 왔다는 말을 노파로부터 들은 김 도령은, 당장에 복수하고 싶은 마음에 가슴이 뛰었다. 그러나 병석에 있는 그로서는 어찌할 도리가 없으므로 그는 하루빨리 자기의 병이 낫기를 기다릴 뿐이었다. 그런데 하루는 대적의 명령을 지니고 온 한 사자가 노파의 집에 나타나서는 "네 집에 어린아이 하나를 두고 있다는데 불쌍하지만 이 나라의 법으로는 다른 나라 사람은 한 사람도 살 수 없으니 빨리 바다로 떼어 버려라. 그렇지 않으면 너까지 죽게 될 테니까"하고 무섭게 협박하므로 사자가 돌아간 뒤 노파는 울며 병든 소년을 바닷가로 데리고 나갔다. 그러나 그를 바닷속에 버리는 것은 차마 하지 못하겠고, 노파는 바닷가의 사람이 살지 않는 곳에 가 조그마한 오두막을 짓고 그곳에 병든 소년을 뉘었다. 그런데 그때 마침 사냥에서 돌아오던 대적의 아들이 이것을 보고 노파에게 "이 아이는 누구야?" 하고 물었다. 노파는 무서워서 이러이러하다고 자초지종을 설명하였다. 그러자 대적의 아들은 "응, 그것 가엾구나. 그러면 내가 이 아이에게 밥을 날라다 주지. 할머니 (이후 원고 없음)

효녀와 비 내리는 선관

옛날 어느 곳에 한 색시가 있었다. 반달 같은 얼굴과 샛별 같은 눈, 전반 □이 긴 머리를 가진 어여쁜 처녀였다. 그러나 그는 낳아준 어머니가 없어, 계모 밑에서 매우 구박을 받았다. 색시는 조금도 쉴 수가 없어 머리에 손질할 □까지도 없었다. 계모의 학대 때문에 처녀의 옥결 같은 몸은 죽은 나뭇가지처럼 마르고, 머리는 까치집처럼 되어 버렸다. 그래도 처녀의 얼굴만큼은 아직도 아름다웠다.

어느 추운 겨울이었다. 계모는 처녀에게 산나물을 캐어오라 하였다. 겨울 산에 푸른 나물이 있을 리가 없었으나, 그래도 처녀는 바구니를 끼고 집을 나설 수밖에 없었다. 게다가 그는 겨울인데도 홑옷을 입고 있었다. 그러나 그는 조금도 계모에게 반항하지 않았다. 그는 바구니와 나물 캐는 칼을 들고 집을 나왔다. 그리고 산으로 들어가 눈을 헤치면서 나물을 찾았으나, 나물은 하나도 보이지 않고 해는 저물어 갔다. 나물을 캐지 못하고는 집에 갈 수 없어 처녀는 그 날 밤을 산속에서 보내려고 하였다. 그러나 심한 추위를 견딜 수가 없어 어디 굴이나 바위틈에 잘 만한 곳이 없을까 하고 여기저기 찾아보니, 마침 산골짜기에 한 바위굴 같은 것이 있어서 처녀는 그 돌문을 열고 안으로 들어갔다. 들어가 보니 뜻밖에도 그 속은 넓은 들이었다. 그리고 들 가운데에는 얌전한 초가 한 채가 있고 초가 주위에는 푸른 나물밭이 있었다. 사람이 들어간 것을 알아서인지 초가집 속에서 한 소년이 나와 색시를 맞으면서 "어째서 이러한 곳에 오셨습니까" 하고 공손히 물었다. 색시는 자기의 신세를 소년에게 이야기하였다. 소년은 매우 동정하여 손수 나물밭에서 많은 나물을 캐다 색시에게 주었다. 색시는 그것을 받아 여러 번 고맙다고 하고, 집으로 가려고 하니 소년은 색시에게 "다음에 나를 찾아오실 때는 돌문 밖에서 '수양 수양 버들잎아 연이 왔다 문 열어라' 하고 불러 주세요. 그러면 언제나 내가 나가 맞겠어요"라고 하였다. 그리고 또 소년은 색시에게 물약 세 병을 주었는데 한 병은 희고 한 병은 붉었으며, 한 병은 파랬다. 그것을 주면서 "이 약을 잘 지니고 계세요. 흰병의 물약을 해골이 된 사람 위에 뿌리면 그 해골에 살이 돋고, 다음에 빨간 병의 약을 그 위에 뿌리면 피가 돌고, 마지막에 푸른 병의 약을 또 그 위에 뿌리면 숨을 쉬어 다시 살아나는 것입니다. 어느 때든지 이 약을 쓸 때가 있을 테니 부디 잘 간직하여 주세요"라고 하였다. 버들잎이라는 것이 소년의 이름이요, 연이는 처녀의 이름이었다.

눈 속에서 나물을 캐어 온 것을 보고 계모는 깜짝 놀랐다. 그리고 이튿날 또 나물을 캐어 오라고 시키자 색시는 전날과 같이 나물한 바구니를 가지고 왔다. 이상하게 여긴 계모는 어느 날 처녀의 뒤를 몰래 따라가 보았다. 색시는 마을 끝에 있는 산속으로 들어가 한

돌문 앞에 서서 "수양 수양 버들잎아 연이 왔다 문 열어라" 하였다. 그러자 안에서 한 아름다운 소년이 나와서 그를 맞아 들어가더니 잠시 뒤에 푸른 나물 한 바구니를 들고 나오는 □ (이후 원고 없음)

죽은 뒤의 혼

옛날 대단히 사이좋은 두 서생이 과거를 보러 같이 길을 떠났다. 중도에 어떤 강을 만났는데 갑이 어쩐지 좋지 못한 예감이 들어 "오늘은 마음이 좋지 않으니 하룻밤 여기서 자고 건너자"고 말하였으나, 을은 기어이 그 배로 건너겠다고 고집하여 갑을 남기고 혼자 배를 탔다. 갑은 할 수 없이 을과 갈라져서 주막에 들자마자 곤했던 참에 곧바로 잠이 들었는데, 꿈속에 을이 온몸이 물에 젖은 모양으로 나타나서 "나는 용왕나라에 일이 있어서 불려 가니까 집에 돌아가거든 내 부모에게 결코 너무 서러워하지 마시라고 전해 주게" 하였다. 갑은 깜짝 놀라 눈을 떠서 주막 사람을 불러서 물어 보았더니 을이 탔던 배는 중도에서 파선하고 승객들은 모두 물에 빠져 죽었다고 하였다.

또 김태사金太師라는 동무의 말에 따르면, 그는 수년 전 봄에 강 건너 김씨 집에 안택기도安宅祈禱를 하러 가기로 약속하고 그 날짜까지 정했었는데 그쪽 사정으로 이것을 미루기로 하였다. 그런데 전에 정하였던 그날 밤이 되어서 강 건너에서 자꾸 "김태사" 하고 부르는 소리가 나기에 누구냐고 물었더니, "나는 김씨 집에 사는 머슴인데 주인이 오늘은 기도할 날인데 왜 아직 오지 않느냐고 합니다. 얼른 오십시오" 하고 대답하였다. 부슬부슬 비 내리는 음산한 밤이었으므로 서로 얼 □ 만약 김태사가 그 □ 건넜더라면 틀림없이 물귀신에

□ 죽었을 것이다. 소위 물귀신 □ 것은 물속을 돌아다니며 음 □
같은 때 종종 나와서 사람을 □ 것이다. □ 죽은 뒤 만약 혼이 없어
진다 □ 런 귀신이 있을 수가 있을 □

경남 동래군 구포읍 맹인 최순도 씨 이야기

□ 은혜갚음

□ 서당에 다니는 한 소년이 있었 □ 소년이 서당에 가는 도중
에 늘 □ 마리를 만나므로 이상하게 생각 □ 날 뱀에게 먹을 것을
좀 □ 은 좋아하여 그것을 먹었다. □ 로 매일 그 뱀에게 먹을 □
주고 뱀은 점점 살이 쪄 □ 하기를 여러 해 동안 계 □ 장가를 들게
되었으므로 섭 □ 며칠 동안 그 뱀을 □ 으면 안 되게 되었다. 그래
서 소년 □ 만 뱀에게 이별 인사를 □ 갔다. 첫날 밤, 신랑이 □ 들
고 있었을 때, 한 사내가 □ 신방 뒷문으로 몰래 들어 □ 빼어 신랑
을 찌르려고 하였 □ 신부의 간부이었던 것이 □ 이상하게도 그때
신방 천 □ 부스럭 하는 소리가 나 □ 큰 뱀이 떨어져서 간 □ 다.
그 통에 신랑 □ 뱀을 데리고 집으로 돌 □ 신랑의 몸에 무슨 변 □
신랑의 뒤를 따라 □ 모양을 보고 있 □

□ 면 봉금리 정상전 씨 기고

승천 못한 혼

□ 어머니가 외딸을 두고 세상에 둘도 □ 워하고 있었는데 불행
하게도 □려서 죽어버렸는데, 죽은 뒤 가 □ 어머니의 꿈에 나타나

서 어찌 □ 므로 어머니는 그 딸을 위 □ 는 굿을 하였다. 이 굿은 □ 는 혼을 저 세상으로 인 □ 하는 것이다. 물론 이것 □ 는 것인데 굿 끝에 종이용 □ 버리는 일이 있다. 이것은 □ 그것을 타고 승천하라는 뜻 □ 그 어머니도 이 종이용을 □ 데, 그 때 어머니는 딸 □ 고 딸의 이름을 부르면서 대단히 □ 울었다. 그런데 그날 밤 꿈에 □ 판에 가 보니까 거기에 집이 □ 있고 그 집에 들어가니까 속 □ 자기 딸이 나왔다. 어머니는 놀라 □ 아직도 이런 곳에 있는 거냐" □ 딸이 대답하기를 "□ 용을 타고 하늘에 올라 □ 때, 어머니가 너무도 제 □ 시며 우시므로 어머니 쪽을 □ 보다가 그만 용의 등에서 떨 □ 니다. 그래서 하늘에 못 올라 □ 곳에 있는 것입니다" □하였다고 한다. 오구굿을 할 때 너무 우는 것이 아니라고 한다. □ 맨든 용을 굿 시작하는 처음부터 막대기에 달아 놓는데, 보통 용신기龍神旗 또는 용신대龍神竿라고 하며, 용 입에 촛불을 켜는 것이므로 이것을 용등龍燈이라고도 한다.

경남 동래군 구포읍 이필남 씨 이야기

□ 유씨 묘지 전설

□ 안동군 하회 □ 유씨柳氏는 서애西厓 유성룡柳成龍 □ 낳고 양반이 되었으나, 그 전 □ 는 가난한 문중이었다. 이와 반 □ 금 안동安東 김씨金氏는 그때 □ 흥성하였다. 그때 김씨 문중의 □ 유씨 가문에 시집 간 이가 있었는데, □ 시아버지의 상을 동시에 당 □ 집에서는 서로 묘지를 찾고 □ 김씨 집에서는 돈이 있으므로 □ (지관)들이 모여 들어서 묘 자 □ 나 유씨는 그렇지 못 □ 김씨편 지관 한 사람이 □ 이 날 것이다"라고 하였다. 때마침 친아버지의 초상을 치

르려고 돌아왔던 유씨 가문으로 출가한 딸이 사랑에서 하는 이 말을 엿듣고, 밤중에 몰래 그 자리에 가서 밤새도록 물을 길어다 부어 두었다. 다음 날 오시에 김씨가 가 보니 과연 물이 나와 있기에 김씨 집에서는 그 자리를 버렸다. 그 딸은 친정 오빠에게 간청하여 그 자리를 얻어 시아버지를 거기에 묻게 되었다. 그때부터 김씨집은 차차 기울어지고 유씨 집안은 번성하게 되었다고 한다.

1930년 3월 대구부 남정 이재양 군 이야기

(이전 원고 없음) 이렇게 합시다. 처음 문을 들어 갈 때는 개에게 떡을 던져 주어 개가 그것을 먹는 동안에 들어가 버리고, 두 번째 문을 지키는 새에게는 콩을 던져 주시오. 그리고 다음 대문에서 지키고 있는 쥐에게는 무엇을 주고……" 이렇게 열두 짐승에게 줄 열두 가지 물건을 알려 주었다. 그는 그대로 하여 적의 집으로 들어갔다. 그러자 여자는 다시 말하였다. "적은 방금 사냥을 나갔으니 석 달 뒤에는 돌아올 것이오. 도적은 잘 때에도 눈을 뜨고 있어서 자는지 깨어 있는지 분간하기 어려우니 주의하십시오. 그리고 이 큰 바위는 도적이 제기처럼 차는 것입니다. 이것을 들어 보십시오"라고 하였다. 그러나 그는 그 돌을 움직이지조차 못하였다. 그러자 여자는 그를 어느 샘으로 데려가 그 물을 먹게 하였다. 한 달 동안 그 물을 먹자 자유롭게 그 바위를 놀릴 수가 있었다. 석 달 동안 먹자 전보다 배나 되는 바위도 마음대로 할 수가 있었다. 이같이 하여 석 달이 지나고 도적이 돌아올 때가 되었다. 어디서인지 '쾅' 하고 큰 소리가 들렸다. "저것은 도적이 백 리 밖에 왔다는 신호입니다" 하고 여자는 말하였다. 조금 있으니 또 '쾅' 하는 소리가 들려 왔다. "저것은 십리 밖에 왔다는 신호입니다"라고 하였다. 이에 무사는 몸을 마루 밑에 감추었다. 세

번째의 큰 소리와 함께 도적이 들어왔다. 그런데 도적은 사냥 때문에 지쳐 곧 잠들었으므로 젊은 무사는 마루 밑에서 나와 도적의 방으로 들어갔다. 그러자 역시나 적은 눈을 뜬 채로 자고 있었다. 무사는 있는 힘을 다하여 칼로 도적의 머리를 쳤다. 그러니까 도적은 "벼룩이 뜯나 보다"하고 잠꼬대를 하면서 그 목을 긁었다. 무사는 죽을힘을 다하여 두 번 치고, 또 세 번째로 도적의 목을 쳤다. 그러자 겨우 도적의 머리가 잘려 도적은 죽었다. 무사는 많은 도적의 무리들을 죽이고 세 처녀를 구하여 구멍 밑까지 왔으나, 그 상자는 겨우 세 사람밖에 타지 못하므로 '또 어떤 일이 있을지 모르니 내가 먼저 올라 갈 수는 없다'고 생각하고 여자들을 먼저 태웠다. 그리고 줄을 흔들자 그 위에 매달린 방울이 흔들려서 줄은 올라갔다. 그러나 아무리 기다려도 줄은 내려오지 않았다. 위에 있던 부하들이 무사를 죽이고 자기들끼리 공을 차지하려고 한 것이었다.

젊은 무사는 하는 수 없이 적의 넓은 나라를 이리저리 걸어다니다가 한 노인을 만나 "어떻게 하면 땅 위로 올라갈 수가 있을까요?"하고 물었다. 그러자 노인은 "저 언덕 위에 독수리가 있으니 그 독수리를 타면 올라갈 수가 있소. 그러나 독수리가 도중에 기운이 다하여 '칵' 하고 숨을 뱉거든, 무엇이든지 먹을 것을 주어서 기운을 내게 해야 하오"라고 하였다. 그는 구할 수 있는 대로 동물의 고기를 준비하여 그 고기를 가지고 독수리를 찾아서 "제발 살려주시오"하고 간청하였다. 그러자 독수리는 제 등에 그를 태우고 구멍 밑에서 날기 시작하였다. 중도에서 독수리가 '칵' 하고 숨을 뱉으므로 그는 얼른 고기를 한 조각 그 입에 넣어 주었다. 조금 가다가 또 '칵' 하므로 또 고기를 주었다. 이같이 하여 마침내 고기는 다 떨어졌는데, 독수리가 또 다시 '칵' 하고 숨을 뱉자 그는 하는 수 없이 자기의 팔을 하나 잘라 주었다. 그래서 겨우 그는 땅 위에 도착했다. 젊은 무사는 나쁜 놈들을 모두 죽이고, 정승의 세 딸과 결혼하여 잘 살았다고 한다.

1928년 1월 함남 정평읍 농학박사 김양하 군 이야기

(이전 원고 없음) 제 방으로 들어갔다. 주모가 나간 뒤에 그들은 대나무칼[竹刀]을 만들어서 옆방에 들어가 함께 뱀을 찔러 죽였다. 그리고 그것을 솥에 넣고 뚜껑을 굳게 닫고 불을 때어 고았다. 그리고 그 국물이 한 사발쯤 되었을 때, 그것을 사발에 담아 놓았다. 주모는 손님 덕택으로 오래간만에 뱀의 고통을 면할 수 있어서 한참 동안 잉어를 사는 것도 잊어버리고 하도 시원해서 장마당을 이리저리 돌아다녔다. 그러다 문득 생각이 나서 잉어를 사 가지고 돌아왔을 때는 벌써 날이 저물 즈음이었다. 활량들은 아까 만든 뱀의 국물을 내놓으면서 "네가 돌아오는 게 너무 늦어 우리들이 잉어를 사서 국을 끓여 모두 먹었다. 그리고 네 몫으로 한 그릇 남겨 두었으니 먹어라"하고 주모에게 그것을 한 방울 남기지 않고 마시게 하였다. 만약 한 방울의 국물이라도 남으면 그 한 방울이 다시 본디 뱀이 되기 때문이다. 주모는 그것을 마신 뒤에 큰방에 들어가 보았는데 뱀이 보이지 않았다. 주모는 손님들에게서 그 말을 듣고 그지없이 기뻐하고 고마워하였다.

활량들은 또다시 길을 가는 도중에 어떤 무당을 만나서 점을 쳤다. 그러자 무당은 한참 생각하더니 "당신네는 이번 과거는 그만두시오. 그리고 좀 더 가서 갈림길이 나왔을 때, 만약 차가운 바람이 불면 아랫길을 버리고 윗길로 가시오. 그리고 좀 더 가서 또 같은 길을 만나 미지근한 바람이 지나가면, 윗길을 버리고 아랫길로 가시오"하였다. 과연 그들은 그날 밤에 갈림길을 만나서 아랫길을 가려

하였는데 난데없이 차가운 바람이 지나가므로 곧 윗길을 갔다. 그랬더니 곧 이어서 아랫길 쪽에서 여러 사람의 소리가 나면서, "아, 달도 좋다. 이런 밤에는 한 놈 죽였으면 좋겠다"라고 하였다. 그들은 산 도둑놈들이었던 것이다. 다음에 그들은 또다시 갈림길에서 미지근한 바람을 만나 곧 아랫길로 들었다. 그런데 좀 이따가 그들은 윗길에서 커다란 두꺼비가 바람을 차면서 달아나는 것을 보았다. 이 두꺼비는 아까 상사뱀이 된 것으로, 그들에게 복수를 하려고 하였는데 길이 어긋나서 소원을 이루지 못하였다고 한다.

과거 보러 가는 길에 사람을 죽이거나 산 것을 죽이면 급제할 수 없다고 한다.

1931년 1월 경남 동래군 구포읍 이필남 씨 이야기

(이전 원고 없음) 그리고 그들 사이에는 아이들까지 서넛 낳았다. 그런데 하루는 그 남편이 무슨 말 끝에 첫날밤 연시 얘기를 안심하고 그 아내에게 말하였다. 그랬더니 아내는 금방 본래의 성질을 나타내어 "그럼 그렇지. 내가 그런 실수를 할 리가 있나"하면서 남편의 상투를 후려 잡아당겨 마구 때렸다고 한다.

앞과 같음, 이필남 씨 이야기

(이전 원고 없음) 니 빨리 약물을 길어 와서 우리들을 다시 살려달라고 하셨습니다. 이 물을 빨리 두 분에게 먹여야 합니다"라고 하였다. 그 여자는 앞에서 보면 예쁜 아가씨로 보이나 그 뒷모습은 완전히 호랑이였으므로, 겨냥하여 한 방 쏘자 한 마리 젊은 암호랑이가 되어서 넘어졌다. 그리고 소년은 다시 거닐고 있는데 급히 산을 달

려 내려오는 한 소년을 만났다. "담배를 피우고 싶은데 불을 좀 빌려주시오"라고 하자 그 소년은 "아니, 그럴 틈이 없소. 지금 양친과 처의 혼이 와서 말하기를 우리들은 나쁜 놈에게 죽었으니 빨리 제사를 지내서 우리들을 살려 달라 하였소. 나는 어서 집에 가서 양친과 처를 위하여 제사를 지내야겠소"라고 하였다. 소년을 자세히 보니까 다리 밑에 꼬리를 끌고 있으므로 그 또한 한 방에 쏘아 죽였다. 그 것은 젊은 수호랑이였다. 또 얼마쯤 가니까 이번에는 산과 같이 커다란 흰 호랑이가 한 마리 나타났다. □천 년 묵어 털이 하얗게 센 그 호랑이는 커다란 입을 벌리고 소년을 삼키려고 덤비므로 소년은 한 방을 그 벌린 입에다 대고 쏘았다. 그러나 호랑이는 아무렇지도 않았다. 이어서 몇 방을 쏘았으나, 호랑이는 그 커다란 이로 총알을 받아, 총알이 도로 튕겼다. 소년은 총알이 다 떨어질 때까지 쏘았으나, 아무 소용이 없었다. 호랑이는 마침내 총과 소년을 삼키고 말았다. 호랑이의 뱃속은 마치 한 마을과 같이 넓었다. 그리고 그 뱃속 여기저기에는 잡아먹힌 사람의 뼈가 흩어져 있었다. 소년은 그 속에서 아버지의 뼈를 찾아냈다. 그가 여러 유골 사이에서 찾아낸 한 자루 총에 아버지의 이름이 써 있었고, 그 총 옆에 한 사람의 유골이 있었기 때문에 알아낸 것이었다. 소년은 그 유골을 등에 짊어지고 있던 바랑 속에 담았다. 그는 다시 한 구석에서 기절하여 쓰러져 있는 한 처녀를 찾아내, 여러 가지로 힘을 다해 결국 처녀를 다시 살렸다. 그리하여 두 사람이 힘을 합하여 "무엇이든지 연장이 없을까?"하고 사방으로 찾다가 그들은 유골 틈에서 주머니칼 한 자루를 발견하였다. 그것은 유골이 된 사람의 주머니에서 나온 것이었다. 그들은 그 칼로 호랑이의 똥구멍을 겨우 조금 찢었다. 그러자 바깥이 좀 보이게 되었다. 처녀는 그 구멍으로 호랑이가 지금 들에 있는지 언덕 위에 있는지 바닷가에 있는지 아니면 산속에 있는지를 분간

하여 보기로 하고, 소년은 칼을 가지고 호랑이의 옆구리를 찢기 시작하였다.

이때 호랑이는 심한 복통을 느꼈다. 그래서 산신령님인 곰에게 찾아가 약을 청하였다. 곰은 "과일을 먹으면 나을 것이라"고 가르쳐 주었으므로, 호랑이는 능금배 같은 것을 닥치는 대로 따 먹었다. 뱃속에 있던 두 사람은 그때 마침 몹시 굶주려 있던 판이므로 갑자기 쏟아져 들어오는 과실을 보고 "이거 잘 되었구나" 하고 먹어 더욱 기운을 얻었다. 호랑이는 더욱 복통이 심해져 다시 곰에게 가서 약을 청하였다. 그러자 곰은 "약물을 먹어라"라고 하였다. 호랑이는 그 물을 먹었다. 뱃속에 있는 두 사람은 그때 마침 목이 마른 터라 홍수같이 밀려오는 약물을 마음껏 먹었다. 이리하여 두 사람은 더욱 기운을 얻어서 다시 그들의 일을 시작할 수 있었다.

호랑이는 아픔을 참다못하여 얼마 동안은 미친 듯이 산과 들을 가리지 않고 뛰어 넘기도 하고 또는 몸을 데굴데굴 굴리기도 하였으나 얼마 안 되어 그 자리에서 움직이지 않게 되었다. 그래서 처녀가 밖을 내다보자 그곳은 넓은 벌판이었다. 호랑이의 배때기는 마침내 찢어져 벌어졌다. 그러나 아무 준비도 없이 그대로 나갔다가 만일 호랑이에게 다시 물려 죽으면 큰일이라 생각하고 소년은 호랑이의 항문에서 손을 내밀어 그 불알을 칼로 찔러 보았다. 그래도 호랑이는 움직이지 않았다. 그는 비로소 호랑이가 죽은 것이 확실함을 깨닫고 벌어진 호랑이의 옆구리를 통해 밖으로 나와 보니, 산 같은 흰 호랑이는 정말로 죽어 넘어져 있었다. 그들은 호랑이의 가죽을 벗겨서 둘이서 짊어지고 집으로 가는 길에 노파의 집에 들렀는데, 노파는 그때 이미 눈썹까지 하얗게 세어 있었다. 그들은 그 노파를 데리고 셋이서 소년의 집으로 향하였다. 소년의 어머니도 또한 그동안에 상당히 할머니가 (이후 원고 없음)

일문日文 설화[1)]

최씨의 시조인 금돼지 이야기

옛날 어느 가난한 부모에게 세상에 보기 드문 훌륭한 딸 하나가 있었는데, 살림이 어려워 그 딸을 다른 집의 수양딸로 보내게 되었다. 어느 날 그 딸이 산으로 가서 나물을 캐고 있는데 갑자기 돼지한 마리가 나타나 여자의 광주리를 물고 갔다. 여자는 이를 정신없이 쫓아 돼지의 뒤를 밟았는데, 잠시 뒤 돼지는 바위 구멍으로 들어갔고 여자도 따라 들어갔다. 그러자 갑자기 바위 구멍이 저절로 닫히고 작은 틈도 없는 절벽이 되었다. 바위 구멍 안에는 드넓은 별천지가 있었는데 그곳은 돼지가 다스리는 나라였다. 여자는 돼지의 포로가 되었고 결국 음양의 인연을 맺게 되었다. 그러나 여자는 항상 원망하며 침울해 있었기 때문에 돼지는 그녀의 기분을 풀어주려고 어느 날 여자에게 "당신도 외로웠으니 오늘은 바깥 세상에 나가 구경이라도 하고 오지 않겠나"라고 권유했다. 여자가 바위 구멍으로

---

1) 손진태 선생의 유고에 실린 설화는 총 98편인데, 그 가운데 일문으로 작성된 것이 53편이다. 한글 설화와 중복되는 내용의 설화가 있지만, 독립된 원고뭉치로 발견되었기 때문에 중복된 것도 함께 실었다. 또한 여기서는 일문 설화의 번역만 실었다. 원문은 남창 손진태 선생 유고집 3 《우리나라의 문화》(손진태 저·최광식 편, 고려대박물관, 2007) 참고.

들어온 지 몇 년 만의 일이었다. 그녀는 기뻐하며 돼지를 따라 바위 구멍에서 나갔다. 오랜만에 인간 세상에 나와 구경을 하니 잠시나마 마음이 풀어지는 것 같았지만, 여자는 곧 고향 생각에 고향이 있는 곳을 바라보면서 점점 몸이 작아지는 것을 느꼈다. 무릎에 손을 얹고 멍하니 생각에 잠겨 있는데 갑자기 포수가 나타나 "이런 깊은 산속에 어떻게 여자 혼자서 왔습니까?"라고 말을 걸었다. 깜짝 놀라 사방을 둘러보니 돼지는 보이지 않았다. 어딘가에 먹이를 찾으러 갔던 것이었다. 여자는 안심하여 포수와 인사를 나누고 사는 곳을 물어 보았다. 포수는 우연히도 그녀의 양가養家와 같은 마을 사람이었고, 양가가 망했다는 말을 듣고 참을 수 없이 그리운 마음에 포수와 달아나기로 했다. 그러나 이때 운 나쁘게 돼지가 이것을 보고 우레와 같은 소리를 지르며 산 위에서 뛰어 내려왔다. 포수는 돼지를 피하고자 덤불 속으로 몸을 숨겼고, 여자는 황급히 가슴에서 실뭉치를 꺼내 그 끝을 자신의 발꿈치에 묶고 뭉치를 포수에게 던져 주었다. 돼지는 콧소리를 내면서 여자를 다시 바위 구멍으로 데려갔다. 그 뒤 포수는 덤불에서 나와 여자가 준 실뭉치를 따라 돼지가 사는 곳을 찾아냈지만 바위 구멍은 이미 닫혀 있고 실 한 가닥만 바위벽을 통과해 있었다. 그래서 그는 근처에 몸을 숨기고 바위 문이 열리기를 기다릴 수밖에 없었다. 돼지는 구멍으로 돌아가 여자에게 "너는 무엇이 제일 무서우냐"고 물었다. 돼지가 여자를 의심하기 시작했기 때문이다. 여자는 "나는 생금生金판과 동삼童參과 천년 묵은 주朱, 녹용이 무섭습니다"라고 대답했다. 그러자 돼지는 급히 산에 가서 땅을 파 판누룩〔板麴〕크기의 생금판 두 장과 무 크기만 한 동삼 세 뿌리, 천년 묵은 주朱 한 개를 캤을 뿐 아니라, 사슴을 죽여 녹용 수십 개를 뽑아 돌아왔다. 그리고 이것들을 그녀 주위에 놓아두었다. 그녀는 무서워하는 기색으로 "이렇게 하시면 저는 꼼짝할 수 없습니다"라고 원망하듯 말하자, 돼지는 안도의 미소를 띠었다. 그리고 그녀가 돼지에게 "당신은 무엇이 제일 무섭습니까?"라고 물었지만 돼지는 "무서운 것이 있을 리가 있겠느냐"라고만 대답했다. 그녀가 "그래도 무엇인가 무서운 것이 있을 것 아닙니까"라고 끈질기게 묻자 돼지는 "사슴가죽이다. 사슴의 가죽을 내 머리 뒤 흠통에 붙이면 바로 죽게 된다"라고 대답했다. 그 뒤 그녀는 집안 곳곳을 뒤져 보았지만 사슴가죽을 찾을 수가 없었다. 그런데 순간 자기가 허리에 차고 있는 열쇠 끈이 사슴가죽으로 만들어졌다는 것을 알아차렸다. 그녀가 양가에 있을 때 곳간열쇠를 가지고 있었는데, 나물을 캐러 나올 때 허리에 찬 채로 나왔던 것이었다. 그녀는 열쇠 끈의 한 조각을 잘라 가슴에 품고 돼지에게 술을 권한 후 "머리에 있는 이를 잡아주겠습니다"라고 말하고 앞머리의 이부터 잡기 시작했다. 그런 다음 "이번에는 뒷머리를 잡겠습니다"라고 하며 돼지를 구부리게 하였다. 여자는 돼지가 돌아눕는 사이에 재빨리 가슴에서 사슴가죽을 입속으로 넣어 침으로 적셨다. 그리고 나서 틈을 타 후두의 흠통에 사슴가죽을 붙였다. 돼지는 끙 하는 소리만 남긴 채 숨을 거두었다. 그녀는 곧바로 돼지가 소중히 갖고 있던 책을 가져와 석문에 서서 돼지의 목소리를 흉내 내어 책에 써 있는 주문을 말하자 문은 조용히 열렸다. 그녀가 바위 문으로 나가 포수를 불러 둘은 다시 바위 구멍으로 들어가 생금판을 가지고 고향에 돌아가 부부가 되었고 그로부터 딱 10개월 뒤에 남자아이를 낳았다. 이 아이는 포수의 아이가 분명했지만 또한 멧돼지와 엮인 연도 있기 때문에 성을 금저金猪라고 했다. 포수의 성이 되는 김을 위로 하고 멧돼지의 저猪를 밑으로 했다. 뒷날 그 아이는 훌륭히 자랐는데, 바로 최씨 시조인 신라 최고운 선생 최치원이다. 최씨의 최는 저猪와 비슷한 소리이기 때문에 어느 때부터는 저猪에서 최로 변했다고 전해진다.

1931년 3월 29일 경남 동래군 구포, 최순도 씨 부인 창원댁 이야기

또한 이런 이야기도 있다. 신라시대 어느 마을에 군수가 부임하면 부임 당일 밤에 군수의 부인이 무엇인가에게 잡혀가는 기괴한 일이 있었기 때문에, 누구도 그 마을의 군수가 되려고 하지 않았다. 나라에서도 다른 방도를 찾지 못하고 전국에 지원자를 모집한다는 방을 내렸다. 이에 응한 사람은 단 한 사람으로, 최崔씨라는 가난한 선비였다. 범상치 않은 인물이었기 때문에 나라에서는 그를 군수로 임명하였다. 최씨는 부임한 당일 밤 부인의 발목에 긴 실을 묶고, 방안에는 수백 개의 등잔불을 켜고 괴물을 기다렸다. 3경(밤 11시에서 새벽 1시 사이)이 지나고 4경(새벽 1시에서 3시 사이)이 지나도 괴물 비슷한 것 하나 나타나지 않자, 지금까지 긴장했던 마음이 느슨해지기 시작했고, 쌓여있던 피로가 풀려 어느 샌가 잠이 들어 버렸다. 그 순간 여자의 비명소리가 났고 이에 깨어보니 부인은 모습은 이미 보이지 않았다. 날이 밝기를 기다려 그는 실을 따라가 적이 있는 곳을 찾아냈다. 실은 큰 바위 벽의 사이를 뚫고 지나가 있고 겨우 실이 통과할 만한 구멍 이외에는 어떤 작은 틈도 없었다. 그곳에서 그는 "도대체 어떻게 이 안으로 사람이 들어갔단 말인가"라고 의심하면서 우선 잠시 동안 상황을 지켜보기 위해 몸을 숨겼다. 그런데 정오가 되자 바위벽이 이상하게 저절로 열려 그는 곧바로 문으로 들어갔다. 석문은 이른바 자오석子午石으로, 자정 때와 정오 하루에 두 번 열리는 것이었다. 그는 그 안에서 별천지를 발견했다. 그리고 적의 집 근처에 있는 우물 옆의 버드나무에 올라가 그의 아내가 우물에서 물을 긷고 있는 것을 발견하고, 버드나무 잎을 뽑아 물항아리 위에 떨어뜨렸다. 그리고 부인이 나무 위를 올려볼 때 얼굴을 내밀어 자신이 왔다는 것을 알렸다. 아내는 손짓으로 그를 내려오게 하고 곳간에

몸을 숨겨주었다. 그리고 감시가 허술한 틈을 타 올라가 음식을 옮겨 주었고, 군수는 오직 적을 죽일 생각만 하였다. 적은 이른바 금돼지[金猪]라는 것으로, 어느 날 그녀는 금돼지에게 "당신은 이 세상에서 무엇이 가장 무섭습니까?"라고 물었다. 그러나 금돼지는 아무것도 대답해 주려고 하지 않았다. 그녀가 재차 물어보자 금돼지는 "양의 가죽이 제일 무섭지"라고 대답했다. 그리고 그녀는 자신에 차고 있던 열쇠 끈이 양의 가죽으로 만들어졌다는 것을 생각해 내고 금돼지가 자고 있는 틈을 타 침을 묻혀 인중에 붙였다. 그는 어려움 없이 금돼지를 죽인 다음 잡혀온 많은 부인들을 구해 돌아왔고, 얼마 지나 한 명의 아이를 낳았다. 이는 금돼지의 아이였다. 이 아이가 실로 우리 최씨 선조인 최치원이라고 한다. 약간 틀린 부분도 있을지 모르지만, 대체로 이러한 이야기가 전해오고 있다.

앞과 같음, 구포, 최두해 군 이야기

원혼 이야기 네 편

　　구포에 김환윤이라는 남자가 있었는데, 그는 부인이 죽자 얼마 지나지 않아 재혼을 했다. 그러나 재혼한 날 밤부터 죽은 아내의 원령怨靈이 나타나 고민하고 있었다. 밤이 되어 그가 깊은 잠이 들려고 하면 갑자기 죽은 아내가 나타나 옆에 자고 있던 신부를 밀쳐내고 둘 사이에 끼어들었다. 그리고 아무 말도 하지 않고 원한 서린 얼굴로 있었다. 놀라 눈을 뜨면 모습을 감추고, 자려고 하면 또다시 나타났다. 몇 날 밤 이런 일이 계속되자 그는 무당을 찾아가 방도를 물었다. 무녀는 죽은 아내의 혼을 불러내 "무엇 때문에 이러는 것입니까? 어떻게 하면 되겠습니까?"라고 물었다. 그러자 망령은 "억울하다. 나의 위패를 그들의 베개 옆에 두고 제사를 지내주면 더 이상 나타나지 않겠다"고 대답했다. 그는 망령의 요구대로 위패를 베개 곁에 두고 아침저녁마다 반드시 식사를 올리고, 자기 전에는 반드시 기도를 드렸다. 오랜 기간 동안 제사를 지내고 있는 사이 차츰 망령이 나타나는 것이 줄어, 더 이상 원혼은 나타나지 않았다.

또 양산에 어느 집에서는 며느리가 죽은 뒤 며느리의 옷을 장롱에서 꺼내어 딸에게 입히자 딸이 병을 얻었다. 며느리의 옷을 변소 옆에 두었지만 별다른 방도가 없자 "네 물건은 모두 네가 가지고 가거라"라고 생전의 며느리의 소지품을 남김없이 태웠다. 그러자 그날부터 딸의 병은 흔적도 없이 나았다. 여자라고 하는 것은 특히 옷에 미련을 갖기 때문일 것이다.

또한 오랫동안 구포에 살았고, 나의 집에서도 자주 찾아오던 대구할머니라고 불리는 할머니는 아이도 없이 노부부 둘이서 생활하고 있었다. 할아버지는 오랫동안 몸에 장애가 있어 폐인과 같은 상황이었는데, 할아버지가 죽자 할머니는 우리 집에 찾아와 어머니에게 "쉰 보리 서 되를 개에게 먹인 것처럼 가슴이 휑하네"라고 말했다. 할아버지는 약간의 돈을 남겨 두고 돌아가셨기 때문에 할머니는 이 돈을 우리 아버지에게 맡겨서 다른 사람들에게 빌려주고 이자를 받아서 겨우 살아가고 있었다. 그러나 할머니에게는 자식이 없었기 때문에 돈을 빌려간 사람들은 모두 "할머니가 죽으면 그만이지"라고 생각하고 누구도 기한 내에 돈을 갚을 생각을 하지 않았다. 그 가운데 나의 친척인 허문선이라는 사람도 있었다. 그는 100엔円을 빌렸는데 할머니 살아생전에 한 푼도 갚지 않아 할머니를 꽤나 고생시켰다. 할머니가 죽은 뒤 장례비로도 돈을 내지 않았다. 허문선은 돈이 없는 사람이지만 그의 보증인이었던 허명선은 그의 사촌 아우이며 나의 외삼촌으로 상당히 유복한 생활을 하였기 때문에, 어머니는 항상 명선에게 "할머니의 돈을 네가 갚아 주거라"라고 권유했지만 이를 받아들이지 않았다. 할머니가 죽은 뒤 어느 날 밤, 어머니의 꿈에 할머니가 나타나 수많은 장골㽵骨들을 데리고 허명선의 집에 들어가 "명선 이놈을 묶어라"라고 명령하자, 명선은 포박 당하기 시작했다. 어머니는 이에 놀라 꿈에서 깨고 그 길로 허명선의 집으로 가 보니, 허명선은 그 시각 토하고 설사를 하며 괴로워하고 있었다. 어머니가 무당을 불러 제사를 지내자 겨우 토사는 멈췄다. 다음날 명선에게 어젯밤 꿈 이야기를 하자 명선은 놀라서 할머니의 위패를 가지고 절(운수사)에 가서 혼령을 위로하는 제를 지냈다. 정말로 이상한 일이었다.

또한 내가 마산에 있는 여학교에 다니고 있을 때 나의 상급반에 □□(이름 칸이 비어 있다)라는 여자가 있었는데, 그녀는 마산의 부청에 근무하는 한 남자와 교제하고 있었다. 우연히 남자가 부산에 있는 부청으로 전근을 가게 되자 그녀는 "결혼식을 올리고 부임해 주세요"라고 했지만, 남자는 "그쪽에 가서 안정이 되면 바로 부르겠습니다"라고 말하고 그대로 가 버렸다. 그로부터 2개월이 지나 뻔뻔하게도 그 남자는 다른 여자와의 청첩장을 그 여자에게 보냈고, 그녀는 초대장을 받자마자 굳게 결심하여 결혼 당일 마산 바다에 몸을 던져 자살했다. 결혼을 한 부부는 경주로 신혼여행을 떠났고, 불국사 호텔에 묵게 되었다. 그날 밤 자살한 여자는 젖은 몸으로 침실에 나타나 신부를 밀어내고 둘 사이를 갈라놓으면서 "내 남편을 줄 수는 없지"라고 말했다. 남자가 가위에 눌려 끙끙거려 신부가 흔들어 깨우자, 남자는 즉시 짐을 챙겨 아침이 되길 기다렸다가 첫 열차로 대구로 내려가 또다시 부산으로 돌아갔다. 그러나 매일 밤 이러한 꿈에 시달리던 그는 결국 목메어 자살하면서 "나는 너의 곁으로 간다"라고 말했다고 한다. 이 일이 있은 뒤부터 우리들은 진해 등으로

소풍을 가게 되어도 배로 가지 않았다. 그녀의 혼령이 어떤 짓을 할지 모르기 때문이다.

1931년 2월 경남 동래군 구포 이필남 씨 이야기

못된 호랑이 물리치기

옛날 과부 할머니가 한 말 정도의 소출이 나오는 밭을 경작하며 근근이 살고 있었는데, 항상 못된 호랑이 한 마리가 와서 "할머니! 나와 누가 먼저 이 밭을 가는지 내기를 해봅시다. 내가 지면 할머니의 소원을 들어주고, 내가 이기면 할머니의 팥죽을 줘"라고 말했다. 그리고 밭을 반으로 나누어 경쟁을 했으나 호랑이는 땅을 헤집으며 죽을힘을 다해 겨루었기 때문에 할머니는 항상 져서 팥죽을 줘야 했다. 이를 거절하면 호랑이에게 어떤 일을 당할지 몰라 어쩔 수 없이 따를 수밖에 없었다. 어느 날도 여느 때와 마찬가지로 내기에 진 할머니가 팥죽을 만들어 호랑이를 기다리고 있었다. 그런데 갑자기 파리 한 마리가 날아와 "할머니, 나에게 팥죽 한 그릇 주면 도와주겠어요"라고 말하자 할머니는 이를 흔쾌히 받아들이고 팥죽을 주었다. 잠시 뒤 달걀 한 개가 데굴데굴 굴러와 같은 말을 했고 똑같이 팥죽을 주었다. 다음에는 자라가 슬금슬금 기어와 똑같이 팥죽을 달라 청했다. 또 다음은 삿자리[筵]가 왔고, 계속해서 사닥다리가 왔다. 할머니는 모두에게 죽을 대접해 주었다. 곧 호랑이가 나타나 죽을 먹으려고 하자 파리가 나타나 불을 껐다. 그러자 호랑이는 "어두워서 죽을 먹을 수 없으니 불을 켜주지 않겠나"라고 말했지만 할머니는 "부엌에 있는 화촉에 불씨가 있으니 가서 가지고 오시오"라고 대답하여 호랑이는 구시렁거리며 부엌으로 나갔다. 화촉을 가지고 오려고 화촉에 있는 재를 거두어 내고 있는데 그 안에 숨어 있던 달걀이 폭발하면서 호랑이의 눈을 내리쳤다. 호랑이는 눈을 씻으려고 물통으로 갔는데 안에 숨어 있던 자라가 나와 호랑이의 눈을 물었다. 호랑이가 정원으로 도망가려고 하자 숨어 있던 삿자리가 와서 호랑이를 돌돌 말아서 대문까지 가자 기다리던 사닥다리가 호랑이를 싣고 바닷속으로 들어가 버렸다.

1931년 1월 경남 동래군 구포 이필남 씨 이야기

호랑이에게 먹힐 운을 가진 소년과 도적

3대에 걸쳐 독자가 계속된 어느 부잣집에, 5~6살 정도의 어린아이가 있었다. 그러던 어느 날 탁발승이 찾아와 그 아이의 관상을 보고 안타까운 표정으로 혀만 끌끌 차며 나가니, 이 모습을 하인들이 보고 주인에게 알렸다. 주인은 크게 놀라 스님을 불러 그 까닭을 물었다. 스님은 "당신의 아이는 15살이 되면 호랑이에게 잡혀 먹힐 운명을 가지고 있습니다. 그래서 탄식을 한 것입니다"라고 대답했다. 이에 주인은 몇 번이고 머리를 조아리면서 "어떻게든 살릴 방도를 가르쳐 주세요"라고 청했다. 스님은 "그렇다면 이 아이가 10살이 되면 어느 절의 어느 승려에게 사미沙彌로 맡기세요. 그 길밖에 없습니다"라고 알려주었다.

아이가 10살이 되자 스님의 말대로 사미가 되었다. 사승師僧은 아이에게 학문과 불법을 가르치지 않고 다만 피륙 등을 건네며, "옷감 장사를 하며 조선팔도를 마음 가는 대로 돌아다니거라"라고 말하고, 비수 하나를 건네주면서 "위급할 때 이것을 사용하면 된다"라고 말했다. 소년은 사승의 말대로 전국 방방곡곡으로 행상을 하며 돌아다녔다. 소년이 15살이 된 어느 날, 얼굴이 검고 곰보이며 키가 8척이나 되어 보이는 사나운 남자를 만났다. 그 남자는 소년을 불러 세워 짐을 내려놓게 하였다. 소년은 무서워하며 짐을 장정에게 건넸다. 그러자 남자는 다시 "옷을 벗어라"라고 말했다. 소년은 "이것만은 봐 주십시오"라고 애원했지만 도적은 "그렇게 꾸물대면 죽여버리겠다"고 위협하기에 소년은 이에 응하지 않고 지니고 있던 비수로 적의 목을 찌르고 도망갔다. 그리고 한 마을의 부잣집으로 보이는 곳으로 들어가 "지금 도적을 만나 짐을 빼앗겼으니 도와주십시오"라고 말하였다. 그러자 주인인 듯한 사람이 나와 "그것 참 안되었습니다. 그렇다면 저의 집에서 불 심부름을 하는 게 좋겠습니다"라고 말했기 때문에 소년은 잠시 동안 진정하려고 했다. 그러나 얼마 뒤에 하인들과 들어온 남자를 보니 좀 전에 만난 도적이었다. 도적은 목의 피를 닦으면서 "수상한 아이를 만나 목에 상처를 입었다. 그러나 대단한 것은 아니다"라고 말했다. 자세히 보니 남자의 목에는 상처가 나 있었다. 이때 좀 전의 젊은 주인(도적의 차남)이 나와 "그 아이가 혹시 저 소년 아닙니까?"라고 소년을 가리켰다.

그리하여 소년은 도적들에게 잡혀 우리에 갇히게 되었다. "내일 아침이 되면 저 녀석을 꺼내어 죽여버려라"라고 도적의 두목이 명령했다. 소년은 밤새 비수로 우리의 벽을 뚫어 도망갈 수 있었지만, 숨을 곳이 없었기에 집 뒤의 고목에 난 구멍에 몸을 숨기고 있었다. 그러다가 어떤 관官의 행렬이 성대한 풍악을 울리며 자기 앞을 지나가는 것을 보고 기회라 생각하고 구멍에서 고개를 내밀고 행렬을 바라보고 있는데 다시 도적에게 붙잡히고 말았다. 이 행렬은 관의 행렬이 아니라 도적의 장남이 훔친 물건들을 가지고 집으로 돌아오는 행렬이었던 것이다. 다시 잡혀온 소년은 쇠로 된 우리에 갇히게 되어 다음 날 아침에는 죽을 운명이 되었다. 아무리 비수를 갖고 있다

해도 쇠로 된 벽을 뚫을 수는 없었기 때문에 죽을 각오를 해야 했다. 그런데 밤이 깊어 인적이 끊길 즈음, 갑자기 부인 한 명이 몰래 들어와 한 덩어리의 누런 밥을 주면서 "나는 경성 어느 대신의 딸이다. 적에게 잡혀와 지금은 장남의 부인이 되었다. 물론 지금 괴로운 것은 아니다. 너는 배가 고플 것이니 이 누런 밥이라도 먹고 힘을 내거라. 그리고 내일 아침이 되면 너를 죽이려고 도적들이 형장으로 끌고 갈 것이다. 이때 나를 보고 '누님 어찌 이런 곳에 있습니까'라고 울부짖는 것이 좋겠다"고 귀띔을 해주고 나갔다.

다음 날 아침 소년은 형장으로 끌려나왔고, 이때 부인은 남편에게 "저는 지금까지 한번도 사람을 죽이는 것을 보지 못했습니다. 오늘은 꼭 한번 보게 해 주세요"라고 말했다. "여자는 이런 것을 보는 게 아니다"라고 하며 도적은 처음에 거절을 했지만 사랑하는 아내의 애원에 못 이겨 허락하고 말았다. 부인이 형장에 나타난 것을 본 소년은 "누님" 하며 울부짖었다. 부인도 "동생" 하고 부르면서 소년을 안았다. 이 모습을 본 도적은 소년의 곁으로 가 "이런 무례한 일을 저지르다니. 하마터면 소중한 친척을 한 명 죽일 뻔했습니다. 이 일을 용서해 주시오"라고 사죄했다. 그리고는 소년을 며칠 동안 환대를 했다.

소년은 적의 허락을 받아 고향으로 돌아간 뒤 경성의 어느 대신을 찾아가 딸의 이야기를 했고 적을 토벌하기로 했다. 그들은 많은 술과 음식에 비상을 넣어 이것들을 소와 말에 실어 도적의 집에 다시 찾아갔다. 도적은 부인의 고향에서 보낸 선물이 도착했다고 하고 부하들을 모아 이것을 나눠 주었다. 이것을 먹은 적들은 한명도 남김없이 모두 죽게 되었고 도적에게 잡혀온 사람들을 불러 모아, 도적의 마을에서 살고 싶다고 하는 자는 모두 죽이고 고향으로 돌아가고 싶어 하는 자만 데리고 도적의 마을을 떠났다. 소년은 부인과 양민들을 각자의 고향으로 돌려보낸 뒤 자신도 고향으로 돌아가 행복하게 살았다. 이렇게 소년이 적의 감옥에 있었던 밤이 호랑이에게 잡아먹힐 운명의 날이었다. 호랑이도 철감옥을 부술 수는 없어 시간이 다 되자 어쩔 도리 없이 산으로 돌아가 버렸다. 소년은 악운을 피하고 결혼해서 많은 자손을 낳고 잘 살았다.

1931년 1월 경남 동래군 구포리 이필남 씨 이야기

한량과 초립동

옛날 한 한량(무사)이 경성에 과거시험을 보러 가는 길에 나루터를 건너려고 했다. 배 안에는 초립동草笠童(결혼한 초립을 쓴 소년)이 아내를 데리고 승객들 사이에 섞여 있었다. 상당한 집안의 자제로 보였고 아내는 가마를 타고 있었다. 나룻배가 중류에 왔을 때쯤 얼굴이 검고 곰보인, 보기에도 사납게 생긴 중이 늦게 도착해 "배를 다시 돌려라"고 무서운 목소리로 호통쳤다. 승객들 사이에서는 "배를 다시 돌릴 필요가 없습니다"라고 분개하는 자도 있었지만, "저 녀석의 말을 듣지 않으면 나중에 어떻게 될지 모른다"고 선장이 애원했기 때문에 승객들은 어쩔 수 없이 배를 돌리게 하였다. 중은 배에 타자마자 가마에 있던 여자를 발견하고 무례한 태도로 가마의 문을 열어 신부의 손을 잡고 볼을 만졌다. 그러나 그가 무서워 어느 한 사람도 말리지 않았다. 초립동도 내심 분하게 여겼지만 어찌할 도리가 없었다. 이것을 배 뒤편에서 지켜보던 무사는 배가 중류에 다다랐을 때 승객들에게 "나는 저기에 떠 있는 오리 중에 가장 한가운데 있는 오리를 맞춰 보겠습니다. 모두들 잘 보시기 바랍니다"라고 말하였다. 승객들의 시선은 무사에서 일제히 오리 쪽으로 옮겨갔다. 중도 여자의 손을 잡은 채로 오리를 바라보았다. 이때 무사는 힘껏 화살을 당겨 중의 머리를 향해 쏘았다. 화살에 맞고 쓰러진 중은 강으로 빠졌고, 승객들은 이를 통쾌히 여겼다. 초립동이 무사 곁으로 다가가 예를 갖춘 뒤 "보아하니 당신은 무과를 보려고 경성으로 가는 길인 것 같은데, 이번에는 포기하는 것이 낫겠습니다. 3년 뒤에 문과가 있으니 그때 응시를 하면 반드시 급제할 것이오"라고 했다. "나는 무사이며 학문을 닦은 적이 없기 때문에 문과에 통과할 리가 없습니다"라고 무사가 대답했다. 그러나 소년이 끈질기게 권유를 했고, 결국 무사는 3년 뒤 문과를 보고 급제를 하여 한림翰林학사로 선택되었다. 이것은 소년이 어느 정승의 아들로 배 안에 있었던 일을 아버지에게 말하였는데, 이 정승이 바로 시험관이었던 것이다.

1931년 1월 경남 동래군 구포리 이필남 씨 이야기

호랑이보다 무서운 곶감

호랑이 한 마리가 아이를 잡아먹으려고 어느 마을에 내려와 한 민가의 창문 아래에 멈춰 섰다. 이때 마침 울고 있던 아기를 달래려고 어머니가 "봐! 호랑이가 왔다"라고 겁을 주었지만 울음은 좀처럼 그치지 않았다. 이에 어머니가 "봐라! 곶감이다"라고 말하자 아이는 울음을 딱 그쳤다. 이에 호랑이는 '곶감이라는 녀석이 나보다 훨씬 무서운 녀석임이 틀림없다'고 생각하면서 아이 대신 송아지라도 한 마리 잡아가려고 소 외양간으로 들어갔다. 그런데 이때 마침 소도둑이 같은 집에 소를 훔치려고 우리로 들어갔다. 소도둑은 호랑이를 소로 착각하고 호랑이 등에 올라탔다. 그러자 호랑이는 소도둑을 곶감이라 생각하고 오금아 나살려라 도망치기 시작했다. 이렇게 밤이

지날 즈음 밭에서 일하던 사람들이 "호랑이다"라고 소리치면서 도망 가는 것을 보고 정신을 차려보니 소도둑은 자신이 타고 있던 것이 호랑이라는 사실을 깨닫고 때마침 옆에 있던 나무에 몸을 옮겼다. 호랑이는 곶감으로부터 도망쳐 "겨우 살았네"라고 기뻐하였다. 도둑 도 한순간 안도했지만 불안한 마음이 가시지 않아 숨을 곳을 찾기 위해 나무 아래를 내려다보았다. 마침 매달려 있던 고목의 줄기에 큰 동굴이 있어 그 안으로 들어가 숨었다. 그런데 얼마 지나지 않아 위에서 무엇인가 소리가 나 올려다보니 흑곰 한 마리가 꼬리로 나무 를 잡고 뒷걸음으로 어슬렁어슬렁 내려오고 있었고 하반신은 이미 동굴의 안에서 보이기 시작했다. 이번은 곰에게 잡아먹히겠구나 생 각했지만 자세히 보니 곰은 큰 고환을 축 늘어뜨리고 한 걸음씩 내 려오고 있었기 때문에 그는 허리에 차고 있던 끈을 풀어 그물로 만 들고, 그 끈을 곰의 고환에 묶어 있는 힘껏 잡아 당겼다. 그래서 곰 을 어려움 없이 죽이고 자신은 살 수 있었다.

1931년 1월 경남 동래군 구포 이필남 씨 이야기

강아지로 호랑이 잡기

강아지로 호랑이를 잡는 방법을 알고 있는가? 모른다면 가르쳐 드리지. 강아지의 몸에 참기름을 바르고 두꺼운 긴 밧줄로 묶어 호 랑이가 많은 산으로 데리고 가면 큰 호랑이가 어슬렁어슬렁 나타난 다. 호랑이가 제일 좋아하는 강아지를 한 손으로 내밀면서 줄 듯 안 줄 듯 놀리면 호랑이라는 녀석은 화가 나 강아지를 먹으려고 달려든 다. 이때 강아지를 휙 던져 주면 호랑이는 날름 입속에 넣어 버린다. 그러나 강아지의 몸은 기름으로 미끌미끌하기 때문에 호랑이의 입과 뱃속을 통과하여 항문으로 나오게 된다. 이것으로 호랑이 한 마리를 잡은 것이다. 호랑이의 몸은 밧줄이 관통하여 끙 하고 신음소리를 내며 숨을 거둬버린다. 이 비명을 듣고 나타난 암컷 호랑이와 다른 친구들도 모두 이 방법으로 밧줄을 관통시켜 죽게 한다. 이것들을 끌고 와 가죽만 팔아도 부자가 될 수 있다. 어떤가? 좋은 생각이지 않는가.

1930년 12월 경남 동래군 구포리 이필남 씨 이야기

연사戀蛇 이야기 두 편

흔히 말하는 상사相思뱀이란, 여자를 몹시 사모하면서 소원을 이루지 못하고 죽은 남자에게서 나오는 것이 일반적으로, 여자에게서 나왔다는 말은 들은 적이 없다. 이 뱀은 처음에는 상당히 가는 실뱀이지만, 벽의 틈 사이를 오가며 차츰 커져 보통의 뱀처럼 된다고 전해지고 있다. 그 뱀은 사모하던 여자를 찾아 머리는 그녀의 턱을 받치고 꼬리는 그녀의 하문下門에 넣어 낮이고 밤이고 여자의 몸에서 떨어지지 않았다. 하지만 어쩔 수 없는 경우, 예를 들면 밥 먹을 때와 용변 볼 때, 그리고 손님이 찾아 왔을 때, 외출할 때에는 잠시 떨어질 수 있었다. 그러나 어떻게든 뱀을 속여 몸을 숨긴다 해도 헛수고일 뿐 다시 나타났던 것이다. 또 기회를 노려 몇 번이고 뱀을 죽여도 다시 원 상태의 연사戀蛇가 되어 여자를 괴롭게 했다. 여자는 뱀을 자신의 남편과 같이 소중히 하고(남편이 있는 경우 별거를 해야 한다), 말을 할 때도 남편을 대하듯 해야 했다. 예를 들면 식사 때에는 별탁을 만들어 먼저 먹게 하고, 안방을 뱀의 방으로 두고, 침상도 뱀과 함께 해야 했다.

어느 날 양반가의 외동딸에게 연사戀蛇가 붙어 결혼도 하지 못하고 본인은 물론 가족들이 비탄의 눈물로 하루하루를 보내고 있었다. 그녀는 기분 전환을 위해 집을 나섰는데, 어느 순간 보니 절 문턱에 와 있었다. 연사도 물론 그녀의 몸에 붙어 있었다. 문을 바라보자 그녀는 갑자기 '부처님에게 절을 올리고 와야겠다'는 마음이 생겼다. 그녀는 뱀에게 "잠시 여기서 기다려 주세요. 부처님께 절을 올리고 바로 돌아오겠습니다"라고 말했다. 그러자 뱀은 이를 승낙하고 여자의 몸에서 빠져나와 덤불 속에 몸을 숨겼다. 그녀는 진심을 다해 절을 올리고 돌아가려는 순간 갑자기 법당의 벽에 걸려 있던 법의가 찢어져 있는 것을 발견하고 바늘을 꺼내 꿰맸다. 그리고 약속 시간에 늦은 것이 걱정되어 급히 가마가 있는 곳으로 갔으나 뱀의 모습은 보이지 않았다. 이상히 여기며 주변을 살펴보니 뱀은 덤불 속에서 백골이 되어 있었다. 그런 뒤에 뱀은 두 번 다시 나타나지 않았다. 이것은 법의를 꿰맨 것에 대한 보답이었던 것이다. 법의를 꿰매는 것은 상당히 좋은 일로, 속세에서는 모두들 그것을 기쁘게 생각하며 무상으로 해 주는 것이다.

1931년 1월 경남 동래군 구포 이필남 씨 이야기

또 이런 이야기도 있다. 옛날 세 명의 무사가 과거를 보러 경성에 가는 길에 잠시 쉬려고 주막에 들어가 보니 주모에게 연사戀蛇가 붙어 있었다. 그녀를 구하기 위해 무사들이 토의를 한 뒤, 주모에게 시장에 가서 잉어를 사오도록 하였다. 주모가 연사에게 "심부름을 가야 하니 잠시 내려와 주시지 않겠습니까"라고 하자 연사는 주모의 몸에서 떨어져 자신의 방으로 들어갔다. 주모가 나간 뒤 무사들은 죽창을 만들어 뱀이 있는 방으로 들어가 뱀을 죽이고 가마솥에 넣어 삶았다. 뱀을 끓인 국물이 한 그릇 정도 되었을 때쯤 그릇에 옮겨

두었다. 주모는 손님들 덕분에 오랜만에 뱀에게 받던 고통에서 벗어날 수 있었기 때문에 잉어를 사러 가는 것도 잊고 신이 나서 동네방네 돌아다니다 밤늦게서야 돌아왔다. 무사들은 뱀을 삶은 국물을 주모에게 내주며 "주모의 귀가가 늦어져 우리들이 잉어를 사서 국물을 만들어 마셨습니다. 그리고 주모의 몫으로 한 그릇을 남겼으니 마시세요"라고 말하니 주모는 그것을 한 방울도 남기지 않고 마셨다. 만약 국물이 한 방울이라도 남는다면 그 한 방울이 다시 뱀이 될지도 모르기 때문이었다. 주모가 그것을 다 마시고 나서 방으로 들어가 보았지만 뱀의 모습이 보이지 않았다. 그녀는 무사들에게 뱀을 죽인 이야기를 듣고 한없이 기뻐하며 감사의 예를 표했다.

　무사들이 다시 여행을 시작하였는데 한 무녀를 만나 점을 보게 되었다. 무녀는 잠시 동안 생각한 뒤 "당신들은 이번 과거를 포기하시오. 그리고 앞으로 두 갈래의 길을 만나게 될 것입니다. 이때 만약 차가운 바람이 불면 아랫길을 버리고 윗길로 가고, 가다가 또다시 같은 길을 만났을 경우 따뜻한 바람이 불면 윗길을 버리고 아랫길로 가시오"라고 말했다. 과연 그날 밤 두 갈래의 길을 만나 아랫길로 가려고 하자 차가운 바람이 불었기 때문에 급히 윗길로 갔다. 그런데 곧바로 아랫길에서 "참 좋은 달이다. 이런 밤에는 먹이 한 마리 걸려들면 좋으련만"이라는 사람의 목소리가 들렸다. 이들은 산적이었다. 또 다시 길을 가다가 두 갈래의 길을 만났는데 따뜻한 바람이 불었기 때문에, 무녀의 말대로 아랫길로 가기로 하였다. 그리고 윗길에서 한 마리의 이무기가 지나가는 것을 보았다. 이 이무기는 연사戀蛇가 변한 것으로 그들에게 복수를 하려고 나타난 것이었는데 길이 엇갈려 어찌할 수가 없었다. 그들은 무녀의 점에 감복했다. 과거에 가는 도중에 사람이나 생물을 죽여서는 절대 급제를 할 수 없다고 한다.

거짓말 겨루기

두 사람이 거짓말 겨루기를 하기로 하고, 상대의 말에 "거짓말 하지마"라고 하면 이 말을 한 사람이 한 냥씩 내기로 했다. 어느 날 갑이 을에게 "어제 저녁에 우리 집의 우물이 없어졌어"라고 말하자 을은 놀라서 "왜?"라고 물었다. 갑이 "귀신이 우물 물이 좋다고 가져가 버렸어"라고 대답하자 을은 어이없어 자신도 모르게 "거짓말"이라고 말해 버렸다. 이리하여 을은 한 냥의 돈을 갑에게 주어야 했다. 그리고 나서 두 사람은 내일 다시 만날 것을 약속하고 헤어졌지만 다음 날 약속 시간이 되어도 을이 나타나지 않자 갑은 "어쩐 일이지"라고 생각하며 계속 기다렸다. 이때 마침 을이 다급하게 왔기 때문에 갑이 "왜 이리 늦었는가"라고 묻자 을은 침착해 하는 척 숨을 길게 내쉬면서 "정말 큰일이 있었어. 사실은 조금 전에 아내가 아이를 낳았는데 태어난 아기들이 나오자마자 강아지처럼 살금살금 기어서 도망치는 거야. 이렇게 아기가 10명이나 나가 버렸어. 이 녀석들을 하나하나 잡아야 해서 정말 힘들었네. 그래서 약속 시간에 늦은걸세"라고 대답했다. 그러자 갑은 어이없어 하며 "거짓말! 그런 일이 있을 리 있나"라고 말했다. 이에 을은 "그럼 어제 저녁에 준 내 돈 한 냥을 돌려주게"라고 말하며 갑에게서 자신의 돈을 빼앗아갔다.

1930년 11월 경남 동래군 구포 이필남 씨 이야기

세 주지승의 절 자랑

세 명의 주지승이 모여 자신들의 절에 대해 자랑하기 시작했다. "우리 절은 얼마나 큰지, 또 얼마나 많은 승려가 있는지 자네들은 모를걸세. 우리 절에는 팥죽을 만들 때 그것을 섞으려면 배를 타고 큰 가마솥에 들어가 노로 저어야 될 정도라네"라고 한 주지승이 말하자 다음 주지승은 "그 정도의 사람으로는 그다지 놀랄 일이 아닙니다. 우리 절에서는 문고리의 닳은 쇠붙이를 쓸어 모으면 매일 아침 그것이 서말이 됩니다"라고 말했다. 세 번째 주지승은 "우리 절의 변소는 훌륭하고 크고 깊습니다. 오늘 아침 변을 보고 내일 아침 또 변을 보러 가면 그때 어제 누고 온 변이 떨어지는 소리가 들립니다. 어떻습니까. 우리 절이 어느 정도 사람이 있는지 아시겠지요?"라고 하였다.

같은 이필남 씨 이야기

황새가 하늘에서 내려온다

옛날 어느 한 남자가 장가를 갔는데, 신혼 첫날밤 신부는 신랑에게 여러 가지를 물어보고 신랑이 무식하다는 것을 알게 되었다(결혼식은 여자 쪽 집에서 치르고, 신랑은 신부의 집에서 이틀 밤을 묵고 3일째 돌아가는 것이다). 이에 신부는 걱정이 되어 신랑에게 "내일 저의 친척들이 모여 당신의 학문을 시험할 것입니다. 이때 당신이 시를 짓지 못한다면 우리는 창피를 당할 것이니 제가 시를 가르쳐 드리겠습니다. 제가 말하는 것을 잘 익혀 읊어주세요"라고 말하고, 첫 구의 표구를 가르치기 시작했다. "황새가 하늘에서 내려온다"라고 하자 신랑은 큰소리로 "황새가 하늘에서 내려온다[仁鶴下靑天]"라고 읊었다. 이에 신부는 다른 방에서 들릴까 걱정되어 "다른 방에 들립니다"라고 말했다. 그러자 신랑은 다시 큰소리로 "다른 방에 들립니다"라고 하자, 신부는 내심 '이런 바보 같은 사람'이라 생각하고 "이 바보야"라고 호통쳤다. 신랑은 또 같은 말을 따라했다. 신부는 어이없어 하며 더 이상 가르치기를 포기하고 잠들어 버렸다.

다음 날 친척들이 모여 시를 지어 보기를 청하자 신랑이 여유 있게 "황새가 하늘에서 내려온다"라고 읊었다. 이에 사람들은 '이 남자는 학문이 꽤 있는가 보군'이라 생각하고 다음 구를 기다리자 신랑은 다시 입을 열어 "다른 방에 들립니다"라고 읊었다. 이때 마침 옆방에 있던 신부의 아버지는 이것이 "그쪽 방에서 잘 들립니까"라고 들었기 때문에 "그래, 잘 들린다"라는 대답이 끝나자마자 신랑은 "이 바보야"라고 호통을 쳤다.

1930년 12월 같은 이필남 씨 이야기

욕심 많은 사람과 우둔한 사람, 그리고 바보 이야기

욕심이 많은 사람과 우둔한 사람과 바보가 함께 길을 가고 있는데 바위틈에서 벌집을 발견했다. 욕심 많은 사람은 혼자 이것을 먹으려고 바위 사이에 머리를 넣었다. 이것을 본 우둔한 사람이 욕심쟁이의 허리를 잡고 잡아당겼기 때문에 욕심쟁이의 머리와 몸은 따로따로 떨어지게 되었다. 그러자 머리 없는 몸을 바라보고 있던 바보는 "이 녀석의 머리는 원래 없었던가"라고 말했다.

1930년 12월 같은 이필남 씨 이야기

게으름뱅이 이야기

어떤 게으름뱅이가 아침에 집을 나갈 때 아내가 허리에 메어 준 점심 주머니를 여는 것이 귀찮아 배가 고픈 것도 참고 앉아 있는데, 때마침 검은 삿갓을 비스듬히 쓴(삿갓은 원래 바로 써야 하는 법이다) 남자가 어슬렁어슬렁 지나가는 것을 보고 "이보시오. 제가 귀찮아서 점심 주머니를 열 수 없으니 당신이 열어주면 반을 줄 테니 반씩 나누어 먹읍시다"라고 말을 걸었다. 그러자 그 남자는 "점심 주머니를 열 정도면 내 삿갓을 고쳐 쓰겠습니다"라고 대답했다. 이 남자도 게으름뱅이였던 것이다.

또 다른 게으름뱅이는 똑같은 게으름뱅이 친구의 집을 찾아가 방 밖에서 문을 열어달라고 했는데 안에 있던 사람이 귀찮아서 열어주지 않았고 밖에 있던 사람도 귀찮아서 만나지 못한 채 돌아갔다는 이야기도 있다.

또 어떤 게으름뱅이는 손가락 하나 움직이는 것이 싫어서 밥도 아내가 입까지 떠 먹여 주는 꼴이었다. 어느 날 사정이 있어 아내가 며칠 동안 집을 비워야 했기 때문에 가래떡을 길게 만들어 그 끝을 남편의 입에 넣어 주면서 "내가 돌아올 때까지 이것을 먹으세요"라고 말하고 갔다. 그러나 부인이 돌아와 보니 게으름뱅이는 턱 아래로 떨어진 떡을 먹지 않고 그것을 매단 채로 굶어 죽어 있었다.

같은 날 이필남 씨 이야기

신부를 훔친 남자

옛날 어느 한 남자가 가난하여 30세가 될 때까지 장가를 가지 못하고 어머니랑 둘이서 살고 있었다. 어느 날 어렵게 한 여자를 상자에 넣어 훔쳐 달아났다. 달아나다가 잠시 상자를 내려놓고 급하게 자신의 집으로 돌아가 어머니에게 "어머니, 앞집에 가서 천막을 빌리고 뒷집에 가서 병풍을 빌려오세요"라고 하며 혼례 준비를 하게 하고 다시 여자를 넣은 상자가 있는 곳으로 갔다. 그런데 한 두부 장수가 상자를 우연히 발견하고 안을 들여다보니 아름다운 여인이 있어 이 여인을 데리고 자신의 집으로 갔다. 대신에 상자에는 비지를 가득 넣어 두었다. 이것을 알 리 없는 총각은 다시 상자를 짊어지고 신혼의 단꿈을 상상하며 발길을 재촉하는데, 상자에서 물이 뚝뚝 흐르는 것이었다. 남자는 여인이 눈물을 흘리고 있다고 생각하고 "조금만 참으시오. 잠시만 기다려 주시오"라고 말했다. 집에 도착해 어머니와 둘이서 상자를 열어보니 비지가 가득 들어 있었기 때문에 어머니는 어이없어 "이게 무엇이냐. 천막과 병풍 타령을 하기에 여자라도 데리고 오는 줄 알았는데"라고 말하자 아들은 부끄러움을 감추려고 "제가 언제 천막과 병풍 타령을 했습니까. 앞집에 가서 도마를 빌리고, 뒷집에 가서 간장을 빌려 와 달라고 했지 않았습니까. 비지에 뿌려 먹으려고 생각했는데"라고 말했다.

같은 날 이필남 씨 이야기

·

어리석은 소금장수

어리석은 소금장수가 시장에 소금을 팔러 나갔지만 조금도 팔리지 않은 채 밤이 되었다. 그래서 하루를 묵으려고 어느 주막에서 들어가니 주변의 모든 사람이 도둑으로 보여 어딘가 소금을 숨겨야겠다고 생각했다. 강 속이 제일 안전하다고 생각한 소금장수는 소금을 강 속에 넣고 무거운 돌을 올려 고정시켜 두었다. 다음 날 소금을 찾으러 갔으나 소금은 간 데 없고 소금 주머니만 떠 있었기 때문에 소금장수는 감탄하며 '대단한 도둑이다. 이런 곳에 숨긴 것을 잘도 알고 소금만 쏙 빼가다니'라고 생각하면서 집으로 돌아가 아내에게 이 이야기를 했다. 아내는 어이없어 하며 내심 '이런 바보랑 평생을 산들 일생 편할 날이 없겠다'라고 생각하면서 남편에게 "소금을 도둑맞은 것도 분하니 오늘은 개라도 잡아먹읍시다"라고 하자 남편은 "그것 좋겠군"이라고 말하며 찬성했다. "제가 이 끈으로 개의 목을 묶고 잡아당겨 신호를 보낼 테니 신호가 오면 이 끈을 당겨주세요"라고 아내는 말하면서 끈의 한쪽을 주고 밖으로 나갔다. 잠시 뒤 밖에서 잡아당기는 느낌이 와 남편은 힘껏 끈을 잡아 당겼다. 그러나 끌려온 것은 개가 아니라 자신의 아내였다. 이것을 본 남편은 "개가 잡히지 않는다고 이만한 일로 목을 매서 죽을 필요까진 없지 않은가"라고 말했다.

1931년 1월 같은 이필남 씨 이야기

최가와 강가

옛날부터 최씨 성을 가진 사람은 독해서 그들이 한번 앉은 자리에는 풀도 안 나온다는 말이 있었다. 옛날 한 최씨 성을 가진 할아버지가 결혼 잔칫집에 가려는데 할머니에게서 "돼지 꼬리가 어지럼증에 좋은 약이랍니다. 그 집에 가거든 꼭 하나를 얻어오세요"라는 부탁을 받았다. 잔치가 끝나고 부탁 받은 돼지 꼬리를 가지고 집으로 돌아오는 길에 하나의 산을 넘어야 했다. 이미 밤도 깊었고 할아버지는 적당히 술에 취해 있었다. 그런데 갑자기 시커멓고 키가 크며 눈도 코도 없는 도깨비가 나타나 "할아버지 그 돼지 꼬리를 나에게 주지 않겠어?"라고 말했다. 도깨비는 돼지 꼬리를 굉장히 좋아한다(정말 그런지는 모르겠지만). 이에 할아버지는 "이것은 아내에게 부탁받은 것이기 때문에 너에게 줄 수가 없다"고 거절하자 도깨비는 크게 화를 내며 "정 줄 수 없다면 이렇게 하지"라고 말하고 갑자기 수많은 도깨비를 데리고 와 할아버지를 산꼭대기까지 끌고 가 발로 차 산 밑으로 굴렸다. 산 아래로 떨어진 할아버지를 다시 산정상으로 데리고 가 다시 밑으로 굴렸다. 이렇게 끌려 다니고 데굴데굴 굴러간 것이 수십 번이 되었을 때까지도 할아버지는 끝내 돼지 꼬리를 주지 않고 손에 꽉 쥐고 있었다. 도깨비들은 돼지 꼬리를 포기하고 마지막으로 "할아버지의 성은 무엇입니까"라고 물었다. 할아버지는 "나 말이야? 내 성은 최씨다"라고 대답하자 귀신들은 놀란 표정으로 "처음부터 최가라고 알았다면 쓸데없는 노력은 하지 않았을 텐데"라고 하면서 사라졌다. 그런데 '최씨 성을 가진 사람 열 사람을 합쳐도 강씨 한 사람을 이기지 못한다'라는 말이 있을 정도로 강씨가 얼마나 영악한지는 이것으로 알 수 있다.

1931년 1월 같은 이필남 씨 이야기

딸의 원혼

마을 부인들에게는 최근의 일로 알려진 이야기이다. 김해군 명호(낙동강 하구에 있는 섬)에 사는 김씨의 딸이 죽은 뒤 원혼이 되어 가족들을 괴롭혔고, 집안은 이런 소란 때문에 파산해 버렸다. 이유는 이러했다. 딸에게 혼담이 있었지만 숙부의 반대로 깨지고 말았다(딸에게는 아버지가 없었다). 딸은 이를 비관하여 자살을 했던 것이다. 죽은 것까지는 괜찮았지만 이후 그녀의 원혼은 매일 밤 어머니의 꿈에 나타나 괴롭혔다. 집의 그릇들을 던져 깨거나 문을 덜컹덜컹 소리를 나게 하고 불을 끄기도 하는 등 가족들을 놀라게 했다. 또 집을 태우는 광경을 보여주기도 하였다. 가족들이 백방으로 딸에게 사죄하기도 했지만 효과가 없었다.

가족들도 더 이상 참을 수 없어 무당을 찾아가 딸의 혼을 잡아 호리병에 가두기로 했다. 무녀는 그녀가 죽은 곳에서 용왕을 먹인 밀폐된 항아리에 끈을 묶고 이것을 강 속으로 던졌다. 그리고 주문을 외우면서 원혼을 호리병에 담았는데 이상하게도 밀폐된 호리병 안에는 몇 개의 여자 머리카락이 들어 있었다(이것이 죽은 사람의 혼이 들어 있다는 증거가 된다). 무녀가 미리 넣어둔 것일지도 모르지만. 물에 빠져 죽은 자는 이렇게 잡아두는 것인데 그녀의 원혼도 이렇게 호리병 속에 들어가게 되었다. 그러나 어떻게 깨고 나온 것인지 그녀의 혼은 다시 나타나 가족들을 괴롭혔다. 그래서 이 집을 떠나는 것이 좋겠다는 말을 듣고 명호에서 강 하나 떨어진 동래군 하단리라는 곳으로 이사를 했다.

이사한 날 밤 불을 붙이려고 화촉을 찾는 어머니에게 자신이 따라왔다는 것을 알리기 위해 딸의 혼은 어머니에게 화촉을 쥐어 주었다. 이렇게 하여 어머니는 딸의 원혼을 위로하고자 여러 가지 제를 지내기도 하고 무녀와 맹인, 점쟁이 등을 찾아다니며 해결 방법을 묻는 사이에 재산을 탕진하고 말아 지금은 거지와 같은 신세가 되었다고 한다.

1931년 1월 경남 동래군 구포 이필남 씨 이야기

고양이와 쥐

옛날 어느 마을에 스승과 제자가 살았다. 스승의 집 뒤에는 작은 샘이 있었는데, 스승은 언제나 이 샘물을 혼자 몰래 떠서 마시고 절대 제자에게는 주지 않았다. 이상하게 생각한 제자는 어느 날 스승이 없는 틈을 타서 샘물을 훔쳐 마셨다. 그런데 불현듯 호랑이가 되고 싶다고 생각하자 곧 호랑이가 되었고, 인간이 되고 싶다고 생각하자 다시 인간의 모습으로 돌아왔다. 그 뒤 제자는 스승 모르게 샘물을 계속 훔쳐 먹었다.

어느 날 제자가 집에 계신 어머니를 만나고 오겠다고 하자 스승은 이를 허락하면서 "20일째에는 반드시 돌아오너라" 하고 말했다. 집으로 돌아간 제자는 어머니가 너무 가난한 것을 알고 슬퍼하며 어머니를 향해 "제가 지금 말이 될 테니 부잣집에 나를 끌고 가서 팔아 주세요"라고 말하고 홀연 한 마리의 준마로 변했다. 어머니는 이것을 팔아 돈을 얻게 되었다. 부자가 준마를 사서 기뻐하는 것도 잠시, 다음 날 일어나 보니 말은 어디에도 없고 말의 가죽만 남겨져 있었다. 그는 다시 올빼미로 변해 어머니에게 팔게 하였다. 그리고 그는 다음 날 아침 족제비가 되어 새장에서 도망쳤다. 그러나 올빼미 주인은 족제비가 나타나 올빼미를 잡아 갔다고 믿고 억울해할 뿐이었다. 시간이 흘러 약속한 20일이 지났는데, 제자는 스승에게 이 일이 알려질까 두려워 돌아가기를 단념했다. 그리고 어머니에게 "제가 말이 되어 있을 테니 누가 와서 말을 달라고 하더라도 말을 주어서는 안 됩니다"라고 말하고 마구간에서 말이 되어 있었다. 그런데 정말 얼마 지나지 않아 스승이 찾아와 말을 달라고 했다. 하지만 어머니가 강하게 거절하자 스승은 갑자기 호랑이가 되어 말을 잡아먹으려 했다. 이것을 본 제자는 곧 담비(호랑이를 이기는 동물)로 변해 호랑이를 잡아먹으려 했다. 그러자 스승이 제비로 몸을 바꿔 도망갔기 때문에 제자는 매가 되어 스승을 쫓았다. 스승이 다시 포수로 변해 매를 겨냥했기 때문에 제자는 구슬이 되어 한 여자의 치마로 들어가 숨었다. 이에 스승은 사람으로 변해 여자에게 구슬을 달라고 권유했다. 어쩔 수 없이 제자는 목화나무 씨가 되어 바닥으로 굴러가 있는데 스승은 쥐가 되어 그것을 먹으려고 했다. 이에 제자는 홀연 고양이가 되어 쥐가 된 스승을 삼켜 죽여버렸다.

이로써 제자는 목숨을 구했지만 제자의 몸으로 스승을 죽였기 때문에 지금도 고양이는 영악한 얼굴을 가지게 되었으며, 자손을 많이 낳아도 쥐와 같이 번성하지는 못한 채, 언제나 고독한 존재라고 전해지고 있다.

1931년 1월 경남 동래군 구포리 이필남 씨 이야기

말괄량이 아가씨 혼내주기

어느 마을에 말괄량이 아가씨가 있었다. 남자도 안중에 없을 정도로 감당하기 힘든 난폭자이며, 술을 마시고 남자와 싸우는 등 아무리 거친 남자라도 그녀에게는 당하지 못할 정도였다. 이러다 보니 부잣집 외동딸인데도 누구도 그녀에게 장가들려는 사람이 없었고 결국 30세가 되도록 시집을 가지 못하고 있었다. 그녀의 아버지는 이를 걱정하며 "누구라도 내 딸과 결혼하는 자에게는 내 재산의 반을 주겠다"고 말했다. 이것을 들은 성실한 한 남자가 딸과 결혼하겠다고 했고, 아버지는 물론 이를 흔쾌히 받아들였다.

그러나 신혼 첫날인데도 말괄량이 딸은 얼큰하게 취해 입에서 썩은 감 냄새를 풍기며 신랑을 제쳐둔 채 코를 골며 잠자기 시작했다. 신랑은 이를 예상하고 있었기 때문에 도포의 소맷자락에서 홍시를 몇 개 꺼내 신부의 아랫도리와 엉덩이 등에 발라 놓았다. 그리고는 신부를 조용히 흔들어 깨우고, 잠에서 덜 깨 몽롱한 신부에게 "여보! 이것을 보세요. 당신이 너무 취해 이렇게 설사를 했습니다. 신혼 첫날밤에 개를 불러 이것을 먹게 할 수는 없고 어쩔 수 없이 오늘 밤은 제가 먹어야겠습니다"라고 말하면서 싫은 내색하지 않고 남김없이 그것을 핥아 먹었다. 신부는 엉덩이가 축축한 것과 색깔, 형태 등 여러 정황상 자신의 똥이라고 믿은 나머지 신랑에게 감격하여 다시는 술을 먹지 않기로 했다. 그리고 세상에 둘도 없는 현모양처가 되었다. 그들 사이에는 세 명의 아이들까지 태어났다.

그런데 어느 날 남편이 어떤 이야기를 하다가 신혼 첫날밤의 홍시에 대한 이야기를 부인에게 털어놓았다. 그러자 아내는 갑자기 난폭성을 드러내며 "그런 거였군! 내가 그런 일을 저지를 리가 없지"라고 소리치며 남편의 상투를 잡고, 매우 때렸다고 한다.

1931년 1월 경남 동래군 구포리 이필남 씨 이야기

죽을 훔쳐 먹은 시아버지

어느 집에서 팥죽을 만들었는데 가난한 살림 때문에 먹고 싶어도 마음껏 먹을 수 없었다. 그러나 오늘은 모처럼 가족 모두가 즐기고자 죽을 만들었다. 그런데 욕심이 많은 시아버지는 자신이 죽을 조금이라도 더 먹기 위해서 며느리가 우물에 가고 없는 사이 몰래 부엌에 들어가 표주박 가득 팥죽을 떴다. 그러나 너무 뜨거워서 그것을 마실 시간이 없을 것 같았기 때문에 천천히 죽을 먹으려고 바가지를 들고 화장실로 들어갔다. 얼마 지나지 않아 며느리가 돌아왔다. 며느리도 죽을 훔쳐 먹기 위해 바가지에 죽을 가득 담아 변소로 들어갔다. 그것을 본 시아버지는 당황한 나머지 팥죽을 자기 머리에 뒤집어써서 머리에서 발까지 죽 투성이가 되었다. 이때 며느리가 들어와 시아버지가 있는 것을 발견하고 놀라 손에 들고 있던 바가지를 내밀며 "아버님, 이것 드세요"라고 말했다. 그러자 시아버지는 "아니다, 팥죽을 먹지 않았는데도 죽 같은 땀이 흐른다"[1]고 대답했다.

　　　　1924년 9월 경북 대구부 정칠성 여사, 경북 김천군 이선출 씨
　　　　　　1931년 1월 경남 동래군 구포리 이필남 씨 이야기

| 주 | (1) '많은 땀이 흐른다'는 것을 '팥죽 같은 땀을 흘린다'고 말한다.

간통한 남자 이야기 두 편

　옛날 어느 여자가 남편이 외출한 사이 정부情夫를 불러 둘이서 우무(한천)를 먹으려고 디딜방아를 찧으면서 남자가 "어느 가래를 디딜까?"라고 말하자 여자가 "동쪽 가래를 디디세요"라고 하며 둘이서 즐겁게 먹고 있었다. 그런데 갑자기 남편이 돌아오자 여자는 놀라서 정부를 궤짝 속에 숨겼다. 그런데 남편이 이를 눈치 채고 귀약을 만들고자 한다며 부인에게 기름을 끓이라고 한 뒤, 궤짝에서 정부를 꺼내어 기름을 정부의 귀에 쏟아 부어 죽여버렸다고 한다.

　한 여자도 남편이 외출한 사이에 자신의 정부인 역졸을 불러 시시덕거리고 있는데, 갑자기 남편이 돌아오자 아내는 급하게 정부를 되돌려 보냈다. 그러나 급하게 되돌려 보내는 바람에 모자를 두고 가서 아내가 고민하고 있는데 창문 밖에서 "옷걸이에 걸어둔 모자, 항아리 안에 넣어둔 모자, 우물 옆에 던져둔 모자"라는 정부의 목소

리가 들려 '그렇다'고 깨닫고, 몰래 횃대에서 모자를 꺼내 항아리 안에 넣고, 물을 길으러 나가는 것처럼 하고 우물까지 가서 우물 옆에 모자를 두고 가자 정부는 나중에 와서 그것을 가지고 갔다.

1931년 1월 동래군 구포리 이필남 씨 이야기

여자의 원한

옛날 한 사람이 부인을 얻었는데 첫날밤 신방의 창문 밖에 중의 머리가 달빛에 비춰 보였다. 그는 아내의 정부(옛날에는 중이 자주 마을의 여자들과 통했다)의 그림자라고 착각하여 그대로 신부의 집에서 뛰쳐나와 9년 동안 자취를 감췄다.

9년 뒤에 그는 과거를 보려고 경성으로 가는 길에 우연히 점을 보게 되었다. 그러자 점쟁이는 "당신은 오늘 밤 호랑이에게 잡혀 먹힐 운명입니다. 우선 지금 당장 당신이 전에 갔던 집으로 가서 아주 깊은 곳에 구멍을 파서 숨으세요. 위에는 아주 많은 판자를 겹쳐놓고 오늘 밤을 보내세요. 그렇지 않으면 당신의 목숨은 보장할 수 없습니다"라고 말했다. 그는 지금 자신이 걷고 있는 길이 처음 지나가는 곳이라고 생각했지만 점쟁이의 말을 듣고 살펴보니 그가 9년 전 아내를 맞이하기 위해 지나봤던 길이었다. 급히 아내의 집을 찾아가 보니 장인은 근심 때문에 벌써 백발이 되어 있었고 힘없는 모습으로 마당을 쓸고 있었다. 그는 걱정스러운 마음을 참지 못하고 장인에게 가 "아버님, 저입니다"라고 인사를 했지만 장인은 얼굴을 들었을 뿐 입을 열려고도 하지 않았다. 그는 예전의 죄에 대해 용서를 빌고, 겨우 장인의 도움을 얻어 깊고 견고한 구멍을 파고 그 밑에 숨었다.

밤이 되자 집안에서 한 여인이 나와 마당에서 하늘을 향해 주문을 말함과 동시에 몸을 세 번 날아 뒤집더니 갑자기 한 마리의 호랑이가 되었다. 호랑이는 그의 위에 쌓아둔 판자를 치우기 시작했고 마지막 남은 한 장의 판자를 발로 차려고 하는 순간 운 좋게 첫닭이 꼬끼오 울었기 때문에 호랑이는 깊은 한숨을 쉬고 하늘을 향해 운 뒤 다시 여인이 되어 자신의 방으로 들어갔다.

다음 날 아침 장인이 그를 향해 "저쪽에 들어가 보게"라고 예전의 신방을 가리키며 말했다. 들어가 보니 방안에는 모든 것이 9년 전의 그날 밤 그대로였다. 그가 머리를 바닥에 대고 수없이 사죄를 하니 신부옷을 입은 부인이 대야를 집어 그에게 내놓으면서 "이것은 지금까지 제가 흘린 눈물입니다. 이것을 한 방울도 남기지 말고 마셔주세요"라고 말했다(인간의 눈물은 짜기 때문에 소금물을 마시는 것보다 더 괴로운 것이다). 그는 한 번에 그것을 마셨다. 그러자 처음으로 그녀는 그의 죄를 용서하고 백년해로를 했다.

신혼 첫날밤 창문에 비쳤던 머리는 중의 머리가 아니라 신부의 집이 해변에 있었는데, 때마침 중의 머리와 닮은 문어가 창문 밑을 지나가는 것을 보고 신랑이 중으로 착각했던 것이었다. 그리고 부인은 남편이 도망간 뒤 칠성단을 마당 한쪽에 세워 9년 동안 바람이 불거나 비가 내리든 가리지 않고 매일 밤하늘을 향해 "제가 호랑이가 되어 원수를 갚게 해 주세요"라고 기도하고 기회가 오길 기다리고 있었던 것이었다.

1931년 2월 경남 동래군 구포리 이필남 씨 이야기

무식한 형제의 편지 주고받기

어느 곳에 무식한 형제가 있었다. 어느 날 형이 동생에게 누룩을 조금 얻으려고 생각했지만 다른 사람에게 부탁해 편지를 쓰는 것이 부끄러웠다. 그리하여 다른 방법을 생각하던 끝에 문득 무릎을 치고 나서 벽장에서 종잇조각 한 장과 깨진 벼루, 빛바랜 붓을 꺼내 큰 누룩을 그리고, 그 아래에는 자신의 손바닥에 묵을 발라 종이에 찍어 동생에게 보냈다. 이것을 본 동생은 "이것은 형이 누룩이 필요하다고 하는 뜻이다"라고 깨달았지만 공교롭게도 누룩이 하나도 없었다. 형의 글에 작대기를 그어 답신을 보냈지만 이를 받은 형은 화를 내며 종이 위에 빨간 점과 파란 점을 사방에 찍어 보냈다. 그리고 이를 본 동생은 "형이 너무 화가 나서 얼굴이 붉으락푸르락 하는 것 같다"라고 말하고 형에게 보내는 답신에 항아리와 복숭아를 그려 보냈다. 그것을 본 형은 만족한 얼굴로 "흥, 그럼 그렇지. 아우가 항복(사죄의 의미)을 해 오는구나"라고 말했다.

1924년 8월 경성 기고자 미상

이러한 얘기는 곳곳에 전해지고 있다.

소금장수의 재치

해변에 한 소금장수가 살고 있었다. 어느 날 그는 소금을 팔려고 산촌을 걷고 있는데 배가 너무 고파 산을 바라보다가 장례를 치르고 있는 한 무리를 발견했다. "저쪽에 가서 뭐라도 얻어먹어야겠다"고 생각한 그는 짐을 내려놓고 무덤을 파고 있는 곳으로 다가가면서 "정말 너무한 사람이군. 아무리 내가 가난해도 부음 한 장 보내지 않다니 박정한 사람이야"라고 말하고 덧붙여 "나는 돌아가신 분과 절친한 사이였소"라고 말했다. 그러자 상주는 본 적이 없는 사람이지만 자신의 망부와 친구라고 말하기에 "정말 경솔했습니다"라고 사과하면서 밥과 술로 대접했다. 소금장수는 내심 웃음을 참으면서 집에 돌아와 이 일을 친구인 소금장수에게 말했다. 그러자 친구는 감동을 하며 "좋아, 나도 그 방법을 한번 써 보지"라고 생각하였다. 그러던 어느 날 운 좋게 장례식을 치르는 것을 발견하고 가까이 가면서 "이런 박정한 사람아! 부음 한 장 보내지 않다니 어쩐 일이야. 나는 돌아가신 분과 절친한 사이였습니다"라고 말했다. 그러자 한 젊은이가 나오면서 "이런 바보, 그러면 당신은 내 여동생과 정을 통했다는 말이냐!"라고 곤봉을 휘두르며 때리기 시작했다. 그곳은 요절한 처녀의 장례식이었던 것이다. 맞고 있던 그는 하나의 묘안을 떠올려 자신의 어깨를 가리키며 "여기를 좀 때려주세요"라고 말했다. 그러자 때리고 있던 젊은이는 "이 바보야! 맞는 놈이 여기 때려 저기 때리라고 주문하는 것이 있기나 하느냐"라고 호통을 쳤다. 소금장수는 이에 "처녀의 장례식장에서 적당히 잘 맞으면 신경통이 낫는다는 말이 있어 일부러 왔지"라고 말하자, 젊은이는 혀를 내두르며 "이 바보야! 나는 네 녀석의 신경통 따위 고칠 겨를이 없다"고 말하며 곤봉을 던져 버렸다. 소금장수는 '겨우 살았다'고 하고 살금살금 도망쳐 돌아갔다. 사람은 아무리 남이 비단으로 장식하고 좋은 음식을 먹는다 해도 결코 그것을 부러워해서는 안 된다.

1924년 8월 황해도 장연군 읍내 홍원득 씨 기고

수수께끼 풀기

어느 시골에 삼부자三父子가 있었다. 아버지는 작은 아이가 방탕했기 때문에 자신의 아들이라 생각하지 않았고, 가족들도 그를 미워

일문日文 설화 647

했다. 아버지는 차남의 방탕함에 정나미가 떨어져 어느 날은 기분 전환 겸 막대한 여비를 가지고 유람을 떠났다. 한 마을에 이르자 날이 저물어 제일 큰 집을 찾아가 하룻밤 묵기를 청하였다. 주인은 손님의 행색이 나쁘지 않은 것을 보고 기쁘게 맞아들였다. 그리고 훌륭한 저녁 식사로 환대한 뒤, 세상 돌아가는 일 등 여러 가지 이야기를 시작했는데 차츰 주인의 화제는 수수께끼 쪽으로 가고 있었다. 주인은 결국 "수수께끼 내기를 해봅시다. 내가 진다면 나의 집을 당신에게 주고, 당신이 진다면 당신의 보따리를 모두 나에게 주세요"라고 말했다. 손님도 이야기에 꾀여 이에 응했다. 그러자 주인은 "'매사는 주인부터'라는 속담대로 저부터 수수께끼를 내겠습니다. 제가 낸 3개의 수수께끼에 대한 해답을 하나도 내놓지 못하면 당신이 지는 것이 되고, 하나라도 해답을 내놓는다면 다음은 당신이 3개의 수수께끼를 낼 권리를 얻는 것입니다"라고 말했다.

이렇게 해 주인은 첫 번째 수수께끼를 냈다. "우리 집이 지금보다 유복할 적, 나는 한 장의 당나귀 가죽을 가지고 있었는데, 그것이 3, 4월이 되니 목소리를 내며 울었습니다. 어떻게 하면 울음소리를 멈추게 할 수 있습니까?" 손님은 이것에 대한 답을 할 수 없었다. 주인은 두 번째 수수께끼를 냈다. "우리 집이 지금보다 유복할, 적 우리 뒷마당에는 하나의 석불이 있었습니다. 그런데 5, 6월이 되면 석불의 배에서 고름이 흘러나와 집안이 그 냄새로 어쩔 도리가 없었습니다. 어떻게 하면 고름을 멈추게 할 수 있습니까?" 손님은 있는 지혜를 짜냈지만 답을 말할 수 없었다. 세 번째 수수께끼로 주인은 "우리 집이 지금보다 유복할 적, 나는 황금 돗자리를 가지고 있었는데 시시각각으로 실이 풀립니다. 어떻게 하면 이것을 멈추게 할 수 있습니까?"라고 말했다. 손님은 땀을 줄줄 흘리면서 생각했지만 역시 답을 내지 못하고 끝내 보따리를 빼앗겼다.

주인은 그것을 가지고 방으로 들어가 버렸다. 다음 날 아침은 전날과는 완전히 다르게 조악한 것으로 변했지만, 손님은 그것을 먹고 분한 마음으로 집으로 돌아갈 수밖에 없었다. 주인은 항상 이러한 방법으로 손님의 물건을 빼앗아 부자가 되었던 것이다. 그는 집에 돌아가 있었던 일을 장남에게 말했다. 장남이 크게 분개하여 그 집으로 찾아갔지만 장남도 짐을 빼앗겨 돌아왔다.

이때 차남은 곤드레만드레가 되어 집으로 돌아와 아버지와 형의 침울한 모습을 보고 그 이유를 묻고 "그럼 내가 한번 가보지"라고 말하고 마을의 집집마다 찾아가 넝마와 걸레, 똥을 닦는 걸레 등 불필요한 것을 가지고 와 보자기에 가득 채워서 그 집을 찾아갔다. 그러자 주인은 그의 짐이 큰 것을 보고 크게 기뻐하며 저녁 식사에 돼지고기, 닭고기 등을 내어 환대했다. 그리고 얼마 지나지 않아 당나귀 수수께끼를 냈다. 그는 전혀 놀라지 않은 얼굴로 "그건 아무것도 아닙니다. 당나귀 가죽이 울면 들에 나가 완두콩을 따와 그것으로 죽을 만들어 먹이면 울음은 멈춰집니다"라고 대답하자 주인은 "손님, 2, 3월의 들에 완두콩 같은 게 있을 리가 없죠"라고 말했다. 그러자 그는 "그럼 우는 가죽은 어디에 있습니까? 그런 것이 있다면 여기에 가지고 와서 보여주세요"라고 말했다. 그러자 주인은 항변하지 못하고 두 번째 석불 수수께끼를 냈다. 그는 "이것도 아무것도 아닙니다. 석불이 고름을 흘리면 들에 나가서 눈을 모아 오고, 처마 밑에 매달려 있는 고드름을 떼어내고, 눈은 석불의 항문에 집어넣고, 얼음은 찔러 넣습니다"라고 대답했다. 그러자 주인은 "5, 6월의 여름에 눈과 얼음이 있을 리가 없습니다. 농담하지 마세요"라고 말했다. 그러자 그는 또 다시 "그럼 내장이 있는 석불이 어디에 있습니까? 있으면 가지고 와서 보여주세요"라고 말해 주인이 할 말 없게 만들었다. 주인은 마지막으로 황금 돗자리 수수께끼를 냈다. 그는 역시 태평한 얼굴로 "그것도 아무것도 아닙니다. 집 탄 재와 모래를 섞어 가는 실을 꼬아서 풀린 부분 양쪽을 이어 붙이면 됩니다"라고 대답했다. 그러자 주인은 "재와 모래로 어떻게 실을 꼴 수 있습니까?"라고 말했지만 "그럼 시시각각으로 풀리는 황금 돗자리를 보여주세요"라고 말해 아무 말도 할 수 없었다.

다음에 그는 "이번은 제가 낼 차례입니다. 그럼 내겠습니다. 그러나 나는 당신과 같이 거짓말을 하지는 않을 것입니다"라고 말하면서 사방의 문을 열고 방 가운데에 서서 "내가 어느 문으로 나갈까요?"라고 말했다. 주인은 대답을 하지 못해 졌다. 다음에 그는 엉거주춤하게 서서 "지금부터 내가 설까요? 앉을까요?"라고 말했다. 주인은 또한 대답을 하지 못해 지고 말았다. 마지막으로 그는 주먹을 꽉 쥐고 주먹을 가리키며 "이것으로 내가 당신을 때릴까요? 때리지 않을까요?"라고 말했다. 주인은 또다시 대답을 하지 못하고 파랗게 질린 얼굴이 되어 마지못해 집문서를 꺼내놓으려고 했지만 그는 웃으면서 "그런 것은 꺼내지 않아도 됩니다. 나는 아버지와 형의 보따리를 가지고 돌아가면 충분합니다. 그러나 다음부터 이런 바보 같은 상매를 그만두시오"라고 말했다. 그러나 주인은 "제발, 이것만이라도"라고 말하면서 두 개의 보따리 외에 돈 두 바리를 주었기 때문에 거절하기 힘든 표정을 지으며 받아 돌아왔다. 그 뒤로 그는 아버지와 형, 가족들에게도 크게 환대를 받았다.

1924년 8월 경성부 수은동 122 이배근 씨 기고

도깨비 이야기

옛날 경성의 한 가난한 노인에게 아름다운 딸이 있었다. 그런데 한 젊은이(총각)가 가끔 찾아와 적지 않은 돈을 주고 여러 가지 친절을 베풀어 주었기 때문에, 노인은 결국 젊은이의 청을 받아들여 자신의 딸을 주기로 약속을 했다. 그런데 납폐를 보니 보통의 베와 비단이 아니라 무언가 알 수 없는 진귀한 물건이었다. 실로 기괴한 일이라고 생각했지만 우선 노인은 그것을 받았다. 그리고 언제 혼례식을 치를지 묻자 젊은이는 "어느 날 저녁에 가겠습니다"라고 대답했다. 혼례식을 밤에 치른다는 것 또한 이해할 수 없었지만 젊은이의 마음이 상할까 염려되어 노인은 이것에 대해서도 크게 마음을 쓰려고 하지 않았다.

그러나 결혼한 뒤 딸은 차츰 말라갔고, 그런 채로 내버려 둔다면 몇 개월이 되지 않아 목숨을 잃을 것 같았기 때문에 하루는 맹인을 찾아가 점괘를 보았다. 그러자 맹인은 "이는 도깨비의 저주 때문입니다"라고 말하고 노인에게 사위에 대해 여러 가지를 들은 후 "어쩌면 당신의 사위는 사람으로 변신한 도깨비일지도 모릅니다. 도깨비는 무엇보다 술을 싫어하니 오늘 밤에 오면 술을 권해보세요. 술을 마시지 않는다고 한다면 술병으로 그를 쳐보십시오"라고 말했다. 노인은 맹인이 알려준 대로 술병으로 사위를 내리쳤다. 그러자 술병이 깨짐과 동시에 젊은이의 모습이 사라지고 말았다. 맹인은 이 이야기를 듣고 "그렇다면 그 젊은 도깨비는 이미 죽은 것이 틀림없습니다. 3일 뒤 저기 느티나무 밑에 구멍을 파고 밤에 몰래 들어가 몸을 숨기고 기다려보세요. 그렇게 하면 모든 것을 알게 될 것입니다"라고 말했다.

3일 후 맹인의 말대로 노인이 숨어 있으려니까 과연 수많은 도깨비가 모여 들어 나무 밑에서 대회를 열고, 모인 자리에서 젊은 도깨비의 이야기가 나왔다. "왜 그 도깨비는 보이지 않는 거지?"라고 한 도깨비가 말하자 다른 도깨비가 "하도 나쁜 짓을 해서 술병에 얻어맞아 3일 전에 죽어버렸어"라고 대답했다. 역시 그 뒤부터 젊은이는 찾아오지 않았고 딸은 얼마 지나지 않아 죽었다.

1931년 4월 경남 동래군 구포 이필남 씨 이야기

아내를 빼앗긴 남자와 독수리

옛날 한 젊은이가 장가를 들어 아내와 계집종을 데리고 자신의 집으로 돌아가는 도중 큰 강을 건너게 되었다. 절반쯤 건넜을 때 갑자기 한 척의 배가 나타나 두 여자를 빼앗고, 적의 두목이 부채를 한번 흔들자마자 배는 어디론가 사라져 버렸다. 젊은이는 울면서 강둑덕 쪽으로 가서 여러 가지 방도를 생각했지만 아무런 방도를 찾지 못했다. 그런데 그때 큰 독수리 한 마리가 나타나 "적은 바다 건너에 있지만 당신은 이 바다를 건너갈 수 없습니다. 송아지 한 마리를 잡아 몇 토막으로 잘라, 내가 당신을 돌아볼 때마다 그것을 한 토막씩 나의 입에 넣어 주세요. 그리고 당신은 나의 등에 타세요"라고 말했다. 그렇게 하여 바다를 거의 건넜다고 생각했을 때, 독수리가 다시 그를 돌아보았다. 그러나 이미 소고기는 다 주고 없었다. 그는 어쩔 수 없이 자신의 한쪽 팔을 잘라 주었다. 그리고 겨우 바다를 건너게 되었다. 독수리는 젊은이를 육지에 내려놓자 삼켰던 팔을 뱉어 내어 원상태로 붙여준 뒤, "이 길을 곧장 가면 큰 버드나무가 한 그루 있습니다. 그 위에 올라가 숨어 있으면 적의 모습을 볼 수 있습니다"라고 말하고 다시 날아갔다.

젊은이는 독수리의 말대로 버드나무 가지에 몸을 숨겼다. 밤이 되자 한 여인이 발소리를 낮추며 적의 집에서 나와 버드나무 밑에 있는 우물에서 정화수를 떠 단壇에 올리고 나서 "제발 주인어른을 만날 수 있도록 해주세요"라고 빌고 있었다. 얼굴은 잘 보이지 않았지만 그것은 분명 계집종의 목소리였다. 그는 나무에서 내려와 계집종과 한없는 기쁨에 서로 눈물을 흘렸다. 계집종의 이야기를 들어보니, 그의 아내는 몸과 마음을 모두 적에게 허락하고 젊은이를 조금도 생각하지 않을 뿐만 아니라 남편이 도적을 치러 오지는 않을까 걱정하고 있다고 했다. 젊은이는 크게 화를 내며 두 원수를 한칼에 죽이려고 했지만 계집종의 말에 따라 분을 참고 잠시 동안 부엌의 광 속에 숨었다. 그동안 계집종은 틈틈이 장군 물을 떠 왔다. 젊은이는 그 물을 마시고 점차 강해져 갔다. 어느 날 계집종은 몰래 대검을 가져와 "이것을 시험해 보세요"라고 말했다. 젊은이는 대검을 자유자제로 휘둘러 사용할 수가 있었다. 어느 날 또다시 계집종이 찾아와 "지금이 좋은 기회입니다. 적은 술에 취해 자고 있으니 이 기회를 놓치지 마시고 적을 죽이세요"라고 말했다. 젊은이는 장검을 가지고 적의 방으로 몰래 들어가 먼저 적의 코를 내리쳤다. 그러자 적은 목의 비늘을 거꾸로 세웠다. 젊은이는 계집종이 알려준 대로 비늘 아래를 검으로 찔러 적의 머리를 떨어뜨렸다. 그러자 적의 머리는 다시 뛰어 오르는 듯했지만 곧 떨어져 다시 목에 붙으려고 했다. 이때 계집종은 기회를 놓치지 않고 꺼진 재를 보따리에서 꺼내 목에 뿌렸다. 이렇게 적의 목은 일단은 원래대로 붙었지만 다시 떨어져 끝내 죽게 되었다. 젊은이는 그의 아내도 잡아 죽였다. 계집종과 함께 적의 곳간을 가보니 한 곳간에는 쌀이, 다른 곳간에는 돈이, 또 다른 곳간은 금은보화가 가득 쌓여 있었다. 두 사람은 이것들을 모두 적의 부하에게 나누어 주고 가장 귀중한 보화만 가지고 적의 배를 타고 고향으로 돌아왔다. 그리고 둘은 결혼해 행복하게 살았다.

1931년 4월 경남 동래군 구포 이필남 씨 이야기

딸은 도둑과 마찬가지

도대체 여자라고 하는 것은 키우는 데도 돈이 들고, 자라서 결혼을 해도 친정의 재산을 어떻게 해서라도 시댁에 가지고 갈 생각만 한다. 이리하여 옛날부터 "딸은 도둑과 마찬가지"라는 말도 있다.

옛날 경성의 어느 마을에 의형제(처남, 매부)가 함께 살고 있었다. 내일은 과거 시험이 있기 때문에 처남과 매부는 각자의 먹을 갈아 각자의 병에 넣어 벽에 걸어 두었다. 그런데 그날 밤에 여동생의 꿈에 오빠의 먹을 담은 병에서 청룡과 황룡이 기어 나오는 것을 보았다. 그녀는 내심 '이것은 오빠가 급제한다는 꿈이 분명해'라고 생각했다. 그래서 다음 날 두 사람이 시험장에 나가려고 먹병을 가져오라고 할 때, 몰래 오빠의 것과 남편의 것을 바꿔서 주었다. 역시 이날 남편이 장원급제를 하고 오빠는 낙방을 하였다.

1924년 8월 경성부 서대문 밖 동막하리 64 김명득 씨 기고

빚 때문에 목을 베다

옛날 백 냥의 빚 때문에 목을 베는 법이 있었다. 그 무렵 한 남자가 매일 아침 일찍부터 지게를 지고 집을 나와 밤늦게까지 돈을 벌어 겨우 가족을 먹여 살리고, 하루라도 돈을 벌지 못하면 굶을 수밖에 없는 가난한 생활을 하고 있었다. 그러나 그는 아들이 학문을 닦는 일을 위해서는 어떠한 노고도 아끼지 않았다. 어느 해 그는 돈을 빌려 장사를 시작했지만, 불행하게도 일 년 뒤에는 백 냥이라는 큰 돈을 손해 보았다. 그는 빌린 돈을 갚지 못해 소송을 당했고, 결국에는 옥에 갇히게 되었다. 이때 아들은 겨우 7살이었다. 아들이 서

당에서 돌아와 보니 평소에는 반갑게 맞아주던 어머니가 천장을 바라보며 한숨을 쉬고 있었고, 아버지의 모습도 보이지 않았다. 아들은 집에 무언가 변고가 일어났음을 느끼고 어머니에게 여쭈어 보았으나 네가 알 바 아니니 저녁 먹고 공부하라는 말만 할 뿐이었다. 어머니는 돈을 빌리려고 친척들을 찾아가 보았으나 헛수고였다.

시간이 흘러 내일 모레가 되면 남편의 목을 베는 날이 되어, 어머니는 처음으로 아들에게 모든 것을 털어놓았다. 이 말을 들은 아들은 군수가 있는 관청에 가 군수 앞에서 눈물을 흘렸다. 상대가 아이이기 때문에 군수는 친절한 목소리로 "울지 말거라. 너는 누구의 아이냐. 그리고 무슨 일로 왔느냐?"라고 물었다. 그는 울면서 종이와 붓을 부탁하고 눈물과 함께 다음 탄원장을 냈다. "難之難之爲錢難, 難之難之死人難, 幼兒七歲失父難, 吾母春春寡婦難"(슬프다 슬프다 돈으로 인해 슬프다. 슬프다 슬프다 사람의 죽음은 슬프다. 7살의 어린 나이에 아버지를 잃게 되어 슬프다. 나의 어머니는 젊은 나이에 과부가 되어 슬프다) 군수는 크게 감동하여 백 냥의 채무를 자신이 갚아 주어 아이를 도와주었다. 이 일은 점차 소문이 나게 되었고 결국은 왕에게까지 전해져 뒷날 빚 때문에 목을 베는 악법은 폐지되었다.

1924년 12월 마산부 김만석 씨 기고

무당과 시자

숙종대왕 때 장동 김씨에 '시자'라는 사람이 있었다(어떤 한자인지는 모르지만 어쨌거나 시자라고 전해지고 있다). 그에게는 한 친구가 있었는데, 둘은 같은 해 같은 달 같은 날 같은 시에 태어나 같은 서당에서 공부하고 동시에 급제를 했기 때문에 형제보다 가까운 사이였다. 그런데 불행히도 그 친구가 열여덟이라는 젊은 나이에 요절했다. 시자의 비탄은 상상할 수도 없었다. 그는 친구를 꿈에서라도 한 번 만나고 싶어 했지만 꿈도 얄궂은 것이라, 지나치게 생각하면 오히려 꿈에도 나타나지 않는 일이다.

시자는 23세에 경상감사가 되어 대구에 부임하게 되었다. 문벌도 좋고 재주도 뛰어났기 때문일 것이다. 그런데 그는 무당을 굉장히 싫어해 무녀가 보이는 대로 죽였다. 이리하여 대구 부근은 무당의 그림자도 찾아 볼 수 없었다.

그러던 어느 날 밤 객사에서 생각에 잠겨 있는데 갑자기 무녀의 굿하는 소리가 들렸다. 이대로는 둘 수 없다고 생각해, 포졸에게 명하여 주인과 무녀를 잡아 오도록 하였다. 잡혀 온 주인은 놀랍게도 감사 수하의 통인通引이었다. 그는 통인을 크게 혼을 내고 무녀는 때려죽이도록 하였다. 통인은 땅에 엎드려 "아들이 중병에 걸려 목숨이 경각에 달려 있기 때문에 어쩔 수 없이 이런 죄를 지었습니다"라고 슬프게 하소연했는데, 무녀는 조용히 감사의 앞으로 가 그의 얼굴을 바라보며 "소녀가 봐서는 대감에게는 일생 이루지 못한 한 가지 소원이 있습니다. 제가 여기서 죽는다 해도 절대 원한은 없지만 죽기 전에 적어도 대감의 소원을 풀어 드리고 싶습니다"라고 말했다. 감사는 무녀의 신기한 말에 놀라 노여움을 누그러뜨리고 "너는 어떻게 그 일을 알고 있느냐. 내 일생의 소원은 죽은 친구와 이 세상에서 한번 만나는 것이다. 정말로 너의 힘으로 이 소원을 들어줄 수 있느냐?"라고 물었다. 무녀는 망자의 성명과 연령 등을 묻고 다음 날부터 대규모의 굿을 마당에 열었다. 무당은 높은 머리장식(의식 때 사용하는 것으로 많은 머리카락을 넣어 묶는 것)을 쓰고, 채의를 두르고 7일 밤낮으로 춤추고 노래하며 강신 기도를 드렸다. 7일째 아침, 정말로 감사의 죽은 친구는 모습을 드러냈다. 감사는 기쁜 나머지 버선발로 대청에서 내려와 죽은 친구를 맞이하고 손을 잡아 자신의 자리로 안내했다. 그리고 둘은 서로 그리운 마음을 털어 놓았다. 그러나 이러한 광경은 무녀와 감사의 눈에만 보이기 때문에 다른 사람은 절대 모르는 일이었다. 이야기를 하면서 죽은 친구는 다음과 같이 말했다. "나는 저승에서 인간의 수명을 관장하고 있다. 그렇기 때문에 한시라도 그곳을 비울 수가 없다. 그러나 7일 전부터 채의성장彩衣盛裝한 많은 무녀들이 와서 어찌나 시끄럽게 호소를 하던지 결국 3시간만 허락을 얻어 자네를 만나러 이 세상에 나왔네. 자네의 수명은 몇 살로 그 해의 어느 달 어느 날에는 이 세상을 떠날 것이네. 그렇게 되면 저승에서 다시 만날 수 있을 것이네." 그리고 또 "자네는 많은 무녀를 죽이고 있지만 그것은 좋지 않네. 그들은 모두 비명횡사를 하는 것이네. 그리고 무엇보다 자네의 죄업을 늘리는 것이 되니 앞으로는 삼가는 것이 좋네"라고 말했다. 그 뒤로 시자는 절대 무당을 죽이지 않았고 숙종대왕에게 금무禁巫의 명을 없애도록 상소를 올렸다.

이 일로 후세의 무녀들은 시자의 덕을 기려 그를 은인으로 받들게 되어 지금도 굿을 시작하기 전에 반드시 먼저 "시자"라고 길게 부르고 그에게 경의를 표한다.

1931년 4월 5일 경남 동래군 구포리 맹인 최순도 씨 이야기

죽은 뒤의 혼

'사후에도 인간의 혼이 정말 있다'는 말에 대해서 시자의 이야기 외에도 그 예를 많이 볼 수 있는데, 내가 젊었을 적에 이러한 실화를 들은 적이 있다. 사이가 아주 좋은 두 사람의 서생(둘 다 김해 사

람)이 과거에 응하려고 길을 나섰는데, 도중에 갑이라는 사람이 왠지 불길한 예감이 들어 "오늘은 기분이 나쁘니 하룻밤 이곳에서 머물고 떠납시다"라고 말했지만 을은 "꼭 이 배로 건너고 싶다"고 하여 갑을 남겨두고 혼자 배를 탔다. 갑은 어쩔 수 없이 을과 헤어져 숙소에 도착하자마자 피곤한 나머지 잠시 낮잠을 자버렸다. 그런데 꿈속에서 을은 온몸이 물에 젖어 "나는 용왕에게 볼일이 있어 왔으니 고향에 돌아가면 부모님에게 너무 슬퍼하지 말라고 전해줘"라고 말했다. 갑은 너무 놀라 잠에서 깨 주막의 사람을 불러 물어보니 과연 을이 탄 배가 도중에 파선하여 승객이 모두 익사했다고 했다.

또한 김태사(점을 치는 맹인으로, 태사는 맹인에 대한 존칭)라는 사람은 나의 친구로 현재 김해에 살고 있는데, 그의 말에 따르면 수년 전 봄에 강 건너의 김 아무개라는 사람의 집에 안택기도를 해주기로 약속을 했지만 사정이 생겨 미루게 되었다. 그런데 전에 안택기도를 해 주기로 약속한 그날 밤에 강 건너편에서 번번이 "김태사~"라고 부르는 목소리가 들리기에 누구인지 물어보니 "저는 김 아무개라는 집의 머슴입니다만, 오늘 기도하는 날인데 왜 오지 않느냐고 주인이 말해서 왔습니다. 바로 와주세요"라고 대답했다. 부슬부슬 비가 내리는 음산한 밤이었기 때문에 서로 모습을 정확히 볼 수 없었지만 크지 않은 강 하나 있는 거리였기 때문에 분명히 들렸고 그 목소리는 분명 들어 본 적이 있는 머슴의 목소리였다. 그리하여 김태사도 잠시 주저했으나 "이런 일은 절대 없다. 물귀신의 유혹일지도 모른다"고 생각하고 몇 번 부르는 소리가 들려도 대답을 하지 않았다. 그러자 곧 목소리는 멈추고 말았다. 다음 날 아침 사람을 시켜 알아보니 그 집에서는 그런 일이 없다고 하였다. 김태사가 만약 그날 밤 강을 건넜다면 물귀신에게 죽었을 것임이 틀림없고, 이른바 물귀신(익사귀)이라는 것은 물속을 방황하면서 음산한 밤에 자주 나타나 사람을 유혹하는 것이다. 사람이 죽은 뒤 그 혼이 만약 없어지는 것이라 한다면 이런 귀신이 있을 리가 없지 않겠는가.

같은 때 최순도 씨 이야기

대동강과 설수 이야기

지금의 대동강은 대동문 밖을 흘러 평양시와 가까이 있지만, 옛날에는 이 강이 평양에서 5리나 떨어진 곳에 있어 시민이 물을 길으러 가기에 상당한 불편했다. 수백 년 전 평양 시내에 설수라는 사람이 살고 있었는데, 자비가 깊은 사람이었다. 어느 날 그는 도포를 입고 길을 걷고 있는데 한 어부로 보이는 듯한 사람이 큰 물고기를 한 마리 팔고 있기에 진귀한 물고기라 여기면서 가격을 물어보고 있었다. 그런데 그때 "설수야 도와줘"라는 목소리가 희미하게 들렸다. 누가 말하는지 사방을 둘러보았지만 목소리의 주인은 보이지 않았다. 이상하다고 여기고 있는데 또다시 목소리가 들렸다. 우연히 물고기를 내려다보니 물고기는 빈번히 아가미를 움직였고 목소리의 주인이 물고기라는 생각이 들었다. 이에 설수는 내심 '이 물고기가 도움을 청하고 있음이 분명해. 신물이 분명하니 도와주어야겠다'고 생각하고 돈주머니를 찾아보았으나 공교롭게도 돈은 들어 있지 않았다. 그는 잠시 생각한 뒤 자신이 입고 있는 도포와 물고기를 바꾸기로 했다. 그리고 어부에게 "이 모시도포를 줄 테니 물고기를 주시지 않겠습니까?"라고 말했다. 어부는 생각지도 않은 큰 이익에 두말하지 않고 이를 받아들였다. 주위 사람들은 '저 사람은 어디 미친 것이 아닌가'라는 표정으로 설수를 바라보았다. 설수는 물고기를 가지고 성 밖으로 나와 5리의 거리를 걸어, 대동강에 놓아 주었다.

그런데 그날 밤 꿈에 백발노인이 나타나 말하기를 "설수씨, 나는 당신의 은혜에 보답하려고 용궁에서 왔습니다. 나는 수국水國의 용왕으로 오늘 당신이 대동강에 놓아 준 물고기는 나의 아들입니다. 소원이 있다면 주저하지 말고 말해 주세요. 반드시 이룰 수 있게 해 드리겠습니다" 설수는 그 소원을 부로 할 것인지 명예로 할 것인지, 아니면 자손을 할 것인지 생각했다. 그러나 그는 '일신일가一身一家의 번영을 바라는 것은 소인이 할 짓이다. 그렇다. 평양 시민이 하구가 멀어 물 때문에 어려움을 겪고 있다. 게다가 이 사람은 물을 관장하는 용왕이기 때문에 일이 어려움 없이 잘 될 것 같다'고 생각하고, "평양 시민은 물 때문에 힘들어하고 있습니다. 대동강을 평양성의 옆까지 끌어와 주세요"라고 용왕에게 소원을 말했다. 그러자 용왕은 "그것은 아무것도 아닙니다. 그렇다면 몇 월, 며칠 정오에 그렇게 되도록 약속합시다"라고 말하고 헤어졌다.

설수는 꿈에서 깨자마자 사람들에게 이 일을 알리고, 대동강이 옮겨지기 전에 성 밖의 사람들을 모두 성 안으로 피난하도록 소리치며 다녔다. 이를 들은 사람들은 그가 미쳤다고 생각하고 들으려고 하지 않았다. 그러나 그가 밤낮없이 이 일을 전하고 다니자 평양감사는 그가 혹세무민하고 민심을 동요시킨다 하여 옥에 가두는 한편, 설수에게 이야기의 전말을 듣고 반신반의하며 우선 대동강쪽에 닿은 평양성 밖의 주민을 성 안으로 이주하도록 하는 포령을 냈다. 그러나 그 가운데에는 그런 바보 같은 이야기가 있냐며 이주를 거부하는 완고한 사람들도 있었다.

용왕과 약속한 날이 왔지만 아침부터 날은 청명하였다. 그리고 대동강은 어떠한 이상한 낌새도 보이지 않고 고요하게 흐르고 있었다. 설수는 아직 옥중에 있었고 만약 대동강이 이동하지 않는다면 목이 달아나기로 되어 있었다. 인민들은 감사를 비웃고 혹은 원망하면서 하늘을 바라보고 있었다. 감사는 역졸들을 풀어 인민들의 동란에 대비하게 하였고, 설수에 대해서는 이미 참형 집행 준비를 시켜 두었다. 그런데 정오가 가까워오자 정말 남쪽 하늘에서 먹구름이 하늘을 덮으며 몰려오고, 갑자기 천지는 새까맣게 어두워지고 얼마 지나지 않아 큰 비가 내렸다. 그리고 대동강은 방향을 바꾸어 평양에 가까워졌고 비가 개인 뒤에 바라본 원래의 대동강 길은 텅 비어 있고 모래땅이 되었다. 완고한 사람들은 홍수로 익사했지만 평양시민은 설수의 덕을 칭송했다. 그리고 설수가 죽은 뒤 신당을 만들어 제를 지냈다. 신당이 있는 곳을 평양 사람들은 '설수당곡'이라 부르고 당을 '설수당'이라 말해 왔지만, 시간이 흐르면서 설수의 은덕이 잊혀져 신당조차 없어졌다. 그러나 지금도 평양 사람들은 이 전설을 말하고 설수당이 있는 곳을 설수당곡이라 전하고 있다. 설수당곡은 '설수리'라고 약칭되고 있지만 속칭은 의연 설수당곡이다.

1924년 11월 평양부 신재봉 씨 기고

뱀의 은혜갚음

옛날 서당에 다니는 한 소년이 있었다. 그는 서당으로 가는 길에 항상 뱀 한 마리와 마주쳤다. 이를 이상하게 여기던 어느 날은 먹을 것을 주었는데 뱀이 기쁘게 이것을 먹었다. 소년은 그 뒤로 매일 뱀에게 먹을 것을 주었고, 뱀은 갈수록 살이 쪘다. 이렇게 몇 해가 흘러 소년은 장가를 가게 되었고, 슬프지만 며칠 동안은 뱀과 헤어져야 했다. 그래서 소년은 비록 뱀이 동물이지만 작별의 인사를 하고 신부의 집으로 향했다. 첫날밤 신랑은 너무 피로한 나머지 깊은 잠에 빠졌는데, 그 즈음 한 남자가 담을 넘어 신부의 집에 와서, 신방의 뒷문으로 몰래 들어가 단도를 꺼내 신랑을 찌르려고 했다. 이는 신부의 정부情夫였던 것이다. 그러나 이때 이상하게도 신방의 천장에서 부스럭거리는 소리가 났다. 소리와 동시에 한 마리의 큰 뱀이 천장에서 떨어져 정부를 물어 죽였다. 이 소동으로 신랑은 잠에서 깰 수 있었고 뱀을 데리고 집으로 돌아갔다. 이 뱀은 신랑에게 무슨 일이 일어나지 않을까 하는 걱정에 몰래 신랑의 뒤를 밟아 천장 속에 숨어서 상황을 살폈던 것이었다.

1924년 8월 평남 순천군 봉명군 봉창리 정상전 씨 기고

무식한 선생님

옛날 어느 남자가 여행을 하다가 여비가 떨어졌다. 배고픔을 참지 못한 그는 학자 흉내를 내면서 하룻밤 어떻게든 부잣집에 머물고자 생각하고 마을의 제일 부잣집으로 들어갔다. 그리고는 "저는 부모님 덕분에 학문을 배울 수 있었지만 지금은 보다시피 가난합니다. 당신의 집에 학문을 배울 사람이 있다면 저를 써주시겠습니까?"라고 말했다. 그러자 주인은 "이것 참 잘됐습니다. 저도 아이들을 위해 선생님을 물색하고 있었습니다"라고 말하고 그를 선생으로 맞이했다. 그리고 나서 주인은 닭을 잡고 백반을 짓는 등 그를 환대해 주었다. 그러나 사실 그는 무학자無學者로 천자문의 첫 자인 천天 자도 알지 못했다. 그는 "그렇지만 우선 먹고 나중 일은 나중에 다시 생각해야지"라고 생각하고 배불리 먹었다.

주인이 외출을 하고 얼마 지나지 않아 아들이 책을 가져와 가르쳐 달라고 했다. 이것이 무엇인가 하고 난감해 하고 있는데 밖을 보니 (여름이기 때문에 문을 열어두었다) 때마침 집 앞에 있는 갈대밭

안으로 황새 한 마리가 들어오는 것을 보고 "황새가 갈대밭 안으로 들어오는구나"라고 말했다. 그러자 아이는 이러한 내용이 책에 씌어 있는 줄 알고 자신도 "황새가 갈대밭으로 들어오는구나"라고 읽었다. 다음 황새가 올챙이를 먹고 있는 것을 보고 선생은 "어! 덥석 집어 먹는구나"라고 말했다. 아이는 또한 이를 외웠다. 다시 다음은 황새가 하늘을 바라보고 있는 것을 보고 "어! 저 녀석 눈을 보아라"라고 선생이 말하자 아이는 이것을 외웠다. 선생은 다음에 말할 것이 없었기 때문에 나갔다 오겠다는 말을 남기고 그대로 도망쳐 버렸다.

그러나 기다려도 선생님이 돌아오지 않자 아이는 책을 가지고 자신의 방으로 돌아가 열심히 배운 3개의 문장을 외우기 시작했다. 한숨 자고 밤중에 일어나 다시 문장을 외웠다. 먼저 첫 번째 구를 외었다. 이때 마침 황새라는 이름을 가진 도적이 주인집 풀[芦] 울타리를 뜯고 있었는데 "황새가 풀밭[芦田]으로 들어오는구나"라는 목소리가 들려 이상하게 여기면서도 몰래 집 뒷마당으로 들어가 장독에서 김치를 한 포기를 뜯어 먹었다. 그러자 이번에는 또 "어! 덥석 집어 먹는구나"라는 목소리가 들렸기 때문에 슬슬 의심하는 마음이 생겨 '이는 나의 이름을 잘 아는 사람이 내 행동을 하나하나 보고 있음이 틀림없다. 그러나 도대체 어떤 녀석인가'라고 생각하며 몰래 목소리가 나는 방으로 가 장지문 구멍으로 안을 들여다보았다. 그러자 갑자기 "어! 저 녀석의 눈을 보아라"라고 말하자 도적은 너무 놀라 도망쳐 버렸다.

1924년 10월 함남 영흥군 영흥 장승한 씨 기고

승천 못한 혼

어느 외동딸을 가진 어머니가 있었는데, 딸을 무척 사랑했지만 병을 얻어 요절했다. 죽은 딸이 어머니의 꿈에 자주 나타나자 어머니는 어쩔 수 없이 요쿠라는 굿을 열었다. 이 굿은 현세에서 방황하는 혼을 저 세상으로 인도하기 위해 치러지는 것이다. 물론 무당이 집행하는 것이기는 하나 굿이 끝날 때에는 지용紙龍[1]을 태운다. 이것은 죽은 혼령이 타고 승천할 수 있도록 보내주는 것이다. 그녀의 어머니도 종이용을 태웠는데 이때 딸을 생각하며 딸의 이름을 부르면서 슬퍼하며 한없이 눈물을 흘렸다.

그리고 그날 밤 꿈에 어느 들에 나가서 보니 한 집이 있어 들어가 보니 자신의 딸이 있었다. 어머니는 놀라 "네가 어쩐 일로 이런 곳에 있느냐"라고 묻자 딸이 대답하길 "오늘 제가 용을 타고 하늘로 올라가려고 하는데 어머니가 제 이름을 부르면서 너무 우시기에 정에 이끌려 어머니를 돌아보다 용의 등에서 떨어져버렸습니다. 그래서 하늘로 올라갈 수 없어 이런 곳에 있는 것입니다"라고 말했다. 이와 같이 요쿠 제사에서는 너무 울어서도 안 된다고 한다.

1931년 2월 경남 동래군 구포리 이필남 씨 이야기

| 주 | (1) 지용紙龍은 굿 시작부터 장대에 걸어두는 것이기 때문에 속칭 '용신기龍神旗' 또는 '용신간龍神竿'이라고 불리며, 지용의 입에 횃불을 붙인다고 해서 '용등龍燈'이라고도 한다.

풍수설과 관련한 이야기 두 편

옛날 어느 부자가 아버지가 돌아가셔서 좋은 묏자리를 얻기 위해 아버지의 시체를 잠시 가장假葬하고 풍수사風水師에게 부탁해 길지를 찾게 했다. 풍수사는 수개월을 산에 돌아다니며 찾아다녔지만 길지를 발견할 수가 없었다.

그러던 어느 날 산 위에서 밑을 바라보니 한 늙은 총각이 멍석으로 말아 놓은 시체를 등에 업고 올라와 그 근처에 묻으려고 곡괭이를 내려놓았다. 풍수사가 급히 아래로 내려와 묏자리를 보니 그곳은 3명의 정승과 6명의 판서를 낼 길지였다. 총각은 어느 집의 머슴으로 아버지의 묘지를 찾을 여유가 물론 없었고, 한시라도 빨리 시체를 처리해야 했기 때문에 적당한 곳에 시체를 묻으려고 했다. 풍수사는 이것이 우연이라는 것을 알고 총각에게 "자네에게는 내가 다른 좋은 묏자리를 찾아 줄 테니 이곳은 나에게 양보하지 않겠나"라고 물었다. 길지를 찾아 준다는 말에 총각은 기뻐하며 묘지를 양보했다. 그리고 풍수사에 이끌려 다시 아버지의 시체를 등에 업고 산을 헤맸지만 좀처럼 묘지를 지정해 주지 않았기 때문에 총각은 결국 지쳐 산에 있는 밭 구석에 시체를 내려놓으면서 "풍수사님, 묘지를 찾는다는 것은 제 운명(팔자)에도 없는 것입니다. 저는 여기에 아버지를 묻고 빨리 집에 돌아가겠습니다"라고 말했다. 풍수사가 뒤돌아보니 그곳도 그날 곧바로 만석의 부자를 낼 복지福地였다. 이에 풍수사는 '이 자는 굉장히 운이 좋은 사람이다. 길지를 얻는 것도 얻지 못하는 것도 모두 자신의 운명에 달렸다. 그러나 오늘 바로 만석의 부를 얻을 수 있는 점괘는 도대체 어떻게 이루어지는 것인가. 여기서 한번 보자'라고 생각하며 총각을 향해 "그렇다면 자네가 좋을 대로 하시오"라고 말하고 자신은 조금 떨어진 곳에서 상황을 살펴보기로 했다. 총각은 아무렇게나 구멍을 파고 시체를 넣고 봉한 다음 머리를 풀고 묘 앞에서 울기 시작했다. 그러자 얼마 지나지 않아 한 젊은 여인이 묘를 향해 올라와 총각의 옆에서 머리를 풀고 울기 시작했다. 풍수사는 그녀를 총각의 동생이나 지인이라고 생각했다. 그리고 나서 잠시 뒤 20~30명의 젊은 사람들이 무엇인가 찾고 있는 모습으로 아래 길 쪽으로 지나가면서 풍수사를 불러 "이 근처에 젊은 여인 혼자 있는 것을 보았습니까?"라고 물었다. 그러나 풍수사는 그런 수상한 여인이 지나가는 것을 본 기억이 없었기 때문에 "아니요, 보지 못했습니다"라고 대답했다. 그러자 젊은이들은 길 아래로 가버렸다. 그들은 묘에서 울고 있는 여자를 보았지만 자신들이 찾는 여자라고는 꿈에도 생각하지 못했다. 쫓아오던 무리가 가버리자 그녀는 "저는 모 정승의 딸로 모가에 시집을 왔으나 불행히도 과부가 되었습니다. 남편이 저에게 막대한 밭과 진귀한 보물을 남기고 갔으나, 친척들은 저를 죽이고 재산을 빼앗으려고 했습니다. 그래서 그들의 눈을 피해 타 보물을 이 주머니에 싸 도망쳐 왔습니다. 좀 전에 길 아래로 간 사람들 저를 쫓던 사람들입니다. 이것도 인연이라고 생각되니 저와 함께 살아주세요. 이 주머니 안의 보화만 팔아도 충분히 만석의 부를 얻을 수 있습니다"라고 말했다. 총각이 이를 받아들였다는 것은 두말할 나위 없다. 풍수사는 감동하며 이 장면을 바라보았다.

다음 날 풍수사는 총각의 양보로 구한 장소에 부자의 아버지를 묻었다. 그리고 장례를 치르려고 죽은 자의 친구들이 관을 구덩이에 내려놓으려 했다. 이때 한 사람의 허리에 차고 있던 작은 칼이 떨어져 구덩이의 바닥에 떨어졌으나 누구도 이를 알아채지 못했다. 묘 안에 칼 등이 들어가면 상당한 불행을 가져온다고 한다. 칼은 운을 자르기 때문이다. 과연 그로부터 몇 년 지나지 않아 부자의 집은 지리멸렬하게 되었다. 그리고 총각의 집에서는 후에 3명의 정승과 6명의 판서가 나왔다. 다른 사람의 운이 있는 묘지를 가로채 무리하게 묘를 만들어도 결코 행복을 얻을 수 없고 화를 부르는 경우가 많다. 그리고 총각이 처음 발견한 묏자리는 총각의 곡괭이가 먼저 땅을 팠기 때문에 그 땅에서 얻을 수 있는 행운 또한 총각에게로 갔다는 것이다.

또한 동래군 구포에서 양산군의 물금勿禁으로 가는 길에 낙동강 주변에는 용두산이라는 용의 머리와 닮은 형태의 산자락이 돌출되어 있는데, 이곳은 상당히 좋은 땅이라고 한다. 그래서 옛날부터 많은 사람들이 여기에 묘를 만들려고 했지만 묘를 만들고 돌아가면 그날 밤부터 솥뚜껑이 덜컹덜컹 움직이며 소리를 내는 등 끝내 무서워서 견디지 못하고 이장해 버려 지금까지도 그 산에는 하나의 묘도 없고, 누가 그 산에 묘를 쓸 운명을 갖고 있는지 이 또한 아무도 모른다.

1931년 2월 경남 동래군 구포리 이필남 씨 이야기

아버지의 사인死因을 말하다

어느 바보 아들이 있었는데 아버지가 돌아가시자 조문객들이 아들에게 사인을 물었다. 그러자 아들은 "글쎄요. 어쨌거나 이질에 걸려 설사를 하시고, 계속 천식을 앓으시던 중 선반에 있던 호박이 가슴으로 떨어졌는데 그놈이 살 수가 있었겠습니까"라고 대답했다.

1931년 2월 이름을 알 수 없는 이의 이야기

구두쇠 딸

한 아버지가 오랜만에 시집 간 딸을 찾아 갔지만 구두쇠인 딸이 점심대접도 해 주지 않았다. 그러자 아버지는 화를 내며 내심 '내가 죽는다고 말하면 이 녀석 어떻게 할까. 한번 시험해 봐야겠다'라고 생각하고, 집에 돌아오자마자 바로 딸에게 부음을 보냈다. 그리고 자신은 머리에 단금單衾(죽은 사람에게 씌우는 것)을 쓰고 있었다. 딸은 조문하러 와서 슬픈 목소리로 "얼마 전 저의 집으로 왔을 때 고기와 생선을 내어 잘 드시게 했더니. 이렇게 빨리 돌아가실지는 몰랐습니다. 그리고 그때 저에게 밭 열 마지기를 주신다고 하셨는데"라고 울면서 말했다. 이것을 듣고 있던 아버지는 도저히 참을 수 없어 방에서 뛰쳐나오면서 "이런 못된 것, 언제 내가 너에게 밭을 준다고 했느냐"라고 호통을 쳤다. 그러자 딸은 시치미를 떼면서 아버지를 올려다보며 "어차피 속임수라고 생각해서 저도 연극하는 마음으로 했어요"라고 말했다.

　　1931년 2월, 앞의 글과 같음, 이름을 알 수 없는 이의 이야기

바보 같은 신랑

한 바보 같은 남자가 있었는데 그는 이미 재행(결혼식을 올린 뒤 3일이 지나면 남자가 일단 본가에 돌아가 며칠 지나고 다시 처가에 온다. 이것을 재행再行이라고 한다) 때에 처가를 잊어버렸기 때문에 길가에 있던 아이들을 붙잡아 "얘들아! 엊그제 천막을 치고 혼례를 치른 집이 어디냐"라고 물어 겨우 처가에 도착할 수 있었다. 누가 자신의 부인인지도 모르던 참에 때마침 베를 짜고 있는 젊은 여인을 발견하

고 이를 자신의 부인이라 생각하며 "이런! 주제에 베를 짠다고"하며 다가갔다. 그러나 그녀는 그의 형수였다. 이것을 부엌에서 듣고 있던 그의 부인은 어이없어 아무 말도 못하고 소면을 조리로 뜨면서 "똑똑하니까 국수 반 줄까?"라고 말하자 그는 그다지 싫지도 않은 표정으로 "아닙니다, 괜찮습니다"라고 대답했다.

1931년 2월, 앞의 글과 같음, 이름을 알 수 없는 이의 이야기

바보 같은 신부

한 남자가 장가를 갔지만 아내의 어리석음에 고심하고 있었다. 어느 날 두루마기의 고름이 떨어져 "이것을 다시 달아 주지 않겠나"라며 우직羽織을 벗어 주자 아내는 고름을 옷깃에 달아 주었다(고름은 옷깃과 앞섶 사이에 달아야 하는 것이다). 그는 화가 나 "이런 곳에 끈을 다는 바보가 어디 있단 말이오"라며 호통치며 다시 우직을 던져 주었다. 그러자 부인은 그것을 다시 가져와 이번에는 동정(옷깃 위에 덧대는 하얀 동정)에 달았다. 그는 어이가 없어 화낼 정도를 넘어 결국 웃음을 터뜨렸다. 그러자 부인은 "이렇게 웃으실 걸 아까는 그렇게 화를 내셨나요"라고 말했다.

1931년 2월, 앞의 글과 같음, 이름을 알 수 없는 이의 이야기

마누라는 함께 살아 봐야 알 수 있다

한 남자가 장가를 갔다. 그러나 부인이 옷의 모양새와는 상관없이 엉망으로 바느질하는 것을 보고 "이런 부인은 더 이상 어쩔 도리

가 없다"라고 해 부인을 쫓아내고 다시 장가를 갔다. 그러나 이번 여자는 옷이 뜯어진 곳을 꽉 조여 매는 것 외에는 바느질할 줄을 몰랐다. "이런 부인 또한 어쩔 수가 없다"라고 하고 여자를 내쫓고 세 번째 부인을 맞이했다. 그러자 이번 여자는 옷이 터진 곳을 수선하기는커녕 멀쩡한 곳까지 뜯어 버리는 것이었다. 그가 깨닫길 "꽉 매는 여자여, 찢는 여자여, 나의 첫 번째 부인은 지금 어디에 있는가"라고 한탄했다고 한다. 마누라라는 것은 여러 사람 데리고 살아 봐야 비로소 알 수 있는 법이다.

1931년 2월, 앞의 글과 같음, 이름을 알 수 없는 이의 이야기

똑똑한 아이와 어리석은 노인

옛날 어느 시골에 꾀가 있는 소년과 기이한 것을 좋아하는 어리석은 노인이 있었다. 소년의 이름은 기남奇男인데, 집이 가난하여 항상 솥뚜껑을 팔러 돌아다녔지만 사는 사람이 없었다. 소년은 '오늘 하루 종일 걸어 다녀도 팔리지 않는다면 이제 다시는 팔러 돌아다니지 않겠다'라고 생각하며 짐을 메고 나갔지만 이날도 하나도 팔리지 않았다. 어쩔 수 없이 집으로 돌아오는 길에 피곤하여 잠시 쉬려고 산기슭으로 가 짐을 바위에 내려놓았다. 그러자 우연히 그 곳에 있던 꿩 한 마리가 솥뚜껑에 깔리게 되었다.

기남은 이상히 여기며 꿩을 잡아 출발하려고 하자 뒤에서 사람 부르는 소리가 들려 돌아보니 기이한 것을 좋아하는 노인이었다. 그리고 노인은 "자네는 이상한 솥뚜껑을 가지고 있군. 그것을 갖고 있으면 하루에 몇 마리의 꿩을 잡을 수 있나"라고 물었다. 그는 내심 '이런 바보 같은 노인'이라고 생각하며 장난 반으로 "54마리 정도 잡

힙니다"라고 대답했다. 그러자 노인은 "그럼 그 솥뚜껑을 내가 사겠네. 얼마인가?"라고 묻자 "150냥입니다"라고 대답하자 노인은 재빨리 돈을 꺼내어 주었다.

기남은 싱글벙글하며 집으로 돌아와 '2, 3일이 지나면 노인은 분명 따지러 올 게 분명해. 다른 방법으로 속여야지'라고 생각하고 강아지를 한 마리 구해 물을 잔뜩 주고 설사하게 한 뒤, 많은 양의 꿀을 먹였다. 그러자 강아지는 꿀을 계속해서 배설하기 시작했다. 며칠이 지나자 예상대로 노인은 기남을 찾아와 "이놈, 잘도 나를 속였구나. 돈을 돌려줘"라고 말했다. 기남은 의아하다는 얼굴로 "어쩐 일입니까"라고 묻자 노인은 "그날 돌아가는 길에 때마침 꿩이 있는 것을 보고 솥뚜껑을 던지자 꿩은 날아가 버리고, 솥뚜껑은 바위에 부딪혀 깨져 버렸지 않느냐"라고 말했다. 이에 기남은 "던져서는 안 됩니다. 그것은 아쉽게 됐지만 어쩔 수 없으니 대신에 이번에는 더욱 진귀한 것을 보여드리겠습니다"라고 말하면서 강아지를 꺼내 예쁜 접시에 담아서 내놓았다. 그러자 노인은 "이 개가 어쨌다는 것이냐"라고 묻자 기남은 웃으면서 "이것은 꿀을 배설하는 개입니다. 시험 삼아 이것을 핥아보세요"라고 말하면서 강아지의 배를 양손으로 꽉 쥐자 황색의 꿀이 나왔다. 이것을 손가락으로 찍어서 자신이 먼저 핥아보고 그리고 나서 노인에게도 권하였다. 노인은 반신반의한 모습으로 그것을 핥아 보았지만 역시 단맛이 나는 것에 놀라 무릎을 치며 입맛을 다시면서 "다른 말 말고 이 개를 나에게 파시오. 얼마입니까?"라고 말하기에 기남은 500냥에 개를 노인에게 팔았다.

그리고 또다시 기남은 산에서 진귀한 가지를 하나 꺾어와 이상한 나뭇잎을 만들어 붙이고 여러 가지 과일을 가져와 화병에 꽂아두었다. 예상대로 며칠이 지나자 노인은 다시 기남을 찾아와 "이 놈! 이번만은 용서할 수 없다. 두 번이나 나를 속이다니. 내 돈 650냥을 돌려줘"라고 다그쳤다. 기남은 또다시 의아하다는 얼굴로 "어떻게 됐다는 말씀입니까. 도대체 개한테 무엇을 먹였습니까?"라고 물었다. 그러자 노인은 "무엇을 먹였냐고? 당연히 밥을 먹였지"라고 대답했다. 기남은 매우 유감스럽다는 표정으로 "이런! 그렇게 했으니까 안 됐지요. 그 개는 보통의 개와는 달라 꿀 이외의 다른 먹을 것을 주면 안 됩니다"라고 말했다. 노인은 "과연 그렇군"이라고 하며 고개를 끄덕였다. 기남은 화병을 내놓으면서 "전의 일도 있으니 이것을 싸게 주겠습니다. 가격은 750냥입니다. 시험 삼아 그것을 한번 맛보세요"라고 말하면서 가지에서 몇 개의 과일을 따서 주었다. 노인은 그것을 맛있게 먹은 뒤 "하나의 나무에서 여러 가지 과일이 나다니 이상하군. 우선 이것을 나에게 파시오"라고 말하고 그 자리에서 대금을 지불하고 "도대체 이 나무에서는 일 년에 몇 번 열매가 나오는 겁니까"라고 묻자 "두 번입니다"라고 기남은 적당히 둘러대고 노인을 돌려보냈다. 그날 밤 기남은 가재도구를 챙겨 멀리 떨어진 마을로 도망을 갔다.

1924년 8월 경성부 삼청동 57 김수남 씨 기고

똑똑한 아이가 도적을 잡다

옛날 어느 마을에 11살 정도의 소년이 부모와 셋이서 살고 있었는데, 비오는 날도 눈오는 날도 빠지지 않고 서당을 다녔다. 서당은 산 너머 마을에 있었기 때문에 매일 고개를 두 번씩 넘어야 했다.

어느 날 아침 소년이 부모에게 "어젯밤 저의 집에 도둑이 들어오는 아주 나쁜 꿈을 꾸었습니다"라고 말했다. 그러자 부모는 "꿈이니까 걱정할 것 없다"고 안심시키고 밥을 먹이고 점심을 싸서 소년을 서당에 보냈다. 저녁에 서당에서 돌아오니 어머니가 걱정스러운 얼굴을 하고 있기에 "무슨 일입니까"라고 소년이 물었다. 어머니는 "오늘 점심 무렵에 낯선 사람 세 명이 밖에서 우리 집안을 두리번거리며 엿보고 있길래 내가 밖으로 나가니 도망쳐 버렸다. 분명 도둑임이 틀림없다. 어떻게 하면 좋겠니?"라고 말하였다. 이야기를 가만히 듣고 있던 소년은 "어머니 걱정할 필요 없습니다. 저녁 준비를 해 주세요"라고 말하였다. 소년은 저녁을 먹고 난 뒤 개를 죽여 그 피를 벽과 문 등에 뿌리고 장지문은 떼어 여기저기 놓아두고 그 위에도 개의 피를 뿌려 두었다. 그리고 가족 세 명은 어딘가에 몰래 숨었다. 밤이 되자 어디선가 헛기침 소리와 함께 열 명 남짓한 도적들이 여기저기에서 나타나 소년의 집으로 난입했다. 그러나 도적들이 안으로 들어가자 벽과 미닫이 문, 대문 등에 피가 묻어 있는 것이나 사람의 모습이 보이지 않는 것, 미닫이문이 엉망으로 되어 있는 모습이, 아무리 봐도 자신들보다 먼저 온 도적들이 가족을 죽이고 재산을 훔쳐 달아난 것으로밖에 보이지 않았기 때문에 그대로 돌아갔다. 가족도 재산도 안전하다고 생각한 소년은 다음 날도 여느 때와 마찬가지로 서당에 가려고 고개를 넘었다. 그러자 뒤에서 "꼬마야, 멈춰"라고 호통치는 목소리가 났기 때문에 뒤돌아보니 어젯밤에 집으로 왔던 도적들이 숲 속에서 우르르 나와 "어젯밤은 우리를 잘도 속였구나"라고 하며 주먹을 휘둘렀다. 소년은 의연하게 도적들 앞으로 다가서며 "나는 당신들을 속였다. 그러나 당신들같이 지혜가 전혀 없다면 제대로 된 도적이 절대 될 수 없다. 나에게 묻는다면 지혜를 가르쳐 주지"라고 말했다. 그러자 도적들은 기뻐하며 "그럼 한 가지 굉장한 지혜를 배우고 싶다"라고 청했다. 이에 소년은 "밤중에 훔치는 것은 소도인小盜人이며, 대도인은 낮에도 당당하게 훔쳐야 한다. 그리고 포졸에게 잡힌 경우에 오라를 푸는 기술도 있어야 한다"

고 말하자 도적들은 "그 방법을 알려주시오"라고 말했다. "그렇다면 튼튼한 줄을 가져와라"라고 말하고 가져온 줄로 도적들의 손과 다리를 한 사람 한 사람 묶은 뒤 "이제 이것을 푸는 방법을 가르쳐 줄 것이니 잠시 이대로 기다려라"라고 말하고 그대로 산으로 내려가 포도청에 가서 많은 도적을 붙잡아 두었다는 것을 알렸다. 이렇게 도적들은 하나도 남김없이 잡히고 소년은 군수로부터 큰 상을 받았다.

1924년 8월 평북 강계군 강계면 서부동 부신거리 375
정중환 씨 기고

태사와 명이 짧은 소년

옛날 어느 마을에 관상을 잘 보는 한 태사가 있었다. 어느 날 그는 건너 마을까지 탁발을 하러 갔는데 한 집에서 열 살 정도의 소년이 쌀을 시주하려고 나왔다. 태사는 소년의 상을 바라보면서 "영리하지만 불행히도 명이 짧구나. 몇 년 지나지 않아 요절할 게 분명하다"라고 한탄했다. 이 말을 들은 소년은 "어머니!"라고 울면서 집 안으로 들어가서 기절하였다. 어머니는 놀라 방에서 뛰쳐나오면서 "무슨 일이냐. 정신을 차리거라" 하며 소년을 일으켰다. 이때 태사가 집 안으로 들어오자 소년의 어머니가 그를 향해 "누구십니까?"라고 물었다. 태사는 자신이 승려인 것과 관상술이 뛰어나다는 것을 알리고, 소년이 요절할 것을 한탄스러워하자 이를 들은 소년이 기절했다는 것을 말했다. 그러자 어머니는 또다시 놀라서 "그렇다면 어떻게 하면 이 아이를 살릴 수 있습니까?"라고 물었다. 태사가 대답하길 "오늘부터 이 아이가 가고 싶다고 생각하는 곳으로 가게 해 죽을 만큼의 고생을 시켜야 합니다. 이 길밖에 없습니다"라고 말했다. 이 말

을 들은 어머니는 보따리에 사계절의 옷가지와 15냥의 노자를 넣어 아이에게 건네며 출가를 시켰다.

소년은 그날로 집을 나와 산으로 갔다. 어느 날 밤 인적이 끊긴 숲 속에서 눈을 감고 이런 저런 생각에 잠겨 있다가 잠시 선잠이 들었다. 그런데 꿈에서 하늘에서 항아리만 한 큰 배 3개가 소년의 곁에 떨어졌다. 잠에서 깬 그는 어둠 속을 더듬어 보았는데 실제로 꿈에서 본 배 3개가 있었다. 그는 아무 생각 없이 배고픔을 느껴 배 하나를 먹고 나머지 2개를 짐 속에 넣었다. 이래저래 밤이 깊어 갔기 때문에 다시 짐을 짊어지고 발길을 옮겼다. 그런데 고개를 넘자마자 갑자기 한 노인이 나타나 "나는 이 산의 산신령이다. 너의 사정을 불쌍히 여겨 앞날을 알려주겠다. 너는 이 아래에서 전모氈帽를 쓰고 철추鐵椎를 가진 3명의 도적을 만날 것이다. 그러나 다행히 생명은 건질 것이다"라고 말하고 모습을 감추었다.

소년이 계속 길을 가고 있는데 정말 노인이 말한 대로 산적을 만났다. 산적들은 "멈추어라!"라고 소리치면서 숲 속에서 뛰어 나와 갑자기 소년이 메고 있던 짐을 빼앗았다. 소년은 멍하니 서서 그들이 하는 대로 몸을 맡겼다. 3명의 도적은 그의 짐에서 진귀한 2개의 배를 발견하고, 갖고 있던 철퇴를 내팽개치고 서로 자기가 배를 차지하겠다고 싸움하기에 여념이 없었다. 이때가 기회라고 생각한 소년은 적의 철퇴를 주워 그들의 머리를 하나씩 내리쳤다. 도적들이 쓰러진 것을 본 소년은 급히 산으로 내려가 한 작은 집을 발견하고 "도와주세요"라고 소리치며 집안으로 들어갔다. 그러자 어떤 백발의 노파가 나와 소년을 맞이하고 석굴 안으로 밀어넣었다. 소년은 '이곳은 도적의 집이 분명하다'고 깨닫고 잠시 실망했지만 곧 마음을 가다듬고 '어쨌든 이 굴에서 끝까지 가보자'라고 생각하였다. 그때 밖에서 사람들의 목소리가 들려 귀 기울여 보니 도적인 듯한 사람이

"어머니, 꼬마 한 명을 보지 못했습니까?"라고 묻자 "석굴 안에 가둬 두었다"고 대답했다. 이 소리를 들은 소년은 '안 되겠다'라고 생각하여 굴 안으로 들어갔다. 그러나 그 곳에는 한 마리의 흰 호랑이가 입을 벌리고 소년을 기다리고 있었다. 호랑이를 보자마자 소년은 틈을 주지 않고 호랑이의 등에 올라 양쪽 귀를 잡았다. 호랑이는 놀라 굴 밖으로 도망쳐 나갔다. 이때 소년은 옆에 서 있던 한 그루의 큰 버드나무를 발견하고 그 가지를 잡고 호랑이 등에서 버드나무로 몸을 옮겼다. 그리고 나서 "호랑이다"라고 소리쳤다. 그러자 밖에 있던 도적들은 이 소리를 듣고 총으로 굴에서 나오는 호랑이를 사살한 후 굴 안으로 들어가 버드나무 위에 있는 소년을 불러 내렸다. 나무에서 내려온 소년을 본 3명의 도적은 "좀 전에 우리들을 때리고 간 녀석이 아니냐!"라고 말하면서 소년을 끌어와 때려죽이려 했는데 이때 노파가 와서 "기다려라! 이 아이를 죽이면 반드시 살기殺氣가 붙을 것이다. 그러면 제사에 사용할 수 없다"고 말했다. 그러자 도적들은 때려죽이는 것을 멈추고 그 대신에 삶아 죽이기로 했다.

도적의 우두머리는 그의 아내를 불러 솥에 물을 끓이도록 하고 자신은 칼을 갈기 위해 마당으로 갔다. 도적의 아내는 부엌 한쪽 구석에서 울고 있는 소년의 모습을 보고 불쌍히 여겨 물을 끓이면서 소년에게 이렇게 말했다. "나는 원래 공주였는데 도적에게 붙잡혀와 지금은 도적의 아내가 되었다. 그러나 내가 너를 불쌍히 여기지 않을 수 없구나. 나중에 도적이 보이면 나를 누나라고 부르거라. 내가 너를 동생이라 부르겠다. 그러면 너를 죽이는 일은 없을 것이다." 얼마 지나지 않아 도적이 부엌에 나타나 "물은 끓었소?"라고 물었다. 그러나 여자는 대꾸를 하지 않고 울기만 했다. 도적은 이상히 여기면서 "오늘 같은 기쁜 날에 왜 우는 것이오. 아이를 죽여 제사를 지내면 원하는 것을 이룰 수 있고 사냥 운도 좋게 되지 않소"라고 말했다. 여자는 겨우 얼굴을 들면서 "그것도 좋지만 그 희생물이 나의 동생이니 내가 어찌 기뻐할 수 있겠습니까"라고 말했다. 그러자 도적이 "뭐라, 동생이라고! 이런 일이 있다니"라고 말하면서 솥에 끓이던 물을 버리고 소년을 향해 "처남, 어서 오시게"라고 인사를 하는 등 갑자기 큰 소동이 일어났다. 그리고 나서 소년을 방으로 안내하고 "지금까지의 일은 용서하게"라고 사죄하며 맛있는 음식으로 환대를 했다.

소년은 그날부터 매일 도적들에게 이끌려 산으로 들어가 그들과 사냥을 하고, 집에 돌아가 맛있는 음식을 먹으면서 차츰 원기를 회복해 갔다. 이리하여 한 달이 지났을 무렵 소년은 고향으로 돌아가고 싶다고 말했다. 도적들은 거듭 소년을 말렸지만 소년은 "부모님이 그리워 돌아가지 않을 수 없습니다"라고 단호하게 말했기 때문에 "어쩔 수 없지"라고 도적들은 말하고 어느 날 산으로 가 칡을 캐 왔다. 그리고 이것으로 큰 자루를 만들기 시작했다. 소년이 이상히 여기며 "이것은 왜 만드는 것입니까?"라고 묻자, 도적의 두목은 "처남이 돌아갈 때 쓰려고 합니다"라고 대답했다.

소년이 출발하는 날이 되자 도적들은 곳간 하나를 열어 그 안에 쌓여 있던 여러 가지 짐승 가죽을 꺼내어 예전에 만든 자루에 한가득 채워 넣었다. 그리고는 "많지는 않지만 이 선물들을 가지고 가세요"라고 말했다. 소년은 은근히 기뻤지만 "도대체 이만큼을 어찌 운반해서 갑니까?"라고 묻자 도적들은 웃으면서 "아! 그런 것은 걱정하지 않아도 됩니다"라고 말했다. 그리고 나서 도적들은 소년을 자루 위에 만들어 놓은 좌석으로 앉히고 선물들과 함께 소년을 등지게에 얹고, 이를 지지대로 받쳐 놓은 뒤 출발 전에 휴식을 취했다. 소년이 등지게를 보니 그것은 완전히 쇠로 만들어진 굉장히 큰 것이었다. 잠시 쉰 다음 한 도적이 등지게를 메고 산을 넘고 또 산을 넘어 어느 산의 정상에 이르렀을 때 등지게를 어깨에서 내려놓고 지지대로 받쳐 놓으면서 도적의 두목이 "처남, 여기서 내리게"라고 말했다. 소년이 지게에서 내려오자 도적의 두목은 멀리 떨어져 있는 산 아래를 가리키며 "저기에 작은 집이 보일 것이오. 아마 주막일 것이오. 여기에서 이 짐을 굴리면 짐은 혼자서 주막 앞까지 갈 것이오. 그곳까지 가면 짐수레는 몇 대라도 빌릴 수 있으니 짐을 옮기는 것은 문제 없을 것이오"라고 말하고 짐을 굴려 주었다.

소년은 도적들과 헤어져 큰 적목 크기의 가죽꾸러미를 따라 산을 내려와 주막에 찾아가 보니 주막은 짐과 부딪혀 반이 무너져 있었다. 주막에서 술을 마시던 사람들은 짐이 떨어지는 소리에 놀라 천둥이 친 것이 틀림없다고 생각하던 차에 한 소년이 들어오면서 "지금 난 소리에 놀라셨습니까?"라고 말하자 그가 요술이라도 부린 것이 틀림없다고 생각하여 무서운 나머지 모두들 밖으로 도망가 버렸다. 그리고 큰 짐이 밖에 아무렇게나 방치되어 있는 것을 보고 주모는 크게 화를 내며 "짐 관리를 엉망으로 했으니 집을 변상하시오"라고 말했다. 그는 자신의 부주의를 사죄하며 자루에서 가죽을 한 장 꺼내어 주며 "이것을 팔아 집수리를 하시오"라고 말하였다.

소년은 며칠 동안 그 주막에 머물면서 "짐수레는 모두 이 주막에 모이도록 하라"고 전했다. 그로부터 3일이 지나지 않아 백여 대의 짐수레가 모여들고 이 짐수레에 가죽을 나눠 싣고 왕에게 갔다. 어느 마을에서는 이 행렬을 "이것은 어디선가 전쟁을 일으켜 군량을 운반하고 있는 것이 분명해"라고 생각하고 몰래 가재도구를 챙겨 피난을 가는 사람도 다수 있었다. 수개월이 걸려 겨우 왕이 사는 곳에 다다르자 그는 짐을 잠시 밖에 두고 자신은 왕에게 가 공주에게 받은 편지를 건네고 지금까지 있었던 일을 하나도 빠짐없이 이야기했다. 그리고 덧붙여 "이 가죽은 공주님께서 왕께 보내는 것들입니다.

받아주세요"라고 말했다. 그러자 왕은 잠시 동안 딸을 생각하며 눈물을 흘린 뒤 밖에 나가 선물로 보낸 물건을 바라보며 많은 양에 놀라고 또 기뻐하며 "이것은 모두 내고內庫에 쌓아 두거라" 하고 명하였다. 선물을 창고에 다 쌓아 놓은 후 짐꾼들에게 운임비로 가죽 한 장씩 주고 소년은 나라의 대신이 되었다. 그리고 나서 소년은 예전의 태사에게 많은 상을 내리고 어머니를 만나 일생동안 행복하게 살았다.

1924년 8월 황해도 안악군 읍판팔리 252 박용섭 씨 기고

박정한 딸

한 아버지가 사위를 맞았다. 어느 날 그의 딸이 단자團子국을 만들어 남편 그릇에는 단자를 가득 넣고, 아버지의 그릇에는 국만 가득 넣은 것을 본 아버지는 "떠 있는 단자는 모두 사위의 그릇에 있구나. 마누라는 어디로 갔나. 딸년에게 맡겨두고. 국물만 마시는 것이 서럽구나"라고 말했다.

1931년 1월 경남 동래군 구포리 이필남 씨 이야기

맹인의 속셈

한 맹인이 길을 가다가 지팡이 끝에 걸린 엽전 한 개를 주우면서 생각했다. '이 엽전 한 개로 달걀을 하나 사서 옆집에 부탁해 닭장에 넣어 부화시켜 병아리를 교배시켜 달걀을 낳게 하고, 그 달걀을 또 부화시켜 많은 닭을 얻어 팔면 송아지 한 마리를 살 수 있을 것이

다. 이 송아지가 크면 또 송아지를 낳고, 송아지가 또 송아지를 낳으면 집도 지을 수 있고 밭도 살 수 있을 것이다. 그러면 다음에는 여자를 두 명 정도 사야지. 그러면 서로 질투를 하고 싸울 것이니, 이때는 이렇게 때려 주어야지'라고 꿈꾸듯 생각하며 자신도 모르게 소리를 내어 "이년들아! 또 싸우는 게냐"라고 말하면서 지팡이를 휘둘렀다. 거기까지는 좋았지만 마침 그때 맹인의 옆에 놓여 있던 항아리 장수의 짐을 건드려 지게를 쓰러뜨렸다. 이 때문에 짐은 엉망이 되었고, 항아리 대금까지 변상해야 했다.

같은 날 이필남 씨 이야기

바닷물이 짠 이유

옛날 어느 마을에 형제가 살았다. 형은 부자지만 탐욕스럽고, 동생은 가난하지만 착했다. 어느 해 연말에 동생은 신년을 맞이할 준비를 해야 하는데 돈도 없고 떡도 없었기 때문에, 부인의 청으로 싫지만 형 집에 가야 했다. 그리하여 겨우 형수에게 약간의 떡과 쌀을 얻어 자루 속에 넣어 집으로 향하던 길에 땔감을 패고 있던 한 노인을 만났다. 노인은 그가 메고 있던 짐을 보고 "그것이 무엇이냐"라고 물었고, 동생은 있었던 일을 하나하나 말하자 노인은 "그렇다면 너의 떡과 나의 보물을 바꾸자"라고 말했다. "보물이라는 게 도대체 무엇입니까?"라고 묻자 노인은 "나는 맷돌 하나를 갖고 있다. 이것은 무엇이든 갖고 싶은 것을 말하면 그것을 내놓는 맷돌이지"라고 대답했다. 그는 기뻐하며 자신의 자루 속에 있던 것을 모두 노인에게 건네고 이상한 맷돌을 받아 집으로 돌아왔다. 그리고 "떡을 내놓아라"라고 말하자 맷돌이 빙글빙글 돌면서 떡을 내고, "쌀을 내놓아라"라고 말하자 쌀을 내놓았다. 동생은 이렇게 땔감과 생선, 고기와 술 등을 내어 즐거운 정월을 맞이했다. 그 뒤 그는 고생 없이 생활을 할 수가 있었다.

이것을 전해 들은 형은 동생이 가지고 있던 맷돌을 빼앗으려고 온갖 계략을 꾸며 유혹하여 결국은 "나의 재산 전부와 너의 맷돌을 바꾸지 않겠냐"라고 말했고 동생은 이를 승낙했다. 그리고 맷돌 덕분에 동생은 물론 형도 다시 큰 부자가 되었다. 그러던 어느 날 형수가 모내기철이 되어 일꾼들에게 국을 먹이려고 맷돌을 꺼냈다. 그러자 형은 맷돌을 빼앗으면서 "국은 내가 낼 테니 당신은 밭에 나가 일꾼들 감독이나 하는 것이 낫겠소"라고 말했기 때문에 부인은 그렇게 하는 것이 낫다고 생각하고 밭으로 갔다. 형은 맷돌을 향해 "국을 내놓거라"라고 말했다. 그러자 맷돌이 빙글빙글 돌면서 뜨거운 국을 내었다. 그러나 형은 맷돌을 멈추게 하는 말을 잊어버렸다. 이 맷돌은 "이제 됐습니다"라고 말하면 멈추는 것이었다. 국은 넘쳐 마당이 마치 강처럼 되었다. 그는 여러 가지로 말해 보았지만 맷돌은 계속 돌아갈 뿐이었다. 뜨거운 국 때문에 숨쉬기가 힘들어졌지만, 다리에 화상을 입어 도망칠 수 없었다. 이때 마침 부인이 국이 늦어지는 것이 걱정되어 돌아와 이 광경을 보고 높은 굽의 나막신을 신고 집 안으로 들어가 겨우 남편을 구해냈다. 그러나 형은 이 일에 혼이 나 급히 맷돌을 동생에게 되돌려 주며 "맷돌은 이제 필요 없으니 내 재산을 돌려줘"라고 말했고, 동생은 다시 이를 승낙하고 맷돌을 되돌려 받았다.

어느 날 동생의 집에 손님 한 명이 찾아왔다. 이는 동생의 친구로 소금을 파는 사람이었다. 동생은 친구에게 술과 떡 등으로 환대를 했다. 이것은 물론 맷돌에서 내온 것이었다. 그러자 친구는 내심 '얼마 전까지만 해도 가난했던 사람이 어찌 이렇게 갑자기 부자가 되어 나에게 이런 진수성찬을 내놓을 수가 있나'라고 의심하며 열심히 그 이유를 물었다. 처음에는 입을 열지 않았지만 솔직한 동생은 결국 맷돌 이야기를 친구에게 털어놓았다. 그런데 다음 날 아침 친구는 맷돌과 함께 모습을 감추었다.

맷돌을 훔쳐 온 소금장수인 친구는 자신의 배에 가지고 와 "소금을 내놓아라"라고 말해 보았다. 과연 맷돌은 끊임없이 돌면서 소금을 내었고, 그는 이것을 가지고 다른 항구에 가서 팔려고 급히 배를 출항시켰다. 배가 멀리 깊은 곳으로 갔을 때 소금은 배에 가득 차게 되었다. 그러나 그는 맷돌을 멈추는 방법을 몰랐기 때문에 배는 소금의 무게를 이기지 못하고 가라앉아 버렸다. 맷돌은 지금도 바다 밑에서 소금을 내고 있다. 이리하여 바닷물이 짜다고 한다.

1930년 12월 경남 동래군 구포 강소복 양 이야기

강소복은 당시 열다섯 살의 소녀로, 이 이야기를 구포 기독교회당에서 교회의 보조 목사인 부산의 어떤 사람에게 들었다고 한다.

산신의 신탁

세 명의 소년이 절에서 공부를 하고 5년의 수업기간을 마쳤다. 그 가운데 한 명이 어느 날 밤에 삶은 콩을 가지고 산신에게 제사를 지내고 신탁을 청하려고 산신당으로 갔다. 그러자 홀연 신당의 문이 저절로 열리고 안에서 "진사에 급제하라"는 목소리가 들렸다. 그는 크게 기뻐하며 가지고 간 삶은 콩을 산신당 안의 모든 신에게 바친 뒤 돌아갔다. 다음 소년도 같은 말을 들었기 때문에 삶은 콩을 신들에게 바치고 돌아왔다. 그러나 세 번째 소년이 갔을 때에는 산신당의 문이 굳게 닫혀 있어서 억지로 열려고 해도 열리지 않았다. 소년은 크게 화가 난 나머지 삶은 콩을 문에 던지고 절로 돌아오는 것도 싫어서 그대로 집으로 발길을 돌렸다.

그런데 도중에 어느 한 여자를 만나 여자가 말하는 대로 집으로 따라 들어갔다. 들어가니 6구의 시체가 있었다. 여자는 슬픈 얼굴로 "나는 하룻밤에 부모형제 합쳐서 6명의 가족을 잃었습니다. 그러나 약한 여자의 몸으로 어떻게 할 수가 없습니다. 시체들을 처리해 주세요"라고 말했다. 그는 무서운 줄도 모르고 시체를 묶어 멍석으로 말아 6개의 구멍을 파서 시체를 묻었다. 갑자기 정신을 차리고 보니 지금까지 있던 집과 여자는 어디론가 사라져 버렸고 자신은 바위 위에 서 있었다. 그는 이상히 여기고 이것을 친구에게 말하려고 절로 향하는 길에 다시 산신당 앞을 지나게 되었다. 그러자 갑자기 문이 저절로 열리고 안에서는 "너의 집에는 세 명의 정승과 6명의 판서가 나온다"라는 목소리가 나왔다. 그 여자는 인간이 아니라 산신이 여인의 모습으로 나타난 것으로, 산신이 소년의 마음과 담력을 시험하고자 일시적으로 조화를 부린 것이었다.

산속 외딴 집의 여자와 호랑이

산속에서 길을 잃고 헤매던 나그네가 날이 저물어 난감해 하고 있던 차에, 겨우 외딴집을 발견하고 하룻밤 묵고 가기를 청하였다. 그러자 안에서 한 여인이 나와 나그네를 맞아 주었다. 여인은 저녁을 준비하여 나그네에게 차려준 뒤, 옆에 있던 시체를 가리키며 슬픈 얼굴로 시아버님이 돌아가셔서 남편이 시체를 처리하기 위해 돗자리를 사러 갔다고 했다. 그러나 남편이 돌아올 시간이 되어도 돌아오지 않는 것은 분명 호랑이에게 잡아먹혔기 때문일 것이라고 했다. 그리고 여인은 같이 호랑이를 찾으러 가 주든지 아니면 시체를 지켜주든지, 이 두 가지 부탁 가운데 마음이 내키는 것 한 가지만 들어달라고 했다. 나그네는 시체와 함께 있는 것이 싫어 호랑이를 같이 찾으러 가겠다고 하고 둘은 산으로 갔다. 여자는 산속에서 호랑이를 발견하자 머리부터 치마를 덮어 쓰고(왜 치마를 덮어 쓴지는 모른다) 호랑이와 격투를 벌이다가 나그네의 도움으로 마침내 호랑이를 죽였다. 그리고 남편의 시체를 보니 뼈와 머리만 남아 있었다. 그녀는 행인의 도움에 대해 감사를 표하고 남편의 유골을 싸서 집으로 돌아갔지만, 돌아가서 보니 시체가 거꾸로 서 있었다. 이 모습을 본 행인은 놀라서 쓰러졌지만, 그녀는 손을 올려 시체의 볼을 세 번 두드리고 잡아당겨 넘어뜨렸다(시체가 있던 집의 지붕에 고양이가 올라가거나 굴뚝에 들어가면 시체가 거꾸로 선다는 말이 있어, 상갓집에서는 가장 먼저 굴뚝의 구멍을 막는다. 그리고 상갓집 지붕에 죽은 사람의 웃옷을 올려 두는 것도 고양이가 오르지 못하게 하기 위함이다). 다음 날 아침 나그네를 본 여인은 그를 향해 "이제 이런 집에서 살기 싫으니 집에 불을 붙여주세요"라고 부탁했다. 행인은 이에 불을 붙였다. 그리고 집을 나올 때 돌아보니 여인은 이미 지붕 위에 올라가 불에 휩싸여 있었다. 모든 희망이 사라진 여인은 시아버지와 남편의 뼈와 함께 타기로 결심한 것이었다. 나그네가 자신의 집으로 돌아와 거울을 보았더니 그의 머리는 하룻밤 사이에 백발로 변해 있었다.

호랑이에게 먹힐 운명을 가진 삼대독자

어느 삼대독자를 가진 부잣집에 쥐면 꺼질세라, 불면 날아갈세라

애지중지하는 외아들이 있었다. 그런데 점쟁이에게 운명을 물어보니 13살이 되는 해 모월 모일 모시에 호랑이에게 잡아먹힐 운명이라고 했다. 점쟁이가 말한 그해 그날 밤이 되자, 집안 곳곳에 횃불을 밝혀 놓고 건장한 노복을 시켜 신변을 보호하게 했다. 그러나 그 시각이 점점 다가오자 지금까지 경호한다고 떠들어대던 노복들은 누구라 할 것 없이 모두 졸기 시작했다. 그러자 소년은 운명을 피해갈 수 없고 사람의 힘을 빌리는 것도 안 되니, 어차피 죽는다면 자신이 먼저 호랑이 앞에 가겠다고 결심하고 집을 나섰다.

산 중턱까지 올라가자 어느 노인이 앉아서 짚신을 꼬고 있다가 소년을 보자 "젊은이 잘 오셨소"라고 하며 앉은 채로 인사를 하였다. 소년은 내심 무례한 놈이라고 생각하며 문득 노인이 깔고 앉은 방석을 보니 그것은 호랑이 가죽이었다. 소년은 큰 소리로 앉은 채로 인사하는 것은 무례하니 서서 말하라고 하자 노인이 주춤하고 일어났다. 소년은 더욱 소리를 높여 똑바로 서서 말하라고 호령했다. 노인은 무서움을 느끼고 자리에서 일어났다. 그 순간 소년은 노인이 깔고 있던 호랑이 가죽을 빼앗았다. 노인이 돌려달라고 애원하였지만 소년은 돌려주려 하지 않았다. 이렇게 노인과 한참동안 다투고 있는데 첫닭의 울음소리가 멀리 마을로부터 들려왔다. 그러자 노인은 유감스러운 얼굴로 "나는 오늘밤 너를 잡아먹기로 되어 있었다. 그래서 나는 그 시각이 되기를 여기서 기다리고 있었는데, 중요한 나의 가죽을 빼앗겨 원래의 호랑이 모습으로 돌아가지 못하고 시간을 넘겨 버렸다. 이제 잡아먹을 수 없게 되었으니 안심하고 나의 가죽을 돌려달라"고 말했다. 소년이 가죽을 돌려주자 노인은 한 마리의 큰 호랑이가 되어 산으로 들어가 버렸다.

산촌의 신부

옛날 어느 한 젊은이가 산촌의 여인에게 장가가게 되었다. 신혼 첫날밤 신부를 들이는 중에 갑자기 대변을 보고 싶어졌다. 그는 부끄러움을 감추고 "병풍 뒤에 있는 신부, 변소를 가르쳐 주시오"라고 하자 신부는 "이곳 산촌에는 맹수들이 무척 많으니 요강에 볼일을 보세요. 제가 갖고 나가 버리고 올 테니까요"라고 했다. 그러나 그는 첫날밤에 신방에서 용변을 보는 것은 예의에 어긋난다고 생각하고 스스로 밖에 나가 변소를 찾았다. 신부도 부끄러움에 신랑을 말리지 못했다. 신랑이 겨우 변소를 찾았지만 갑자기 나타난 호랑이에게 잡히게 되었다. 신랑의 비명을 들은 신부는 혼례복 차림으로 방을 뛰쳐나와 지팡이를 쥐고 호랑이를 뒤쫓았다. 호랑이는 들판을 지나 산을 넘어 어느 곳에 이르자 신랑을 잡아먹으려고 내려놓았다. 신부는 거기에서 호랑이와 격투를 벌였는데, 마침내 호랑이가 도망가자 기절한 신랑을 업고 마을에 다다르게 되었다.

신부는 한밤중에 어느 집 문을 두드려 주인을 깨우고는 "지나가는 나그네입니다만, 남편이 갑자기 병이 나 쓰러졌으니 하룻밤만 재워주십시오"라고 청하였다. 이를 불쌍하게 여긴 사람들은 객실로 안내했다. 그런데 이를 수상하게 여긴 종이 구멍으로 여자의 모습을 훔쳐보니, 연지곤지가 있고 옷도 화려해서 신부라 생각되어 집주인에게 알렸다. 그러자 집주인은 혹시 자신의 아들이 아닌가 하는 불안한 마음이 들어 종에게 쓰러진 신랑의 얼굴을 보고 오도록 급히 명하였다. 종이 자세히 살펴보니 의관도 얼굴도 바로 자신의 젊은 주인이었다. 이에 집안은 난리가 났고 의사를 부르고 약을 달이는 등 겨우 신랑을 살려냈다. 결국 신랑은 살아났고 뒤에 이 일이 임금에게까지 알려지자 나라에서는 이 여인을 정열부인으로 봉했으며,

사후에는 군민들이 열녀각을 세워주었다.

경상감사 부인

어느 한 어머니가 외동딸을 좋은 곳으로 시집을 보내고 싶어, 늘 절에 가서 딸이 경상감사 부인이 되게 해달라고 빌었다. 그때마다 부처는 "딸은 이 절의 승통에게 주는 것이 좋다"고 말하는 것이었다. 하지만 그것은 부처의 목소리가 아니라 사실은 그 절의 승통이 부처 뒤에 숨어서 한 말이었다.

승통은 어느 날 밤에 딸을 훔쳐 궤짝 안에 넣어 달아났다. 그런데 날이 밝아지자 군수의 행렬이 있어 그는 궤짝을 길바닥에 내려놓고 자신은 숨었다(승려는 신분이 천하여 군수 행렬 앞에 모습을 드러내면 안 되기 때문이다). 관원이 궤짝을 발견하고 이를 열어보기를 명하였는데 한 명의 아름다운 여자가 있었다. 군수는 여인을 가마에 옮기고 궤짝 안에는 곰을 한 마리 넣었다. 이 사실을 모르는 승통은 행렬이 지나간 뒤 다시 궤짝을 메고 절에 돌아가서 소승에게 "오늘 밤 내 방에서 어떠한 소리가 나더라도 절대 훔쳐보거나 문을 열어서는 안 된다"고 명령하였다. 그런데 승통이 궤짝을 열자 갑자기 곰이 튀어나와 무서운 혀로 승통의 볼을 핥았다. 승통은 얼굴의 가죽이 벗겨져 비명을 질렀으나 승려는 훔쳐보지 않았다. 그는 밤새 곰과 싸우다가 결국 잡아먹혔다.

다음날 아침 소승이 승통의 방문을 열자 흑곰이 한 마리 튀어나왔고 승통의 뼈만 남아 있었다. 딸은 결국 경상감사의 부인이 되었다. 이는 앞에서의 관원이 군수가 아니라 실은 경상감사였기 때문이다.

승려의 혼

한 승려가 누룩을 만들어 이것을 마을 주막에 팔았다(옛날이기 때문에 승려가 누룩 등을 만들었다). 그의 단골손님 가운데 하나는 자신이 부리고 있는 소승의 누이 집이었다. 어느 날 승려가 소승과 함께 길을 걸어가다가 산기슭에 이르자 "나는 여기서 한숨 자고 가겠다"고 말하고 나서는, 풀밭 위에 앉은 채로 꾸벅꾸벅 졸기 시작하였다. 그런데 한 마리의 실뱀이 승려의 콧구멍에서 나와 마을로 갔다. 소승은 승려가 자신의 누이를 예전부터 좋아하고 있었다는 것을 알고 뱀을 따라갔다. 뱀이 도랑을 건너지 못하고 있자 소승이 도랑에 나뭇가지 봉으로 다리를 만들어주어 건너게 되었다. 소승은 지름길로 집에 가서 누이에게 월경이 묻은 속옷을 뒤집어쓰고 있으라고 말했다. 그리고 다시 사승이 있는 곳으로 돌아와 기다리고 있자, 곧 뱀이 돌아와 승려의 콧구멍으로 들어갔다고 생각하는 순간에 승려는 갑자기 눈을 뜨며 "소승, 나는 지금 꿈을 꾸었는데, 꿈속에서 당신의 누이 집에 가서 보니 언제나 아름다운 누이가 오늘은 새빨갛고 아주 추한 얼굴을 하고 있어서 무서워서 바로 돌아왔습니다"라고 말했다. 뱀은 승려의 혼이었던 것이다.

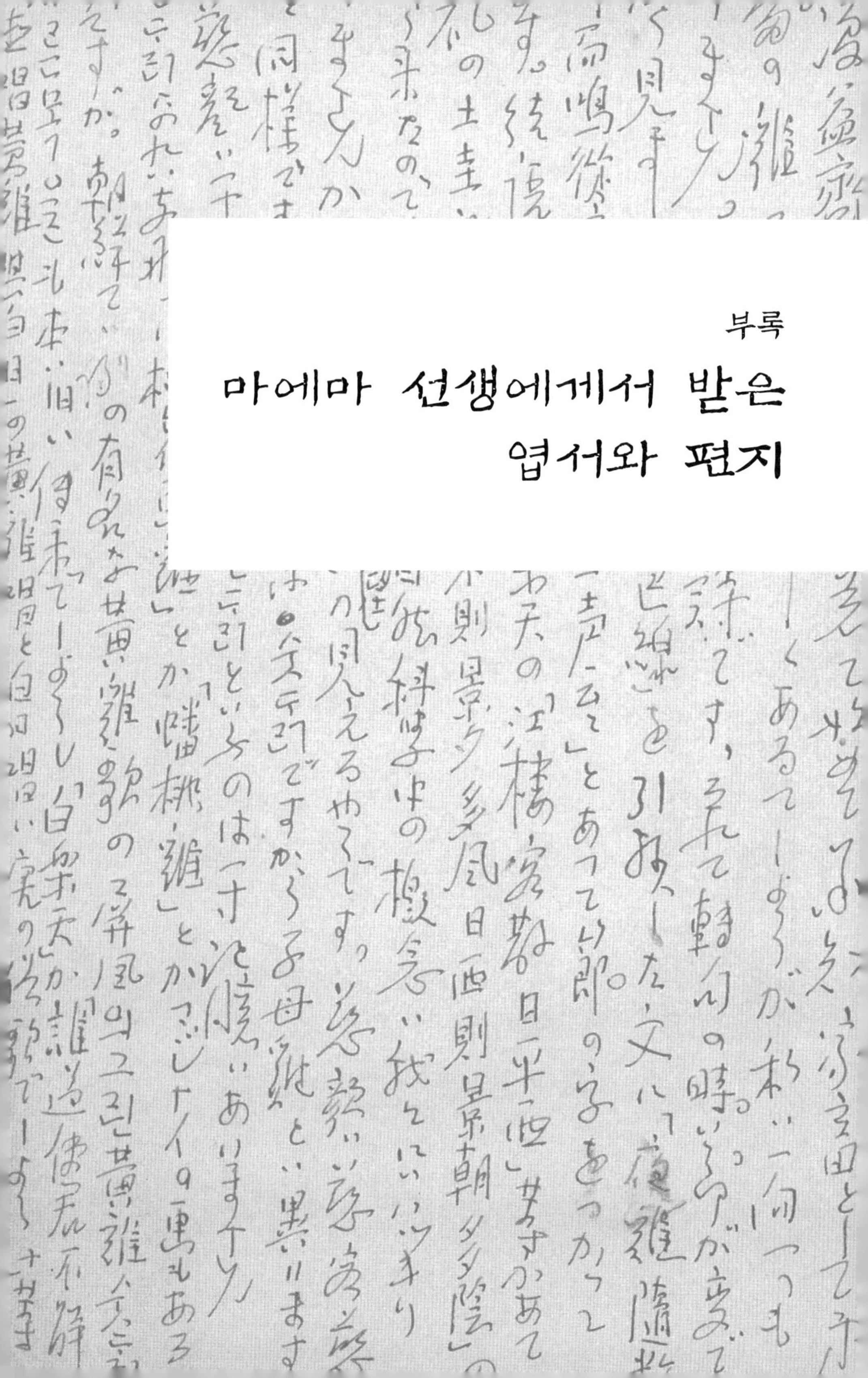

부록

마에마 선생에게서 받은 엽서와 편지

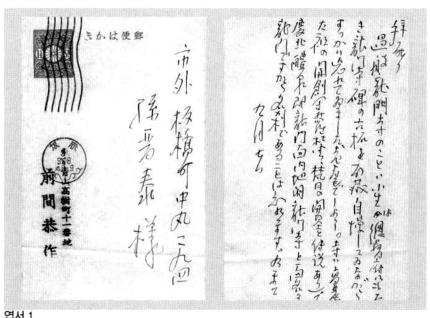

엽서 1

엽서 2

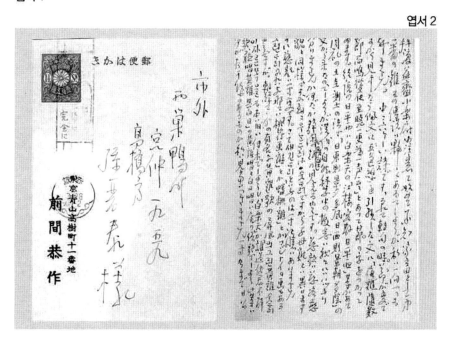

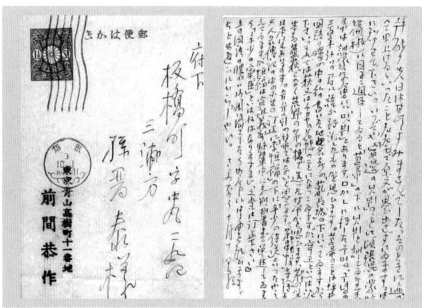

엽서 3

엽서 4

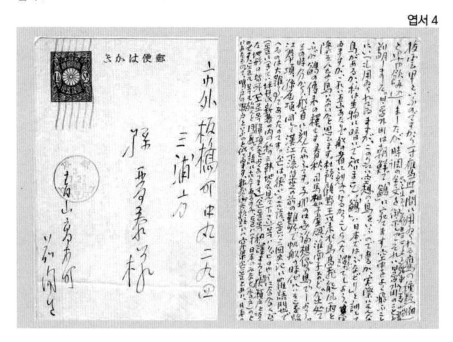

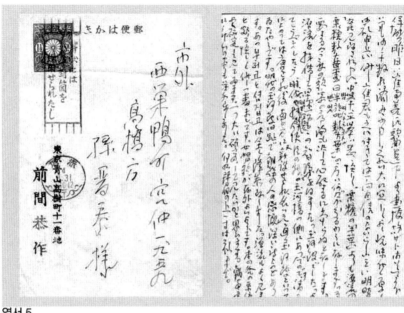

엽서 5

엽서 6

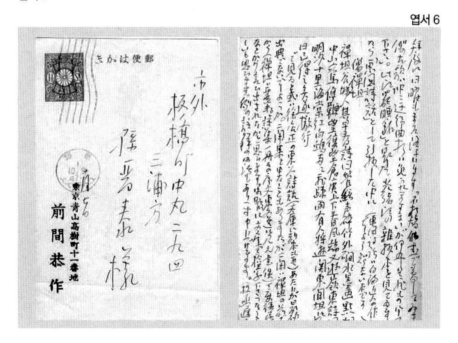

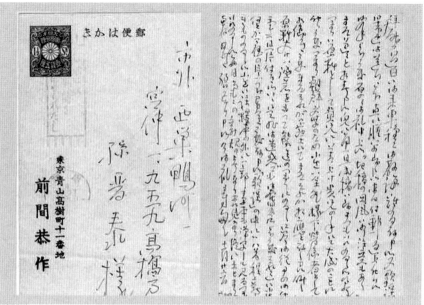

엽서 7

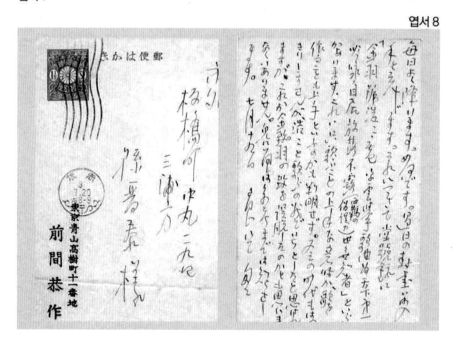

엽서 8

694

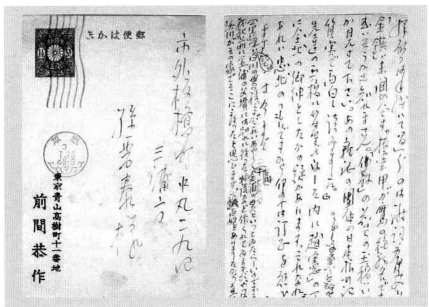

엽서 9

엽서 10

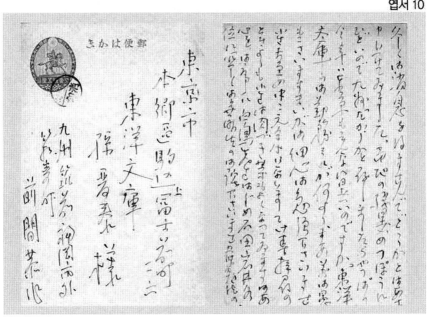

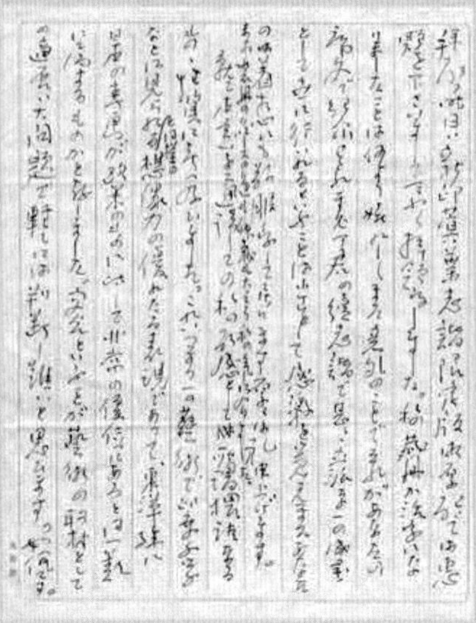

편지 1-1

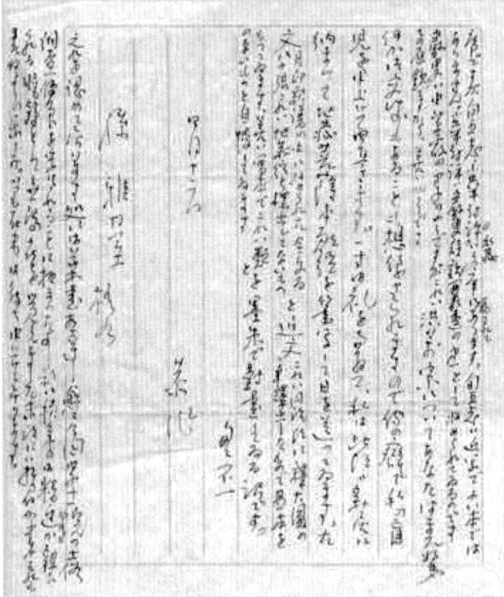

편지 1-3

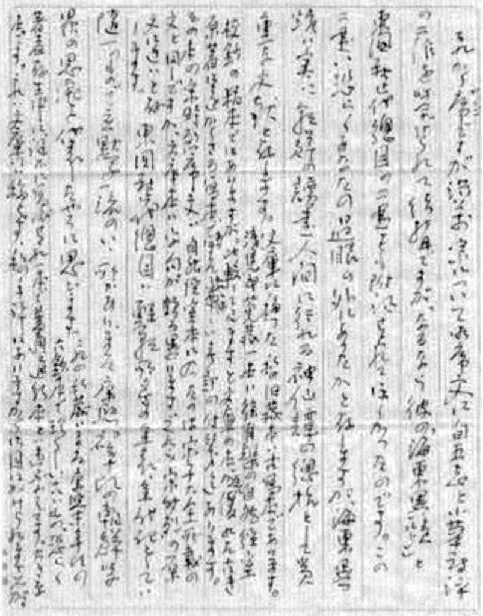

편지 1-2

편지 2

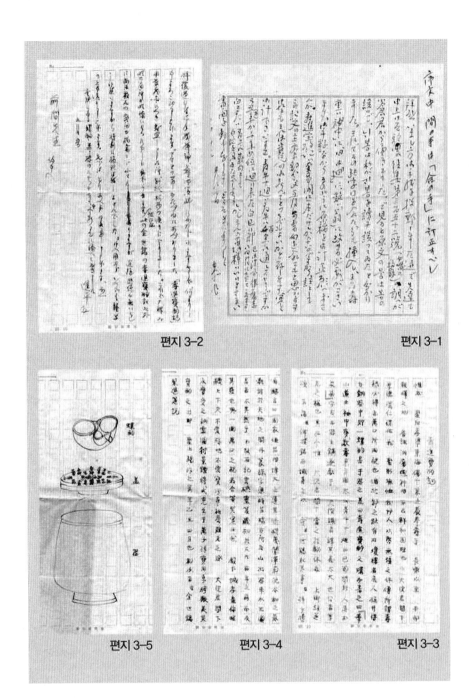

편지 3-2　　　　　　　　　　　　　　　　편지 3-1

편지 3-5　　　　　편지 3-4　　　　　편지 3-3

편지 4-1

편지 4-2

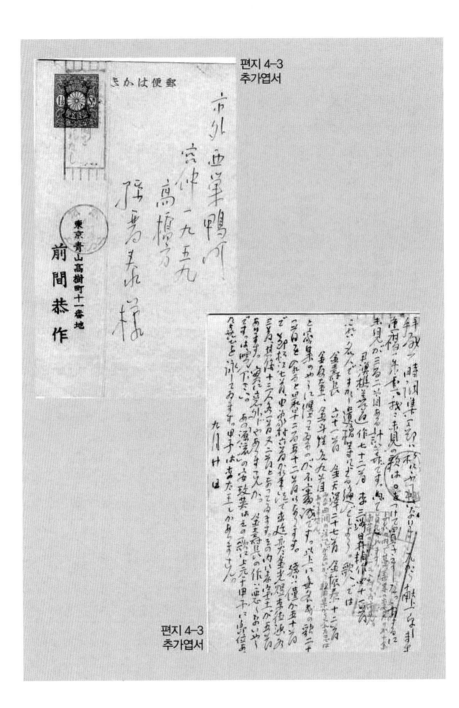

700

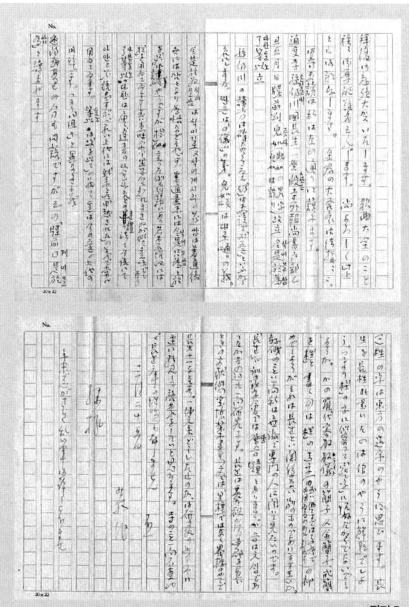

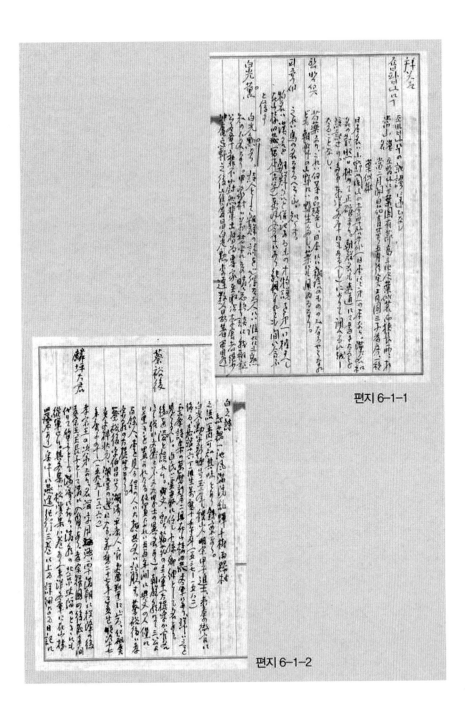

편지 6-1-1

편지 6-1-2

편지 6-1-3

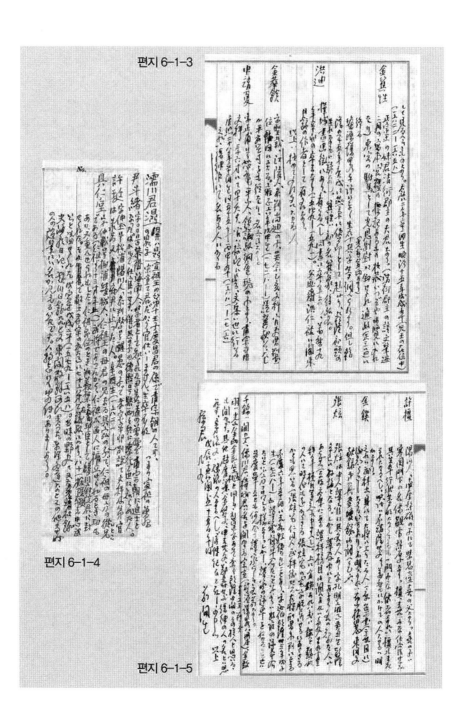

편지 6-1-4

편지 6-1-5

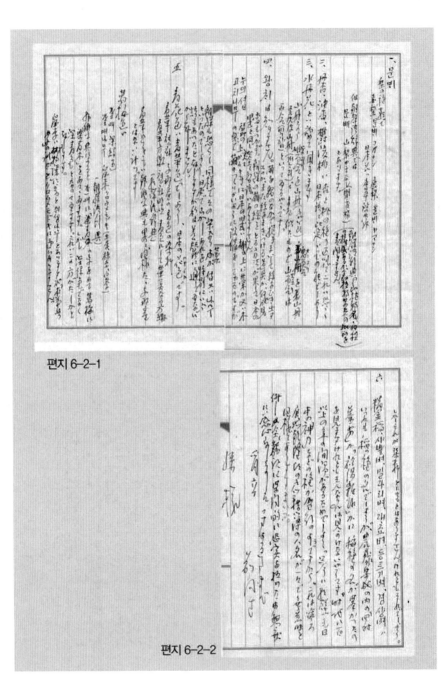

편지 6-2-1

편지 6-2-2

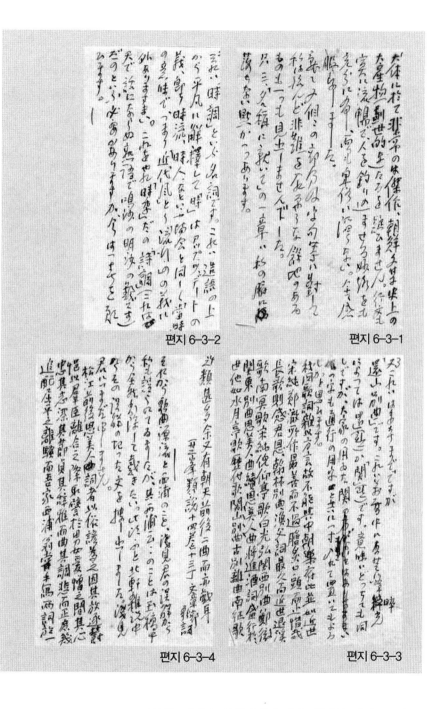

편지 6-3-2 편지 6-3-1

편지 6-3-4 편지 6-3-3

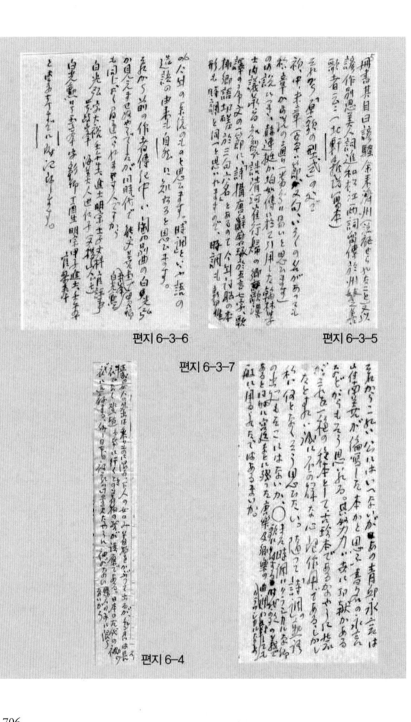

편지 6-3-6

편지 6-3-5

편지 6-3-7

편지 6-4

706

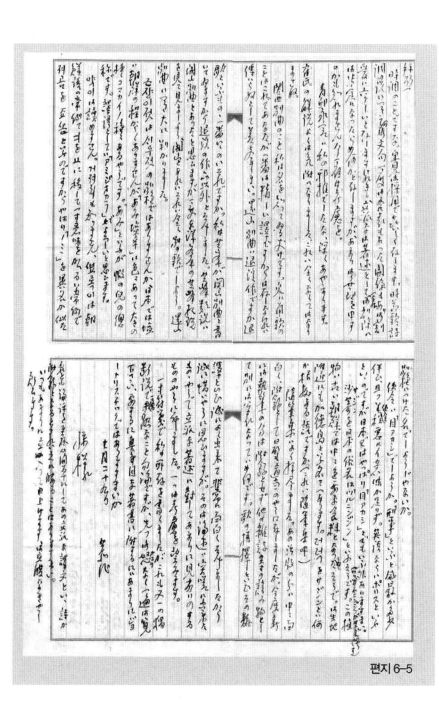

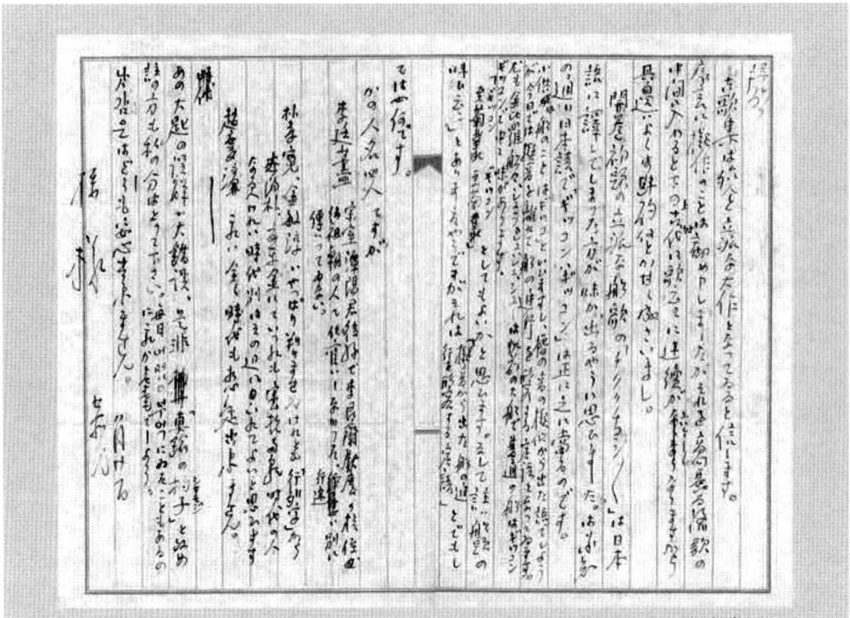

편지 6-6

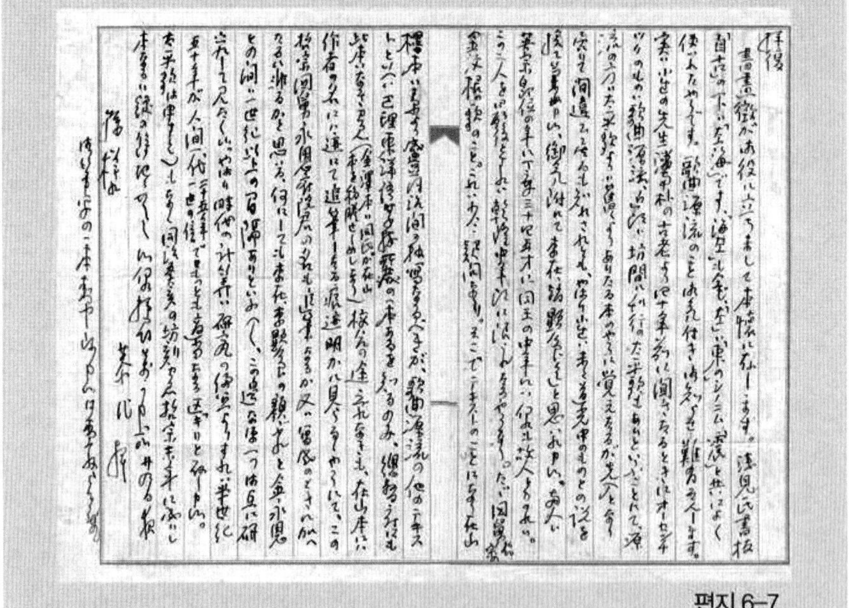

편지 6-7

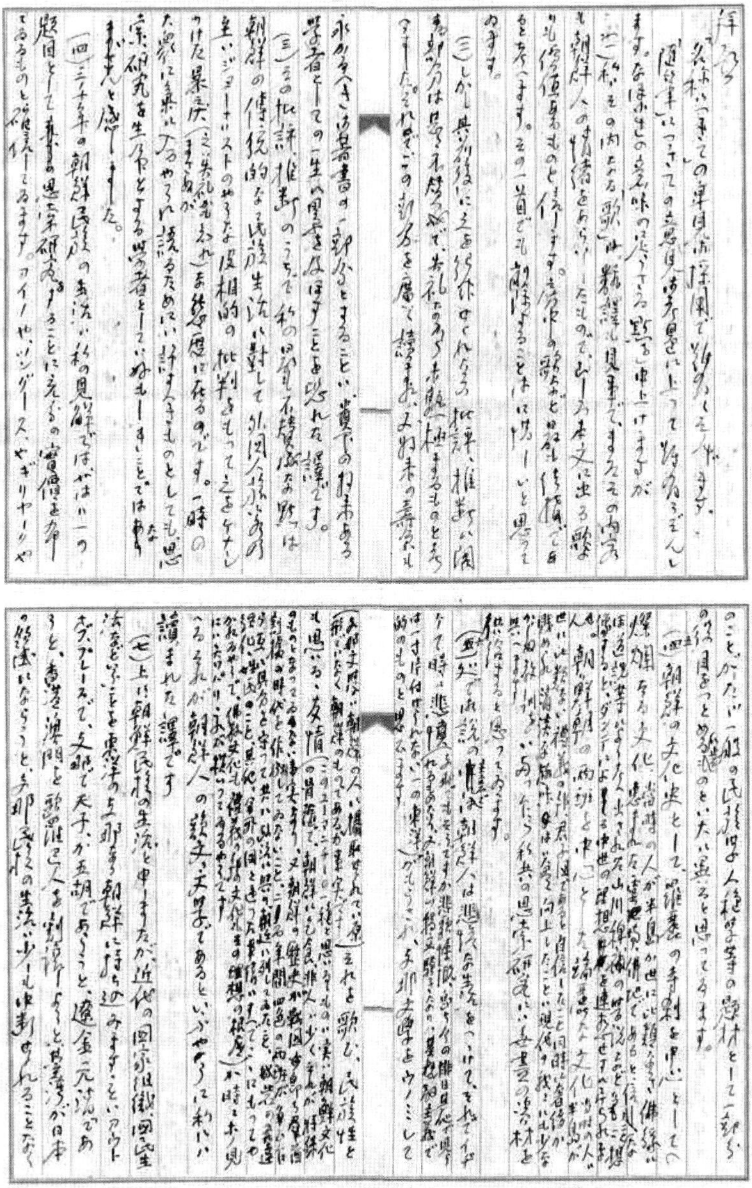

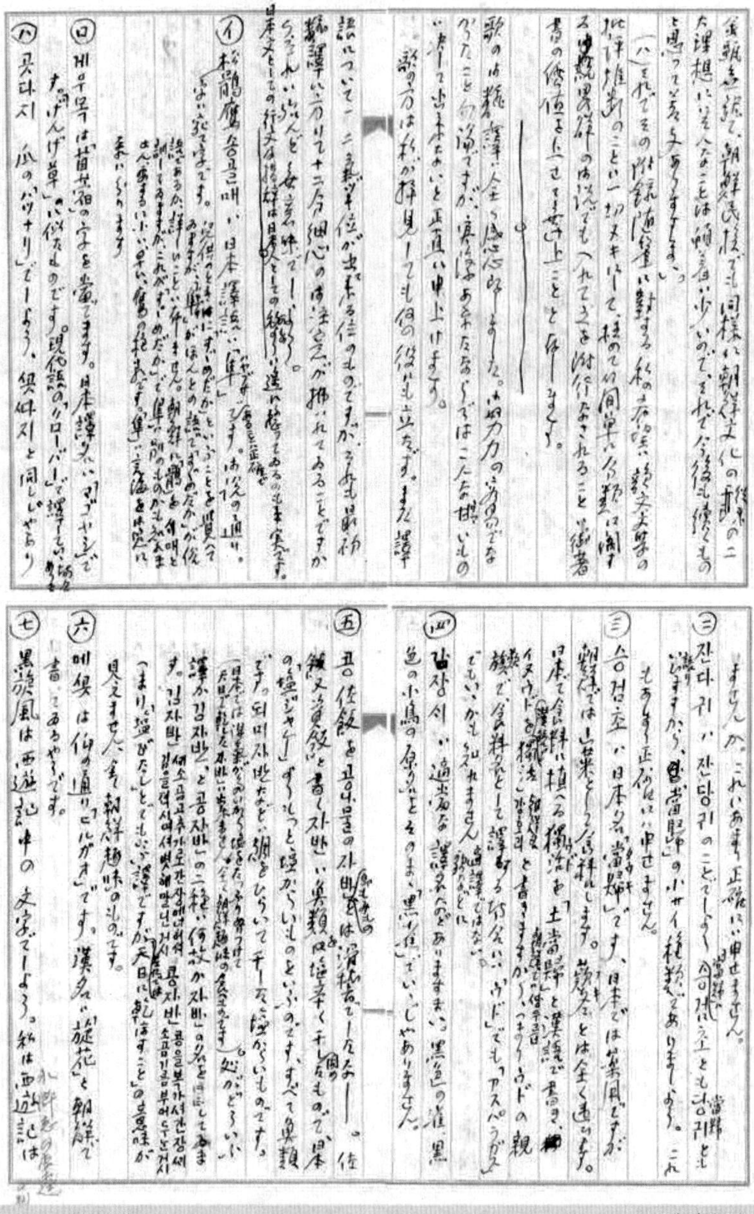

편지 6-8-3

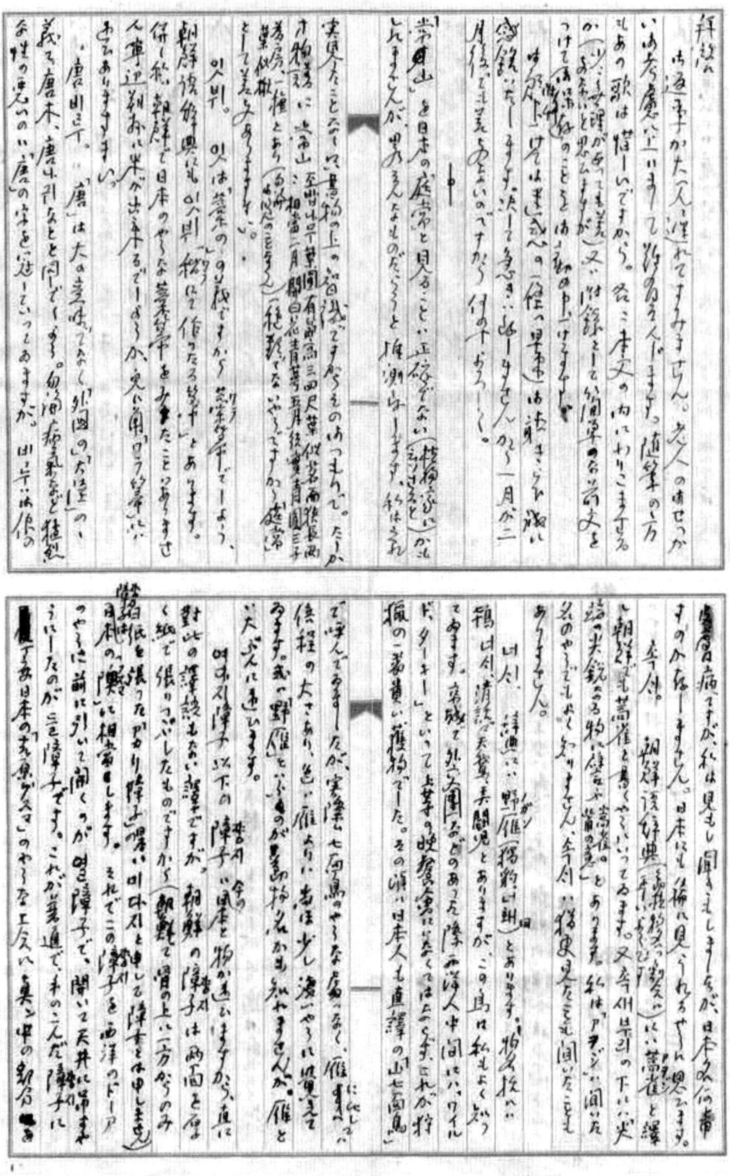

편지 6-9-1

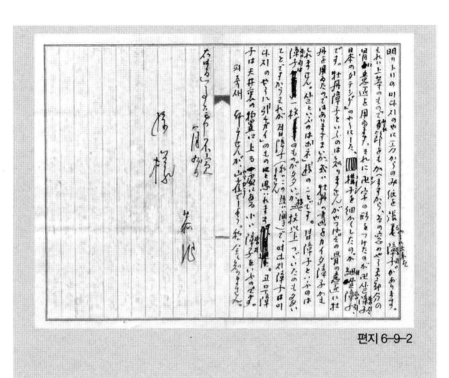

편지 6-9-2

남창 손진태 선생 약력

1900. 12. 28.	부산 동래에서 출생
1921.	중동학교 졸업(15회), 중앙중학교 졸업
1924. 3.	와세다 제1고등학원 졸업
1927. 3.	와세다대학교 사학과 졸업
1930~1934	동양문고 사서로 근무
1932년	부인 연영화 여사와 결혼
1933년	장남 손대연 씨 출생
1934년 1학기	연희전문학교 강사(동양문화사)
1934년 2학기	보성전문학교 강사(문명사) 겸 도서관 사서
1937	보성전문학교 전임강사, 도서관장
1939.	보성전문학교 교수, 도서관장
1946. 10~1948. 9.	서울대학교 문리과대학 사학과 교수
1948. 11.~1949. 4.	문교부 차관 겸 편수국장
1949. 2.~1949. 9.	서울대학교 사범대학장
1950. 5.~1950. 9.	서울대학교 문리대학장
1950. 9.	9·28 수복 직전 납북
1960년대 중반	사망

남창 손진태 선생 저서

《조선상고문화의 연구》(일문, 미간행), 1926년 원고 완성

《조선가요집》(일문), 도강서원, 동경, 1929. 6.

《조선신가유편》(한·일 대역), 향토연구사, 동경, 1930. 10.

《조선민담집》(일문), 향토연구사, 동경, 1930. 12.

《명엽지혜》, 삼문사, 동경, 1932. 4.

《조선민족설화의 연구》, 을유문화사, 서울, 1947. 4.

《조선민족문화의 연구》, 을유문화사, 서울, 1948. 1.

《우리 민족이 걸어온 길》, 국제문화사, 서울, 1948. 7.

《조선민족사 개론》(상), 을유문화사, 서울, 1948. 12.

《국사대요》, 을유문화사, 서울, 1949. 6.

《국사강화》, 을유문화사, 서울, 1950. 5.

《이웃나라의 생활》, 탐구당, 서울, 1950. 7.

이해남 증보, 《이웃나라 생활-역사부분-》, 탐구당, 서울, 1952. 4.

이기백 편, 《손진태선생전집》 1~6, 태학사, 서울, 1981. 10.

최광식 역, 《조선상고문화의 연구》, 고려대박물관, 서울, 2002. 8.

최광식 편, 《우리의 민속과 역사》, 고려대박물관, 서울, 2002. 8.

최광식 편, 《우리나라의 문화》, 고려대박물관, 서울, 2007. 12.